All in One

संस्कृतम् (सम्प्रेषणात्मकम्)

CBSE कक्षा 9

सभी खंडों की अध्ययन सामग्री ▪ अभ्यास प्रश्न ▪ प्रतिदर्शन प्रश्न-पत्र

लेखकगण
शिवकान्ति
उर्मिला सिंघल

arihant
SUCCESS AND NOTHING LESS

अरिहन्त प्रकाशन

(स्कूल डिवीज़न सीरीज़)

卐 रजि. कार्यालय

'रामछाया' 4577/15, अग्रवाल रोड, दरिया गंज, नई दिल्ली-110002
फोनः 011-47630600, 43518550; फैक्सः 011-23280316

मुख्य कार्यालय

कालिन्दी, टी०पी० नगर, मेरठ (यूपी)-250002 फोनः 0121-7156203, 7156204

卐 शाखा कार्यालय

आगरा, अहमदाबाद, बरेली, बंगलुरु, चेन्नई, दिल्ली, गुवाहाटी, हैदराबाद, जयपुर, झाँसी, कोलकाता, लखनऊ, नागपुर तथा पुणे

卐 PO No : TXT-XX-XXXXXXX-X-XX

Published by Arihant Publications (India) Ltd.

'अरिहन्त' की पुस्तकों के बारे में अधिक जानकारी के लिए हमारी वेबसाइट www.arihantbooks.com पर लॉग इन करें या info@arihantbooks.com पर सम्पर्क करें।

Follow us on

卐 मूल्य ₹ 250.00

प्रोडक्शन टीम

पब्लिशिंग मैनेजर	कवर डिज़ाइनर	इनर डिज़ाइनर
महेन्द्र सिंह रावत, केशव मोहन	सलमान	अंकित त्यागी
प्रोजेक्ट हैड	**पेज लेआउट**	**प्रूफ रीडर**
मनीष कुमार	जितेन्द्र, रविन्द्र	वर्षा, भूमिका

विषय-सूची

* चिह्नित पाठ केवल आन्तरिक मूल्यांकन हेतु दिया गया हैं।

नवीनतम पाठ्यक्रम

CBSE 2025-26

कक्षा-नवमी

संस्कृतम् (सम्प्रेषणात्मकम्) कोड् सङ्ख्या-119

आहत्य-अङ्का: - 80+20 **आहत्य-कालांशा: - 200**

वार्षिकमूल्याङ्कनाय निर्मिते प्रश्न पत्रे भागचतुष्टयं भविष्यति -

'क'	भाग: अपठितावबोधनम्	10 अङ्का:	25 कालांशा:
'ख'	भाग: रचनात्मकार्यम्	15 अङ्का:	40 कालांशा:
'ग'	भाग: अनुप्रयुक्तव्याकरणम्	25 अङ्का:	55 कालांशा:
'घ'	भाग: पठितावबोधनम्	30 अङ्का:	80 कालांशा:

भागानुसारं विषया: अङ्कविभाजनञ्च **80 अङ्का:**

क्र. सं.	विषया:	प्रश्नप्रकारा:	मूल्यभार:
		'क' भाग:	
		अपठितावबोधनम्	**10 अङ्का:**
1.	एक: गद्यांश (80-100 शब्दपरिमित:)	अति-लघूत्तरात्मकौ पूर्णवाक्यात्मकौ शीर्षकम् (लघूत्तरात्मक:) भाषिककार्यम् (बहुविकल्पात्मका:)	1×2=2 2×2=4 1×1=1 1×3=3
		पूर्णभार:	**10 अङ्का:**

'ख' भागः

	रचनात्मककार्यम्		15 अङ्काः
2.	औपचारिकम् अथवा अनौपचारिकम् पत्रम् (मञ्जूषायाः सहायतया रिक्तस्थानपूर्तिमाध्यमेन पूर्णं पत्रं लेखनीयम्)	निबन्धात्मकः	1/2×10=5
3.	चित्रवर्णनम् अथवा अनुच्छेदलेखनम्	पूर्णवाक्यात्मकः	1×5=5
4.	संवादपूर्तिः/कथापूर्तिः (मञ्जूषायाः सहायतया रिक्तस्थानपूर्तिमाध्यमेन पूर्ण संवादः/कथा लेखनीया)	निबन्धात्मकः	1/2×10=5
		पूर्णभारः	**15 अङ्काः**

'ग' भागः

	अनुप्रयुक्तव्याकरणम्		25 अङ्काः
5.	उच्चारणस्थानम्	लघूत्तरात्मकाः	1/2×4=2
6.	सन्धिः	लघूत्तरात्मकाः	1×4=4
7.	कारक-उपपदविभक्तयः	बहुविकल्पात्मकाः	1×4=4
8.	शब्दरूपाणि	बहुविकल्पात्मकाः	1×4=4
9.	धातुरूपाणि	बहुविकल्पात्मकाः	1×4=4
10.	प्रत्ययाः	बहुविकल्पात्मकाः	1×3=3
11.	अव्ययानि	लघूत्तरात्मकाः	1/2×4=2
12.	सङ्ख्या – 1-100 (1-4 केवलं प्रथमा-विभक्तौ)	लघूत्तरात्मकाः	1/2×4=2
		पूर्णभारः	**25 अङ्काः**

'घ' भागः

	पठितावबोधनम्		15 अङ्काः
13.	गद्यांशः	अति-लघूत्तरात्मकौ पूर्णवाक्यात्मकः लघूत्तरात्मकौ (भाषिककार्यम्)	1/2×2=1 1×2=2 1×2=2
14.	पद्यांशः	अति-लघूत्तरात्मकौ पूर्णवाक्यात्मकः लघूत्तरात्मकौ (भाषिककार्यम्)	1/2×2=1 1×2=2 1×2=2
15.	नाटयांशः	अति-लघूत्तरात्मकौ पूर्णवाक्यात्मकः लघूत्तरात्मकौ (भाषिककार्यम्)	1/2×2=1 1×2=2 1×2=2
16.	प्रश्ननिर्माणम्	पूर्णवाक्यात्मकः	1×5=5
17.	अन्वयः अथवा भावार्थः (रिक्तस्थानपूर्तिमाध्यमेन)	निबन्धात्मकः	1/2×4=2
18.	प्रसङ्गानुसारम् अर्थचयनं कृत्वा लेखनम्	बहुविकल्पात्मकाः	1×4=4
19.	पाठाधारित-कथापूर्तिः (मञ्जूषापदसहायतया रिक्तस्थानपूर्तिः)	निबन्धात्मकः	1/2×8=4
		पूर्णभारः	**30 अङ्काः**
		सम्पूर्णभारः	**80 अङ्काः**

प्रश्नपत्र-प्रारूपम् / संरचना

कक्षा-नवमी

संस्कृतम् (सम्प्रेषणात्मकम्) कोड सङ्ख्या-119

प्रश्नप्रकारः		प्रश्नानां सङ्ख्या	विभाग-सङ्ख्या	प्रतिप्रश्नम् अङ्कभारः	आहत्याङ्काः
बहुविकल्पात्मकाः	1 अङ्काः	3+4+4+4+3+4 = 22	6	1	22
अति लघूत्तरात्मकाः	1/2 अङ्काः	2+2+2=6	3	1/2	3
अति-लघूत्तरात्मकाः	1 अङ्काः	2=2	1	1	2
निबन्धनात्मकः (रिक्तस्थानपूर्तिमाध्यमेन)	1/2 अङ्काः	10+10+4+8=32	4	1/2	16
दीर्घोत्तरात्मकाः	1 अङ्काः	5+2+2+2+5=16	5	1	16
दीर्घोत्तरात्मकाः	2 अङ्काः	2=2	1	2	4
लघूत्तरात्मकाः	1/2 अङ्काः	4+4+4=12	3	1/2	6
लघूत्तरात्मकाः	1 अङ्काः	2+2+2+1+4=11	5	1	11
				आहत्याङ्काः	80

संस्कृतपाठ्यक्रमः (सम्प्रेषणात्मकम्) कोड् सङ्ख्या-119

कक्षा-नवमी

वार्षिकं मूल्याङ्कनम्

'क' भागः अपतिावबोधनम् **(10 अङ्काः)**

1. एकः अपठितः गद्यांशः 10

80-100 शब्दपरिमितः गद्यांशः, सरलकथा

- एकपदेन पूर्णवाक्येन च अवबोधनात्मकं कार्यम् (2+4)
- शीर्षकलेखनम् (1)
- अनुच्छेद-आधारितं भाषिकं कार्यम् (3)

भाषिककार्याय तत्त्वानि–

- वाक्ये कर्तृ – क्रिया पदचयनम्
- विशेषण – विशेष्य चयनम्
- पर्याय – विलोमपद चयनम्

'ख' भागः रचनात्मककार्यम् **(15 अङ्काः)**

2. सङ्केताधारितम् औपचारिकम् अथवा अनौपचारिकं पत्रलेखनम् 5
(मञ्जूषायाः सहायतया रिक्तस्थानपूर्तिमाध्यमेन पूर्णं पत्रं लेखनीयम्)

3. चित्राधारितं वर्णनम् अथवा अनुच्छेदलेखनम् 5
(मञ्जूषायाः सहायतया चित्रवर्णनम् अनुच्छेदलेखनं वा करणीयम्)

4. संवादपूर्तिः/कथापूर्तिः 5
(मञ्जूषायाः सहायता रिक्तस्थानपूर्तिमाध्यमेन पूर्णः संवादः/कथा लेखनीया)

'ग' भागः अनुप्रयुक्तव्याकरणम् **(25 अङ्काः)**

5. उच्चारणस्थानानि 2

6. सन्धिकार्यम् 4

स्वरसन्धिः (2 अङ्कौ)

- दीर्घः, गुणः, वृद्धिः, यण्, अयादि

व्यञ्जनसन्धिः (1 अङ्काः)

- वर्गीयप्रथमवर्णस्य तृतीयवर्णे परिवर्तनम्, 'म्' स्थाने अनुस्वारः,

विसर्गसन्धिः (1 अङ्काः)

- उत्वम्, शत्वम्, षत्वम्, सत्वम्

7. कारक-उपपद-विभक्तयः 4

- द्वितीया – समया/निकषा, प्रति, विना, परितः, उभयतः
- तृतीया – सह/समम्/सार्धम्, विना, अलम्, हीन
- चतुर्थी – रूच्, दा (यच्छ्), नमः, कुप्, अलम् (सामर्थ्ये)
- पञ्चमी – विना, बहिः, भी, रक्ष्
- षष्ठी – उपरि, अधः, पुरतः, पृष्ठतः, वामतः, दक्षिणतः
- सप्तमी – स्निह्, विश्वस्, निपुण, कुशल

8. शब्दरूपाणि 4

अजन्ताः (3 अङ्काः)

पुल्लिङ्गशब्दाः

- अजन्ताः–अकारान्तः बालकवत्, इकारान्तः कविवत्, उकारान्तः साधुवत्
- हलन्तः–भवत्

स्त्रीलिङ्गशब्दाः

- अजन्ताः आकारान्तः–लतावत्, इकारान्तः नदीवत्,

नपुंसकलिङ्गशब्दाः

- अजन्ताः अकारान्तः फलवत्

सर्वनामशब्दाः (1 अङ्काः)

- अस्मद्, युष्मद्, तत्, किम् (त्रिषु लिङ्गेषु)

9. धातुरूपाणि 4

परस्मैपदिनः (3 अङ्काः)

- भू , नम्, गम्, अस्, प्रच्छ्, कृ, ज्ञा, क्षाल्, नी (पञ्चलकारेषु)

आत्मनेपदिनः (1 अङ्काः)

- सेव्, लभ्, रुच् – (लट्–लृट्लकारयोः)

10. प्रत्ययाः 3

- क्त्वा, तुमुन्, ल्यप्, शतृ

11. अव्ययानि 2

- स्थानबोधकानि – अत्र, तत्र, अन्यत्र, सर्वत्र, यत्र, एकत्र, उभयत्र
- कालबोधकानि – यदा, तदा, सर्वदा, एकदा, पुरा, अधुना, अद्य, श्वः, ह्यः
- प्रश्नबोधकानि – किम्, कुत्र, कति, कदा, कुतः, कथम्, किमर्थम्,
- अन्यानि – च, अपि, यदि, तर्हि, यथा, तथा, सम्यक्, एव

12. सङ्ख्या 1-100 (1-4 केवलं प्रथमा–विभक्तौ) 2

'घ' भागः पठितावबोधनम् (30 अङ्काः)

13. गद्यांशम् अधिकृत्य अवबोधनात्मकं कार्यम् 5

प्रश्नप्रकाराः एकपदेन पूर्णवाक्येन च प्रश्नोत्तराणि

भाषिककार्यम्

- वाक्ये कर्तृ क्रिया पदचयनम्
- विशेषण–विशेष्य चयनम्
- पर्याय–विलोमपद चयनम्

14. पद्यांशम् अधिकृत्य अवबोधनात्मकं कार्यम् 5

प्रश्नप्रकाराः एकपदेन पूर्णवाक्येन च प्रश्नोत्तराणि

भाषिककार्यम्

- वाक्ये कर्तृ–क्रिया पदचयनम्
- विशेषण–विशेष्य चयनम्
- पर्याय–विलोमपद–चयनम्

15. नाट्यांशम् अधिकृत्य अवबोधनात्मकं कार्यम् 5

प्रश्नप्रकाराः–एकपदेन पूर्णवाक्येन च प्रश्नोत्तराणि

भाषिककार्यम्

- वाक्ये कर्तृ–क्रिया पदचयनम्
- विशेषण–विशेष्य चयनम्
- पर्याय–विलोमपद–चयनम्

16. वाक्येषु रेखाङ्कितपदानि अधिकृत्य उचितप्रश्ननिर्माणम् 5

17. एकस्य श्लोकस्य अन्वयः 2

(मञ्जूषायाः सहायतया रिक्तस्थानपूर्तिमाध्यमेन पूर्णः अन्वयः लेखनीयः)

18. पाठाधारित–कथापूर्तिः

(मञ्जूषापदसहायतया रिक्तस्थानपूर्तिः) 4

19. प्रसङ्गानुसारम् अर्थचयनम्

(पाठान् आधृत्य बहुविकल्पात्मकाः प्रश्नाः) 4

आहत्य–अङ्काः 80

परीक्षायै निर्धारिताः पाठाः

पाठसङ्ख्या	पाठनाम	पाठसङ्ख्या	पाठनाम
प्रथमः पाठः	अविवेकः परमापदां पदम्	सप्तमः पाठः	तरवे नमोऽस्तु
द्वितीयः पाठः	पाथेयम्	अष्टमः पाठः	न धर्मवृद्धेषु वयः समीक्ष्यते
तृतीयः पाठः	विजयतां स्वदेशः	नवमः पाठः	कवयामि वयामि यामि
चतुर्थः पाठः	विद्यया भान्ति सद्गुणाः	दशमः पाठः	भारतीयं विज्ञानम् (केवलम् आन्तरिकमूल्याङ्कनाय)
पञ्चमः पाठः	कर्मणा याति संसिद्धिम्		
षष्ठः पाठः	तत् त्वम् असि	एकादशः पाठः	भारतेनास्ति मे जीवनं जीवनम् (केवलम् आन्तरिकमूल्याङ्कनाय)

अवधेयम्

*अनुप्रयुक्तव्याकरणस्य अंशानां चयनं यथासम्भवं 'मणिका-प्रथमो भागः इति' पाठ्यपुस्तकात् करणीयम्। यदि ततः न सम्भवति तर्हि 'मणिका-अभ्यासपुस्तकम्' इत्यस्मात् कर्तुं शक्यम्।

निर्धारित-पाठ्यपुस्तके

1. **'मणिका'-प्रथमो भागः**, पाठ्यपुस्तकम् (प्रकाशनम्-केन्द्रीय माध्यमिक शिक्षा बोर्ड)
2. **'मणिका-अभ्यासपुस्तकम्'-प्रथमो भागः** (प्रकाशनम्-केन्द्रीय माध्यमिक शिक्षा बोर्ड)

खंड 'क' अपठितांश-अवबोधनम्

अध्याय 1

अपठित गद्यांश:

परिचय:

अस्मिन् **अपठित गद्यांशे** 80-100 (अशीति:-शतम्) शब्दा: भवन्ति। तम् सम्यक् प्रकारेण पठित्वा तेनैव आधारेण प्रश्नोत्तराणि लेखनीयानि। अस्मिन् चतुर प्रकारेण प्रश्ना भवन्ति।

1. **एकपदेन उत्तरत।** (एक शब्द में उत्तर दीजिए।)

अस्मिन् प्रश्नवाचकशब्दान् प्रयोज्य प्रश्ना: पृच्छयन्ते। प्रश्नवाचका: शब्दा: किम्, क:, कौ, के, कान्, केन, काभ्याम्, कै: कस्मै, केभ्य:, काभ्य:, कस्मात्, कस्या:, कस्मिन्, कयो:, केषु, कीदृश:, कीदृशी, कीदृशम्, कथम्, कति, कदा इत्यादि शब्दान् प्रयोज्य प्रश्ना: पृच्छ्यन्ते। अत्र इदं ध्यातव्यं यत् या विभक्ति:, यत् वचनम्, यत् लिङ्गम् प्रश्नवाचके शब्दे भविष्यति तस्यैव विभक्त्या:, तस्यैव वचनस्य, तस्यैव लिङ्गस्य प्रयोग: उत्तरे भविष्यति।

प्रश्ना: मानव: केन स्वजीवने साफल्यं प्राप्नोति?

उत्तरम् मानव: अनुशासनेन पालनेन स्वजीवने साफल्यं प्राप्नोति।

अत्र प्रश्ने प्रश्नवाचक शब्द: 'केन' तृतीयाया: एकवचने अस्ति। अत: उत्तरमपि तृतीयाया: एकवचने एव भविष्यति। अत: अनुशासनेन पालनेन एव समीचीनम् उत्तरं भविष्यति।

इसमें प्रश्नवाचक शब्दों को वाक्य में प्रयोग करके प्रश्न पूछे जाते हैं। प्रश्नवाचक शब्द किम्, क:, कौ, के, कान्, केन, काभ्याम्, कै:, कस्मै, केभ्य:, काभ्य:, कस्मात्, कस्या:, कस्मिन्, कयो:, केषु, कीदृश:, कीदृशी, कीदृशम्, कथम्, कति, कदा आदि इसी प्रकार के स्त्रीलिंग तथा नपुंसकलिंग शब्दों का प्रयोग करके प्रश्न पूछे जाते हैं। यहाँ यह ध्यान रखना चाहिए कि जिस विभक्ति, जिस वचन तथा जिस लिंग में प्रश्नवाचक शब्द होगा, उसी विभक्ति, उसी वचन तथा उसी लिंग का उत्तर में प्रयोग होगा।

प्रश्ना: मानव: केन स्वजीवने साफल्यं प्राप्नोति?

(मानव किससे अपने जीवन में सफलता प्राप्त करता है?)

उत्तरम् मानव: अनुशासनेन पालनेन स्वजीवने साफल्यं प्राप्नोति।

(मानव अनुशासन का पालन करने से अपने जीवन में सफलता प्राप्त करता है।)

यहाँ प्रश्न में, प्रश्नवाचक शब्द 'केन' तृतीया एकवचन है। अत: उत्तर में भी तृतीया एकवचन के पद का ही प्रयोग होगा। अत: अनुशासनेन पालनेन ही उपयुक्त उत्तर होगा।

2. **पूर्णवाक्येन उत्तरत।** (पूर्ण वाक्य में उत्तर दीजिए।)

अस्मिन द्वौ प्रश्नौ पृच्छ्येते। अत: प्रश्नौ सम्यक् प्रकारेण अवगम्य प्रश्नवाचक-शब्दान् अर्थं ज्ञात्वा स्वभाषायाम् उत्तरं दातव्यम्;

प्रश्ना: धीरा: कदा सफला: भवन्ति?

उत्तरम् धैर्यमाश्रित्य एव धीरा: विपत्सु सफला: भवन्ति।

अत्र प्रश्नवाचक 'कदा' शब्दस्य अर्थं ज्ञात्वा उत्तरम् उपर्युक्त सम्पूर्णं वाक्यमेव (धैर्यमाश्रित्य एव धीरा: विपत्सु सफला: भवन्ति) भविष्यति।

इसमें दो प्रश्न पूछे जाते हैं। अत: प्रश्नों को भली-भाँति समझकर प्रश्नवाचक शब्दों का अर्थ समझते हुए अपनी भाषा में उत्तर देना चाहिए;

प्रश्ना: धीरा: कदा सफला: भवन्ति? (धैर्यवान कब सफल होते हैं?)

उत्तरम् धैर्यमाश्रित्य एव धीरा: विपत्सु सफला: भवन्ति।

(धैर्य का सहारा लेकर ही धीर पुरुष (धैर्यवान) विपत्तियों में सफल होते हैं।)

यहाँ प्रश्नवाचक 'कदा' शब्द का अर्थ जानकर प्रश्न का उत्तर उपर्युक्त सम्पूर्ण वाक्य धैर्यमाश्रित्य एव धीरा: विपत्सु सफला: भवन्ति होगा।

3. शीर्षकं लिखत (शीर्षक लिखिए)

अस्मिन् सम्पूर्णं गद्यांशस्य केन्द्रीयभावं आश्रित्य एकः प्रश्नः शीर्षकाय भवति। अत्रापि इदं ध्यातव्यं यत्—शीर्षकं नातिदीर्घं भवितव्यम्। अनुशासनम्, सदाचारः, सत्संगतिः, देशप्रेम, संगठनम् इत्यादिकं शीर्षकं समीचीनमस्ति।

इसमें गद्यांश के केंद्रीय भाव की जानकारी हेतु एक प्रश्न शीर्षक के लिए दिया जाता है। यहाँ भी यह ध्यान रहे कि शीर्षक अधिक लंबा नहीं होना चाहिए। अनुशासन, सदाचार, सत्संगति, देशप्रेम, संगठन आदि शीर्षक सही हैं।

4. भाषिककार्यम (भाषा से सम्बन्धित कार्य)

अस्मिन् भाषायाः प्रश्नाः पृच्छयन्ते। ये गद्यांशे एवं आधारिताः भवन्ति। विशेषणपदं, विशेष्यपदं, कर्ता, क्रिया, पर्यायपदं, विपर्ययपदं च इति प्रश्नाः पृच्छयन्ते।

इसमें भाषा से संबंधित प्रश्न पूछे जाते हैं। जो गद्यांश पर आधारित होते हैं।

विशेषण शब्द, विशेष्य शब्द, कर्ता, क्रिया, पर्याय शब्द, विलोम शब्द, आदि के प्रश्न पूछे जाते हैं।

साधित उदाहरणम्

- अधोलिखितम् अनुच्छेदं पठित्वा प्रदत्तप्रश्नान् संस्कृतेन उत्तरत।
(निम्नलिखित अनुच्छेद को पढ़कर दिए गए प्रश्नों के उत्तर संस्कृत में लिखिए।)

1. अथ एकदा कौचित् पुरुषौ किमपि नगरं प्रस्थितौ। तयोः एकतरः स्थूलः अन्यश्च कृशः आसीत्। कियतपि कालेन तौ मार्गे निबिडं वनं प्राप्तौ। तद् शीतलं स्थलं दृष्ट्वा भृशं सन्तुष्टौ तौ पथिकौ कस्यापि वृक्षस्य छायायां उपाविशताम्। स्वच्छजलेन पूर्णो निर्झरः समीपमेवासीत्। तं दृष्ट्वा कृशोऽवदत्। 'अहो निर्मलमेतज्जलम्'। अस्य स्वादोऽपि बहु मधुरः। प्रशांतमेतत् स्थलं सुखकरं भवति इति। तं स्थूलः प्रत्यभाषत्। 'एवमेतद् आवां प्रवासेन श्रान्तौ। अत्र कंचित् कालं विश्रांतिसुखं अनुभवावः। उपाहारं च कुर्वः इति। ततः तौ पथिकौ खाद्यानि गृहीत्वा तस्य निर्झरस्य समीपं आहारार्थं उपविष्टौ। अनन्तरं स्थूलोवदति। अतिसुखदं एतत्स्थलम्। अत्रैव वसितुं अहमिच्छामि। न पुनः कोलाहलेन आकुलिते ग्रामे।

I. एकपदेन उत्तरत। (एक शब्द में उत्तर दीजिए।)
(i) पुरुषौ कुत्र निबिडं वनं प्राप्तौ?
(ii) तौ पथिकौ कुत्र उपाविशताम्?
(iii) तौ पथिकौ किं दृष्टवन्तौन्?

II. पूर्णवाक्येन उत्तरत। (पूर्ण वाक्य में उत्तर दीजिए।)
(i) पुरुषौ कीदृशौ आस्ताम्?
(ii) उपाहारं कृत्वा तौ पथिकौ कथम् उपविष्टौ?
(iii) स्थलं दृष्ट्वा कृशोकिम्ऽवदत्?

III. अस्य अनुच्छेदस्य कृते समुचितं शीर्षकं लिखत।
(इस अनुच्छेद का उचित शीर्षक लिखिए।)

IV. यथानिर्देशम् उत्तरत्। (निर्देशानुसार उत्तर दीजिए।)
(i) 'आकुलिते ग्रामे' अनयोः विशेषणं किम्?
(क) आकुलिते (ख) ग्रामे
(ग) अतिसुखदं (घ) नगरे
(ii) 'तं दृष्ट्वा कृशोऽवदत्' अत्र 'तं' सर्वनामपदम् कस्मै प्रयुक्तम्?
(क) वनाय
(ख) निर्झराय
(ग) जलाय
(घ) स्थलाय
(iii) अनुच्छेदे 'उपविष्टौ' इति क्रियापदस्य कर्तृपदम् किम्?
(क) पथिकौ (ख) पुरुषौ
(ग) कौचित् पुरुषौ (घ) द्वौ पुरुषौ
(iv) 'दृष्टवा' इति पदस्य प्रत्ययः किम्?
(क) क्त्वा (ख) त्वत्
(ग) क्त (घ) ल्यप्

उत्तराणि

I. (i) मार्गे (ii) वृक्षस्य छायायां
(iii) शीतलंस्थलम्

II. (i) तयोः पुरुषयोः एकतरः स्थूलः अन्यश्च कृशः आसीत्।
(ii) उपाहारं कृत्वा तौ पथिकौ खाद्यानि गृहीत्वा तस्य निर्झरस्य समीपं आहारार्थम् उपविष्टौ।
(iii) अहो निर्मलमेतज्जलम् अस्य स्वादोऽपि बहु मधुरः। प्रशांतमेतत् स्थलं सुखकरं भवति।

III. सुखदं स्थलम्

IV. (i) (क) आकुलिते (ii) (ख) निर्झराय
(iii) (क) पथिकौ (iv) (क) क्त्वा

2. पुरा एकः धौम्यः नामकः महर्षिः आसीत्। तस्य अनेके शिष्याः आसन्। तेषु आरुणिः नामकः अपि शिष्यः आसीत्। मृत्तिका जलस्य वेगेन तत्र स्थातुं न अशक्नोत्। तदा आरुणिः स्वयमेव तत्र समाविशत्। ततो जलस्य प्रवाहो रुद्धोऽभवत्। तथा संस्थितस्य तद् दिनं व्यतीतम्। संध्या समये तं न अवलोक्य ऋषिः शिष्यान् अपृच्छत्–'क्व गतः आरुणिः'? ते प्रत्यवदन्–'भवतैव प्रेषितः केदारखंडस्य बंधनाय' ततोऽवदत् ऋषिः–तर्हि वयं सर्वे तत्र गच्छामः यत्रासौ आरुणिः गतः।' आरुणिना एवं युक्तः ऋषिः तस्य गुरुभक्त्या विस्मितोऽभवत्। प्रीतोऽवदत्–'वत्स! त्वं मम अभूतपूर्वः शिष्यः। कल्याणं ते भवतु। सर्वे वेदाः सर्वाणि शास्त्राणि च तव प्रतिभान्तु। अयं हि मम आशीर्वादः।"
ततः आरुणिः गुरोः प्रसादेन अल्पेनैव कालेन सर्वाः विद्याः अशिक्षत्।

I. एकपदेन उत्तरत। (केवलं प्रश्नद्वयम्) (एक शब्द में उत्तर दीजिए।)
(i) पुरा कः नामकः महर्षिः आसीत्?
(ii) तेषु कः नामकः शिष्यः आसीत्?
(iii) तत्र किं न अशक्नोत्?

II. पूर्णवाक्येन उत्तरत। (केवलं प्रश्नद्वयम्)
(पूर्ण वाक्य में उत्तर दीजिए।)
(i) शिष्याः किं प्रत्यवदन्?
(ii) ततः ऋषिः किम् अवदत्?
(iii) ते कीदृशम् कल्याणं भवतु?

III. अस्य अनुच्छेदस्य कृते समुचितं शीर्षकं लिखत।
(इस अनुच्छेद का उचित शीर्षक लिखिए।)

IV. यथानिर्देशम् उत्तरत्। (केवलं प्रश्नत्रयम्)
(निर्देशानुसार उत्तर दीजिए।)
(i) 'अशिक्षत्' इति क्रियापदस्य कर्तृपदं किम् प्रयुक्तम्?
(क) आरुणिः (ख) शिष्यः
(ग) गुरुः (घ) महर्षि
(ii) 'सर्वाः' इति सर्वनामपदस्य विशेष्यपदम् किम् प्रयुक्तम्?
(क) विद्या (ख) जलमार्गान्
(ग) मार्गान् (घ) शिष्यान्
(iii) 'गुरुः' इति पदस्य किम् विलोमपदम् अनुच्छेदे प्रयुक्तम्?
(क) शिष्यः (ख) आचार्यः
(ग) छात्रः (घ) महर्षि
(iv) 'भवतु' कः लकारः अस्ति?
(क) लोट् (ख) लट्
(ग) लङ्ग (घ) लृट्

उत्तराणि

I. (i) धौम्यः (ii) आरुणिः (iii) स्थातुं
II. (i) शिष्याः प्रत्यवदन्—भवतैव प्रेषितः केदारखंडस्य बंधनाय''
(ii) ततः ऋषिः अवदत्–''तर्हि वयं सर्वे तत्र गच्छामः यत्रासौ आरुणिः गतः।''
(iii) सर्वे वेदाः सर्वाणि शास्त्राणि च तव प्रतिभान्तु।
III. गुरोः आज्ञा सर्वोपरि
IV. (i) (ख) शिष्यः (ii) (क) विद्याः
(iii) (क) शिष्यः (iv) (क) लोट्

3. अस्माकं भारतीयसंस्कृतौ नारीणां स्थानं महत्त्वपूर्णं वर्तते। वैदिकयुगे मैत्रेयी-गार्गी-लोपामुद्रा प्रभृतयः महत्यः नार्यः अभवन्। सीता-सावित्री-द्रोपदी-कुन्ती-विदुला-प्रभृतयः पुराणयुगस्य उल्लेखनीयाः नार्यः आसन्। लक्ष्मी, सरस्वती, पार्वती च देवलोकस्य नार्यः सन्ति। यस्मिन् गृहे नारीणां आदरः भवति तत्र देवाः निवसन्ति। पुरुषाणाम् अपेक्षया स्त्रीणां वाणी प्रायः मधुरा भवति। तासां स्वभावः अपि मधुरः भवति। स्त्रियः मातृशक्तेः प्रतीकभूताः सन्ति। अतः सर्वदा स्त्रीणां सम्मानः करणीयः। माता एव बालकस्य प्रथमः शिक्षकः भवति। बालके सत्संस्काराणाम् आधानं माता एव करोति। अतएव कथितम् अपि–''जननी जन्मभूमिश्च स्वर्गादपि गरीयसी।''

I. एकपदेन उत्तरत। (केवलं प्रश्नद्वयम्) (एक शब्द में उत्तर दीजिए।)
(i) भारतीय संस्कृतौ कासां महत्त्वपूर्णं स्थानं वर्तते?
(ii) मैत्रेयी कस्य युगस्य नारी आसीत्?
(iii) स्त्रिय कस्यै प्रतीकभूताः सन्ति?

II. पूर्णवाक्येन उत्तरत। (केवलं प्रश्नद्वयम्)
(पूर्ण वाक्य में उत्तर दीजिए।)
(i) पुराणयुगस्य उल्लेखनीयः नार्यः काः सन्ति?
(ii) कुत्र देवाः निवसन्ति?
(iii) अतएव किम् चापि कथितम् ?

III. अस्य अनुच्छेदस्य कृते समुचितं शीर्षकं लिखत।
(इस अनुच्छेद का उचित शीर्षक लिखिए।)

IV. यथानिर्देशम् उत्तरत्। (केवलं प्रश्नत्रयम्)
(निर्देशानुसार उत्तर दीजिए।)
(i) 'वर्तते' क्रियायाः कर्तृपदं किम्?
(क) स्थानं (ख) महत्य
(ग) बालकः (घ) जन्मभूमि
(ii) 'देवलोकस्य' इति विशेषण पदस्य विशेष्यः कः?
(क) लक्ष्मी (ख) नार्यः
(ग) शिक्षकः (घ) गृहे
(iii) अनुच्छेदे 'सदा' इति अव्यय पदस्य अर्थे किम् पदम् प्रयुक्तम्?
(क) प्रभृत्य (ख) नार्यः
(ग) सर्वदा (घ) मधुरः
(iv) 'वाणी' इति पदस्य पर्यायः किम्?
(क) मधुर (ख) सरस्वती
(ग) कोमल (घ) वाक

उत्तराणि

I. (i) नारीणां (ii) वैदिक युगस्य (iii) मातृशक्तेः
II. (i) सीता-सावित्री-द्रोपदी-कुन्ती-विदुला-प्रभृतयः पुराणयुगस्य उल्लेखनीयाः नार्यः सन्ति।
(ii) यस्मिन् गृहे नारीणां आदरः भवति तत्र देवाः निवसन्ति।
(iii) जननी जन्मभूमिश्च स्वर्गादपि गरीयसी।
III. स्त्रीणां सम्मानः/मातृशक्तेः
IV. (i) (क) स्थानं (ii) (ख) नार्यः
(iii) (ग) सर्वदा (iv) (ख) सरस्वती

4. अथ कश्चित् मार्जारः मूषकान् अनुधावन् किमपि क्षेत्रं वा प्राप्तः। एतत् एकमेव स्थलं आवयोः क्षुधानिवृत्ते। तत्र विविधान् विषयान् उद्देश्य तौ मुहूर्तं गोष्ठीसुखं अन्वभवताम्। कथाप्रसङ्गेन जम्बूकः अभाषत्। यदि किंचित् व्यसनम् अत्र उपतिष्ठेत् तर्हि किं करिष्यसि सखे बिडाल! कथं आत्मानं रक्षिष्यसि। इति यावत् सः अवदत् तावत् तत्र प्राप्ताः केऽपि सारमेयाः व्याधाः च। तान् दृष्ट्वा सत्वरं सः बिडालः वृक्षशिखरं आरोहत् सः वञ्चकः शृगालस्तु बुद्धिचातुर्य प्रदर्शयितुं का युक्तिः अधुना विधेयेति विचारयन् यावत् चालितचित्तः तिष्ठति तावत् आक्रान्तः सः शृगालः सारमेयैः व्यापादितश्च।

I. एकपदेन उत्तरत। (एक शब्द में उत्तर दीजिए।)
(i) कः मूषकान् अनुधावन् किमपि क्षेत्रं वा प्राप्तः?
(ii) एकमेव स्थलं कयोः क्षुधानिवृत्तेः अस्ति?
(iii) कथाप्रसङ्गेन कः अभाषत्?

II. पूर्णवाक्येन उत्तरत। (पूर्ण वाक्य में उत्तर दीजिए।)
(i) कथा प्रसङ्गेन जम्बूकः किम् अभाषत्?
(ii) सारमेयान् व्याधान् दृष्ट्वा तौ किं कृतवन्तौ?
(iii) शृगालः कैः व्यापादितः?

III. अस्य अनुच्छेदस्य कृते समुचितं शीर्षकं लिखत।
(इस अनुच्छेद का उचित शीर्षक लिखिए।)

IV. यथानिर्देशम् उत्तरत्। (निर्देशानुसार उत्तर दीजिए।)
(i) अनुच्छेदे 'आरोहत्' इति क्रियापदस्य कर्तृपदम् किम्?
(क) जम्बूकः (ख) मूषकः
(ग) बिडालः (घ) सारमेयः
(ii) अस्मिन् गद्यांशे मूषकः शब्दस्य पर्यायः शब्दः कः?
(क) बिडालः (ख) आखु
(ग) जम्बूकः (घ) खलु
(iii) 'शीघ्रम्' इति पदस्य कः पर्यायः अनुच्छेदे प्रयुक्तः।
(क) मन्दम् (ख) सत्वरम्
(ग) शनैः (घ) वेगम्
(iv) 'यावत्' इति विपरीत अर्थे किं पदं प्रयुक्तम्?
(क) एवम् (ख) तावत्
(ग) तत्र (घ) अधुना

उत्तराणि

I. (i) मार्जारः (ii) आवयोः
(iii) जम्बूकः

II. (i) जम्बूकः अभाषत्-यदि किंचित् व्यसनम् अत्र उपतिष्ठेत् तर्हि किं करिष्यसि सखे बिडाल।
(ii) सारमेयान् व्याधान् दृष्ट्वा विडालः सत्वरं वृक्षशिखरं आरोहत् परम् सः वञ्चकः शृंगालस्तु बुद्धिचातुर्य प्रदर्शयितुं तत्र एव स्थितवान्।
(iii) शृगालः सारमेयैः व्यापादितः।

III. जम्बूकः/वञ्चकः शृंगालः

IV. (i) (ग) बिडालः (ii) (ख) आखु
(iii) (ख) सत्वरम् (iv) (ख) तावत्

5. राजाचार्यः मार्गे गच्छन् आसीत्। समीपस्थस्य जीर्णकुटीरस्य पुरतः काचित् माता पुत्रं निर्दयं ताडयन्ती तेन दृष्टा। बालकः उच्चैः रोदिति स्म। तथापि माता तं पुनः पुनः ताडयति स्म। एतत् द्रष्टुम् अशक्तः राजाचार्यः वेगेन अग्रे गत्वा तां महिलां पृष्टवान्–"अम्ब! अलं ताडनेन। किमर्थम् एषः एवं ताडयते? कः अपराधः कृतः एतेन?" माता पुनरपि एकं प्रहारं पुत्राय समर्प्य राजाचार्यम् उक्तवती–"महामूर्खः एषः कुक्कुटकंडोलस्य द्वारम् उद्घाटितवान् अस्ति। मया सङ्गृहीताः सर्वे कुक्कुटाः पलायिताः सन्ति....।" तां सांत्वयन् उक्तवान् राजाचार्यः–"एतावत् एव खलु? एतदर्थम् एतावत् कोपः किमर्थम्? इदानीं निर्गताः कुक्कुटाः सायं सूर्यास्तसमये प्रत्यागच्छेयुः एव!" इति।

I. एकपदेन उत्तरत। (एक शब्द में उत्तर दीजिए।)
(i) मार्गे कः गच्छन् आसीत्?
(ii) माता पुत्रं निर्दयं ताडयन्ती केन दृष्टा?
(iii) शिशुः कथं रोदिति?

II. पूर्णवाक्येन उत्तरत। (पूर्ण वाक्य में उत्तर दीजिए।)
(i) माता पुत्रं कथं ताडयति स्म?
(ii) तां सांत्वयन् राजाचार्यः किम् उक्तवान्?
(iii) माता बालकं किं करोति स्म?

III. अस्य अनुच्छेदस्य कृते समुचितं शीर्षकं लिखत।
(इस अनुच्छेद का उचित शीर्षक लिखिए।)

IV. यथानिर्देशम् उत्तरत्। (निर्देशानुसार उत्तर दीजिए।)
(i) 'ताडयति स्म' इति क्रियापदस्य कर्तृपदं किम्?
(क) पुत्रः (ख) राजाचार्यः
(ग) माता (घ) बालकः
(ii) 'निर्गताः' अस्य पदस्य विशेष्यम् किम्?
(क) निर्गताः (ख) कुक्कुटाः
(ग) पलायिताः (घ) किमपि न
(iii) 'बुद्धिमानः' इति पदस्य विलोमपदम् अनुच्छेदानुसारेण किम्?
(क) महामूर्खः (ख) एषः
(ग) राजाचार्यः (घ) माता
(iv) 'बालकः' पदस्य का विभक्तिः?
(क) द्वितीया (ख) चतुर्थी
(ग) प्रथमा (घ) षष्ठी

उत्तराणि

I. (i) राजाचार्यः (ii) राजाचार्येन
(iii) उच्चैः

II. (i) माता पुत्रं ताडयति स्म-यतोहि सः कुक्कुटकंडोलस्य द्वारम् उद्घाटितवान्।
(ii) तां सांत्वयन राजाचार्यः उक्तवान "एतददर्थम् एतावत् कोपः किमर्थम्? इदानीं निर्गताः कुक्कुटाः सायं सूर्यास्तसमये प्रत्यागच्छेयुः एव" इति।
(iii) माता बालकं पुनः पुनः ताडयति स्म।

III. कुक्कुटाः/राजाचार्यः

IV. (i) (ग) माता (ii) (ख) कुक्कुटाः
(iii) (क) महामूर्खः (iv) (ग) प्रथमा

6. रामरावणयुद्धं प्रसिद्धं खलु? श्रीरामः सेतुबंधनं कृत्वा रावणेन सह युद्धाय लङ्काम् आगतवान्। रामः विभीषणं पृष्टवान्-विभीषण! कः सः सज्जनः? किं तस्य नाम? इति। विभीषणः प्रत्युत्तरं दत्तवान् "भगवन्! सः एव भवतः शत्रुः रावणः" इति। विभीषणस्य वचनं श्रुत्वा आश्चर्यचकितः अभवत् श्रीरामः। सः विभीषणम् एवम् उक्तवान् "द्रष्ट! कियत् सुन्दरः सः? सीताहरणादयः पापभाराः यदि तस्य न सन्ति तर्हि निश्चयेन लोकत्रयमपि शासितुं योग्यः एव" इति। मित्राणि! एकस्य योग्यतायाः परिज्ञानं तस्य सङ्कल्पादेव भवति। तस्य हृदयादेव भवति। रावणस्य मूलस्वभावः राक्षसस्य आसीत् पवित्रं निर्मलं च मनः तस्य नासीत्।

I. एकपदेन उत्तरत। (एक शब्द में उत्तर दीजिए।)
(i) श्रीरामः केन सह युद्धाय लङ्काम् आगतवान्?
(ii) रामः कं पृष्टवान्?
(iii) श्रीरामः किं कृत्वा लङ्काम् आगतवान्?

II. पूर्णवाक्येन उत्तरत। (पूर्ण वाक्य में उत्तर दीजिए।)
(i) रावण कदा लोकत्रयं शासितुं योग्यः?
(ii) श्री रामः कथम् आश्चर्यचकितः अभवत्?
(iii) रावणस्य स्वरूपं कथम् आसीत्?

III. अस्य अनुच्छेदस्य कृते समुचितं शीर्षकं लिखत।
(इस अनुच्छेद का उचित शीर्षक लिखिए।)

IV. यथानिर्देशम् उत्तरत्। (निर्देशानुसार उत्तर दीजिए।)
(i) 'आगतवान्' इति क्रियापदस्य कर्तृपदम् किम्?
(क) रावणः (ख) श्रीरामः
(ग) विभीषणः (घ) सीता
(ii) 'निर्मलं मनः' अनयो विशेषणं पदम् किम्?
(क) निर्मलं (ख) मनः
(ग) परिज्ञानं (घ) किमपि न
(iii) अनुच्छेदे 'दृष्ट्वान्' इति पदस्य अर्थे किं पदम् प्रयुक्तम्?
(क) पुष्टवान् (ख) आगतवान्
(ग) अवलोकितवान् (घ) दत्तवान्
(iv) 'रावणेन' इति पदे का विभक्तिः?
(क) प्रथमा (ख) पञ्चमी
(ग) सप्तमी (घ) तृतीया

उत्तराणि

I. (i) रावणेन (ii) विभीषणं (iii) सेतुबंधनं
II. (i) रावणः यदि सीताहरणादयः पापभाराः न तस्य सन्ति तर्हि निश्चयेन लोकत्रयमपि शासितुं योग्यः।
(ii) विभीषणस्य वचनं श्रुत्वा श्रीरामः आश्चर्यचकितः अभवत्।
(iii) रावणस्य मूलस्वभावः राक्षसस्य आसीत्।
III. रावणस्य मूलस्वभावः
IV. (i) (ख) श्रीरामः (ii) (क) निर्मलं
(iii) (ग) अवलोकितवान् (iv) (घ) तृतीया

7. अस्माकं देशे कुम्भमेलानां बहुमहत्त्वम् अस्ति। देशस्य चतुर्षु स्थानेषु कुम्भमेलाः आयोज्यन्ते-प्रयागे, हरिद्वारे, उज्जयिन्यां, नासिके च। प्रत्येकस्मिन् नगरे द्वादशवर्षाणाम् अनन्तरम् एकः पूर्णकुम्भयोगः आयाति। एवं वर्षत्रयस्य अनन्तरम् क्रमशः देशस्य एकैकस्मिन् स्थाने कुम्भमेला भवति। प्रत्येकस्मिन् नगरे षष्ठे वर्षे अर्धकुम्भयोगः अपि भवति। कुम्भमेलायां भागं गृहितुं भारतवर्षस्य अनेकेभ्यः स्थानेभ्यः सामान्यजनाः, साधवः सन्तः च आगच्छन्ति। कुम्भमेलायां जनाः नदीषु स्नानं कुर्वन्ति। तत्र स्नानस्य एव विशिष्टं महत्त्वं वर्तते। चत्वारि कुम्भस्थानानि चतसृणां प्रमुखानां नदीनां तटेषु अवस्थितानि सन्ति। प्रयागः उत्तर प्रदेशे तिसृणां पवित्राणां नदीनां सङ्गमस्थाने अवस्थितः अस्ति। हरिद्वारम् उत्तर प्रदेशे गङ्गानद्याः तटे स्थितम् अस्ति। उज्जयिनी मध्य प्रदेशे शिप्रानद्याः तटे स्थिता अस्ति। नासिकं महाराष्ट्रप्रान्ते गोदावरीनद्याः तटे स्थितम् अस्ति।

I. एकपदेन उत्तरत। (एक शब्द में उत्तर दीजिए।)
(i) कुम्भमेलाः कति स्थानेषु आयोज्यन्ते?
(ii) कुम्भमेलायां जनाः किं कुर्वन्ति?
(iii) उज्जयिनी मध्य प्रदेशे कः तटे स्थितम् अस्ति?

II. पूर्णवाक्येन उत्तरत। (पूर्ण वाक्य में उत्तर दीजिए।)
(i) एकः पूर्णकुम्भयोगः कदा आयाति?
(ii) चत्वारि कुम्भस्थानानि कुत्र अवस्थितानि सन्ति?
(iii) कुत्र कदा च अर्धकुम्भयोगः भवति?

III. अस्य अनुच्छेदस्य कृते समुचितं शीर्षकं लिखत।
(इस अनुच्छेद का उचित शीर्षक लिखिए।)

IV. यथानिर्देशम् उत्तरत्। (निर्देशानुसार उत्तर दीजिए।)
(i) 'प्रमुखानां' इति विशेषण पदस्य विशेष्यः कः?
(क) नदीनां (ख) मेलानां
(ग) देशानां (घ) गृहाणां
(ii) 'कुर्वन्ति' क्रियायाः कर्तृपदं किम्?
(क) साधवः (ख) जनाः
(ग) सन्तः (घ) प्रदेशः
(iii) अनुच्छेदे 'कूले' इति पदस्य अर्थे किम् पदम् प्रयुक्तम्?
(क) देशे (ख) गृहे
(ग) तटे (घ) स्थाने
(iv) 'नदीषु' इति पदस्य का विभक्ति?
(क) प्रथमा (ख) तृतीया
(ग) सप्तमी (घ) षष्ठी

उत्तराणि

I. (i) चतुर्षु (ii) स्नानं
(iii) शिप्रानद्याः
II. (i) एकः पूर्णकुम्भयोगः द्वादशवर्षाणाम् अनन्तरम् आयाति।
(ii) चत्वारि कुम्भस्थानानि चतसृणां प्रमुखानां नदीनां तटेषु अवस्थितानि सन्ति।
(iii) प्रत्येकास्मिन् नगरे षष्ठे वर्षे अर्धकुम्भयोगः अपि भवति।
III. कुम्भमेला
IV. (i) (क) नदीनां (ii) (ख) जनाः
(iii) (ग) तटे (iv) (ग) सप्तमी

8. दक्षिणात्ये जनपदे महिलारोप्यं नाम नगरम् आसीत्। तस्मिन् नगरे एकः वटवृक्षः आसीत्। तत्र देशदेशाद् आगत्य अनेके कपोताः वृक्षे उपविशन्ति स्म। ते परस्परं प्रेम्णा वसन्ति स्म। सर्वे कपोताः तत्र सुखेन कालं यापयन्ति स्म। एकदा प्रातः सर्वे कपोताः भोजनार्थं गगने उत्पतन्तः आसन्। तदा एकः व्याधः तत्रागच्छत्। सः भूमौ जालं प्रासारयत्। जालस्योपरि तण्डुलकणान् अक्षिपत्। पार्श्वे निभृतो भूत्वाऽतिष्ठत्। तदा कपोताः तण्डुलकणान् अपश्यन्। ते तान् भक्षणार्थं नीचैः आगन्तुम् ऐच्छन्। तेषां स्वामी चित्रग्रीवः तान् तथाकर्तुं न्यवारयत्। कपोताः स्वामिनः आज्ञां नान्वसरन्। एवं ते शीघ्रं जालेन बद्धाः जाताः। मूषकः तेषां जालम् अकृन्तत्। एवं सर्वे कपोताः बन्धनमुक्ताः अभवन्। वस्तुतः संघे शक्तिर्भवति।

I. एकपदेन उत्तरत। (एक शब्द में उत्तर दीजिए।)
(i) दक्षिणात्ये जनपदे किम् नाम नगरम् आसीत्?
(ii) सर्वे कपोताः तत्र केन कालं यापयन्ति स्म?
(iii) अनेके कपोताः कुत्र उपविशन्ति स्म?

II. पूर्णवाक्येन उत्तरत। (पूर्ण वाक्य में उत्तर दीजिए।)
(i) कदा एकः व्याधः तत्रागच्छत्?
(ii) व्याधः भूमौ जालं प्रासार्य किम् अक्षिपत्?
(iii) केषां स्वामी न्यवारयत्?

III. अस्य अनुच्छेदस्य कृते समुचितं शीर्षकं लिखत।
(इस अनुच्छेद का उचित शीर्षक लिखिए।)

IV. यथानिर्देशम् उत्तरत्। (निर्देशानुसार उत्तर दीजिए।)
(i) 'स्नेहेन' इति पदस्य कः पर्यायः अनुच्छेदे प्रयुक्तम्?
(क) प्रेम्णा (ख) एकदा (ग) मूषकः (घ) कपोताः
(ii) 'यापयन्ति स्म' इति क्रियापदस्य कर्तृपदं किं प्रयुक्तम्?
(क) खगाः (ख) काकाः
(ग) कपोताः (घ) सर्वे कपोताः
(iii) 'उच्चैः' इति पदस्य किं विलोमपदं अनुच्छेदे प्रयुक्तम्?
(क) मन्दम् (ख) नीचैः
(ग) शीघ्रम् (घ) त्वरितम्
(iv) 'अभवन्' कः लकारः अस्ति?
(क) लङ्ग (ख) लोट्
(ग) लृट् (घ) लट्

उत्तराणि

I. (i) महिलारोप्यम् (ii) सुखेन (iii) वृक्षे
II. (i) यदा सर्वे कपोताः भोजनार्थं गगने उत्पतन्तः आसन्।
(ii) व्याधः भूमौ जालं प्रासार्य जालस्योपरि तण्डुलकणान् अक्षिपत्।
(iii) कपोतानाम् स्वामी चित्रग्रीवः तान् तथाकर्तुं न्यवारयत्।
III. संघे शक्तिः
IV. (i) (क) प्रेम्णा (ii) (घ) सर्वे कपोताः
(iii) (ख) नीचैः (iv) (क) लङ्ग

9. किं त्वम् जानासि? अन्धकारं कः नाशयति ? कः दिनानां, रात्रीणां, मासानां, ऋतूनां, वर्षाणां च कारणम् अस्ति? को जगतम् शीतात् रक्षति? इत्यादीनां सर्वेषां प्रश्नानाम् एकमेवोत्तरम् अस्ति भगवान् भास्करः इति। सूर्यः दिनकरः मार्त्तण्डः इत्यादीनां अस्य पर्यायः अस्ति। अस्य जगतः प्रकाशकः भास्करः अस्ति। दीपकानां प्रकाशे तु जगतः सर्वे व्यवहाराः भवितुं न शक्नुवन्ति। भास्करस्याभावे तु सर्वत्र शैत्यमेव भवेत्। पश्याम एवं वयं यत् उत्तरदक्षिणयोः ध्रुवप्रदेशयोः भास्करस्य दर्शनं दुर्लभं भवति। ऋतूनामपि जनकः भास्करः अस्ति। यदा भास्करः उत्तरायणे भवति तदा तस्य प्रकाशः ऊष्मा च तीव्रौ भवतः। एभिः मेघैरेव वर्षाः भवन्ति। वर्षाभिरेव विविधान्यन्नानि, शाकाः पादपाः च भवन्ति।

I. एकपदेन उत्तरत। (एक शब्द में उत्तर दीजिए।)
(i) जगतः प्रकाशकः कः अस्ति?
(ii) कस्य अभावे सर्वत्र शैत्यमेव भवेत्?
(iii) भास्करः कम् नाशयति?

II. पूर्णवाक्येन उत्तरत। (पूर्ण वाक्य में उत्तर दीजिए।)
(i) सूर्यः केषां कारणम् अस्ति?
(ii) वर्षाभिः कानि भवन्ति?
(iii) यदा भास्करः उत्तरायणे भवति तदा किं भवति?

III. अस्य अनुच्छेदस्य कृते समुचितं शीर्षकं लिखत।
(इस अनुच्छेद का उचित शीर्षक लिखिए।)

IV. यथानिर्देशम् उत्तरत्। (निर्देशानुसार उत्तर दीजिए।)
(i) 'भास्करस्य' पर्यायः कः?
(क) शशिकरः (ख) निशाकरः
(ग) दिनकरः (घ) विशाचरः
(ii) 'ध्रुव' इति विशेषण पदस्य विशेषणपदं किं प्रयुक्तम्?
(क) प्रदेशयोः (ख) नगरयोः
(ग) क्षेत्रयोः (घ) आधिक्यम्
(iii) 'शक्नुवन्तिः' इति क्रियापदस्य कर्तृपदम् किं प्रयुक्तम्?
(क) अहम् (ख) त्वम् (ग) व्यवहाराः (घ) सर्वे
(iv) 'दिनकरः' इति पदस्य पर्यायः किम्?
(क) पितर (ख) पित्राः (ग) मार्त्तण्डः (घ) पितु

उत्तराणि

I. (i) भास्करः (ii) भास्करस्य (iii) अन्धकारं
II. (i) सूर्यः दिनानां, रात्रीणां, मासानां, ऋतूनां, वर्षाणां च कारणम् अस्ति।
(ii) वर्षाभिः एव विविधान्यन्नानि शाकाः पादपाः च भवन्ति।
(iii) यदा भास्करः उत्तरायणे भवति तदा तस्य प्रकाशः ऊष्मा च तीव्रौ भवतः।
III. भगवान् भास्करः
IV. (i) (ग) दिनकरः (ii) (क) प्रदेशयोः
(iii) (ग) व्यवहाराः (iv) (ग) मार्त्तण्डः

10. एकस्मात् ग्रामात् तीर्थयात्रीणाम् एकं दलं प्रस्थितम्। तत् दलं एकं आश्रमं प्राप्तम् तत्र महात्मानः नमस्कृत्य दलसदस्याः अकथयन्–"अस्माकं तीर्थयात्रा निर्विघ्नतया यथा समाप्येत्, फलप्रदा च यथा स्यात् तथा आशीर्वादः क्रियताम्" इति। महात्मनः आशीर्वादेन तान् अनुगृह्य कुटीरस्थाम् एकां तुम्बिकां निःसार्य तेभ्यः दत्त्वा अवदत्–"यत्र-यत्र तीर्थेषु भवन्तः स्नानं करिष्यन्ति तत्र सर्वत्र मम एतां तुम्बिकाम् अपि अवश्यं स्नापयन्तु। पश्चात् परावर्तन समये इमाम् मंत्वम् यच्छत्। ते तथैव अकुर्वन्। आत्मना सह तुम्बिकां स्नापयित्वा ते तां तुम्बिकां मुनये अयच्छन् तदा महात्मा तुम्बिकां त्रोटयित्वा तस्याः एकम् एकं खण्डं सर्वस्मै अपि यात्रिणे भक्षयितुं दत्तवान्। स्वादेन तत् आसीत् नितरां तिक्तम्। अतः तत्क्षणे एव सर्वे अपि थूत्कृतवन्तः। तत् तु केवलं सत्कर्माचरणात् एवं शुद्धं भवितुम् अर्हति। अतः सत्कर्माचरणं जीवने मुख्यं तीर्थयात्रा गौणा" इति।

I. एकपदेन उत्तरत। (एक शब्द में उत्तर दीजिए।)
(i) ग्रामात् केषां दलं प्रस्थितम्?
(ii) कं नमस्कृत्य दलसदस्याः अकथयन्?
(iii) एवं कथं भवितुम् अर्हति?

II. पूर्णवाक्येन उत्तरत। (पूर्ण वाक्य में उत्तर दीजिए।)

(i) तुम्बिकां त्रोटयित्वा महात्मा किं कृतवान्?

(ii) महात्मनः किम् अवदत्?

(iii) तीर्थयात्रीणाम् दलसदस्याः महात्मानम् किम् अकथयन्?

III. अस्य अनुच्छेदस्य कृते समुचितं शीर्षकं लिखत।
(इस अनुच्छेद का उचित शीर्षक लिखिए।)

IV. यथानिर्देशम् उत्तरत्। (निर्देशानुसार उत्तर दीजिए।)

(i) 'एकस्मात्' इति विशेषणपदस्य विशेष्यः कः?

(क) नगरात् (ख) गृहात्
(ग) ग्रामात् (घ) विद्यालयात्

(ii) 'दत्तवान्' इति क्रियापदस्य किम् कर्तृपदम् प्रयुक्तम्?

(क) वयम् (ख)महात्मा
(ग) तौ (घ) त्वम्

(iii) 'तीर्थयात्रा' अनयोः विशेषण पदं किम्?

(क) तीर्थ (ख) यात्रा
(ग) दूषितं (घ) बुद्धि

(iv) 'भवितुम' इति पदस्य प्रत्ययः किम्?

(क) अनीयर् (ख) क्तवतु
(ग) शानच् (घ) तुमुन्

उत्तराणि

I. (i) तीर्थयात्रीणाम् (ii) महात्मानम्
(iii) शुद्धं

II. (i) तुम्बिकां त्रोटयित्वा महात्मा तस्याः एकम् एकं खण्डं सर्वस्मै यात्रिणे भक्षयितुं दत्तवान्।

(ii) महात्मनः अवदत्—यत्र तीर्थेषु भवन्तः स्नानुं करिष्यन्ति तत्र सर्वत्र मम एतां तुम्बिकाम् अपि अवश्य स्नापयन्तु।

(iii) ते अकथयन् अस्माकम तीर्थयात्रा निर्विघ्नम् फलप्रदा च यथा स्यात् तथा आशीर्वादः क्रियताम्।

III. सत्कर्माचरणम्

IV. (i) (ग) ग्रामात् (ii) (ख) महात्मा
(iii) (क) तीर्थ (iv) (घ) तुमुन्

11. एकदा राजकुमारः सिद्धार्थः विहाराय उद्यानं गतवान्। सहसा सः क्रन्दनध्वनिम् अशृणोत्। तदैव च एकः हंसः तस्य सम्मुखे भूमौ अपतत्। तं दृष्ट्वा सिद्धार्थः करुणापूर्णः संजातः। पुनश्च स हंसस्य शरीराद् बाणं निष्कास्य यावत्पश्यति तावद् देवदत्तः तत्र समागतः। स सिद्धार्थम् उक्तवान् भो सिद्धार्थ! एषः हंसः मया हतः इमं हंसं मह्यं देहि सिद्धार्थः उच्चैः अवदत्-न दास्यामि इमं हंसं यतः अहम् अस्य रक्षकः। तौ परस्परं विवादमानौ राजसभां गतवन्तौ। राजा सर्वं वृत्तान्तं श्रुत्वा आदिष्टवान्-यस्य समीपे हंसः गमिष्यति स तस्यैव भविष्यति। हंसः तु सानन्दं सिद्धार्थमेव उपगतः। उक्तं हि-रक्षकः भक्षकात् श्रेयान्।

I. एकपदेन उत्तरत। (एक शब्द में उत्तर दीजिए।)

(i) सिद्धार्थः उद्यानं कस्मै प्रयोजनाय गतवान्?

(ii) तस्य सम्मुखे भूमौ कः अपतत्?

(iii) बाल्यकाले गौतमबुद्धस्य किं नाम आसीत्?

II. पूर्णवाक्येन उत्तरत। (पूर्ण वाक्य में उत्तर दीजिए।)

(i) देवदत्तः सिद्धार्थं किम् अवदत्?

(ii) राजा सर्वं वृत्तान्तं श्रुत्वा किम् आदिष्टवान्?

(iii) तौ परस्परं कौ गतवन्तौ?

III. अस्य अनुच्छेदस्य कृते समुचितं शीर्षकं लिखत।
(इस अनुच्छेद का उचित शीर्षक लिखिए।)

IV. यथानिर्देशम् उत्तरत्। (निर्देशानुसार उत्तर दीजिए।)

(i) 'विलोक्य' इतिपदस्य गद्यांशे पर्यापपदं किं प्रयुक्तम्?

(क) संदृश्य (ख) वीक्ष्य (ग) दृष्ट्वा (घ) गत्वा

(ii) 'उपगतः' इति क्रियायाः गद्यांशे कर्तृपदं किं प्रयुक्तम्?

(क) सिद्धार्थः (ख) देवदत्तः
(ग) हंसः (घ) देहि

(iii) 'सः सिद्धार्थम् उक्तवान्' अत्र 'सः' सर्वनाम पदं कस्मै प्रयुक्तम्?

(क) सिद्धार्थाय (ख) देवदत्ताय
(ग) राजकुमाराय (घ) हंसाय

(iv) 'समीपे' इति पदस्य विलोमपदं किम्?

(क) समीपः (ख) आसन्न
(ग) दूरे (घ) परस्परं

उत्तराणि

I. (i) विहाराय (ii) हंसः
(iii) सिद्धार्थः

II. (i) एषः हंसः मया हतः इमं हंसं मह्यं (मह्यम्) देहि।

(ii) राजा सर्वं वृत्तान्तं श्रुत्वा आदिष्टवान् यस्य समीपे हंसः गमिष्यति स तस्यैव भविष्यति।

(iii) देवदत्तः एवं सिद्धार्थः परस्परं विवादमानौ राजसभांगतवन्तौ।

III. रक्षक् भक्षकात् श्रेयान्

IV. (i) (ग) दृष्ट्वा (ii) (ग) हंसः
(iii) (ख) देवदत्ताय (iv) (ग) दूरे

12. इदं हि विज्ञानप्रधानं युगम्। 'विशिष्ट ज्ञानं विज्ञानम्' इति कथ्यते। अस्यां शताब्द्यां सर्वत्र विज्ञानस्यैव प्रभावो एवदृश्यते। अधुना नहि तादृशं किमपि कार्यं यत्र विज्ञानस्य साहाय्यं नापेक्ष्यते। आवागमने, समाचार-प्रेषणे, दूरदर्शने, सम्भाषणे, शिक्षणे, चिकित्साक्षेत्रे, मनोरंजनकार्ये अन्नोत्पादने, वस्त्रनिर्माणे, कृषिकर्मणि तथैवान्यकार्यकलापेषु विज्ञानस्य प्रभावस्तदपेक्षा च सर्वत्रैवानुभूयते। सम्प्रति मानवः प्रकृतिं वशीकृत्य तां स्वेच्छया कार्येषु नियुङ्क्ते। तथाहि वैज्ञानिकैः अनेके अविष्काराः विहिताः। मानवजातेः हिताहितम् अपश्चद्भिः वैज्ञानिकैः राजनीतिविज्ञैर्वा परमाणुशक्तेः अस्त्रनिर्माणे एव विशेषतः उपयोगो विहितः। तदुत्पादितं च लोकध्वंसकार्यम् अतिघोरं निर्घृणं च। अयं च न विज्ञानस्य दोषः न वा परमाणुशक्तेरपराधः, पुरुषापराधः खलु एषः।

I. एकपदेन उत्तरत। (एक शब्द में उत्तर दीजिए।)

(i) इदं कीदृशं युगम् अस्ति?

(ii) अस्यां शताब्द्यां सर्वत्र कस्य प्रभावो दरीदृश्यते?

(iii) कैः अनेके अविष्काराः विहिताः?

II. पूर्णवाक्येन उत्तरत। (पूर्ण वाक्य में उत्तर दीजिए।)

(i) विज्ञानम् किम् अस्ति?

(ii) सम्प्रति का स्वेच्छया नियुङ्क्ते?

(iii) अस्यां शताब्दयां सर्वत्र किं दृश्यते?

III. अस्य अनुच्छेदस्य कृते समुचितं शीर्षकं लिखत।
(इस अनुच्छेद का उचित शीर्षक लिखिए।)

IV. यथानिर्देशम् उत्तरत्। (निर्देशानुसार उत्तर दीजिए।)

(i) 'विज्ञानप्रधानं युगम्' अनयो विशेष्यः पदं किम्?

(क) युगम् (ख) विज्ञान
(ग) विशिष्ट (घ) प्रधान

(ii) 'नियुङ्क्ते' क्रियापदस्य कर्तृपदम् किम्?

(क) विज्ञानं (ख) मानवः
(ग) समाचारं (घ) दूरदर्शनं

(iii) 'गुणः' इति पदस्य विलोमपदं अनुच्छेदे किं प्रयुक्तम्?

(क) अपराधः (ख) प्रभावः
(ग) दोषः (घ) उपयोगः

(iv) 'सर्वत्र' इति पदस्य पर्यायः किम्?

(क) यत्र (ख) तत्र (ग) कुत्र (घ) सर्वदा

उत्तराणि

I. (i) विज्ञानप्रधानं (ii) विज्ञानस्य
(iii) वैज्ञानिकैः

II. (i) विशिष्ट ज्ञानं विज्ञानम् अस्ति।
(ii) सम्प्रति मानवः प्रकृति वशीकृत्य तां स्वेच्छया कार्येषु नियुङ्क्ते।
(iii) अस्यां शताब्द्यां सर्वत्र विज्ञानस्यैव प्रभावो दृश्यते।

III. विज्ञानप्रधानं युगम्

IV. (i) (क) युगम् (ii) (ख) मानवः
(iii) (ग) दोषः (iv) (घ) सर्वदा

13. अस्माकं देशस्य नाम भारतवर्षम् अस्ति। अयं भरतस्य देशः अस्ति अतः भारतनाम्ना प्रसिद्धः अस्ति। ऋषभस्य पुत्रः भरतः वीरः आसीत् तस्य नाम्ना अयं देशः 'भारत' इति अस्ति। भरतस्य कुले जाताः अपि भारताः। भारतानां देशः भारतः।
शकुन्तला-दुष्यन्तयोः पुत्रस्य नाम अपि भरतः आसीत् सः अपि चक्रवर्ती सम्राट आसीत्। प्रजानां भरणात् मनुः अपि भरत उच्यते। अस्माकं देशः अन्नैः, धनैः च स्वस्य उदरं तु भरति एव अन्येषाम् उदरम् अपि भरति, अतः अस्य नाम भारत इति अस्ति। भारत एव भारतवर्षम् कथ्यते। पुराणेषु भारतस्य नवद्वीपानाम् उल्लेखः वर्तते। जनाः स्वजीवने धर्म-अर्थ-कामानां प्राप्त्यर्थं प्रयत्नशीलाः भवन्ति।

I. एकपदेन उत्तरत। (एक शब्द में उत्तर दीजिए।)

(i) अस्माकं देशस्यनाम किम् अस्ति?

(ii) ऋषभस्य पुत्रः कः आसीत्?

(iii) पुराणेषु भारतस्य कस्य उल्लेखः वर्तते?

II. पूर्णवाक्येन उत्तरत। (पूर्ण वाक्य में उत्तर दीजिए।)

(i) पुराणेषु किं वर्तते?

(ii) अस्माकं देशः कथं भारत इति अस्ति?

(iii) मनुः किम् अपि उच्यते?

III. अस्य अनुच्छेदस्य कृते समुचितं शीर्षकं लिखत।
(इस अनुच्छेद का उचित शीर्षक लिखिए।)

IV. यथानिर्देशम् उत्तरत्। (निर्देशानुसार उत्तर दीजिए।)

(i) 'भरतः वीरः' अनयोः पदयोः विशेषणं किम्?

(क) भरतः (ख) वीरः
(ग) ऋषभः (घ) जनः

(ii) 'भवन्ति' इति क्रियापदस्य कर्तृपदं किम्?

(क) भारतः (ख) जनाः (ग) वीरः (घ) सम्राटः

(iii) 'राज्ञः' इत्यस्य पदस्य कः पर्यायः अनुच्छेदे आगतः?

(क) पुत्रः (ख) वीरः
(ग) सम्राट् (घ) भरतः

(iv) 'पुत्रस्य' पदे का विभक्तिः?

(क) षष्ठी (ख) पञ्चमी
(ग) चतुर्थी (घ) तृतीया

उत्तराणि

I. (i) भारतवर्षम् (ii) भरतः (iii) नवद्वीपानाम्

II. (i) पुराणेषु भारतस्य नवद्वीपानाम् उल्लेखः वर्तते।
(ii) अस्माकं देशः अन्नैः घनैः य स्वस्य उदरं भरति एव अन्येषाम् अपि उदरं भरति अतः अस्य नाम "भारत" इति अस्ति।
(iii) प्रजानां भरणात् मनुः भरत अपि उच्यते।

III. भारतवर्षम्/भरत

IV. (i) (क) भरतः (ii) (ख) जनाः
(iii) (ग) सम्राट् (iv) (क) षष्ठी

14. स्वामी श्रद्धानंदवर्यः आर्यसमाजस्य अनुयायी। महान् देशभक्तः अपि आसीत्। काङ्गडीस्थे गुरुकुले यदा सः अध्यापयति स्म तदानींनूतनाघटना एषा 'गुरुकुले युद्धास्त्राणां निर्माणागारं गौप्येन कार्यं करोति इति किंवदन्ती गुप्तचरविभागद्वारा कदाचित् श्रुता आंग्लसर्वकारेण।
वस्तुस्थितेः परीक्षणार्थं कश्चन् आंग्लाधिकारी गुरुकुलम् आगत्य दर्पेण पृष्टवान्-"अत्र युद्धास्त्रनिर्माणागारम् अस्ति इति श्रूयते। किम् एतत् सत्यम्?" स्वामी श्रद्धानंदवर्यः शांतस्वरेण उक्तवान्-'आम्।'
आश्चर्येण कौतूहलेन च पृष्टवान् आंग्लाधिकारी-'कुत्र अस्ति तत्?' "तत् तु अत्रैव अस्ति। एते एव मया निर्मीयमाणानि युद्धास्त्राणि!" इति वदन् श्रद्धानंदवर्यः गुरुकुलीयान् ब्रह्मचारिणः दर्शितवान्। एतत् श्रुत्वा सः गुप्तचरविभागीयः अधिकारी विषण्णवदनः सन् ततः निर्गतवान्। वराकः सः न जानाति स्म यत् तत्रत्यः एकैकः ब्रह्मचारी अपि आंग्लशासननिर्मूलकं गोलकास्त्रम् इव आचरति इति।

I. एकपदेन उत्तरत। (एक शब्द में उत्तर दीजिए।)

(i) स्वामी श्रद्धानंदः कस्य समाजस्य अनुयायी आसीत्?

(ii) कुत्र युद्धास्त्राणां निर्माणागारं गौप्येन कार्यं करोति?

(iii) कः गुरुकुले विषये न जानाति स्म?

II. पूर्णवाक्येन उत्तरत। (पूर्ण वाक्य में उत्तर दीजिए।)
(i) आंग्लसर्वकारेण गुप्तचरविभागद्वारा का श्रुता?
(ii) श्रद्धानंदवर्य: कान् दर्शितवान्?
(iii) आंग्लसर्वकारेण गुरुकुले विषये किम श्रुतवान्?

III. अस्य अनुच्छेदस्य कृते समुचितं शीर्षकं लिखत।
(इस अनुच्छेद का उचित शीर्षक लिखिए।)

IV. यथानिर्देशम् उत्तरत्। (निर्देशानुसार उत्तर दीजिए।)
(i) अनुच्छेदे 'महान् देशभक्त:' विशेषणस्य विशेष्य पदम् किम् प्रयुक्तम्?
(क) स्वामी (ख) श्रद्धानंदवर्य:
(ग) आंग्लाधिकारी (घ) स्वामी श्रद्धानंदवर्य:
(ii) 'आश्रमे' अस्य पदस्य अर्थे अनुच्छेदे किं पदम् प्रयुक्तम्?
(क) गुरुकुले (ख) विद्यालये
(ग) पाठशालायाम् (घ) पुस्तकालये
(iii) 'एते एव मया निर्मीयमाणानि' इति मया सर्वनाम पदं कस्मै प्रयुक्तम्?
(क) श्रद्धानंदवर्याय (ख) आंग्लाधिकारये
(ग) ब्रह्मचार्ये (घ) ब्राह्मणाय
(iv) 'श्रुत्वा' इति पदस्य प्रत्यय: किम्?
(क) क्त (ख) क्तवतु (ग) त्वत् (घ) क्त्वा

उत्तराणि

I. (i) आर्यसमाजस्य (ii) गुरुकुले (iii) आंग्लाधिकारी

II. (i) आंग्लसर्वकारेण गुप्तचरविभागद्वारा श्रुता यत्-'गुरुकुले युद्धास्त्राणां निर्माणागारं गौप्येन कार्यं करोति'।
(ii) श्रद्धानंदवर्य: गुरुकुलीयान् ब्रह्मचारिण: दर्शितवान्।
(iii) एतस्मिन् गुरुकुले युद्धस्त्राणां निर्माणागारं गौप्येन कार्यं करोति।

III. स्वामी श्रद्धानंदवर्ये:/देशभक्त: श्रद्धानंद:

IV. (i) (ख) श्रद्धानंदवर्य: (ii) (क) गुरुकुले
(iii) (क) श्रद्धानंदवर्याय (iv) (घ) क्त्व

अभ्यास प्रश्ना:

बहुविकल्पीय एवं वर्णनात्मक प्रश्न

- अधोलिखितान् अनुच्छेदान् पठित्वा प्रदत्तप्रश्नान् संस्कृतेन उत्तरत।
(निम्नलिखित अनुच्छेदों को पढ़कर दिए गए प्रश्नों के उत्तर संस्कृत में लिखिए।)

1. समयस्य समुचिते रूपे उपयोग: एव 'समयस्य सदुपयोग:' कथ्यते। समयस्य सदुपयोग: मानवसमाजस्य हितसाधकेषु साधनेषु साधनं वर्तते। समय: अन्येषां वस्तूनाम् अपेक्षया अधिक: महत्त्वपूर्ण: मूल्यवान च वर्तते।

अन्यानि वस्तूनि विनष्टानि पुनरपि लब्धुं शक्यन्ते परं समयो विनष्टो न केनापि उपायेन पुन: परावर्तयितुं शक्यते।

जना: द्विधा समयस्य दुरुपयोगं कुर्वन्ति-व्यर्थयापनेन अकार्यकरणेन च। अनेके जना: कार्यसम्पादने समर्था: अपि निरर्थकं समयं यापयन्ति। इतस्तत: भ्रमन्ति, अप्रयोजनं गृहे-गृहे अटन्ति। ते तु नैव स्वार्थाय न च परार्थाय किञ्चित् कार्यं कुर्वन्ति। न धर्मम् आचरन्ति, न धनम्, उपार्जयन्ति, तेषां जन्म निरर्थकं भवति। भूमिरपि एतादृशानां निष्क्रियाणां भारं वोढुं नेच्छति। ईदृशा: जना: कस्मै अपि न रोचन्ते न वा कश्चित् तेभ्य: आश्रयमेव दातुमिच्छति। ते यत्र-यत्र गच्छन्ति तत: एव बहिष्क्रियन्ते पितरौ अपि एतादृशान् तनयान् न अभिनन्दत:।

अत: अस्माभि: आलस्यं विहाय सर्वदैव समयस्य सदुपयोग: कर्तव्य:।

I. एकपदेन उत्तरत। (एक शब्द में उत्तर दीजिए।)
(i) कस्य हितसाधकेषु साधनेषु साधनं वर्तते?
(ii) क: विनष्ट: परावर्तयितुं न शक्यते?
(iii) का निष्क्रियाणां भारं वोढुं नेच्छति?

II. पूर्णवाक्येन उत्तरत। (पूर्ण वाक्य में उत्तर दीजिए।)
(i) अस्माभि: किं विहाय समयस्य सदुपयोग: कर्त्तव्य:?
(ii) अन्येषां वस्तूनामपेक्षया समय: किमर्थमधिक: महत्त्वपूर्ण: मूल्यवान् च?
(iii) केषां जन्म निरर्थकं भवति?

III. अस्य अनुच्छेदस्य कृते समुचितं शीर्षकं लिखत।
(इस अनुच्छेद का उचित शीर्षक लिखिए।)

IV. यथानिर्देशम् उत्तरत्। (निर्देशानुसार उत्तर दीजिए।)
(i) 'अनेके जना:' इत्यत्र विशेष्य पदं किम्?
(क) जना: (ख) अनेक:
(ग) अनेके (घ) जन:
(ii) 'समयस्य' पदे का विभक्ति?
(क) सप्तमी (ख) षष्ठी
(ग) चतुर्थी (घ) द्वितीया
(iii) 'सदुपयोग:' इत्यस्य पदस्य किं विलोमपदं गद्यांशे प्रयुक्तम्?
(क) निरर्थकं (ख) परार्थाय
(ग) दुरुपयोगं (घ) मूल्यावान्
(iv) 'पुत्रान्' इत्यस्य कृते गद्यांशे किं पदं प्रयुक्तम्?
(क) तनयान् (ख) विहाय
(ग) अपियान् (घ) एतादृशान्

2. अद्य स्वस्थं स्वच्छ पर्यावरणस्य आवश्यकता वर्तते। पर्यावरणस्य रक्षा धर्मसम्मतमेव अस्ति। इति अस्माकं ऋषयः प्रतिपादितवन्तः। आवश्यकं वर्तते यद् वयं स्वजीवनं सन्तुलितं कुर्मः। प्रकृतेः संसाधनानां संरक्षणं कुर्मः। अपशिष्ट पदार्थानामवकरस्य वा निक्षेपण सावधानेन कुर्मः। अद्य प्रदूषणम् निवारणार्थ सर्वकारेण महान्तः प्रयासाः क्रियन्ते। तेषु प्रयासेषु वयमपि सहभागिनेः भवाम। अधिकाधिक वृक्षारोपणं तेषां संरक्षणं च कुर्मः। प्राकृतिक जलस्रोतानां सुरक्षां कुर्मः। अनेन एव सौरोर्जायाः वायूर्जायाः च उपयोगं कुर्मः। सर्वत्र स्वच्छता च पालयामः। जीवमात्रस्य संरक्षणं कुर्मः। नदीतडागवापीनां च स्वच्छता स्थापयामः। ध्वनि विस्तारकयंत्राणां उपयोगं अवरोधयामः। पर्यावरणस्य महत्त्वमावश्यकतां च संस्मृत्य सर्वे वयं तस्य संरक्षणाय प्रयत्नं करिष्यामः तर्हि विश्वः सुखी- सम्पन्नश्च भविष्यति। तदैव अस्माकं 'सर्वे भवन्तु सुखिनः सर्वे सन्तु निरामया' इति कामना सफला भविष्यति।

I. एकपदेन उत्तरत। (एक शब्द में उत्तर दीजिए।)
(i) अद्य कीदृशं पर्यावरणस्य आवश्यकता वर्तते।
(ii) स्वच्छ पर्यावरणस्य रक्षा धर्मसम्मतमेक इति के प्रतिपादयन्ति?
(iii) वयं स्वजीवनं कीदृशं कुर्मः?

II. पूर्णवाक्येन उत्तरत। (पूर्ण वाक्य में उत्तर दीजिए।)
(i) अद्य कस्य आवश्यकता वर्तते?
(ii) स्वच्छ पर्यावरण-प्रदूषण- निवारणाय मानवेन किं करणीयम् ?
(iii) वयं कस्य ऊर्जायाः प्रयोगः कर्त्तव्यः?

III. अस्य अनुच्छेदस्य उपयुक्त शीर्षकं लिखत?
(इस अनुच्छेद का उचित शीर्षक लिखिए।)

IV. यथानिर्देशम् उत्तरत्। (निर्देशानुसार उत्तर दीजिए।)
(i) 'स्वच्छ पर्यावरणम्' अत्रे किं पदं विशेष्यपदम् अस्ति?
(क) स्वच्छः (ख) पर्यावरणम्
(ग) स्वच्छ (घ) पर्यावरणं
(ii) 'सहभागिनः भवामः' अत्र भवामः क्रियापदस्य कर्तृपदं लिखत।
(क) भगिनी (ख) वयम् (ग) सर्वे (घ) अनेन
(iii) नीरोगाः इति पदस्य स्थाने अनुच्छेदे किं समानार्थी पदं प्रयुक्तम्?
(क) दुःखिनः (ख) सुखिनः
(ग) निरामयाः (घ) स्वच्छतयाः
(iv) 'दुःखिनः' इति पदस्य अनुच्छेदात् चित्वा विलोमपदं लिखत।
(क) निरामयाः (ख) सुखिनः
(ग) भवन्तु (घ) स्वच्छः

3. भारते उत्सवाः द्विविधाः सन्ति-राष्ट्रीयाः उत्सवाः अन्ये च पारम्परिकाः उत्सवाः। 1947 तमे वर्षे अगस्तमासस्य पञ्चदशदिनाङ्के अस्माकं देशः स्वतन्त्रः जातः। अतः समग्रे देशे अयम् उत्सवः आयोज्यते। एवमेव 1950 तमे वर्षे जनवरीमासस्य षडविंशतितिथौ गणतन्त्र दिवस समारोहः भवति। एतौ अस्माकं राष्ट्रीयौ उत्सवौ। पारम्परिक-उत्सवेषु एकः विशिष्टः उत्सवः श्रावणपूर्णिमा वर्तते। एतत् दिनं भारतस्य केन्द्रशासेन संस्कृतदिनत्वेन घोषितम् अस्ति। अतः समग्रे देशे संस्कृतज्ञाः संस्कृतोत्सवम् मानयन्ति। अस्मिन् दिने अस्माभिः संस्कृतकार्यक्रमेषु भागः ग्रहीतव्यः। विदुषां मेलनं, संस्कृत नाटकानां मञ्चनम् , परिचर्चा, श्लोकोच्चारणम् , संवादाः, प्रदर्शनी, इत्यादयः बहवः कार्यक्रमाः आयोजयितुं शक्यन्ते। संस्कृतम् अस्माकं देशस्य गौरवम् इति अस्माभिः सर्वदा स्मरणीयम् । संस्कृतमेव अस्माकं संस्कृतिः आश्रिता। अतएव उच्यते-भारतस्य प्रतिष्ठे द्वे- संस्कृतं संस्कृतिश्च।

I. एकपदेन उत्तरत। (एक शब्द में उत्तर दीजिए।)
(i) गणतन्त्र दिवस-समारोहः कदा समायोज्यते?
(ii) अस्माकं देशस्य गौरवं किम्?
(iii) किं दिनं संस्कृतदिवसः इति घोषितम् ?

II. पूर्णवाक्येन उत्तरत। (पूर्ण वाक्य में उत्तर दीजिए।)
(i) संस्कृतदिवसे अस्माभिः किं करणीयम् ?
(ii) अस्माकं देशः कदा स्वतन्त्रः जातः?
(iii) अस्माकं राष्ट्रीयौ उत्सवौ कौ स्तः?

III. अस्य अनुच्छेदस्य उपयुक्तं शीर्षकं लिखत।
(इस अनुच्छेद का उचित शीर्षक लिखिए।)

IV. यथानिर्देशम् उत्तरत्। (निर्देशानुसार उत्तर दीजिए।)
(i) 'सम्पूर्णे' इति अर्थे किं पदम् अत्र प्रयुक्तम् ?
(क) समस्ते (ख) समग्रे
(ग) देशे (घ) स्थाने
(ii) 'द्वे' इति पदं कस्य विशेषणम् ?
(क) प्रतिष्ठौ (ख) प्रतिष्ठः
(ग) प्रतिष्ठम् (घ) प्रतिष्ठे पदस्य
(iii) 'मूर्खाणाम्' इत्यस्य किं विपर्ययपदम् अत्र प्रयुक्तम्?
(क) विदुषाम् (ख) ज्ञानीनाम्
(ग) छात्राणाम् (घ) अध्येतृणाम्
(iv) 'संस्कृतं जानन्ति' इति कस्य पदस्य अर्थः?
(क) संस्कृतज्ञाः पदस्य (ख) संस्कृताः पदस्य
(ग) संस्कृति पदस्य (घ) भागः पदस्य

4. योगः भारतस्य प्राचीनः विधिः अस्ति। अद्यत्वे योगस्य महत्त्वं सर्वे जानन्ति। 21 जून दिनाङ्कः अन्तर्राष्ट्रीय योगदिवसः इति आचर्यते। अद्यत्वे सम्पूर्णे विश्वे योगः लोकप्रियः अस्ति, तस्य महत्त्वं सर्वे अवगन्तुं शक्नुवन्ति। जीवने योगस्य महत्त्वं अधिकं महत्त्वपूर्णम् अस्ति। योगस्य साहाय्येन वयं बहिः आन्तरिकं च स्वशरीरं स्वस्थं स्थापयितुं शक्नुमः। योगः न केवलं अस्माकं शरीरं स्वस्थं स्थापयितुं सहायकः सिद्धः भवति अपितु अस्माकं मनः स्वस्थं अपि करोति। योगः मनसः संवर्धनं शरीरस्य रोगमुक्तं च भवति। योगः सफलतायाः मार्गः भवति। कर्मयोगीमानवः एव सफलतां प्राप्नोति। अलसः नरः भाग्यवादी भवति। सः सर्वदा चिन्तयति यत् भाग्येन एव सर्वफलति। किन्तु एतद् विपरीतं योगी नर योगेन सर्वाणि कार्याणिसाधयति। सः सर्वदायोगे एवं विश्वसिति। योगेन तस्य जीवनं सुखमयं, समृद्धं शान्तिपूर्णं च भवति।

I. एकपदने उत्तरत। (एक शब्द में उत्तर दीजिए।)
(i) योगः कस्य प्राचीनः विधिः अस्ति?
(ii) योगः कस्या मार्गः भवति?
(iii) कः नरः भाग्यवादी भवति?

II. पूर्णवाक्येन उत्तरत। (पूर्ण वाक्य में उत्तर दीजिए।)
(i) योगेन जीवनं कीदृशं भवति?
(ii) भाग्यवादी नरः किं चिंतयति?
(iii) कस्य साहाय्येन वयं बहिः आन्तरिक च स्वशरीरं स्वस्थं स्थापयितुं शक्नुमः?

III. अस्य अनुच्छेदस्य उपयुक्तं शीर्षकं लिखत।
(इस अनुच्छेद का उचित शीर्षक लिखिए।)

IV. यथानिर्देशम् उत्तरत्। (निर्देशानुसार उत्तर दीजिए।)
(i) अन्तर्राष्ट्रीययोगदिवसः दिनाङ्क किम् अस्ति?
(क) एकविंशतिः जून (ख) एकादश जून
(ग) एकंविशात जून (घ) विंशति जून
(ii) 'अस्माकम्' इति पदस्य पर्याय पदं किम् ?
(क) अधिकम् (ख) वयम्
(ग) अस्मिन् (घ) शरीरम्
(iii) 'योगस्य' अस्मिन पदे का विभक्तिः?
(क) प्रथमा विभक्ति (ख) सप्तमी विभक्ति
(ग) षष्ठी विभक्ति (घ) चतुर्थी विभक्ति
(iv) 'न्यूनम्' इति पदस्य गद्यांशे किं विलोम पदम् प्रयुक्तम्?
(क) महत्त्वम् (ख) पूर्वम्
(ग) अधिकम् (घ) शरीरम्

5. संत तुलसीदासेन कथितम्–"धीरज, धर्म, मित्र अरु नारी; आपतकाल परखिए चारी।" अर्थात् धैर्यं, धर्मः, मित्राणि, नारी, च एताः चतस्रः आपत्काले एव परीक्षयेत्। मित्रस्य परीक्षणविपत्तौ एव भवति। सन्मित्रं सरलतया न मिलति। अतः जनैः मित्रस्य निर्वाचनं सम्यक्तया विचिन्त्य एव कर्त्तव्यम्। मित्रस्य निर्वाचने तस्य व्यवहारस्य आचरणस्य वा उपरि विशेषतया ध्यानं दातव्यम्। सन्मित्रं विनम्रं, सदाचारी, विश्वासपात्रं, सहृदयं चरित्रवान् च भवेत्। सन्मित्रं एकं शिक्षकमिव भवति यत् स्वमित्रं सन्मार्गे अग्रसरी कृत्वा पापपङ्कात् तम् रक्षति। यदा जनस्योपरि विपत्तीनां बद्दलाः आच्छादिताः भवन्ति सर्वतश्च निराशायाः गहनं तमः एव दृष्टिगोचरं भवति तदा केवलं सन्मित्रमेव आशायाः किरणं इव समक्षे आगत्य तत् तमः दूरीकरोति। यत् सम्मुखे तु मधुरं वदेत् पृष्ठे कार्यं विकुर्यात् तादृशं मित्रं त्यागे एव बुद्धिमत्ता वर्तते।

I. एकपदेन उत्तरत। (एक शब्द में उत्तर दीजिए।)
(i) मित्रस्य परीक्षणं कदा भवति?
(ii) कस्य निर्वाचने आचरणस्य विशेषतया ध्यानं दातव्यम्?
(iii) सन्मित्रं एकं किं भवति?

II. पूर्णवाक्येन उत्तरत। (पूर्ण वाक्य में उत्तर दीजिए।)
(i) संत तुलसीदासेन किं कथितम्?
(ii) सन्मित्रं कथं भवेत्?
(iii) कीदृशं मित्रं त्यागे एव बुद्धिमत्ता वर्तते।

III. अस्य अनुच्छेदस्य कृते समुचितं शीर्षकं लिखत।
(इस अनुच्छेद का उचित शीर्षक लिखिए।)

IV. यथानिर्देशम् उत्तरत्। (निर्देशानुसार उत्तर दीजिए।)
(i) 'रक्षति' इति क्रियापदस्य कर्तृपदं किम् प्रयुक्तम्?
(क) सन्मित्रम् (ख) नारी
(ग) धर्मः (घ) धैर्यम्
(ii) 'तमः' इति पदस्य पर्यायपदम् किम्?
(क) प्रकाशः (ख) अन्धकारः
(ग) उजालः (घ) प्रदीप्तः
(iii) 'संत तुलसीदासः'अनयोः विशेष्यपदं किम् अस्ति?
(क) सन्तः (ख) तुलसीदासः
(ग) दासः (घ) तुलसी
(iv) 'मित्रस्य' पदे का विभक्तिः?
(क) सप्तमी (ख) षष्ठी (ग) पञ्चमी (घ) तृतीया

6. एकदा शरीरस्य सर्वाणि इन्द्रियाणि–हस्तौ पादौ मुखं नासिका कर्णौ इत्यादीनि मिलित्वा अचिंतयन्–"वयं सर्वे प्रतिदिनं परिश्रमं कुर्मः। एतद् उदरं सर्वं स्वीकरोति स्वयं किमपि कार्यं न करोति"। अद्य प्रभृति वयमपि कार्यं न करिष्यामः। एवं चिंतयित्वा सर्वाणि अङ्गानि कार्यम् अत्यजन्। मुखम् अन्नकणं अपि न प्राविशत्। एवं द्वे दिने व्यतीते जाते। शनैः शनैः सर्वाणि अङ्गानि शिथिलानि अभवन्। कथमपि पुनः मिलित्वा विचारम् अकुर्वन्–"अहो। अस्माकं प्रमादः। भुक्तस्य अन्नस्य पाचनं तु उदरमेव करोति। एतद् एव अस्मभ्यं शक्तिं ददाति। अस्य कृपया एव वयं जीवामः। अतः अस्माभिः सर्वैः अनेन सह सहयोगः करणीयः।"

I. एकपदेन उत्तरत। (एक शब्द में उत्तर दीजिए।)
(i) एकदा कानि मिलित्वा अचिंतयन्?
(ii) सर्वाणि अङ्गानि किम् अत्यजन्?
(iii) वयं सर्वे प्रतिदिनं किं कुर्मः?

II. पूर्णवाक्येन उत्तरत। (पूर्ण वाक्य में उत्तर दीजिए।)
(i) सर्वाणि इन्द्रियाणि किम् अचिंतयन्?
(ii) सर्वाणि इन्द्रियाणि मिलित्वा किं विचारम् अकुर्वन्?
(iii) किं किमपि कार्यं न करोति?

III. अस्य अनुच्छेदस्य कृते समुचितं शीर्षकं लिखत।
(इस अनुच्छेद का उचित शीर्षक लिखिए।)

IV. यथानिर्देशम् उत्तरत्। (निर्देशानुसार उत्तर दीजिए।)
(i) 'भुक्तस्य अन्नस्य' अनयोः विशेषणपदं किम् अस्ति?
(क) भुक्तस्य (ख) अन्नस्य
(ग) शरीरस्य (घ) सर्वाणि
(ii) 'बलयुक्ता' इति पदस्य गद्यांशे विलोमपदं किम् प्रयुक्तम्?
(क) निर्बला (ख) क्षीणा (ग) दुर्बला (घ) सबला
(iii) 'पाचनं करोति' इति क्रियापदस्य गद्यांशे कर्तृपदं किं प्रयुक्तम्?
(क) मुखम् (ख) उदरम्
(ग) नासिका (घ) हस्तौ
(iv) 'प्रमादः' पदस्य पर्यायः किम्?
(क) शक्तिः (ख) विरक्तः
(ग) आनंदः (घ) जीवामः

7. एकदा एका पंचदशवर्षीया बालिका पित्रा सह मेलकं द्रष्टुं नगरं प्रति गच्छति स्म। सा चतुरमतिः धैर्यशालिनी च आसीत्। सा बाल्यकाले एव विविधासु विद्यासु पारङ्गता आसीत्। मार्गे एका नदी आसीत्। सा नौकया गच्छति स्म। नौकायाम् अनेके जनाः आसन्। नद्यां एकः मकरः आसीत्। तत्र द्वौ जनौ तस्मात् मकरात् भीतौ जले पतितौ। तयोः मुखे भयस्य छाया आसीत्। सा अपि भीता आसीत् परन्तु सा अचिन्तयत्–तयोः जनयोः रक्षणं कथं करणीयम्? सा जले अकूर्दत् तयोः च जनयोः हस्तौ गृहीत्वा नौकां प्रति आनयत्। सा तयोः रक्षणम् अकरोत। सा साहसी बालिका लक्ष्मीबाई आसीत्। एतस्यै वीरबालायै नमः।

I. एकपदेन उत्तरत। (एक शब्द में उत्तर दीजिए।)
(i) बालिका केन सह गच्छति स्म?
(ii) मार्गे का आसीत्?
(iii) बालिका कति वर्षीया अस्ति?

II. पूर्णवाक्येन उत्तरत। (पूर्ण वाक्य में उत्तर दीजिए।)
(i) बालिका बाल्यकाले कीदृशी आसीत्?
(ii) बालिका कथं तयोः रक्षणम् अकरोत्?
(iii) तत्र कौ जले पतितौ?

III. अस्य अनुच्छेदस्य कृते समुचितं शीर्षकं लिखत।
(इस अनुच्छेद का उचित शीर्षक लिखिए।)

IV. यथानिर्देशम् उत्तरत्। (निर्देशानुसार उत्तर दीजिए।)
(i) 'निपुणा' इति पदस्य गद्यांशे पर्याय पदं किम् अस्ति?
(क) कुशला: (ख) प्रवीणा:
(ग) पारङ्गता (घ) पटवः
(ii) 'नमः' इति क्रियापदस्य प्रयोगः गद्यांशे कस्यै कृतः?
(क) सुन्दरकन्यायै (ख) वीरबालायै
(ग) विदुषीबालायै (घ) धीरबालायै
(iii) 'पतितौ' क्रियापदस्य गद्यांशे कर्तृपदं किं प्रयुक्तम्?
(क) जनौ (ख) बालकौ
(ग) विद्यार्थिनौ (घ) मूर्खो
(iv) 'गृहीत्वा' इति पदस्य प्रत्ययः किम्?
(क) क्त (ख) क्त्वा
(ग) तुमुन् (घ) क्तवतु

8. एकदा एकः नरः सरोवरतटे अभ्रमत्। सः गंभीरचिंतने रतः आसीत्। सहसा वानराणां शब्दैः तस्य ध्यानः भङ्गः अभवत्। सः अपश्यत् यद् रक्तवर्णाः अतिविकरालाः वानराः नातिदूरे आसन्। सः धावितुम आरभत्। तं धावन्तं दृष्ट्वा वानराः अपि अनुधावितवन्तः। भीतः सः तीव्रगत्या धावितुम् आरभत्। मा धाव भयं त्यक्त्वा तत्रैव स्थिरः भव इति कस्यचित् वृद्धजनस्य उच्चस्वरं श्रुत्वा स तथैव अकरोत्। तं स्थिरं दृष्ट्वा वानराः अपि तत्रैव स्थितवन्तः। साहसं कृत्वा निर्भीकदृष्ट्या सः वानरान् अपश्यत्। तं निर्भीकं दृष्ट्वा वानर-समूहः पलायितः। अहो ! आश्चर्यम्। कीदृशः चमत्कारः। अनेन अनुभवेन तस्य ज्ञान चक्षुषी उन्मीलिते। तेन ज्ञातं यद् आपत्तिभ्यः मुक्तिः दृढ संकल्पेन, साहसेन, धैर्येण च भवति न ताभ्यः पलायनेन।

I. एकपदेन उत्तरत। (एक शब्द में उत्तर दीजिए।)
(i) नरः कस्मिन् रतः आसीत्?
(ii) तस्य ध्यान भङ्गः कैः अभवत्?
(iii) तं निर्भीकं दृष्ट्वा कः पलायितः?

II. पूर्णवाक्येन उत्तरत। (पूर्ण वाक्य में उत्तर दीजिए।)
(i) केनाचित् वृद्धजनेन किं कथितम्?
(ii) आपत्तिभ्यः कथं मुक्तिः?
(iii) अनेन अनुभवेन कस्य ज्ञान चक्षुषी उन्मीलिते?

III. अस्य अनुच्छेदस्य कृते समुचितं शीर्षकं लिखत।
(इस अनुच्छेद का उचित शीर्षक लिखिए।)

IV. यथानिर्देशम् उत्तरत्। (निर्देशानुसार उत्तर दीजिए।)
(i) 'अतिविकरालाः' इति पदस्य गद्यांशे विशेष्यपदं किम् अस्ति?
(क) मानवा: (ख) वानरा:
(ग) पशवः (घ) मूषका:
(ii) 'अज्ञानं' इतिपदस्य गद्यांशे विलोमपदं किं प्रयुक्तम्?
(क) ज्ञानं (ख) ध्यानं
(ग) भङ्गं (घ) धावन्तम्
(iii) 'नयने' इति पदस्य गद्यांशे पर्यायपदं किं प्रयुक्तम्?
(क) नेत्रे (ख) चक्षुषी
(ग) अक्षिणी (घ) लोचने
(iv) 'श्रुत्वा' इति पदस्य प्रत्ययः किम्?
(क) क्त्वा (ख) अलीयर्
(ग) त्वत् (घ) क्त

9. डॉ. नागः कश्चन् श्रेष्ठः चिकित्सकः। गाँधीमहोदयस्य अनुयायी सः एकदा कलकत्तानगरं प्रति प्रेषितः। तदा तस्य हस्ते अष्ट रूप्यकाणि एव आसन्, तान्यपि चिटिकानिमित्तम्।

रेलस्थानके पुत्रैः सह उपविष्टा जीर्णशीर्णवस्त्रयुता एका क्षुधापीडिता महिला तेन दृष्टा। तस्याः याचनां न कोऽपि आकर्णयति स्म।

नाग महोदयः तस्याः दयनीयां दशां दृष्ट्वा द्रुतहृदयः सन् तस्यै अष्ट रूप्यकाणि अददात्। तस्मात् सः स्वयं रिक्तहस्तः संजातः। यानचिटिकां क्रेतुं तत्सविधे धनं न आसीत्। अतः सः पादाभ्याम् एव कलकत्तां प्रति प्रस्थितः। अष्टाविंशतिदिनानां यात्रां कृत्वा सः कलकत्तां प्राप्नोत्। स्थानकेषु भारवहनकार्यं कृत्वा सः भोजननिमित्तं धनम् अर्जितवान्। परंतु मार्गे स्वस्य श्रेष्ठचिकित्सकत्वं कोऽपि यथा न जानीयात् तथा व्यवहृतवान् सः।

I. एकपदेन उत्तरत। (एक शब्द में उत्तर दीजिए।)
(i) डॉ. नागः कस्य अनुयायी आसीत्?
(ii) तस्य हस्ते कति रूप्यकाणि आसन्?
(iii) सः स्वयं कः संजातः?

II. पूर्णवाक्येन उत्तरत। (पूर्ण वाक्य में उत्तर दीजिए।)
(i) डॉ. नागः कथं तस्यै अष्ट रूप्यकाणि अददात्?
(ii) रेलस्थानके का तेन दृष्टा?
(iii) यानचिटिकां केतुम् किं न आसीत्?

III. अस्य अनुच्छेदस्य कृते समुचितं शीर्षकं लिखत।
(इस अनुच्छेद का उचित शीर्षक लिखिए।)

IV. यथानिर्देशम् उत्तरत्। (निर्देशानुसार उत्तर दीजिए।)

(i) गद्यांशे 'आकर्णयति स्म' क्रियापदस्य कर्तृपदं किम्?
(क) तस्याः (ख) कोऽपि
(ग) याचनाम् (घ) ताम्

(ii) "तस्मात् सः स्वयं रिक्तहस्तः जातः" अत्र 'सः' इति सर्वनामपदं कस्मै प्रयुक्तम्?
(क) गाँधीमहोदयाय (ख) डॉ. नागाय
(ग) महिला (घ) तस्मै

(iii) 'अष्टाविंशतिदिनानाम्' अनयोः विशेष्यपदं किम्?
(क) दिनानाम् (ख) अष्टाविंशति
(ग) दिवसानाम् (घ) नराणाम्

(iv) 'कृत्वा' पदे का धातुः?
(क) क्री (ख) कृ (ग) क्र (घ) क्रि

10. एकस्मिन् वने एकः विशालः वृक्षः आसीत्। तस्मिन् बहवः खगाः वसन्ति स्म। एकदा ते अतीव बुभुक्षिताः आसन्। अतः भोजनं खादितुम् इतस्ततः भ्रमन्ति स्म। ते दूरं-दूरं गच्छन्ति स्म। अन्ते च एकस्मिन् क्षेत्रे तण्डुलकणान् अपश्यन्। ते तत्र गत्वा प्रसन्नतया तण्डुलान् खादन्ति स्म परंतु जालेन बद्धाः अभवन्। अधुना किं करणीयम् इति चिन्तयित्वा ते सर्वे जालेन सह एव एकं स्वमित्रम् उपागच्छन्। तेषां मित्रम् एकः मूषकः आसीत्। सः जालं दन्तैः अकर्तयत्। अन्ते सर्वे स्वतन्त्राः भूत्वा अनृत्यन् अगायन् च–सुखं तु एकतायाम् एव विद्यते।

I. एकपदेन उत्तरत। (एक शब्द में उत्तर दीजिए।)
(i) वने एकः विशालः कः आसीत्?
(ii) खगाः कीदृशः आसन्?
(iii) तेषां मित्रम् कः आसीत्?

II. पूर्णवाक्येन उत्तरत। (पूर्ण वाक्य में उत्तर दीजिए।)
(i) ते खगाः जालेन सह एव कुत्र उपागच्छन्?
(ii) ते कथं जालेन बद्धाः अभवन्?
(iii) ते अन्ते कान् अपश्यन्?

III. अस्य अनुच्छेदस्य कृते समुचितं शीर्षकं लिखत।
(इस अनुच्छेद का उचित शीर्षक लिखिए।)

IV. यथानिर्देशम् उत्तरत्। (निर्देशानुसार उत्तर दीजिए।)

(i) 'बन्धुः' इति शब्दस्य गद्यांशे पर्यायपदं किं प्रयुक्तम्?
(क) मित्रम् (ख) सुहृद्
(ग) सखा (घ) सहचरः

(ii) 'सः जालं दन्तैः अकर्तयत्' अत्र 'सः' इति सर्वनामपदं कस्मै प्रयुक्तम्?
(क) वृक्षाय (ख) खगाय
(ग) मूषकाय (घ) नराय

(iii) 'भ्रमन्ति स्म' क्रियापदस्य गद्यांशे कर्तृपदं किं प्रयुक्तम्?
(क) मूषकाः (ख) खगाः
(ग) नराः (घ) के

(iv) 'जलस्य' इति पदे का विभक्तिः?
(क) प्रथमा (ख) षष्ठी (ग) द्वितीया (घ) तृतीया

11. एकदा शीतस्य भीषणः प्रकोपः अभवत्। सम्राट् चन्द्रगुप्तः निश्चितवान् यत् निर्धनेभ्यः कम्बलानां वितरणं भवेत्। प्रधानमंत्री चाणक्यः तत्कार्यं स्वीकृतवान्। भृत्याः सर्वान् कम्बलान् तस्य कुटीरे स्थापितवन्तः। रात्रौ केचन चौराः कम्बलान् चोरयितुं तस्य कुटीरं प्राविशन्। ते अपश्यन् यत् चाणक्यः एकस्मिन् कुटीरे कम्बलं बिना एव सुप्तः। तस्मिन् एव क्षणे चाणक्यः पद्ध्वनिं श्रुत्वा प्रबुद्धः। चौराः तम् अपृच्छन्-भवतां समीपे कम्बलानां राशिः अस्ति तथापि भवान् कम्बलं विना एव स्वपिति। चाणक्यः अवदत्-शृणुत एते प्रवारकाः केवलं निर्धनेभ्यः वितरणार्थम् एव सन्ति यदि अहम् एतेषु एकं स्वीकरोमि तर्हि अहम् अपि चौरः भविष्यामि। नतमस्तकाः चौराः तस्य पादयोः पतित्वा क्षमायाचनाम् अकुर्वन्।

I. एकपदेन उत्तरत। (एक शब्द में उत्तर दीजिए।)
(i) कः निश्चितवान् यत् निर्धनेभ्यः कम्बलानां वितरणं भवेत्?
(ii) तत्कार्यं कः स्वीकृतवान्?
(iii) एकदा शीतस्य कीदृशः प्रकोपः अभवत्?

II. पूर्णवाक्येन उत्तरत। (पूर्ण वाक्य में उत्तर दीजिए।)
(i) चौराः चाणक्यं किम् अपृच्छन्?
(ii) चाणक्यः चौरं किम् अवदत्?
(iii) चौराः किं याचन्ते?

III. अस्य अनुच्छेदस्य कृते समुचितं शीर्षकं लिखत।
(इस अनुच्छेद का उचित शीर्षक लिखिए।)

IV. यथानिर्देशम् उत्तरत्। (निर्देशानुसार उत्तर दीजिए।)

(i) 'भीषणः प्रकोपः' अनयोः विशेष्यपदं किम् अस्ति?
(क) प्रकोपः (ख) भीषणः
(ग) तस्य (घ) चाणक्य

(ii) 'प्रबुद्धः' इति क्रियापदस्य कर्तृपदं किम्?
(क) चाणक्यः (ख) चौरः
(ग) भृत्यः (घ) कम्बलः

(iii) 'धनिकेभ्यः' इति पदस्य गद्यांशे किं विलोमपदं प्रयुक्तम्?
(क) कम्बलेभ्य (ख) चौरेभ्यः
(ग) निर्धनेभ्यः (घ) जनेभ्यः

(iv) 'भवेत्' इति पदे कः वचनः अस्ति?
(क) एकवचन (ख) द्विवचन
(ग) बहुवचन (घ) सम्बोधनः

12. मानवस्य बौद्धिकविकासाय ज्ञानवर्धनाय च पुस्तकालयानां महत्त्वपूर्णं स्थानं वर्तते। पुस्तकालयेषु विविधपुस्तकानां संग्रहो भवति। अत्र विविधभाषाणां पत्र-पत्रिकादयोऽपि प्रतिदिनं आयान्ति। अस्माकं पुस्तकालयः नगरस्य रमणीये स्थाने वर्तते। अस्मिन् दशसहस्राणि पुस्तकानि सन्ति। अस्माकं पुस्तकालये हिन्दी-आंग्ल संस्कृतभाषाणा पत्र-पत्रिकाः प्रतिदिनं आयान्ति। अस्य समीपे एकः वाचनालयः वर्तते। यत्र बहवः जनाः, छात्राः, युवतयश्च प्रतिदिनं आगत्य स्वाध्यायं कुर्वन्ति।

अस्माकं पुस्तकालयस्य भवनं रमणीयञ्च वर्तते। अस्य पुस्तकालस्य सर्वे जनाः प्रशंसा कुर्वन्ति। अस्माकं ज्ञानंवर्धनाय अस्य महती भूमिका वर्तते। अयम् एकः आदर्शः पुस्तकालयः विद्यते।

I. एकपदेन उत्तरत। (एक शब्द में उत्तर दीजिए।)

(i) मानवस्य बौद्धिकविकासाय ज्ञानवर्धनाय च कस्य महत्त्वपूर्णं स्थानमस्ति?

(ii) अस्माकं पुस्तकालय नगरस्य कीदृशे स्थाने वर्तते?

(iii) अस्मिन् कति पुस्तकानि सन्ति?

II. पूर्णवाक्येन उत्तरत। (पूर्ण वाक्य में उत्तर दीजिए।)

(i) पुस्तकालयेषु केषां संग्रहो भवति?

(ii) पुस्तकालयस्यकथं महती भूमिका?

(iii) तत्र प्रतिदिनं किम आयान्ति?

III. अस्य अनुच्छेदस्य कृते समुचितं शीर्षकं लिखत। (इस अनुच्छेद का उचित शीर्षक लिखिए।)

IV. यथानिर्देशम् उत्तरत्। (निर्देशानुसार उत्तर दीजिए।)

(i) '......... सर्वेजनाः <u>प्रशंसा</u> कुर्वन्ति' अस्मिन् वाक्ये रेखांकित पदस्य विलोम पदम् अस्ति

(क) निन्दा (ख) संग्रहो
(ग) आगत्य (घ) आंग्लः

(ii) 'एकः वाचनालयः' इत्यत्र विशेषणपदं किमस्ति?

(क) वाचनालयः (ख) एकः
(ग) अस्ति (घ) भवति

(iii) 'छात्राः प्रतिदिनम् आगत्य' स्वाध्यायं कुर्वन्ति' अस्मिन् वाक्ये कर्तृपदं किमस्ति?

(क) अध्ययनम् (ख) प्रतिदिनम्
(ग) छात्राः (घ) आगत्य

(iv) 'प्रतिदिनं' इति पदस्य समासः किम्?

(क) कर्मधारय समास (ख) अव्ययीभाव समास
(ग) द्विगु समास (घ) द्वन्द्व समास

13. कस्मिंश्चिद् ग्रामे एकः वृद्धः कृषकः अवसत्। सः परिश्रमी, दूरदर्शी तथा सरल स्वभावः आसीत्। तस्य चत्वारः पुत्राः आसन्, परं ते अलसा अभवन्। ते कृषिकार्ये पितुः सहयोगं न अकुर्वन्, न च तेषां कृषिकार्ये रुचिः आसीत्। अस्मात् कारणात् वृद्धकृषकः चिन्तितवान्। मरणासन्नावसरे वृद्धः कृषकः स्वपुत्रान् अकथयत् यत्–मम क्षेत्रेषु गुप्तं धनं वर्तते, मम मरणानन्तरं क्षेत्रान् खनित्वा सुगुप्तं धनं प्राप्नुयात। पुत्राः एतत् श्रुत्वा प्रासीदन्। निजपितुः मृत्योः पश्चात् निजक्षेत्रान् अकर्षन्। परं सुगुप्तं धनं न लब्धम्। ते निराशाः संजाताः। अन्ते निजमातुः प्रेरणया, ते निजक्षेत्रेषु बीजानि अवपन्। परिणामस्वरूपम् प्रभूतं धान्यम् अभवत्। तस्य विक्रयैः ते समृद्धाः, धनिनः च संजाताः। अन्ते च ते स्वपितुः सुगुप्तधनस्य रहस्यम् अबोधन्।

I. एकपदेन उत्तरत। (एक शब्द में उत्तर दीजिए।)

(i) वृद्धः कृषकः कुत्र अवसत्?

(ii) कृषकस्य कति पुत्राः आसन्?

(iii) तस्य स्वभाव कीदृशः आसीत्?

II. पूर्णवाक्येन उत्तरत। (पूर्ण वाक्य में उत्तर दीजिए।)

(i) वृद्धः कृषकः कीदृशः आसीत्?

(ii) मरणासन्नावसरे कृषकः स्वपुत्रान् किम् अकथयत्?

(iii) अन्ते निजमातुः प्रेरणया ते किम् अकुर्वन्?

III. अस्य अनुच्छेदस्य कृते समुचितं शीर्षकं लिखत। (इस अनुच्छेद का उचित शीर्षक लिखिए।)

IV. यथानिर्देशम् उत्तरत्। (निर्देशानुसार उत्तर दीजिए।)

(i) 'चत्वारः पुत्राः' इत्यत्र विशेषण पदम् अस्ति?

(क) चत्वारः (ख) पुत्राः (ग) कृषकः (घ) वृद्धः

(ii) 'पुत्राः एतत् श्रुत्वा प्रासीदन्''– इत्यत्र कर्तृपदं किम्?

(क) एतत् (ख) पुत्राः
(ग) श्रुत्वा (घ) प्रासीदन्

(iii) उपर्युक्त गद्यांशे 'ते' इति सर्वनामपदस्य स्थाने संज्ञापदं किम्?

(क) कृषकाः (ख) वृद्धाः (ग) पुत्राः (घ) जनाः

(iv) 'क्षेत्रेषु' गुप्तं किं वर्तते?

(क) लब्धम् (ख) बीजम्
(ग) धनम् (घ) धान्यम्

14. कस्मिंश्चित् अरण्ये अनेके पशवः वसन्ति स्म। एकदा पशूनां राजा सिंहः रोगपीडितः अभवत्। एकं शृगालं विहाय सर्वे पशवः रोगपीडितं नृपं द्रष्टुमागताः। एकः उष्ट्रः नृपाय एतत् न्यवेदयत् यत् अहङ्कारिणं शृगालं विहाय सर्वे भवन्तं द्रष्टुमागताः। एतच्छुत्वा सिंहः क्रोधितोऽभवत्। स्वमित्रैः एतत्ज्ञात्वा शृगालः शीघ्रमेव सिंहस्य समीपे प्राप्तः। क्रोधितेन सिंहेन विलम्बेन आगमनकारणं पृष्टः शृगालोऽवदत् यदहं तु सर्वप्रथममागन्तुम् ऐच्छम् परं चिकित्सकात् औषधमपि आनेयमिति विचिन्त्य तत्रागच्छम्। तच्छुत्वा प्रसन्नः सिंहः औषधिविषये पृष्टवान्। शृगालः अवदत् यत्तेन औषधं तु न दत्तं परं कृपापरो भूत्वा सः चिकित्साक्रमम् उक्तवान् यत् उष्ट्रस्य रक्तपानेनैव रोगस्य शान्तिः भविष्यति। तदा सिंहः उष्ट्रमाहूतवान् भक्त्या आगतं च तं मारयित्वा तस्य रक्तं पीतवान्। एवं स्वपिशुनतायाः दुष्फलम् उष्ट्रेण स्वयमेव प्राप्तम्।

I. एकपदेन उत्तरत। (एक शब्द में उत्तर दीजिए।)

(i) पशूनां राजा सिंहः कीदृशः अभवत्?

(ii) कं विहाय सर्वे पशवः नृपं द्रष्टुमागताः?

(iii) तच्छुत्वा प्रसन्नः सिंहः किं पृष्टवान्?

II. पूर्णवाक्येन उत्तरत। (पूर्ण वाक्य में उत्तर दीजिए।)

(i) क्रोधितेन सिंहेन शृगालं किं पृष्टम्?

(ii) शृगालः किम् अवदत्?

(iii) सः चिकित्साक्रमम् किम् उक्तवान्?

III. अस्य अनुच्छेदस्य कृते समुचितं शीर्षकं लिखत। (इस अनुच्छेद का उचित शीर्षक लिखिए।)

IV. यथानिर्देशम् उत्तरत्। (निर्देशानुसार उत्तर दीजिए।)

(i) 'एकः उष्ट्रः नृपाय न्यवेदयत्'' इत्यत्र कर्तृपदंकिम्?

(क) एकः उष्ट्रः (ख) नृपाय
(ग) एतत् (घ) यत्

(ii) 'क्रोधितेन सिंहेन' इत्यत्र विशेषणपदं किम्?

(क) सिंहेन (ख) क्रोधितेन
(ग) मित्रैः (घ) सर्वे

(iii) 'तं मारयित्वा तस्य रक्तं पीतवान्' इत्यत्र 'पीतवान्' इति क्रियापदस्य कर्तृपदं किम्?
(क) श्रृगाल: (ख) नृप:
(ग) सिंह: (घ) उष्ट्र:

(iv) 'भूत्वा' पदे प्रत्यय: किम्?
(क) क्त (ख) क्त्वा
(ग) त्वत् (घ) क्तवतु

15. सते अर्थात् कल्याणाय हितं सत्यं भवति। यद् वस्तु यथा विद्यते तस्य तेन एव रूपेण कथनं लेखनं वा सत्यम् उच्यते। सत्येन एव समाजस्य स्थिति: भवति। यदि सर्वे असत्यवादिन: भवेयु: तर्हि लोकस्य स्थिति: क्षणमात्रम् अपि भवितुं न शक्नोति। एष महिमा सत्यस्य एव अस्ति यद वयं समाजे मनुष्येषु विश्वासं कुर्म:। अत: सत्यम् एव लोकस्य आधार: अस्ति। समाजस्य सकल: कार्यव्यवहार: विश्वासेन चलति, विश्वासस्य आधार: सत्यमेव भवति। जीवनस्य सर्वेषु क्षेत्रेषु सत्यस्य अपेक्षा विद्यते। अस्माकं सकलम् आदानं प्रदानं च सत्ये एव अवलम्बितं भवति। राजनीतिक क्षेत्रे, सामाजिक क्षेत्रे, धार्मिक क्षेत्रे, आध्यात्मिक क्षेत्रे च सत्यस्य महती आवश्यकता वर्तते।

I. एकपदेन उत्तरत। (एक शब्द में उत्तर दीजिए।)
(i) सत्येन समाजस्य का भवति?
(ii) सत्यं कस्य आधार: अस्ति?
(iii) एष महिमा कस्य अस्ति?

II. पूर्णवाक्येन उत्तरत। (पूर्ण वाक्य में उत्तर दीजिए।)
(i) किम् सत्यम् उच्यते?
(ii) यदि सर्वे असत्यवादिन: भवेयु: तदा किं भवितुं न शक्नोति?
(iii) कुत्र कस्य च महती आवश्यकता वर्तते?

III. अस्य अनुच्छेदस्य कृते समुचितं शीर्षकं लिखत।
(इस अनुच्छेद का उचित शीर्षक लिखिए।)

IV. यथानिर्देशम् उत्तरत्। (निर्देशानुसार उत्तर दीजिए।)
(i) 'सत्यस्य' इति पदस्य विलोमपदं क:?
(क) असत्यस्य (ख) कल्याणस्य
(ग) समाजस्य (घ) लोकस्य

(ii) 'सर्वेषु क्षेत्रेषु' इत्यत्र विशेषणपदं किम्?
(क) मनुष्येषु (ख) सर्वेषु
(ग) क्षेत्रेषु (घ) कार्येषु

(iii) 'वयं समाजे मनुष्येषु विश्वासं कुर्म:' इत्यत्र कर्तृपदं किम्?
(क) अहं (ख) तस्य
(ग) वयं (घ) सते

(iv) 'सत्यमेव' पदे का सन्धि:?
(क) गुण सन्धि (ख) यण सन्धि
(ग) वृद्धि सन्धि (घ) दीर्घ सन्धि

16. ये सत्यं पालयन्ति, ते सर्वोत्तमं धर्मं कुर्वन्ति। ये च सत्यं परित्यज्य असत्यं भजन्ते, ते महापातकं कुर्वन्ति। यतो हि असत्य भाषणेन स्वस्य हानि: नाशश्च भवत:। समाजस्य लोकस्य देशस्य च मिथ्याभाषणेन नाश: भवति। अतएव उच्यतेन हि सत्यात् परो धर्मों नानृतात् पातकं परम्। सत्यस्य पालनार्थमेव महाराजो दशरथ: प्रियं पुत्रं रामं वनं प्रेषयत्। राजा हरिश्चन्द्र: सत्य पालनार्थमेव सर्वाणि दु:खानि असहत। युधिष्ठिर: सत्यभाषणस्य प्रभावादेव विजयमलभत। महात्मागान्धिमहोदय: सत्यस्यैव सदा शिक्षामदात्। भारतस्य राजचिह्नेऽपि "सत्यमेव जयते" इत्यादरेण उल्लिख्यते।

I. एकपदेन उत्तरत। (एक शब्द में उत्तर दीजिए।)
(i) सत्यपालनार्थम् क: रामं वनं प्रेषयत्?
(ii) सत्यभाषणस्य प्रभावात् युधिष्ठिर: कम् अलभत्?
(iii) ते सर्वोत्तमं किं कुर्वन्ति?

II. पूर्णवाक्येन उत्तरत। (पूर्ण वाक्य में उत्तर दीजिए।)
(i) मिथ्या भाषणेन कस्य नाश: भवति?
(ii) के सर्वोत्तमं धर्मं कुर्वन्ति?
(iii) अतएव उच्यतेन हि किम्?

III. अस्य अनुच्छेदस्य कृते समुचितं शीर्षकं लिखत।
(इस अनुच्छेद का उचित शीर्षक लिखिए।)

IV. यथानिर्देशम् उत्तरत्। (निर्देशानुसार उत्तर दीजिए।)
(i) 'ये सत्यं परित्यज्य' अत्र सर्वनाम पदं किम् अस्ति?
(क) ये (ख) सत्यं
(ग) पातकं (घ) असत्यं

(ii) 'न हि सत्यात् परो धर्मो' इत्यत्र विशेषणपदं किमस्ति?
(क) धर्मो (ख) सत्यात् परो
(ग) हि (घ) न

(iii) 'महात्मा सत्यस्यैव सदा शिक्षामदात्' अत्र कर्तृपदं किम् अस्ति?
(क) अददात् (ख) सदा
(ग) महात्मा (घ) शिक्षाम्

(iv) 'भवत:' पदे का धातु:?
(क) भु (ख) भू
(ग) भू: (घ) भव

17. काञ्चनपुरं धनदेव: नाम राजा पालयति स्म। धनबलेन एव सर्वं साधयितुं शक्यते इति चिन्तयति स्म स:। 'धनबलं श्रेष्ठं उत बुद्धिबलम्' इति विषये राजमन्त्रिणयो: सर्वदा चर्चा भवति स्म। एकदा ताभ्यां निर्णय: कृत: यत् परीक्षया एव धनबुद्ध्यो: श्रेष्ठता निश्चेतव्या इति। तत: राजा मंत्री च एकं धनिकम् एकं मेधाविनं च आनायितवंतौ। राजा तौ उद्दिश्य उक्तवान्–"पार्श्वराज्ये मम मित्रं शूरसेन: निवसति। एतत् पत्रं तस्मै दातव्यं भवद्भ्याम्" इति। पत्रं दत्वा तयो: गमनार्थं व्यवस्थाम् अपि कृतवान् स:। राजा शूरसेन: भटान् आहूय आज्ञापितवान्–"एतयो: शिरश्छेद: क्रियताम्" इति। भटा: तौ वध्यस्थानं नीतवन्त:। मां त्यजन्तु कृपया। प्रत्युपकाररूपेण अहं भवद्भ्य: प्रभूतं धनं दास्यामि" इति रुदन् उक्तवान्।

I. एकपदेन उत्तरत। (एक शब्द में उत्तर दीजिए।)
(i) काञ्चनपुरं क: नाम राजा पालयति स्म?
(ii) केन एव सर्वं साधयितुं शक्यते?
(iii) धनबलं श्रेष्ठं उत किम्?

II. पूर्णवाक्येन उत्तरत। (पूर्ण वाक्य में उत्तर दीजिए।)
  (i) शूरसेनः भटान् आहूय किम् आज्ञापितवान्?
  (ii) राजा तौ उदिदश्य किम् उक्तवान्?
  (iii) तौ भटाभ्याम् किम् उक्तवान्तौ?

III. अस्य अनुच्छेदस्य कृते समुचितं शीर्षकं लिखत। (इस अनुच्छेद का उचित शीर्षक लिखिए।)

IV. यथानिर्देशम् उत्तरत्। (निर्देशानुसार उत्तर दीजिए।)
  (i) गद्यांशे 'सैनिकः' इति पदस्य पर्यायपदं किम् अस्ति?
  (क) शीतः (ख) भटः (ग) प्रभूतम् (घ) शिरः
  (ii) 'प्रभूतं धनम्' अनयोः विशेषण पदं किम् अस्ति?
  (क) प्रभूतम् (ख) धनम्
  (ग) पत्रम् (घ) भटम्
  (iii) 'नीतवन्तः' इति क्रिया पदस्य कर्तृपदं किम् अस्ति?
  (क) भटाः (ख) राजा
  (ग) सुबुद्धि (घ) धनिकः
  (iv) 'कृतवान्' पदस्य प्रत्ययः किम्?
  (क) शानच् (ख) क्तवतु
  (ग) शतृ (घ) ल्यप्

18. पुरा धाराराज्ये सिंधुल नामकः राजा चिरं प्रजाः पर्यपालयत्। आत्मनः जरां ज्ञात्वा अनुजं महाबलं मुंजमवदत्–"त्वं मम पुत्रं भोजं परिपालय। अपि च यावद् असौ राज्यभारं वोढुम् अक्षमः तावत् त्वमेव राज्यं कुरु।" दिवङ्गते राजनि राज्यं शासतः मुंजस्य पापबुद्धिः उत्पन्ना।

सः भोजं हन्तुं निश्चित्य स्वमित्रं वत्सराजं प्राह–त्वं भुवने वरीविपिने निशायां भोजं हत्वा तस्य शिरः मह्यम् देहि। वत्सराजः रात्रौ भोजं भुवनेश्वरीमन्दिरं नीत्वा अवोचत्–राज्ञा भवतः वधः आदिष्टः इति। तस्मिन् काले भोजः स्वरक्तेन भोजपत्रे एकं श्लोकम् अलिखत्। तेन श्लोकेन वैराग्यमापन्नः वत्सराजः भोजं भूमि गृहान्तरे सुरक्षितवान्। स्वयं च कृत्रिमं मस्तकं राजानं दर्शयित्वा प्राह श्रीमता यद् आदिष्टं तत् साधितम्" इति। ततः भोजस्य तत्पत्रं राज्ञेऽददात्। राजा श्लोकस्यार्थं विचार्य अत्यन्तं लज्जितः सन् प्रायश्चित्त स्वरूपेण अग्नौ शरीरं दग्धुं समुद्यतः। तस्मिन् एव काले 'भोजः जीवति' इति रहस्यं वत्सराजः उद्घाटितवान्। तेन अतीव प्रसन्नः मुंजः भोजं राजसिंहासने स्थापयित्वा स्वयं पत्न्या सह तपोवनं जगाम।

I. एकपदेन उत्तरत। (एक शब्द में उत्तर दीजिए।)
  (i) धारा राज्ये कः नामकः राजा प्रजाः पर्यपालयत्?
  (ii) राज्यं शासतः मुंजस्य कीदृशी बुद्धिः उत्पन्ना?
  (iii) त्वं कम् परिपालयः?

II. पूर्णवाक्येन उत्तरत। (पूर्ण वाक्य में उत्तर दीजिए।)
  (i) वत्सराजः भोजं रात्रौ भुवनेश्वरी मंदिरं नीत्वा किम् अवोचत्?
  (ii) राजा सिन्धुलः अनुजं मुञ्जं किम् अवदत्?
  (iii) सः श्लोकस्यार्थं विचार्य कः?

III. अस्य अनुच्छेदस्य कृते समुचितं शीर्षकं लिखत। (इस अनुच्छेद का उचित शीर्षक लिखिए।)

IV. यथानिर्देशम् उत्तरत्। (निर्देशानुसार उत्तर दीजिए।)
  (i) 'यावत् असौ राज्यभारं वोढुम् अक्षमः' अत्र 'असौ' सर्वनामपदं कस्मै प्रयुक्तम्?
  (क) सिंधुलाय (ख) भोजाय
  (ग) वत्सराजः (घ) अनुजः
  (ii) 'कृत्रिमं मस्तकं' अनयोः विशेषणं किम् अस्ति?
  (क) कृत्रिमं (ख) मस्तकं
  (ग) वत्सराजः (घ) अनुजः
  (iii) 'पृथ्वी' इति पदस्य पर्यायपदं अनुच्छेदे किं प्रयुक्तम्?
  (क) भवतः (ख) शिरः
  (ग) भूमिः (घ) प्रजाः
  (iv) 'अतीव' पदस्य विलोमपदं किम्?
  (क) न्यून (ख) अति
  (ग) बहु (घ) इति

19. विष्णुवर्धनस्य राजसभायां महाकविः भारविः राजकविः आसीत्। भारविः बाल्यकाले महता परिश्रमेण विद्याम् अर्जितवान्। तस्य विलक्षणा प्रतिभा काव्यरचनायामपि प्रवृत्ता। तस्य कीर्तिलता अल्पेनैव कालेन चतुर्दिक्षु प्रसारत्। भारवेः पिता पुत्रस्य काव्य यशसा मनसि अत्यन्तं प्रसन्नः संतुष्टश्चासीत्। तथापि सः वचसा भारवि कदापि न प्राशंसत्। प्रत्युत सः यदा-कदा तस्य पाण्डित्यस्य आलोचनाम् अकरोत्। सः चिंतया रात्रौ निद्रां न लब्धवान्। गृहे इतस्ततः पर्यटन् सः रात्रौ पितुः प्रकोष्ठात् बहिरेव किंचित्कालं स्थितः। तदा स्वविषये मातापित्रोः वार्तालापम् अश्रृणोत्–अस्माकं पुत्रः महाकविः महापण्डितश्च। भारवेः यशः निरन्तरं वर्धते। सः समाजे अस्माकमपि गौरवं स्थापयति किन्तु स इतोऽपि अधिकं कवित्वं कीर्तिं चार्जयेत् इति विचार्य सभायामद्य मया तिरस्कृता–इति।

I. एकपदेन उत्तरत। (एक शब्द में उत्तर दीजिए।)
  (i) कस्य राजसभायां भारविः राजकविः आसीत्?
  (ii) भारविः बाल्यकाले केन विद्यां अर्जितवान्?
  (iii) अस्माकं पुत्र कः?

II. पूर्णवाक्येन उत्तरत। (पूर्ण वाक्य में उत्तर दीजिए।)
  (i) भारविः स्वविषये मातापित्रोः किं वार्तालापम् अश्रृणोत्?
  (ii) भारवेः पिता कथं प्रसन्नः सन्तुष्टश्चासीत्?
  (iii) तस्य प्रतिभा कुत्र अपि प्रवृता?

III. अस्य अनुच्छेदस्य कृते समुचितं शीर्षकं लिखत। (इस अनुच्छेद का उचित शीर्षक लिखिए।)

IV. यथानिर्देशम् उत्तरत्। (निर्देशानुसार उत्तर दीजिए।)
  (i) 'महता परिश्रमेण' अनयोः विशेष्यपदं किम् अस्ति?
  (क) महता (ख) परिश्रमेण
  (ग) भारविः (घ) राजकविः
  (ii) 'सः चिंतया रात्रौ निद्रां न लब्धवान्' अत्र 'सः' इति सर्वनामपदं कस्मै प्रयुक्तम्?
  (क) विष्णुवर्धनः (ख) भारविः
  (ग) पिता (घ) रात्रौ

(iii) 'अर्जितवान्' इति क्रिया पदस्य कर्तृपदं किम् अस्ति?
(क) विष्णुवर्धन: (ख) भारवि:
(ग) कोऽपिजन: (घ) पिता

(iv) 'यदा' इति पदस्य विपर्यय: गद्यांशे किं प्रयुक्तम्?
(क) अद्य (ख) तत्र
(ग) कुत्र (घ) कदा

20. बंग प्रांते ये विद्वाँस: समाजसुधारका: अभवन् तेषु ईश्वरचंद्र विद्यासागर: एकतम: आसीत्। स: महता प्रयत्नेन विद्याध्ययनं अकरोत्। स: अतीव सरल: उदार हृदय: च आसीत्। निर्बलानां दीनजनानां च स: सदैव साहाय्यं करोति स्म। विद्यासागरस्य यश: श्रुत्वा एकदा कश्चित् धनिक: युवक: तस्य दर्शनाय प्रस्थितवान्। तत: पूर्वं कदापि स: विद्यासागरं न अपश्यत्। रेलयानात् अवतीर्य स: स्वपेटिका-वहनाय भारिक! भारिक! इति उच्चै: शब्दम् अकरोत् किंतु कोऽपि न आगत:। एतद् दृष्ट्वा तत्र स्थित: विद्यासागर: तम् उपगत: तथा तस्य पेटिकां करे कृत्वा तेन सह स्वगृहं गतवान् तत्र अयम् एव विद्यासागर: इति ज्ञात्वा स: युवक: भृशं लज्जित: विस्मित: च अभवत्। क्षमस्व माम् इति उक्त्वा स तस्य पादयो: अपतत्। विद्यासागर: तम् अवदत्-स्वकीयं कार्यं स्वयमेव कुरु लज्जां मा कुरु।

I. एकपदेन उत्तरत। (एक शब्द में उत्तर दीजिए।)
(i) विद्यासागर: महता प्रयत्नेन किम् अकरोत्?
(ii) कश्चित् धनिक: युवक: कस्मै प्रयोजनाय प्रस्थितवान्?
(iii) विद्वाँस: के: अभवन्?

II. पूर्णवाक्येन उत्तरत। (पूर्ण वाक्य में उत्तर दीजिए।)
(i) विद्यासागर: युवकम् समीपं गत्वा किम् अकरोत्?
(ii) धनिक: रेलयानात् अवतीर्य किम् अकरोत्?
(iii) क: सदैव साहाय्यं करोति स्म?

III. अस्य अनुच्छेदस्य कृते समुचितं शीर्षकं लिखत।
(इस अनुच्छेद का उचित शीर्षक लिखिए।)

IV. यथानिर्देशम् उत्तरत्। (निर्देशानुसार उत्तर दीजिए।)
(i) 'नीचै:' इति पदस्य गद्यांशे किं विलोमपदं प्रयुक्तम्?
(क) अध: (ख) शनै:
(ग) उच्चै: (घ) उपरि:

(ii) 'कीर्ति' इति पदस्य गद्यांशे क: पर्यायपदं प्रयुक्तम्?
(क) यश: (ख) सरल:
(ग) पूर्व: (घ) धनिक:

(iii) 'प्रस्थितवान्' इति क्रिया पदस्य कर्तृपदं किम् अस्ति?
(क) युवक: (ख) विद्यासागर:
(ग) कश्चिदन्य: (घ) रेलयानं

(iv) 'सदैव' पदस्य किं सन्धि:?
(क) दीर्घ सन्धि (ख) गुण सन्धि
(ग) वृद्धि सन्धि (घ) यण सन्धि

21. एकदा एक: काक: बुभुक्षित: आसीत्। भोजनं प्राप्तुं स: इतस्तत: अभ्रमत्। सहसा स: एकां रोटिकां प्राप्तवान्। स: एकस्य वृक्षस्य शाखाया: उपरि उपविष्ट: रोटिकां खादितुं च अचिंतयत्। तदैव एका श्रृगाली काकं रोटिकां अपश्यत्। सा तां रोटिकां प्राप्तुं मनसि अचिंतयत्। सा तस्यैव वृक्षस्य अध: अतिष्ठत् यस्य उपरि काक: उपविष्ट: आसीत्। श्रृगाली काकम् अवदत्-भो काक! त्वम् अतीव सुंदर: असि। तव वर्ण: मोहक: अस्ति। तव पक्षौ मनोहरौ स्त:। तव ध्वनि: अतीव मधुरा अस्ति। तव ध्वनिं श्रुत्वा मम कर्णौ तृप्तौ भवत:।

स्वप्रशंसां श्रुत्वा काक: अति प्रसन्न: अभवत्। यदैव स: 'काँव्-काँव्' इति ध्वनिं कर्तुम् आरभत तदा तस्य मुखात् रोटिका भूमौ अपतत्। रोटिकां प्राप्त्यर्थम् एव श्रृगाली तस्य प्रशंसां अकरोत्। सा शीघ्रम् एव रोटिकां गृहीत्वा तस्मात् स्थानात् पलायिता अखादत् च।

I. एकपदेन उत्तरत। (एक शब्द में उत्तर दीजिए।)
(i) बुभुक्षित: क: आसीत्?
(ii) काकं रोटिकां च का अपश्यत्?
(iii) तव वर्ण: किम् अस्ति?

II. पूर्णवाक्येन उत्तरत। (पूर्ण वाक्य में उत्तर दीजिए।)
(i) श्रृगाली काकं किम् अवदत्?
(ii) काक: कुत्र रोटिकां खादितुं च अचिन्तयत्?
(iii) क: श्रुत्वा प्रसन्न: अभवत्?

III. अस्य अनुच्छेदस्य कृते समुचितं शीर्षकं लिखत।
(इस अनुच्छेद का उचित शीर्षक लिखिए।)

IV. यथानिर्देशम् उत्तरत्। (निर्देशानुसार उत्तर दीजिए।)
(i) 'स:' इतस्तत: अभ्रमत् अत्र 'स:' पदं कस्मै प्रयुक्तम्?
(क) श्रृगालाय (ख) काकाय
(ग) पिकाय (घ) मयूराय

(ii) 'कर्णौ' अस्य विशेषण पदं किम्?
(क) तृप्तौ (ख) भूमौ (ग) मनोहरौ (घ) नरौ

(iii) 'उपरि' इत्यर्थे किं विलोमपदम् अनुच्छेदे प्रयुक्तम्?
(क) निम्न: (ख) उच्चै: (ग) अध: (घ) नीचै:

(iv) 'मधुरा' किम् अस्ति?
(क) मोहक: (ख) ध्वनि:
(ग) सुंदर: (घ) अतीव:

22. अनुशासनेन-पालनेनैव मानव: जीवने साफल्यमधिगच्छति। बाल्ये यौवने प्रौढ़त्वे वार्द्धक्ये चापि अनुशासनस्य आवश्यकता भवति। एवं हि गृहे विद्यालये सार्वजनिक संस्थासु शासने सेनायां अनुशासनेन विना कार्यं न चलति। यदि छात्रा: विद्यालये अनुशासनस्य पालनं न कुर्यु: तदा तत्र अव्यवस्था भवेत्।

अद्यत्वे विद्यालयेषु महाविद्यालयेषु च सर्वत्रानुशासनस्याभाव: दृश्यते येन ता: संस्था: उपद्रवाणां कलहानां च केंद्राणि जाता:।

यदि शासने अनुशासनं न भवेत् तर्हि सर्वमपि राष्ट्र: विश्रृंखलतां गच्छेत्। अत: आत्मन: देशस्य समाजस्य चोन्नत्यै अनुशासनं नितरामावश्यकम्।

I. एकपदेन उत्तरत। (एक शब्द में उत्तर दीजिए।)
(i) केन पालनेन मानव: जीवने साफल्यमधिगच्छति?
(ii) छात्रा: विद्यालये अनुशासनस्य पालनं न कुर्यु: तदा का भवेत्?
(iii) कस्य आवश्यकता भवति?

II. पूर्णवाक्येन उत्तरत। (पूर्ण वाक्य में उत्तर दीजिए।)
(i) सेनायां केन विना कार्यं न चलति?
(ii) कथं राष्ट्रः विशृंखलतां गच्छेत्?
(iii) कुत्र केन च विना कार्यं न चलति?

III. अस्य अनुच्छेदस्य कृते समुचितं शीर्षकं लिखत।
(इस अनुच्छेद का उचित शीर्षक लिखिए।)

IV. यथानिर्देशम् उत्तरत्। (निर्देशानुसार उत्तर दीजिए।)
(i) 'साफल्यमधिगच्छति' क्रियायाः कर्तृपदं किम् अस्ति?
(क) मानवः (ख) संस्थाः
(ग) केंद्राणि (घ) विद्यालयः

(ii) 'वैफल्यम्' अस्य विलोम पदं गद्यांशे किम् अस्ति?
(क) साफल्यम् (ख) निरन्तरम्
(ग) शीघ्रम् (घ) अनुशासनम्

(iii) 'ताः संस्थाः' अनयोः पदयोः विशेषणपदं किम्?
(क) ताः (ख) संस्था
(ग) छात्राः (घ) जाताः

(iv) 'छात्राः' पदे का विभक्तिः?
(क) तृतीया (ख) प्रथमा
(ग) चतुर्थी (घ) द्वितीया

उत्तराणि

1. I. (i) मानवसमाजस्य (ii) समयः
(iii) भूमिः

II. (i) अस्माभिः आलस्यं विहाय समयस्य सदुपयोगः कर्त्तव्यः।
(ii) अन्यानि वस्तूनि विनष्टानि पुनरपि लब्धुं शक्यन्ते परं समयो विनष्टो न केनापि उपायेन पुनः परावर्तयितुं शक्यते।
(iii) ये नैव स्वार्थाय न च परार्थाय किञ्चित् कार्यं कुर्वन्ति। न धर्मम् आचरन्ति, न धनम् उपार्जयन्ति, तेषां जन्म निरर्थकं भवति।

III. 'समयस्य सदुपयोगः'

IV. (i) (क) जनाः (ii) (ख) षष्ठी
(iii) (ग) दुरुपयोग (iv) (क) तनयान्

2. I. (i) स्वस्थं-स्वच्छं (ii) त्रयः
(iii) सन्तुलिम्

II. (i) अद्य स्वस्थं-स्वच्छं पर्यावरणस्य आवश्यकता वर्तते।
(ii) अधिकाधिक वृक्षारोपण तेषां संरक्षणं च करणीयम्।
(iii) वयं स्वजीवने सौरोर्जायाः वायूर्जायाः च प्रयोगः कर्त्तव्यः।

III. स्वच्छपर्यावरणम्।

IV. (i) (ख) पर्यावरणम् (ii) (ख) वयम्
(iii) (ग) निरामयाः (iv) (ख) सुखिनः

3. I. (i) जनवरी मासस्य षड्विंशति तिथौ (ii) संस्कृतम्
(iii) श्रावणपूर्णिमादिनम्

II. (i) संस्कृतदिवसे अस्माभिः संस्कृतकार्यक्रमेषु भागः गृहीतत्व्यः।
(ii) 1947 तमे वर्षे अगस्तमासस्य पञ्चदशदिनाङ्के अस्माकं देशः स्वतन्त्रः जातः।
(iii) स्वतन्त्रतादिवसः गणतन्त्रदिवसः च अस्माकं राष्ट्रीयौ उत्सवौ स्तः।

III. संस्कृतदिवसः।

IV. (i) (ख) समग्रे (ii) (घ) प्रतिष्ठे पदस्य
(iii) (क) विदुषाम् (iv) (क) संस्कृतज्ञाः पदस्य

4. I. (i) भारतस्य (ii) सफलतायाः
(iii) अलसनरः

II. (i) योगेन जीवनं सुखमयं, समृद्धं शान्तिपूर्णं च भवति।
(ii) भाग्यवादी नरः सर्वदा चिन्तयति यत् भाग्येन एव सर्वफलति।
(iii) योगस्य साहाय्येन वयं बहिः आन्तरिकं च स्वशरीरं स्वस्थं स्थापयितुं शक्नुमः।

III. योगस्य महत्त्वम्

IV. (i) (क) एकविंशतिः जून (ii) (ख) वयम्
(iii) (ग) षष्ठी विभक्ति (iv) (ग) अधिकम्

5. I. (i) विपत्तौ (ii) मित्रस्य
(iii) शिक्षकमिव

II. (i) संत तुलसीदासेन कथितम् "धीरज, धर्म, मित्र अरु नारी; आपतकाल परखिए चारी।"
(ii) सन्मित्रं विनम्रं सदाचारी, विश्वासपात्रं, सहृदयं चरित्रवान् च भवेत्।
(iii) यत् मित्रम् सम्मुखे तु मधुरं वदेत् पृष्ठे कार्यं विकुर्यात् तादृशं मित्रं त्यागे एव बुद्धिमत्ता वर्तते।

III. सन्मित्रम्

IV. (i) (क) सन्मित्रम् (ii) (ख) अन्धकारः
(iii) (ख) तुलसीदासः (iv) (ख) षष्ठी

6. I. (i) इन्द्रियाणि (ii) कार्यम्
(iii) परिश्रमम्

II. (i) तानि अचिंतयन्—"वयं सर्वे प्रतिदिनं परिश्रमं कुर्मः एतद् उदरं किमपि न करोति।"
(ii) सर्वाणि इन्द्रियाणि मिलित्वा विचारम् अकुर्वन्–अहो! अस्माकं प्रमादः। भुक्तस्य अन्नस्य पाचनं तु उदरमेव करोति।
(iii) एतद् उदरं सर्वं स्वीकरोति स्वयं किमपि कार्यं न करोति।

III. सहयोगः करणीयः/मिलित्वा कार्यं कुर्मः/सर्वेषां महत्त्वम् अस्ति।

IV. (i) (क) भुक्तस्य (ii) (ख) क्षीणा
(iii) (ख) उदरम् (iv) (ग) आनंदः

7. I. (i) पित्रा (ii) नदी

(iii) पंचदशवर्षीया

II. (i) बालिका बाल्यकाले चतुरमतिः, धैर्यशालिनी, विविधासु विद्यासु पारङ्गता च आसीत्।

(ii) बालिका जले अकूर्दत् तयोः च जनयोः हस्तौ गृहीत्वा नौकां प्रति आनयत्।

(iii) द्वौ जनौ मकरात् भीतौ जले पतितौ।

III. साहसी बालिका/लक्ष्मीबाई

IV. (i) (ग) पारङ्गता (ii) (ख) वीरबालायै

(iii) (क) जनौ (iv) (ख) क्त्वा

8. I. (i) गंभीरचिंतने (ii) वानराणां शब्दैः

(iii) वानरसमूहः

II. (i) मा धाव, भयं त्यक्त्वा तत्रैव स्थिरः भव।

(ii) आपत्तिभ्यः मुक्तिः दृढ़ संकल्पेन, साहसेन धैर्येण च भवति न ताभ्यः पलायनेन।

(iii) अनेन अनुभवेन तस्य नरस्य ज्ञान चक्षुषीउन्मीलिते।

III. आपत्तिभ्यः मुक्ति दृढ़ संकल्पेन

IV. (i) (ख) वानराः (ii) (क) ज्ञानं

(iii) (ख) चक्षुषी (iv) (क) क्त्वा

9. I. (i) गाँधीमहोदयस्य (ii) अष्ट रूप्यकाणि

(iii) रिक्तहस्तः

II. (i) डॉ. नाग महोदयः तस्याः क्षुधा-पीडिता महिलायाः दयनीयां दशां दृष्ट्वा द्रुतहृदयः सन् तस्यै अष्ट रूप्यकाणि अददात्।

(ii) रेल स्थानके पुत्रैः सह उपविष्टा जीर्णशीर्णवस्त्रयुता एका क्षुधापीड़िता महिला तेन दृष्टा।

(iii) यानचिटिकां क्रेतुं तत्सविधेधनं न आसीत्।

III. द्रुतहृदयः नाग महोदयः श्रेष्ठत्वं मा प्रदर्शयतु

IV. (i) (ख) कोऽपि (ii) (ख) डॉ. नागाय

(iii) (क) दिनानाम् (iv) (ख) कृ

10. I. (i) वृक्षः (ii) बुभुक्षिताः

(iii) मूषकः

II. (i) ते खगाः जालेन सह एकं स्वमित्रम् उपागच्छन्।

(ii) यदा ते प्रसन्नतया तण्डुलान् खादन्ति स्म तदा जालेन बद्धाः अभवन्।

(iii) ते अन्ते एकस्मिन् क्षेत्रे ताण्डुलकणान् अपश्यन्।

III. सुखं तु एकतायाम् एव

IV. (i) (क) मित्रम् (ii) (ग) मूषकाय

(iii) (ख) खगाः (iv) (ख) षष्ठी

11. I. (i) चन्द्रगुप्तः (ii) चाणक्यः (iii) भीषणः

II. (i) भवतां पार्श्वे कम्बलानां राशिः अस्ति तथापि भवान् कम्बलं विना एव स्वपिति।

(ii) सः अवदत् शृणुत प्रवारकाः केवलं निर्धनेभ्यः वितरणार्थम् एव सन्ति यदि अहम् एतेषु एकं स्वीकरोमि तर्हि अहम् अपि चौरः भविष्यामि।

(iii) चौराः तस्य पादयोः पतित्वा क्षमयाचनाम् अकुर्वन।

III. अनुकरणीयम् आचरणम्

IV. (i) (क) प्रकोपः (ii) (क) चाणक्यः

(iii) (ग) निर्धनेभ्यः (iv) (क) एकवचन

12. I. (i) पुस्तकालयस्य (ii) रमणीये (iii) दशसहस्त्राणि

II. (i) पुस्तकालयेषु विविधपुस्तकानां संग्रहो भवति।

(ii) अस्माकं ज्ञानवर्धनाय पुस्तकालयस्य महती भूमिका वर्तते।

(iii) अत्र विविधभाषाणां पत्र-पत्रिकादयोऽपि प्रतिदिनम् आयान्ति।

III. अस्माकं पुस्तकालयः/आदर्शः पुस्तकालयः

IV. (i) (क) निन्दा (ii) (ख) एकः

(iii) (ग) छात्राः (iv) (ख) अव्ययीभाव समास

13. I. (i) ग्रामे (ii) चत्वारः (iii) सरल

II. (i) वृद्धः कृषकः परिश्रमी, दूरदर्शी तथा सरलस्वभावः आसीत्।

(ii) यत् मम क्षेत्रेषु गुप्तं धनं वर्तते, मम मरणानन्तरं क्षेत्रान् खनित्वा सुगुप्तं धनं प्राप्नुयात्।

(iii) ते निजक्षेत्रेषु बीजानि अवपन्, परिणामस्वरूपम् प्रभूतं धान्यम् अभवत्।

III. सुगुप्तधनस्य रहस्यम्

IV. (i) (क) चत्वारः (ii) (ख) पुत्राः

(iii) (ग) पुत्राः (iv) (ग) धनम्

14. I. (i) रोगपीडितः (ii) श्रृगालम् (iii) औषधिविषये।

II. (i) क्रोधितेन सिंहेन श्रृगालं विलम्बेन आगमनकारणं पृष्टम्।

(ii) यदहं तु सर्वप्रथममागन्तुम् ऐच्छम् परं चिकित्सात् औषधमपि आनेयमिति विचिन्त्य तत्रागच्छम्।

(iii) यत उष्ट्रस्य रक्तपानेनैव रोगस्य शान्तिः भविष्यति।

III. पिशुनतायाः दुष्फलम्

IV. (i) (क) एकः उष्ट्रः (ii) (ख) क्रोधितेन

(iii) (ग) सिंहः (iv) (ख) क्त्वा

15. I. (i) स्थितिः (ii) लोकस्य (iii) सत्यस्य

II. (i) यद् वस्तु यथा विद्यते तस्य तेनैव रूपेण कथनं लेखनं वा सत्यम् उच्यते।

(ii) यदि सर्वे असत्यवादिनः भवेयुः तर्हि लोकस्य स्थितिः क्षणमात्रमपि भवितुं न शक्नोति।

(iii) राजनीतिक, सामाजिक, धार्मिक एवं आध्यात्मिक क्षेत्रे सत्यस्य महती आवश्यकता वर्तते।

III. सत्यम्/सत्यस्य महती आवश्यकता

IV. (i) (क) असत्यस्य (ii) (ख) सर्वेषु

(iii) (ग) वयं (iv) (क) गुण सन्धि

16. I. (i) दशरथः (ii) विजयम्

(iii) धर्मम्

II. (i) मिथ्याभाषणेन समाजस्य लोकस्य देशस्य च नाशः भवति।

(ii) ये सत्यं पालयन्ति, ते सर्वोत्तमं धर्मं कुर्वन्ति।

(iii) अतएव उच्यतेन हि सत्यात् परो धर्मो नानृतात् पातकं परम्।

III. सत्यमेव जयते

IV. (i) (क) ये (ii) (ख) सत्यात् परो

(iii) (ग) महात्मा (iv) (ख) भू

17. I. (i) धनदेव: (ii) धनबलेन (iii) बुद्धिबलम्।

II. (i) शूरसेन: भटान् आज्ञापितवान्—एतयो: शिरश्छेद: क्रियताम्।

(ii) पार्श्वराज्ये मम मित्रं शूरसेन: निवसिता। एतत् पत्रं तस्मै दातव्यं भवद्भ्य: इति।

(iii) मां त्यजन्तु कृप्या प्रत्युपकाररूपेण अहं भवद्भ्य: प्रभूतं धनं दास्यामि।

III. धनबलं श्रेष्ठम्

IV. (i) (ख) भट: (ii) (क) प्रभूतम्

(iii) (क) भटा: (iv) (ख) क्तवतु

18. I. (i) सिंधुल: (ii) पापबुद्धि: (iii) भोजम्

II. (i) वत्सराज: अवोचत्-राज्ञा भवत: वध: आदिष्ट: इति।

(ii) त्वं मम पुत्रं भोजं परिपालय अपि च यावत् असौ राज्यभारं बोढुम अक्षम: तावत् त्वं राज्यं कुरू।

(iii) राजा श्लोकस्यार्थं विचार्य अत्यन्तं लज्जित: सन् प्रायश्चित स्वरूपेण अग्नौशरीरं दग्धुं समुदयत:।

III. भोज:/मुञ्जस्य वैराग्यमापन्न:

IV. (i) (ख) भोजाय (ii) (क) कृत्रिमं

(iii) (ग) भूमि: (iv) (क) न्यून

19. I. (i) विष्णुवर्धनस्य (ii) महता परिश्रमेण

(iii) महाकवि महापण्डितश्च

II. (i) भारवि: अश्रृणोत् अस्माकं पुत्र: महाकवि:, महापण्डितश्च। भारवे: यश: निरन्तरं वर्धते किन्तु स इतोऽपि अधिकं कवित्वं कीर्तिं चार्जयेत्।

(ii) भारवे: पिता पुत्रस्य काव्य यशसा मनसि अत्यन्त प्रसन्न सनतुष्टश्चासीत्।

(iii) तस्य विलक्षणा प्रतिभा काव्यरचनायामपि प्रवृत्ता।

III. महाकवि: भारवि:

IV. (i) (ख) परिश्रमेण (ii) (ख) भारवि:

(iii) (ख) भारवि: (iv) (घ) कदा

20. I. (i) विद्याध्ययनम् (ii) दर्शनाय

(iii) समाजसुधारका:

II. (i) विद्यासागर: तम् युवकम् समीपम् गत्वा तस्य पेटिकां करे कृत्वा तेन सह स्वगृहं गतवान्।

(ii) धनिक: रेलयानात् अवतीर्य स्वपेटिकां वेहनाय भारिक! भारिक! भारिक! इति उच्चै: शब्दम् अकरोत् किन्तु कोऽपि न आगत:।

(iii) निर्बलानां दीनजनानां च विद्यासागर: सदैव साहाय्यं करोति स्म।

III. विद्यासागर:/स्वकीयं कार्यं स्वयमेव कुरू

IV. (i) (ग) उच्चै: (ii) (क) यश:

(iii) (क) युवक: (iv) (ग) वृद्धि सन्धि

21. I. (i) काक: (ii) श्रृंगाली

(iii) मोहक:

II. (i) श्रृगाली अवदत् भो काक! त्वम् अतीव सुंदर: असि, तव वर्ण: मोहक: अस्ति, तव पक्षौ मनोहरौ स्त:, तव ध्वनि: अतीव मधुरा अस्ति।

(ii) काक: एकस्य वृक्षस्य शाखाया: उपरि उपविष्ट: रोटिकां खादितुं च अचिन्तयत्।

(iii) स्वप्रशंसां श्रुत्वा काक: अतिप्रसन्न: अभवत्।

III. चतुरा श्रृगाली

IV. (i) (ख) काकाय (ii) (क) तृप्तौ

(iii) (ग) अध: (iv) (ख) ध्वनि:

22. I. (i) अनुशासनेन (ii) अव्यवस्था

(iii) अनुशासनस्य

II. (i) सेनायां अनुशासनेन विना कार्यं न चलति।

(ii) यदि शासने अनुशासनं न भवेत् तर्हि सर्वमपि राष्ट्र विश्रृंखलतां गच्छेत्।

(iii) गृहे विद्यालये सार्वजनिक-संस्थासु, शासने, सेनायां अनुशासनेन विना कार्यं न चलति।

III. अनुशासनम्/अनुशासनस्य महत्त्वम्

IV. (i) (क) मानव: (ii) (क) साफल्यम्

(iii) (क) ता: (iv) (ख) प्रथमा

खंड 'ख' रचनात्मकं-कार्यम्

पत्रलेखनम्
(औपचारिकं व अनौपचारिकं पत्रम्)

अध्याय 1

पत्र लेखनं अस्माकं जीवनस्य महत्त्वपूर्णम् अङ्गम् अस्ति, यः जनान् समाजेन योजयति। सामान्यतया पत्रस्य प्रकारद्वयम् औपचारिकं पत्रम् अनौपचारिकं पत्रम् च भवति।

पत्र लेखन हमारे जीवन का महत्त्वपूर्ण अंग है, जो लोगों को समाज से जोड़कर रखती है। पत्र के सामान्यतः दो प्रकार औपचारिक पत्र एवं अनौपचारिक पत्र होते हैं।

1.1 पत्रस्य अङ्गानि (पत्र के अंग)

यस्मिन् क्रमे पत्रं लिख्यते ते पत्रस्य अङ्गानि कथ्यन्ते। सामान्यतया: कस्यापि पत्रे निम्नलिखितानि अङ्गानि भवन्ति

पत्र को जिस क्रम में लिखा जाता है, वे पत्र के अंग कहलाते हैं। सामान्यतः किसी भी पत्र में निम्नलिखित अंग होते हैं।

शीर्षकम् (शीर्षक)

पत्रे सर्वप्रथम शीर्षक—रूपे यः पत्रं लिखति तस्य **नाम-पता लिख्यते**। पश्चात् तिथेः (दिनाङ्कस्य) उल्लेखं क्रियते। परीक्षायाम् औपचारिकम् एवं अनौपचारिकं पत्रे स्थानस्य उल्लेख स्थाने **परीक्षा भवनतः** इति लिख्यते। औपचारिक पत्रस्यान्तर्गते विषयस्य उल्लेखं सीमित शब्देषु स्पष्ट रूपेण क्रियते। अनौपचारिक पत्रेषु अस्योल्लेखः न भवति।

पत्र में सर्वप्रथम शीर्षक के रूप में पत्र लिखने वाले का **नाम** व **पता** लिखा जाता है। तत्पश्चात् पत्र लिखने की तिथि का उल्लेख किया जाता है। परीक्षा में पूछे गए औपचारिक एवं अनौपचारिक पत्र में स्थान की जगह **परीक्षा भवन** लिखा जाता है। औपचारिक पत्रों के अन्तर्गत विषय का उल्लेख सीमित शब्दों में स्पष्ट रूप से किया जाता है। अनौपचारिक पत्रों में इसका उल्लेख नहीं होता।

संबोधनस्य उल्लेखः (सम्बोधन का उल्लेख)

पत्रे संबोधनस्य महत्त्वपूर्णं स्थानं भवति। औपचारिक पत्रस्यान्तर्गते **मान्यवरः**, **महोदयः**, **महोदया**, **श्रीमान्** इत्यादयः संबोधनशब्दानां प्रयोगः क्रियते। अनौपचारिक पत्रस्यान्तर्गते **पूजनीयः**, **स्नेहमयी**, **प्रियः** आदि संबोधनशब्दानां प्रयोगः क्रियते।

पत्र में संबोधन का महत्त्वपूर्ण स्थान होता है। औपचारिक पत्र के अन्तर्गत **मान्यवर**, **महोदय**, **महोदया**, **श्रीमान** आदि संबोधन शब्दों का प्रयोग किया जाता है तथा अनौपचारिक पत्र के अन्तर्गत **पूजनीय**, **स्नेहमयी**, **प्रिय** आदि संबोधन शब्दों का प्रयोग किया जाता है।

अभिवादनम् अथवा शिष्टाचारं संबंधी शब्दानां उल्लेखः
(अभिवादन अथवा शिष्टाचार संबंधी शब्दों का उल्लेख)

पत्रे संबोधनस्य अनुरूपेणेव अभिवादनम् अथवा शिष्टाचारं संबंधी शब्दानां प्रयोगः क्रियते। अस्य प्रयोगः अनौपचारिक—पत्रेषु अग्रजानां/पूज्यजनानां कृते प्रणामं, नमस्कारं, सादर-चरण स्पर्शं तथा कनिष्ठाभ्यां कृते आशीर्वादं, शुभाशीषं, चिरंजीव भवतु इत्यादयः सूचक शब्दानां प्रयोगः क्रियते। औपचारिक पत्रेषु अस्य प्रयोगः न क्रियते।

पत्र में संबोधन के अनुरुप ही अभिवादन या शिष्टाचार संबंधी शब्दों का प्रयोग किया जाता है। इसका प्रयोग अनौपचारिक पत्रों में बड़ों के लिए प्रणाम, नमस्कार, सादर चरण-स्पर्श तथा छोटों के लिए आशीर्वाद, शुभाशीष, चिरंजीव रहो आदि शब्द-सूचक का प्रयोग किया जाता है। औपचारिक पत्रों में इसका प्रयोग नहीं किया जाता।

विषय-वस्तु (विषय-वस्तु)

विषय-वस्तु पत्र लेखनस्य महत्त्वपूर्णं अङ्गम् अस्ति। इयं पत्रस्य **मुख्य भागः** अपि कथ्यते। अस्मिन् भागे स्व भावानां विचाराणां च प्रकटीकरणं क्रियते।

विषय-वस्तु पत्र लेखन का महत्त्वपूर्ण अंग है। इसे पत्र का **मुख्य भाग** भी कहते हैं। इस भाग में अपने भावों एवं विचारों को प्रकट किया जाता है।

पत्रस्य समाप्ति (पत्र की समाप्ति अथवा अंत)

पत्रस्य अन्ते स्वयंविषये लिखन्तं पत्रं समाप्यते। औपचारिक पत्रे धन्यवाद लिखन्तं, **भवदीया**, **प्रार्थीः**, **आज्ञाकारी** इत्यादयः शब्द सूचकानां प्रयोगः क्रियते तथा अनौपचारिक पत्रेषु **प्रियः**, **स्नेहाकांक्षी**, **हितैषी**, **शुभाकांक्षी** इत्यादयः शब्दानां प्रयोगः क्रियते।

पत्र के अंत में अपने विषय में लिखते हुए पत्र को समाप्त किया जाता है। औपचारिक पत्र में धन्यवाद लिखते हुए **भवदीय**, **प्रार्थी**, **आज्ञाकारी** आदि शब्द-सूचक का प्रयोग किया जाता है तथा अनौपचारिक पत्र में **प्यारा**, **स्नेहाकांक्षी**, **हितैषी**, **शुभाकांक्षी** आदि शब्दों का प्रयोग किया जाता है।

पत्र-लेखने ध्यानयोग्या: बिंदव:

- पत्र लेखन समये प्रेषकस्य तथा यम् पत्रं प्रेषणीय: तस्य **नाम, पता, दिनाङ्क** च सार्धेव लेखनीयम्।
- स्थानस्य नाम्न: सह पञ्चमी-विभक्ते: स्थाने 'त:' प्रत्ययस्य प्रयोग: अपि कर्तुं शक्यते; यथा—मयराष्ट्रात्/मयराष्ट्रत:
- पत्रस्य विषय: स्पष्टं भवितव्यम्।
- पत्रस्य आकार: संक्षिप्त रूपेण विषयानुकूलं च भवितव्यं। अत्यल्प शब्देषु अधिकं वार्तां कथयितुं प्रयासं करणीयम्। पत्रे अनावश्यक वार्तां न लेखनीयम्।
- पत्रस्य भाषा सरला, सामान्या, मधुरा, आदरसूचका शुद्धा: च भवनीयम्।
- पत्र लेखन समये ध्यानं ददातु यत् विशेषण-विशेष्ययो: लिङ्ग-वचन-विभक्ति: समोभवेयु:। 'समोभवेयु:' अस्य पदस्य अत्र एतत् अभिप्राय: अस्ति। यत् यदि संज्ञायाम् (विशेष्ये) पञ्चमी विभक्ति: अस्ति तर्हि तस्य विशेषणे अपि पञ्चमी विभक्ति: एव भविष्यति नान्यत्।

पत्र लेखन में ध्यान रखने योग्य बिंदु

- पत्र लिखते समय लिखने वाले तथा पत्र प्राप्त करने वाले का **नाम** व **पता, दिनांक** के साथ लिखा जाना चाहिए।
- स्थान के नाम के साथ पंचमी विभक्ति के स्थान पर 'तसिल्' प्रत्यय का प्रयोग भी किया जा सकता है; जैसे—मयराष्ट्रात्/मयराष्ट्रत:
- पत्र का विषय स्पष्ट होना चाहिए।
- पत्र का आकार संक्षिप्त होना चाहिए तथा विषय के अनुकूल होना चाहिए। कम शब्दों में अधिक बात कहने का प्रयास करना चाहिए। अनावश्यक बातों को पत्र में नहीं लिखना चाहिए।
- पत्र की भाषा सरल, सामान्य, आदर सूचक एवं शुद्ध होनी चाहिए।
- पत्र लिखते समय ध्यान दीजिए कि विशेषण-विशेष्य का लिंग-वचन-विभक्ति समान होनी चाहिए। 'समान होनी चाहिए' इस पद का यहाँ यह अभिप्राय है कि यदि संज्ञा (विशेष्य) में पंचमी विभक्ति है, तो उसके विशेषण में भी पंचमी विभक्ति ही होगी, अन्य नहीं।

साधित उदाहरणम्

औपचारिकं पत्रम्

प्रधानाचार्य, पदाधिकारियों, व्यापारियों, ग्राहकों, पुस्तक विक्रेता, संपादक आदि को लिखे गए पत्र 'औपचारिक पत्र' कहलाते हैं। औपचारिक पत्र उन लोगों को लिखे जाते हैं, जिनसे हमारा निजी या पारिवारिक संबंध नहीं होता है।

1. **भवान् कुलदीपक: अस्ति। 'पाञ्चजन्य' साप्ताहिके पत्रे भवान् पत्रकार: एकं समाचारं प्रकाशयितुम् इच्छति। अत: तस्य प्रकाशनार्थं पत्रस्य सम्पादकं प्रति मञ्जूषाया: सहायतया भवान् तत्पत्रं सम्पूर्य लिखतु।**
(आप कुलदीपक हैं। 'पाञ्चजन्य' साप्ताहिक पत्र में आप एक समाचार प्रकाशित करवाना चाहते हैं। अत: इसके प्रकाशन के लिए पत्र के सम्पादक को मञ्जूषा की सहायता से इस पत्र को पूर्ण करके लिखिए।)

1/17 जनकपुरी:
(i)..........।
दिनाङ्क:..........
सेवायाम्,
सम्पादक-महोदय:,
(ii)..........
नवदिल्ली।
विषय: 'पाञ्चजन्य' साप्ताहिकपत्रे स्वमौलिकसमाचारं प्रकाशनार्थम् पत्रम्।
महोदय:,
निवेदनम् अस्ति यत् अहं जनकपुरी क्षेत्रस्य निवासी एक: (iii).......... अस्मि। मम पत्रकारिता, विवरणं समाचारं वा समये-समये देशस्य अनेकेषु (iv).......... प्रकाशयन्ते। सम्प्रति अहं केनचिन्माध्यमेन भवतां प्रतिष्ठितस्य साप्ताहिकपत्रस्य (v).......... श्रुतवान्। अत: स्वक्षेत्रस्य एक अतीव (vi).......... समाचारं तस्मिन् पत्रे (vii).......... प्रेषयामि। कृपया इमं (viii).......... स्वप्रतिष्ठिते पत्रे प्रकाशयतु भवान्।
भवताम् अतीव (ix).......... भविष्यति।
भवतां विश्वासु:
(x)..........

- **मञ्जूषा** धन्यवाद:, महत्त्वपूर्णम्, नवदिल्लीत:, पत्रकार:, कुलदीपक:, विषये, समाचारम्, प्रकाशनार्थम्, 'पाञ्चजन्य:' समाचारपत्रम्, पत्रेषु।

उत्तराणि

(i) नवदिल्लीत:	(ii) 'पाञ्चजन्य:' समाचारपत्रम्
(iii) पत्रकार:	(iv) पत्रेषु
(v) विषये	(vi) महत्त्वपूर्णम्
(vii) प्रकाशनार्थम्	(viii) समाचारम्
(ix) धन्यवाद	(x) कुलदीपक:

2. भवत्याः नाम दिव्यालक्ष्मी वर्तते। भवती प्रधानमन्त्रिणा उद्घोषित 'बेटी बचाओ, बेटी पढ़ाओ' विषयमुपरि एकं स्वलेखं प्रकाशयितुम् इच्छति अतः देशस्य प्रतिष्ठित-पत्रिकायाः सम्पादिकां प्रति स्वलेखेन सह मञ्जूषायाः सहायतया पत्रं लिखतु भवती।
(आपका नाम दिव्यालक्ष्मी है। आप प्रधानमन्त्री द्वारा उद्घोषित 'बेटी बचाओ, बेटी पढ़ाओ' विषय के ऊपर अपना एक लेख प्रकाशित करवाना चाहती हैं। अतः देश के प्रतिष्ठित पत्र-पत्रिकाओं के सम्पादकों को अपने लेख के साथ मञ्जूषा की सहायता से पत्र लिखिए।)

18/10 गोविन्द विहारः
(i)..........।

दिनाङ्कः..........

सेवायाम्,
(ii).........,
'वामा' साप्ताहिकम्,
ब. शा. ज. मार्गः,
नवदिल्ली।

विषयः 'बेटी बचाओ, बेटी पढ़ाओ' विषये लिखितं स्वलेखं प्रकाशनार्थं पत्रम्।

महोदयः,
सविनयं निवेदनम् अस्ति यत् सम्मानीय प्रधानमन्त्रिणा श्री नरेन्द्र भाई मोदी (iii)..... सञ्चालितम् अभियानं 'बेटी बचाओ, बेटी पढ़ाओ' कन्यायां संरक्षार्थं सम्पूर्णे (iv)..... प्रचलित। इदम् अभियानं देशाय अति लाभकरं वर्तते। अनेन देशे (v).......... संख्यासु वृद्धिः अभवत्। मया अस्मिन् (vi).......... एकः लेखः लिखितोऽस्ति। अतः एकेन पत्रेण सह तं (vii).......... प्रकाशनार्थं भवतीनां सेवायां प्रेषायमि। कृपया स्वप्रतिष्ठित-पत्रिकायाम् इमं लेखं प्रकाशित्य माम् अनुगृह्णातु (viii).......... आशास्ति। यत् अनेन लेखेन नारीं प्रति (ix).......... जनेषु आगमिष्यति।

सधन्यवादः (x).......... विश्वासुः
दिव्यालक्ष्मी

- **मञ्जूषा** अभियाने, महाभागेन, चण्डीगढ़ः, देशे, सम्पादिका महोदयः, कन्यानाम्, भवत्याः, भवती, लेखम्, जागरूकता।

उत्तराणि

(i) चण्डीगढ़तः (ii) सम्पादिका महोदयः (iii) महाभागेन (iv) देशे (v) कन्यानाम् (vi) अभियाने (vii) लेखम् (viii) भवती (ix) जागरूकता (x) भवत्याः

अनौपचारिकं पत्रम्

सगे-संबंधियों, मित्रों, रिश्तेदारों, परिचितों आदि को लिखे गए पत्र 'अनौपचारिक पत्र' कहलाते हैं। इन्हें व्यक्तिगत पत्र भी कहा जाता है। इस प्रकार के पत्रों में व्यक्ति से संबंधित सुख-दुःख, हर्ष, उत्साह आदि का वर्णन किया जाता है।

1. भवती अभिलाषा। भवत्याः सखी वंदना गायन-प्रतियोगितायां प्रथमं स्थानं प्राप्तवती। तस्यै लिखिते वर्धापन पत्रे मञ्जूषातः रिक्तस्थानानि पूरयित्वा पत्रं पुनः उत्तरपुस्तिकायां लिखत।
(आप अभिलाषा हैं। आपकी सहेली वंदना ने गायन प्रतियोगिता में प्रथम स्थान प्राप्त किया है। उसके लिए लिखे गए बधाई पत्र को मञ्जूषा से रिक्त स्थान भरकर पुनः उत्तर-पुस्तिका में लिखिए।)

परीक्षा भवनात्
अलीगढ़तः।

दिनाङ्कः..........

प्रिये (i)..........

सप्रेम नमोनमः।

समाचारपत्रेण ज्ञातं यत् भवती राष्ट्रीय-गायन प्रतियोगितायाम् (ii).......... स्थानम् प्राप्तवती इति पठित्वा अतीव (iii).......... अनुभवामि। त्वया बाल्यकालात् एव (iv).......... गृहीता, नित्यम् च (v).......... कृतः, इति अहं जानामि अनेकाः विपरीत-परिस्थितयः अपि त्वया (vi)..........। अद्य तव परिश्रमस्य आत्मविश्वासस्य च विजयः अभवत्। सफलतायाः प्रथमं (vii).......... भवत्या आरुढ़म्। अस्मिन् अवसरे मम (viii).......... स्वीकरोतु, भविष्ये अपि एवम् एव सफला भवेत्, इयं कामना अस्ति। स्वपित्रोः सेवायाम् मम (ix).......... निवेदयतु।

भवत्याः सखी
(x)..........

- **मञ्जूषा** प्रसन्नताम्, अभ्यासः,सोपानम्, प्रथमम्, अभिलाषा वंदने!, अभिवादनम्, सोढाः, संगीतशिक्षा, वर्धापनम्।

उत्तराणि

(i) वंदने (ii) प्रथमम् (iii) प्रसन्नताम् (iv) संगीतशिक्षा (v) अभ्यासः (vi) सोढाः (vii) सोपानम् (viii) वर्धापनम् (ix) अभिवादनम् (x) अभिलाषा

2. **भवान् अनिलः। भवतां विद्यालये संस्कृतभित्तिपत्रप्रतियोगितायाः प्रदर्शिनी आयोजिता। तद्विषये स्वामित्रं सौरभं प्रति सूचयता भवतां लिखिते अधोलिखिते पत्रे मञ्जूषात रिक्तस्थानानि पूरयित्वा पत्रं पुनः उत्तरपुस्तिकायां लिखत।**
(आप अनिल हैं। आपके विद्यालय में संस्कृतभित्ति फलक प्रतियोगिता प्रदर्शिनी का आयोजन है। इस विषय पर अपने मित्र सौरभ को सूचना हेतु लिखे गए पत्र को मञ्जूषा से रिक्त स्थानों को पूरा करके पत्र पुनः उत्तर-पुस्तिका में लिखिए।)

पतञ्जलिछात्रावासः
(i)..........।
दिनाङ्कः..........
प्रिय मित्र (ii)..........
नमोनमः।
अत्र सर्वगतं कुशलम् अस्ति। भवतः विद्यालये आयोजितायाः (iii).......... विषये पठित्वा मम मनसि महान् आनन्दः जातः। अस्मिन् सत्रे अत्र रचनात्मककार्यस्य अन्तर्गते (iv).......... प्रदर्शिनी आयोजयिष्यते। सर्वाभिः कक्षाभिः स्वकक्षेषु संस्कृतभित्तिपत्रिकाणां (v).......... भविष्यति। तस्याः कृते पत्रिकायाः (vi).......... पञ्जीकरणम् अपि आवश्यकम् आसीत्। छात्राः एव तत्र सम्पादकाः भविष्यन्ति। अस्माकं (vii).......... नाम संस्कृतपीयूषम् इति अस्ति। अहमेव अस्याः सम्पादकः नियुक्तः। संस्कृतदिवसस्य अवसरे अस्याः उद्घाटनं भविष्यति। भवान् अपि (viii).......... अस्माकं कार्यं च पश्यतु। शेषं पुनः निवेदयिष्यामि। स्वपित्रोः सेवायाम् मम (ix).......... निवेदयतु।
भवताम् अभिन्नं मित्रम्
(x)..........

- **मञ्जूषा** संस्कृतभित्तिपत्रिकायाः, चित्रवर्णनप्रतियोगितायाः, हरिद्वारतः, प्रदर्शनं, नाम्नः, सौरभः, अनिलः, पत्रिकायाः, आगच्छतु, अभिवादनम्।

उत्तराणि

(i) हरिद्वारतः	(ii) सौरभः
(iii) चित्रवर्णनप्रतियोगितायाः	(iv) संस्कृतभित्तिपत्रिकायाः
(v) प्रदर्शनं	(vi) नाम्नः
(vii) पत्रिकायाः	(viii) आगच्छतु
(ix) अभिवादनम्	(x) अनिलः

अभ्यास प्रश्नाः

मञ्जूषा की सहायता से पत्र लेखन

औपचारिकं पत्रम्

1. **भवती मधुरिमा स्वक्षेत्रस्य महिलाच्छात्राणां सुरक्षार्थं स्वक्षेत्रे स्थितं आरक्षीनिरीक्षकं प्रति (पुलिस इंस्पेक्टर) पत्रं लेखितुम् इच्छति। मञ्जूषायाः सहायतया तत् पत्रं सम्पूर्य लिखतु भवती।**
(आप मधुरिमा हैं अपने क्षेत्र में महिला छात्राओं की सुरक्षा के लिए अपने क्षेत्र में स्थित पुलिस इंस्पेक्टर को पत्र लिखना चाहती हैं। मञ्जूषा की सहायता से पत्र को पूर्ण करके लिखिए।)

एस. के. माध्यमिक विद्यालयः
(i)..........।
विवेक विहारः नवदिल्लीतः
दिनाङ्कः..........
सेवायाम्,
प्रभारी आरक्षीनिरीक्षकमहोदयाः,
(ii)..........,
विवेक विहारः नवदिल्ली।
सप्रेम अभिवादनम्।
विषयः स्वक्षेत्रस्य (iii).......... सुरक्षार्थं प्रबन्धं कर्तुं निवेदनम्।
महोदयाः,
अहं भवतां क्षेत्रस्य एका (iv).......... अस्मि। अस्मात् क्षेत्रात् अनेकाः छात्राः निकटे क्षेत्रे एव स्थिते विवेकानन्द महिला महाविद्यालये (v).......... गच्छन्ति। तासु काश्चित् पदातिः, काश्चित् बसयानेन काश्चिच्च द्विचक्रिकाभिः गच्छन्ति। परम् अस्मिन् (vi).......... क्षेत्रस्य केचिद् असामाजिकाः तत्त्वाः ताः (vii)..........। मार्गेषु ताः प्रति अभद्रतां कुर्वन्ति। अतः तेषां भयात् छात्राः (viii).......... गन्तुं त्रस्यन्ति। अतः भवतां कृते निवेदनं वर्तते यत् भवन्तः तासां (ix).......... समुचितां व्यवस्थां कारयन्तु येन तासां पठनस्य हानिः न भवेत्।
अहं भवताम् आभारिणी भविष्यामि।
सधन्यवादः।
(x)..........

- **मञ्जूषा** पठितुम् महाविद्यालयम्, 10/17 पञ्चवटी, मधुरिमा, छात्रा, सुरक्षार्थम्, समये, आरक्षी कार्यालयः, छात्राणाम्, पीडयन्ति।

2. **भवतः नाम धनराजः वर्तते। भवान् स्वक्षेत्रस्य नगरनिगम-आयुक्ताय क्षेत्रे भ्रमणं कुर्वन् पशून् ग्राहयितुं पत्रं लेखितुम् इच्छति। अतः मञ्जूषायाः सहायतया तत्पत्रं सम्पूर्ण लिखतु भवान्।**
(आपका नाम धनराज है। आप अपने क्षेत्र के नगर निगम-आयुक्त को क्षेत्र भ्रमण करके पशुओं को पकड़वाने के लिए पत्र लिखना चाहते हैं। अतः मञ्जूषा की सहायता से इस पत्र को पूर्ण करके लिखिए।)

10/40 एफ. अलकापुरी
गाजियाबादः (उ. प्र.)।

दिनाङ्कः..........

सेवायाम्,
श्रीमन्तः (i)..........,
नगरनिगम गाजियाबाद।
सप्रेम नमस्कारः।

विषयः क्षेत्रे अनावश्यकं भ्रमणं कुर्वतः स्वामिहीनान् (ii).......... ग्राहयितुं पत्रम्।

महोदयः,

निवेदनम् अस्ति यत् अस्मिन् क्षेत्रे विगत केभ्यश्चित् (iii).......... केचित् स्वामिहीनाः पशवः इतस्ततः भ्रमन्ति। ते कदाचिदपि आगत्य जनानां (iv).......... हानिं कुर्वन्ति। केचित्तु गृहेषु अपि बलपूर्वक प्रविश्य (v).......... खादन्ति इतस्ततश्च विस्तीरयन्ति। कदाचित्तु मार्गेषु चलतः (vi).......... प्रहृत्य रुग्णान् अपि कुर्वन्ति। अनेन तु क्षेत्रस्य जनाः अतीव (vii).......... सन्ति। अतः भवतां सेवायां निवेदनमस्ति यत् (viii).......... शीघ्रमेव स्वजनान् सम्प्रेष्य तान् पशून् ग्राह्यन्तु भवन्तः येन क्षेत्रे (ix).......... भवेत्। वयं भवताम् आभारिणः भविष्यामः।

सधन्यवादः।
निवेदकः
(x)..........

- **मञ्जूषा** भयग्रस्ताः पशून्, आयुक्तमहोदयः, शरीराणाम्, शान्तिः, क्षेत्रे, अन्नानि, जनान्, धनराजः, समयेभ्यः।

3. विद्यालयात् अवकाशार्थं मुख्याध्यापकं प्रति पत्रं मञ्जूषायां दत्तैः उचितपदैः पूरयत।
(विद्यालय से अवकाश के लिए मुख्य अध्यापक को लिखे गए पत्र को मञ्जूषा में दिए गए उचित शब्दों से पूरा कीजिए।)

परीक्षा भवनात्
नवदिल्लीतः।

दिनाङ्कः..........

सेवायाम्,
(i)..........,
तिरुवल्लुवर विद्यालयः,
(ii)..........।
(iii)..........,

सविनयं (iv).......... अस्ति यत् ज्वर कारणात् अहम् अद्य विद्यालये (v).......... न शक्नोमि। तस्मात् (vi)..........महयं दिन (vii).......... अवकाशं प्रदाय कृतार्थयन्तु भवन्तः। (viii).......... भवतः अतीव (ix).......... भविष्यामि।

दिनाङ्कः............।
(x)..........
अर्णवः

- **मञ्जूषा** मान्यवरः, भवदीयः शिष्यः, कारणात्, अहम्, चेन्नई, मुख्याध्यापक महोदयः, आगन्तुम्, द्वयस्य, निवेदनम्, कृतज्ञः।

4. स्वप्रधानाचार्याय शिक्षणशुल्क मुक्तयर्थं अधोलिखितं प्रार्थनापत्रं मञ्जूषायां प्रदत्तपदैः पूरयित्वा लिखत।
(अपने प्रधानाचार्य को शिक्षण शुल्क मुक्ति के लिए अधोलिखित प्रार्थना पत्र को मञ्जूषा में दिए गए शब्दों की सहायता से पूरा करके लिखिए।)

परीक्षा भवनात्
नवदिल्लीतः।

दिनाङ्कः...........

सेवायाम्,
(i).......... प्रधानाचार्यः महोदयाः,
राजस्थान बाल विद्या मंदिर,
जयपुरम्।

विषय शुल्क-मुक्ति हेतु।

महोदयः,

सप्रेम प्रणामपूर्वकं (ii).......... यद् अहं (iii).......... विद्यालये दशम्यां कक्षायाम् (iv).......... अस्मि। अध्ययने मम महान् (v)..........वर्तते। मम पिता (vi).......... अस्ति। अर्थाभावत् सः मम् (vii).......... प्रतिमासं दास्यमानं (viii).......... दातुम् असमर्थः अस्ति। अतः कृपया माम् (ix).......... विधीय अनुगृहणन्तु अत्रभवन्तः। भवताम् आज्ञानुवर्ती
(x)..........

- **मञ्जूषा** श्यामकुमारः, शुल्क-मुक्तं, शुल्कं, शिक्षार्थ, श्रमिकः, रुचिः, अध्ययनरतः, भवतां, निवेदयामि, श्रीमन्तः।

5. तव नाम सुधीरः अस्ति। मञ्जूषायाः साहाय्येन आवश्यककार्यं कर्तुं अवकाशं प्राप्तुं प्रधानाध्यापकं प्रति लिखितं पत्रं सम्पूर्णं कृत्वा पुनर्लेखनं कुर्वन्तु।
(आपका नाम सुधीर है। आवश्यक कार्य करने हेतु अवकाश के लिए प्रधानाचार्य को लिखे गए पत्र को मञ्जूषा की सहायता से पूरा करके लिखिए।)

परीक्षा भवनात्
नवदिल्लीतः।

दिनाङ्कः...........

सेवायाम्,
श्रीमतयः प्रधानाचार्यमहोदयः,
राजकीयः माध्यमिकः विद्यालयः
नई दिल्लीः।

मान्यवराः

(i).......... सेवायाम् सविनयं निवेदनम् अस्ति यत् (ii).......... माम् गृहे (iii).......... कार्यम् अस्मि अतः अहं (iv).......... आगन्तुम् असमर्थः अस्मि। (v).......... एकदिवसस्य अवकाशं (vi).......... माम् (vii).......... श्रीमन्तः।
भवताम् (viii).......... शिष्यः
सुधीरः

- **मञ्जूषा** अद्य, तत्रभवताम्, आवश्यकं, कृपया, प्रदाय, अनुगृहणातु, विद्यालयम्।

अनौपचारिकं पत्रम्

6. **भवान् धर्मेन्द्रः। मातृ स्वास्थ्यं ज्ञातुं भगिनी गरिमां प्रति लिखिते पत्रे मञ्जूषायां दत्तैः पदैः रिक्तस्थानानि पूरयत।**
(आप धर्मेन्द्र हैं। माता के स्वास्थ्य के विषय में जानने के लिए बहन गरिमा को लिखे गए पत्र को मञ्जूषा में दिए गए पदों की सहायता से पूरा कीजिए।)

छात्रावासः
देहरादूननगरतः।

दिनाङ्कः..........

समादरणीये (i)..........
नमोनमः।

(ii)....... ज्ञातं यत् माता (iii)....... अस्ति। अहम् अतीव (iv).......... अस्मि, परं परीक्षाकारणात् गृहम् (v).......... सक्षमः न अस्मि। (vi)........ तस्यै (vii)........ यच्छतु, भवत्कृपया सा शीघ्रम् (viii)....... भविष्यति। पत्रोत्तरम् (ix)....... प्रेषयतु। तव भ्राता
(x)..........

- **मञ्जूषा** आगन्तुम्, सोमरसः, भगिनि, चिन्तितः, पत्रेण, यथासमयम्, ज्वरपीडिता, शीघ्रम्, स्वस्था, धर्मेन्द्रः।

7. **भवान् पार्थः। भवतः विद्यालयः छात्रान् शिक्षा-यात्रायै जयपुरं नेष्यति। भवान् पितुः आज्ञाप्राप्त्यर्थं लिखिते पत्रे शब्दसूची-सहायतया रिक्तस्थानपूर्तिं कुरुत।**
(आप पार्थ हैं। आप के विद्यालय से छात्र शैक्षिक यात्रा के लिए जयपुर जाएँगे। अपने पिता को आज्ञाप्राप्ति के लिए लिखे गए पत्र को शब्दसूची की सहायता से रिक्त स्थान भरिए।)

संस्कृति छात्रावासतः
जयपुरतः।

दिनाङ्कः..........

आदरणीय (i).........
सादरं (ii).........।

भवताम् (iii).........प्राप्तम्। (iv).......... च ज्ञाता। मम विद्यालयः शरदावकाशे छात्रान् (v).........जयपुरं नेष्यति। अहमपि एतत् (vi).........नगरं द्रष्टुम् इच्छामि। अतः मह्यम् (vii).......... पञ्चशतम् (viii).......... प्रेषयन्तु भवन्तः। शेषं कुशलम् (ix).......... मम प्रणामः अनुजाय च स्नेहः।
(x).......... पुत्रः।
पार्थः।

- **मञ्जूषा** यात्राव्ययार्थम्, भवतः पत्रम्, पितृमहोदय, ऐतिहासिकम्, रूप्यकाणि, नमोनमः, अम्बायै, कुशलता, शिक्षा-यात्रायै।

8. **भवती शुभांगी। भवत्याः अनुजा चेष्टा। चेष्टां प्रति वार्षिकपरीक्षायै लिखिते पत्रे शब्दसूची-सहायतया रिक्तस्थानानि पूरयत।**
(आप शुभांगी हैं। आपकी छोटी बहिन चेष्टा को वार्षिक परीक्षा के लिए लिखे गए पत्र को शब्दसूची की सहायता से रिक्तस्थान भर कर पूरा कीजिए।)

परीक्षा भवनात्
नवदिल्लीतः।

दिनाङ्कः.........

प्रिये (i)......... चेष्टे
अनेके आशीर्वादाः।

अत्र (ii)......... तत्रास्तु। तव मासिक-परीक्षायाः (iii).........मया दृष्टः। गणितविषये त्वया (iv).......... अङ्काः प्राप्ताः। भवती गणितविषयस्य नित्यम् (v).......... कुर्यात् येन (vi).......... गणितविषयेऽपि (vii).......... अङ्कान् प्राप्नुयात् कक्षायां च उत्तमम् (viii).......... लभेत्, मम (ix).......... अस्ति।
भवत्याः (x)..........
शुभांगीः

- **मञ्जूषा** न्यूनाः, अग्रजाः, भगिनिः, परिणामः, उत्तमान्, शुभकामना, अभ्यासम्, स्थानम्, कुशलम्, वार्षिकपरीक्षायाम्।

9. **भवान् प्रवीणः। भवता विद्यालये सर्वश्रेष्ठ क्रीडकस्य पुरस्कारः प्राप्तः। स्वमातरं सूचयितुं लिखिते पत्रे शब्दसूची सहायतया रिक्तस्थानपूर्तिं कुरुत।**
(आप प्रवीण हैं। आपने विद्यालय के सर्वश्रेष्ठ खिलाड़ी का पुरस्कार प्राप्त किया है। अपनी माता को लिखे गए पत्र में शब्दसूची की सहायता से रिक्तस्थानों की पूर्ति कीजिए।)

छात्रावासतः
(i).........।

दिनाङ्कः..........

परमपूज्यमातुः
नमोनमः।

(ii).......... प्रणामाञ्जलिः निवेद्यते। अत्र सर्वं कुशलम् अस्ति। (iii).......... आशीर्वादेन अहं विद्यालये सर्वश्रेष्ठ (iv).........पुरस्कारं प्राप्तवान् अहं सायं (v).......... सप्तकक्षायाः छात्रान् संस्कृतं पाठयामि। अनेन मम अपि (vi).......... वर्धते। प्रधानाचार्यः अपि एतत् (vii).......... प्रसन्नः (viii).......... पितृचरणयोः मम प्रणामान् (ix)..........।
भवत्याः प्रियपुत्रः
(x)..........

- **मञ्जूषा** छात्रावासे, क्रीडकस्य, चरणयोः, भवत्याः, ज्ञानम्, प्रवीणः, अजयमेरूनगरम्, अभवत्, निवेदयतु, ज्ञात्वा।

10. मित्रं प्रति लिखितं निम्नलिखितं पत्रं मञ्जूषायां प्रदत्तैः उचितैः शब्दैः पूरयत।

(मित्र को लिखे गए निम्नलिखित पत्र को मञ्जूषा में दिये गए उचित शब्दों से पूरा कीजिए।)

छात्रावासः
जयपुरतः।

दिनाङ्कः..........

प्रिय मित्र (i)..........

(ii).......... नमस्ते।

(iii).......... अहं मित्रैः सह जन्तुशालां द्रष्टुं कनकवनम् आगच्छम्। तत्र (iv).......... अनेकान् पशून् अपश्याम। सर्वे पशवः इतस्ततः भ्रामन्ति स्म। सिंहाः उच्चैः अगर्जन्। मयूराः नृत्ये (v).......... आसन् वस्तुतः मयूरं (vi).......... कुत्र जन्तुशालायाः भव्यशोभा? तत्र आम्रवृक्षाः अपि आसन्, कोकिला (vii)..........। वस्तुतः यत्र आम्रवृक्षाः (viii).......... कोकिला तु भविष्यति एव। अग्रे पुनः लेखिष्यामि। (ix).......... मम नमस्कारम् कथनीयः।

भवदीयम्
(x)..........

- **मञ्जूषा** सर्वेभ्यः, अपि, मग्नाः, ह्यः, दिनेशः, सस्नेहं, वयम्, अभिन्नमित्रम्, तत्र, विना।

11. भवती प्रियंका। स्वकीयां सखीं वंदनां प्रति 'स्वदिनचर्यायाः विषये' अधोलिखितं पत्रं मञ्जूषापदैःसहायतया पूरयित्वा लिखतु।

(आप प्रियंका हैं। अपनी सखी वंदना को अपनी दिनचर्या के विषय में लिखे गए पत्र को मञ्जूषा की सहायता से पूरा करके लिखिए।)

(i)..........
नवदिल्लीतः।

दिनाङ्कः..........

प्रिय सखि (ii)..........

नमोनमः।

अत्र कुशलं तत्रास्तु। आशासे भवति अपि (iii)..........। अद्य चिरात् तव पत्रं प्राप्य अहं अतीव प्रसन्नोस्मि। भवती मम दिनचर्यां (iv).......... इच्छति। अतः लिखामि। अहं अत्र पञ्चवादने प्रातः (v)..........। सार्धषडवादनं पर्यन्तं स्नानं व्यायामं च करोमि। सप्तवादनतः (vi).......... प्रचलति। दशवादने भोजनं कृत्वा विद्यालयं गच्छामि। सायं पञ्चवादने (vii)..........। सायं सप्तवादने (viii).......... कृत्वा भोजनं करोमि। (ix).......... दशवादनपर्यन्तं पठामि। इत्येवं मम दिनचर्या। शेषं कुशलम्।

भवत्याः सखी
(x)..........

- **मञ्जूषा** उत्तिष्ठामि, अध्ययनं, ज्ञातुम्, प्रियंका, कुशलिनी, संध्यादिकं, वन्दना, परीक्षाभवनात्ः, क्रीडामि, रात्रौ।

12. भवतां नाम सौरभः। भवतां विद्यालये वार्षिकोत्सवे संस्कृतनाटकस्य मञ्चनं भविष्यति। एतदर्थं स्वमित्रं गौरवं प्रति लिखितं निमन्त्रणपत्रं मञ्जूषापदैः सहायतया पूरयित्वा पुनः उत्तरपुस्तिकायां लिखत।

(आपका नाम सौरभ है। आपके विद्यालय के वार्षिकोत्सव में संस्कृतनाटक का मंचन होगा। इसलिए अपने मित्र गौरव को लिखे गए निमन्त्रण पत्र को मञ्जूषा के शब्दों की सहायता से पूरा करके पुनः उत्तरपुस्तिका में लिखिए।)

सर्वोदयविद्यालयः
(i) ....।

दिनाङ्कः ....

प्रिय मित्रः (ii) ....

नमस्ते।

दीपावलीपर्वणः शुभाशंसाः। अत्र (iii) .... कुशलम्। भवान् अपि (iv) .... इति मन्ये। अस्मांक विद्यालयस्य वार्षिकोत्सवः (v) .... पर्वणः शुभावसरे भविष्यति। तत्र अस्माकं पुस्तकस्य 'रमणीया हि सृष्टिः एषा' इति नाटकस्य (vi) .... भविष्यति। अहं तस्मिन् नाटके काकस्य अभिनयं (vii) .... । भवान् अवश्यमेव तत् (viii) .... आगच्छतु। मम अपि उत्साहवर्धनं भविष्यति। सर्वेभ्यः अग्रजेभ्यः मम (ix) .... निवेद्यताम् इति।

भवदीयः वयस्यः
(x) ....

- **मञ्जूषा** द्रष्टुम्, दिल्लीतः, सर्वगतं, प्राणामाञ्जलिः, कुशली, मञ्चनम्, गौरव , दीपावल्याः, करिष्यामि, सौरभः।

13. भवान् राकेशः। भवतः मित्रं योगेशः शिमलानगरे वसति। ग्रीष्मावकाशे मित्रं प्रतिभ्रमणाय मञ्जूषातः शब्दं चित्वा पत्रं पूरयत।

(आप राकेश हैं। आपका मित्र योगेश शिमला नगर में रहता है। ग्रीष्मावकाश में मित्र को भ्रमण के लिए लिखे गए पत्र को मञ्जूषा से शब्द चुनकर पूरा कीजिए।)

छात्रावासः
कर्णपुरतः।

दिनाङ्कः..........

प्रिय (i)..........योगेश
(ii)..........।

अत्र कुशलं (iii).......... । चिरकालतः (iv) .... समाचारं न प्राप्तम्। अहं (v)..........भवतां समीपे शिमलाम् (vi)..........इच्छामि। ग्रीष्मकाले शिमलानगरे तु (vii).......... भवति। तत्र (viii).......... पर्वताः जनान् आकर्षयन्ति तत्र (ix)..........प्राकृतिक-दृश्यं द्रक्ष्यामि।
गृहे मातृ-पितृचरणयोः प्रणामाः।

भवदीयं (x)..........
राकेशः

- **मञ्जूषा** तत्रास्तु, ग्रीष्मावकाशे, मित्र, भवतः, शैत्यं, आगन्तुम्, हिमाच्छादिताः, अहमपि, मित्रम्, नमोनमः।

14. समयस्य सदुपयोगयोः सम्बन्धविषये भ्रातर प्रति पत्रम् लिखत।
(समय का सदुपयोग संबंध के विषय में भाई को पत्र लिखिए।)

परीक्षा भवनात्
नवदिल्लीतः।
दिनाङ्कः.........
प्रिय (i).........
अत्र सर्वं (ii)......... अस्ति। आशासे गृहे अपि (iii).........
कुशलम् अस्ति।
अद्य मम (iv)......... लेखनस्य मुख्यं उद्देश्यं भवन्तं समयस्य सदुपयोगस्य विषये (v)......... कर्तुं अस्ति। समयस्य सम्यक् उपयोगः (vi)......... सफलतायाः कुञ्जी भवति। यदि भवान् समयस्य मूल्यं (vii)......... शिक्षति तर्हि सफलतायाः ऊर्ध्वतां स्पृशितुं (viii).........। छात्रजीवने समयस्य सम्यक् उपयोगः ततोऽपि (ix)......... भवति। स्वस्य दैनन्दिनकार्यक्रमे अध्ययनार्थं समर्पयतु (x)......... समयस्य सम्यक् प्रबन्धनेन च अस्मिन् वर्षे अपि (xi)......... अवश्यमेव उत्तम-अङ्कैः उत्तीर्णः भविष्यति।
तव (xii)......... राकेशः।

- **मञ्जूषा** कुशलम्, मोहन, पत्रस्य, जीवने, महत्त्वपूर्णः, सर्वं, अवगत, निर्धारयितुं, शक्नुवन्ति, अस्मिन्, भवान्, भ्राता।

15. भवतः मित्रं पादकन्दुकस्पर्धायां विजयं प्राप्तवान्। एतदर्थम् अभिनन्दात्मकं अधोलिखितमपूर्णपत्रं मञ्जूषायां प्रदत्तपदसहायतया पूरयित्वा पुनः उत्तरपुस्तिकायां लिखत।
(आपका मित्र फुटबॉल प्रतियोगिता में विजयी हुआ है। इसलिए अधोलिखित अभिनन्दन पत्र को मञ्जूषा की सहायता से पूर्ण करके उत्तर पुस्तिका में लिखिए।)

छात्रावासतः
(i).........।
दिनाङ्कः.........
मित्रवर्य जयेश,
नमोनमः।
अत्र (ii)......... तत्रास्तु।
अद्य चिरात् तव पत्रं प्राप्य अहमतीव हर्षमनुभवामि। भवान् पादकन्दुकस्पर्धायां (iii)......... प्राप्तवान् इति ज्ञात्वा महती (iv)......... जाता। सफलतायै (v)......... भवान् यः सम्यक् (vi)......... करोति फलमपि प्राप्नोति। अतः मह्यं बहु (vii)......... अभवत्। भवत्सकाशमागन्तुं वारं वारं ममाभिलाषा भवति। ग्रीष्मावकाशे (viii)......... भवत्समीपआगमिष्यामि। अत्र ममाध्ययनं सम्यक् प्रचलति, आशासे भवतोऽध्ययनपि (ix)......... तत्र प्रचलेत्। सर्वेभ्योऽपि ज्येष्ठेभ्योः कनिष्ठेभ्यश्च प्रणामाः आशिषो वा वक्तव्याः।
भवदभिन्नं मित्रम्
(x).........

- **मञ्जूषा** निर्विघ्नम्, अभिनन्दनम्, आनन्दः, अहं, कुशलम्, प्रसन्नता, अनिलः, अजयमेरुतः, विजयं, परिश्रमं।

16. त्वं नीरजाः अस्ति। भवतः विद्यालये वार्षिकोत्सवः भवितुं गच्छति। तदर्थं भवतः मातापितरौ आमन्त्रयन्तु यत् ते भवन्तं प्रोत्साहयन्तुं, पत्र मञ्जूषायाः साहाय्येन च सम्पन्नं कुर्वन्तु।
(आप नीरज हैं। आपके विद्यालय में वार्षिक उत्सव होने वाला है, जिसके लिए माता-पिता को अपने उत्साहवर्धन के लिए आमंत्रित कीजिए। पत्र मञ्जूषा की सहायता से पूरा करके पुनः लिखिए।)

ब्रह्मपुत्र-छात्रावासः
नवदिल्लीतः
दिनाङ्कः ....
पूज्याः (i).........
सादरं प्रमाणाः।
अत्र (ii)......... तत्रास्तु। इदं विज्ञाय भवान् (iii)......... भविष्यति यद् गतदिवसे (iv)......... मया प्रथमम् स्थानं लब्धम्। क्रीडादिवसे (v)......... अहमेव प्रथमः आसम्। अस्मिन् वर्षे (vi)......... अहं नाट्याभिनयं करिष्यामि।
अयं (vii)......... आगामि-शुक्रवासर (viii)......... विद्यालयस्य पक्षतः ह्य एव निमन्त्रणपत्रम् प्रेषितम्। अहमपि भवन्तम् सूचयामि यद् भवान् मात्रा सह अवश्यम् आगच्छतु। मम (ix)......... भविष्यति। (x)......... मम प्रणामाः।
भवतः पुत्रः
नीरजः

- **मञ्जूषा** कुशलं, अतिप्रसन्नः, पितृमहोदयाः, धावनप्रतियोगितायाम्, अन्तर्विद्यालयीभाषणप्रतिस्पर्धायां, उत्साहवर्धनम्, वार्षिकोत्सवः, आयोजयिष्यते, मातृचरणयोः, वार्षिकोत्सवे।

उत्तराणि

1. (i) 10/17 पञ्चवटी (ii) आरक्षीकार्यालय (iii) छात्राणाम् (iv) छात्रा (v) पठितुम्
(vi) समये (vii) पीडयन्ति (viii) महाविद्यालयम् (ix) सुरक्षार्थम् (x) मधुरिमा

2. (i) आयुक्तमहोदय: (ii) पशून् (iii) समयेभ्य: (iv) शरीराणाम् (v) अन्नानि
(vi) जनान् (vii) भयग्रस्ता: (viii) क्षेत्रे (ix) शान्ति (x) धनराज:

3. (i) मुख्याध्यापक महोदय: (ii) चेन्नई (iii) मान्यवर: (iv) निवेदनम् (v) आगन्तुम्
(vi) कारणात् (vii) द्वयस्य (viii) अहम् (ix) कृतज्ञ: (x) भवदीय: शिष्य:

4. (i) श्रीमन्त: (ii) निवेदयामि (iii) भवतां (iv) अध्ययनरत: (v) रुचि:
(vi) श्रमिक: (vii) शिक्षार्थ (viii) शुल्कं (ix) शुल्कं-मुक्तं (x) श्यामकुमार:

5. (i) तत्रभवताम् (ii) अद्य (iii) आवश्यकं (iv) विद्यालयम् (v) कृपया
(vi) प्रदाय (vii) अनुगृहणातु (viii) आज्ञाकारी

6. (i) भगिनि (ii) पत्रेण (iii) ज्वरपीडिता (iv) चिन्तित: (v) आगन्तुम्
(vi) यथासमयम् (vii) सोमरस: (viii) स्वस्था (ix) शीघ्रम् (x) धर्मेन्द्र:

7. (i) पितृमहोदय (ii) नमोनम: (iii) पत्रम् (iv) कुशलता (v) शिक्षा—यात्रायै
(vi) ऐतिहासिकम् (vii) यात्राव्ययार्थम् (viii) रूप्यकाणि (ix) अम्बायै (x) भवत:

8. (i) भगिनि: (ii) कुशलम् (iii) परिणाम: (iv) न्यूना: (v) अभ्यासम्
(vi) वार्षिकपरीक्षायाम् (vii) उत्तमान् (viii) स्थानम् (ix) शुभकामना (x) अग्रजा

9. (i) अजयमेरुनगरम् (ii) चरणयो: (iii) भवत्या: (iv) क्रीडकस्य (v) छात्रावासे
(vi) ज्ञानम् (vii) ज्ञात्वा (viii) अभवत् (ix) निवेदयतु (x) प्रवीण:

10. (i) दिनेश: (ii) सस्नेहं (iii) ह्य: (iv) वयम् (v) मग्ना:
(vi) विना (vii) अपि (viii) तत्र (ix) सर्वेभ्य: (x) अभिन्नमित्रम्

11. (i) परीक्षा भवनात् (ii) वंदना (iii) कुशलिनी (iv) ज्ञातुम् (v) उत्तिष्ठामि
(vi) अध्ययनं (vii) क्रीडामि (viii) संध्यादिकं (ix) रात्रौ (x) प्रियंका

12. (i) दिल्लीत: (ii) गौरव (iii) सर्वगतं (iv) कुशली (v) दीपावल्या
(vi) मञ्चनम् (vii) करिष्यामि (viii) द्रष्टुम् (ix) प्रणामाञ्जलि: (x) सौरभ:

13. (i) मित्र (ii) नमोनम: (iii) तत्रास्तु (iv) भवत: (v) ग्रीष्मावकाशे
(vi) आगन्तुम् (vii) शैत्यं (viii) हिमाच्छादिता: (ix) अहमपि (x) मित्रम्

14. (i) मोहन (ii) कुशलम् (iii) सर्वं (iv) पत्रस्य (v) अवगतं
(vi) जीवने (vii) निर्धारयितुं (viii) शक्नुवन्ति (ix) महत्त्वपूर्ण: (x) अस्मिन्
(xi) भवान् (xii) भ्राता

15. (i) अजयमेरुत: (ii) कुशलम् (iii) विजयं (iv) प्रसन्नता (v) अभिनन्दनम्
(vi) परिश्रमं (vii) आनन्द: (viii) अहं (ix) निर्विघ्नं (x) अनिल:

16. (i) पितृमहोदया: (ii) कुशलं (iii) अतिप्रसन्न: (iv) अन्तर्विद्यालयीभाषणप्रतिस्पर्धायां
(v) धावनप्रतियोगितायाम् (vi) वार्षिकोत्सवे (vii) वार्षिकोत्सव: (viii) आयोजयिष्यते (ix) उत्साहवर्धनम्
(x) मातृचरणयो: ।

अध्याय 2

चित्रवर्णनम्

चित्रवर्णने ध्यानयोग्याः बिंदवः

चित्राधारित वर्णनं प्रारूप समये अधोलिखितं बिंदुनां ध्यातव्यम्

- प्रदत्तचित्रं सम्यक् प्रकारेण अवलोकनीयम्, येन चित्रे स्थितं प्रत्येकं विषयं सम्यक् प्रकारेण मनसि आगच्छेत्।
- चित्रेण सह प्रदत्त **मञ्जूषामपि** ध्यानेन पठनीयं चित्रस्य च वर्णनेन सम्मेलनं करणीयम्। रोचकतायाः ध्यानम् अपि करणीयम्।।
- मञ्जूषायां प्रदत्तशब्देषु आवश्यकतानुसारेण **लिङ्गं, वचनं, पुरुषः** विभक्तिः च परिवर्तितुं शक्यते।
- वाक्यलेखने **सरला शुद्धा च भाषा** प्रयोक्तव्या।
- वाक्यानि सरलानि, लघूनि च अन्योन्येन सह संबंधीनि भवितव्यानि।
- एकप्रकारस्यैव **भावं, विचारं** वा प्रस्तोतव्यम्।
- भूमिका, उपसंहारम् वा न कदापि लेखनीयम्।

चित्र वर्णन में ध्यान रखने योग्य बिंदु

चित्र वर्णन करते समय निम्नलिखित बातें अवश्य ध्यान में रखनी चाहिए

- दिए गए चित्र को भली-भाँति देख लेना चाहिए, जिससे चित्र में स्थित प्रत्येक बिंदु ठीक-ठीक समझ में आ जाए।
- चित्र के साथ दी गई शब्द-सूची को भी ध्यानपूर्वक पढ़ना चाहिए और चित्र के वर्णन से मिलान करना चाहिए। रोचकता का ध्यान भी रखना चाहिए।
- मञ्जूषा में दिए गए शब्दों में आवश्यकतानुसार **लिङ्ग**, **वचन**, **पुरुष**, विभक्ति आदि में परिवर्तन किया जा सकता है।
- वाक्य लिखते समय **सरल** व **शुद्ध भाषा** का प्रयोग करना चाहिए।
- वाक्य सरल, लघु तथा एक-दूसरे से संबंधित होने चाहिए।
- एक प्रकार का ही **भाव** अथवा **विचार** प्रस्तुत करना चाहिए।
- भूमिका अथवा उपसंहार कभी भी नहीं लिखना चाहिए।

साधित उदाहरणम्

1. **अधोदत्तचित्रस्य वर्णनं मञ्जूषायां प्रदत्तपदानां सहायतया पञ्चवाक्येषु कुरुत। (नीचे दिए गए चित्र का वर्णन मञ्जूषा में दिए गए शब्दों की सहायता से पाँच वाक्यों में कीजिए।)**

- **मञ्जूषा** आरण्यके, कुटीरः, एषः, आरण्यकस्य, एकस्य, अधः, तिष्ठति, मुनिः, उपदिशति, तिष्ठिन्ति।

उत्तराणि

(i) एष: एक: आरण्यकस्य चित्रमस्ति।
(ii) आरण्यके एक कुटीर: अस्ति।
(iii) एकस्य वृक्षस्य अध: एक: मुनि: तिष्ठति।
(iv) तस्याग्रे पञ्चभक्ता: अपि तिष्ठिन्ति।
(v) मुनि: भक्तान् उपदिशति।

2. **अधोदत्तचित्रस्य वर्णनं मञ्जूषायां प्रदत्तपदानां सहायतया पञ्चवाक्येषु कुरुत। (नीचे दिए गए चित्र का वर्णन मञ्जूषा में दिए गए शब्दों की सहायता से पाँच वाक्यों में कीजिए।)**

- **मञ्जूषा** शिक्षिकाऽपि, पाठयति, सा, आलापयन्ति, कक्षायाम्, छात्राः, आसन्दिकायां, उपविशन्ति, कक्षाय, चित्रमस्ति, कक्षायाम्।

उत्तराणि

(i) एष: कक्षाया: चित्रमस्ति।
(ii) कक्षायाम् छात्रा: आसन्दिकायां उपविशान्ति।
(iii) तत्र एका शिक्षिकाऽपि अस्ति।
(iv) सा पाठम् पाठयति।
(v) कक्षायाम् केचन् छात्रा: परस्परम् आलापयन्ति।

3. **अधोदत्तचित्रस्य वर्णनं मञ्जूषायां प्रदत्तपदानां सहायतया पञ्चवाक्येषु कुरुत। (नीचे दिए गए चित्र का वर्णन मञ्जूषा में दिए गए शब्दों की सहायता से पाँच वाक्यों में कीजिए।)**

- **मञ्जूषा** क्षेत्रे, जलम्, कुरुतः, सूर्यः, वृक्षाः, वृषभाभ्यां, पुष्पाणि, वार्तालापं, कृषकः, कृषकौ, हलेन, कुटीरः, सन्ति, विविधाः, कर्षति, उदेति, अत्र, परस्परं, इदं, अस्मिन्, चित्रम्, क्षेत्रस्य, अस्ति, कुरुत।

उत्तराणि

(i) इदं क्षेत्रस्य चित्रम् अस्ति।
(ii) कृषक: वृषभाभ्यां हलेन कर्षति।
(iii) अस्मिन् चित्रे सूर्य: उदेति
(iv) अत्र कृषकौ परस्परं वार्तालापं कुरुत:।
(v) क्षेत्रे विविधा: वृक्षा: सन्ति।

4. **अधोदत्तचित्रस्य वर्णनं मञ्जूषायां प्रदत्तपदानां सहायतया पञ्चवाक्येषु कुरुत। (नीचे दिए गए चित्र का वर्णन मञ्जूषा में दिए गए शब्दों की सहायता से पाँच वाक्यों में कीजिए।)**

- **मञ्जूषा** चित्रे, वृक्षच्छेदनम्, हरिताः, वृक्षाणाम्, दृश्यते, तक्षकः, हस्ते, अस्माकं, अस्ति, कुठारिका, अस्मिन्, वार्ता, एकः, कृते, भूमिः, तक्षकस्य, उन्नताः, प्राणवायुं, करोति, प्रदूषणम्, यच्छन्ति, वृक्षाः, छायां, शीतलां।

उत्तराणि

(i) अस्मिन् चित्रे वृक्षाणाम् परस्परं वार्तां दृश्यते।
(ii) अस्मिन् चित्रे एक: तक्षक: वृक्षच्छेदनम् करोति।
(iii) तक्षकस्य हस्ते कुठारिका अस्ति।
(iv) वृक्षा: अस्माकं कृते प्राणवायुं यच्छन्ति।
(v) हरिता: वृक्षा: शीतलां छायां यच्छन्ति।

अभ्यास प्रश्ना:

मञ्जूषा की सहायता से चित्र वर्णन

1. अधोदत्तं चित्रं दृष्ट्वा तस्य वर्णनं मञ्जूषायां प्रदत्तपदानां सहायतया पञ्चवाक्येषु कुरुत।
(नीचे दिए गए चित्र को देखकर उसका वर्णन मञ्जूषा में दिए गए शब्दों की सहायता से पाँच वाक्यों में कीजिए।)

- **मञ्जूषा** प्रार्थना, अस्मिन्, शिक्षकाऽपि, प्रार्थना, सभायाम्, बालकः, प्रस्तुतं, स्थित्वा, पंक्ति, सर्वे, सन्ति, स्थिरी।

2. अधोदत्तं चित्रं दृष्ट्वा तस्य वर्णनं मञ्जूषायां प्रदत्तपदानां सहायतया पञ्चवाक्येषु कुरुत।
(नीचे दिए गए चित्र को देखकर उसका वर्णन मञ्जूषा में दिए गए शब्दों की सहायता से पाँच वाक्यों में कीजिए।)

- **मञ्जूषा** मेलापकस्य, सन्ति, विविधाः, दोलाः, बालकाः, प्रमदन्ति, क्रीडन्ति, अपि, चक्र, क्रीडनकम्, रेल यानम्, एकम्।

3. अधोदत्तं चित्रं दृष्ट्वा तस्य वर्णनं मञ्जूषायां प्रदत्तपदानां सहायतया पञ्चवाक्येषु कुरुत।
(नीचे दिए गए चित्र को देखकर उसका वर्णन मञ्जूषा में दिए गए शब्दों की सहायता से पाँच वाक्यों में कीजिए।)

- **मञ्जूषा** उपवनस्य, इदम्, शिक्षकः, चित्रे, पिकनिकं, मन्यन्ते, शाद्वलानि, अस्ति, उपवनस्य स्थले, च सन्ति, विविधानि, प्रमुदिताः।

4. अधोदत्तचित्रस्य वर्णनं मञ्जूषायां प्रदत्तपदानां सहायतया पञ्चवाक्येषु कुरुत।
(नीचे दिए गए चित्र का वर्णन मञ्जूषा में दिए गए शब्दों की सहायता से पाँच वाक्यों में कीजिए।)

- **मञ्जूषा** अनुगच्छति, गच्छन्ति, चारयन्ति, मार्गे, अस्मिन्, मेषाः, अजाः, गृहाणि, पर्वतवासिनः, पदातिः, पर्वतीयस्थलं, चित्रं, प्रकृतेः, गोपालकः,सुन्दरं, दृश्यते, जनाः, अत्र, कारयानम्, हरीतिमा, पर्वतेषु , क्षेत्रे, धावति, राजमार्गे, अपि।

5. अधोदत्तचित्रस्य वर्णनं मञ्जूषायां प्रदत्तपदानां सहायतया पञ्चवाक्येषु कुरुत।
(नीचे दिए गए चित्र का वर्णन मञ्जूषा में दिए शब्दों की सहायता से पाँच वाक्यों में कीजिए।)

- मञ्जूषा पश्यतः, कुटीरः, जनाः, चित्रे, नद्यां, तरतः, उभयतः, एकः, बालकः, बालिका, नौके, द्वे, नदीम्, नौका, विहारम्, नाविकान्, वृक्षाः, स्वच्छजलम्, हरीतिमा, सन्ति, तत्र, शोभते, एका, शुद्धवातावरणम्, वनम्, कुर्वन्ति, अस्मिन्।

6. अधोदत्तचित्रस्य वर्णनं मञ्जूषायां प्रदत्तपदानां सहायतया पञ्चवाक्येषु कुरुत।
(नीचे दिए गए चित्र का वर्णन मञ्जूषा में दिए शब्दों की सहायता से पाँच वाक्यों में कीजिए।)

- मञ्जूषा इदं, सह, युवकाः, अत्रः, बसयानानि, इतस्ततः, अवरुद्धः, चित्रं, सर्वत्र, मार्गः, व्याकुलाः, जनाः, राजमार्गस्य, अस्मिन्, सन्ति, यातायातः, कारयानानि, गच्छन्ति, भवन्ति, द्विचक्रिकया, वाहनैः, ध्वनिप्रदूषणेन, दृश्यते, अस्ति।

7. अधोदत्तचित्रस्य वर्णनं मञ्जूषायां प्रदत्तपदानां सहायतया पञ्चवाक्येषु कुरुत।
(नीचे दिए गए चित्र का वर्णन मञ्जूषा में दिए शब्दों की सहायता से पाँच वाक्यों में कीजिए।)

- मञ्जूषा चित्रे, भोजनकक्षे, आहार, मञ्चे, आसन्दिकायां, सेवफलम्, प्रातराशं, अस्ति, दुग्धम्, फलानि, आनयति, पिबतः, तिष्ठन्ति, एका, पुत्रः, रोटिकाम्, कदलीफलम्, च द्राक्षाफलम्, अस्मिन्, परिवारः, एकः, सन्ति, महिला, बालकः, पुत्री, पिता, बालिकाश्च।

8. अधोदत्तचित्रस्य वर्णनं मञ्जूषायां प्रदत्तपदानां सहायतया पञ्चवाक्येषु कुरुत।
(नीचे दिए गए चित्र का वर्णन मञ्जूषा में दिए शब्दों की सहायता से पाँच वाक्यों में कीजिए।)

- मञ्जूषा सर्वत्र, चित्रं, मुख्यमार्गस्य, कारयानम्, अस्त-व्यस्तः, धावन्ति, तीव्रगत्या, सङ्कुलः, मार्गे, एकः, यातायातः, अपि, भवति, कारयानानिः, इदं, दृश्यते, बसयानं, नगरस्य, अस्ति, अधुना, मध्ये, वाहनानां, विविधवाहनैः, नियममुल्लंघ्य, एकं, तिष्ठति।

9. अधोदत्तचित्रस्य वर्णनं मञ्जूषायां प्रदत्तपदानां सहायतया पञ्चवाक्येषु कुरुत।
(नीचे दिए गए चित्र का वर्णन मञ्जूषा में दिए शब्दों की सहायता से पाँच वाक्यों में कीजिए।)

- **मञ्जूषा** वहति, उपविष्टाः, चित्रे, रेलस्थानकम्, जनाः, पठन्ति, केचन, रेलयानं, प्रति, भारं, बालकाः, आरोहन्ति, यात्रिणः, समाचारपत्राणि, विक्रमः, पादत्राणाम्, रेलयाने, गच्छन्ति, भारवाहकः, अस्मिन्, सन्ति, अस्ति।

10. अधोदत्तचित्रस्य वर्णनं मञ्जूषायां प्रदत्तपदानां सहायतया पञ्चवाक्येषु कुरुत।
(नीचे दिए गए चित्र का वर्णन मञ्जूषा में दिए शब्दों की सहायता से पाँच वाक्यों में कीजिए।)

- **मञ्जूषा** राष्ट्रमंडल खेलस्यः 2010, 'शेरा' प्रतीकचिह्नम्, छात्राः, बालाः, शेरां, अत्र, बालिकाः, प्रसन्नाः, अस्ति, स्थिताः, हस्ताभ्यां, आसीत्, इदं, स्पृशन्ति, प्रसन्नाः, चित्रं, विजयमुद्रां, दर्शयति, सन्ति।

उत्तराणि

1. (i) अस्मिन् चित्रे प्रार्थना सभा भवति।
(ii) प्रार्थना सभायाम् शिक्षकाऽपि तिष्ठन्ति।
(iii) एकः बालकः अग्रे स्थित्वा भाषणं प्रस्तुतं करोति।
(iv) सर्वे छात्राः पंक्ति बद्धाः सन्ति।
(v) सर्वे स्थिरी भूयः प्रार्थनां कुर्वन्ति।

2. (i) इदम् मेलापकस्य चित्रमस्ति।
(ii) अत्र बालकाः क्रीडन्ति प्रमुदन्ति च।
(iii) अत्र विविधाः दोलाः सन्ति।
(iv) एकः चक्र दोला अपि अस्ति।
(v) एकम् क्रीडनकम् रेल यानम् अपि अस्ति।

3. (i) इदम् एकम् उपवनस्य चित्रमस्ति।
(ii) अस्मिन् चित्रे एकः शिक्षकः छात्राश्च सन्ति।
(iii) ते पिकनिकं मन्यन्ते।
(iv) उपवनस्य स्थले शाद्वलानि सन्ति।
(v) विविधानि पुष्पाणि च सन्ति सर्वे प्रमुदिताः च सन्ति।

4. (i) अस्मिन् चित्रे सुन्दरं पर्वतीयस्थलं दृश्यते।
(ii) पर्वतेषु प्रकृतेः सुन्दरं चित्रं दृश्यते।
(iii) अत्र पर्वतवासिनः जनाः मार्गे गच्छन्ति।
(iv) क्षेत्रे अजाः मेषाः च चरन्ति।
(v) राजमार्गे कारयानम् अपि धावति।

5. (i) अस्मिन् चित्रे जनाः नौका विहारम् कुर्वन्ति।
(ii) नद्यां द्वे नौके तरतः।
(iii) नदीम् उभयतः वृक्षाः सन्ति।
(iv) तत्र एकः कुटीरः शोभते।
(v) एकः बालकः एका बालिका च नाविकान् पश्यतः।

6. (i) इदं चित्रं राजमार्गस्य अस्ति।
(ii) अस्मिन् चित्रे द्विचक्रिकया सह युवकाः सन्ति।
(iii) वाहनैः सर्वत्र मार्गः अवरुद्धः दृश्यते।
(iv) अत्र कारयानानि इतस्ततः गच्छन्ति।
(v) ध्वनिप्रदूषणेन जनाः व्याकुलाः भवन्ति।

7. (i) अस्मिन् चित्रे एकः परिवारः भोजनकक्षे अस्ति।
(ii) आहार मञ्चे सेवफलम्, दुग्धम्, च स्तः।
(iii) महिला रोटिकाम् आनयति।
(iv) बालकः बालिकाश्च दुग्धम् पिबतः।
(v) आसन्दिकायां एकः पुत्रः, एका पुत्री, पिता च तिष्ठन्ति।

8. (i) इदं चित्रं नगरस्य मुख्यमार्गस्य अस्ति।
(ii) अधुना सर्वत्र मार्गे वाहनानां सङ्कुलः दृश्यते।
(iii) विविधवाहनैः यातायातः अस्त-व्यस्तः भवति।
(iv) मार्गे बसयानानि, कारयानानि विविधानि वाहनानि च तीव्रगत्या धावन्ति।
(v) एकं बसयानं नियममुल्लंघ्य मध्ये तिष्ठति।

9. (i) अस्मिन् चित्रे रेलस्थानकम् अस्ति।
(ii) एकः जनः समाचारपत्रम् पठति।
(iii) केचन जनाः रेलयाने उपविष्टाः सन्ति।
(iv) यात्रिणः रेलयानं प्रति गच्छन्ति।
(v) भारवाहकः भारं वहति।

10. (i) इदं चित्रं राष्ट्रमंडलखेलस्य अस्ति।
(ii) अत्र शेरा (सिंहः) विजयमुद्रां दर्शयति।
(iii) बालाः प्रसन्नाः सन्ति।
(iv) छात्राः हस्ताभ्यां शेरा स्पृशन्ति।
(v) 2010 खेलस्य, प्रतीकचिह्नम् शेरा (सिंहः) आसीत्।

अध्याय
3

अनुच्छेद-लेखनम्

अनुच्छेद लेखने ध्यानयोग्याः बिंदवः

अनुच्छेद लेखन समये अधोलिखित बिंदुनाम् ध्यातव्यम्

- अनुच्छेदे एकं एव **भावं विचारो** वा प्रस्तोतव्याम्।
- अनुच्छेदलेखने **भूमिका, उपसंहारो** वा न भवति। विषयस्य सद्यः एव आरंभः क्रियते।
- अनुच्छेदस्य वाक्यानि परस्परं संबंधानि भवेयुः। रोचकता अनुच्छेदस्य विशिष्टा गुणा भवितव्या।
- अनुच्छेदस्य भाषा सरलाः, **स्पष्टाः, प्रभावपूर्णाः** च भवितव्या।
- अनुच्छेदे प्रस्तुत विषयस्य **केंद्रीय भावं** प्रारंभे अंते वा अवश्यं दातव्यम्ः।
- अनुच्छेदः अतिविस्तृतः अतिलघु वा न स्यात्, प्रायः पञ्चवाक्यानि पर्याप्तानि भवन्ति।

अनुच्छेद-लेखन में ध्यान रखने योग्य बिंदु

अनुच्छेद लेखन करते समय निम्नलिखित बिंदुओं को ध्यान में रखना चाहिए

- अनुच्छेद में एक ही **भाव** या **विचार** प्रस्तुत करना चाहिए।
- अनुच्छेद-लेखन में **भूमिका** या **उपसंहार** नहीं होता है। विषय को तुरंत आरंभ किया जाता है।
- अनुच्छेद के वाक्य परस्पर संबंधित होने चाहिए। रोचकता का गुण अनुच्छेद की विशेषता है।
- अनुच्छेद की भाषा **सरल, स्पष्ट** और **प्रभावमयी** होनी चाहिए।
- अनुच्छेद में प्रस्तुत विषय का **केंद्रीय भाव** प्रारंभ में अथवा अंत में अवश्य देना चाहिए।
- अनुच्छेद बहुत बड़ा अथवा बहुत छोटा नहीं होना चाहिए, प्रायः पाँच वाक्य पर्याप्त होते हैं।

साधित उदाहरणम्

मञ्जूषायाः उचितपदैः निम्नलिखितानि अनुच्छेदानि विविधं विषयम् अधिकृत्य पञ्चसंस्कृतवाक्यानि लिखत।
(मञ्जूषा के उचित पदों से निम्नलिखित अनुच्छेदों के विभिन्न विषयों को लेकर पाँच संस्कृत वाक्य लिखिए।)

1. मञ्जूषायां प्रदत्त शब्दानां सहायतया "ममप्रियः कविः" इति विषयम् अधिकृत्य पञ्चवाक्यानि संस्कृतेन लिखत।
(मञ्जूषा में दिए गए शब्दों की सहायता से "मम प्रियकवि" इस विषय पर पाँच वाक्य संस्कृत में लिखिए।)

- **मञ्जूषा** कालिदासः, संस्कृतस्य, कवीनाम्, उपमाः, अद्वितीयः, तं, कथयन्ति, कुलगुरुः अभिज्ञानशाकुन्तलम्, प्रकृति, संस्कृत, साहित्ये, कवि, आसीत्, विद्वांसः, कालिदासस्य, प्रसिद्धाः, सन्ति, चित्रणं, अस्ति, ममप्रियः, संस्कृतकविषु।

उत्तराणि

(i) संस्कृत साहित्ये कालिदासः अद्वितीयः कविः आसीत्।
(ii) विद्वांसः तं कवीनां कुलगुरुः कथयन्ति।
(iii) कालिदासस्य उपमाः प्रसिद्धाः सन्ति।
(iv) अभिज्ञानशाकुन्तले प्रकृति चित्रणं अद्वितीयमस्ति।
(v) संस्कृतकविषु ममप्रियः कविः कालिदासः अस्ति।

2. **मञ्जूषायां सहायतया "मातृसेवा" इति विषयम् अधिकृत्य पञ्चवाक्यानि संस्कृतेन लिखत।**
(मञ्जूषा की सहायता से "मातृसेवा" इस विषय पर पाँच वाक्य संस्कृत में लिखिए।)

- **मञ्जूषा** साक्षात्, वर्णितः, श्रद्धया, वंदना, करणीया, प्रातरुत्थान, अस्ति, एव, स, मातृचरणेषु, साक्षात्, ईश्वरः, सेवा, मातृमान्, मातृदेवोभव, मातु, नरेण, साहित्ये, माता, उपनिषत्सु, यस्य, विदुषी।

उत्तराणि

(i) साहित्ये माता साक्षात् ईश्वरः वर्णितः।
(ii) मातुः सेवा नरेण श्रद्धया करणीया।
(iii) मातृचरणेषु प्रातरुत्थाय वंदना करणीया।
(iv) यस्य माता विदुषी अस्ति स एव मातृमान् अस्ति।
(v) उपनिषत्सु "मातृदेवोभव" इति वर्णितः।

3. **मञ्जूषायाः सहायतयां "दीपावली" इति विषयम् अधिकृत्य पञ्चवाक्यानि संस्कृतेन लिखत।**
(मञ्जूषा की सहायता से "दीपावली" इस विषय पर पाँच वाक्य संस्कृत में लिखिए।)

- **मञ्जूषा** दीपावली, पर्व, दिवसे, अस्माकं, लङ्का, श्रीरामः, अयोध्याम्, अमावस्यां, अन्धकारः, दीपान्, अवलिः, सर्वत्र, उल्लासः, दिने, ज्वालयन्तिः, राष्ट्रियोत्सवः, विजित्य, भवति, अस्मिन्, वर्तते, दूरीकर्तुं।

उत्तराणि

(i) 'दीपावली' पर्व अमावस्यायां भवति।
(ii) आस्मिन् दिवसे श्रीरामः लङ्काम् विजित्य अयोध्यां आगतः।
(iii) दीपावली अस्माकं राष्ट्रियोत्सवः वर्तते।
(iv) अस्मिन् दिने सर्वत्र उल्लासः दृश्यते।
(v) जनाः अन्धकारं दूरीकर्तुं दीपान् ज्वालयन्ति।

4. **मञ्जूषायाः सहायतया "होलिकोत्सवः" इति विषयम् अधिकृत्य पञ्चवाक्यानि संस्कृतेन लिखत।**
(मञ्जूषा की सहायता से "होलिकोत्सव" इस विषय पर पाँच वाक्य संस्कृत में लिखिए।)

- **मञ्जूषा** होलिकोत्सवः, अन्योन्येषुरंगं, जनाः, प्रसन्नाः, मिलन्ति, खादन्ति, वैरभावं, विस्मृत्य, आलिङ्गनम्, कुर्वन्ति, फाल्गुन-पूर्णिमावसरे, भवति, परस्परं, क्षिपन्ति, अस्मिन्, इदम्, पर्व, अस्ति, पर्वाणि, नवान्नान्।

उत्तराणि

(i) फाल्गुन-पूर्णिमावसरे होलिकोत्सवः भवति।
(ii) जनाः परस्परं वैरभावं विस्मृत्य आलिङ्गनं कुर्वन्ति।
(iii) जनाः अन्योन्येषुरंगं क्षिपन्ति।
(iv) अस्मिन् पर्वणि जनाः नवान्नान् खादन्ति।
(v) इदं प्रसन्नतायाः पर्वम् अस्ति।

5. **मञ्जूषायाः सहायतया "रक्षाबन्धन पर्वः" इति विषयम् अधिकृत्य पञ्चवाक्यानि संस्कृतेन लिखत।**
(मञ्जूषा की सहायता से "रक्षाबन्धन पर्व" इस विषय पर पाँच वाक्य संस्कृत में लिखिए।)

- **मञ्जूषा** रक्षाबन्धन-पर्वणि, बध्नाति, तस्यै, यच्छति, भवन्ति, भ्रात्रेः, पूर्णिमायां, अवसरे, मन्यते, पर्व भ्राताः भगिनी, रक्षाबन्धनम्, आशीर्वादम्, उपहारम्, प्रमुदितमनाः, देशे, सर्वे, श्रावण मासस्य।

उत्तराणि

(i) रक्षाबन्धनपर्वम् श्रावणमासस्य पूर्णिमायाम् अवसरे मन्यते।
(ii) रक्षाबन्धन-पर्वणि भगिनी भ्रातरं रक्षासूत्रं बध्नाति।
(iii) भ्राता तस्यै उपहारं यच्छति।
(iv) भगिनी भ्रात्रे आशीर्वादं यच्छति।
(v) सर्वे प्रमुदितमनाः भवन्ति।

6. **मञ्जूषायाः सहायतया "वृक्षारोपणम्" इति विषयम् अधिकृत्य पञ्चवाक्यानि संस्कृतेन लिखत।**
(मञ्जूषा की सहायता से "वृक्षारोपणम्" इस विषय पर पाँच वाक्य संस्कृत में लिखिए।)

- **मञ्जूषा** महती, आवश्यकता, वातावरणं, हरितं, वृक्षाः, प्राणवायुं, अवश्यमेव, स्वच्छ, पर्यावरणाय, वृक्षैः, अस्माभिः वृक्षारोपणम्, कर्त्तव्यम्, भवति, मनुष्येभ्यः, ददति, वृक्षाणां, अस्ति, छाया, फलानि, च।

उत्तराणि

(i) स्वच्छपर्यावरणाय वृक्षाणां महती आवश्यकता अस्ति।
(ii) वृक्षैः वातावरणं हरितं भवति।
(iii) वृक्षाः मनुष्येभ्यः प्राणवायुं ददति।
(iv) वृक्षाः नरेभ्यः छाया, फलानि च ददति।
(v) वृक्षारोपणम् अस्माभिः अवश्यमेव कर्त्तव्यम्।

7. **मञ्जूषायाः सहायतया "भारतीया सेना" विषयम् अधिकृत्य पञ्चवाक्यानि संस्कृतेन लिखत।**
(मञ्जूषा की सहायता से "भारतीय सेना" इस विषय पर पाँच वाक्य संस्कृत में लिखिए।)

- **मञ्जूषा** सेनायाः, उपरि, गर्वम् वर्तते, कठिनपरिस्थित्यामपि, हिमालयस्य, हिमाच्छादितेषुशिखरेषु, अहर्निशं सेवामहे, उद्घोषं, सार्थकः, सेवन्ते, कुर्वन्ति, अतः भारतीय, रक्षां, ते, देशस्य, सेना, श्रेष्ठा, अस्ति, विश्वस्य, वयं, कर्मः।

उत्तराणि

(i) भारतीय सेना विश्वस्य श्रेष्ठा सेना अस्ति।
(ii) भारतीय सेनायाः उपरि वयं गर्वं कुर्मः।
(iii) कठिनपरिस्थित्यामपि सैनिकाः देशस्य रक्षां कुर्वन्ति।
(iv) हिमालयस्य हिमाच्छादितशिखरेषु ते अहर्निशं सेवन्ते।
(v) अतः ते "अहर्निशं सेवामहे" उद्घोषं सार्थकं कुर्वन्ति।

8. **मञ्जूषायाः सहायतया "सत्संगति" विषयम् अधिकृत्य पञ्चवाक्यानि संस्कृतेन लिखत।**
(मञ्जूषा की सहायता से "सत्संगति" इस विषय पर पाँच वाक्य संस्कृत में लिखिए।)

- **मञ्जूषा** सत्संगत्या, सतां, संगतिः, उन्नतिः, विद्वान्, मनुष्य, भवन्ति, नर, करोति, कदापि, कुसंगति, जनानां, सज्जनानां, सम्पर्केण, सत्संगति, कथ्यते, भवति, सज्जनः, न, महत्त्व, वर्तते, जीवने।

उत्तराणि

(i) सतां जनानां संगति सत्संगतिः कथ्यते।
(ii) सत्संगत्या नरः उन्नतिं करोति।
(iii) सज्जनानां सम्पर्केण मनुष्यः सज्जनः भवति।
(iv) विद्वान् नरः कदापि कुसंगतिं न करोति।
(v) जीवने सत्संगत्याः अति महत्त्वं वर्तते।

9. मञ्जूषायाः सहायतया "मम विद्यालयः" विषयम् अधिकृत्य पञ्चवाक्यानि संस्कृतेन लिखत।

(मञ्जूषा की सहायता से "मम विद्यालय" इस विषय पर पाँच वाक्य संस्कृत में लिखिए।)

- **मञ्जूषा** सर्वश्रेष्ठ, प्राचार्यः, आदर्श विद्यालयः, अनेके शिक्षकाः, विषयान्, पञ्चसहस्र, छात्रा, अस्ति, मम, अस्माकं, जनपदे, अत्रत्यः, स्वविषये, सन्ति, महोदयः, व्यवहारकुशलः, अपि च, श्रेष्ठः, पठन्ति, अध्यापकाः।

उत्तराणि

(i) मम विद्यालयः जनपदे आदर्शः विद्यालयः अस्ति।
(ii) अत्रत्यः अनेके शिक्षकाः स्वविषये जनपदे सर्वश्रेष्ठाः सन्ति।
(iii) अस्माकं प्राचार्यमहोदयः अपि श्रेष्ठः व्यवहारकुशलः च अस्ति।
(iv) अस्माकं विद्यालये पञ्चसहस्रछात्राः पठन्ति।
(v) मम विद्यालये पञ्चाशत् अध्यापकाः सन्ति।

10. मञ्जूषायाः सहायतया "मम प्राचार्यः" विषयम् अधिकृत्य पञ्चवाक्यानि संस्कृतेन लिखत।

(मञ्जूषा की सहायता से "मम प्राचार्य" इस विषय पर पाँच वाक्य संस्कृत में लिखिए।)

- **मञ्जूषा** मम्, शोभनः, एवं, मनोयोगेन, मृदुभाषी, स्पष्टवक्ता, आदर्शवान्, परीक्षापरिणामः, अध्यक्षरूपेः, विलम्बेन, त्यागशीलः, अस्ति, प्राचार्यः नागच्छन्ति, कदापि, भवति, ते, सर्वदा, सः, च, स्वकर्त्तव्यं, पालयति।

उत्तराणि

(i) मम प्राचार्यः आदर्शवान् अस्ति।
(ii) सः कदापि विलम्बेन नागच्छति।
(iii) सः मृदुभाषी, त्यागशीलः स्पष्टवक्ता च अस्ति।
(iv) अध्यक्ष रूपे सः स्वकर्त्तव्यं मनोयोगेन पालयति।
(v) अस्माकं विद्यालयस्य परीक्षापरिणामः सर्वदा शोभनः एव भवति।

अभ्यास प्रश्नाः

मञ्जूषा की सहायता से अनुच्छेद लेखन

मञ्जूषायाः उचितपदैः निम्नलिखितानि अनुच्छेदानि विविधं विषयम् अधिकृत्य पञ्चवाक्यानि संस्कृतेन लिखत।
(मञ्जूषा के उचित पदों से निम्नलिखित अनुच्छेदों के विभिन्न विषयों पर पाँच वाक्य संस्कृत में लिखिए।)

1. मञ्जूषायाः उचितपदैः "यातायात-अव्यवस्था" इति विषयम् अधिकृत्य पञ्चवाक्यानि संस्कृतेन लिखत।
(मञ्जूषा के उचित पदों की सहायता से "यातायात अव्यवस्था" इस विषय पर पाँच वाक्य संस्कृत में लिखिए।)

- **मञ्जूषा** सञ्चालनं, वर्णनं, अस्मिन्, इदं, अव्यवस्थाया, यातायातस्य, अस्ति, दिल्लीनगरे, मोटरयानानि, अत्यधिकानि, मार्गे, अवरोधाः, करोति, मार्गस्य उभयतः, गच्छन्ति, जनाः, मध्ये, विद्युतस्तम्भाः, आरक्षकः , यातायात, सन्ति वर्णने।

2. मञ्जूषायाः उचितपदैः "नौकाचालन-प्रतियोगिता" इति विषयम् अधिकृत्य पञ्चवाक्यानि संस्कृतेन लिखत।
(मञ्जूषा के उचित पदों की सहायता से "नौकाचालन प्रतियोगिता" इस विषय पर पाँच वाक्य संस्कृत में लिखिए।)

- **मञ्जूषा** जनाः, सर्वे, कुर्वन्ति, दक्षिणभारते, केरलप्रदेशे, अनेकेजनाः, नदीतीरे, एकत्रिताः, वर्णनं, द्रष्टुं, प्रसिद्धाः, करतलध्वनिं, पुरस्कारान्, सन्ति, नौका, चालन-प्रतियोगितायाः, अस्ति, जना, भवति, इदं।

3. मञ्जूषायाः उचितपदैः "शिक्षायाः महत्त्वम्" इति विषयम् अधिकृत्य पञ्चवाक्यानि संस्कृतेन लिखत।
(मञ्जूषा के उचित पदों से "शिक्षाया महत्त्वम्" इस विषय पर पाँच वाक्य संस्कृत में लिखिए।)

- **मञ्जूषा** इदं, शिक्षायाः, अधुना, जनाः, अस्ति, पालनं, समयस्यः, कुर्वन्ति, करणीयम्, जनैः, समयेन, अत्र, अपि, ज्ञातवान्, कार्याणि, पठन्ति, वर्णनं, महत्त्वस्य, छात्राः, ध्यानेन, पाठान्, मया।

4. मञ्जूषायाः उचितपदैः "सर्वशिक्षा-अभियानम्" इति विषयम् अधिकृत्य पञ्चवाक्यानि संस्कृतेन लिखत।
(मञ्जूषा के उचित पदों से "सर्वशिक्षा अभियान" इस विषय पर पाँच वाक्य संस्कृत में लिखिए।)

- **मञ्जूषा** सर्वशिक्षा, अस्ति, छात्रा, बालाः, ते, संस्कृतस्य, गायन्ति, शिक्षिका, पाठान्, कथां, वर्णनं श्रावयन्ति, पुस्तकानि, पाठयति, कक्षाया, पठन्ति, श्लोकानि, इदं, अभियानस्य।

5. मञ्जूषायाः उचितपदैः "दैनिक-दिनचर्या" इति विषयम् अधिकृत्य पञ्चवाक्यानि संस्कृतेन लिखत।
(मञ्जूषा के उचित पदों से "दैनिक दिनचर्या" इस विषय पर पाँच वाक्य संस्कृत में लिखिए।)

- **मञ्जूषा** प्रातः काले, जनाः, उद्यानं, ध्यानं, पूजां, च कुर्वन्ति, वर्णनं, प्रातराशं, कार्यालयं, विद्यालयं, सहायतां, इदं, अस्ति, जागरणं, बालकाः, प्रति, गच्छन्ति, कृत्वा, महिला, सर्वेपुरुषा।

6. मञ्जूषायाः उचितपदैः "ग्रामस्य-वर्णनम्" इति विषयम् अधिकृत्य पञ्चवाक्यानि संस्कृतेन लिखत।
(मञ्जूषा के उचित पदों से "ग्रामस्य वर्णनम्" इस विषय पर पाँच वाक्य संस्कृत में लिखिए।)

- **मञ्जूषा** पत्रालयः, महिला, मार्जनम्, खट्वोपरि, सन्ति, वर्णनं, कृषिकार्यं, वृक्षाः, जनाः, पुरुषाः, ग्रामस्य, इदं, अस्ति, ग्रामे, करोति, कुर्वन्ति, उपविष्टा।

7. मञ्जूषायाः उचितपदैः "सन्तुलित-आहारस्यमहत्त्वम्" इति विषयम् अधिकृत्य पञ्चवाक्यानि संस्कृतेन लिखत।

(मञ्जूषा के उचित पदों से "सन्तुलित आहारस्यमहत्त्वम्" इस विषय पर पाँच वाक्य संस्कृत में लिखिए।)

- मञ्जूषा भोजनम्, रोटिकाः, सूप-ओदनम्, शाकाहारी जनाः, अधुना, स्वच्छ-जलम्, पुष्टं, अपि, च, खादन्ति, पिबन्ति, गुणकारी, वर्णनं, इदं, सन्तुलित, शरीरं, भवति, आहारस्य, अस्ति, आहारेण।

8. मञ्जूषायाः उचितपदैः "क्रीडा प्रतियोगिता" इति विषयं स्वीकृत्य पञ्चवाक्यानि संस्कृतेन लिखत।

(मञ्जूषा के उचित पदों से "क्रीडा प्रतियोगिता" इस विषय पर पाँच वाक्य संस्कृत में लिखिए।)

- मञ्जूषा प्रतियोगितायाः, क्रीडकाः, धावन्ति, क्रीडन्ति, दर्शकाः, इदं, कुर्वन्ति, वर्तते, इतस्ततः, क्षेत्रे, सर्वे, इच्छन्ति, विजयं, वर्णनं, उत्साहवर्धन, करतलध्वनिनां।

9. मञ्जूषायाः उचितपदैः "पुस्तकालयः" इति विषयम् अधिकृत्य पञ्चवाक्यानि संस्कृतेन लिखत।

(मञ्जूषा के उचित पदों से "पुस्तकालयः" इस विषय पर पाँच वाक्य संस्कृत में लिखिए।)

- मञ्जूषा वर्णनं, अस्ति, केचन, पुस्तकानि, तूष्णीं, छात्राः, समाचारपत्राणि, अनेकानि, ग्रन्थाः, भूत्वा, स्थापिताः, सन्ति, अनेके, पुस्तकालये, अत्र, पठन्ति, इदं, पुस्कालयस्य, जनाः।

10. मञ्जूषायाः उचितपदैः "वृक्षाः अस्माकं मित्राणि" इति विषयम् अधिकृत्य मञ्जूषायाः पञ्चवाक्यानि संस्कृतेन लिखत।

(मञ्जूषा के उचित पदों से "वृक्षा अस्माकं मित्राणि" इस विषय पर पाँच वाक्य संस्कृत में लिखिए।)

- मञ्जूषा वर्णनं, इदं, वृक्षाः, सत्पुरुषाः, परोपकाराय, उपविश्य, पथिकाः, अपि, यथा, प्राणवायुं, फलन्ति, इव, आनन्दं, छायायां, भवन्ति, प्राप्नुवन्ति, यच्छन्ति, सर्वेभ्यः, अस्ति, वृक्षाणां।

11. मञ्जूषायाः उचितपदैः "उद्यानम्" इति विषयम् अधिकृत्य पञ्चवाक्यानि संस्कृतेन लिखत।

(मञ्जूषा के उचित पदों से "उद्यानम्" इस विषय पर पाँच वाक्य संस्कृत में लिखिए।)

- मञ्जूषा इदं, खगानां भ्रमन्ति, विहरतः, सरोवरे, द्वे, वर्तिके, जले, जनाः विकसन्ति, उद्यानस्य, कोलाहलः, भवति, उद्याने, वर्णनम्, प्रातःकाले, कमलानि।

12. मञ्जूषायाः उचितपदैः "संस्कृतस्य महत्त्वम्" इति विषयम् अधिकृत्य पञ्चवाक्यानि संस्कृतेन लिखत।

(मञ्जूषा के उचित पदों से "संस्कृतस्य महत्त्वम्" इस विषय पर पाँच वाक्य संस्कृत में लिखिए।)

- मञ्जूषा संस्कृतभाषायां, प्राचीनतमा, भाषा, महत्त्वम्, वर्णितम्, संस्कृतिश्च, संस्कृतं, अनुच्छेदे, इति, अस्मिन्, विषये, सर्वविधभाषाणां, जननी, भारतस्य प्राण, सर्वविदाः, धर्मग्रन्थाः, सन्ति, अस्ति।

13. मञ्जूषायाः पदानि आधृत्य "स्वतंत्रता दिवस" इति विषये पञ्चवाक्येषु एकम् अनुच्छेदं सरलसंस्कृते लिखत।

(मञ्जूषा के पदों के आधार पर "स्वतंत्रता दिवस" इस विषय पर पाँच वाक्यों का संस्कृत में एक अनुच्छेद लिखिए।)

- मञ्जूषा स्वतंत्रता, अत्र, स्वाधीनतायै अस्माकं, स्वतंत्र, आंग्लदेशीयाः, शासनम्, अस्ति, भारत, वर्षे, अभवत्, पूर्वम्, अकुर्वन्, आंदोलनानि, 1947 तमे ईश्वीये, अनेकानि, रक्षणीया, भारतवर्षम्, प्राणप्रणेन, देशः।

14. मञ्जूषायाः उचितपदैः "विद्यालयस्य उत्सवः" इति विषयम् अधिकृत्य पञ्चवाक्यानि संस्कृतेन लिखत।

(मञ्जूषा के उचित पदों से "विद्यालयस्य उत्सव" इस विषय पर पाँच वाक्य संस्कृत में लिखिए।)

- मञ्जूषा पारितोषिक-वितरणम्, वार्षिकसमारोहः, कर्मचारिणः, व्यस्ताः, कार्येषु, सभाध्यक्षः, विद्यालये, भवति, सन्ति, छात्राः, गायन्ति, सम्बोधयति, गीतं, वर्तते, छात्रान् वर्णनं, विद्यालयस्य, इदं।

15. मञ्जूषायाः उचितपदैः "अश्वशाला" इति विषयम् अधिकृत्य पञ्चवाक्यानि संस्कृतेन लिखत।

(मञ्जूषा के उचित पदों से "अश्वशाला" इस विषय पर पाँच वाक्य संस्कृत में लिखिए।)

- मञ्जूषा अश्वारोहणं, अश्वाः, जलपानाय, मार्गे, गच्छन्ति, नदीं, वहति, वृक्षाः, वर्णनं, जनाः, वेगेन, इदं, सन्ति, छात्राः, धावन्ति, तीव्र, प्रति, कुर्वन्ति, अश्वशालायाः, अस्ति।

16. मञ्जूषायाः उचितपदैः "गणतन्त्र दिवसः" इति विषयम् अधिकृत्य पञ्चवाक्यानि संस्कृतेन लिखत।

(मञ्जूषा के उचित पदों से "गणतन्त्र दिवस" इस विषय पर पाँच वाक्य संस्कृत में लिखिए।)

- मञ्जूषा 26 जनवरीमासे, शस्त्रप्रदर्शनम्, भारतद्वारे, राजीवचतुष्पथे, उभयतः, सैन्यस्मारकेः, आयोज्यते गणतन्त्रदिवसः, भारतीय, भारते, भवति, सेनायाः, अस्ति, राष्ट्रपतिमहोदयः, जनसम्मर्दः, सर्वान्, भारतीय, राजमार्गम्, विशाल, तिष्ठति, अभिनन्दति, सैन्यस्मारकः।

17. मञ्जूषायाः उचितपदैः "पर्यावरणम्" इति विषयम् अधिकृत्य पञ्चवाक्यानि संस्कृतेन लिखत।

(मञ्जूषा के उचित पदों से "पर्यावरणम्" इस विषय पर पाँच वाक्य संस्कृत में लिखिए।)

- मञ्जूषा प्लास्टिकस्यूताः प्रदूषिताः धूमं, वृक्षारोपणम्, उद्योगेभ्यः, महानगरेषु, कज्जलमलिनं, सर्वेभ्यः, मोटरवाहनानि, पर्यावरणम्, भवन्ति मुख्यकारकं, अस्ति, अपि, दूषणे, प्रणिभ्यः आवश्यकम्, पर्यावरण, नद्यः, मुञ्चयति।

18. मञ्जूषायाः उचितपदैः "यातायात-नियमम्" इति विषयम् अधिकृत्य पञ्चवाक्यानि संस्कृतेन लिखत।

(मञ्जूषा के उचित पदों से "यातायात नियमम्" इस विषय पर पाँच वाक्य संस्कृत में लिखिए।)

- मञ्जूषा यातायातरक्षकः, सन्ति यातायातनियमम्, दुर्घटनया, हताः, रात्रौ, मद्यपाः, न, मानयन्ति, संकेतम्, बिना, जनाः पालनीयम्, नियमोल्लंघनकर्तृभ्यः, दण्डयतिः, अस्माभिः।

19. मञ्जूषायाः उचितपदैः "दिनचर्या" इति विषयम् अधिकृत्य पञ्चवाक्यानि संस्कृतेन लिखत।
(मञ्जूषा के उचित पदों से "दिनचर्या" इस विषय पर पाँच वाक्य संस्कृत में लिखिए।)

- मञ्जूषा एकहोरापूर्वम्, प्रभाता, वेलायाम्, प्रातरुत्थाय, अध्ययनम्, प्रातराशं व्यायामम्, शयनीयम्, करणीयम्, जग्ध्वा, अवश्यं, आगन्तव्यम्, जीवने, उत्थातव्यम्, रक्षणाय, विद्यालये, ईश्वरस्मरणम्, रात्रौ, कृत्वा, स्वास्थ्य।

20. मञ्जूषायाः उचितपदैः "महाभारतम्" इति विषयम् अधिकृत्य पञ्चवाक्यानि संस्कृतेन लिखत।
(मञ्जूषा के उचित पदों से "महाभारतम्" इस विषय पर पाँच वाक्य संस्कृत में लिखिए।)

- मञ्जूषा श्रीकृष्णः, अर्जुनः, भीमः, आसन्, दुर्योधनः, भीष्मपितामहः, द्रोपदी, युद्धस्य, कारणम्, कौरवाः, पाण्डवाः, आसीत्, महाभारते, च, भ्रातर, कृते, ज्येष्ठ, सर्वेषां, युगपुरुषः, मध्यमः, पूजनीयः, कौरवेषु, महाभारतकाले।

21. मञ्जूषायाः उचितपदैः "योग" इति विषयम् अधिकृत्य पञ्चवाक्यानि संस्कृतेन लिखत।
(मञ्जूषा के उचित पदों से योग इस विषय पर पाँच वाक्य संस्कृत में लिखिए।)

- मञ्जूषा शरीरं, भ्रमणम् , धावनम् , शरीरे रक्तसञ्चारः योगशीलः, स्वस्थं, साहसी, अनिवार्य, अस्ति रक्षितुं, सम्यक् - रूपेण, प्राणायामः, तिष्ठति।

22. मञ्जूषायाः उचितपदैः "स्वच्छता" इति विषयम् अधिकृत्य पञ्चवाक्यानि संस्कृतेन लिखत।
(मञ्जूषा के उचित पदों से 'स्वच्छता' इस विषय पर पाँच वाक्य संस्कृत मे लिखिए।)

- मञ्जूषा मनुष्याणां, महत्वपूर्णा, शरीरेण, निज राष्ट्रस्य अस्मांक, स्वच्छताभियानस्य, बालकाः, कर्त्तव्यः प्रथमं, आरम्भं, आवश्यकी, प्रधानमंत्री, सन्ति।

23. मञ्जूषायाः उचितपदैः "समयस्य सदुपयोगः" इति विषयम् अधिकृत्य पञ्चवाक्यानि संस्कृतेन लिखत।
(मञ्जूषा के उचित पदों से "समय का सद्उपयोग" इस विषय पर पाँच वाक्य संस्कृत में लिखिए।)

- मञ्जूषा समुचिते, साधनेषु, बहुमूल्यं, शक्नुमः, वृथा एकमपि, केवलं, साधनेषु, क्षणं, कुर्यात् समयस्य, सदुपयोगः, वर्तते, मानवसमाजस्य।

24. मञ्जूषायाः उचितपदैः "चुनावः आयोगः" इति विषयम् अधिकृत्य पञ्चवाक्यानि संस्कृतेन लिखत।
(मञ्जूषा के उचित पदों से "चुनाव आयोग" इस विषय पर पाँच वाक्य संस्कृत में लिखिए।)

- मञ्जूषा लोकसभा-विधानसभा, आयोजनं, भविष्यति, शासने चरणयोः, समर्थनं, कारणेन, न्यूनतमं, कृतम दूयोः, राष्ट्रहिताय, व्यत्ययः, चुनाव।

उत्तराणि

1. (i) इदं यातायात-अव्यवस्थायाः वर्णनं अस्ति।
(ii) अस्मिन् वर्णने मार्गे विद्युतस्तम्भाः सन्ति।
(iii) मार्गे अत्यधिकानि मोटरयानानि गच्छन्ति।
(iv) दिल्लीनगरे मार्गस्य मध्ये अवरोधाः सन्ति।
(v) यातायातस्य सञ्चालनं आरक्षकः करोति।

2. (i) इदं वर्णनं नौका चालन-प्रतियोगितायाः अस्ति।
(ii) दक्षिणभारते नौका चालन-प्रतियोगिता भवति।
(iii) केरल प्रदेशे अनेकेजनाः नदीतीरे एकत्रिताः सन्ति।
(iv) जनाः पुरस्कारान् प्राप्नुवन्ति।
(v) सर्वे करतलध्वनिं कुर्वन्ति।

3. (i) इदं वर्णनं शिक्षायाः महत्त्वस्य अस्ति।
(ii) छात्राः ध्यानेन कार्याणि कुर्वन्ति।
(iii) अधुना जनाः पाठान् पठन्ति।
(iv) मया अपि समयस्य महत्त्वं ज्ञातवान्।
(v) जनैः समयेन कार्यं करणीयम्।

4. (i) इदं वर्णनं सर्वशिक्षा-अभियानस्य अस्ति।
(ii) बालाः कथां श्रावयन्ति।
(iii) कक्षायां छात्राः पुस्तकानि पठन्ति।
(iv) ते संस्कृतस्य श्लोकानि गायन्ति।
(v) शिक्षिका पाठान् पाठयति।

5. (i) इदं वर्णनं दैनिक-दिनचर्यायाः अस्ति।
(ii) जनाः प्रातः काले जागरणं कुर्वन्ति।
(iii) जनाः ध्यानं, पूजां च कुर्वन्ति।
(iv) बालकाः प्रातराशं कृत्वा विद्यालयं गच्छन्ति।
(v) सर्वेपुरुषाः महिलाः च कार्यालयं प्रति गच्छन्ति।

6. (i) इदं वर्णनं ग्रामस्य अस्ति।
(ii) ग्रामे एकः पत्रालयः अस्ति।
(iii) महिला मार्जनं करोति।
(iv) ग्रामे जनाः कृषिकार्यं कुर्वन्ति।
(v) पुरुषाः खट्वोपरि उपविष्टाः सन्ति।

7. (i) इदं वर्णनं सन्तुलित-आहारस्य अस्ति।
(ii) जनाः सूप-ओदनं रोटिकाः च खादन्ति।
(iii) जनाः स्वच्छ-जलम् अपि पिबन्ति।
(iv) शाकाहारी भोजनं गुणकारी भवति।
(v) सन्तुलित आहारेण शरीरं हृष्टं पुष्ट भवति।

8. (i) इदं वर्णनं क्रीडा प्रतियोगितायाः वर्तते।
(ii) क्रीडकाः क्षेत्रे क्रीडन्ति।
(iii) सर्वे इतस्ततः धावन्ति।
(iv) सर्वे दर्शकाः करतलध्वनिना क्रीडकानाम् उत्साहवर्धनं कुर्वन्ति।
(v) सर्वे विजयं इच्छन्ति।

9. (i) इदं वर्णनं पुस्तकालयस्य अस्ति।
(ii) अत्र जनाः पुस्तकानि पठन्ति।
(iii) केचन छात्राः समाचारपत्राणि पठन्ति।
(iv) छात्राः पुस्तकालये तूष्णीं भूत्वा पठन्ति।
(v) पुस्तकालये अनेके ग्रन्थाः स्थापिताः सन्ति।

10. (i) इदं वर्णनं वृक्षाणां विषये अस्ति।
(ii) वृक्षाः सर्वेभ्यः प्राणवायुं यच्छन्ति।
(iii) पथिकाः छायायां उपविश्य आनन्दं प्राप्नुवन्ति।
(iv) वृक्षाः सत्पुरुषाः इव भवन्ति।
(v) वृक्षाः परोपकाराय फलन्ति।

11. (i) इदं वर्णनम् उद्यानस्य अस्ति।
(ii) प्रातःकाले जनाः उद्याने भ्रमन्ति।
(iii) द्वे वर्तिके जले विहरतः।
(iv) खगानां कोलाहलः भवति।
(v) सरोवरे कमलानि विकसन्ति।

12. (i) अस्मिन् अनुच्छेदे संस्कृतस्य महत्त्वम् इति विषये वर्णितम् अस्ति।
(ii) संस्कृतभाषा प्राचीनतमा भाषा अस्ति।
(iii) संस्कृतभाषा सर्वविधभाषाणां जननी अस्ति।
(iv) सर्ववेदाः धर्मग्रन्थाः संस्कृतभाषायां सन्ति।
(v) संस्कृतं संस्कृतिश्च भारतस्य प्राणाः सन्ति।

13. (i) अस्माकं देशः भारतवर्षम् अस्ति।
(ii) भारत देशः 1947 तमे ईश्वीये वर्षे स्वतंत्रः अभवत्।
(iii) आंग्लदेशीयाः पूर्वम् अत्र शासनम् अकुर्वन्।
(iv) स्वाधीनतायै अनेकानि आंदोलनानि अभवन्।
(v) स्वतंत्रता प्राणप्रणेन रक्षणीया।

14. (i) इदं वर्णनं विद्यालयस्य वार्षिक-उत्सवस्य वर्तते।
(ii) वार्षिकसमारोहे छात्राः गीतं गायन्ति।
(iii) सभाध्यक्षः छात्रान् सम्बोधयति।
(iv) विद्यालये पारितोषिक-वितरणं भवति।
(v) सर्वेछात्राः कर्मचारिणः च कार्येषु व्यस्ताः सन्ति।

15. (i) इदं वर्णनम् अश्वशालायाः अस्ति।
(ii) छात्राः अश्वारोहणं कुर्वन्ति।
(iii) अश्वाः जलपानाय नदीं प्रति गच्छन्ति।
(iv) मार्गे वृक्षाः सन्ति।
(v) अश्वाः तीव्र वेगेन धावन्ति।

16. (i) भारते जनवरी मासस्य 26 दिनाङ्के गणतन्त्रदिवसः भवति।
(ii) राजीवचतुष्पथे भारतीय सेनायाः शस्त्रप्रदर्शनं भवति।
(iii) राजमार्गम् उभयतः विशाल जनसम्मर्दः तिष्ठति।
(iv) "भारतद्वारे सैन्यस्मारकः अस्ति।"
(v) सैन्य स्मारके राष्ट्रपतिमहोदयः सर्वान् अभिनन्दति।

17. (i) सर्वेभ्यः प्राणिभ्यः शुद्धम् पर्यावरणम् आवश्यकम् अस्ति।
(ii) महानगरेषु मोटरवाहनानि कज्जलमलिनं धूमं मुञ्चयति।
(iii) उद्योगेभ्यः नद्यः प्रदूषिताः भवन्ति।
(iv) पर्यावरणाय "वृक्षारोपणम्" आवश्यकम् अस्ति।
(v) प्लास्टिकस्यूताः अपि पर्यावरण प्रदूषणे मुख्यकारकम् अस्ति।

18. (i) अस्माभिः यातायातनियमम् पालनीयम्।
(ii) यातायातरक्षकः नियमोल्लंघनकर्तृभ्यः दण्डयति।
(iii) मद्यपाः यातायातनियमम् न मानयन्ति।
(iv) नियमोल्लंघनकर्तृभ्यः दण्डः आवश्यकः अस्ति।
(v) रात्रौ संकेतम् विना दुर्घटनया अनेके जनाः हताः सन्ति।

19. (i) जीवने स्वास्थ्य रक्षणाय एकहोरापूर्वम् उत्थातव्यम्।
(ii) प्रातरुत्थाय व्यायामम् अवश्यं करणीयम्।
(iii) विद्यालये प्रातराशं जग्ध्वा आगन्तव्यम्।
(iv) प्रभात वेलायाम् अध्ययनं करणीयम्।
(v) रात्रौ ईश्वरस्मरणम् कृत्वा शयनीयम्।

20. (i) महाभारतस्य युद्धम् कौरवां पाण्डवानां मध्ये अभवत्।
(ii) कौरवाः, पाण्डवाः च भ्रातरः आसन्।
(iii) कौरवेषु दुर्योधनः ज्येष्ठः आसीत्।
(iv) भीष्मपितामहः सर्वेषां कृते पूजनीयः आसीत्।
(v) श्रीकृष्णः महाभारतकाले युगपुरुषः आसीत्।

21. (i) शरीरस्य स्वास्थ्यं रक्षितुं योगः अनिवार्यः अस्ति।
(ii) प्राणायामः भ्रमणम्, धावनम्, योगाभ्यासः इति।
(iii) यः योग करोति तस्य शरीरे रक्तसञ्चारः सम्यक् -रूपेण भवति।
(iv) योगशीलः मानवः साहसी भवति।
(v) योगेन शरीर सवस्थं भवति।

22. (i) स्वच्छता मनुष्याणां जीवने महत्वपूर्णं अस्ति।
(ii) निज शरीरेण सह निज राष्ट्रस्य स्वच्छता अपि आवश्यकी अस्ति।
(iii) अस्माकं प्रधानमंत्री नरेंद्रमोदी स्वच्छताभियानस्य आरम्भं कृतवान्।
(iv) अधुना बालकाः अपि स्वच्छताविषये जागरूकाः सन्ति।
(v) स्वच्छता अस्माकं प्रथमं कर्त्तव्यम् अस्ति।

23. (i) समयस्य समुचितेन रूपेण उपयोगः एव समयस्य सदुपयोगः कथ्यते।
(ii) समयस्य सदुपयोगः मानवसमाजस्य साधनेषु साधनं वर्तते।
(iii) समयस्य सदुपयोगः सर्वाधिकं बहुमूल्यं मन्यते।
(iv) अत्र एकमपि क्षणं वृथा मा कुर्यात्।
(v) वयं केवलं समयस्य सदुपयोगं कृत्वा एव स्वजीवनं सफलं कर्तुं शक्नुमः।

24. (i) 324 अनुच्छेदे संसदस्य उभयोः सदनयोः निर्वाचनस्य अधिकारः चुनाव आयोगस्य अस्ति।
(ii) चुनाव आयोगस्य निर्देशने एव लोकसभायाः राज्यसभायाः सदस्याः निर्वाचनं भवति।
(iii) एकत्रैव निवचिनयोः आयोजनं राष्ट्रहिताय भविष्यति।
(iv) चुनाव-आयुक्त सामान्यतः सेवानिवृतः आई.ए.एस. अधिकारी भवति।
(v) भारतीय चुनाव आयोगस्य स्थापना जनवरी मासस्य 25 तारिकायाम् 1950 वर्षे कृतवान्।

संवादपूर्तिः

अध्याय 4

संवादपूतिः ध्यानयोग्या बिंदवः

संवादपूर्त्यान्तर्गत रिक्तस्थानात् पूर्वात् निम्नांकित बिन्दवः ध्यातव्यः

- रिक्तस्थान पूर्त्याम् मञ्जूषायाः पदाः ध्यातव्याः उचित रूपेण जिज्ञासा पूर्तिं कुर्यात्।
- संवादान् विषयवस्तुनिविचित्य उपयुक्तवाक्यान् शब्दान् वा समुचित स्थाने प्रयोगं कुर्यात्।
- संवादपूर्त्याम् मञ्जूषायाम् क्रमशः दत्तानि पदानि वाक्यानि वा **क्रमानुसारेण** अङ्कयत्। येन क्षिप्रेण कोऽपि **शब्दान् वाक्यानि** वा अनुपयुक्तेन् न भवेत्।
- अन्ते संवादान् **निरीक्षणं** भवेत। कोऽपि त्रुटिः न भूयात्।

संवादपूर्ति करते समय ध्यान रखने योग्य बातें

संवाद पूर्ति के अंतर्गत रिक्त स्थान भरने से पहले निम्नलिखित बातों का ध्यान रखना चाहिए

- वार्तालाप में रिक्त स्थान की पूर्ति करते समय यह ध्यान रखना चाहिए कि मंजूषा में दिए गए वाक्यांश अथवा शब्द को उचित जिज्ञासा पूर्ति के रूप में ही भरना चाहिए।
- संवाद की विषयवस्तु को ध्यान से समझते हुए सही एवं उपयुक्त **वाक्यांश अथवा शब्द** को निर्धारित रिक्त स्थान में भरना चाहिए।
- संवाद पूर्ति के अंतर्गत रिक्त स्थान भरने से पहले मंजूषा में दिए गए सभी शब्दों या वाक्यों पर **क्रम डाल देना** चाहिए, जिससे जल्दबाजी में अनुपयुक्त शब्द या वाक्यांश रिक्त स्थान में भरने से बचा जा सके।
- संवाद पूर्ति के बाद वाक्यों का भली भाँति **निरीक्षण** करना चाहिए, जिससे कोई त्रुटि न रह जाए।

साधित उदाहरणम्

1. **मञ्जूषाप्रदत्तशब्देन सहायतया अधोलिखितम् संवादं पूरयत्।**
(मञ्जूषा की सहायता से निम्नलिखित संवाद को पूरा कीजिए।)

कविता त्वम ह्यः विद्यालयं कथं न आगच्छः

लविना ह्यः मम (i) ....।

कविता तव जनकः केन रोगेण पीडितः आसीत्

लविना सः (ii) ....।

कविता इदानीम् सः स्वस्थः अस्ति न वा?

लविना (iii) ....।

कविता लविने किं त्वम् श्वः विद्यालयम् आगमिष्यसि?
श्वः विद्यालये एका चित्रकला प्रतियोगिता भविष्यति।

लविना अहम् (iv) ....।

कविता अधुना अहम् गृहम् गच्छामि। गृहम् गत्वा अहम् गृहकार्यम् अपि करोमि।

लविना (v) ....।

- **मञ्जूषा** जनकः अस्वस्थः आसीत्। गृहे मम माता अपि नास्ति। सा मातुल-गृहे अगच्छत्।

प्रतिश्यायेन पीड़ितः आसीत्।
अधुना सः स्वस्थः अस्ति। माता अपि अद्य गृहं आगता।
श्वः, अवश्यम् विद्यालयम् आगमिष्यामि।
शोभनम् पुनः अपि शीघ्रम् आगच्छ। श्वः आवाम् सहैव विद्यालयम् गमिष्यावः।

उत्तराणि

(i) जनकः अस्वस्थः आसीत्। गृहे मम माता अपि नास्ति। सा मातुल-गृहे अगच्छत्।
(ii) प्रतिश्यायेन पीड़ितः आसीत्।
(iii) अधुना सः स्वस्थः अस्ति। माता अपि अद्य गृहं आगता।
(iv) श्वः, अवश्यम् विद्यालयम् आगमिष्यामि।
(v) शोभनम् पुनः अपि शीघ्रम् आगच्छ। श्वः आवाम् सहैव विद्यालयम् गमिष्यावः।

2. मञ्जूषाप्रदत्तशब्देन सहायतया अधोलिखितम् संवादं पूरयत्।
(मञ्जूषा की सहायता से निम्नलिखित संवाद को पूरा कीजिए।)

नगेन्द्रः मातः! अहम् द्विचक्रिकया विद्यालयम् गच्छामि। सः शीघ्रमेव विद्यालयम् गच्छति। सः रक्तविद्युत संकेतम् अपि न पश्यति।
आरक्षकः विरम विरमः किं न (i) ....।
नगेन्द्रः क्षम्यताम् अहम् विद्यालयं प्रति गच्छामि।
आरक्षकः विद्यालयं प्रति गन्तव्यम् इति तु समुचितं (ii) ....।
नगेन्द्रः किं करोमि? अद्य परीक्षा अस्ति।
आरक्षकः परीक्षा अस्ति (iii) ....।
नगेन्द्रः अद्य तावत् क्षम्यताम्
आरक्षकः कथं क्षमे? शीघ्रं शतं (iv) ....।
नगेन्द्रः (विलपन्) कृपया क्षम्यताम्। अद्य तु मम समीपे शतम् रूप्यकाणि न सन्ति।
आरक्षकः बाढम्। गच्छ अधुना! भविष्ये कदापि यातायातनियमान् उल्लङ्घनं न करणीयम्। भवताम् सुरक्षार्थम् एव एते नियमाः सन्ति।
नगेन्द्रः (v) ....।

- **मञ्जूषा** रूप्यकाणि प्रयच्छ।
कारणं नास्ति।
तर्हि गृहात् दशनिमेषपूर्वम् एव प्रस्थानं करणीयम्।
पश्यसि रक्त विद्युत्सङ्केतम्।
उपकृतः अस्मि। भविष्ये कदापि इत्यं न आचरिष्यामि। सदैव यातायात्-नियमान् पालयामि।

उत्तराणि

(i) पश्यसि रक्त विद्युत्सङ्केतम्।
(ii) कारणं नास्ति।
(iii) तर्हि गृहात् दशनिमेषपूर्वम् एव प्रस्थानं करणीयम्।
(iv) रूप्यकाणि प्रयच्छ।
(v) उपकृतः अस्मि। भविष्ये कदापि इत्यं न आचरिष्यामि। सदैव यातायात्-नियमान् पालयामि।

3. मञ्जूषाप्रदत्तशब्देन सहायतया अधोलिखितम् संवादं पूरयत्।
(मञ्जूषा की सहायता से निम्नलिखित संवाद को पूरा कीजिए।)

मनीषः (अतिथिम् दृष्ट्वा) नमस्ते! आगच्छतु भवान्। उपविशतु।
अतिथिः (i) ....।
मनीषः स तु इदानीम् एव चिकित्सालयं गतः।
अतिथिः किमर्थं चिकित्सालयं गतवान्।
मनीषः नास्ति विशेष कारणम्। सः प्रतिदिनं रुग्णेभ्यः दुग्धं (ii) ....।
अतिथिः एवं अस्ति किम् प्रतिदिनम् एव?
मनीषः आम्। यदा-कदा फलानि अपि नयति।
अतिथिः महान् (iii) ....।
मनीषः किम् अत्र परोपकारः। एतत् तु अस्माकं कर्त्तव्यम् एव।
अतिथिः धन्योऽहं यत् एतेषाम् अद्य (iv) ....।
मनीषः नहि, नहि। अद्य दर्शनं न भविष्यति यतः सः ततः एव कार्यालयं प्रति गमिष्यति।
अतिथिः सः कदा कार्यालयम् गच्छति?
मनीषः (v) ....।
अतिथिः श्वः अष्टवादने एव आगमिष्यामि। कृपया निवेदय। तस्य बाल मित्रं महेशः आगतः आसीत्।
मनीषः अवश्यमेव कथयिष्यामि। नमस्ते।

- **मञ्जूषा** प्रतिदिनम् अष्टवादने एव।
उपविशामि तावत्। भवतः पितृमहोदयाः गृहे न सन्ति किम्?
परोपकारः अस्ति।
दर्शनं भविष्यति।
दातुं तत्र गच्छति।

उत्तराणि

(i) उपविशामि तावत्। भवतः पितृमहोदयाः गृहे न सन्ति किम्?
(ii) दातुं तत्र गच्छति।
(iii) परोपकारः अस्ति।
(iv) दर्शनं भविष्यति।
(v) प्रतिदिनम् अष्टवादने एव।

4. मञ्जूषाप्रदत्तशब्देन सहायतया अधोलिखितं संवादम् पूरयत्।
(मञ्जूषा की सहायता से निम्नलिखित संवाद को पूरा कीजिए।)

माता पुत्रि! त्वम् कुत्र गच्छसि?
पुत्री अहम् तु गृञ्जनानि क्रेतुम् आपणम् गच्छामि।
पुत्री सुरभि आपणम् गच्छति।
शाक विक्रेत्री स्वीकरोतु! स्वीकरोतु! स्वास्थ्य वर्धकानि (i) ....।
सुरभि अयि त्वम् चिकित्सका असि?
शाक विक्रेत्री अहम् प्राकृतिकचिकित्सकस्य पुत्री अस्मि। मया तु (ii) ....।
सुरभि शोभनम्! गृञ्जनानां किं मूल्यम्
शाकविक्रेत्री मूल्यम्? (iii) ....।
सुरभि अधिकूं ननु, चत्वारि रूप्यकाणि
शाक विक्रेत्री चत्वारि रूप्यकाणि? नैव! नैव! त्वं तु बिना मूल्येन एव (iv) ....।
सुरभि पञ्च किलोमितं देहि।

शाक विक्रेत्री पंच किलोमितं ददामि। गृञ्जनपाकार्थं वाञ्छयते किम्?

सुरभि आम्! अस्मभ्यम् (v) ....। रोचतेननु ननु।

शाक विक्रेत्री धन्यवादाः। पुनरपि आगच्छतु भवती।

- **मञ्जूषा** वाञ्छसि किल।
  गुणाःअपि वर्णनीयाः।
  एकवारम् एव ददामि। पञ्चरुप्यकेः किलोमितानि।
  रक्तवर्णानि कोमलानि गृञ्जनानि। एतानि पित्तं शमयन्ति रक्तं वर्धयन्ति च।
  गृञ्जनपाकम् बहु

उत्तराणि

(i) रक्तवर्णानि कोमलानि गृञ्जनानि। एतानि पित्तं शमयन्ति रक्तं वर्धयन्ति च।

(ii) गुणाःअपि वर्णनीयाः।

(iii) एकवारम् एव ददामि। पञ्चरुप्यकेः किलोमितानि।

(iv) वाञ्छसि किल।

(v) गृञ्जनपाकम् बहु

अभ्यास प्रश्नाः

मञ्जूषा की सहायता से संवाद पूर्ति

1. **मञ्जूषाप्रदत्तशब्देन सहायतया अधोलिखितं संवादम् पूरयत्।**
(मञ्जूषा की सहायता से निम्नलिखित संवाद को पूरा कीजिए।)

वैद्यः आगच्छ पुत्रि! किं जातम्? ज्वर! अस्ति किम्?

कणिका महोदय! उदरे (i) ....।

वैद्यः एवम्। ज्वरंः न अस्ति। उदरे पीडा वर्तते। हयः किं भक्षितम्?

कणिकाः ह्यः आपणे आलुकस्य पिष्टिका खादिताः।

वैद्यः अहो! आपणे आलुकस्य पिष्टिकाः खादिताः। किं न जानासि? (ii) ....।

कणिकाः कटु अस्ति किम्?

वैद्यः अरे नहि। कटु न अस्ति। पुनरापि (iii) ....।

कणिका कतिवारं गृहीतव्यम्।

वैद्यः दिने त्रिवारम् एकचमसमात्रम् (iv) .... गरिष्ठ भोजनम् अपि न गृहीतव्यम्।

कणिकाः पुनः कदा आगन्तव्यम्?

वैद्यः पुनः आगमनस्य (v) .... एकस्मिन दिने एव स्वस्थः भविष्यति। स्वास्थ्यं प्रति भविष्ये सावधाना भव। आरोग्यं परम सुखम्।

कणिका धन्यवादाः। प्रणमामि।

- **मञ्जूषा** वर्षर्तौ आपणे खाद्यवस्तूनि न खादितव्यानि।
  एतत् चूर्णं स्वीकरोतु।
  पीडा अस्ति।
  आवश्यकता एव न भविष्यति। औषधिकृते स्वादः न गणनीयः।
  उष्णजलेन ग्रहीतव्यम्।

2. **मञ्जूषाप्रदत्तशब्देन सहायतया अधोलिखितं संवादम् पूरयत्।**
(मञ्जूषा की सहायता से निम्नलिखित संवाद को पूरा कीजिए।)

रत्नेशः माता! अहम् कार्यालयम् गच्छामि। अद्य कार्यालये अत्यधिकम् कार्यम् अस्ति अतः विलम्बेन एव गृहम् आगमिष्यामि।

माता गच्छ, पुत्र।

बस-संवाहकः भोः-भोः कुत्र गन्तव्यम्। यात्रापत्रं स्वीकरोतु।

रत्नेशः द्वे यात्रा-पत्रे केन्द्रीय सचिवालयं यावत्। एतानि दश, एतानि दश (i) ....।

बस-संवाहकः एते यात्रा-पत्रे। परिवर्तं देहि। रूप्यकद्वयं नास्ति।

रत्नेशः मम समीपे (ii) ....

बस संवाहकः यात्रापत्रम् आनय। अस्य पृष्ठे अवशिष्टं राशिं लिखामि। रत्नेशः-कुतः (iii) ....।

बस **संवाहकः**-राजीव चतुष्पथे स्थितात् कार्यालयात् एव प्राप्स्यते।

रत्नेशः विचित्रा व्यवस्था। परिवर्तं प्राप्त्यर्थं पुनः दशरुप्यकाणां व्ययः समयहानिः च।

बस-संवाहकः अहं किं। (iv) ....?

मितेशः रत्नेश, अलं विवादेन एतानि अष्टरुप्यकाणि दीयन्ताम्।

बस-संवाहकः धन्यवादाः। (v) ....।

- **मञ्जूषा** जनताया इत्थम् सहयोगः एव सर्वत्र अपेक्षितः।
  अष्टरूप्यकाणि न अस्ति।
  प्राप्स्यते
  रूप्यकाणि
  करवाणि मम समीपे रुप्यकद्वयं नास्ति।

3. **मञ्जूषाप्रदत्तशब्देन सहायतया अधोलिखितम् संवादम् पूरयत्।**
(मञ्जूषा की सहायता से निम्नलिखित संवाद को पूरा कीजिए।)

नेहा पूजे! त्वम् (i) ....

पूजा नेहे! अहम् प्रातः पञ्चवादने उत्तिष्ठामि।

नेहाः प्रातः (ii) .... निज दैनिक कार्यात् निवृत्य निज मात्रा (iii) .... ततः स्नानम् कृत्वा सपादषट्-वादनात् अष्टवादनं यावत् पठामि।

नेहा किं त्वम् अपि प्रातः काले पठसि?

पूजा आम्! अहमपि द्वौ होरा-पर्यन्तम् प्रातःकाले पठामि। प्रातः काले पठनेन् स्मरण-शक्तिः तीव्रम् भवति।

नेहा — किं त्वम् (iv) ………

पूजा — नैव अहम् तु द्विचक्रिकया विद्यालयं आगच्छामि। किम् त्वम अपि (v) ………

नेहा — आम! अहम् अपि द्विचक्रिकया एव विद्यालयम् आगच्छामि। अनेन शरीरस्य व्यायमम् अपि भवति। द्विचक्रिकया गमनम् स्वास्थाय लाभदायकः भवति।

पूजा — शोभनम्! तव दिनचर्या अति उत्तमा अस्ति।

- **मञ्जूषाः** द्विचक्रिकया एव विद्यालयं आगच्छसि।
  सह भ्रमणं करोमि।
  उत्थाय किम् करोषि?
  बस यानेन विद्यालयम् आगच्छसि।
  कदा उत्तिष्ठसि?

4. मञ्जूषाप्रदत्तशब्देन सहायतया अधोलिखितं संवादम् पूरयत्।
(मञ्जूषा की सहायता से निम्नलिखित संवाद को पूरा कीजिए।)

हीना — रचने! त्वम् किं करोषि?

रचना — अहं स्व अग्रजेण सह वार्तां करोमि।

हीना — त्वं तु (i) ……… तव अग्रजः तु अमेरिका-नगरे वसति। अत्रैव स्थित्वा संगणकेन त्वं तेन सह कथं वार्तां करोषि?

रचना — आम्, संगणकं नाम समुन्नतेः मूलम्। अन्तर्जाल (ii) ……

हीना — अहो, एतानि तु तव अग्रजस्य परिवारस्य चित्राणि सान्ते।

रचना — आम्, एतानि चित्राणि मम अग्रजेन (iii) ………

हीना — कथम्।

रचना — ई-मेलारण्यम् माध्यमम् अवलम्ब्य वयं स्वकीयेन संगणकेन संदेशं, चित्रं, शुभकामनाः, संगीतादिकं तत्क्षणादेव स्वजनानां पार्श्वे प्रेषयितुं शक्नुमः।

हीना — किं त्वया स्व-अग्रजस्य चित्रमपि द्रष्टुं शक्यते?

रचना — आम्, वयं सी-सी-डी, (iv) ………

हीना — किम् अनेन माध्यमेन संस्कृत-हिन्दी-भाषायाः साहित्यमपि प्राप्तुम् शक्यते?

रचना — आम्, अन्तर्जाल जालक्रमान्तर्गते (v) ………

हीना — शोभनम्, एतत् तु आश्चर्यकरमस्ति।

- **मञ्जूषाः** बेंबारण्यायां व्यवस्थायां विविधानां भाषाणाम्
  शिक्षण-सामग्री, ज्ञानवर्धक च साहित्यं प्राप्तं भवति।
  संगणके किञ्चित् करोषि।
  ई-मेल माध्ययेन प्रेषितानि।
  जाल कार्य क्रमेण क्षणेन एव सकलाः सूचनाः लब्धुं शक्यन्ते।
  कैमरा-यन्त्रेण तु परस्परं साक्षात्कारमपि कर्तुं शक्नुमः।

5. मञ्जूषाप्रदत्तशब्देन सहायतया अधोलिखितं संवादं पूरयत्।
(मञ्जूषा की सहायता से निम्नलिखित संवाद को पूरा कीजिए।)

रेखाः — अरे कृष्ण! त्वं किम् करोषि?

कृष्णः — अहं (i) ……

रेखा — इदं त्वया उचितम् न कृतम्। अवकरम् यत्र-तत्र न क्षिपेत् केवलं पात्रे हि क्षिपेत्।

कृष्णः — कथम् अत्र तव गृहम् अस्ति किम्?

रेखा — नहि, मम गृहं नास्ति, परन्तु (ii) ……

कृष्णः — गच्छ, स्वकार्यम् कुरु। अलं विवादेन।

रेखा — प्रथमम् अवकरं (iii) ……

कृष्णः — इदम् अहं न करिष्यामि।

रेखा — मित्र! अत्र वयं भ्रमामः क्रीडामः च। अवकरेण विविधाः रोगाः (iv) ……… मार्गाणाम् स्वच्छता तु सर्वेषाम् स्वास्थाय आवश्यकम् अस्ति। वयम् छात्राः स्मः। वयम् एव स्वच्छतायाः संदेशम् दातुम् शक्नुमः।

कृष्णः — सत्यं कथयसि। शीघ्रम् स्वच्छम् करोमि। इदम् तु स्वच्छ (v) ………

- **मञ्जूषाः** उत्पन्नाः भवन्ति।
  अवकरं क्षिपामि।
  पात्रे क्षिपतु।
  पर्यावरणाय अपि आवश्यकम्।
  स्वच्छता तु सर्वेषाम् कृते आवश्यकी भवति।

6. मञ्जूषाप्रदत्तशब्देन सहायतया अधोलिखितं संवादं पूरयत्।
(मञ्जूषा की सहायता से निम्नलिखित संवाद को पूरा कीजिए।)

दिव्या — त्वम् किम् पठसि?

रितिका — अहं संस्कृत व्याकरणम् पठामि।

दिव्या — किम् त्वम् जानासि, व्याकरणस्य (i) ………

रितिका — नहि, अहं न जानामि। किम् त्वम् जानासि?

दिव्या — आम्, अस्य रचयिता पाणिनिः अस्ति।

रितिका — व्याकरणस्य (ii) ………

दिव्या — व्याकरणस्य प्रसिद्धः ग्रन्थः अष्टाध्यायी अस्ति।

रितिका — श्वः मम विद्यालये संस्कृत-व्याकरण (iii) ……… तस्याम् प्रतियोगिताम् अहमपि भागं ग्रहीष्यामि। किम् तव रुचिः संस्कृत-साहित्ये अस्ति।

दिव्या — आम्! संस्कृत भाषायां सदैव मम रुचि अस्ति। मम रुचि तु (iv) ………

रितिका — त्वम् कति भाषाः जानासि। किम् त्वम् फ्रेंच भाषा अपि जानासि?

दिव्या — न, अहम् फ्रेंच भाषा न जानामि परन्तु तस्याम् अपि मम रुचिः अस्ति।

रितिका (v) ……… । तव रुचि तु अनेकासु भाषासु अस्ति।

- **मञ्जूषा** शोभनम्
  प्रसिद्ध ग्रन्थः कः अस्ति।
  रचयिता कः अस्ति।
  आंग्ल भाषायाम् अपि अस्ति।
  प्रतियोगिता भविष्यति।

7. मञ्जूषाप्रदत्तशब्देन सहायतया अधोलिखितं संवादं पूरयत।
(मञ्जूषा की सहायता से निम्नलिखित संवाद को पूरा कीजिए।)

रविः — मित्र, त्वं कुत्र गच्छसि?

रिजुलः — अहम् विद्यालयम् गच्छामि।

रविः — तव विद्यालये कति (i) ………

रिजुलः मम विद्यालये पञ्चसप्ततिः शिक्षकाः सन्ति।
रविः तेषां व्यवहारः कीदृशः अस्ति?
रिजुलः सर्वेषाम् व्यवहारः तु स्नेहशीलः अस्ति।
रविः तव विद्यालये कति छात्राः सन्ति?
रिजुलः मम विद्यालये (ii) ....
रविः अन्यत् किम् अस्ति?
रिजुलः एकःपुस्तकालयः क्रीडाक्षेत्रम्, विशालं भवनम् च सन्ति। ह्यः मम विद्यालये (iii) ....
रविः अस्य उत्सवस्य मुख्यातिथिः कः आसीत्?
रिजुलः प्रदेशस्य शिक्षामन्त्री।
रविः उत्सवे कीदृशाः (iv) ....
रिजुलः तत्र नृत्यं गीतम् नाटकम् आदि मनोरञ्जकाः कार्यक्रमाः आसन्।
रविः किं त्वम् अपि कार्यक्रमे भागं गृहीतवान्?
रिजुलः आम्, अहं नाटके (v) ....
रविः शोभनम्। अहं अपि तत्र पठितुम् इच्छामि।
रिजुलः तव स्वागतम्।

- **मञ्जूषा** शिक्षकाः सन्ति?
  द्विसहस्त्रम् छात्राः सन्ति।
  अभिनयं कृतवान्।
  कार्यक्रमाः आसन्?
  वार्षिकोत्सवः आसीत्।

8. **मञ्जूषाप्रदत्तशब्देन सहायतया अधोलिखितम् संवादं पूरयत्।**
(मञ्जूषा की सहायता से निम्नलिखित संवाद को पूरा कीजिए।)

शिक्षिकाः जय! किम् त्वम् किञ्चित् (i) ....
जयः आम् महोदये! अहम् प्रष्टुम् इच्छामि यत् कोकिलः (ii) ....
शिक्षिकाः कोकिलः गायति यदा तदा वसन्तागमनं भवति। सुमेधे। कथय! तमः (iii) .... सुमेधा महोदये। यदा (iv) ....
शिक्षिकाः अति शोभनम्। मयूराः कदा नृत्यन्ति?
भास्करः अहं वदामि। यदा मेघाः गर्जन्ति तदा मयूराः प्रसन्नाः भूत्वा नृत्यन्ति।
शिक्षिकाः शोभनम्। कथयत (v) ....
सर्वेः वयं जानीमः। यदा वृष्टिः भवति, तदा कृषकाः नृत्यन्ति। वृष्टिः एव तेषाम् परम् धनम् अस्ति। वृष्टिः क्षेत्रेषु अन्न-उत्पादनाय अति-आवश्यकम् वर्तते।

- **मञ्जूषा** प्रष्टुम् इच्छसि?
  कृषकाः कदा नृत्यन्ति?
  कदा नश्यति?
  कदा गायति?
  भानुः उदयति तमः तदा नश्यति।

9. **मञ्जूषाप्रदत्तशब्देन सहायतया अधोलिखितं संवादं पूरयत्।**
(मञ्जूषा की सहायता से निम्नलिखित संवाद को पूरा कीजिए।)

छात्राः अध्यापिके! अद्य वयम् नोबल पुरस्कारस्य विषये ज्ञातुम इच्छामः।
अध्यापिकाः कविते! किम् त्वम् जानासि यत् नोबल पुरस्कारः (i) ....
कविता अध्यापिकेः अयम् अन्तर्राष्ट्रिय पुरस्कारः अस्ति।
अध्यापिका रमे! अधुना त्वम् वद। अस्य पुरस्कारस्य स्थापना कः अकरोत्?
रमा अस्य पुरस्कारस्य स्थापना 'अल्फ्रेड नोबल' इति नामकः (ii) ....
अध्यापिका कविते! अस्य पुरस्कारस्य प्रदानोत्सवः कस्मिन मासे भवति?
कविता अस्य पुरस्कारस्य प्रदानोत्सवः प्रतिवर्षं दिसम्बर मासस्य दश-तारिकायां भवति।
अध्यापिका मोहित! कति (iii) ....
मोहित पटसु क्षेत्रेषु सर्वोत्तम कार्य करणाय अयम् पुरस्कार प्रदानं भवति।
अध्यापिका रविन्द्रनाथ टैगोरः कस्मिन क्षेत्रे नोबल-पुरस्कारं अलभत्? अधुना रमा (iv) ....
रमा रविन्द्रनाथ टैगोरः साहित्य क्षेत्रे 'गीताञ्जलिः' काव्यरचनायाः कृते अयम् पुरस्कारः अलभत्।
अध्यापिका कविते! 1998 वर्षे अर्थशास्त्र क्षेत्रे कः नोबल पुरस्कारं लब्धवान्।
कविता डॉ. अमर्त्य सेनः 1998 वर्षे (v) ....
अध्यापिका किम् यूयम् जानीथः? मदर टेरेसा अपि विश्वशान्ति क्षेत्रे नोबल पुरस्कारेण सम्मानिता।
सर्वे छात्राः धन्यवादः अध्यापिके! अद्य नोबल पुरस्कार विषये अस्माकम् ज्ञानम् पुष्टम् अभवत्।

- **मञ्जूषा** स्वीडन देशवासी अकरोत्।
  कीदृशः पुरस्कारः अस्ति?
  त्वम् वद।
  अर्थशास्त्र क्षेत्रे नोबल पुरस्कारं अलभत्।
  क्षेत्रेषु सर्वोत्तम कार्य करणाय नोबल पुरस्कारं प्रदानं भवति।

10. **मञ्जूषाप्रदत्तशब्देन सहायतया अधोलिखितम् सवादं पूरयत्।**
(मञ्जूषा की सहायता से निम्नलिखित संवाद को पूरा कीजिए।)

कविता नमिते! त्वम् कुत्र गच्छसि?
नमिता अहम् तु विद्यालयम् गच्छामि। अद्य अस्माकं विद्यालये 'योग' इति विषयम् अधिकृत्य एका (सेमिनारः) कार्यशाला भविष्यति।
कविता योगः किम् अस्ति? किम् त्वम् (i) ....

नमिताः आम्, जानामि! योगः एका आध्यात्मिक क्रिया अस्ति यस्याम् शरीरेण आत्माया: एकाकारः भवति।

कविता अन्तर्राष्ट्रीयः योगदिवसः कदा भवति?

नमिता अन्तर्राष्ट्रीय योगदिवसः प्रतिवर्षे '21 जून' इति दिने भवति। भारतस्य प्रयासेन संयुक्त राष्ट्र संघः इदं दिनं अधोषयत्।

कविता अस्मिन दिने जनाः किम् कुर्वन्ति?

नमिता अस्मिन् (ii) ……… योगाभ्यासम् कुर्वन्ति। ते अनेकानि योगासनानि अपि कुर्वन्ति।

कविता योगदिवसः केषु (iii) ………

नमिता अधुना बहुषु देशेषु योगदिवसः आयुज्यते। भारत देशे अपि भव्यं (iv) ……… साधारण जनाः च भारत देशे आगच्छन्ति।

कविता योगासनानि कति प्रकाराः सन्ति?

नमिता योगासनानां अनेके प्रकाराः सन्ति यथा-शीर्षासनं, (v) ……… योगासेन शरीरम् सुदृढं निरामयं च भवति। अतएव उक्तं-योगः कर्मसु कौशलम्। अधुना तु अहम् शीघ्रमेव विद्यालयम् गन्तव्यम्।

कविता शोभनम्। अहमपि त्वया सह चलामि।

- **मञ्जूषा** अस्मिन् विषये किञ्चित जानासि?
  पद्मासनं शवासनम् आदीनि च।
  देशेषु आयुज्यते।
  दिने सर्वे सम्मिल्य
  आयोजनम् क्रियतेः देशेभ्यः विदेशेभ्यः च नेताराः।

11. **मञ्जूषाप्रदत्तशब्देन सहायतया अधोलिखितं सवादं पूरयत्।**
(मञ्जूषा की सहायता से निम्नलिखित संवाद को पूरा कीजिए।)

अध्यापिका छात्राः अद्य अहम् अस्माकम् देशस्य प्रधानमन्त्री-विषये वार्ताम् करिष्यामि।

छात्राः उचितम्! वयमपि अस्माकम् देशस्य प्रधानमन्त्री (i) ……… श्री नरेन्द्र मोदी कीदृशः नेता अस्ति?

अध्यापिकाः सः एकः कुशलः वक्ता निपुणः (ii) ……… सः ग्रामीणानां नागरिकानां समानं स्नेहं प्राप्नोति।

मिशिता अध्यापिके। तस्य जन्म कदा कुत्र च अभवत्?

अध्यापिका तस्य जन्म गुजरात राजस्य बड़नगर नामक कश्चन् लघुग्रामे 1950 तमे वर्षे (iii) ………

नेहा अध्यापिके! नरेन्द्र मोदी महोदयेन प्रधानमन्त्री पदं सुशोभितं कारितवान्?

अध्यापिका छात्रा! 2014 तमस्य वर्षस्य मई मासस्य षड्विंशतितमे दिनाङ्के राष्ट्रपतिः। (iv) ………

मोहितः सः कस्य दलस्य नेता अस्ति?

अध्यापिका मोहित! नरेन्द्र मोदी महोदयः भारतीय जनता पार्टी दलस्य नेता अस्ति। सः पारदर्शितया निश्चित रीत्या च (v) ………

सर्वे छात्राः धन्यवादः अध्यापिके: अधुना वयम् जानीमः यत श्री नरेन्द्र मोदी प्रधानमन्त्रिरूपेण देशस्य मार्ग दर्शनम् कुर्वन् अस्ति।

- **मञ्जूषा** श्री नरेन्द्र मोदी विषये ज्ञातुम् इच्छामः।
  प्रणवमुखर्जितेन प्रधानमन्त्री शपथम् अकारयत्।
  सितम्बर मासस्य सप्तदशे दिनाङ्के अभवत्।
  मन्त्रणाकारः चास्ति।
  सर्वेषाम् जीवनम् परिवर्तयन् समीकुर्वन् च वर्तते।

12. **मञ्जूषाप्रदत्तशब्देन सहायतया अधोलिखितं संवादं पूरयत्।**
(मञ्जूषा की सहायता से निम्नलिखित संवाद को पूरा कीजिए।)

रोहितः मित्र अमित! किम् त्वम् अन्तरिक्ष यानस्य विषये जानासि?

अमितः आम्! अद्य एव अस्माकम् अध्यापिका अस्मान् अकथयत्। यत् वर्तमान काले विज्ञानस्य (i) ………

रोहितः अन्तरिक्षयानस्य संरचना कीदृशी भवति?

अमितः अन्तरिक्षयानस्य संरचना अतीव जटीला (ii) ………

रोहितः भारतेन चन्द्रयान-2 कदा लॉन्चः कृतवान्?

अमितः भारतेन चन्द्रयान-2 जुलाई मासस्य 22 तारिकायां लॉन्चः कृतवान्। अयम् 2019 तमें वर्षे लॉन्चः अभवत्।

रोहितः अस्य चन्द्रयानस्य-2 अन्तरिक्षः केन्द्रः कः आसीत्?

अमितः अस्य (iii) ………अनिलः धवनः आसीत्। अस्य प्रक्षेपणस्य उद्देश्यः चन्द्रस्य (iv) ………विषये ज्ञातुम् आसीत्। चन्द्रयानस्य-2 त्रयः भागाः आसीत् चन्द्रयान, (v) ………,

रोहितः अस्य सर्वेषाम् अङ्गानाम् विकासः कुत्र अभवत्।

अमितः अस्य सर्वेषाम् अङ्गानाम् विकासः भारत वर्षे एव अभवत्।

रोहितः शोभनम्। अद्य मम ज्ञानं भारतस्य विज्ञानस्य उन्नति विषये समृद्धः अभवम्।

- **मञ्जूषा** विक्रमः लैण्डरः चन्द्रः रोवरः यस्य नाम प्रज्ञान आसीत्।
  बहुव्ययसाध्या भवति।
  सतहे जलस्य प्रचुरतयाः
  चमत्कारेषु अन्तरिक्षयानं अपि वर्तते।
  चन्द्रयानस्य-2 अन्तरिक्षः केन्द्रः श्री हरिकोट्टस्य।

उत्तराणि

1. (i) पीडा अस्ति।
(ii) वर्षर्तौ आपणे खाद्यवस्तूनि न खादितव्यानि। एतत् चूर्णं स्वीकरोतु।
(iii) औषधिकृते स्वाद: न गणनीय:।
(iv) उष्णजलेन ग्रहीतव्यम्।
(v) आवश्यकता एव न भविष्यति।

2. (i) रूप्यकाणि
(ii) अष्टरूप्यकाणि न अस्ति।
(iii) प्राप्स्यते
(iv) करवाणि मम समीपे रुप्यकद्वयं नास्ति।
(v) जनताया इत्थम् सहयोग: एव सर्वत्र अपेक्षित:।

3. (i) कदा उत्तिष्ठसि?
(ii) उत्थाय किम् करोषि?
(iii) सह भ्रमणं करोमि।
(iv) बस यानेन विद्यालयम् आगच्छसि।
(v) द्विचक्रिकया एव विद्यालयं आगच्छसि।

4. (i) संगणके किञ्चित् करोषि।
(ii) जाल कार्य क्रमेण क्षणेन एव सकला: सूचना: लब्धुं शक्यन्ते।
(iii) ई-मेल माध्ययेन प्रेषितानि।
(iv) कैमरा-यन्त्रेण तु परस्परं साक्षात्कारमपि कर्तुं शक्नुम:।
(v) बेंबारण्यायां व्यवस्थायां विविधानां भाषाणाम् शिक्षण-सामग्री, ज्ञानवर्धक च साहित्यं प्राप्तं भवति।

5. (i) अवकरं क्षिपामि।
(ii) स्वच्छता तु सर्वेषाम् कृते आवश्यकी भवति।
(iii) पात्रे क्षिपतु।
(iv) उत्पन्ना: भवन्ति।
(v) पर्यावरणाय अपि आवश्यकम्।

6. (i) रचयिता क: अस्ति।
(ii) प्रसिद्ध ग्रन्थ: क: अस्ति।
(iii) प्रतियोगिता भविष्यति।
(iv) आंग्ल भाषायाम् अपि अस्ति।
(v) शोभनम्

7. (i) शिक्षका: सन्ति?
(ii) द्विसहस्त्रम् छात्रा: सन्ति।
(iii) वार्षिकोत्सव: आसीत्।
(iv) कार्यक्रमा: आसन्?
(v) अभिनयं कृतवान्।

8. (i) प्रष्टुम् इच्छसि?
(ii) कदा गायति?
(iii) कदा नश्यति?
(iv) भानु: उदयति तम: तदा नश्यति।
(v) कृषका: कदा नृत्यन्ति?

9. (i) कीदृश: पुरस्कार: अस्ति?
(ii) स्वीडन देशवासी अकरोत्।
(iii) क्षेत्रेषु सर्वोत्तम कार्य करणाय नोबल पुरस्कार प्रदानं भवति।
(iv) त्वम् वद।
(v) अर्थशास्त्र क्षेत्रे नोबल पुरस्कारं अलभत्।

10. (i) अस्मिन् विषये किञ्चित जानासि?
(ii) दिने सर्वे सम्मिल्य
(iii) देशेषु आयुज्यते।
(iv) आयोजनम् क्रियते: देशेभ्य: विदेशेभ्य: च नेतार:।
(v) पद्मासनं शवासनम् आदीनि च।

11. (i) श्री नरेन्द्र मोदी विषये ज्ञातुम् इच्छाम:।
(ii) मन्त्रणाकार: चास्ति।
(iii) सितम्बर मासस्य सप्तदशे दिनाङ्के अभवत्।
(iv) प्रणवमुखर्जितेन प्रधानमन्त्री शपथम् अकारयत्।
(v) सर्वेषाम् जीवनम् परिवर्तयन् समीकुर्वन् च वर्तते।

12. (i) चमत्कारेषु अन्तरिक्षयानं अपि वर्तते।
(ii) बहुव्ययसाध्या भवति।
(iii) चन्द्रयानस्य-2 अन्तरिक्ष: केन्द्र: श्री हरिकोट्टस्य।
(iv) सतहे जलस्य प्रचुरतया:
(v) विक्रम: लैण्डर: चन्द्र: रोवर: यस्य नाम प्रज्ञान आसीत्।

कथापूर्तिः

अध्याय 5

कथापूर्तिः ध्यानयोग्या बिंदवः

कथापूर्त्यान्तर्गत रिक्तस्थानात् पूर्वात् निम्नांकित बिन्दवः ध्यातव्यः

- कथायाम् कश्चित् घटनायाः विशेषतया भावनात्मकं दृश्यम् प्रस्तोयते। छात्रान् कथापूर्तौ कान्चित् रिक्तस्थानानि दीयते। यान् मञ्जूषायाः सहायतया पूरयन्ते।
- छात्रान् कथापूर्तौ तानेव वाक्यानां शब्दानां वा चयनं कुर्यात्। येन कथायाः क्रमः न अवरुद्धः जातः। तस्य भावाःऽपि यथावत् भवेत्।
- कथापूर्तौ रिक्तस्थानानां पूर्तिः मञ्जूषायाः सहायतया एव कुर्यात्।
- रिक्तस्थानेषु पदान् वाक्यान् वा प्राकै व मञ्जूषायां क्रमअङ्कयत् भावेन शैल्या चैव पदानां चयनम् कुर्युः।

कथापूर्ति करते समय ध्यान रखने योग्य बातें

कथापूर्ति के अंतर्गत रिक्त स्थान भरने से पहले निम्नलिखित बातों का ध्यान रखना चाहिए

- छात्रों को कथापूर्ति में रिक्त स्थानों को भरते समय उन्हीं वाक्यों या शब्दों का चयन करना चाहिए, जिनसे कथा का क्रम न टूटे और उसका भाव यथावत् चलता रहे।
- कथापूर्ति में रिक्त स्थानों की पूर्ति मञ्जूषा में दिए शब्दों की सहायता से ही करनी चाहिए।
- रिक्त स्थानों में शब्दों/वाक्यांशों को भरने से पहले मञ्जूषा में ही क्रम डाल लेना चाहिए तथा भावात्मक शैली से कथा को पढ़कर ही शब्दों का चयन करना चाहिए।

साधित उदाहरणम्

- मञ्जूषायाः सहायतया रिक्तस्थानानि पूरयित्वा कथापूर्तिं कुरुत।
(मञ्जूषा की सहायता से रिक्त स्थानों की पूर्ति करके कथापूर्ति कीजिए।)

1. व्यायामस्य आवश्यकता

सर्वेषाम् कार्याणाम् (i) ...... शरीरं प्रधानं हेतुः अस्ति तथा चोक्तम्–"शरीरमाद्यं (ii) ...... धर्म साधनम्" अतः प्राणीनां कृते शरीररक्षा (iii) ...... विद्यते। बुद्धिमान् जनोऽपि शरीर-स्वास्थ्यं विना किञ्चिदपि (iv) ...... न शक्नोति। अतः अस्माकं परमं कर्त्तव्यमस्ति यत् स्वास्थ्य-लाभाय तस्य (v) ...... च सततं प्रयत्नशीलाः भवेम्। शरीरे स्वस्थे जाते (vi) ...... सर्वकार्य सिद्धि भवति। शरीर रक्षार्थं जलं, वायुः, प्रकाशः, भोजनं, (vii) ...... व्यायामश्च एतत् सर्वम् आवश्यकम् अस्ति। सर्वमपि (viii) ...... स्यात् परन्तु व्यायामं विना शरीरं कदापि न स्वस्थं भवितुमर्हति। सर्वेषां प्राणीनां (ix) ...... व्यायामस्य आवश्यकता विद्यते। व्यायामस्यलाभाः इमे सन्ति यथा भोजनस्य (x) ...... मनसः शरीरस्य च स्फूर्तिः। रोगाणाम् अभावः, कार्यसंलग्नता आदयः।

- **मञ्जूषाः** परिश्रमेण, कर्तुम्, आवश्यकी, रक्षणाय, विश्रामः, कृते, सुलभं, खलु, सम्पादने, सुपाकः।

उत्तराणि

(i) सम्पादने (ii) खलु (iii) आवश्यकी
(iv) कर्तुम् (v) रक्षणाय (vi) परिश्रमेण
(vii) विश्रामः (viii) सुलभं (ix) कृते
(x) सुपाकः

2. मनः सत्कर्मेण शुध्यति

एकस्मिन् समये एकस्मात् नगरात् केषांचित् जनानां एकं दलं (i) ······ अचलत्। पदाति गच्छत् तत् दलं एवं (ii) ······ प्राप्तम्। तत्र एकस्य मुनेः आश्रमः आसीत्। तत् दलं (iii) ······ तत्र अगच्छत्। मुनिः तान् जनान् वने (iv) ······ कारणम् अपृच्छत्। ते स्वतीर्थयात्रा-प्रयोजनम् अकथयन् तथा तीर्थयात्रायाः (v) ······ सम्पन्नतायै शुभाशीर्वादम् अयाचन्त। मुनिः तेभ्यः (vi) ······ अयच्छत्। सः स्वकुटीरात् एकां तुम्बिकां निःसार्य तेभ्यः अयच्छत् अवदत् च-यूयम् यत्र-यत्र स्नानं करिपथ तत्र-तत्र मम एतां तुम्बिकामपि स्नान कारयिष्यथ। पश्चात् (vii) ······ इमां मह्यम् यच्छत्। ते (viii) ······ अकुर्वन्। आत्मना सह तुम्बिकां स्नापयित्वा ते तां तुम्बिकां मुनये अयच्छन्। तदा मुनिः तुम्बिकां त्रोटयित्वां तस्याः एकं-एकं खंड प्रत्येकस्मै अयच्छत्। तस्याः कटुं स्वादमनुभूय ते सर्वे तत्क्षणमेव धूत्कृतवन्तः। मुनिः तान् अवदत्-स्मरत, यथा अनेकेषु तीर्थेषु स्नापिता अपि इयं तुम्बिका स्वादे न परिवर्तिता तथैव (ix) ······ मनः अपि कदापि न शुध्यति तत् तु केवलं (x) ······ शुध्यति।

- **मञ्जूषाः** पापदूषितं, तथैव, सत्कर्माचरणेनैव, परावर्तन समये, निर्विघ्नं, आशीर्वादम्, वनं, तीर्थयात्रार्थम्, आगमनस्य, विश्रामाय।

उत्तराणि

(i) तीर्थयात्रार्थम् (ii) वनं (iii) विश्रामाय
(iv) आगमनस्य (v) निर्विघ्नं (vi) आशीर्वादम्
(vii) परावर्तन समये (viii) तथैव (ix) पापदूषितं
(x) सत्कर्माचरणेनैव।

3. मातृदेवो भव

अस्मिन् संसारे (i) ······ मातृभूमिश्च एवैते (ii) ······ स्तः। बालकस्योपरि मातुः यादृशं (iii) ······ प्रेम भवति, न तादृशं क्वापि शक्यते। माता बालकस्य कृते सर्वस्वमपि (iv) ······ शक्नोति। मातुः सर्वदैव एषेच्छा भवति यद् बालकः सदा सुखी समृद्धो गुणवान् विभूषितश्च भवेत्। स स्वीयं (v) ······ नैव चिन्तयति, बालकस्य सुखचिन्तैव सदा तस्याः (vi) ······ भवति। अतएव पुत्रस्यापि (vii) ······ नैसर्गिकम् (viii) ······ च प्रेम भवति। सः बाल्यकालात् प्रभृतिः मातरमेव सर्वतोऽधिकं मन्यते। बालकस्य कृते मातैव सर्वस्वमस्ति। (ix) ······ कदाचिदपि मातुः (x) ······ प्राप्तुं न शक्नोति। अत एवोपनिषत्सु आदिश्यते-मातृदेवो भव।

- **मञ्जूषाः** मनुष्यः, अनृणतां, मातुरुपरि, असाधारणं, कष्टजातं, समक्षं, नैसर्गिकं, त्यक्तुं, सर्वोत्तमे, माता।

उत्तराणि

(i) माता (ii) सर्वोत्तमे (iii) नैसर्गिकं
(iv) त्यक्तुं (v) कष्टजातं (vi) समक्षं
(vii) मातरुपरि (viii) असाधारणं (ix) मनुष्यः
(x) अनृणतां।

4. सत्सङ्गते महिमा

सत्सङ्गते (i) ····· को न जानसि? संसारे द्विधा जनाः सन्ति। तेषु जनेषु सज्जनाः अपि सन्ति दुर्जनाः च अपि सन्ति। दुर्जनस्य संगतिम् कोऽपि कर्तुम् न इच्छति। अपरत्र सत्सगं विना जीवनम् एव (ii) ····· भवति। वस्तुतः (iii) ····· जनानां पोषिका कुसंगतिश्च नाशिका। सर्वे जनाः स्वपोषमेव इच्छन्ति (iv) ····· तु न इच्छन्ति। अतः सत्संगतिः एव श्रेयसी। (v) ····· तु स्वगुणैः एव सन्तः कथयन्ते, अतएव जनाः सज्जनानां (vi) ····· स्पृहन्ति। सद्गुणेनैव जनः (vii) ····· वाचा कर्मणा स्वस्थो भवति। तेन तस्य (viii) ····· वर्धते, यशः अपि सततं वर्धते। को न जानाति यत् सर्वेषाम् देशानाम् (ix) ····· अपि सत्संगत्या श्रेष्ठां पदवीं प्राप्नुवन्। उक्तं हि भवभूतिना-"सत्संगजानि (x) ····· तारयन्ति"।

- **मञ्जूषाः** निधनान्यपि, गुणेभ्यः, महापुरुषाः आयुः, मनसा, सज्जनाः, सत्संगतिः, दुर्जीवनं, विनाशं, महिमानम्।

उत्तराणि

(i) महिमानम् (ii) दुर्जीवनं (iii) सत्संगतिः
(iv) विनाशं (v) सज्जनाः (vi) गुणेभ्यः
(vii) मनसा (viii) आयुः
(ix) महापुरुषाः (x) निधनान्यपि

5. अनुकरणीया एव सज्जनां सज्जनता

एकदा एकः कर्त्तव्यपरायणः (i) ····· इतस्ततः भ्रमन् एकम् अशीतिवर्षीय महापुरुषम् अपश्यत्। सः आम्र वृक्षःस्य आरोपणे (ii)····· आसीत्। इदं दृष्ट्वा नगररक्षकः तं महापुरुषम् अवदत्-अवलोकनेन प्रतीयते यत् यदा एषः (iii) ····· फलिष्यति तदा भवान् (iv) ····· न भविष्यति। अतः किमर्थं (v) ····· परिश्रमं कुर्वन्ति भवन्तः? महापुरुषः हसित्वा (vi) ····· पश्यतु एतान् फलयुक्तान् वृक्षान्। एते फलैः पूरिताः सन्ति। एतेषाम् (vii) ····· मया न कृतं परं फलानि अहं खादित्वा (viii)····· भवामि। अतः यदा मम आरोपितस्य वृक्षस्य फलानि अन्ये खादिष्यन्ति, अहं पुनः (ix) ····· भविष्यामि। महापुरुषस्य (x) ····· श्रुत्वा तं स नमस्कृत्य नगर-रक्षकः उक्तवान्-अनुकरणीया एव सज्जनानां सज्जनता।

- **मञ्जूषाः** प्रसन्नः, वचनं, सन्तुष्टः, आरोपणं, अवदत्, जीवितः, वृथा, वृक्षः, तल्लीनः, नगररक्षकः।

उत्तराणि

(i) नगररक्षकः (ii) तल्लीनः
(iii) वृक्षः (iv) जीवितः
(v) वृथा (vi) अवदत्
(vii) आरोपणं (viii) सन्तुष्टः
(ix) प्रसन्नः (x) वचनं

अभ्यास प्रश्ना:

मञ्जूषा की सहायता से कथा पूर्ति

1. कन्याकुमारी

तमिलनाडु प्रदेशे भारतस्य दक्षिण कोणस्य अन्ते (i) ..... दृश्यते कन्याकुमारी। अत्र पूर्वसमुद्रस्य, पश्चिम समुद्रस्य दक्षिण समुद्रस्य च (ii) ..... भवति। एते त्रयः (iii) ..... भारत वर्षस्य पदतलं निरन्तरं प्रक्षालयन्ति। प्रातः सायं च सर्वदा जनानां महान् सम्मर्दः भवति। प्रातः सूर्योदयस्य सायं सूर्यास्तस्य च (iv) ..... सर्वेषाम् मनः हरतः। अत्र एकम् अन्यद् (v) ..... स्थानम् अस्ति विवेकानन्दस्मारकं नाम। कन्याकुमारीतः यन्त्रचालितया (vi) ..... विवेकानन्द स्मारकं प्रति प्राप्तुम् शक्यते। समुद्रतीरात् प्रस्थिता नौका आदौ तिरुवल्लुवरः प्रतिमायाः (vii) ..... गच्छति। तिरुवल्लुवरः महोदयेन 'तिरुक्कुरल्' इति नामकः तमिल वेदः रचितः। इतः पुनः प्रयाणं कृत्वा (viii) ..... प्रति गम्यते। तत्र भूतले एकं विशिष्टं ध्यान मन्दिरम् अस्ति अत्र अन्धकारमये प्रकोष्ठे प्रकाशमानम् 'ओम' इति (ix) ..... दृश्यते। तत्र सर्वे मौनव्रतमेव धारयन्ति। समुद्रस्य (x) ..... जलं, स्मारकस्य दर्शनम् सर्वमेव प्रेरणादायकं स्फूर्तिदायकं च।

- **मञ्जूषाः** चित्रं, स्वर्णमयं, स्मारकं, समीपं, नौकया, दृश्ये, दर्शनीयं, समुद्राः, बिन्दुरूपेण, सङ्गमः।

2. महर्षिः वाल्मीकिः

पुरा किल प्रचेतसो वंशे एकस्य वनवासिनो मुनेः गृहे एको (i) ..... समुत्पन्नः तदा सर्वे बान्धवाः प्रमुदिताः 'रत्नाकरः' इति तस्य नाम चक्रुः। स क्रमेण (ii) ..... गतः। पाद चालन समर्थः नातिदूर-वासिनां (iii) ..... बालकैः सह क्रीडति। दैवाद् रत्नाकरस्य पितरौ दिवंगतौ। अनाथो (iv)..... निषादैः पालितो बभूव। तेषां बालकैः क्रीडन् निषाद-चरितानि अशिक्षत्। तैः सह वनानि (v) ..... नाना-विधान् पक्षिणः शशकान्, मृगशावकांश्च अवधीत्। अथ गच्छति काले रत्नाकरः कञ्चन निषाद-कन्याकाम् उवाहः। तस्याः अनेकानि (vi) ..... अजायन्त। तदर्थे स निषाद-वृत्तिम् (vii) ..... बहुविधान् अनर्थान् कुर्वन् अर्थोपार्जनम् अकरोत्। न च बुबुधे तत्पापम्। एवम् (viii) ..... सः रत्नाकरः दोषाणामाकरो दोषाकरो जातः। सः वन-मार्गेण गच्छतां (ix) ..... धनानि अपाहरत्। काले गते सः एव नारदमुनिना सम्पर्केण 'राम-राम' इति जपन् (x) ..... वाल्मीकि अभवत्, रामायणम् च अरचयत्।

- **मञ्जूषाः** चरितः, महर्षिः, पथिकानां, अपत्यानि, अनुसरन्, पर्यटन्, रत्नाकरः, निषादानां, बालकः, वृद्धिं।

3. आत्मनः प्रतिकूलानि परेषां न समाचरेत्

लुम्बिनी नगरे नन्दः नाम विप्रः प्रतिवसति स्म। तस्य (i) ..... रमणः गौतमबुद्धस्य शरणं गत्वा बौद्धधर्मं गृहीतवान्। तेन क्रुद्धः (ii) ..... महात्मनः बुद्धस्य समीपम् अगच्छत्। सः तस्मै उच्चैः-उच्चैः (iii)..... दत्तवान्। गौतमबुद्धः (iv) ..... शान्तदृष्ट्या च तं पश्यन् अवस्थितः। अन्ते यदा सः व्यरमत् तदा गौतमबुद्धः तम् अपृच्छत् कदाचित् (v) ..... तव गृहे आगच्छन्ति न वा। सः अवदत्-आम् कथं न। यदि अतिथयः! मम गृहे आगच्छन्ति तदा अहं भोजनादिद्वारा तेषां (vi) ..... करोमि। गौतम बुद्धः अपृच्छत्- यदि तवआतिथ्य ते न स्वीकुर्वन्ति तर्हि तत् तवैव न भविष्यति। "आम् ममैव भविष्यति" ब्राह्मणः नन्दः उत्तरत। पतर्हि एवमेव त्वया दत्ताः गालिकाः अहम पि न (vii) ..... ताः सर्वाः त्वयि एव स्थिताः गौतमबुद्धः कथितवान्। बुद्धस्य एतया (viii) ..... पराजितः (ix) ..... स्वयमपि तस्य (x) ..... अभवत्।

- **मञ्जूषाः** स्वीकृतवान्, ब्राह्मणः, स्थितप्रज्ञतया, शिष्यः, नन्दः, सहोदरः, स्मितमुखेन, बहुगालिकाः, सत्कारं, आतिथ्यः।

4. महावीरः अभिमन्युः

पुरा पञ्च पाण्डवाः अभवन्। तेषु (i) ..... तृतीय आसीत्। तस्य पुत्र (ii) ..... अभवत्। अयं सुभद्रायाः पुत्रः आसीत्। बाल्यात् एवायमभिमन्युः (iii) ..... निर्भयः, महावीरः च आसीत्। महाभारत युद्धे एकदा कौरवाणां सेनापतिः (iv) ..... पाण्डव सेनायाः विनाशाय (v) ..... अरचयत्। पाण्डव पक्षे केवलम् अर्जुनः एव द्रोणाचार्यात् चक्रव्यूहं भेदन कौशलम् अशिक्षत्। अर्जुनः च तदा अन्यत्र (vi) ..... आसीत्। पाण्डवाः अचिन्तयन् (vii) ..... कः उपाय? अभिमन्युः स्वपितरमवदत्- "तात! यदाहं गर्भे आसम्, तदा मम पिता अर्जुनः जननीम् (viii) ..... अवदत्। तदाहं तां कलाम् अजानाम्।" युधिष्ठिरः अन्योपायं नाचिन्तयत्। अतः अभिमन्यु चक्रव्यूह प्रवेशाय कथयत्। वीरः अभिमन्युः (ix) ..... चक्रव्यूहम् प्राविशत्। महावीरः अभिमन्युः सततम् अग्रे-अग्रे महायुद्धम् अकरोत्। कौरववीरेषु गान्धारीसुतेषु ज्येष्ठः दुर्योधनः, दुःशासनः, मामः शकुनि, कर्णः च मिलित्वा अभिमन्युना सह (x) .....। अन्ततः सः वीरगतिम् अलभत् अमरश्च अभवत्।

- **मञ्जूषाः** युद्धक्षेत्रे, चक्रव्यूहभेदनकलाम्, युद्धमकुर्वन् अधुना, एकाकी, चक्रव्यूहम्, युद्धकुशलः, अर्जुनः, द्रोणाचार्यः अभिमन्युः।

5. डॉ. राजेन्द्र प्रसादः

डॉ. राजेन्द्र प्रसादः अस्माकं देशस्य प्रथम (i) ..... आसीत्। सः अतीव सरलः, सदाचारी (ii) ..... चासीत्। भारत सर्वकारः इमं 'भारतरत्नम्' इति सर्वोच्चालङ्करणेन सम्मानितवान्। अयमारम्भात् एव पठने निपुणः, महान (iii) ..... चासीत्। अष्टादश वर्षीयः अयं 'एण्ट्रेंस' प्रथम श्रेण्यामुदतरत्। पश्चात् अयं (iv) ..... स्नातकोत्तर परीक्षां स्वर्णपदकेन सह उदतरत्। स्वतन्त्रतायाः पश्चात् भारतस्य (v) ..... 1950 ई. वर्षतः अयं (vi) ..... राष्ट्रपतिः अभवत्। अस्य ज्येष्ठा बालविधवा मातृसभा (vii) ..... अपि अनेन सह राष्ट्रपति भवने निवसति स्म। एकदा गणतन्त्रदिवस्य पूर्वसन्ध्यायां रात्रौ तस्याः (viii) ..... अभवत्। तदायं राष्ट्रपति महोदयः प्रातः काले गणतन्त्र दिवसस्य (ix) ..... सम्मिलितः अभवत् पश्चात् तस्याः अन्तिम संस्कारमकरोत्। ईदृशः धीरः

कर्त्तव्यपरायणः, जागरूकः चायं महानुभाव आसीत्। 1963 ई. वर्षे, फरवरी मासस्य 28 तारिकायां वृतीय कार्यकाले अस्य (x) ····· देहान्तः श्वासविकारेण अभवत्। अस्य जीवनस्य प्रधानं वाक्यम् आसीत्– 'सरल जीवनं श्रेयः विचारेषु महानता'।

- मञ्जूषा शोभायात्राया, भगिनी, संविधाननिर्माणानन्तरम्, जिज्ञासुः, राष्ट्रपतिः, महानुभावस्यः, देहान्तः, त्रिवारं, विधिशास्त्रे, विनम्रः।

6. शत्रूणां सह मित्रता विनाशकारणम्

एकस्मिन् कूपे विचित्रदत्ताः नाम मण्डूकराज (i) ····· निवसति स्म सः एकदा (ii) ····· बहिः आगच्छत्। सः मयंकनामसर्पम् अपश्यत् अचिन्तयत् च यत् अहम् अस्य (iii) ····· स्वशत्रुनाशम् करिष्यामि। सः तम् सर्पम् अवदत्– अहम् तु कूपे वसामि। कृपया भया सह चल। मम (iv) ····· एव तिष्ठ सर्वान् मण्डूकान च भक्षय। तत्र तु अनेके (v) ····· सन्ति। ततः मयंक सर्पः विचित्र दत्तेन सह कूपे अगच्छत्। सर्प (vi) .... मण्डूकस्य सर्वान् शत्रुन् अरवाद। तदा सर्पः अकथयत् यत् अहम् तु (vii) ····· अस्मि अहम् तव परिवारस्य (viii) ····· भक्षयिष्यामि। सर्पस्य वचनं श्रुत्वा मण्डूकः महत् (ix) ····· अकरोत्। सः मयंकसर्पः तस्य (x) ····· तम् विचित्रदत्तम् च अरवाद।

- मञ्जूषा कूपात्, गृहे, शनैः-शनैः, सदस्यान्, मण्डूककुलम् पश्चातापम्, क्षुधापीडितः, मण्डूकाः, सहायतया, सपरिवारेण।

7. चतुरः कृषकः

एकः राजेशः नामकः कृषकः तस्य भार्या कविता च (i) ····· स्व क्षेत्रे कार्यम् अकुरुताम्। तयोः रीतेशः मितेशः च द्वौ (ii) ····· स्तः एकदा यदा कृषकः (iii) ····· भूमिम् खनति स्म तदा सः एकम् स्वर्णस्य महाकुम्भम् प्राप्नोति। कुम्भे च (iv) ····· आसन्। तौ प्रसन्नौ भूत्वा गृहे अगच्छताम्। अग्रिमे दिवसे कृषकस्य (v) ····· स्वसख्यै सर्वम् न्यवेदयत्। जनाः कृषकम् कथयन्ति धनम्। (vi) ····· यच्छ। यदा रात्रौ तस्य पत्नी स्वपति स्म तदा कृषकः अनेकानि मिष्टान्नानि क्रीत्वा (vii) ····· बद्‌हवा उद्यानस्य वृक्षेषु लम्बयति। यदा तस्य पत्नी वृक्षेषु मिष्टान्नानि पश्यति सा एकैकशः (viii) ····· मिण्टान्नानि खादति। प्रातः कृषकस्य पत्नी यदा सर्वेभ्यः जनेभ्यः कथयति यत् तस्याः क्षेत्रे मिष्टान्नानि (ix) ····· सन्ति। सर्वे जनाः हसित्वा गच्छन्ति कृषकः तु कथयति– "मम भार्या तु (x) ····· कल्पनालोके एव विचरति। स्वर्ण-कुम्भः अपि तस्याः कल्पना एव।"

- मञ्जूषाः पुत्रौ, स्वर्णमुद्राः, राजकोषे, बहूनि, अद्यत्वे, प्रतिदिनम्, खनित्रेण, भार्या, सूत्रखण्डैः, फलितानि।

8. संस्कृत-भाषा

संस्कृत भाषा विश्वस्य सर्वासु भाषासु (i) ...... विपुल ज्ञान-विज्ञान सम्पन्ना सरला सुमधुरा च अस्ति। इयम् भाषा पुराकाले (ii) ····· वाग्व्यवहार भाषा चासीत्। अस्याः भाषायाः साहित्यं सर्वथा (iii) ····· विद्यते। तत्र संस्कृत साहित्यं गद्य-पद्य-चम्पू प्रकार (iv) ····· विभज्यते। अस्मिन् साहित्ये विश्वप्राचीनतमा ऋग्यजुः सामाथर्वनामधेयाः (v) ····· वेदाः सन्ति। संस्कृत व्याकरणे कस्यापि पदस्य कुत्रापि (vi) ····· भवेत् न कापि क्षति। नेहरू महाभागेनापि स्वकीयायाम् (vii) ····· लिखितम्, यत् संस्कृत भाषा भारतस्य निधिस्तस्याः सुरक्षाया उत्तरदायित्वं स्वतन्त्रे भारते आपतितम्। अस्माकं (viii) ····· विचाराः अनुसन्धानानि चास्यामेव भाषायां सन्ति। स्वसभ्यतायाः धर्मस्य राष्ट्रियेतिहासस्य, संस्कृतेश्च (ix) ····· संस्कृतस्य ज्ञानं परम् (x) ····· अस्ति। अस्याः भाषायाः पुनरभ्युदयाय भारतीयैः पुनरपि सतत यतनीयम्।

- मञ्जूषाः आवश्यकम्, पूर्वजनानाम्, स्थानं, त्रिधा, सर्वसाधारण जनानां, सम्यग्बोधाय, आत्मकथायां, चत्वारः, सविशालं, प्राचीनतमा।

9. कृपणः नरः/भक्तः

कश्चित् क्षुधया पीडित मनुष्यः मार्गे गच्छन् आसीत्। सः अनतिदूरे विद्यमानम् एव एकं (i) ····· दृष्टवान्। तस्य समीपं गत्वा महतो वेगेन (ii) ····· उपरि आरोहणं कृतवान्। तत्र च रसभरितानि (iii) ····· फलानि भक्षितवान्। अधः अवतरन् भीतः स्व (iv) ····· स्मृत्वा प्रार्थितवान् हे कृपासिन्धो भक्तवत्सल! यदि भवान् मां भूमिम् (v) ····· तर्हि अहम् शतम् (vi) ····· मिष्टान्नदानेन तोषयिष्यामि इति। शनैः-शनैः अवतीर्य यदा सः (vii) ····· प्राप्तवान् तदा सः उक्तवान् 'पञ्च एव जनान् भोजयिष्यामि' इति। ततः क्षणार्थे एव अव्रणितः सः सुखेन भूमिं (viii) ·····। यदा सः भूमिं प्राप्तवान् तदा तस्य मनसि कश्चन (ix) ····· उदितः। 'अहम् एव स्वसामर्थ्येन (x) ····· च भूमिं प्राप्तवान्। एव सति किमर्थं परजनान् भोजयामि' इति। तदैव अस्फुट-शब्दैः वदन् सः स्वगृहं प्रति निगर्तवान्।

- मञ्जूषाः स्वप्रयत्नेन, प्राप्तवान्, दीनजनान्, इष्टदेवं, मर्कटवत्, विचारः, वृक्षतलं, प्रापयति, रुचिकराणि, खर्जूरवृक्षं।

10. सत्यवादी हरिश्चन्द्र

एकदा मोहनदासः कर्मचन्द गांधिः मित्रैः सह एकं (i) ····· द्रष्टुं चित्रशालाम् आगच्छत्। तस्मिन् नाटके राज्ञः (ii) ····· कर्मनिष्ठा गहना सत्यभक्तिः च प्रदर्शिते आस्ताम्। असौ नृपः हरिश्चन्द्रः (iii) ····· अपि श्मशानकररूपे वस्त्रखण्डं गृहीत्वा सत्यस्य (iv) ····· अकरोत्। एतन्नाटकं दृष्ट्वां (v) ····· चेतसि महत् परिवर्तनम् अभवत्। सः अतीव अरोदीत। सः मनसि तदैव (vi) ····· अकरोत् यत् आजीवनं (vii) ····· सः हरिश्चन्द्र इव सदैव आचरिष्यति। एकदा 'गाइल्स' नामकः एकः विद्यालय निरीक्षकः तस्य विद्यालयं (viii) ····· आगच्छत्। सः तत्र एकस्यां कक्षायां छात्राणां (ix) ····· परीक्षां कर्तुम् आरभत। तदा मोहनदासं विहाय सर्वे छात्राः शुद्धं वर्णविन्यासम् अकुर्वन्। परं मोहनदासः तस्य 'केटल' पदस्य वर्णविन्यासं कर्तुम् (x)····· न अभवत्।

- मञ्जूषाः सङ्कल्पम्, निरीक्षणार्थम्, समर्थः, वर्णविन्यासस्य, सत्यरक्षायां, मोहनदासस्य, स्वपत्नयाः, नाटकं, हरिश्चन्द्रस्य, पालनं।

उत्तराणि

1. (i) बिन्दुरूपेण (ii) सङ्गमः
(iii) समुद्राः (iv) दृश्ये
(v) दर्शनीयं (vi) नौकया
(vii) समीपं (viii) स्मारकं
(ix) चित्रं (x) स्वर्णमयं

2. (i) बालकः (ii) वृद्धि
(iii) निषादानां (iv) रत्नाकरः
(v) पर्यटन् (vi) अपत्यानि
(vii) अनुसरन् (viii) चरितः
(ix) पथिकानां (x) महर्षिः

3. (i) सहोदरः (ii) नन्दः
(iii) बहुगालिकाः (iv) स्मितमुखेन
(v) आतिथ्यः (vi) सत्कारं
(vii) स्वीकृतवान् (viii) स्थितप्रज्ञतया
(ix) ब्राह्मणः (x) शिष्यः

4. (i) अर्जुनः (ii) अभिमन्युः
(iii) युद्धकुशलः (iv) द्रोणाचार्यः
(v) चक्रव्यूहम् (vi) युद्धक्षेत्रे
(vii) अधुना (viii) चक्रव्यूहभेदनकलाम्
(ix) एकाकी (x) युद्धमकुर्वन्

5. (i) राष्ट्रपतिः (ii) विनम्रः
(iii) जिज्ञासुः (iv) विधिशास्त्रे
(v) संविधाननिर्माणानन्तरम् (vi) त्रिवारं
(vii) भगिनी (viii) देहान्तः
(ix) शोभायात्राया (x) महानुभावस्यः

6. (i) सपरिवारेण (ii) कूपात्
(iii) सहायतया (iv) गृहे
(v) मण्डूकाः (vi) शनैः-शनैः
(vii) क्षुधापीडितः (viii) सदस्यान्
(ix) पश्चातापम् (x) मण्डूककुलम्

7. (i) प्रतिदिनम् (ii) पुत्री
(iii) खनित्रेण (iv) स्वर्णमुद्राः
(v) भार्या (vi) राजकोषे
(vii) सूत्रखण्डैः (viii) बहूनि
(ix) फलितानि (x) अद्यत्वे

8. (i) प्राचीनतमा (ii) सर्वसाधारण जनानां
(iii) सविशालं (iv) त्रिधा
(v) चत्वारः (vi) स्थानं
(vii) आत्मकथायां (viii) पूर्वजनानाम्
(ix) सम्यग्बोधाय (x) आवश्यकम्

9. (i) खर्जूरवृक्षं (ii) मर्कटवत्
(iii) रुचिकराणि (iv) इष्टदेवं
(v) प्रापयति (vi) दीनजनान्
(vii) वृक्षतलं (viii) प्राप्तवान्
(ix) विचारः (x) स्वप्रयत्नेन

10. (i) नाटकं (ii) हरिश्चन्द्रस्य
(iii) स्वपत्न्याः (iv) पालनं
(v) मोहनदासस्य (vi) सङ्कल्पम्
(vii) सत्यरक्षायां (viii) निरीक्षणार्थम्
(ix) वर्णविन्यासस्य (x) समर्थः

अध्याय 1

उच्चारणस्थानानि

1.1 उच्चारण स्थान से आशय

वर्णों का उच्चारण करते समय वायु मुख के जिन भागों को स्पर्श करते हुए बाहर निकलती है, उन्हें उन वर्णों का उच्चारण स्थान कहते हैं। वर्णों का उच्चारण करते समय मुख के द्वारा जिन भागों को स्पर्श किया जाता है, उन्हें निम्न तालिका से समझ सकते हैं

वर्णस्य उत्पत्तिस्थानम्	स्वराः	उच्चारित वर्णाः वर्गीय व्यञ्जनानि	अवर्गीयव्यञ्जनानि		स्थानजन्य वर्णस्य नाम
			अन्तःस्थाः	ऊष्माणः	
कण्ठः	अ आ	क् ख् ग् घ् ङ्	–	ह्	कण्ठ्यः
तालुः	इ ई	च् छ् ज् झ् ञ्	य्	श्	तालव्यः
मूर्धा	ऋ ॠ	ट् ठ् ड् ढ् ण्	र्	ष्	मूर्धन्यः
दन्ताः	लृ	त् थ् द् ध् न्	ल्	स्	दन्त्यः
ओष्ठौ	उ ऊ	प् फ् ब् भ् म्	–	–	ओष्ठ्य
कण्ठोष्ठौ	ओ औ	–	–	–	कण्ठोष्ठ्यः
कण्ठतालुः	ए ऐ	–	–	–	कण्ठतालव्यः
दन्तौष्ठौ	–	–	व्	–	दन्तोष्ठ्यः

प्रत्येक वर्ग के अंतिम वर्णों के उच्चारण स्थान दो-दो होते हैं; जैसे—

ङ्—नासिका/कण्ठः ञ्—नासिका/तालुः

ण्—नासिका/मूर्धा न्—नासिका/दन्ताः

म्—नासिका/ओष्ठौ

प्रयत्न-विचार

वर्णों का उच्चारण करते समय हमें अपने मुख में कुछ विशेष प्रयास करने पड़ते हैं, उन्हीं प्रयासों को हम प्रयत्न कहते हैं।

प्रयत्न निम्न दो प्रकार के होते हैं

आभ्यंतर प्रयत्न

ध्वनि उत्पन्न होने से पहले वागिंद्रिय की क्रिया को आभ्यंतर प्रयत्न कहते हैं। आभ्यंतर प्रयत्नों को निम्न प्रकार से समझ सकते हैं

स्पृष्ट	ईषत्स्पृष्ट	विवृत	संवृत
क्, ख्, ग्, घ्,ङ्	य्	अ, ए, श्	अ
च् छ् ज् झ् ञ्	व्	इ, ओ ष्	केवल प्रयोग
ट् ठ् ड् ढ् ण्	र्	उ ऐ स्	अवस्थायाम्
त् थ् द् ध् न्	–	ऋ औ ह	
प् फ् ब् भ् म्	ल्	लृ	

बाह्य प्रयत्न

बाह्य प्रयत्न वे होते हैं, जो वर्णों को मुख से बाहर निकालने में सहायता करते हैं। इन्हें निम्न प्रकार से समझ सकते हैं

विवारः श्वासः अघोषः	संवार, नाद, घोषः	अल्पप्राण	महाप्राणः	उदात्त, अनुदात्त स्वरितः
क, ख	ग् घ् ङ्	क् ग् ङ	ख ध	अ
च छ	ज् झ् ञ	च ज ल	छ झ	इ
ट ठ	ट् ड् ण्	ट ड द	ठ ढ्	उ
त थ	त् द् न्	त द न	थ ध	ऋ
प फ	प ब म्	प ब म	फ भ	लृ
श	य व	य	श	ए
ष	र ल	व	ष	ओ
स	ह सभी	र	स	ऐ
	स्वर	ल	ह	औ

साधित उदाहरणम्

बहुविकल्पीय प्रश्नाः

I. अधोलिखितवर्णानां उच्चारणस्थानानि चिनुत।
(निम्नलिखित वर्णों का उच्चारण स्थान चुनिए।)

1. दन्तस्य उच्चारणं कस्य भवति?
(अ) स (ब) प (स) घ (द) च
उत्तराणि (अ) स

2. झ वर्णस्य उच्चारणस्थानम् भवति?
(अ) ओष्ठ (ब) तालुः
(स) मूर्धा (द) कण्ठः
उत्तराणि (स) मूर्धा

3. 'ण' इत्यस्य उच्चारणं भवति?
(अ) तालुः (ब) कण्ठः
(स) मूर्धा (द) ओष्ठ
उत्तराणि (स) मूर्धा

4. 'ल्' वर्णस्य उच्चारणं भवति?
(अ) तालुः (ब) कण्ठः
(स) दन्तः (द) मूर्धा
उत्तराणि (स) दन्तः

5. 'ट' वर्णस्य उच्चारणः कः अस्ति?
(अ) तालुः (ब) ओष्ठ
(स) मूर्धा (द) कण्ठः
उत्तराणि (स) मूर्धा

लघुउत्तरीय प्रश्नाः

II. यथानिर्देशं अधोलिखितप्रश्नानां उत्तरं ददातु।
(निम्नलिखित प्रश्नों के उत्तर निर्देशानुसार दीजिए।)

1. अनुनासिकतया भेदेन स्वराणां कति भेदाः सन्ति?
उत्तराणि अनुनासिकतया भेदेन स्वराणां द्वयोः भेदाः सन्ति। अनुनासिक अननुनासिकश्च।

2. 'ऋ' वर्णः स्वरः व्यञ्जन वा?
उत्तराणि 'ऋ' वर्णः स्वरः अस्ति।

3. स्वराः कीदृशः उच्चरन्ते?
उत्तराणि स्वराः स्वतन्त्ररूपेण उच्चरन्ते।

4. व्यञ्जनाः कीदृशाः उच्चरन्ते?
उत्तराणि व्यञ्जनाः स्वराणां सहायतया उच्चरन्ते।

अभ्यास प्रश्नाः

बहुविकल्पीय एवं
वर्णनात्मक प्रश्नोत्तर

बहुविकल्पीय प्रश्नाः

I. अधोलिखितवर्णानां उच्चारणस्थानानि चिनुत।
(निम्नलिखित वर्णों का उच्चारण स्थान चुनिए।)

1. अधोलिखितेशु वर्णेषु 'क' वर्गस्य वर्ण कः अस्ति?
(अ) ट (ब) त
(स) च (द) ख

2. अधोलिखितेषु वर्णेषु स्पर्श वर्णः कः?
(अ) ल (ब) स
(स) प (द) व

3. विसर्गस्य (:) उच्चारण स्थानः कः भवति?
(अ) तालुः (ब) मूर्धा
(स) दन्तः (द) कण्ठः

4. चवर्गस्य उच्चारणस्थानम् अस्ति?
(अ) मूर्धा (ब) दन्तः
(स) कण्ठ (द) तालुः

5. अधोलिखितेषु अन्तःस्थः कः?
(अ) फ (ब) ढ (स) व (द) ज

6. स्पर्शवर्णाना संख्या अस्ति?
(अ) 5 (ब) 25 (स) 15 (द) 3

7. 'ह' वर्णस्य उच्चारणस्थानम् अस्ति?
(अ) तालुः (ब) मूर्धा
(स) कण्ठः (द) ओष्ठ

8. 'प' वर्गस्य उच्चारणस्थानमस्ति?
(अ) ओष्ठ (ब) दन्तः
(स) कण्ठः (द) तालुः

9. 'ञ' वर्णस्य वर्गः अस्ति?
(अ) त वर्ग (ब) च वर्ग
(स) ट वर्ग (द) क वर्ग

10. 'व्' वर्णस्य उच्चारणस्थानम् भवति?
(अ) दन्तौष्ठम् (ब) मूर्धा
(स) कण्ठोष्ठ (द) तालु

11. ट वर्गस्य उच्चारणस्थानम् किम्?
(अ) मूर्धा (ब) ओष्ठ
(स) कण्ठ (द) तालु:

12. आ वर्णस्य उच्चारण स्थानम् किम् अस्ति?
(अ) कण्ठ: (ब) मूर्धा
(स) तालु: (द) ओष्ठ

13. एकस्मिन् वर्गे कति वर्णा: सन्ति?
(अ) 12 (ब) 7
(स) 9 (द) 5

14. 'ज' वर्णस्य उच्चारणस्थानम् अस्ति?
(अ) ओष्ठ (ब) मूर्धा
(स) दन्त: (द) कण्ठ:

15. 'र' वर्णस्य उच्चारणस्थानमस्ति?
(अ) ओष्ठ (ब) कण्ठ:
(स) मूर्धा (द) तालु:

लघुउत्तरीय प्रश्ना:

II. यथानिर्देशं अधोलिखितप्रश्नानां उत्तरं ददातु।
(निम्नलिखित प्रश्नों के उत्तर निर्देशानुसार दीजिए।)

1. संस्कृत भाषायाम् कति स्पर्शवर्णा: सन्ति?
2. ऊष्मा: वर्णा: के सन्ति?
3. अन्त:स्था: के सन्ति?
4. स्पर्शा: किम् भवति?
5. अन्त:स्था: के कथ्यन्ते?
6. संयुक्ता: वर्णा: के भवन्ति?
7. सर्वे वर्गस्य अन्तिमे वर्णा: कुत: उच्चरन्ति?
8. प्लुतस्य कति मात्रा सन्ति?
9. प्लुत स्वरस्य उदाहरणं लिखत।
10. स्वराणां उच्चारेण कति भेदा: सन्ति?

उत्तराणि

I. 1. (द) ख — 2. (स) प
3. (द) कण्ठ: — 4. (द) तालु:
5. (स) व — 6. (ब) 25
7. (स) कण्ठ: — 8. (अ) ओष्ठ
9. (ब) च वर्ग — 10. (अ) दन्तौष्ठम्
11. (अ) मूर्धा — 12. (अ) कण्ठ:
13. (द) 5 — 14. (ब) मूर्धा
15. (स) मूर्धा

II. 1. संस्कृत भाषायाम् पञ्चविंशति स्पर्श-वर्णा: सन्ति।
2. य्, व्, र्, ल ऊष्म वर्णा: सन्ति।
3. श् ष् स् ह् अन्त:स्था: सन्ति।
4. येन उच्चारणेन् अस्माकं जिह्वा मुखे अन्तर्भागा: स्पृशति ते वर्णा: स्पर्शा: भवन्ति।
5. ये वर्णा: स्पर्श ऊष्मयो: च मध्ये स्थिता: ते अन्त:स्था: कथ्यन्ते।
6. ये वर्णा: एकाधिकेन वर्णेन संयोगेनभवन्ति ते संयुक्ता: वर्णा: सन्ति।
7. सर्वे वर्गस्य अन्तिमे वर्णा: नासिकया उच्चरन्ति।
8. प्लुतस्य त्रय: मात्रा सन्ति।
9. प्लुतस्य उदाहरणमस्ति 1. ओ३म् 2. हे रा३म्
10. उच्चारणानुसारेण स्वरस्य त्रय भेदा: सन्ति। ह्रस्व, दीर्घ, प्लुत:।

संधिकार्यम्

अध्याय 2

1.1 संधि से अभिप्राय

दो वर्णों या ध्वनियों के मेल से होने वाले विकार या परिवर्तन को संधि कहते हैं; जैसे—'देव' तथा 'आलय:' शब्दों की संधि करने पर 'देव' शब्द की अंतिम ध्वनि 'अ' तथा 'आलय:' शब्द की प्रथम ध्वनि 'आ' मिलकर 'आ' हो जाती है। इस प्रकार 'देव + आलय:' शब्द की संधि 'देवालय:' हो जाती है।

संधि के कुछ अन्य उदाहरण इस प्रकार हैं

गिरि	+	ईश:	=	गिरीश:	→	इ	+	ई	=	ई
नर	+	ईश:	=	नरेश:	→	अ	+	ई	=	ए
सु	+	आगत:	=	स्वागत:	→	उ	+	आ	=	वा
उत्	+	लास:	=	उल्लास:	→	त्	+	ल्	=	ल्

संधि विच्छेद

यदि मिले हुए वर्णों को अलग-अलग करके संधि से पूर्व की स्थिति में पहुँचा दिया जाए, तो यह प्रक्रिया 'संधि-विच्छेद' कहलाती है; जैसे—

जगन्नाथ:	=	जगत्	+	नाथ:	निषेध:	=	नि:	+	सेध:
निर्द्वंद्व:	=	नि:	+	द्वंद्व:	उच्चारण:	=	उत्	+	चारण:
हिमालय:	=	हिम	+	आलय:	गणेश:	=	गण	+	ईश:
निश्चल:	=	नि:	+	चल:	संलाप:	=	सन्	+	लाप:
निष्पाप:	=	नि:	+	पाप:					

1.2 संधि के भेद

संधि के तीन भेद हैं

1. स्वर संधि 2. व्यंजन संधि 3. विसर्ग संधि

1. स्वर संधि

दो स्वरों के परस्पर मेल होने के परिणामस्वरूप उनमें से किसी एक या दोनों स्वरों में जो परिवर्तन या विकार उत्पन्न होता है, वह 'स्वर संधि' कहलाता है।

इसके पाँच भेद होते हैं

(i) दीर्घ स्वर संधि (ii) गुण स्वर संधि (iii) वृद्धि स्वर संधि (iv) यण् स्वर संधि (v) अयादि संधि

(i) **दीर्घ स्वर संधि** (अक: सवर्णे दीर्घ:)

यदि ह्रस्व अथवा दीर्घ 'अ', 'आ', 'इ', 'ई', 'उ', 'ऊ' एवं 'ऋ' के बाद समान ह्रस्व या दीर्घ स्वर आए, तो दोनों मिलकर दीर्घ स्वर 'आ', 'ई', 'ऊ' और 'ॠ' हो जाते हैं; जैसे—

अ + अ = आ

राम	+	अवतार:	=	रामावतार:
वेद	+	अंत:	=	वेदांत:
रस	+	अयन:	=	रसायन:

अ + आ = आ

मरण	+	आसन्न:	=	मरणासन्न:
गज	+	आनन:	=	गजानन:
प्राण	+	आयाम:	=	प्राणायाम:

आ + अ = आ

दीक्षा	+	अंत:	=	दीक्षांत:
यथा	+	अर्थ:	=	यथार्थ:
सीमा	+	अंत:	=	सीमांत:
शिक्षा	+	अर्थी:	=	शिक्षार्थी:

आ + आ = आ

महा	+	आत्मा	=	महात्मा
वार्ता	+	आलाप:	=	वार्तालाप:
विद्या	+	आनंद:	=	विद्यानंद:
चिकित्सा	+	आलय:	=	चिकित्सालय:

इ + इ = ई

कवि	+	इंद्र:	=	कवींद्र:
कवि	+	इच्छा	=	कवीच्छा
अभि	+	इष्ट:	=	अभीष्ट:
अति	+	इव	=	अतीव

इ + ई = ई

मुनि	+	ईश्वर:	=	मुनीश्वर:
क्षिति	+	ईश:	=	क्षितीश:
गिरि	+	ईश:	=	गिरीश:
अधि	+	ईश्वर:	=	अधीश्वर:

ई + इ = ई

नारी	+	इष्ट:	=	नारीष्ट:
मही	+	इंद्र:	=	महींद्र:
शची	+	इंद्र:	=	शचींद्र:
सती	+	इच्छा	=	सतीच्छा

ई + ई = ई

मही	+	ईश:	=	महीश:
रजनी	+	ईश:	=	रजनीश:
मही	+	ईश्वर:	=	महीश्वर:

उ + उ = ऊ

भानु	+	उदय:	=	भानूदय:
सु	+	उक्ति:	=	सूक्ति:
गुरु	+	उपदेश:	=	गुरूपदेश:
लघु	+	उत्तर:	=	लघूत्तर:

उ + ऊ = ऊ

सिंधु	+	ऊर्मि:	=	सिंधूर्मि:
लघु	+	ऊर्मि:	=	लघूर्मि:

ऊ + उ = ऊ

वधू	+	उत्सव:	=	वधूत्सव:
भू	+	उद्धार:	=	भूद्धार:

ऊ + ऊ = ऊ

भू	+	ऊर्ध्व:	=	भूर्ध्व:
भू	+	ऊर्जा:	=	भूर्जा:
वधू	+	उर्मि:	=	वधूर्मि:

ऋ + ऋ = ॠ

पितृ	+	ऋण:	=	पितॄण:
मातृ	+	ऋण:	=	मातॄण:

(ii) गुण स्वर संधि

जब पूर्वपद (पहले शब्द) के अंत में 'अ' या 'आ' में से कोई एक वर्ण हो और उत्तर पद (दूसरे शब्द) के प्रारंभ में इ/ई, उ/ऊ, ऋ और लृ हो, तो वहाँ गुण संधि होती है; जैसे—

अ + इ = ए

नर	+	इंद्र:	=	नरेंद्र:
देव	+	इंद्र:	=	देवेंद्र:
शुभ	+	इच्छा	=	शुभेच्छा
स्व	+	इच्छा	=	स्वेच्छा

अ + ई = ए

परम	+	ईश्वर:	=	परमेश्वर:
सोम	+	ईश:	=	सोमेश:
गण	+	ईश:	=	गणेश:
राम	+	ईश्वर:	=	रामेश्वर:

आ + इ = ए

राजा	+	इंद्र:	=	राजेंद्र:
यथा	+	इष्ट:	=	यथेष्ट:

आ + ई = ए

लंका	+	ईश:	=	लंकेश:
महा	+	ईश:	=	महेश:
महा	+	ईश्वर:	=	महेश्वर:

अ + उ = ओ

सूर्य	+	उदय:	=	सूर्योदय:
रोग	+	उपचार:	=	रोगोपचार:
पर	+	उपकार:	=	परोपकार:
वार्षिक	+	उत्सव:	=	वार्षिकोत्सव:

अ + ऊ = ओ

नव	+	ऊढ़ा	=	नवोढ़ा
समुद्र	+	ऊर्मि:	=	समुद्रोर्मि:

आ + उ = ओ

महा	+	उत्सव:	=	महोत्सव:
महा	+	उदधि:	=	महोदधि:
गंगा	+	उदक:	=	गंगोदक:

आ + ऊ = ओ

गंगा	+	ऊर्मि:	=	गंगोर्मि:
महा	+	ऊर्मि:	=	महोर्मि:

अ + ऋ = अर्

सप्त	+	ऋषि:	=	सप्तर्षि:
ब्रह्म	+	ऋषि:	=	ब्रह्मर्षि:

आ + ऋ = अर्

राजा	+	ऋषि:	=	राजर्षि:
महा	+	ऋषि:	=	महर्षि:

गुण स्वर संधि के अपवाद

प्र	+	ऊढ:	=	प्रौढ़:
पिपासा	+	ऋत:	=	पिपासार्त:
सुख	+	ऋत:	=	सुखार्त:

(iii) वृद्धि स्वर संधि

जब पूर्वपद (पहले शब्द) के अंत में 'अ' या 'आ' हो और उत्तर पद (दूसरे शब्द) के प्रारंभ में 'ए'/'ऐ', 'ओ' या 'औ' आए, तो वहाँ वृद्धि संधि होती है; जैसे—

अ + ए = ऐ

एक	+	एक:	=	एकैक:
लोक	+	एषणा	=	लोकैषणा

अ + ऐ = ऐ

मत	+	ऐक्य:	=	मतैक्य:
भाव	+	ऐक्य:	=	भावैक्य:

आ + ए = ऐ

सदा	+	एव	=	सदैव
तथा	+	एव	=	तथैवा

आ + ऐ = ऐ

महा	+	ऐश्वर्य:	=	महैश्वर्य:
रमा	+	ऐश्वर्य:	=	रमैश्वर्य:

अ + ओ = औ

वन	+	ओषधि:	=	वनौषधि:
जल	+	ओघ:	=	जलौघ:
परम	+	ओज:	=	परमौज:

अ + औ = औ

परम	+	औषध:	=	परमौषध:
परम	+	औदार्य:	=	परमौदार्य:

आ + ओ = औ

महा	+	ओजस्वी:	=	महौजस्वी
महा	+	ओज:	=	महौज:

आ + औ = औ

महा	+	औषध:	=	महौषध:
महा	+	औघ:	=	महौघ:

वृद्धि स्वर संधि के अपवाद

प्र	+	एजते	=	प्रेजते (पररूप)
प्र	+	एषयति	=	प्रेषयति (पररूप)
अधर	+	औष्ठ:	=	अधरौष्ठ:

(iv) **यण् स्वर संधि** (इकोयणचि)

जब इक् स्वर (इ, उ, ऋ, लृ) के साथ कोई भी अन्य स्वर जोड़ा जाए, तो वहाँ यण संधि होती है; जैसे—

इ + अ = य्

यदि	+	अपि	=	यद्यपि
अति	+	अंत	=	अत्यंत
अति	+	अधिक	=	अत्यधिक
अभि	+	अर्थी	=	अभ्यर्थी

ई + अ = य्

नदी	+	अर्पण	=	नद्यर्पण

इ + आ = या

अति	+	आनंद	=	अत्यानंद
इति	+	आदि	=	इत्यादि
वि	+	आप्त	=	व्याप्त:

ई + आ = या

नदी	+	आगम	=	नद्यागम
सखी	+	आगमन	=	सख्यागमन

इ + उ = यु

उपरि	+	उक्त	=	उपर्युक्त
प्रति	+	उपकार	=	प्रत्युपकार

इ + ऊ = यू

नि	+	ऊन	=	न्यून
वि	+	ऊह	=	व्यूह

ई + ऊ = यू

नदी	+	ऊर्मि	=	नद्यूर्मि

इ + ए = ये

प्रति	+	एक	=	प्रत्येक
अधि	+	एषणा	=	अध्येषणा

ई + ऐ = यै

देवी	+	ऐश्वर्य	=	देव्यैश्वर्य
सखी	+	ऐश्वर्य	=	सख्यैश्वर्य
नदी	+	ऐश्वर्य	=	नद्यैश्वर्य

उ + अ = व

अनु	+	अय:	=	अन्वय:
मधु	+	अरि:	=	मध्वरि:
सु	+	अल्प:	=	स्वल्प:

उ + आ = वा

सु	+	आगत:	=	स्वागत:
मधु	+	आलय:	=	मध्वालय:

ऊ + आ = वा

वधू	+	आगमन	=	वध्वागमन
भू	+	आदि	=	भ्वादि

उ + इ = वि

अनु	+	इति	=	अन्विति
अनु	+	इत	=	अन्वित

उ + ई = वी

अनु	+	ईक्षण	=	अन्वीक्षण

उ + ए = वे

अनु	+	एषण	=	अन्वेषण
प्रभु	+	एषणा	=	प्रभ्वेषणा

उ + ऐ = वै

वधू	+	ऐश्वर्य	=	वध्वैश्वर्य

ऊ + ओ = वो

सरयू	+	ओध	=	सरय्वोध

ऊ + औ = वौ

वधू	+	औदार्य	=	वध्वौदार्य

ऋ + अ = र

पितृ	+	अनुमति	=	पित्रनुमति
धातृ	+	अंश	=	धात्रंश

ऋ + आ = रा

पितृ	+	आज्ञा	=	पित्राज्ञा
मातृ	+	आज्ञा	=	मात्राज्ञा
मातृ	+	आनंद	=	मात्रानंद

ऋ + इ = त्रि

मातृ	+	इच्छा	=	मात्रिच्छा
पितृ	+	इच्छा	=	पित्रिच्छा

(v) **अयादि संधि** (एचोऽयवायाव)

यदि ए, ओ, ऐ, औ के बाद कोई भी असमान स्वर आए, तो क्रमश: 'ए' का 'अय्', 'ओ' का 'अव्', ऐ का 'आय्', 'औ' का 'आव्' हो जाता है;

जैसे—

ने + अनम् = नयनम् (ए + अ = अय्)

कवे + ए = कवये (ए + ए = अय्)

नै + अक: = नायक: (ऐ + अ = आय्)
पो + अन्: = पवन: (ओ + अ = अव्)
पौ + अक: = पावक: (औ + अ = आव्)

2. व्यंजन संधि

इस संधि में व्यंजन का स्वरों के साथ या व्यंजन का व्यंजन के साथ मेल होता है। इसके निम्न प्रकार हैं

(i) **अनुस्वार संधि** (मोऽनुस्वार:)

यदि पूर्व पद का अंतिम वर्ण म् हो तथा उत्तर पद का प्रथम वर्ण कोई व्यंजन हो, तो म् का अनुस्वार हो जाता है।

जैसे— अहम् + पठामि = अहं पठामि
त्वम् + लिखसि = त्वं लिखसि
वेदम् + पठ = वेदं पठ

यदि र्, ष् के बाद न् हो, तो न् का ण हो जाता है तथा र्, ष् के बाद स्वर, ह्, य्, व्, र्, ल्, क वर्ग, प वर्ग हो, तो भी न का ण हो जाता है, किंतु अंतिम न् हो, तो यह नियम नहीं लगेगा।

जैसे— रामानाम् (र् आ म् आ न् आ म्) रामाणाम्।

(ii) **जश्त्व संधि** (वर्गीय प्रथमाक्षराणां तृतीया वर्णे परिवर्तनम्)

यदि पूर्व पद के अंत में किसी वर्ग का प्रथम अक्षर क्, च्, ट्, त्, प्, हो और उत्तर पद के आरंभ में कोई भी स्वर या किसी वर्ग का तीसरा, चौथा या पाँचवाँ वर्ण हो, तो प्रथम अक्षर उसी वर्ग का तीसरा अक्षर बन जाता है; जैसे—

वाक् + ईश: = वागीश: (क् + ई = गी)
अच् + अंत: = अजंत: (च् + अ = ज)
षट् + आनन: = षडानन: (ट् + आ = डा)

- **'त्' स्थाने 'च्'** यदि त् के बाद च्, छ्, ज्, झ्, ञ्, श् में से कोई वर्ण हो, तो त् का च् हो जाता है;
  जैसे— तत् + च = तच्च (त् + च = च्च)
  सत् + चित् = सच्चित् (त् + च = च्च)
- **'त्' स्थाने 'ल्'** यदि त् के बाद ल हो, तो त् का ल् हो जाता है;
  जैसे— तत् + लीन: = तल्लीन: (त् + ल = ल्ल)
- **'र्' पूर्वस्य रेफस्य लोपः दीर्घस्वरत्वं च** यदि अ, इ, उ के पश्चात् यदि र् हो तथा उस र् के बाद र हो, तो पूर्व वाले र् का लोप हो जाता है तथा जिस र् का लोप हुआ है उससे पूर्व यदि अ, इ, उ में से कोई वर्ण हो, तो उसका दीर्घ (आ, ई, ऊ) हो जाता है;

जैसे—
निर् + रोग: = नीरोग:
निर् + रस: = नीरस:

3. विसर्ग संधि

विसर्गों (:) के बाद स्वर या व्यंजन आने पर होने वाले परिवर्तन को विसर्ग संधि कहते हैं। पाठ्यक्रम में निम्न संधि निर्धारित है

(i) **विसर्गस्य उत्वम्**

यदि 'अ' के बाद विसर्ग हो और उसके बाद किसी वर्ग का तीसरा, चौथा, पाँचवाँ अक्षर अथवा य, र, ल, व, ह हो, तो विसर्ग का 'उ' परिवर्तित होकर 'ओ' हो जाता है; जैसे—

अ + उ = ओ
क: + असि = कोऽसि
बाल: + हसति = बालो हसति
नर: + गच्छति = नरो गच्छति

(ii) **विसर्गस्य शत्वम्**

यदि विसर्ग के बाद च्, छ्, श् हो, तो विसर्ग का 'श्' हो जाता है; जैसे—

क: + चौर: = कश्चौर:
क: + चित् = कश्चित्
शावक: + चलति = शावकश्चलति
नि: + छल: = निश्छल:

(iii) **विसर्गस्य षत्वम्**

यदि विसर्ग के बाद ट्, ठ्, ष हो, तो विसर्ग का 'ष्' हो जाता है;

जैसे— राम: + टीकते = रामष्टीकते
राम: + ठक्कुर: = रामष्ठक्कुर:
धनु: + टंकार: = धनुष्टंकार:

(iv) **विसर्गस्य सत्वम्**

यदि विसर्ग के बाद क्, त्, थ, स् हो, तो विसर्ग का 'स्' हो जाता है;

जैसे— नम: + कार: = नमस्कार:
कृष्ण: + तदा = कृष्णस्तदा
गोपाल: + तथैव = गोपालस्तथैव
नम: + ते = नमस्ते

साधित उदाहरणम्

बहुविकल्पीय प्रश्नाः

I. अधोलिखितेषु वाक्येषु स्थूलपदानां समुचितं संधि विच्छेद वा चिनुत।
(निम्नलिखित वाक्यों में स्थूल शब्दों की उचित संधि अथवा संधि विच्छेद चुनिए।)

1. **मुनीन्द्राः** वने वसन्ति।
(अ) मुनि + ईन्द्राः (ब) मुनी + इन्द्राः
(स) मुनि + इन्द्रः (द) मुनि + इन्द्राः
उत्तराणि (द) मुनि + इन्द्राः

2. अधुना **वागीशः** विद्यालये अस्ति।
(अ) वाग् + ईशः (ब) वाक् + ईशः
(स) वाक + ईशः (द) वाग + ईशः
उत्तराणि (ब) वाक् + ईशः

3. मूर्खेण पुत्रेण **कोऽर्थः**?
(अ) कोः + अर्थ (ब) कः + अर्थ
(स) कः + अर्थः (द) क + अर्थः
उत्तराणि (स) कः + अर्थः

4. **यथोचितं** क्रियताम्।
(अ) यथा + ओचितम् (ब) यथा + उचितम्
(स) यथा + औचितम् (द) यथ + ओचितम्
उत्तराणि (ब) यथा + उचितम्

5. **सदाचारः** सदैव आचरणीयः।
(अ) सत् + आचारः (ब) सद् + आचार
(स) सद् + आचारः (द) सतः + आचार
उत्तराणि (अ) सत् + आचारः

6. **बालः + अपि** गच्छति।
(अ) बालऽपि (ब) बालःअपि
(स) बालोऽपि (द) बालअपि
उत्तराणि (स) बालोऽपि

7. हास्यं जीवने **महौषधिः** इव भवति।
(अ) महा + औषधिः (ब) मह + औषधि
(स) महा + ओषधि (द) महत् + ओषधि
उत्तराणि (अ) महा + औषधिः

8. अविवेकः **परमापदां** पदम्।
(अ) परम् + आपदां (ब) परम + आपदा
(स) परमा + पदाम् (द) परम + आपदाम
उत्तराणि (ब) परम + आपदाम्

9. **सत् + जनाः** विनम्राः भवन्ति।
(अ) सच्जनाः (ब) सजजनाः
(स) सज्जनाः (द) सत्जनाः
उत्तराणि (स) सज्जनाः

10. अस्य पदस्य **सम् + धिम्** लिखत।
(अ) संधिम् (ब) संधिं
(स) सनिधम् (द) सम्धिम्
उत्तराणि (अ) संधिम्

11. **एतत् + चिन्तयित्वा** नृपः पण्डित सभां कारितवान्।
(अ) एतत्चिन्तयित्वा (ब) एतचिचन्तयित्वा
(स) एतत् चिन्तयित्वा (द) एतच्चिन्तयित्वा
उत्तराणि (द) एतच्चिन्तयित्वा

12. कालः पिबति **तद्रसम्**।
(अ) तच्छ + रसम् (ब) तत् + रसम्
(स) तन् + रसम् (द) तद + रसम्
उत्तराणि (ब) तत् + रसम्

13. स **तरुच्छाया + उपविष्टः** आसीत्।
(अ) तरुच्छायोपविष्टः (ब) तरुच्छायापविष्टः
(स) तरुच्छायेपविष्टः (द) तरुच्छायुपविष्टः
उत्तराणि (अ) तरुच्छायोपविष्टः

14. पिताऽस्य किं **तपस्तेपे**।
(अ) तपः + तेपे (ब) तप + तेपे
(स) तपस् + तेपे (द) तपो + तेपे
उत्तराणि (अ) तपः + तेपेः

15. **तदेवाहुः** महात्मानः समत्वमिति तथ्यतः।
(अ) तद् + एवाहुः (ब) तदे + वाहुः
(स) तत् + देवाहुः (द) तत् + एवाहुः
उत्तराणि (द) तत् + एवाहुः

लघुउत्तरीय प्रश्नाः

II. अधोलिखितेषु वाक्येषु स्थूलपदानां समुचितं संधि विच्छेदं वा लिखत।
(निम्नलिखित वाक्यों में स्थूल शब्दों की उचित संधि अथवा संधि विच्छेद लिखिए।)

स्वर संधिः

1. जय **जगदीश** हरे।
उत्तराणि जय **जगत् + ईशः** हरे।

2. शारदा अस्माकम् **वदनाम्बुजे** निवासं क्रियात्।
उत्तराणि शारदा अस्माकम् **वदन + अम्बुजे** निवासं क्रियात्।

3. आश्रमे **उभौ + अपि** अतिथिः तिष्ठतः।
उत्तराणि आश्रमे **उभावपि** अतिथिः तिष्ठतः।

4. सः प्रतिज्ञां करोति **दास्यामीति**।
उत्तराणि सः प्रतिज्ञां करोति **दास्यामि + इति**।

5. स्वाध्यायाभ्यसनं **चैव** तपः उच्यते।
उत्तराणि स्वाध्यायाभ्यसनं **च + एव** तपः उच्यते।

6. कालिदासः **अद्यापि** सर्वत्र प्रसिद्धः।
उत्तराणि कालिदासः **अद्य + अपि** सर्वत्र प्रसिद्धः।

7. अहं **चिकित्सा + अर्थं** गमिष्यामि।
उत्तराणि अहं **चिकित्सार्थं** गमिष्यामि।

8. **मदोद्धताः** कपयः प्रहस्य अवदन्।
उत्तराणि मद + उद्धताः कपयः प्रहस्य अवदन्।

9. बालकाः **नतोन्नते** मार्गे क्रीडन्ति।
उत्तराणि बालकाः **नत + उन्नते** मार्गे क्रीडन्ति।

10. **चंद्र + उदयः** निशायां भवति।
उत्तराणि चन्द्रोदयः निशायां भवति।

11. **महर्षिः** सर्वत्र पूज्यः।
उत्तराणि महा + ऋषिः सर्वत्र पूज्यः।

12. **जलागमे** मयूराः प्रसन्नाः भवन्ति।
उत्तराणि जल + आगमे मयूराः प्रसन्नाः भवन्ति।

13. शिक्षकस्य **प्रश्नस्य + उत्तरं** देहि।
उत्तराणि शिक्षकस्य **प्रश्नस्योत्तरं** देहि।

14. **इदं + एव** भवति।
उत्तराणि इदमेव भवति।

15. **न + अहं** स्वर्गं कामये।
उत्तराणि नाहं स्वर्गं कामये।

16. **नास्ति** विद्या समं चक्षुः।
उत्तराणि न + अस्ति विद्या समं चक्षुः।

17. **अभीष्टानि** वस्तूनि प्राप्य सन्तुष्टः अभवत्।
उत्तराणि अभि + इष्टानि वस्तूनि प्राप्य सन्तुष्टः अभवत्।

18. परं शक्तिः **दर्प + उन्मत्तः** नकुलः जलम् अपिबत।
उत्तराणि परं शक्तिः **दर्पोन्मत्तः** नकुलः जलम् अपिबत।

19. **मातृणम्** सर्वऋणेषु प्रधानम्।
उत्तराणि मातृ + ऋणम् सर्वऋणेषु प्रधानम्।

20. **नर + ईशः** प्रजां पालयति।
उत्तराणि नरेशः प्रजां पालयति।

21. **परम + ईश्वरः** एकः एव भवति।
उत्तराणि परमेश्वरः एकः एव भवति।

22. **लता + उक्तिः** कथयति।
उत्तराणि लतोक्तिः कथयति।

व्यंजन संधि:

23. एकम् **अनु + छेदं** लिखत।
उत्तराणि एकम् **अनुच्छेदं** लिखत।

24. **तच्छ्रुत्वा** तेषु एकः बालकः उवाच – अयि भोः।
उत्तराणि तत् + श्रुत्वा तेषु एकः बालकः उवाच – अयि भोः।

25. पर्वतीय वातावरणं **स्व + छं** भवति।
उत्तराणि पर्वतीय वातावरणं **स्वच्छं** भवति।

26. **तच्छरेण** तरुशाखा छिन्ना अभवत्।
उत्तराणि तत् + शरेण तरुशाखा छिन्ना अभवत्।

27. पश्य **एतच्चित्रम्** लिखत।
उत्तराणि पश्य **एतत् + चित्रम्** लिखत।

28. **त्यागात् + शन्तिः** भवति।
उत्तराणि त्यागाच्छान्तिः भवति।

29. **गम् + गा** गङ्गेति यो ब्रूयात् योजनानां शतैरपि।
उत्तराणि गङ्गा गङ्गेति यो ब्रूयात् योजनानां शतैरपि।

30. तर्हि **मत् + शिरः** ददामि।
उत्तराणि तर्हि **मच्छिरः** ददामि।

31. **जगदीश्वरः** बालकान् रक्षति।
उत्तराणि जगत् + ईश्वरः बालकान् रक्षति।

32. **सम् + रक्षकः** कुत्र गतः?
उत्तराणि संरक्षकः कुत्र गतः?

33. **सकलं + जगद्** ध्वस्तं भविष्यति।
उत्तराणि सकलञ्जगद् ध्वस्तं भविष्यति।

34. **तत् + शक्यम्** अस्ति।
उत्तराणि तच्छक्यम् अस्ति।

35. त्वम् एकम् **अनुच्छेदं** लिख।
उत्तराणि त्वम् एकम् **अनु + छेदम्** लिख।

विसर्ग संधिः

36. अयम् शिवस्य **धुनुष्टङ्कारः** अस्ति।
उत्तराणि अयम शिवस्य **धुनुः + टङ्कार** अस्ति।

37. आर्य ! अयथाकालं **समागतः + असि।**
उत्तराणि आर्य ! अयथाकालं **समागतोऽसि।**

38. भारति! तव अयम् अपूर्वः **कः + अपि** कोषः विद्यते।
उत्तराणि भारति ! तव अयम् अपूर्वः **कोऽपि** कोषः विद्यते।

39. **कोऽनर्थः** फलः? मानः।
उत्तराणि कः + अनर्थः फलः? मानः।

40. **कोऽनर्थफलः** संसारे भवति।
उत्तराणि कः + अनर्थफलः संसारे भवति।

41. **कीटोऽपि** सुमनः सङ्गात् सतां शिरः आरोहति।
उत्तराणि कीटः + अपि सुमनः सङ्गात् सतां शिरः आरोहति।

42. तस्य विद्यालयः दयानन्दः **विद्यालयः + अस्ति।**
उत्तराणि तस्य विद्यालयः दयानन्दः **विद्यालयोऽस्ति।**

43. अतिदीर्घः प्रवासाऽयं **दारुणः + च**
उत्तराणि अतिदीर्घः प्रवासोऽयं **दारुणश्च।**

44. अपि च **इतः + तावद्** वयस्य।
उत्तराणि अपि च **इतस्तावद** वयस्य।

अभ्यास प्रश्ना:

बहुविकल्पीय एवं वर्णनात्मक प्रश्नोत्तर

बहुविकल्पीय प्रश्ना:

I. अधोलिखितेषु वाक्येषु स्थूलपदानां समुचितं संधि विच्छेद वा चिनुत।
(निम्नलिखित वाक्यों में स्थूल शब्दों की उचित संधि अथवा संधि विच्छेद चुनिए।)

1. प्रातः काले **भानूदयः** भवति।
   (अ) भानु + उदयः (ब) भानू + उदयः
   (स) भानो + दयः (द) भान् + ओदयः

2. अद्य **वधूत्सवः** अस्ति।
   (अ) बधू + उत्सवः (ब) वधु + उत्सवः
   (स) वधू + उत्सवः (द) वधू + उत्सव

3. **पितृणम्** न विस्मरणीयम्।
   (अ) पितु + ऋणम् (ब) पिता + ऋणम्
   (स) पितृ + ऋणं (द) पितृ + ऋणम्

4. कालिदास्येयम् **सूक्तिः** प्रसिद्धाः।
   (अ) सु + उक्तिः (ब) सू + क्तिनः
   (स) सु + उक्ति (द) सु + उक्तः

5. '**हितोपदेशः**' नामकः ग्रंथः प्रसिद्धः जातः। मणिकातः (षष्ठः पाठः)
   (अ) हितो + उपदेश (ब) हित + उपदेशः
   (स) हितः + उपदेश (द) हितु + उपदेशः

6. **तथैव** अस्तु।
   (अ) तथा + एव (ब) तथो + एव
   (स) तथाः + एव (द) तथ + एवम्

7. **अत्रैकः** बालः पठन् आसीत्।
   (अ) अत्र + एकः (ब) अत्र + एका
   (स) अत्र + एक्ः (द) अत्र + एकम्

8. **परोपकारः** पुण्याय पापाय परपीडनम्।
   (अ) पर् + उपकार (ब) पर + उपकारः
   (स) परः + उपकार (द) परं + उपकार

9. **भूर्जा** अतिविशाला अकल्पनीया च।
   (अ) भूः + ऊर्जा (ब) भू + उर्जा
   (स) भू + ऊर्जा (द) भु + ऊर्जाः

10. विवेकः **अद्यैव** उद्यानं गमिष्यति।
    (अ) अद्य + एव (ब) अद्यः + एवं
    (स) अद्यं + एव (द) अद्य + एवः

11. सः **बालश्शेते**।
    (अ) बाल् + शेते (ब) बालु + शेतेः
    (स) बालः + शेते (द) बाल + शेते

12. **नमस्ते**
    (अ) नम + तेः (ब) नम + स्ते
    (स) नमस् + ते (द) नमः + ते

13. सद्भिस्तु लीलया **प्रोक्तम्**। मणिकातः (पाथेयम्)
    (अ) प्र + उक्तम् (ब) प्र + उक्त
    (स) प्रः + उक्तम् (द) प्र + उक्तमः

14. **चतुर्विंशति** वर्षः।
    (अ) चतुः + विंशति (ब) चतु + विंशति
    (स) चतुवः + शीति (द) चतुः + विंशति्

15. जीवने **उल्लासः** आवश्यकः।
    (अ) उत् + लास् (ब) उत् + लासः
    (स) उत् + लासः (द) उतः + लास्

16. **जगदीशः** कम् न रक्षति?
    (अ) जगत + ईशः (ब) जगद + ईश
    (स) जगत् + ईशः (द) जगतः + ईश

17. **बालस्तत्र** अस्ति।
    (अ) बालः + तत्र् (ब) बालः + तत्र
    (स) बाल + तत्र (द) बाल + तत्रः

18. स **जातो** येन जातेन।
    (अ) जातः + येन (ब) जातु + येनः
    (स) जात + येन् (द) जातः + येनः

19. अस्य **उल्लेखः** करणीयः।
    (अ) उत् + लेख्ः (ब) उतः + लेख
    (स) उत् + लेखः (द) उत्ः + लेखः

लघुउत्तरीय प्रश्ना:

II. अधोलिखितेषु वाक्येषु स्थूलपदानां समुचितं संधि विच्छेद वा लिखत।
(निम्नलिखित वाक्यों में स्थूल शब्दों की उचित संधि अथवा संधि-विच्छेद लिखिए।)

1. **गुरूपदेशः** सर्वदा अनुकरणीयः।
2. जन्मोत्सवे **लघूत्सवः** आयोज्यते।
3. पूर्णिमायां **विधूदयः** दर्शनीयः।
4. **वधूपरि** शेते।
5. सर्वत्र **सिन्धूर्मयः** सन्ति।
6. अत्र **लघूर्णा** अस्ति।
7. मनुष्यस्योपरि **मातृणम्** अस्ति।

8. इदानी **नीतिशास्त्रोपदेशेन** पुनर्जन्म कारयितुं समर्थः। मणिकातः (षष्ठ पाठः)

9. **पुरुषोत्तमः** भगवान् श्रीरामः आदर्शनृपः आसीत्।

10. खे **सप्तर्षिः** संज्ञकाः नक्षत्राः सन्ति।

11. **ग्रीष्मर्तौ** जलं अधिकं पानीपम्।

12. **महर्षिः** दयानंदः गुजरात वास्तव्यः आसीत्।

13. विश्वामित्रः **राजर्षिः** आसीत्।

14. **देवर्षिः** नारदः परमभक्तः आसीत्।

15. **वर्षर्तौ** रोगाः जायंते।

16. **ब्रह्मर्षि** वशिष्ठः कुलगुरुः आसीत्।

17. **पश्यैतम्** बालकम्।

18. तस्मै **तण्डुलौदनम्** रोचते।

19. एषा **महौषधिः** अस्ति।

20. अत्र **जलौघः** वर्तते।

21. रामाय **गुडौदनं** रोचते।

22. सांसारिकाः **जगल्लीनाः** एव भवन्ति।

23. नियमः न **उल्लङ्घनीयः**।

24. **तल्लाङ्गूलम्** विस्तृतं भूतम्।

25. **पत्युर्गृहम्** गच्छति।

26. **रोगा दहन्ति** देहम्।

27. ते **जना हसन्ति।**

28. बालकः **एषलिखति।**

29. **रामश्चलति** गृहम्।

30. **स एव** वरस्ता एव चैत्र क्षपाः।

31. **ता एव** चैत्र क्षपाः।

32. **कश्चित्** कांता विरह गुरुणा।

33. **बालषष्ठो** वर्तते।

34. विद्यालये अद्यावकाशः **नास्ति।**

35. बालः **तच्चित्रं** पश्यति।

36. **ग्रीष्मर्तौ** जनोः पर्वतेषु गच्छन्ति।

मणिका पाठ्यपुस्तक से महत्तवपूर्ण संधि

37. नवाम्बुभिर्भूरि **विलम्बिनो घनाः**। (तृतीयः पाठः)

38. **काष्ठादग्निर्जायते।** मणिकात (तृतीयः पाठः)

39. **स्वभाव एवैष** परोपकारिणाम्। मणिकातः (तृतीय पाठः)

40. मनसि च परितुष्टे **कोऽर्थवान्** को दरिद्रः। (तृतीय पाठः)

41. यः **सम्यगनुतिष्ठति।** (चतुर्थ पाठः)

42. स समाः **शतमव्याधिरायुषा** न वियुज्यते। (चतुर्थ पाठः)

43. **यावद् भविष्यति।** (पंचम पाठः)

44. **त्वदागमनं** आर्याय निवेदयामि। (पंचम पाठः)

45. मान **हेतोर्मातेव।** (पंचमः पाठः)

46. तावद् भविष्यामि **अनयोर्विधेयः**। (पंचम पाठः)

47. **महद्भिः** सुप्रतिष्ठितः। (षष्ठः पाठः)

48. **सङ्गादारोहति** सतां शिरः। (षष्ठः पाठः)

49. मृतः **कोवा** जायते। (षष्ठः पाठः)

50. न च **तारागणैरपि।** (षष्ठः पाठः)

उत्तराणि

I. 1. (अ) भानु + उदयः
2. (स) वधू + उत्सवः
3. (द) पितृ + ऋणम्
4. (अ) सु + उक्तिः
5. (ब) हित + उपदेश
6. (अ) तथा + एव
7. (अ) अत्र + एकः
8. (ब) पर + उपकारः
9. (स) भू + ऊर्जा
10. (अ) अद्य + एव
11. (स) बालः + शेते
12. (द) नमः+ ते
13. (अ) प्र + उक्तम्
14. (अ) चतुः + विंशति
15. (स) उत् + लासः
16. (स) जगत् + ईशः
17. (ब) बालः + तत्र
18. (अ) जातः + येन
19. (स) उत् + लेखः

II. 1. **गुरु + उपदेशः** सर्वदा अनुकरणीयः।
2. जन्मोत्सवे **लघु + उत्सवः** आयोज्यते।
3. पूर्णिमायां **विधु + उदयः** दर्शनीयः।
4. **वधू + उपरि** शेते।
5. सर्वत्र **सिंधु + ऊर्मयः** सन्ति।
6. अत्र **लघु + ऊर्णा** अस्ति।
7. मनुष्यस्योपरि **मातृ + ऋणम्** अस्ति।
8. इदानी **नीतिशास्त्र + उपदेशेन** पुनर्जन्म कारयितुं समर्थः।
9. **पुरुष + उत्तमः** भगवान् श्रीरामः आदर्श नृपः आसीत्।
10. खे **सप्त + ऋषिः** संज्ञका नक्षत्राः सन्ति।
11. **ग्रीष्म + ऋतौ** जलं अधिकं पानीयम्।
12. **महा + ऋषिः** दयानंदः गुजरात वास्तव्यः आसीत्।
13. विश्वामित्रः **राज + ऋषिः** आसीत्।
14. **देव + ऋषिः** नारदः परमभक्तः आसीत्।
15. **वर्षा + ऋतौ** रोगाः जायन्ते।
16. **ब्रह्मा + ऋषिः** वशिष्ठः कुलगुरुः आसीत्।

17. **पश्य + एतम्** बालकम्।

18. तस्मै **तण्डुल + ओदनम्** रोचते।

19. एषा **महा + औषधिः** ओषधिः अस्ति।

20. अत्र **जल + औघः** वर्तते।

21. रामाय **गुड + ओदनम्** रोचते।

22. सांसारिकाः **जगत् + लीनाः** एव भवन्ति।

23. नियमः न **उत् + लङ्घनीयः**।

24. **तत् + लाङ्गूलम्** विस्तृतं भूतम्।

25. **पत्युः + गृहम्** गच्छति।

26. **रोगाः + दहन्ति** देहम्।

27. ते जनाः **+ हसन्ति**।

28. बालकः **एषः + लिखति**।

29. **रामः + चलति** गृहम्।

30. **सः + एव** वरस्ता एव चैत्र क्षपाः।

31. **ताः + एव** चैत्र क्षपाः।

32. **कः + चित्** कांता विरह गुरुणा।

33. **बालः + षष्ठः** वर्तते।

34. विद्यालये अद्यावकाशः **न + अस्ति**।

35. बालः **तत् + चित्रम्** पश्यति।

36. **ग्रीष्म + ऋतौ** जनाः पर्वतेषु गच्छन्ति।

37. नवाम्बुभिर्भूरि **विलम्बिनः + घनाः**।

38. **काष्ठादग्निः + जायते**।

39. **स्वभावः + एव** + एष परोपकारिणाम्।

40. मनसि च परितुष्टे **कः + अर्थवान्** को दरिद्रः।

41. यः **सम्यक् + अनुतिष्ठति**।

42. स समाः शतम् **अव्याधिः + आयुषा** न वियुज्यते।

43. **यावत् + भविष्यति**।

44. **त्वत् + आगमनम्** आर्याय निवेदयामि।

45. मान **हेतोः + मातेव**।

46. तावद् भविष्यामि **अनयोः + विधेयः**।

47. **महत् + भिः** सुप्रतिष्ठितः।

48. **सङ्गात् + आरोहति** सतां शिरः।

49. मृत **कः + वा** जायते।

50. न च **तारागणैः + अपि**।

अध्याय 3

कारक-उपपदविभक्तय:

3.1 कारक का परिचय

कारक क्रिया के प्रयोग में जिन-जिन पदों या शब्दों का उपयोग होता है, उन्हें कारक कहते हैं। 'क्रियाऽन्वयित्वं कारकत्वम्।' जिस कर्ता का सीधा संबंध क्रिया से होता है वे कारक कहलाते हैं; जैसे—राम: गच्छति। (राम जाता है) यहाँ 'राम:' कर्ता का सीधा संबंध क्रिया 'गच्छति' से है। अत: 'राम:' पद कारक हुआ।

कारक के प्रकार

कारक छ: होते हैं, जिन्हें निम्न श्लोक के माध्यम से स्मरण कर सकते हैं

"कर्ता कर्म च करणं च सम्प्रदानं तथैव च।
अपादानाधिकरणे इत्याहु: कारकाणि षट् ।।"

इनके अतिरिक्त संबंध की स्थिति में षष्ठी विभक्ति लगती है तथा संबोधन के लिए प्रथमा विभक्ति का ही प्रयोग किया जाता है।

विभक्ति:	कारक	चिह्न	एकवचन	द्विवचन	बहुवचन
प्रथमा	कर्ता	ने	बालक:	बालकौ	बालका:
द्वितीया	कर्म	को	बालकम्	बालकौ	बालकान्
तृतीया	करण	से (के द्वारा)	बालकेन	बालकाभ्याम्	बालकै:
चतुर्थी	सम्प्रदान	के लिए	बालकाय	बालकाभ्याम्	बालकेभ्य:
पञ्चमी	अपादान	से (अलग होना)	बालकात्	बालाकाभ्याम्	बालकेभ्य:
षष्ठी	सम्बन्ध	का, की के, रा, री, रे, ना नी, ने	बालकस्य	बालकयो:	बालकानाम्
सप्तमी	अधिकरण	में, पे, पर	बालके	बालकयो:	बालकेषु
सम्बोधन	सम्बोधन	हे!, अरे! भो! इत्यादि	हे बालक:!	हे बालकौ!	हे बालका:!

लिंग, वचन व पुरुष

संस्कृत में लिंग, वचन और पुरुष तीन-तीन होते हैं, जो निम्नलिखित हैं।

1. तीन लिङ्ग—पुल्लिङ्ग, स्त्रीलिङ्ग, नपुंसकलिङ्ग
2. तीन वचन—एकवचन, द्विवचन, बहुवचन
3. तीन पुरुष—प्रथमपुरुष, मध्यमपुरुष, उत्तमपुरुष

लिंग, वचन, पुरुष व क्रिया से वाक्य निर्माण

वचन	कर्ता कारक प्रथमपुरुष में	–	क्रिया
एकवचन	बालक:/लता/स:/तत्/सा/भवान्	–	गच्छति/पठति/लिखति
द्विवचन	बालकौ/लते/तौ/ते/ते/भवन्तौ	–	गच्छत:/पठत:/लिखत:
बहुवचन	बालका:/लता:/ते/तानि/ता:/भवन्त:	–	गच्छन्ति/पठन्ति/लिखन्ति

वचन	कर्ता कारक मध्यमपुरुष में	—	क्रिया
एकवचन	त्वम्	—	गच्छसि/पठसि/लिखसि
द्विवचन	युवाम्	—	गच्छथः/पठथः/लिखथः
बहुवचन	यूयम्	—	गच्छथ/पठथ/लिखथ

वचन	कर्ता कारक उत्तमपुरुष में	—	क्रिया
एकवचन	अहम्	—	गच्छामि/पठामि/लिखामि
द्विवचन	आवाम्	—	गच्छावः/पठावः/लिखावः
बहुवचन	वयम्	—	गच्छामः/पठामः/लिखामः

विशेष अस्मद् (अहम्, आवाम्, वयम्) उत्तम पुरुष, युष्मद् (त्वम्, युवाम्, यूयम्) मध्यम पुरुष, इन दोनों के अतिरिक्त संपूर्ण पद या शब्द प्रथम पुरुष में प्रयुक्त होते हैं।

3.2 कारक-विभक्ति

कर्म कारक (द्वितीया विभक्तिः)

सूत्र 'कर्तुरीप्सिततं कर्म।' कर्मणि द्वितीया अकथितञ्च।

जिस पद पर क्रिया आधारित होती है, उसे कर्म कारक कहते हैं। कर्म कारक का चिह्न 'को' है अर्थात् जिस शब्द के बाद 'को' (-) लगा रहता है उसमें कर्म कारक होता है, परंतु कहीं-कहीं 'कहीं', 'को' (-) चिह्न छिपा रहता है।

अन्य शब्दों में क्रिया से पूर्व 'क्या' अथवा 'किसको' लगाने से जो उत्तर आता है, वह कर्म कारक कहलाता है।

जैसे—

1. वह सूर्य को देखता है।	सः सूर्यं पश्यति।
2. मैं गाँव को जाता हूँ।	अहं ग्रामं गच्छामि।
3. वे पुस्तक पढ़ते हैं।	ते पुस्तकं पठन्ति।
4. श्याम विद्यालय को गया।	श्यामः विद्यालयम् अगच्छत्।
5. तुम कल प्रयाग जाओगे।	त्वं श्वः प्रयागं गमिष्यसि।
6. तुम सब नाटक देखते हो।	यूयं नाटकं पश्यथ।
7. हम दोनों पत्र लिखे हैं।	आवां पत्रं लिखावः।
8. वे दोनों कल लखनऊ गए।	तौ ह्यः लखनऊ अगच्छताम्

इनके अतिरिक्त कुछ पदों के योग में द्वितीया विभक्ति प्रयुक्त होती है। वे उपपद विभक्ति निम्नलिखित हैं

उभयत (दोनों ओर)	राजमार्गम् उभयतः वृक्षाः सन्ति।
परितः (चारो ओर)	मन्दिरं परितः भक्ताः सन्ति।
समया (समीप)	ग्रामं समया जलाशयं वर्तते।
निकषा (समीप)	लङ्कां निकषा समुद्रम् अस्ति।
प्रति (की ओर)	दीनानम् प्रति दयां कुरू।
विना (बिना)	मातरं विना शिशु सुखी न भवति।

कर्म कारक हेतु ध्यान रखने योग्य बातें

- धातु से पूर्व यदि उप, अनु, अधि उपसर्ग हों, तो वहाँ द्वितीया विभक्ति होती है।
- जो पद कर्म की सूचना देते हैं-उनमें द्वितीया विभक्ति होती है।
- विना के योग में द्वितीया, तृतीया या पञ्चमी विभक्ति होती है।
- क्त्वा, ल्यप्, तुमुन्, शतृ आदि प्रत्ययों से पूर्व भी द्वितीया विभक्ति होती है।

करण-कारक (तृतीया विभक्ति)

सूत्र 'साधकतमं करणम्।' कर्तृ करणयोस्तृतीया।

जिसकी सहायता से कर्ता अपना कार्य पूर्ण करता है, उसमें करण कारक होता है। इसका कारक चिह्न 'से', 'के द्वारा' होता है।

जैसे—

1. वह नेत्रों से देखता है।	सः नेत्राभ्यां पश्यति।
2. हम सब गेंद से खेलते हैं।	वयं कन्दुकेन क्रीडामः।
3. विद्या से कीर्ति प्राप्त होती है।	विद्यया कीर्तिः प्राप्यते।
4. साधु हाथों से जल पीते हैं।	साधवः हस्ताभ्यां जलं पिबन्ति
5. वह लेखनी से लिखता है।	सः लेखन्या लिखति।
6. यात्री बस से यात्रा करते हैं।	यात्रिणः लोकयानेन यात्रां कुर्वन्ति।
7. मैं कलम से पत्र लिखता हूँ।	अहं कलमेन पत्रं लिखामि।
8. राम ने रावण को बाण से मारा।	रामः रावणं बाणेन हतवान्।
9. किसान हल से खेत जोतता है।	कृषकः हलेन क्षेत्रं कर्षति।

इनके अतिरिक्त कुछ पदों के योग में तृतीया विभक्ति प्रयुक्त होती है। वे निम्नलिखित हैं।

हीनः (रहित, अभाव)	ज्ञानेन हीनः जनः सम्मानं न लभते।
सह (साथ)	पुत्रः पित्रा सह गच्छति।
साकम्	त्वं मित्रेण साकम् पठसि।
समं (के साथ)	अहं भ्रात्रा समं खादामि।
सार्धम् (साथ-साथ)	सः मोहनेन सार्धम् वार्तालापं करोति।
विना (बिना)	यानेन विना यात्रा न भवति।
अलं (बस, मत)	अलं विवादेन।

कारण कारक हेतु ध्यान रखने योग्य बातें

- हेतु (कारण) के योग में तृतीया विभक्ति होती है।
- शरीर के जिस अंग में विकार लक्षित हो, उस विकारवाची अंग में तृतीया विभक्ति होती है।
- जिसके साथ कोई कार्य किया जाता है उसमें तृतीया विभक्ति होती है।
- स्वभाव, प्रकृति आदि में भी तृतीया विभक्ति होती है।

सम्प्रदान-कारक (चतुर्थी विभक्तिः)

सूत्र कर्मणायमभिप्रैति स सम्प्रदानम्। चतुर्थी सम्प्रदाने।

सम्प्रदान कारक का चिह्न 'के लिए' होता है। जहाँ दान क्रिया के कर्म के साथ कर्ता जिससे संबंध रखता है, या जिसको वस्तु प्रदान की जाती है उसमें चतुर्थी विभक्ति होती है;

जैसे—

1. राजा ब्राह्मण को गाय देता है।	राज्ञः विप्राय धेनुं ददाति।
2. प्रधानाचार्य छात्र को पुरस्कार देते हैं।	प्रधानाचार्यः छात्राय पुरस्कारं यच्छति।
3. माता पुत्र को दूध देती है।	मात्रा पुत्राय दुग्धं यच्छति।
4. यज्ञ के लिए लकड़ी लाओ।	यज्ञाय दारुम् आनय।
5. फल भोजन के लिए हैं।	फलानि भोजनाय सन्ति।
6. भक्त के लिए ये फल हैं।	भक्ताय एतानि फलानि सन्ति।
7. शिव ने अर्जुन के लिए अस्त्र दिया।	शिवः अर्जुनाय अस्त्रम् अयच्छत्।
8. रमेश सुरेश के लिए पुस्तक देता है।	रमेशः सुरेशाय पुस्तकं ददाति।

इनके अतिरिक्त कुछ पदों के योग में चतुर्थी विभक्ति प्रयुक्त होती हैं। वे पद निम्नलिखित हैं—

रूच् (अच्छा लगना) — विप्राय मधुरं रोचते।
दा (दान देना) — (यच्छ्) माता बालकाय मोदकं यच्छति।
कुप् (क्रुद्ध होना) — नृपः सेवकाय कुप्यति।
नमः (नमस्कार) — श्रीगुरवे नमः।
अलम् (सामर्थ्य) — एषा भिक्षा याचकाय अलम्।

सम्प्रदान कारक हेतु ध्यान रखने योग्य बातें

- जब कोई वस्तु सदैव के लिए दी जाती है और देने वाले का उस पर से अधिकार समाप्त हो जाता है। तब प्राप्तकर्ता में चतुर्थी विभक्ति का प्रयोग होता है।
- जिसके लिए कोई कार्य किया जाता है उसमें चतुर्थी विभक्ति होती है।

अपादान-कारक (पञ्चमी विभक्तिः)

सूत्र ध्रुवमपायेऽपादानम्। अपादाने पञ्चमी।

अपादान कारक का चिह्न 'से', 'अलग' होता है। जब कोई व्यक्ति या वस्तु किसी से अलग होती है तब जिससे अलग होती है, उसमें पञ्चमी विभक्ति का प्रयोग होता है।

जैसे— 1. पेड़ से पत्ते गिरते हैं। वृक्षात् पत्राणि पतन्ति।
2. घोड़े से राजकुमार गिरा। अश्वात् राजकुमारः अपतत्।
3. उसके हाथ से पुस्तक गिरी। तस्य हस्तात् पुस्तकम् अपतत्।
4. गङ्गा हिमालय से निकलती है। गङ्गा हिमालयात् निर्गच्छति।
5. चूहा बिल से निकलता है। मूषकः बिलात् निर्गच्छति।
6. मोहन घर से आता है। मोहनः गृहात् आगच्छति।
7. राजा महल से उतरता है। नरेशः प्रासादात् अवतरति।
8. कुए से शुद्ध जल लाओ। कूपात् शुद्धं जलम् आनय।

इनके अतिरिक्त कुछ पदों के योग में पञ्चमी विभक्ति प्रयुक्त होती है। वे पद निम्नलिखित हैं

विना (बिना) राम: लक्ष्मणात् विना अयोध्यां गन्तुं नेच्छति स्म।
बहिः (बहार) विद्यालयात् बहिः राजमार्गम् अस्ति।
भी (डरनी) (बिभेति) मूषकः बिडालात् विभेति।
रक्ष् (रक्षा करना) (रक्षति/निवारयति) गुरुः शिष्यं कुमार्गात् रक्षति।

अपादान कारक हेतु ध्यान रखने योग्य बातें

- जिससे प्रत्यक्ष या अप्रत्यक्ष रूप से कोई वस्तु अलग हो रही है। उसमें अपादान कारक से पञ्चमी विभक्ति का प्रयोग होता है।
- जिससे हटाया जाता है या रक्षा की जाती है उसमें पञ्चमी विभक्ति होती है।
- जिससे अध्ययन किया जाता है उसमें पञ्चमी विभक्ति होती है।
- जिससे प्रारंभ होता है उसमें पञ्चमी विभक्ति होती है।
- जब दो वस्तुओं की तुलना की जाती है, तो पञ्चमी विभक्ति होती है।

सम्बन्ध कारक (षष्ठी विभक्तिः)

सूत्र षष्ठी शेषे

सम्बन्ध कारक का चिह्न 'का की के रा री रे' होता है। जब दो-या-दो से अधिक संज्ञा या सर्वनाम शब्दों में कोई संबंध दिखलाया जाता है, तब जिसका संबंध होता है, उसमें षष्ठी विभक्ति का प्रयोग होता है।

जैसे— 1. कृष्ण वासुदेव के पुत्र थे। कृष्णः वासुदेवस्य पुत्रः आसीत्।
2. गाय का दूध मीठा होता है। धेनोः दुग्धं मधुरं भवति।
3. राम का भाई लक्ष्मण है। रामस्य भ्राता लक्ष्मणः अस्ति।
4. अर्जुन का पुत्र अभिमन्यु है। अर्जुनस्य पुत्रः अभिमन्युः अस्ति।
5. तुम्हारा क्या नाम है। तव किम् नाम अस्ति।
6. घर के अंदर माता है। गृहस्य अन्तः माता विद्यते।
7. गङ्गा का जल गुणदायक है। गङ्गायाः जलं गुणदायकं भवति।
8. कुएँ का जल स्वादिष्ट होता है। कूपस्य जलं स्वादिष्टं भवति।

इनके अतिरिक्त कुछ पदों के योग में षष्ठी विभक्ति प्रयुक्त होती है। वे पद निम्नलिखित हैं

उपरि (ऊपर) वृक्षस्य उपरि खगाः तिष्ठन्ति।
अधः (नीचे) मञ्चस्य अधः कूपः अस्ति।
पुरतः (सामने) गृहस्य पुरतः कूपः अस्ति।
पृष्ठतः (पीछे) मन्दिरस्य पृष्ठतः उद्यानम् अस्ति।

सम्बन्ध कारक हेतु ध्यान रखने योग्य बातें

- जब दो-या-दो से अधिक संज्ञा या सर्वनाम शब्दों में कोई संबंध बताया जाता है, तथा जिसका संबंध होता है, उसमें षष्ठी विभक्ति होती है।
- बराबर या समान अर्थ रखने पर या तुलना करने पर षष्ठी या तृतीया विभक्ति होती है।
- इसमें उपपद विभक्ति उपरि, अधः, पुरतः, पृष्ठतः विशेष उपयोगी है।

अधिकरण कारक (सप्तमी विभक्तिः)

सूत्र आधारोऽधिकरणम्। सप्तम्यधिकरणे च।

क्रिया जिस तत्त्व पर आधारित होती है, उसमें सप्तमी विभक्ति होती है।

जैसे— 1. मैं प्रयाग में निवास करता हूँ। अहं प्रयागे निवासामि।
2. राम आयोध्या में रहते थे। रामः आयोध्यां वसति स्म।
3. रात में अंधकार फैलता है। रात्रौ अन्धकारः प्रसरति।
4. बगीचे में फूल खिलाते हैं। उद्याने पुष्पाणि विकसन्ति।
5. तालाबों में कमल खिलते हैं। जलाशयेषु कमलानि विकसिन्ति।
6. पेड़ पर पक्षी कूजते हैं। वृक्षे खगाः कूजन्ति।
7. आपने पत्र में क्या लिखा। भवान् पत्रे किम् अलिखत्।
8. विद्यालय में छात्र पढ़ते हैं। विद्यालये छात्राः पठन्ति।

इनके अतिरिक्त कुछ पदों के योग में सप्तमी विभक्ति प्रयुक्त होती है। वे पद अधोलिखित हैं

निपुणः (प्रवीण) अहं कन्दुक-क्रीडने निपुणः अस्मि।
कुशलः (दक्ष) भीमः भोजनपाचने कुशलः।
स्निह् (स्नेह करना) सर्वे स्वदेशे स्निह्यन्ति।
विश्वस् (विश्वास करना) पिता पुत्रे विश्वसति।

अधिकरण कारक हेतु ध्यान रखने योग्य बातें

- जिसमें तत्त्व पर स्नेही, अभिलाषा हो या जिसका अनादर किया जाता है, उस तत्त्व में सप्तमी विभक्ति होती है।
- जहाँ निपुणता, कुशलता, प्रवीणता, श्रेष्ठता आदि बताई जाए वहाँ सप्तमी विभक्ति होती है।

साधित उदाहरणम्

बहुविकल्पीय प्रश्ना:

I. अधोलिखित वाक्येषु विकल्पेभ्य: उचित विभक्तिरूपेण वाक्यपूर्ति कृत्वा पुन: लिखत।
(निम्नलिखित वाक्यों में विकल्पों के उचित विभक्ति रूप से वाक्यों की पूर्ति करके पुन: लिखिए।)

1. ……… गच्छति।
(अ) बालक: (ब) बालकौ (स) बालका: (द) अहम्
उत्तराणि (अ) बालक:

2. ……… गच्छामि।
(अ) स: (ब) अहम् (स) आवाम् (द) वयम्
उत्तराणि (ब) अहम्

3. ……… गच्छसि।
(अ) बालक: (ब) युवाम् (स) त्वम् (द) यूयम्
उत्तराणि (स) त्वम्

4. ……… गच्छत:।
(अ) अहम् (ब) आवाम् (स) तौ (द) वयम्
उत्तराणि (स) तौ

5. ……… गच्छथ:।
(अ) ते (ब) त्वम् (स) अहम् (द) युवाम्
उत्तराणि (द) युवाम्

6. ……… गच्छाव:।
(अ) आवाम् (ब) तौ (स) युवाम् (द) अहम्
उत्तराणि (अ) आवाम्

7. ……… गच्छाम:।
(अ) तौ (ब) त्वम् (स) यूयम् (द) वयम्
उत्तराणि (द) वयम्

8. ……… गच्छथ।
(अ) यूयम् (ब) त्वम् (स) तौ (द) अहम्
उत्तराणि (अ) यूयम्

9. ……… गच्छन्ति।
(अ) बालका: (ब) वयम् (स) यूयम् (द) अहम्
उत्तराणि (अ) बालका:

10. ……… गच्छति।
(अ) ते (ब) तौ (स) भवान् (द) वयम्
उत्तराणि (स) भवान्

11. ……… परित: आम्रवृक्षा: सन्ति।
(अ) उद्याने (ब) उद्यानस्य (स) उद्यानम् (द) उद्यानेन
उत्तराणि (स) उद्यानम्

12. ……… उभयत: जलाशयौ स्त:।
(अ) ग्रामम् (ब) ग्रामस्य (स) ग्रामे (द) ग्रामत:
उत्तराणि (अ) ग्रामम्

13. ……… अभित: वृक्षा: सन्ति।
(अ) राजमार्ग (ब) राजमार्गम् (स) राजमार्गे (द) राजमार्गस्य
उत्तराणि (ब) राजमार्गम्

14. ……… समया जलाशयम् अस्ति।
(अ) वृक्षस्य (ब) वृक्षे (स) वृक्षम् (द) वृक्षात्
उत्तराणि (स) वृक्षम्

15. ……… निकषा उद्यानम् अस्ति।
(अ) जलाशय: (ब) जलाशयात् (स) जलाशये (द) जलाशयम्
उत्तराणि (द) जलाशयम्

16. ……… प्रति दयां कुरू।
(अ) दीनान् (ब) दीने (स) दीनस्य (द) दीन:
उत्तराणि (अ) दीनान्

17. तान् ……… धिक् ये स्वच्छतां न कुर्वन्ति।
(अ) जनस्य (ब) जने (स) जनान् (द) जन:
उत्तराणि (स) जनान्

18. ……… विना जीवनं निरर्थकम् अस्ति।
(अ) शिक्षा (ब) शिक्षां (स) शिक्षै: (द) शिक्षायै:
उत्तराणि (ब) शिक्षां

19. राजमार्गम् ……… वृक्षा: सन्ति।
(अ) विना (ब) परित: (स) धिक् (द) उभयत:
उत्तराणि (द) उभयत:

20. मातरं ……… श्रद्धां कुरू
(अ) प्रति (ब) विना (स) धिक् (द) निकषा
उत्तराणि (अ) प्रति

लघुउत्तरीय प्रश्ना:

II. अधोलिखितं संवादे कोष्ठकगत शब्देषु उचितं विभक्तिं प्रयुज्य वाक्यानि पूरयत।
(निम्नलिखित संवाद के कोष्ठक में दिए गए शब्दों को उचित विभक्ति में प्रयोग करके वाक्य पूरा कीजिए।)

(i) प्रभा–दीपक! किम् त्वमपि ……… (हरिद्वार) प्रति चलसि?
(ii) रोमिल: आम्! अति शोभनम् ……… (युष्मद्) सह अन्ये के गच्छन्ति?
(iii) प्रभा–मम कक्षाया: सर्वे छात्रा:। पश्य, आगच्छन्ति ते।
(iv) रोमिल:–आचार्य: अपि आगत:।
(v) सर्वे छात्रा:– ……… (आचार्य) नम:।

उत्तराणि

(i) हरिद्वारम् (ii) त्वया (iii) आचार्याय
(iv) ग्रामात् (v) चिकित्सालयस्य।

III. **मञ्जूषायाः उचितानि पदानि चित्वा अधोलिखितेषु अनुच्छेदेषु रिक्तस्थानानि पूरयन्तु।**
(मञ्जूषा से उचित पद चुनकर निम्नलिखित अनुच्छेद में रिक्त स्थानों की पूर्ति कीजिए।)

मम (i) ······ उभयतः हरिताः वृक्षाः सन्ति, (ii) ······ बहिः एकं जलयन्त्रम् वर्तते। सर्वे छात्राः शिक्षकेभ्यः कथयन्ति (iii) ······ नमः, ते सर्वे मित्रैः (iv) ······ मिलित्वा वार्तालापं कुर्वन्ति। (v) ······ एकः अतीव निपुणः छात्रः अस्ति।

- मञ्जूषा सह, विद्यालयम्, तेषु, शिक्षकेभ्यः, तस्मात्।

उत्तराणि

(i) विद्यालयम् (ii) तस्मात् (iii) शिक्षकेभ्यः
(iv) सह (v) तेषु

IV. **अधोलिखित वाक्येषु रेखांङ्कित-पदानां विभक्तिं कारणञ्च लिखत।**
(निम्नलिखित वाक्यों में रेखांकित पदों में प्रयुक्त विभक्ति का कारण लिखिए।)

(i) **मरालैः सह बकाः क्रीडन्ति।**
(ii) **नमः एतेभ्यः**
(iii) **मे शिशुः यः त्वया सह नदीं गतः।**
(iv) **अलं स्वच्छन्द प्रलापेन।**
(v) **तेन अभ्यागतेन सह प्रस्थितः।**

उत्तराणि

(i) अत्र 'सह' कारणेन मरालैः शब्दे तृतीया विभक्ति अस्ति।
(ii) अत्र 'नमः' कारणाय 'एतेभ्यः' शब्दे चतुर्थी विभक्ति प्रयुक्ता।
(iii) अत्र 'गम्' धातु कारणेन 'नदी' शब्दे द्वितीया विभक्ति अस्ति।
(iv) अत्र 'अलम्' कारणेन 'प्रलापेन' शब्दे तृतीया विभक्ति अस्ति।
(v) अत्र सह कारणेन 'अभ्यागतेन' शब्दे तृतीया विभक्ति अस्ति।

अभ्यास प्रश्नाः

बहुविकल्पीय एवं वर्णनात्मक प्रश्नोत्तर पर

बहुविकल्पीय प्रश्नाः

I. **अधोलिखित वाक्येषु विकल्पेभ्यः उचित विभक्तिरूपेण वाक्यपूर्ति कृत्वा पुनः लिखत।**
(निम्नलिखित वाक्यों में विकल्पों से उचित विभक्ति रूप से वाक्यों की पूर्ति करके पुनः लिखिए।)

1. **अलं तव ·········।**
(अ) विवादम् (ब) विवादे (स) विवादस्य (द) विवादेन

2. **········· विना धर्मः न भवति।**
(अ) धनेन (ब) धनाय (स) धने (द) धनेभ्यः

3. **सः ········· काणः अस्ति।**
(अ) नेत्रम् (ब) नेत्रेण (स) नेत्राय (द) नेत्रस्य

4. **हंसः ········· खञ्जः अस्ति।**
(अ) पादम् (ब) पादात् (स) पादेन (द) पादाय

5. **मनोजः ········· बधिरः अस्ति।**
(अ) कर्णाभ्याम् (ब) कर्णः
(स) कर्णम् (द) कर्णात्

6. **········· हीनः वस्त्रम् न प्राप्नोति**
(अ) धने (ब) धनेन (स) धनाय (द) धनेषु

7. **रामः ········· सह वनम् अगच्छत्।**
(अ) सीता (ब) सीते (स) सीतया (द) सीतैः

8. **पुत्रः ········· साकम् गच्छति।**
(अ) मातृ (ब) मात्रे (स) मातरं (द) मात्रा

9. **अहं ········· समं खादामि।**
(अ) मित्रेण (ब) मित्रम् (स) मित्राणि (द) मित्रे

10. **केशवः पादेन ········· अस्ति।**
(अ) बधिरः (ब) काणः (स) खञ्ज (द) खल्वाटः

11. **वयं ········· अलम्।**
(अ) शत्रुः (ब) शत्रवः (स) शत्रुभ्यः (द) शत्रोः

12. **········· नमः।**
(अ) शिवाय (ब) शिवे (स) शिवः (द) शिवस्य

13. **········· स्वाहा।**
(अ) अग्निः (ब) अग्नये (स) अग्नेः (द) अग्नी

14. **श्री कृष्णः ········· क्रुध्यति।**
(अ) कंसः (ब) कंसे (स) कंसम् (द) कंसाय

15. **गुरुः ········· क्रुध्यति।**
(अ) शिष्याय (ब) शिष्यः
(स) शिष्यम् (द) शिष्यस्य

16. **········· अध्ययनं रोचते।**
(अ) अहम् (ब) आवाम्
(स) वयम् (द) मह्यम्

17. **भक्तः ········· पुष्पं यच्छति।**
(अ) विष्णुम् (ब) विष्णवे (स) विष्णु (द) विष्णवः

18. **········· स्वाहा।**
(अ) इन्द्राय (ब) इन्द्रम् (स) इन्द्राः (द) इन्द्रस्य

19. ········ स्वधा।
(अ) पितरम् (ब) पिता (स) पितॄन् (द) पितृभ्यः

20. श्रीरामः ········ अलम् आसीत्।
(अ) रावणः (ब) रावणम् (स) रावणाय (द) रावणे

21. मृग ········ बिभेति।
(अ) सिंहात् (ब) सिंहम् (स) सिंहः (द) सिंहेन

22. ········ बहिः उद्यानम् अस्ति।
(अ) ग्रामः (ब) ग्रामम् (स) ग्रामे (द) ग्रामात्

23. अहं केशवं ········ रक्षामि।
(अ) व्याघ्रः (ब) व्याघ्रात् (स) व्याघ्रम् (द) व्याघ्रे

24. मोहनः स्वमित्रं ········ निवारयति।
(अ) पापः (ब) पापे (स) पापात् (द) पापस्य

25. ········ ऋते कोऽपि सहयोगं न करोति।
(अ) धनात् (ब) धनस्य (स) धनम् (द) धने

26. ········ विना वृष्टिः न भवति।
(अ) मेघम् (ब) मेघस्य
(स) मेघात् (द) मेघे

27. ········ बहिः वृक्षाः सन्ति।
(अ) गृहे (ब) गृहम् (स) गृहस्य (द) गृहात्

28. केशवः ········ विना न गच्छति।
(अ) रामः (ब) रामात् (स) रामे (द) रामाः

29. ········ पूर्व मवासरः भवति।
(अ) सोमवासरात् (ब) बुधवासरात्
(स) गुरूवासरात् (द) रविवासरात्

30. ········ सिंहः बिभेति।
(अ) आखेटकं (ब) आखेटकः
(स) आखेटकात् (द) आखेटकेन

31. ········ उपरि वक्तारः सन्ति।
(अ) मञ्च (ब) मञ्चे (स) मञ्चम् (द) मञ्चस्य

32. ········ पुरतः उपवनम् अस्ति।
(अ) गृहस्य (ब) गृहम् (स) गृहे (द) गृहाणि

33. ········ पृष्ठतः प्रार्थना काले छात्राः सन्ति।
(अ) छात्रस्य (ब) छात्रम् (स) छात्रे (द) छात्रौ

34. ········ अधः श्रोतारः सन्ति।
(अ) मञ्चे (ब) मञ्चम् (स) मञ्चस्य (द) मञ्चेन

35. ········ तुल्यः दुर्योधनः नासीत्।
(अ) भीमः (ब) भीमे (स) भीमस्य (द) भीमम्

36. ········ पुरतः जलाशयः अस्ति।
(अ) वृक्षः (ब) वृक्षस्य (स) वृक्षम् (द) वृक्षे

37. ········ उपरि शिरस्त्राणम् अस्ति।
(अ) शिरः (ब) शिरम् (स) शिरस्य (द) शिरौ

38. ········ अन्तः भोजनम् अस्ति।
(अ) भोजनाल्यात् (ब) भोजनालम्
(स) भोजनलये (द) भोजनालयस्य

39. ········ अधः फलानि सन्ति।
(अ) वृक्षस्य (ब) वृक्षम् (स) वृक्षे (द) वृक्षौ

40. ········ पृष्ठतः आरक्षकः धावति।
(अ) चौरेण (ब) चौरम् (स) चौरस्य (द) चौरात्

41. ········ भक्तस्य आसक्तिः।
(अ) ईश्वरं (ब) ईश्वरस्य (स) ईश्वरः (द) ईश्वरे

42. सः ········ निपुणः अस्ति।
(अ) गीतगायने (ब) गीतगायनम्
(स) गीतगायनानि (द) गीतगयनेन

43. वानराः ········ स्निह्यन्ति।
(अ) कदली फलम् (ब) कदली फले
(स) कदली फलानि (द) कदलीफल

44. सः ········ प्रवीणः अस्ति।
(अ) धावनम् (ब) धावने
(स) धावनस्य (द) धावनौ

45. ········ भक्तः विश्वसति।
(अ) गणेशं (ब) गणेशेन (स) गणेशः (द) गणेशे

लघुउत्तरीय प्रश्नाः

II. मञ्जूषायाः उचितानि पदानि चित्वा अधोलिखितेषु अनुच्छेदेषु रिक्तस्थानानि पूरयन्तु।
(मञ्जूषा से उचित पद चुनकर नीचे लिखे हुए अनुच्छेद में रिक्त स्थानों की पूर्ति कीजिए।)

संसारे जनाः स्व-स्व (i) ······ कुशलः भवेयुः यतः आधुनिके काले (ii) ······ विना कार्यम् न सरति। संसारम् (iii) ······ सुअवसराः प्रसृताः सन्ति। अतः जनाः (iv) ······ न विभेत्य स्वमार्गेषु निरन्तरं चलेयुः। (v) ······ पृष्ठतः एव सफलता आगच्छति।

- मञ्जूषा परिश्रमात्, कार्येषु, परितः, श्रमस्य, श्रमात्।

III. रेखाङ्कितपदानां स्थाने शुद्धम् पदम् लिखत।
(रेखांकित पदों के स्थान पर शुद्ध पद लिखिए।)

(i) आचार्यायाः परितः छात्राः सन्ति।
(ii) छात्रः अध्यापिकायै प्रश्नान् पृच्छति।
(iii) रमा लेखन्याः लेखम् लिखति।
(iv) मोहनः शिवस्य सह वार्ताम् करोति।
(v) महापुरुषम् नमः।
(vi) चौराः आरक्षिणा बिभ्यन्ति।
(vii) त्वाम् किम् रोचते?
(viii) सा गृहकर्मणः निपुणः।

उत्तराणि

I.
1. (द) विवादेन
2. (अ) धनेन
3. (ब) नेत्रेण
4. (स) पादेन
5. (अ) कर्णाभ्याम्
6. (ब) धनेन
7. (स) सीतया
8. (द) मात्रा
9. (अ) मित्रेण
10. (स) खञ्ज
11. (स) शत्रुभ्य:
12. (अ) शिवाय
13. (ब) अग्नये
14. (द) कंसाय
15. (अ) शिष्याय
16. (द) मह्यम्
17. (ब) विष्णवे
18. (अ) इन्द्राय
19. (द) पितृभ्य:
20. (स) रावणाय
21. (अ) सिंहात्
22. (द) ग्रामात्
23. (ब) व्याघ्रात्
24. (स) पापात्
25. (अ) धनात्
26. (स) मेघात्
27. (द) गृहात्
28. (ब) रामात्
29. (ब) बुधवासरात्
30. (स) आखेटकात्
31. (द) मञ्चस्य
32. (अ) गृहस्य
33. (अ) छात्रस्य
34. (स) मञ्चस्य
35. (स) भीमस्य
36. (ब) वृक्षस्य
37. (स) शिरस्य
38. (द) भोजनालयस्य
39. (अ) वृक्षस्य
40. (स) चौरस्य
41. (द) ईश्वरे
42. (अ) गीतगायने
43. (ब) कदली फले
44. (ब) धावने
45. (द) गणेशे

II.
(i) कार्येषु
(ii) परिश्रमात्
(iii) परित:
(iv) श्रमात्
(v) श्रमस्य

III.
(i) आचार्यम्
(ii) अध्यापिकाम्
(iii) लेखन्या
(iv) शिवेन
(v) महापुरुषाय
(vi) आरक्षिण:
(vii) तुभ्यम्
(viii) गृहकर्मणि

अध्याय 4

शब्दरूपाणि

4.1 शब्द की परिभाषा

वर्णों के सार्थक समूह को शब्द कहते हैं; जैसे—राम, मोहन, सुनीता आदि।

शब्द के प्रकार

संस्कृत में शब्द रूपों का ज्ञान अत्यंत आवश्यक है। ये तीन भागों में विभक्त हैं—अजन्त (स्वरान्त), हलन्त (व्यञ्जनान्त) और सर्वनाम। इनमें पुल्लिङ्ग, स्त्रीलिङ्ग तथा नपुंसकलिङ्ग के रूप बनते हैं। इसके लिए मूल शब्द में जैसे सुप् आदि प्रत्ययों को लगाकर सातों विभक्तियों में तथा तीनों वचनों में रूप बनाते हैं; जैसे–

सुप् प्रत्ययः

विभक्ति	एकवचन	द्विवचन	बहुवचन
प्रथमा	सु	औ	जस्
द्वितीया	अम्	औट्	शस्
तृतीया	टा	भ्याम्	भिस्
चतुर्थी	ङे	भ्याम्	भ्यस्
पञ्चमी	ङसि	भ्याम्	भ्यस्
षष्ठी	ङस्	ओस्	आम्
सप्तमी	ङि	ओस्	सुप्

ध्वनि के अनुसार शब्दों का विभाजन

प्रत्ययों के द्वारा सभी शब्दों के रूप बनते हैं, किंतु शब्दों के लिङ्ग तथा शब्द के अंतिम अक्षर के अनुसार ही रूपों का निर्माण होता है। सामान्यतया निम्नलिखित रूपों को ध्यान में रखें।

1. **अकारान्त पुल्लिङ्ग तथा नपुंसकलिङ्ग** इनमें तृतीया में एन/एण, चतुर्थी में आय, पञ्चमी में आत्, षष्ठी में स्य, सप्तमी में 'ए' मिलाकर शब्द रूप बनाते हैं; जैसे—

तृतीया में	रामेण, धनेन, केन, येन, गृहेण, मोहनेन
चतुर्थी में	रामाय, धनाय, गृहाय, मोहनाय
पञ्चमी में	रामात्, धनात्, गृहात्, मोहनात्
षष्ठी में	रामस्य, धनस्य, गृहस्य, मोहनस्य
सप्तमी में	रामे, धने, गृहे, मोहने

- **नोट** कुछ शब्दों में तृतीया में टा प्रत्यय का (आ) शेष रहता है तथा शब्दों में जुड़कर रूप निर्माण में सहयोग करता है; *जैसे*–नदी-नद्या, वधू-वध्वा, यत् (स्त्री) यया, किम् (स्त्री) कया, तत् (स्त्री) तया, मातृ-मात्रा, पितृ-पित्रा, गुरु-गुरुणा, हरि-हरिणा, मति-मत्या, रमा-रमया आदि।

2. **स्त्रीलिङ्ग** इसमें तृतीया, चतुर्थी तथा पञ्चमी विभक्ति के द्विवचन और बहुवचन में कोई भी परिवर्तन नहीं होता मात्र प्रत्यय को जोड़ते हैं; जैसे—

रमा	रमाभ्याम्, रमाभिः, रमाभ्यः
यत्	याभ्याम्, याभिः, याभ्यः,
नदीः	नदीभ्याम्, नदीभिः, नदीभ्यः आदि।

उपरोक्त भिन्न रूपों को स्मरण करना तथा समझना आवश्यक है।

जैसे—सप्तमी बहुवचन में 'सुप्' प्रत्यय है तथा उसे मिलाकर शब्दरूप बनाते हैं। रमा-रमासु, कवि-कविषु, नदी-नदीषु यत्-येषु (पु.) यासु (स्त्री.) आदि।

षष्ठी, सप्तमी द्विवचन में ओस् प्रत्यय को जोड़कर निम्न रूप बनाते हैं—रमा-रमयोः, धन-धनयोः, गृह-गृहयोः, किं-कयोः, तत्-तयोः, यत्-ययोः, इदम्-अनयोः आदि।

3. **सर्वनाम** शब्दों में चतुर्थी में स्मै, पञ्चमी में स्मात् षष्ठी में स्य तथा **सप्तमी में** स्मिन् लगाते हैं; जैसे—

चतुर्थी में	सर्वस्मै, तस्मै, कस्मै, यस्मै,
पञ्चमी में	सर्वस्मात्, तस्मात् कस्मात्, यस्मात्
षष्ठी में	सर्वस्य, तस्य, कस्य,
सप्तमी में	सर्वस्मिन्, तस्मिन्, कस्मिन्, यस्मिन्

शब्दरूप

• अजन्त पुल्लिङ्ग	अ, इ, उकारान्त
• स्त्रीलिङ्ग	आ, इकारान्त
• नपुंसकलिङ्ग	अ, इकारान्त
• सर्वनाम	यत्, तत्, किम्, (तीनों लिङ्गों में) अस्मद् एवं युष्मद्

पाठ्यक्रम में निर्धारित शब्दरूपाणि

(क) पुल्लिङ्गशब्दा:

बालक शब्द (अकारान्त)

विभक्तय:	एकवचनम्	द्विवचनम्	बहुवचनम्
प्रथमा	बालक:	बालकौ	बालका:
द्वितीया	बालकम्	बालकौ	बालकान्
तृतीया	बालकेन	बालकाभ्याम्	बालकै:
चतुर्थी	बालकाय	बालकाभ्याम्	बालकेभ्य:
पञ्चमी	बालकात्	बालकाभ्याम्	बालकेभ्य:
षष्ठी	बालकस्य	बालकयो:	बालकानाम्
सप्तमी	बालके	बालकयो:	बालकेषु
सम्बोधन	हे बालक!	हे बालकौ!	हे बालका:!

- **नोट** अकारान्त शब्दों जैसे- राम:, देव:, गज:, अश्व:, पिक:, काक: इत्यादि के रूप 'बालक' की तरह ही चलेंगे।

कवि शब्द (इकारान्त)

विभक्तय:	एकवचनम्	द्विवचनम्	बहुवचनम्
प्रथमा	कवि:	कवी	कवय:
द्वितीया	कविम्	कवी	कवीन्
तृतीया	कविना	कविभ्याम्	कविभि:
चतुर्थी	कवये	कविभ्याम्	कविभ्य:
पंचमी	कवे:	कविभ्याम्	कविभ्य:
षष्ठी	कवे:	कवयो:	कवीनाम्
सप्तमी	कवौ	कवयो:	कविषु
सम्बोधन	हे कवे!	हे कवी!	हे कवय:!

- **नोट** मुनि, दधीचि, बृहस्पति, शनि आदि शब्दों के रूप 'कवि' की तरह चलेंगे।

'साधु' शब्द (उकारान्त)

विभक्तय:	एकवचनम्	द्विवचनम्	बहुवचनम्
प्रथमा	साधु:	साधू	साधव:
द्वितीया	साधुम्	साधू	साधून्
तृतीया	साधुना	साधुभ्याम्	साधुभि:
चतुर्थी	साधवे	साधुभ्याम्	साधुभ्य:
पञ्चमी	साधो:	साधुभ्याम्	साधुभ्य:
षष्ठी	साधो:	साध्वो:	साधूनाम्
सप्तमी	साधौ	साध्वो:	साधुषु
सम्बोधन	हे साधो!	हे साधू!	हे साधव:!

- **नोट** भानु, शम्भु, गुरु इत्यादि सभी उकारान्त पुल्लिंग शब्दों के रूप 'साधु' की तरह चलेंगे।

भवत् (आप) (हलन्त:)

विभक्तय:	एकवचनम्	द्विवचनम्	बहुवचनम्
प्रथमा	भवान्	भवन्तौ	भवन्त:
द्वितीया	भवन्तम्	भवन्तौ	भवत:
तृतीया	भवता	भवद्भ्याम्	भवद्भि:
चतुर्थी	भवते	भवद्भ्याम्	भवद्भ्य:
पञ्चमी	भवत:	भवद्भ्याम्	भवद्भ्य:
षष्ठी	भवत:	भवतो:	भवताम्
सप्तमी	भवति	भवतो:	भवत्सु
सम्बोधन	हे भवान्!	हे भवन्तौ!	हे भवन्त:!

(ख) स्त्रीलिङ्गशब्दा: (अजन्ता:)

लता (बेल) शब्द (आकारान्त)

विभक्तय:	एकवचनम्	द्विवचनम्	बहुवचनम्
प्रथमा	लता	लते	लता:
द्वितीया	लताम्	लते	लता:
तृतीया	लतया	लताभ्याम्	लताभि:
चतुर्थी	लतायै	लताभ्याम्	लताभ्य:
पञ्चमी	लताया:	लताभ्याम्	लताभ्य:
षष्ठी	लताया:	लतयो:	लतानाम्
सप्तमी	लतायाम्	लतयो:	लतासु
सम्बोधन	हे लते!	हे लते!	हे लता:!

- **नोट** राधा, बिमला, सीता आदि आकारान्त स्त्रीलिंग शब्दों के रूप 'लता' की तरह चलेंगे।

'नदी' (ईकारान्त:)

विभक्तय:	एकवचनम्	द्विवचनम्	बहुवचनम्
प्रथमा	नदी	नद्यौ	नद्य:
द्वितीया	नदीम्	नद्यौ	नदी:
तृतीया	नद्या	नदीभ्याम्	नदीभि:
चतुर्थी	नद्यै	नदीभ्याम्	नदीभ्य:
पञ्चमी	नद्या:	नदीभ्याम्	नदीभ्य:
षष्ठी	नद्या:	नद्यो:	नदीनाम्
सप्तमी	नद्याम्	नद्यो:	नदीषु
सम्बोधन	हे नदि!	हे नद्यौ!	हे नद्य:!

- **नोट:** भगिनी, वाणी, नारी इत्यादि स्त्रीलिंग शब्दों के रूप 'नदी' की तरह चलेंगे।

(ग) नपुंसकलिङ्गशब्दा: (अजन्ता:)

फलवत् (आकारान्त)

विभक्तय:	एकवचनम्	द्विवचनम्	बहुवचनम्
प्रथमा	फलम्	फले	फलानि
द्वितीया	फलम्	फले	फलानि
तृतीया	फलेन	फलाभ्याम्	फलै:
चतुर्थी	फलाय	फलाभ्याम्	फलेभ्य:

पंचमी	फलात्	फलाभ्याम्	फलेभ्यः
षष्ठी	फलस्य	फलयोः	फलानाम्
सप्तमी	फले	फलयोः	फलेषु
सम्बोधन	हे फल!	हे फले!	हे फलानि!

(घ) सर्वनामशब्दाः

'तत्' पुल्लिङ्ग

विभक्तयः	**एकवचनम्**	**द्विवचनम्**	**बहुवचनम्**
प्रथमा	सः	तौ	ते
द्वितीया	तम्	तौ	तान्
तृतीया	तेन	ताभ्याम्	तैः
चतुर्थी	तस्मै	ताभ्याम्	तेभ्यः
पञ्चमी	तस्मात्	ताभ्याम्	तेभ्यः
षष्ठी	तस्य	तयोः	तेषाम्
सप्तमी	तस्मिन्	तयोः	तेषु

'तत्' स्त्रीलिङ्ग

विभक्तयः	**एकवचनम्**	**द्विवचनम्**	**बहुवचनम्**
प्रथमा	सा	ते	ताः
द्वितीया	ताम्	ते	ताः
तृतीया	तया	ताभ्याम्	ताभिः
चतुर्थी	तस्यै	ताभ्याम्	ताभ्यः
पञ्चमी	तस्याः	ताभ्याम्	ताभ्यः
षष्ठी	तस्याः	तयोः	तासाम्
सप्तमी	तस्याम्	तयोः	तासु

'तत्' नपुंसकलिङ्ग

विभक्तयः	**एकवचनम्**	**द्विवचनम्**	**बहुवचनम्**
प्रथमा	तत्	ते	तानि
द्वितीया	तत्	ते	तानि
तृतीया	तेन	ताभ्याम्	तैः
चतुर्थी	तस्मै	ताभ्याम्	तेभ्यः
पञ्चमी	तस्मात्	ताभ्याम्	तेभ्यः
षष्ठी	तस्य	तयोः	तेषाम्
सप्तमी	तस्मिन्	तयोः	तेषु

'किम्' पुल्लिङ्ग

विभक्तयः	**एकवचनम्**	**द्विवचनम्**	**बहुवचनम्**
प्रथमा	कः	कौ	के
द्वितीया	कम्	कौ	कान्
तृतीया	केन	काभ्याम्	कैः
चतुर्थी	कस्मै	काभ्याम्	केभ्यः
पञ्चमी	कस्मात्	काभ्याम्	केभ्यः
षष्ठी	कस्य	कयोः	केषाम्
सप्तमी	कस्मिन्	कयोः	केषु

'किम्' स्त्रीलिङ्ग

विभक्तयः	**एकवचनम्**	**द्विवचनम्**	**बहुवचनम्**
प्रथमा	का	के	काः
द्वितीया	काम्	के	काः
तृतीया	कया	काभ्याम्	काभिः
चतुर्थी	कस्यै	काभ्याम्	काभ्यः
पञ्चमी	कस्याः	काभ्याम्	काभ्यः
षष्ठी	कस्याः	कयोः	कासाम्
सप्तमी	कस्याम्	कयोः	कासु

'किम्' नपुंसकलिङ्ग

विभक्तयः	**एकवचनम्**	**द्विवचनम्**	**बहुवचनम्**
प्रथमा	किम्	के	कानि
द्वितीया	किम्	के	कानि
तृतीया	केन	काभ्याम्	कैः
चतुर्थी	कस्मै	काभ्याम	केभ्यः
पञ्चमी	कस्मात्	काभ्याम्	केभ्यः
षष्ठी	कस्य	कयोः	केषाम्
सप्तमी	कस्मिन्	कयोः	केषु

युष्मद् (तुम, तू) तीनों लिंगों में

विभक्ति	**एकवचन**	**द्विवचन**	**बहुवचन**
प्रथमा	त्वम्	युवाम्	यूयम्
द्वितीया	त्वाम्/त्वा	युवाम्/वाम्	युष्मान्/वः
तृतीया	त्वया	युवाभ्याम्	युष्माभिः
चतुर्थी	तुभ्यम्/ते	युवाभ्याम्/वाम्	युष्मभ्यम्/वः
पञ्चमी	त्वत्	युवाभ्याम्	युष्मत्
षष्ठी	तव/ते	युवयोः/वाम्	युष्माकम्/वः
सप्तमी	त्वयि	युवयोः	युष्मासु

अस्मद् (हम, मैं) तीनों लिंगों में

विभक्ति	**एकवचन**	**द्विवचन**	**बहुवचन**
प्रथमा	अहम्	आवाम्	वयम्
द्वितीया	माम्/मा	आवाम्/नौ	अस्मान्/नः
तृतीया	मया	आवाभ्याम्	अस्माभिः
चतुर्थी	मह्यम्/मे	आवाभ्याम्/नौ	अस्मभ्यम्/नः
पञ्चमी	मत्	आवाभ्याम्	अस्मत्
षष्ठी	मम/मे	आवयोः/नौ	अस्माकम्/नः
सप्तमी	मयि	आवयोः	अस्मासु

- **विशेष** युष्मद्, अस्मद् शब्दों को छोड़कर प्रायः सभी सर्वनामों के रूप एक समान ही चलते हैं। इनमें तीनों लिंग होते हैं। सर्वनाम के किसी भी शब्द रूप में संबोधन नहीं होता है।

साधित उदाहरणम्

बहुविकल्पीय प्रश्ना:

I. अधोलिखितवाक्येषु कोष्ठके प्रदत्त शब्दस्य उचित रूपेण रिक्तस्थान पूर्ति कृत्वा पुनः लिखत।
(निम्नलिखित वाक्यों में कोष्ठक में दिए गए शब्द के उचित रूप से रिक्तस्थान की पूर्ति करके पुनः लिखिए।)

1. इमे ····· विद्यालये पठन्ति। (बालक)
(अ) बालकौ (ब) बालकाः
(स) बालकान् (द) बालकम्
उत्तराणि (ब) बालकाः

2. अस्यै ····· पुष्पं रोचते। (रमा)
(अ) रमायाः (ब) रमायै
(स) रमायाम् (द) रमया
उत्तराणि (ब) रमायै

3. ····· किं रोचते (युष्मद्)
(अ) त्वत् (ब) त्वयि
(स) तुभ्यम् (द) तव
उत्तराणि (स) तुभ्यम्

4. रामः ····· ईर्ष्यति। (रमा)
(अ) रमायै (ब) रमायाः
(स) रमया (द) रमाम्
उत्तराणि (अ) रमायै

5. छात्रः ····· नमति। (गुरु)
(अ) गुरुम् (ब) गुरोः
(स) गुरवे (द) गुरुणा
उत्तराणि (स) गुरवे

6. गंगा ····· प्रभवति। (हिमालय)
(अ) हिमालयेन (ब) हिमालयात्
(स) हिमालये (द) हिमालयस्य
उत्तराणि (ब) हिमालयात्

7. इमे बालिके ····· बिभीतः। (किम्)
(अ) केन (ब) कस्मात्
(स) कस्य (द) कस्मिन्
उत्तराणि (ब) कस्मात्

8. ····· कक्षायां मोहनः अपि पठति। (अस्मद्)
(अ) मयि (ब) मम
(स) मत् (द) मह्यम्
उत्तराणि (ब) मम

9. ····· अभितः नगरम् अस्ति। (नदी)
(अ) नदीम् (ब) नद्या
(स) नद्याः (द) नद्याम्
उत्तराणि (अ) नदीम्

10. ····· विद्यालये भवान् पठति। (किम्)
(अ) कस्मात् (ब) कस्य
(स) कस्मिन् (द) केन
उत्तराणि (स) कस्मिन्

11. ····· गानं रोचते। (कवि)
(अ) कविना (ब) कविम्
(स) कवये (द) कवेः
उत्तराणि (स) कवये

12. ····· कालिदासः श्रेष्ठः। (कवि)
(अ) कविभ्यः (ब) कविभिः
(स) कवीन् (द) कविषु
उत्तराणि (द) कविषु

13. राजा ····· पुरस्कारं यच्छति। (कवि)
(अ) कविम् (ब) कविना (स) कवये (द) कवेः
उत्तराणि (स) कवये

14. अहं ····· आपणं गच्छामि। (फल)
(अ) फलान् (ब) फलेभ्यः
(स) फलानाम् (द) फलेषु
उत्तराणि (ब) फलेभ्यः

15. ····· बालकाय मोदकं ददासि ····· बालकाय दुग्धमपि देहि। (यत्, तत्)
(अ) यम्, तम् (ब) यस्मै, तस्मै
(स) यस्मात्, तस्मात् (द) यस्य, तस्य
उत्तराणि (ब) यस्मै, तस्मै

16. ····· विद्यालये छात्राः बुद्धिमन्तः सन्ति। (अस्मद्)
(अ) अस्मद् (ब) अस्माभिः
(स) अस्मासु (द) अस्माकम्
उत्तराणि (द) अस्माकम्

17. ····· रामः पठने श्रेष्ठः अस्ति, ····· मोहनः क्रीडने श्रेष्ठः। (यत्, तत्)
(अ) यैः, तैः (ब) येभ्यः, तेभ्यः
(स) यान्, तान् (द) येषु, तेषु
उत्तराणि (द) येषु, तेषु

18. ····· पुत्रेण किम्? यो न विद्वान् न धार्मिकः। (तत्)
(अ) तम् (ब) तेन (स) तस्य (द) तस्मिन्
उत्तराणि (ब) तेन

19. त्वदागमनम् ····· निवेदयामि।
(अ) आर्यम् (ब) आर्येण (स) आर्याय (द) आर्यस्य
उत्तराणि (स) आर्याय

20. नकुलः ····· दृष्टवान्। (कृष्णसर्प)
(अ) कृष्णसर्पम् (ब) कृष्णसर्पेण
(स) कृष्णासर्पस्य (द) कृष्णसर्पात्

उत्तराणि (अ) कृष्णसर्पम्

21. ····· बालकाः तरन्ति। (नदी)
(अ) नद्याः (ब) नद्यै (स) नद्याम् (द) नद्या

उत्तराणि (स) नद्याम्

22. ····· गुरुभ्यः नमः। (तत्)
(अ) तैः (ब) तेभ्यः (स) तेषाम् (द) तेषु

उत्तराणि (ब) तेभ्यः

23. ····· रमया सह सीता अपि पठति। (तत्)
(अ) ताम् (ब) तया (स) तस्यै (द) तस्याः

उत्तराणि (ब) तया

24. ····· वृक्षात् एतानि फलानि अपतन्। (किम्)
(अ) केन (ब) कस्मै (स) कस्मात् (द) कस्य

उत्तराणि (स) कस्मात्

25. त्वं ····· नगरं गच्छसि ····· नगरं अहमपि गच्छामि। (यत/तत्)
(अ) यत/तत् (ब) यः/सः
(स) येन/तेन (द) यस्मै/तस्मै

उत्तराणि (अ) यत्, तत्

26. ····· नाम रमेशः अस्ति। (अस्मद्)
(अ) माम् (ब) मया
(स) मम (द) मह्यम्

उत्तराणि (स) मम

27. त्वम् ····· धनम् यच्छ।
(अ) साधवे (ब) साधुम्
(स) साधूनाम् (द) साधेः

उत्तराणि (अ) साधवे

28. उर्वसी ····· जलम् आनयति।
(अ) मात्रा (ब) मात्रे
(स) मातुः (द) मातरम्

उत्तराणि (ब) मात्रे

29. 'युष्मद्' शब्द के षष्ठी, एकवचन का रूप है
(अ) त्वया (ब) तुभ्यम्
(स) तव (द) युष्माकम्

उत्तराणि (स) तव

30. 'अस्मद्' शब्द के तृतीया एकवचन का रूप है?
(अ) माम् (ब) मह्यम्
(स) मया (द) मयि

उत्तराणि (स) मया

31. 'युष्मद्' प्रातिपदिक के तृतीया विभक्ति एकवचन का रूप है?
(अ) तुभ्यम् (ब) त्वत्
(स) त्वया (द) त्वयि

उत्तराणि (स) त्वया

32. 'भवत्' हलन्त पुल्लिंग प्रथमा विभक्ति बहुवचन का रूप है
(अ) भवान् (ब) भवन्तः
(स) भवता (द) भवते

उत्तराणि (ब) भवन्तः

अभ्यास प्रश्नाः

शब्दरूपों पर आधारित
बहुविकल्पीय प्रश्नोत्तर

बहुविकल्पीय प्रश्नाः

I. अधोलिखितवाक्येषु कोष्ठके प्रदत्त शब्दस्य उचित रूपेण रिक्तस्थानपूर्तिं कृत्वा पुनः लिखत।
(निम्नलिखित वाक्यों में कोष्ठक में दिये गए शब्द के उचित रूप से रिक्तस्थान की पूर्ति करके पुनः लिखिए।)

1. ····· नाम उमा अस्ति। (किम्)
(अ) कया (ब) कस्यै
(स) कस्याः (द) कस्याम्

2. ····· उपवने पुष्पाणि विकसन्ति। (तत्)
(अ) तेन (ब) तस्मिन् (स) तस्मै (द) तम्

3. नृपः प्रजाः ····· दैत्यात् त्रायते। (इदम्)
(अ) अस्य (ब) अनेन
(स) अस्मात् (द) अस्मिन्

4. तस्याः ····· प्राक् वटवृक्षः अस्ति। (पाठशाला)
(अ) पाठशालाम् (ब) पाठ्शालया
(स) पाठशालायाः (द) पाठशालयै

5. अस्मात् ····· सः ····· पटुतरः अस्ति। (बालक)
(अ) बालकं/बालकः (ब) बालकेन, बालकः
(स) बालकात्, बालकम (द) बालकात्, बालकः

6. अत्र त्रयः ····· सन्ति। (साधु)
(अ) साधुः (ब) साधवः (स) साधुम (द) साधून्

7. ····· सह कः पठति। (युष्मद्)
(अ) त्वम् (ब) त्वाम्
(स) त्वया (द) तव

8. मनः ····· शुध्यति। (सत्य)
(अ) सत्यम् (ब) सत्येन
(स) सत्यात् (द) सत्यस्य

9. मोहनः ····· प्रतिदिनं प्रणमति। (गुरु)
(अ) गुरवः (ब) गुरून्
(स) गुरुभिः (द) गुरुभ्यः

10. ····· विद्यालये पठन्ति। (बालक)
(अ) बालकान् (ब) बालकाः
(स) बालकेभ्यः (द) बालकानाम्

11. इदं कार्यं ····· न कृतम्। (अस्मद्)
(अ) मम (ब) मह्यम्
(स) मया (द) अहम्

12. ····· बालिकायै पठनं रोचते। (किम्)
(अ) कस्मै (ब) कस्यै
(स) कस्याः (द) कान्

13. ····· बालकेषु सुधीरः पटुतमः अस्ति। (इदम्)
(अ) एभ्यः (ब) एभिः
(स) एषु (द) एषाम्

14. बालः ····· बिभेति। (वानर)
(अ) वानरम् (ब) वानरेण
(स) वानरात् (द) वानरस्य

15. हे श्वेतकेतो! ····· प्रति गच्छ अध्ययनार्थम्। (गुरु)
(अ) गुरुम् (ब) गुरुणा
(स) गुरोः (द) गुरौ

16. सः सर्वान् ····· अधीत्य पितुः सकाशम् आगच्छत्। (वेद)
(अ) वेदम् (ब) वेदान्
(स) वेदैः (द) वेदात्

17. इदं श्रुत्वा पिता ····· उवाच। (पुत्र)
(अ) पुत्रम् (ब) पुत्राय
(स) पुत्रेण (द) पुत्रे

18. किन्तु अत्र ····· रक्षकः नास्ति (बाल)
(मणिकातः द्वितीय पाठः)
(अ) बालम् (ब) बालेन
(स) बालस्य (द) बालात्

19. ····· नकुलेन कृष्णसर्पः दृष्टः। (तत्)
(अ) तम् (ब) तेन
(स) तस्मै (द) तस्य

20. पृथिव्यां त्रीणि ····· सन्ति। (रत्न)
(अ) रत्नम् (ब) रत्नानि
(स) रत्ना (द) रत्नेन

21. वैनतेयः एकं ····· न गच्छति। (पद)
(अ) पदम् (ब) पदैः
(स) पदा (द) पदि

22. ····· फलोद्गमैः नम्राः भवन्ति। (तरु)
(अ) तरुः (ब) तरवः
(स) तरुण (द) तरोः

23. अग्निः मध्यमानात् ····· जायते। (काष्ठ)
(अ) काष्ठम् (ब) काष्ठेन
(स) काष्ठात् (द) काष्ठैः

24. ····· तृष्णा विशाला भवति सः दरिद्रः भवति। (यत्)
(अ) येन (ब) यस्मै
(स) यस्मात् (द) यस्य

25. सुजनता ····· विभूषणम् अस्ति। (ऐश्वर्य)
(अ) ऐश्वर्यम् (ब) ऐश्वर्येण
(स) ऐश्वर्यस्य (द) ऐश्वर्ये

26. ····· स्वाहा। (प्रजापति)
(अ) प्रजापतिः (ब) प्रजापतिम्
(स) प्रजापतये (द) प्रजापतेः

27. तेन ····· सह रामः अगच्छत्। (बालक)
(अ) बालकम् (ब) बालकेन
(स) बालकस्य (द) बालके

28. धनिकः ····· धनं यच्छति। (निर्धन)
(अ) निर्धनाय (ब) निर्धनम्
(स) निर्धनस्य (द) निर्धनेन

II. अधोलिखितेषुवाक्येषु स्थूलपदे प्रयुक्ता विभक्तिं चिनुत।
(निम्नलिखित वाक्यों में स्थूल पद में प्रयुक्त विभक्ति को चुनिए।)

29. ····· सन्मार्गं प्रदर्शयन्ति। (साधु-प्रथमा)
(अ) साधू (ब) साधुः
(स) साधवः (द) साधुम

30. ····· बालकान् अत्र आह्वय (सर्व-द्वितीया)
(अ) सर्वम् (ब) सर्वान्
(स) सर्वैः (द) सर्वाः

31. विद्या ····· शोभते नति धनम्। (राजन्-सप्तमी)
(अ) राजसु (ब) राजाषु
(स) राज्ञि (द) राजानम्

32. ····· कार्यः क क्षमः? (तत्-सप्तमी)
(अ) तस्य (ब) तस्मिन्
(स) तस्याम् (द) तेषु

33. .... तपसः फलं लभन्ते। (मुनि-प्रथमा)
(अ) मुनी (ब) मुनि
(स) मुनयः (द) मुनेः

34. ····· उत्तमकार्याणि कुर्मः। (अस्मद्-प्रथमा)
(अ) अहम् (ब) आवाम्
(स) वयम् (द) अस्मान्

35. ······· प्रकाशः ग्रीष्मकाले प्रचण्ड। (भानु-षष्ठी)
(अ) भानवे:
(ब) भानोः
(स) भानुनाम्
(द) भानुम्

36. ...... शीतलता ग्रीष्मकाले सर्वेभ्यः रोचते। (चन्द्रमस्-षष्ठी)
(अ) चन्द्रमसः
(ब) चन्द्रमसा
(स) चन्द्रमसे
(द) चन्द्रः

37. त्वम् केषाम् महापुरुषाणां नामानि जानासि?
(अ) पंचमी
(ब) द्वितीया
(स) षष्ठी
(द) तृतीया

38. वानराः वृक्षात् पतन्ति।
(अ) पंचमी
(ब) तृतीया
(स) षष्ठी
(द) प्रथमा

39. हे रमे! इह आगच्छत्।
(अ) प्रथमा
(ब) सम्बोधन
(स) चतुर्थी
(द) तृतीया

40. शीलम् नरस्य परं आभूषणम्।
(अ) प्रथमा
(ब) पंचमी
(स) षष्ठी
(द) तृतीया

41. यः परेभ्यः सर्वमर्पयति तस्मै गुरवे नमः।
(अ) चतुर्थी
(ब) तृतीया
(स) पंचमी
(द) सम्बोधन

42. श्रीकृष्णेन सह सुदामा अपि आश्रमे पठति स्म।
(अ) प्रथमा
(ब) द्वितीया
(स) तृतीया
(द) पंचमी

43. भट्टाचार्यः अध्ययनस्य हेतोः विदेशम् अगच्छत्।
(अ) तृतीया
(ब) षष्ठी
(स) सप्तमी
(द) सम्बोधन

44. छात्रः पुस्तकम् विना पठितुम् न शक्नोति।
(अ) प्रथमा
(ब) द्वितीया
(स) तृतीया
(द) चतुर्थी

उत्तराणि

1. (स) कस्याः
2. (ब) तस्मिन्
3. (स) अस्मात्
4. (स) पाठशालायाः
5. (द) बालकात्, बालकः
6. (ब) साधवः
7. (स) त्वया
8. (ब) सत्येन
9. (द) गुरुभ्यः
10. (ब) बालकाः
11. (स) मया
12. (ब) कस्यै
13. (स) एषु
14. (स) वानरात्
15. (अ) गुरुम्
16. (ब) वेदान्
17. (अ) पुत्रम्
18. (स) बालस्य
19. (ब) तेन
20. (ब) रत्नानि
21. (अ) पदम्
22. (ब) तरवः
23. (स) काष्ठात्
24. (द) यस्य
25. (स) ऐश्वर्यस्य
26. (स) प्रजापतये
27. (ब) बालकेन
28. (अ) निर्धनाय
29. (स) साधवः
30. (ब) सर्वान्
31. (अ) राजसु
32. (ब) तस्मिन्
33. (स) मुनयः
34. (स) वयम्
35. (ब) भानोः
36. (अ) चन्द्रमसः
37. (स) षष्ठी
38. (अ) पंचमी
39. (ब) सम्बोधन
40. (स) षष्ठी
41. (अ) चतुर्थी
42. (स) तृतीया
43. (ब) षष्ठी
44. (ब) द्वितीया

धातुरूपाणि

अध्याय 5

5.1 धातु की परिभाषा एवं प्रकार

वाक्य में प्रयुक्त होने वाली क्रिया के मूल रूप को धातु कहते हैं; जैसे— पठ्, गम्, लिख्, नम् आदि।

धातु के तीन भेद होते हैं

(i) परस्मैपदी (ii) आत्मनेपदी (iii) उभयपदी

लकार, वचन, पुरुष

संस्कृत भाषा में धातुरूपों का अध्ययन करते समय लकार, वचन तथा पुरुष आदि का ज्ञान होना अनिवार्य है।

1. **लकार** काल को लकार कहते हैं। वर्तमान काल को लट् लकार, भूतकाल को लङ्लकार, भविष्यत् काल को लृट् लकार, लोट्लकार 'आज्ञा' अर्थ में तथा विधिलिङ् लकार 'चाहिए' अर्थ में प्रयोग किया जाता है।
2. **वचन** वचन तीन प्रकार के होते हैं; एक के लिए एकवचन, दो के लिए द्विवचन, बहुतो के लिए बहुवचन का प्रयोग किया जाता है।
3. **पुरुष** पुरुष तीन होते हैं, बोलने वाला अर्थात् वक्ता उत्तम पुरुष होता है; जैसे—मैं (अहम्), हम दो (आवाम्) तथा हम सब (वयम्) आदि। सुनने वाला अर्थात् श्रोता मध्यम पुरुष कहलाता है; जैसे—तुम (त्वम्), तुम दो (युवाम्) और तुम सब (यूयम्) आदि। उत्तम और माध्यम पुरुष को छोड़कर जो भी शेष बचता है वह प्रथम पुरुष कहलाता है। सभी सर्वनाम तथा संज्ञा प्रथम पुरुष में ही आते हैं।

धातुओं में प्रत्यय

धातुओं के अंत में 'तिङ्' प्रत्यय लगाते हैं परस्मैपदी धातुओं में परस्मैपदी प्रत्यय तथा आत्मनेपदी धातुओं में आत्मनेपदी प्रत्यय लगाते हैं। 'तिङ्' प्रत्ययों को हम अधोलिखित सारणी से समझ सकते हैं

पुरुष	एकवचन	द्विवचन	बहुवचन	
प्रथम	तिप्	तस्	झि	परस्मैपदी प्रत्यय
मध्यम	सिप्	थस्	थ	
उत्तम	मिप्	वस्	मस्	
प्रथम	त	आताम्	झ	आत्मनेपदी
मध्यम	थास्	आथाम्	ध्वम्	
उत्तम	इट्	वहिङ्	महिङ्	

5.2 परस्मैपदी धातुएँ

भू (होना) धातु

लट् लकार (वर्तमानकाल) **वचन**

पुरुष	एकवचन	द्विवचन	बहुवचन
प्रथम	भवति	भवत:	भवन्ति
मध्यम	भवसि	भवथ:	भवथ
उत्तम	भवामि	भवाव:	भवाम:

लङ् लकार (अनद्यतन भूतकाल)

पुरुष	एकवचन	द्विवचन	बहुवचन
प्रथम	अभवत्	अभवताम्	अभवन्
मध्यम	अभव:	अभवतम्	अभवत्
उत्तम	अभवम्	अभवाव	अभवाम

लृट् लकार (भविष्यकाल)

पुरुष	एकवचन	द्विवचन	बहुवचन
प्रथम	भविष्यति	भविष्यत:	भविष्यन्ति
मध्यम	भविष्यसि	भविष्यथ:	भविष्यथ
उत्तम	भविष्यामि	भविष्याव:	भविष्याम:

लोट् लकार (आज्ञार्थक)

पुरुष	एकवचन	द्विवचन	बहुवचन
प्रथम	भवतु	भवताम्	भवन्तु
मध्यम	भव	भवतम्	भवत
उत्तम	भवानि	भवाव	भवाम

विधिलिङ् लकार (चाहिए अर्थ में)

पुरुष	एकवचन	द्विवचन	बहुवचन
प्रथम	भवेत्	भवेताम्	भवेयुः
मध्यम	भवेः	भवेतम्	भवेत
उत्तम	भवेयम्	भवेव	भवेम

नम् (नमस्कार करना) धातु

लट् लकार (वर्तमानकाल)

पुरुष	एकवचन	द्विवचन	बहुवचन
प्रथम	नमति	नमतः	नमन्ति
मध्यम	नमसि	नमथः	नमथ
उत्तम	नमामि	नमावः	नमामः

लङ् लकार (अनद्यतन भूतकाल)

पुरुष	एकवचन	द्विवचन	बहुवचन
प्रथम	अनमत्	अनमताम्	अनमन्
मध्यम	अनमः	अनमतम्	अनमत
उत्तम	अनमम्	अनमाव	अनमाम

लृट् लकार (भविष्यकाल)

पुरुष	एकवचन	द्विवचन	बहुवचन
प्रथम	नंस्यति	नंस्यतः	नंस्यन्ति
मध्यम	नंस्यसि	नंस्यथः	नंस्यथ
उत्तम	नंस्यामि	नंस्यावः	नंस्यामः

लोट् लकार (आज्ञार्थक)

पुरुष	एकवचन	द्विवचन	बहुवचन
प्रथम	नमतु	नमताम्	नमन्तु
मध्यम	नम	नमतम्	नमत
उत्तम	नमानि	नमाव	नमाम

विधिलिङ् लकार (चाहिए अर्थ में)

पुरुष	एकवचन	द्विवचन	बहुवचन
प्रथम	नमेत्	नमेताम्	नमेयुः
मध्यम	नमेः	नमेतम्	नमेत
उत्तम	नमेयम्	नमेव	नमेम

गम् गच्छ (जाना) धातु

लट् लकार (वर्तमानकाल)

पुरुष	एकवचन	द्विवचन	बहुवचन
प्रथम	गच्छति	गच्छतः	गच्छन्ति
मध्यम	गच्छसि	गच्छथः	गच्छथ
उत्तम	गच्छामि	गच्छावः	गच्छामः

लङ् लकार (अनद्यतन भूतकाल)

पुरुष	एकवचन	द्विवचन	बहुवचन
प्रथम	अगच्छत्	अगच्छताम्	अगच्छन्
मध्यम	अगच्छः	अगच्छतम्	अगच्छत
उत्तम	अगच्छम्	अगच्छाव	अगच्छाम

लृट् लकार (भविष्यकाल)

पुरुष	एकवचन	द्विवचन	बहुवचन
प्रथम	गमिष्यति	गमिष्यतः	गमिष्यन्ति
मध्यम	गमिष्यसि	गमिष्यथः	गमिष्यथ
उत्तम	गमिष्यामि	गमिष्यावः	गमिष्यामः

लोट् लकार (आज्ञार्थक)

पुरुष	एकवचन	द्विवचन	बहुवचन
प्रथम	गच्छतु	गच्छताम्	गच्छन्तु
मध्यम	गच्छ	गच्छतम्	गच्छत
उत्तम	गच्छानि	गच्छाव	गच्छाम

विधिलिङ् लकार (चाहिए अर्थ में)

पुरुष	एकवचन	द्विवचन	बहुवचन
प्रथम	गच्छेत्	गच्छेताम्	गच्छेयुः
मध्यम	गच्छेः	गच्छेतम्	गच्छेत
उत्तम	गच्छेयम्	गच्छेव	गच्छेम

अस् (होना) धातु

लट् लकार (वर्तमानकाल)

पुरुष	एकवचन	द्विवचन	बहुवचन
प्रथम	अस्ति	स्तः	सन्ति
मध्यम	असि	स्थः	स्थ
उत्तम	अस्मि	स्वः	स्मः

लङ् लकार (अनद्यतन भूतकाल)

पुरुष	एकवचन	द्विवचन	बहुवचन
प्रथम	आसीत्	आस्ताम्	आसन्
मध्यम	आसीः	आस्तम्	आस्त
उत्तम	आसम्	आस्व	आस्म

लृट् लकार (भविष्यकाल)

पुरुष	एकवचन	द्विवचन	बहुवचन
प्रथम	भविष्यति	भविष्यतः	भविष्यन्ति
मध्यम	भविष्यसि	भविष्यथः	भविष्यथ
उत्तम	भविष्यामि	भविष्यावः	भविष्यामः

लोट् लकार (आज्ञार्थक)

पुरुष	एकवचन	द्विवचन	बहुवचन
प्रथम	अस्तु	स्ताम्	सन्तु
मध्यम	एधि	स्तम्	स्त
उत्तम	असानि	असाव	असाम

विधिलिङ् लकार (चाहिए अर्थ में)

पुरुष	एकवचन	द्विवचन	बहुवचन
प्रथम	स्यात्	स्याताम्	स्युः
मध्यम	स्याः	स्यातम्	स्यात
उत्तम	स्याम्	स्याव	स्याम

पृच्छ (पूछना) धातु

लट् लकार (वर्तमानकाल)

पुरुष	एकवचन	द्विवचन	बहुवचन
प्रथम	पृच्छति	पृच्छतः	पृच्छन्ति
मध्यम	पृच्छसि	पृच्छथः	पृच्छथ
उत्तम	पृच्छामि	पृच्छावः	पृच्छामः

लङ् लकार (अनद्यतन भूतकाल)

पुरुष	एकवचन	द्विवचन	बहुवचन
प्रथम	अपृच्छत्	अपृच्छताम्	अपृच्छन्
मध्यम	अपृच्छः	अपृच्छतम्	अपृच्छत
उत्तम	अपृच्छम्	अपृच्छाव	अपृच्छाम

लृट् लकार (भविष्यकाल)

पुरुष	एकवचन	द्विवचन	बहुवचन
प्रथम	प्रक्ष्यति	प्रक्ष्यतः	प्रक्ष्यन्ति
मध्यम	प्रक्ष्यसि	प्रक्ष्यथः	प्रक्ष्यथ
उत्तम	प्रक्ष्यामि	प्रक्ष्यावः	प्रक्ष्यामः

लोट् लकार (आज्ञार्थक)

पुरुष	एकवचन	द्विवचन	बहुवचन
प्रथम	पृच्छतु	पृच्छताम्	पृच्छन्तु
मध्यम	पृच्छ	पृच्छतम्	पृच्छत
उत्तम	पृच्छानि	पृच्छाव	पृच्छाम

विधिलिङ् लकार (चाहिए अर्थ में)

पुरुष	एकवचन	द्विवचन	बहुवचन
प्रथम	पृच्छेत्	पृच्छेताम्	पृच्छेयुः
मध्यम	पृच्छेः	पृच्छेतम्	पृच्छेत
उत्तम	पृच्छेयम्	पृच्छेव	पृच्छेम

'कृ' (करना) धातु

लट् लकार (वर्तमानकाल)

पुरुष	एकवचन	द्विवचन	बहुवचन
प्रथम	करोति	कुरूतः	कुर्वन्ति
मध्यम	करोषि	करूथः	कुरूथ
उत्तम	करोमि	कुर्वः	कुर्मः

लङ् लकार (अनद्यतन भूतकाल)

पुरुष	एकवचन	द्विवचन	बहुवचन
प्रथम	अकरोत्	अकुरूताम्	अकुर्वन्
मध्यम	अकरोः	अकुरूतम्	अकुरूत
उत्तम	अकरवम्	अकुर्व	अकुर्म

लृट् लकार (भविष्यकाल)

पुरुष	एकवचन	द्विवचन	बहुवचन
प्रथम	करिष्यति	करिष्यतः	करिष्यन्ति
मध्यम	करिष्यसि	करिष्यथः	करिष्यथ
उत्तम	करिष्यामि	करिष्यावः	करिष्यामः

लोट् लकार (आज्ञार्थक)

पुरुष	एकवचन	द्विवचन	बहुवचन
प्रथम	करोतु	कुरूताम्	कुर्वन्तु
मध्यम	कुरू	कुरूतम्	कुरूत
उत्तम	करवाणि	करवाव	करवाम

विधिलिङ् लकार (चाहिए अर्थ में)

पुरुष	एकवचन	द्विवचन	बहुवचन
प्रथम	कुर्यात्	कुर्याताम्	कुर्युः
मध्यम	कुर्याः	कुर्यातम्	कुर्यात
उत्तम	कुर्याम्	कुर्याव	कुर्याम

ज्ञा (जानना) धातु

लट् लकार (वर्तमानकाल)

पुरुष	एकवचन	द्विवचन	बहुवचन
प्रथम	जानाति	जानीतः	जानन्ति
मध्यम	जानासि	जानीथः	जानीथ
उत्तम	जानामि	जानीवः	जानीमः

लङ् लकार (अनद्यतन भूतकाल)

पुरुष	एकवचन	द्विवचन	बहुवचन
प्रथम	अजानात्	अजानीताम्	अजानन्
मध्यम	अजानाः	अजानीतम्	अजानीत
उत्तम	अजानाम्	अजानीव	अजानीम

लृट् लकार (भविष्यकाल)

पुरुष	एकवचन	द्विवचन	बहुवचन
प्रथम	ज्ञाष्यति	ज्ञाष्यतः	ज्ञाष्यन्ति
मध्यम	ज्ञाष्यसि	ज्ञाष्यथः	ज्ञाष्यथ
उत्तम	ज्ञाष्यामि	ज्ञाष्यावः	ज्ञाष्यामः

लोट् लकार (आज्ञार्थक)

पुरुष	एकवचन	द्विवचन	बहुवचन
प्रथम	जानातु	जानीताम्	जानन्तु
मध्यम	जानीहि	जानीतम्	जानीत
उत्तम	जानानि	जानाव	जानाम

विधिलिङ् लकार (चाहिए अर्थ में)

पुरुष	एकवचन	द्विवचन	बहुवचन
प्रथम	जानीयात्	जानीयाताम्	जीनीयुः
मध्यम	जानीयाः	जानीयातम्	जानीयात
उत्तम	जानीयाम्	जानीयाव	जानीयाम

क्षाल (धोना) **धातु**

लट् लकार (वर्तमानकाल)

पुरुष	एकवचन	द्विवचन	बहुवचन
प्रथम	क्षालयति	क्षालयत:	क्षालयन्ति
मध्यम	क्षालयसि	क्षालयथ:	क्षालयथ
उत्तम	क्षालयामि	क्षालयाव:	क्षालयाम:

लङ् लकार (अनद्यतन भूतकाल)

पुरुष	एकवचन	द्विवचन	बहुवचन
प्रथम	अक्षालयत्	अक्षालयताम्	अक्षालन्
मध्यम	अक्षालय:	अक्षालयतम्	अक्षालयत
उत्तम	अक्षालयम्	अक्षालयाव	अक्षालयाम्

लृट् लकार (भविष्यकाल)

पुरुष	एकवचन	द्विवचन	बहुवचन
प्रथम	क्षालयिष्यति	क्षालयिष्यत:	क्षालयिष्यन्ति
मध्यम	क्षालयिष्यसि	क्षालयिष्यथ:	क्षालयिष्यथ
उत्तम	क्षालयिष्यामि	क्षालयिष्याव:	क्षालयिष्याम:

लोट् लकार (आज्ञार्थक)

पुरुष	एकवचन	द्विवचन	बहुवचन
प्रथम	क्षालयतु	क्षालयताम्	क्षालयन्तु
मध्यम	क्षालय	क्षालयतम्	क्षालयत्
उत्तम	क्षालयानि	क्षालयाव	क्षालयाम

विधिलिङ् लकार (चाहिए अर्थ में)

पुरुष	एकवचन	द्विवचन	बहुवचन
प्रथम	क्षालयेत्	क्षालयेताम्	क्षालयेयु:
मध्यम	क्षालये	क्षालयेतम्	क्षालयेत
उत्तम	क्षालयेयम्	क्षालयेव	क्षालयेम

नी नय (ले जाना) **धातु**

लट् लकार (वर्तमानकाल)

पुरुष	एकवचन	द्विवचन	बहुवचन
प्रथम	नयति	नयत:	नयन्ति
मध्यम	नयसि	नयथ:	नयथ
उत्तम	नयामि	नयाव:	नयाम:

लङ् लकार (अनद्यतन भूतकाल)

पुरुष	एकवचन	द्विवचन	बहुवचन
प्रथम	अनयत्	अनयताम्	अनयन्
मध्यम	अनय:	अनयतम्	अनयत
उत्तम	अनयम्	अनयाव	अनयाम

लृट लकार (भविष्यकाल)

पुरुष	एकवचन	द्विवचन	बहुवचन
प्रथम	नेष्यति	नेष्यत:	नेष्यन्ति
मध्यम	नेष्यसि	नेष्यथ:	नेष्यथ
उत्तम	नेष्यामि	नेष्याव:	नेष्याम:

लोट् लकार (आज्ञार्थक)

पुरुष	एकवचन	द्विवचन	बहुवचन
प्रथम	नयतु	नयताम्	नयन्तु
मध्यम	नय	नयतम्	नयत
उत्तम	नयानि	नयाव	नयाम

विधिलिङ् लकार (चाहिए अर्थ में)

पुरुष	एकवचन	द्विवचन	बहुवचन
प्रथम	नयेत्	नयेताम्	नयेयु:
मध्यम	नये:	नयेतम्	नयेत
उत्तम	नयेयम्	नयेव	नयेम

5.3 आत्मनेपदी धातुएँ

सेव् (सेवा करना) **धातु**

लट् लकार (वर्तमानकाल)

पुरुष	एकवचन	द्विवचन	बहुवचन
प्रथम	सेवते	सेवेते	सेवन्ते
मध्यम	सेवसे	सेवेथे	सेवध्वे
उत्तम	सेवे	सेवावहे	सेवामहे

लृट् लकार (भविष्यकाल)

पुरुष	एकवचन	द्विवचन	बहुवचन
प्रथम	सेविष्यते	सेविष्येते	सेविष्यन्ते
मध्यम	सेविष्यसे	सेविष्येथे	सेविष्यध्वे
उत्तम	सेविष्ये	सेविष्यावहे	सेविष्यामहे

लभ् (प्राप्त करना) **धातु**

लट् लकार (वर्तमानकाल)

पुरुष	एकवचन	द्विवचन	बहुवचन
प्रथम	लभते	लभेते	लभन्ते
मध्यम	लभसे	लभेथे	लभध्वे
उत्तम	लभे	लभावहे	लभामहे

लृट् लकार (भविष्यकाल)

पुरुष	एकवचन	द्विवचन	बहुवचन
प्रथम	लप्स्यते	लप्स्येते	लप्स्यन्ते
मध्यम	लप्स्यसे	लप्स्येथे	लप्स्यध्वे
उत्तम	लप्स्ये	लपस्यावहे	लप्स्यामहे

रुच् (रुचि रखना) **धातु** (आत्मनेपद)

लट् लकार (वर्तमानकाल)

पुरुष	**एकवचन**	**द्विवचन**	**बहुवचन**
प्रथम	रोचते	रोचेते	रोचन्ते
मध्यम	रोचसे	रोचेथे	रोचध्वे
उत्तम	रोचे	रोचावहे	रोचामहे

लृट् लकार (भविष्यकाल)

पुरुष	**एकवचन**	**द्विवचन**	**बहुवचन**
प्रथम	रोचिष्यते	रोचिष्येते	रोचिष्यन्ते
मध्यम	रोचिष्यसे	रोचिष्येथे	रोचिष्यध्वे
उत्तम	रोचिष्ये	रोचिष्यावहे	रोचिष्यामहे

साधित उदाहरणम्

I. अधोलिखित वाक्येषु विकल्पेभ्य: उचित धातुरूपेण वाक्यपूर्तिं कृत्वा पुन: लिखत।
(निम्नलिखित वाक्यों में विकल्पों के उचित धातुरूप से वाक्यपूर्ति करके पुन: लिखिए।)

1. 'भू' धातो: लट् लकारस्य उत्तमैकवचने रूपम् अस्ति।
(अ) भवानि (ब) भवामि
(स) अभवम् (द) भविष्यामि
उत्तराणि (ब) भवामि

2. 'भू' धातो: लङ् लकारस्य मध्यम पुरुष बहुवचने रूपम् अस्ति।
(अ) अभूत् (ब) अभूवन
(स) अभवत (द) अभूम
उत्तराणि (स) अभवत

3. 'गम्' धातो: लट् लकारे प्रथम पुरुष बहुवचने रूपम् अस्ति।
(अ) गमन्ति (ब) गच्छन्ति
(स) अगच्छन् (द) अगमन्
उत्तराणि (ब) गच्छन्ति

4. गम् धातो: लृट् लकारे प्रथम पुरुष द्विवचने रूपम् अस्ति।
(अ) गमिष्यथ: (ब) गमिष्याव:
(स) गंस्यत: (द) गमिष्यत:
उत्तराणि (द) गमिष्यत:

5. गम् धातो: लट् लकारे उत्तम पुरुषे बहुवचने रूपम् अस्ति।
(अ) गच्छथ: (ब) गच्छति:
(स) गच्छाम: (द) गच्छाम्
उत्तराणि (स) गच्छाम:

6. 'सेवध्वे' रूपं ····· अस्ति।
(अ) लट्लकारे प्रथम पुरुष बहुवचने
(ब) लट्लकारे मध्यम पुरुष बहुवचने
(स) लङ्लकारे उत्तम पुरुष बहुवचने
(द) लङ्लकारे मध्यम पुरुष बहुवचने
उत्तराणि (ब) लट्लकारे मध्यम पुरुष बहुवचने

7. गम् धातो: लृट्लकारे अशुद्धं रूपं अस्ति।
(अ) गंस्यति (ब) गमिष्याव:
(स) गमिष्यन्ति (द) गमिष्यसि
उत्तराणि (अ) गंस्यति

8. 'आसम्' इति रूपम् अस् धातो ····· अस्ति।
(अ) लङ् उत्तमैकवचने (ब) लङ् उत्तम बहुवचने
(स) लङ् उत्तम द्विवचने (द) लट् उत्तमैकवचने
उत्तराणि (अ) लङ् उत्तमैकवचने

9. वयम् संस्कृत-अध्ययनाय संस्कृतशिविरं ········।
(अ) गमिष्यन्ति (ब) गच्छिष्याम:
(स) गमिष्याव: (द) गमिष्याम:
उत्तराणि (द) गमिष्याम:

10. किम् त्वम् तदा गमिष्यसि यदा आवाम् ·········।
(अ) गमिष्यसि (ब) गमिष्यामि
(स) गमिष्याव: (द) गमिष्याम:
उत्तराणि (स) गमिष्याव:

11. 'अस्' धातो: लृट्लकारे प्रथमैकवचने रूपम् अस्ति।
(अ) भविष्यति (ब) भविष्यत:
(स) अस्ति (द) अस्मि
उत्तराणि (अ) भविष्यति

12. नम् धातो: लङ्लकारे उत्तमैकवचने रूपम् अस्ति।
(अ) अनमत् (ब) अनम: (स) अनमम् (द) अनमाव
उत्तराणि (स) अनमम्

13. महर्षे: आरुणे: पुत्र: श्वेतकेतु: ·····। (अस् लङ्)
(अ) आसन् (ब) अस्मि
(स) आसी (द) आसीत्
उत्तराणि (द) आसीत्

14. त्वं कुलाननुरूपम् उद्धत: ·····। (अस् लट्)
(अ) अस्मि (ब) अस्ति (स) असि (द) सन्ति
उत्तराणि (स) असि

15. ब्राह्मण: परं विषादं अगच्छत्। पुरुष: क:?
(अ) उत्तम पुरुष: (ब) मध्यम पुरुष:
(स) प्रथम पुरुष: (द) कोऽपि न
उत्तराणि (स) प्रथम पुरुष:

16. यदि सत्सङ्गनिरतो भविष्यसि। लकारः कः?
(अ) लट् (ब) लङ् (स) लृट् (द) लिङ्
उत्तराणि (स) लृट्

17. भवन्ति नम्रास्तरवः फलोद्गमैः। धातुः कः?
(अ) भव् (ब) भो (स) भू (द) भु
उत्तराणि (स) भू

18. अहम् षण्मासाभ्यन्तरे भवत्पुत्रान् नीतिशास्त्राभिज्ञान् ····· । कृ-लृट्
(मणिकातः षष्ठपाठः)
(अ) करोमि (ब) करिष्यामि
(स) करवाणि (द) अकरवम्
उत्तराणि (ब) करिष्यामि

19. बकः हंस मध्ये न शोभते। (किम् वचनम्)
(अ) एकवचनम् (ब) द्विवचनम्
(स) बहुवचनम् (द) किमपि न
उत्तराणि (अ) एकवचनम्

20. निर्गन्धाः किंशुकाः न शोभन्ते। (कः पुरुषः)
(अ) प्रथमः (ब) मध्यमः
(स) उत्तमः (द) कोऽपि न
उत्तराणि (अ) प्रथमः

21. वयम् अद्य विद्यालयं न ····· । गम् (लृट्)
(अ) गमिष्यामि (ब) गमिष्यावः
(स) गमिष्यन्ति (द) गमिष्यामः
उत्तराणि (द) गमिष्यामः

22. ये बालाः वृद्धान् उपकुर्वन्ति ते सदायशः ·····।
(अ) लभते (ब) लभध्वे
(स) लभेते (द) लभन्ते
उत्तराणि (द) लभन्ते

23. ह्यः विद्यालये अवकाशः····· ।
(अ) अस्ति (ब) भविष्यति
(स) सन्ति (द) आसीत्
उत्तराणि (द) आसीत्

24. वयम् भारतीयाः ····· । अस् (लट्)
(अ) स्मः (ब) सन्ति
(ब) स्थः (द) स्थ
उत्तराणि (अ) स्मः

25. मधुरं गीतम् श्रुत्वा श्रोतारः आनन्दविभोराः ····· ।
(अ) अभवत् (ब) अभवताम्
(स) अभवन् (द) अभवम्
उत्तराणि (स) अभवन्

26. श्रद्धावान् ····· ज्ञानम्।
(अ) लभाति (ब) लभन्ति (स) लभते (द) लभन्ते
उत्तराणि (स) लभते

27. प्रतापः देशभक्तः ....।
(अ) आसीत् (ब) आसीः
(स) आस्ताम् (द) आसम्
उत्तराणि (अ) आसीत्

28. अहं कक्षायां प्रथमश्रेणीं ····· । (लभ् लङ्)
(अ) अलभत् (ब) अलभताम्
(स) अलभन् (द) अलभे
उत्तराणि (द) अलभे

29. त्वम् अतिथीम्.......।
(अ) असेवत (ब) असेवथाः
(स) असेवध्वम् (स) असेवे
उत्तराणि (ब) असेवथाः

30. अहम् श्वः कोलकातानगरं ····· ।
(अ) गमिष्यसि (ब) गमिष्यति
(स) गमिष्यावः (द) गमिष्यामि
उत्तराणि (द) गमिष्यामि

31. वयं प्रातः काले सन्ध्या वन्दनं ····· । (कृ लट्)
(अ) करोमि (ब) कुर्वः (स) कुरुमः (द) कुर्मः
उत्तराणि (द) कुर्मः

32. रामलक्ष्मणौ नद्यास्तीरे सन्ध्यां ·····। (कृ लङ्)
(अ) अकुर्वन् (ब) अकुरुताम्
(स) अकरोत् (द) अकुरुतम्
उत्तराणि (ब) अकुरुताम्

33. आवाम् स्वगुरुन् प्रतिदिनम् सेवां ·····। (कृ लृट्)
(अ) करिष्यामि (ब) करिष्यावः
(स) करिष्यामः (द) कुर्वः
उत्तराणि (ब) करिष्यावः

34. अहम् अत्र उषित्वा धनं ····· । (लभ् लट्)
(अ) लभामि (ब) लभे
(स) लभै (द) लभ्ये
उत्तराणि (ब) लभे

35. 'ज्ञा' धातोः लङ्लकार प्रथमपुरुष बहुवचने रूपम् अस्ति।
(अ) अजानात् (ब) अजानन्
(स) ज्ञाप्यति (द) जानातु
उत्तराणि (ब) अजानन्

अभ्यास प्रश्ना:

धातुरूपों पर आधारित बहुविकल्पीय प्रश्न

I. अधोलिखित वाक्येषु विकल्पेभ्य: उचित धातुरूपेण वाक्यपूर्ति कृत्वा पुन: लिखत।
(निम्नलिखित वाक्यों में विकल्पों के उचित धातुरूप से वाक्यपूर्ति करके पुन: लिखिए।)

1. चौरा: रात्रौ सर्वधनं ·····। हृ (लङ)
(अ) अहरत् (ब) अहरन्
(स) अहृत (द) अहार्षीत्

2. ते सर्वदा स्वकार्यं परिश्रमेण ·····। कृ (लृट्)
(अ) करिष्यन्ति (ब) कृष्यन्ति
(स) करिष्यति (द) कृष्यति

3. वयं विवाहोत्सवे मिष्ठान्नं ····· । भक्ष (लृट्)
(अ) भक्षिष्याम: (ब) भक्षिष्यन्ति
(स) भक्षयिष्याम: (द) भक्षयिष्यामि

4. वयं सर्वे भारतीया: ·····। अस् (लट्)
(अ) अस्मि (ब) अस्म:
(स) स्म: (द) स्म

5. यूयम् श्व: तत्र ·····। अस् (लृट्)
(अ) असिष्यथ (ब) भविष्यथ
(स) असिष्यथ: (द) भविष्यथ:

6. मह्यम् पठनम् ·····। रुच् (लट्)
(अ) रोचामि (ब) रोचे
(स) रोचते (द) रुचते

7. वाल्मीकि रामायणस्य रचनाम् ·····। कृ (लङ्)
(अ) अकरोत् (ब) अकुरुत
(स) अकुर्वन् (द) अकरवम्

8. अद्य मंगलवासर: ·····। श्व: बुधवासर: ·····। (अस्)
(अ) अस्ति, आसीत् (ब) अस्ति, भविष्यति
(स) आसीत्, भविष्यति (द) भवति, भविष्यन्ति

9. त्वम् अतिथीन् ·····।
(अ) असेवत (ब) असेवथा:
(स) असेवध्वम् (द) असेवे

10. तौ ह्य: कुत्र ·····। अस् (लङ्)।
(अ) असीत् (ब) आस्ताम्
(स) अभवन् (द) अभवताम्

11. साधव: वस्त्राणि ·····।
(अ) नयिष्यामि (ब) नेष्यामि
(स) नेस्यामि (द) नेष्यन्ति

12. ते पित्रा सह दिल्ली नगरं ·····। गम् (लृट्)
(अ) गमिष्यति (ब) गंस्यति
(स) गमिष्यन्ति (द) गंस्यन्ति

13. ह्य: त्वं कुत्र ....?
(अ) आसी: (ब) आसीत् (स) आस्ताम् (द) आसन्

14. 'अस्' धातो: लृट् लकारे रूपम् अस्ति।
(अ) असिष्यति (ब) आसीत्
(स) भविष्यति (द) भूस्यति

15. 'भू' धातु लोट् लकारे, प्रथम पुरुषं, बहुवचन रूपम् अस्ति।
(अ) भवन्तु (ब) भवामि (स) भवथ (द) अभवत्

16. 'भू' धातु लृट् लकारे, प्रथम पुरुषं, एकवचन रूपम् अस्ति।
(अ) भविष्यति (ब) भविष्यन्ति
(स) भविष्यत: (द) भविष्यथ

17. कृ धातो: लङ् लकारस्य रूपम् अस्ति।
(अ) अकरूत् (ब) अकरोत् (स) अकुरूत् (द) अकुर्वत्

18. सेवकौ नृपं ·············।
(अ) असेवत (ब) असेवेताम्
(स) असेवन्त (द) सेवे

19. भीमार्जुनौ युद्धनिपुणौ ·············।
(अ) आस्त (ब) आस्तम् (स) आसीत् (द) आस्ताम्

20. 'आसीत्' रूपम् अस्ति।
(अ) आस् धातो लङ् लकारे (ब) अस् धातो: लङ् लकारे
(स) आस् धातो लुङ् लकारे (द) अस् धातो: लुङ् लकारे

21. आज्ञाकारी पुत्र: पितरौ ·············।
(अ) असेवेत (ब) असेवे (स) असेवत (द) असेव

22. ह्य: सर्वे परिवारसदस्या: उत्सवे ·············।
(अ) अगच्छत् (ब) अगच्छताम्
(स) अगच्छन् (द) अगच्छ

23. तौ राजानम् ·············।
(अ) असेवत् (ब) असेवेताम्
(स) असेवेतम् (द) असेवे

24. ते सर्वे प्रतियोगितासु सफला ·············।
(अ) अभवत् (ब) अभवताम्
(स) अभवन् (द) अभवत

25. अघ शनिवासर: श्व: च रविवासर: ·············।
(अ) भविष्यति (ब) भूषयति
(स) उपासीत् (द) भविष्यन्ति

II. रेखाङ्कित-पदानि आधृत्य उचितम् लकार वचनं वा लिखत।
(रेखांकित पदों के आधार पर उचित लकार व वचन लिखिए।)

26. स्थलानि दर्शनीयानि सन्ति।
(अ) लङ् (ब) लोट (स) लट् (द) लृट

27. त्वम् कुत्र गमिष्यसि?
(अ) लट् (ब) लङ् (स) लृट् (द) लोट्

28. सा धनम् लभते।
(अ) लट् (ब) लृट् (स) लोट् (द) लङ्

29. अत्र किम् आसीत्?
(अ) लङ् (ब) लोट (स) लट् (द) लृट्

30. सेवकाः सेवन्ते।
(अ) लोट् (ब) लङ् (स) लृट् (द) लट्

31. तत्र किम् भविष्यति?
(अ) विधिलिङ् (ब) लृट
(स) लट् (द) लङ्

32. तन्तुवायः कविताम् करोति
(अ) एकवचनं (ब) द्विवचनं
(स) बहुवचनं (द) न कोऽपि

33. तौ अगच्छताम्।
(अ) एकवचनं (ब) द्विवचनं
(स) बहुवचनं (द) न कोऽपि

34. अहम् तु गृहम् गमिष्यामि।
(अ) लट् (ब) लोट्
(स) लृट् (द) विधिलिङ्

35. ह्यः मम् गृहे विवाहोत्सवः आसीत्।
(अ) लट (ब) लोट् (स) लृट् (द) लङ्

III. अधः प्रदत्तेषु धातुरूपेषु उचितैः धातुरूपैः रिक्तस्थानानि पूरयत
(दिए गए धातुरूपों के उचित धातु रूप चुनकर रिक्त स्थान की पूर्ति कीजिए।)

36. सः नायकः ...... (अस्-लङ्)
(अ) अस्ति (ब) आसीत् (स) भविष्यति (द) अस्तु

37. सा तत्रैव ...... (आ + गम् + लङ्)
(अ) आगच्छत् (ब) आगच्छति
(स) आगच्छतम् (द) आगच्छम्

38. तत्र किम् ....? (भू-लङ्)
(अ) भवत् (ब) अभवः (स) अभवत् (द) भविष्यति

39. त्वम् का ......? (अस्-लङ्)
(अ) आसीः (ब) अस्ति (स) स्मः (द) स्थ

40. भारतम् प्रगतिम् ....। (कृ-लृट्)
(अ) करोतु (ब) करिष्यतः
(स) करिष्यति (द) करिष्यथः

41. त्वम् ह्यः कुत्र ....? (अस्-लङ्)
(अ) आसीत् (ब) आस्त (स) आसीः (द) आस्म

42. सा नारी तत्र न ......। (गम्-लृट)
(अ) गमिष्यसि (ब) गमिष्यथ
(स) गमिष्यन्ति (द) गमिष्यति

43. माता पुत्र सेवाम् ....। (कृ-लट्)
(अ) करोति (ब) करोसि (स) करोतु (द) कुर्यात्

44. सेवकः स्वामिनम् ....। (सेव्-लट्)
(अ) सेवसे (ब) सेवते (स) सेवति (द) सेवेथे

45. तौ सायंकाले वस्त्राणि ....। (क्षाल-लट्)
(अ) क्षालयति (ब) क्षालयतः
(स) क्षालयन्ति (द) क्षालयथः

उत्तराणि

1. (ब) अहरन्
2. (अ) करिष्यन्ति
3. (स) भक्षयिष्यामः
4. (स) स्मः
5. (ब) भविष्यथ
6. (स) रोचते
7. (अ) अकरोत्
8. (ब) अस्ति, भविष्यति
9. (ब) असेवथाः
10. (ब) आस्ताम्
11. (द) नेष्यन्ति
12. (स) गमिष्यन्ति
13. (अ) आसीः
14. (स) भविष्यति
15. (अ) भवन्तु
16. (अ) भविष्यति
17. (ब) अकरोत्
18. (ब) असेवेताम्
19. (द) आस्ताम्
20. (ब) अस् धातोः लङ् लकारे
21. (स) असेवत
22. (स) अगच्छन्
23. (ब) असेवेताम्
24. (स) अभवन्
25. (अ) भविष्यति
26. (स) लट्
27. (स) लृट्
28. (अ) लट्
29. (अ) लङ्
30. (द) लट्
31. (ब) लृट
32. (अ) एकवचनं
33. (ब) द्विवचनं
34. (स) लृट्
35. (द) लङ्
36. (ब) आसीत्
37. (अ) आगच्छत्
38. (स) अभवत्
39. (अ) आसीः
40. (अ) करोतु
41. (स) आसीः
42. (द) गमिष्यति
43. (अ) करोति
44. (ब) सेवते
45. (ब) क्षालयतः

प्रत्यया:

अध्याय 6

6.1 प्रत्यय की परिभाषा

प्रत्यय शब्दांशों का अपना कोई स्वतन्त्र अर्थ नहीं होता है परन्तु ये शब्दांश धातु या किसी शब्द के अन्त में जुड़कर उनका अर्थ परिवर्तित कर देते हैं। प्रत्यय के प्रकारों को हम निम्न प्रकार से समझ सकते हैं।

प्रत्यय के प्रकार
- कृदन्त प्रत्यय
- तद्धित प्रत्यय
- स्त्री प्रत्यय

कृदन्त प्रत्यय

वे प्रत्यय जो क्रिया या धातु के अन्त में जुड़कर एक नए शब्द बनाते हैं, उन्हें कृत प्रत्यय कहा जाता है। कृत प्रत्यय से मिलकर जो शब्द बनते हैं उन्हें 'कृदन्त' शब्द कहते हैं। कृत प्रत्यय इस प्रकार है—

क्त्वा (त्वा)

जब एक क्रिया की समाप्ति और दूसरी क्रिया के आरंभ होने का बोध होता है तथा दोनों क्रियाओं का कर्ता एक ही होता है। वहाँ 'क्त्वा' प्रत्यय होता है 'क्त्वा' का 'त्वा' शेष रह जाता है। यह प्रत्यय 'कर' तथा 'करके' अर्थ में प्रयुक्त होता है; जैसे—

धातु	प्रत्यय	शब्द
पठ्	+ क्त्वा	= पठित्वा
भू	+ क्त्वा	= भूत्वा

क्त्वा प्रत्यय के उदाहरण

धातु	अर्थ	प्रत्यय	क्त्वा प्रत्यान्त शब्द
क्री	खरीदना	+ क्त्वा	क्रीत्वा
हु	हवन करना	+ क्त्वा	हुत्वा
भी	डरना	+ क्त्वा	भीत्वा
श्रु	सुनना	+ क्त्वा	श्रुत्वा
इष्	चाहना	+ क्त्वा	इष्ट्वा
गै	गाना	+ क्त्वा	गीत्वा
घ्रा	सूँघना	+ क्त्वा	घ्रात्वा
चुर्	चुराना	+ क्त्वा	चोरयित्वा
ज्ञा	जानना	+ क्त्वा	ज्ञात्वा
तन्	फैलाना	+ क्त्वा	तनित्वा
भू	होना	+ क्त्वा	भूत्वा
लभ्	प्राप्त करना	+ क्त्वा	लब्धवा
खाद्	खाना	+ क्त्वा	खादित्वा
नी	ले जाना	+ क्त्वा	नीत्वा
पठ्	पढ़ना	+ क्त्वा	पठित्वा
गम्	जाना	+ क्त्वा	गत्वा
पा	पीना	+ क्त्वा	पीत्वा
दा	देना	+ क्त्वा	दत्वा
हन्	मारना	+ क्त्वा	हत्वा
स्था	बैठना	+ क्त्वा	स्थित्वा
कृ	करना	+ क्त्वा	कृत्वा

ल्यप् (य)

यदि धातु से पूर्व कोई उपसर्ग लगा हो, तो उस धातु के साथ 'करके' अर्थ में क्त्वा प्रत्यय के स्थान पर 'ल्यप् प्रत्यय' का प्रयोग होता है। इस प्रत्यय का 'य' शेष रहता है, परंतु यदि धातु से पूर्व 'अ' या 'अन्' हो तो 'ल्यप् प्रत्यय' नहीं होता है; जैसे—

उपसर्ग		धातु		प्रत्यय		शब्द
वि	+	हस्	+	ल्यप्	=	विहस्य
निर्	+	गम्	+	ल्यप्	=	निर्गत्य

ल्यप प्रत्यय के उदाहरण

उपसर्ग	धातु	प्रत्यय	ल्यप् प्रत्यान्त शब्दा:
वि	क्री	+ ल्यप्	विक्रीय
आ	हु	+ ल्यप्	आहुत्य
सम्	भी	+ ल्यप्	संभीय
सम्	श्रु	+ ल्यप्	संश्रुत्य

सम्	इष्	+ ल्यप्	समिष्य
प्र	गै	+ ल्यप्	प्रगाय
आ	घ्रा	+ ल्यप्	आघ्राय
सम्	चुर्	+ ल्यप्	संचोर्य
वि	ज्ञा	+ ल्यप्	विज्ञाय
वि	तन्	+ ल्यप्	वितत्य
सम् +	भू	+ ल्यप्	सम्भूय
अनु +	भू	+ ल्यप्	अनुभूय
आ +	गम्	+ ल्यप्	आगम्य
अव +	तृ	+ ल्यप्	अवतीर्य
प्र +	आप्	+ ल्यप्	प्राप्य
वि +	ज्ञा	+ ल्यप्	विज्ञाय
वि +	स्मृ	+ ल्यप्	विस्मृत्य
प्र +	नम्	+ ल्यप्	प्रणम्य

तुमुन् (तुम्)

जिस कर्ता के लिए कोई क्रिया की जाती है वहाँ 'के लिए' अर्थ को प्रकट करने में उसकी धातु में 'तुमुन्' (तुम्) प्रत्यय लगाया जाता है जिस क्रिया के साथ 'तुमुन्' प्रत्यय आता है, उसका व मुख्य क्रिया का कर्ता एक ही होना चाहिए। अलग-अलग कर्ता होने पर 'तुमुन्' प्रत्यय का प्रयोग नहीं होता है। 'तुमुन्' के 'उन' का लोप होकर 'तुम' शेष रहता है, जो धातु रूप में अंत में जुड़ता है। जैसे–

धातु	(अर्थ)	क्त्वा	ल्यप्	तुमुन्
पठ्	(पढ़ना)	पठित्वा	संपठ्य	पठितुम्
लिख्	(लिखना)	लिखित्वा	विलिख्य	लेखितुम्
हस्	(हँसना)	हसित्वा	विहस्य	हसितुम्
धाव्	(दौड़ना)	धावित्वा	—	धावितुम्

जिन धातुओं के अंत में इ, ई, उ, ऊ, ऋ होते हैं, उनमें क्त्वा प्रत्यय लगाते समय बीच में 'इ' नहीं लगाते तथा तुमुन् प्रत्यय के समय इ, ई को ए, ऋ में परिवर्तित कर दिया जाता है;

जैसे— धातु	(अर्थ)	क्त्वा	ल्यप्	तुमुन्
चि	(चुनना)	चित्वा	संचित्य	चेतुम्
जि	(जीतना)	जित्वा	विजित्य	जेतुम्

तुमुन् प्रत्यय के उदाहरण

धातु	प्रत्यय	तुमुन प्रत्यान्त शब्दाः
क्री	+ तुमुन्	क्रेतुम
हु	+ तुमुन्	होतुम्
भी	+ तुमुन्	भेतुम्
श्रु	+ तुमुन्	श्रोतुम्
इष्	+ तुमुन्	एषितम्
गै	+ तुमुन्	गातुम्
घ्रा	+ तुमुन्	घ्रातुम्
चुर्	+ तुमुन्	चोरयितुम्
ज्ञा	+ तुमुन्	ज्ञातुम्
तन्	+ तुमुन्	तनितुम्
अर्च्	+ तुमुन्	अर्चितुम्
अर्ज्	+ तुमुन्	अर्जितुम्
अधि + इ	+ तुमुन्	अध्येतुम्
ईक्ष्	+ तुमुन्	ईक्षितुम्
कथ्	+ तुमुन्	कथयितुम्
कृ	+ तुमुन्	कर्तुम्
क्री	+ तुमुन्	क्रेतुम्
गै	+ तुमुन्	गातुम्
त्यज्	+ तुमुन्	त्यक्तुम्
त्रै	+ तुमुन्	त्रातुम्
दृश्	+ तुमुन्	द्रष्टुम्
धाव्	+ तुमुन्	धावितुम्
रम्	+ तुमुन्	रन्तुम्
ग्रह	+ तुमुन्	ग्रहीतुम्
चि	+ तुमुन्	चेतुम्
चिन्त्	+ तुमुन्	चिन्तयितुम्
जि	+ तुमुन्	जेतुम्
ज्ञा	+ तुमुन्	ज्ञातुम्
लभ्	+ तुमुन्	लब्धुम्

शतृ प्रत्यय

जब एक कर्ता एक ही समय में दो क्रियाएँ करता है, तो वहाँ शतृ प्रत्यय होता है। इस स्थिति में प्रथम क्रिया के साथ शतृ प्रत्यय का 'नं' के रूप में प्रयोग होता है। इसके रूप तीनों लिंगों में अलग-अलग होते हैं।

शतृ प्रत्यय के उदाहरण

धातु	अर्थ	प्रत्यय	पुल्लिङ्ग	स्त्रीलिङ्ग	नपुंसकलिङ्ग
पठ्	पढ़ना	+ शतृ	पठन्	पठन्ती	पठत्
अस्	होना	+ शतृ	सन्	सती	सत्
प्रच्छ्	पूछना	+ शतृ	पृच्छन्	पृच्छन्ती	पृच्छत्
पा	पीना	+ शतृ	पिबन्	पिबन्ती	पिबत्
नृत्	नाचना	+ शतृ	नृत्यन्	नृत्यन्ती	नृत्यत्
दा	देना	+ शतृ	यच्छन्	यच्छन्ती	यच्छत्
लिख्	लिखना	+ शतृ	लिखन्	लिखन्ती	लिखत्
पच्	पकाना	+ शतृ	पचन्	पचन्ती	पचत्
घ्रा	सूँघना	+ शतृ	जिघ्रन्	जिघ्रन्ती	जिघ्रत्
चिन्त्	चिन्ता करना	+ शतृ	चिन्तयन्	चिन्तयन्ती	चिन्तयत्
दृश्	देखना	+ शतृ	पश्यन्	पश्यन्ती	पश्यत्
गम्	जाना	+ शतृ	गच्छन्	गच्छन्ती	गच्छत्
गण्	गिनना	+ शतृ	गणयन्	गणयन्ती	गणयत्
नी	ले जाना	+ शतृ	नयन्	नयन्ती	नयत्
मिल्	मिलना	+ शतृ	मिलन्	मिलन्ती	मिलत्
भू	होना	+ शतृ	भवन्	भवन्ती	भवत्
खाद्	खाना	+ शतृ	खादन्	खादन्ती	खादत्
गै	गाना	+ शतृ	गायन्	गायन्ती	गायत्
दुह्	दुहना	+ शतृ	दुहन्	दुहन्ती	दुहत्
धाव्	दौड़ना	+ शतृ	धावन्	धावन्ती	धावत्
नम्	नमस्कार करना	+ शतृ	नमन्	नमन्ती	नमत्

साधित उदाहरणम्

बहुविकल्पीय प्रश्नाः

I. रेखाङ्कितपदेषु प्रदत्तविकल्पेभ्यः समीचीनं पदं चिनुत।
(रेखांकित पदों के लिए दिए गए विकल्पों में से उचित पद चुनिए।)

1. सः सर्वान् वेदान् सार्थान् अधीत्य पितुः सकाशम् आगच्छत्। (मणिकातः)
(अ) क्त्वा (ब) ल्यप्
(स) तुमुन् (द) शतृ
उत्तराणि (ब) ल्यप्

2. एवं भूतं पुत्रं दृष्ट्वा पिता उवाच। (मणिकातः प्रथम पाठः)
(अ) क्त्वा (ब) ल्यप् (स) तुमुन् (द) शतृ
उत्तराणि (अ) क्त्वा

3. एतत् अद्भुतं प्रश्नं श्रुत्वा पृच्छति। (मणिकातः प्रथम पाठः)
(अ) क्त्वा (ब) ल्यप्
(स) अनीयर् (द) तुमुन्
उत्तराणि (अ) क्त्वा

4. तम् अवस्थाप्य स्नातुं गता। (मणिकातः द्वितीय पाठः)
(अ) तुमुन् (ब) तत्यत्
(स) क्त्वा (द) ल्यप्
उत्तराणि (अ) तुमुन्

5. तथा कृत्वा गतः। (मणिकातः द्वितीय पाठः)
(अ) तुमुन् (ब) क्त्वा
(स) तव्यत् (द) शतृ
उत्तराणि (ब) क्त्वा

6. सः तं व्यापाद्य खण्डशः कृतवान्। (मणिकातः द्वितीय पाठः)
(अ) क्त्वा (ब) ल्यप् (स) तव्यत् (द) तुमुन्
उत्तराणि (ब) ल्यप्

7. ब्राह्मणोऽपि श्राद्धं गृहीत्वा गृहम् उपावृत्तः। (मणिकातः)
(अ) क्त्वा (ब) ल्यप्
(स) अनीयर् (द) तुमुन्
उत्तराणि (अ) क्त्वा

8. यावत् उपसृत्य अपत्यम् पश्यति। (मणिकातः)
(अ) क्त्वा (ब) ल्यप्
(स) तुमुन् (द) अनीयर्
उत्तराणि (ब) ल्यप्

9. अन्यत्, परिक्रम्य, भरतम् अवलोक्य। (मणिकातः)
(अ) ल्यप् (ब) क्त्वा
(स) अनीयर् (द) तुमुन्
उत्तराणि (अ) ल्यप्

10. अन्यत् अपि वरं हर्तुम् इच्छामि। (मणिकातः)
(अ) क्त्वा (ब) ल्यप्
(स) तुमुन (द) शतृ
उत्तराणि (स) तुमुन्

II. प्रदत्तविकल्पेभ्यः उचितम् उत्तरं चित्वा लिखत।
(दिए गए विकल्पों में से उचित उत्तर चुनकर लिखिए।)

1. छात्राः कक्षायां वद् + क्त्वा अन्योन्यं हसन्ति।
(अ) वदित्वा (ब) वदत्वा
(स) उदित्वा (द) उदत्वा
उत्तराणि (स) उदित्वा

2. सः धनं हृ + तुमुन् इच्छति।
(अ) हर्तुम् (ब) हरितुम्
(स) हृतुम (द) हर्तम्
उत्तराणि (अ) हर्तुम्

3. ते मुनिं दृश् + क्त्वा प्रसन्नाः जाताः।
(अ) दृशित्वा (ब) दृष्ट्वा
(स) दृष्टित्वा (द) दर्शित्वा
उत्तराणि (ब) दृष्ट्वा

4. नम्रतां अनु + भू + ल्यप् सः प्रसीदति।
(अ) अनुभूत्य
(ब) अनुभूय
(स) अनुभूत्वा
(द) अनुभूत्य
उत्तराणि (ब) अनुभूय

5. सः परीक्षां उत् + तृ + ल्यप् अधिकारी जातः।
(अ) उत्तीर्ण (ब) उत्तृय
(स) उत्तीर्य (द) उत्तर्यः
उत्तराणि (स) उत्तीर्य

6. चौरं बध् + क्त्वा अत्र आनय।
(अ) बधित्वा (ब) बधत्वा
(स) बद्ध्वा (द) बधिध्वा
उत्तराणि (स) बद्ध्वा

7. आलस्यं वि + हा + ल्यप् परिश्रमं कुरु।

(अ) विहाय (ब) विधाय

(स) विहत्य (द) विहात्य

उत्तराणि (अ) विहाय

8. शास्त्राणि (अधि + इङ + ल्यप्) अपि मूर्खाः भवन्ति।

(अ) अधित्य (ब) अधीय

(स) अधीत्य (द) अधिय

उत्तराणि (स) अधीत्य

9. सः तण्डुलान् वि + कृ + ल्यप् अतिष्ठत्।

(अ) विक्रीय (ब) विक्रीत्य

(स) विकीय (द) विकृत्य

उत्तराणि (अ) विक्रीय

10. ते अत्र आ + गम् + ल्यप् कोलाहलं कुर्वन्ति।

(अ) आगम्य (ब) आगाय

(स) आगत्वा (द) आगमीय

उत्तराणि (अ) आगम्य

III. समुचितं प्रकृति प्रत्ययानां संयोज्य रिक्त स्थानानि पूरयत।
(उचित प्रकृति प्रत्ययों को जोड़कर रिक्त-स्थानों की पूर्ति कीजिए।)

1. अहम् प्रतिदिनं ······· इच्छामि। (यज् + तुमुन्)

उत्तराणि यष्टुम्

2. ते अत्र ········ प्रतिदिनं क्रीडन्ति (आ + गम् + ल्यप्)

उत्तराणि आगत्य

3. बालकाः दुग्धं ······ शेरते। (नि + पा + ल्यप्)

उत्तराणि निपाय

4. स्ववचनं ······· सः तूष्णीम् अतिष्ठत्। (वच् + क्त्वा)

उत्तराणि उक्त्वा

5. समरे शत्रून् ······ आगतः। (नि + हन् + ल्यप्)

उत्तराणि निहत्य

6. सेनाः नदीम् ······ गतवत्यः। (उत् + तृ + ल्यप्)

उत्तराणि उत्तीर्य

7. अहं छात्रेभ्यः मिष्टान्नं ······ इच्छामि (दा + तुमुन्)

उत्तराणि दातुम्

8. रामः भोजनं ······ विद्यालयं गच्छति। (भुज् + क्त्वा)

उत्तराणि भुक्त्वा

9. यूयम् अत्र ······ एव पठत। (वस् + क्त्वा)

उत्तराणि उषित्वा

10. सर्वं ······ ईश्वरमेकं भजस्व। (त्यज् + क्त्वा)

उत्तराणि त्यक्त्वा

अभ्यास प्रश्नाः

प्रत्ययों पर आधारित
बहुविकल्पीय प्रश्न

I. अधोलिखितान् रेखांकत पदेषु प्रकृति प्रत्यान् विभज्य शुद्धं पदं चिनुत।
(निम्नलिखित वाक्यों में रेखांकित पदों में प्रकृति प्रत्यय को विभाजित करके शुद्ध रूप को चुनिए।)

1. सा अभिवाद्य अगच्छत्।
(अ) अभि + वद् + ल्यप्
(ब) अभि + वद् + णिच् + ल्यप्
(स) अभि + वाद् + ल्यप्
(द) अपि + वद् + ल्यप्

2. जीवम् अन्वेष्टुम् आगच्छत्।
(अ) अन्विषु + तुम्　(ब) अन् + ईष् + तुमुन्
(स) अनु + इष् + तुमुन्　(द) अन् + वेष् + तुम्

3. एव विचार्यः रवि अवदत्।
(अ) वि + चर + णिच् + ल्यप्　(ब) वि + चर् + ल्यप्
(स) विचर + ल्यप्　(द) वि + चार् + ल्यप्

4. कूपात् जलं पीत्वा आगच्छति।
(अ) पी + कत्वा　(ब) पा + क्त्वा
(स) पी + त्वा　(द) पा + त्वा

5. सः जीवनम् धर्मरक्षायै समर्पितवान्।
(अ) समर्प् + तवान्　(ब) समर्प + वान्
(स) सम् + अर्प + क्तवतु　(द) सम् + अर्प + क्तवतु

6. पुष्पम् समाघ्राय प्रसन्नः अस्ति।
(अ) सम् + आ + घ्रा + ल्यप्　(ब) समा + घ्रा + ल्यप
(स) समा + घ्रा + या　(द) समाघ्रा + य

7. सः जलम् पातुम् कूपम् गच्छति।
(अ) पा + तुम्　(ब) पा + तुमुन्
(स) पी + तुमुन्　(द) पी + तुम्

8. शब्दम् श्रुत्वा गजः अद्यावत्।
(अ) श्रु + कत्वा　(ब) श्रो + क्त्वा
(स) श्रू + कतवा　(द) श्रु + क्त्वा

9. कुशलवार्तां पृष्ट्वा उपविशति।
(अ) पृच्छ् + क्त्वा　(ब) प्रच्छ् + त्वा
(स) पृष् + कत्वा　(द) पृष् + क्त्वा

10. निश्चयम् कृत्वा तम् अकथयत्।
(अ) कृ + कतवा　(ब) कृ + कत्वा
(स) कृ + त्वा　(द) कृ + क्त्वा

11. चलन् बालकः सर्वत्र पश्यति।
(अ) चल् + शतृ　(ब) चल् + शानच्
(स) चलन + शतृ　(द) चल + शतृ

12. क्रीडन्तीम् बालिकाम् कथय।
(अ) क्रीड + शानच्　(ब) क्रीड् + शतृ
(स) क्रीड + शतृ　(द) क्रीडन् + शतृ

13. कार्यं समाप्य पठ।
(अ) सं + आप् + ल्यप्　(ब) सम् + आप् + ल्यप्
(स) सम् + आप + ल्यप्　(द) सम + आप + ल्यप्

14. सर्वम् विज्ञाय रामः अवदत्।
(अ) वि + ज्ञा + ल्यप्　(ब) विज्ञा + ल्यप्
(स) विज्ञा + ल्यप　(द) विज्ञा + य

15. गृहम् आगत्य तस्य सेवायां तत्परा अभवत्।
(अ) आ + गम् + लयप　(ब) आगत् + य
(स) आगम् + ल्यप्　(द) आ + गम् + ल्यप्

16. किम् सः नंत्वा तत्र गमिष्यति?
(अ) नम् + क्त्वा　(ब) नम + क्त्वा
(स) नम् + त्वा　(द) नम् + कतवा

17. निपुणम् निरीक्ष्य पठति।
(अ) निरी + ईक्ष्य　(ब) निरी + क्ष्य
(स) निर् + ईक्ष् + ल्यप्　(द) निरी + क्ष्यम्

18. रामः प्रत्यागत्य तत्र गमिष्यति।
(अ) प्रति + आ + गत् + ल्यप्　(ब) प्रत्या + गत्य
(स) प्रत्या + गम् + ल्यप्　(द) प्रति + आ + गम् + ल्यप्

19. स्वदेशम् परित्यज्य कुत्र प्रस्थितः?
(अ) परि + त्यज + ल्यप　(ब) परि + त्यज् + ल्यप्
(स) परित्यज + य्　(द) परि + त्यज + ल्यप्

20. बालं विलोक्य कुक्कुरः अभाषत्।
(अ) वि + लोक् + ल्यप्　(ब) विलोक् + ल्यप्
(स) विलोक् + य　(द) वि + लोग् + ल्यप्

II. अधोलिखितान् प्रकृतिप्रत्यान् योजयित्वा 'शुद्धं' पदं चिनुत।
(निम्नलिखित प्रकृति प्रत्यय को जोड़कर शुद्ध रूप को चुनिए।)

21. सः प्र + विश् + ल्यप् अवदत्।
(अ) प्रविष्य　(ब) प्रविस्य
(स) प्रविश्य　(द) प्रविश्ट

22. त्वं शुच् + तुमुन् न अर्हसि।
(अ) शुचिताम्　(ब) शोचितुम्
(स) शुचतुम्　(द) शोचतुम्

23. पाठम् अधि + द + ल्यप् शयनम् कुरु।
(अ) अधीय　(ब) अधीत्वा
(स) अधित्य　(द) अधीत्य

24. शत्रुम् जि + क्त्वा प्रसन्नः भव।
(अ) जित्वा (ब) जीतवा (स) जीत्वा (द) जितवा

25. वि + भज् + ल्यप् एव अत्र आगच्छ।
(अ) विभक्त्य (ब) विभज्य
(स) विभाज्य (द) विभजय

26. देवम् नम् + तुमुन् कुत्र गमिष्यसि?
(अ) नमितुम् (ब) नम्तुम्
(स) नमतुम् (द) नन्तुम्

27. आत्मा जीर्णम् शरीरम् वि + हि + ल्यप् नवीन देहं संयाति।
(अ) विहाय (ब) विहय
(स) विहीय (द) विहिय

28. विद्वान् भू + क्त्वा सः प्रासीदत्।
(अ) भुत्वा (ब) भूतवा
(स) भुतवा (द) भूत्वा

29. सः दानं दा + तुमुन् हरिद्वारम् गच्छति।
(अ) दातुम् (ब) दतुम
(स) दातु (द) दातुः

30. धनं प्र + आप् + ल्यप् धनिकः प्रसीदति।
(अ) प्रापय (ब) प्राप्या
(स) प्राप्य (द) प्रापाय

लघुउत्तरात्मक प्रश्नाः

III. स्थूलपदानां प्रकृति-प्रत्यययोः विभाजनं कुरुत।
(स्थूल पदों के प्रकृति प्रत्ययों का विभाजन कीजिए।)

31. धनम् **आदाय** गृहं गच्छ।
32. सा शिशुं **सुप्त्वा** कार्यं करोति स्म।
33. विद्वांसः **विचार्य** एव कार्यं कुर्वन्ति।
34. काकः जलं **पीत्वा** आनंदम् अनुभूतः।
35. युवाम् चलचित्रं **द्रष्टुम्** इच्छथः।
36. पुष्पम् **आघ्राय** प्रसन्नः जातः।
37. व्या **भीत्वा** कक्षे प्राविशत्।
38. श्रद्धालवः कथां **श्रोतुम्** इच्छन्ति।
39. धनी धनं **दत्त्वा** पुण्यम् अर्जयति।
40. साधुः सर्वं **परित्यज्य** हरिद्वार नगरं गतवान्।
41. रामः रावणं **हत्वा** लङ्कां अजयत्।
42. अर्जुनः युद्धे **योद्धुम्** उद्यतः न आसीत्।
43. छात्राः विद्यालयं **प्रविश्य** गुरुं प्रणमन्ति।
44. हरिः **विहस्य** वार्तां करोति।
45. तव कष्टं **संश्रूय** अहं व्याकुलः जातः।

उत्तराणि

I. 1. (अ) अभि + वद् + ल्यप्
2. (स) अनु + इष् + तुमुन्
3. (ब) वि + चर् + ल्यप्
4. (ब) पा + क्त्वा
5. (स) सम् + अर्प् + क्तवतु
6. (अ) सम् + आ + घ्रा + ल्यप्
7. (ब) पा + तुमुन्
8. (द) श्रु + क्त्वा
9. (अ) पृच्छ् + क्त्वा
10. (द) कृ + क्त्वा
11. (अ) चल् + शतृ
12. (ब) क्रीड् + शतृ
13. (ब) सम् + आप् + ल्यप्
14. (अ) वि + ज्ञा + ल्यप्
15. (द) आ + गम् + ल्यप्
16. (अ) नम् + क्त्वा
17. (स) निर् + ईक्ष् + ल्यप्
18. (द) प्रति + आ + गम् + ल्यप्
19. (ब) परि + त्यज् + ल्यप्
20. (अ) वि + लोक् + ल्यप्

II. 21. (स) प्रविश्य
22. (ब) शोचितुम्
23. (द) अधीत्य
24. (अ) जित्वा
25. (ब) विभज्य
26. (द) नन्तुम्
27. (अ) विहाय
28. (द) भूत्वा
29. (अ) दातुम्
30. (स) प्राप्य

III. 31. आ + दा + ल्यप्
32. स्वप् + क्त्वा
33. वि + चर् + ल्यप्
34. पा + क्त्वा
35. दृश् + तुमुन्
36. आ + घ्रा + ल्यप्
37. भी +क्त्वा
38. श्रु +तुमुन्
39. दा +क्त्वा
40. परि + त्यज् + ल्यप्
41. हन् + क्त्वा
42. युध् + तुमुन्
43. प्र + विश् + ल्यप्
44. वि + हस् + ल्यप्
45. सम् + श्रु + ल्यप्

अव्ययानि

अध्याय 7

7.1 अव्यय

ऐसे शब्द जिनमें परिस्थिति के अनुरूप कोई परिवर्तन नहीं होता अर्थात् जिनका रूप सदैव एक जैसा बना रहता है और जिनका कोई लिंग और वचन नहीं होता है, उन शब्दों को अव्यय शब्द कहते हैं।

संस्कृत में अव्यय को इस रूप में परिभाषित किया गया है

"सदृशं त्रिषु लिङ्गेषु सर्वासु च विभक्तिषु।
वचनेषु च सर्वेषु यन्नव्येति तदव्ययम्।।"

ऐसे शब्द जिसमें कोई व्यय न हो और विकार न हो, जो तीनों लिंगों, तीनों वचनों और सभी विभक्तियों में समान रहते हैं, अव्यय कहलाते हैं।

अव्यय के भेद

संस्कृत में अनेक अव्ययों का प्रयोग होता है, परंतु यहाँ पाठ्यक्रम में निर्धारित अव्ययों का ही प्रयोग दर्शाया जा रहा है।

1. **स्थानबोधकानि** (स्थानबोधक अव्यय)

किसी स्थानादि का बोध कराने वाले अव्यय स्थान बोधक अव्यय कहलाते हैं।

अव्यय	अर्थ	वाक्य प्रयोग
अत्र	यहाँ	अत्र बालकाः सन्ति।
तत्र	वहाँ	तत्र बालिकाः सन्ति।
अन्यत्र	दूसरी जगह	अन्यत्र अजाः सन्ति।
सर्वत्र	सब जगह	विद्वान् सर्वत्र पूज्यते।
यत्र	जहाँ	यत्र बुद्धिः तत्र बलम्।
एकत्र	एक जगह	एकत्र भवनम् वर्तते।
उभयत्र	दोनों जगह	उभयत्र बालकौ स्तः।

2. **कालबोधकानि** (काल/समय बोधक अव्यय)

काल अथवा समय का बोध कराने वाले अव्यय कालबोधक अव्यय कहलाते हैं।

अव्यय	अर्थ	वाक्य प्रयोग
यदा	जब	यदा-कदा अस्माकम् गृहे आगच्छतु भवान्।
तदा	तब	यदा अहम् क्रीड़ाक्षेत्रम् अगच्छम् तदा मम मित्रम् तत्र न आसीत्।
कदा	कब	मरुस्थले यदा कदापि वर्षा न भवति।
सर्वदा	हमेशा	सर्वदा सत्यं वद।
एकदा	एक समय	एकदा शुद्धोधनः नाम राजा अभवत्।
पुरा	पहले/प्राक्	पुरा अत्र एकम् नगरम् आसीत्।
अधुना	इस समय	अधुना अहं पठितुं गच्छामि।
अद्य	आज	अद्य सोमवासरः अस्ति।
श्वः	कल (आने वाला)	श्वः मंगलवासरः भविष्यति।
ह्यः	कल (बीता हुआ)	ह्यः रविवासरः आसीत्।

3. **प्रश्नबोधकानि** (प्रश्न बोधक अव्यय)

जिन अव्यय शब्दों से प्रश्नों के होने का बोध होता है, वे प्रश्नबोधक अव्यय कहलाते हैं।

अव्यय	अर्थ	वाक्य प्रयोग
किम्	क्या	सः किं पठति?
कुत्र	कहाँ	सा कुत्र गच्छति?
कति	कितने	सः मोहनाय कति रूप्यकाणि ददाति?
कदा	कब	त्वं कदा गृहं गमिष्यसि?
कुतः	कहाँ से	त्वं कुतः आगच्छसि?
कथम्	क्यों/कैसे	त्वं कथम् गृहकार्यं न करोषि?
किमर्थम्	किसलिए	किमर्थं प्रलपसि?

4. **अन्यानि** (अन्य अव्यय)

अव्यय	अर्थ	वाक्य प्रयोग
च	और	रामः मोहनश्च विद्यालयं गच्छतः।
अपि	भी	अहमपि त्वया सह क्रीडामि।
यदि	अगर	यदि त्वं गच्छसि तर्हि अहमपि गच्छामि।
तर्हि	तब	त्वं भोजनं खादसि तर्हि अहमपि खादामि।
यथा	जैसे	यथा राजा तथा प्रजा।
तथा	वैसे	यथा कर्मं तथा फलम्।
सम्यक्	अच्छी तरह	त्वं सम्यक् व पठसि।
एव	ही	ईश्वरः एव सर्वं करोति।

अन्य महत्त्वपूर्ण अव्यय शब्द

अव्यय शब्द		अर्थ	अव्यय शब्द		अर्थ
तावत्	=	तब तक	तूष्णीम्	=	चुप
तथापि	=	तो भी	न	=	नहीं
धिक्	=	धिक्कार	नो	=	नहीं
दिवा	=	दिन	ततः	=	वहाँ से
इतः	=	इधर से	आम्	=	हाँ
शीघ्रम	=	जल्दी	सहसा	=	अचानक
व्यर्थ	=	अर्थहीन (बेकार)	अति	=	अधिक
अहो	=	अहा	आशु	=	जल्दी
पुनः	=	फिर	परम्	=	परन्तु

अव्यय शब्द	अर्थ	अव्यय शब्द		अर्थ
सायम्	= शाम (का समय)	अतः	=	इसलिए
भूयः	= फिर	बाढ़म्	=	हाँ
अधः	= नीचे	इव	=	तरह
इतस्ततः	= इधर-उधर	इदानीम्	=	इस समय
चेत्	= यदि	खलु	=	निश्चय ही
यत	= कि	शतसः	=	सैकड़ों
हि	= वस्तुतः	स्म	=	था
सम्प्रति	= इस समय	शनैः शनैः	=	धीरे-धीरे
सह	= साथ	उपरि	=	ऊपर
उच्चै	= जोर से	एवं	=	इस प्रकार
अथवा	= या	ननु	=	ही
नित्यम्	= रोज	नूनम्	=	निश्चय ही
निकटे	= पास में	नाना	=	भिन्न-भिन्न
विना	= बिना	नमः	=	नमस्कार
नहि	= नहीं	प्रातः	=	सुबह
बहुधा	= बहुत बार	मा	=	नहीं
मिथ्या	= झूठ	यतः	=	क्योंकि
यावत्	= जब तक			

साधित उदाहरणम्

बहुविकल्पीय प्रश्नाः

I. अधोलिखितेषु वाक्येषु रिक्तस्थानानि पूरयत।
(निम्नलिखित वाक्यों में रिक्त स्थानों की पूर्ति कीजिए।)

1. मोहनः पवित्रे! विद्यालये अवकाशः ······ भविष्यति?

(अ) कदा (ब) यदा
(स) तदा (द) अपि

उत्तराणि (अ) कदा

2. पवित्रा-मोहन! ······ रविवासरः अस्ति। अव विद्यालये अवकाशः रविवासरे भविष्यति।

(अ) श्वः (ब) अद्य
(स) ह्यः (द) परश्वः

उत्तराणि (अ) श्वः

3. पत्रवाहकः ······· पत्राणि दातुं गच्छति।

(अ) श्वः (ब) ह्यः
(स) इदानीम् (द) अद्य

उत्तराणि (स) इदानीम्

4. यदि मेघः गर्जति ······· मयूराः नृत्यन्ति।

(अ) अपि (ब) तर्हि
(स) तदा (द) एव

उत्तराणि (ब) तर्हि

5. अहम् ······ आँग्लभाषां पठामि।

(अ) अधुना (ब) तदा
(स) कदा (स) अद्य

उत्तराणि (अ) अधुना

6. ········ निरीक्षकेन निर्णयः न करणीयः।

(अ) अधुना (ब) अपि
(स) श्वः (द) सहसा

उत्तराणि (द) सहसा

7. सा गणितम् ······ पठितुम् इच्छति।

(अ) सहसा (ब) श्वः
(स) अपि (द) इदानीम्

उत्तराणि (स) अपि

लघुउत्तरीयत्मक प्रश्नाः

II. अधोलिखितानि वाक्यानि अव्यय-पदैः पूरयत।
(निम्नलिखित वाक्यों को अव्यय पदों के माध्यम से पूरा कीजिए।)

1. त्वं यावत् विद्यालयं गच्छसि (i) ...... अध्यापकः पाठयति।
   उत्तराणि तावत्
2. विद्यां विना संसारे (ii) ...... किमपि न लभ्यते।
   उत्तराणि कदापि
3. शिक्षकाः वदन्ति (iii) ...... विद्यया बालकस्य जीवनं सुखमयं भवति।
   उत्तराणि यत्
4. विद्या प्राप्य मानवाः गृहाद् (iv) ...... अपि गच्छन्ति।
   उत्तराणि बहिः
5. ...... विदेशेषु वसन्ति (v) ...... तेषाम् महान् आदरः भवति।
   उत्तराणि यावत्, तावत्

अभ्यास प्रश्नाः

बहुविकल्पीय एवं
वर्णनात्मक प्रश्नों सहित

बहुविकल्पीय प्रश्नाः

I. अधोलिखितेषुवाक्येषु रिक्तस्थानानि पूरयत।
(निम्नलिखित वाक्यों के रिक्त स्थानों की पूर्ति कीजिए।)

1. .... बालिकाः सन्ति?
   (अ) कुत्र (ब) कति
   (स) कदा (द) अत्र
2. विद्वान .... पूज्यते।
   (अ) कुत्र (ब) सर्वत्र
   (स) किमर्थ (द) सम्यक्
3. रामः .... गच्छति?
   (अ) कदा (ब) कुतः
   (स) कुत्र (द) यदा
4. सः .... पठति?
   (अ) कति (ब) अपि
   (स) यथा (द) किम्
5. .... अजाः सन्ति।
   (अ) कुत्र (ब) कुतः
   (स) अन्यत्र (द) सम्यक्

लघुउत्तरीय प्रश्नाः

II. अधोलिखितेषु वाक्येषु उचित अव्यय पदेन रिक्त स्थानानि पूरयत।
(निम्नलिखित वाक्यों में उचित अव्यय पद से रिक्त स्थानों की पूर्ति कीजिए।)

1. यत्र जलम् .... मीनाः।
2. त्वं .... पश्यसि?
3. अहं .... एव पठामि।
4. .... वृक्षौ स्तः।
5. अहं .... गन्तुं इच्छामि।
6. .... अशोक नामो राजा बभूवु।
7. .... भवान् प्रीतः .... तव एकस्य चक्षुषः दानम् इच्छामि।
8. .... अत्र एकम् वनम् आसीत्।
9. अहं .... ईश्वरं नमामि।
10. .... त्वं कुत्र गच्छसि?
11. .... बुधवासरः अस्ति।
12. .... गुरुवासरः भविष्यति।
13. .... मंगलवासरः आसीत्।
14. त्वं .... पठसि।
15. सः ब्राह्मणाय .... रूप्यकाणि ददति?
16. त्वं .... विद्यालयं गमिष्यसि?
17. त्वं .... आगच्छसि?
18. त्वं .... तीव्रं धावसि?

III. तालिका प्रदत्त पदानि संयोज्य सप्त-वाक्यानि रचयत्।
(तालिका में दिए गए शब्दों का संयोजन करके सात वाक्यों की रचना कीजिए।)

अहम्	सम्प्रति	कक्षायाम्		क्रीडिष्यामि
	कदापि	कार्यम्		वदानि
	यत्र-तत्र	आपण मार्गे		गच्छेम्
	किमर्थम्	असत्यं	न	वदिष्यामि
	श्वः	कुमित्रम्		करोमि
	मा	क्रीडाक्षेत्रे		भ्रमामि
	यदा	विद्यालये		पठामि

IV. अधोलिखितम् संवादम् अव्यय पदैः पूरयत।
निम्नलिखित हुए संवाद को अव्यय पद की सहायता से पूरा कीजिए।

1. **शिक्षकः** मेघे! कोकिलः, ······ कूजति?
2. **मेघा** ······ वसन्तागमनं भवति ······ कोकिलः कूजति।
3. **शिक्षकः** शोभनम्! कृषकाः ······ नन्दन्ति?
4. **मेघा** ······ सुवृष्टिः भवति ······ कृषकाः नन्दन्ति।
5. **शिक्षकः** साधु! तमः ······ नश्यति?
6. **मेघा** ······ भानुः उदयति ······ तमः नश्यति।
7. **शिक्षकः** अतिशोभनम्! मयुराः ······ नृत्यन्ति?
8. **मेघा** ······ मेघाः गर्जन्ति ······ मयूराः नृत्यन्ति।

V. उचित अव्ययपदैः रिक्तस्थानानि पूरयत।
उचित अव्यय पदों से रिक्त स्थानों की पूर्ति कीजिए।

1. सः ······ वाराणसी गमिष्यति?
2. ग्रामात् ······ एकं सुन्दरं उद्यानम् अस्ति।
3. ध्वनि ······ कुरु।
4. त्वम् ······ समागतोऽसि?
5. ······ परोपकारः क्रियते तावत् शरीरस्य उपयोगः।

VI. मञ्जूषातः समुचितानि अव्ययपदानि चित्वा अधोलिखितवाक्यानि पूरयत।
(मञ्जूषा से समुचित पद चुनकर निम्नलिखित वाक्य पूरा कीजिए।)

- मञ्जूषा कुतः, कति, सर्वत्र, सर्वदा, पुरा।

1. यूयम् ······ पर्यटकाः?
2. ······ तावद् विजयः ?
3. ······ ऋषयः आसन्।
4. सूर्यस्य प्रकाशः ······ भवति।
5. परोपकारः ······ आचरणीयः।

उत्तराणि

I. 1. (अ) कुत्र 2. (ब) सर्वत्र
3. (स) कुत्र 4. (द) किम्
5. (स) अन्यत्र

II. 1. तत्र 2. कुत्र
3. अधुना 4. उभयत्र
5. अधुना 6. एकदा
7. यदि, तर्हि 8. पुरा
9. प्रातः 10. अधुना
11. अद्य 12. श्वः
13. ह्यः 14. सम्यक्
15. कति 16. कदा
17. कुतः 18. कथम्

III. 1. अहम् सम्प्रति क्रीडाक्षेत्रे न क्रीड़िष्यामि।
2. अहम् कदापि असत्यं न वदिष्यामि।
3. अहम् यत-तत्र आपण मार्गे न गच्छेम्।
4. अहम् किमर्थम् कार्यम् न करोमि।
5. अहम् श्वः कक्षायाम् न गच्छेम्।
6. अहम् मा कुमित्रम् वदानि।
7. अहम् यदा विद्यालये न पठामि।

IV. 1. कदा 2. यदा, तदा
3. कदा 4. यदा, तदा
5. कदा 6. यदा, तदा
7. कदा 8. यदा, तदा

V. 1. कदा 2. बहिः
3. मा 4. किमर्थम्
5. यावत्

VI. 1. यूयम् **कति** पर्यटकाः?
2. **कुतः** तावद् विजयः?
3. **पुरा** ऋषयः आसन्।
4. सूर्यस्य प्रकाशः **सर्वत्र** भवति।
5. परोपकारः **सर्वदा** आचरणीयः।

सङ्ख्या

अध्याय 8

8.1 सङ्ख्या से आशय

संस्कृत में ''वचनम् इति संख्या'' अर्थात् वचन का अर्थ संख्या होता है। ''एक'' संख्यावाचक शब्द एकवचनान्त होते हैं। ''द्वि'' संख्यावाचक शब्द द्विवचनान्त होते हैं तथा ''त्रि'' और इससे आगे के शब्द बहुवचनान्त होते हैं।

सङ्ख्या से संबंधित आवश्यक स्मरणीय बातें

- एक से चार तक शब्द (संख्या) तीनों लिंगों में भिन्न-भिन्न होते हैं।
- पाँच से लेकर आगे तक सभी लिंगों में समान होते हैं।
- 'एक' शब्द सदा एकवचन होता है।
- 'दो' शब्द सदा द्विवचन होता है।
- तीन और उससे आगे के शब्द (संख्या) सदा बहुवचन में होते हैं।

सङ्ख्या सम्बन्धित लिंग

अङ्का: एक:–1

विभक्ति:	पुल्लिग	स्त्रीलिंग	नपुंसकलिंग
प्रथमा	एक:	एका	एकम्
द्वितीया	एकम्	एकाम्	एकम्
तृतीया	एकेन	एकया	एकेन
चतुर्थी	एकस्मै	एकस्यै	एकस्मै
पञ्चमी	एकस्मात्	एकस्या:	एकस्मात्
षष्ठी	एकस्य	एकस्या:	एकस्य
सप्तमी	एकस्मिन्	एकस्याम्	एकस्मिन्

अङ्का: द्वि:–2

विभक्ति:	पुल्लिग	स्त्रीलिंग	नपुंसकलिंग
प्रथमा	द्वौ	द्वे	द्वे
द्वितीया	द्वौ	द्वे	द्वे
तृतीया	द्वाभ्याम्	द्वाभ्याम्	द्वाभ्याम्
चतुर्थी	द्वाभ्याम्	द्वाभ्याम्	द्वाभ्याम्
पञ्चमी	द्वाभ्याम्	द्वाभ्याम्	द्वाभ्याम्
षष्ठी	द्वयो:	द्वयो:	द्वयो:
सप्तमी	द्वयो:	द्वयो:	द्वयो:

अङ्का: त्रि–3

विभक्ति	पुल्लिग	स्त्रीलिंग	नपुंसकलिंग
प्रथमा	त्रय:	तिस्र:	त्रीणि
द्वितीया	त्रीन्	तिस्र:	त्रीणि
तृतीया	त्रीभि:	त्रिसृभि:	त्रिभि:
चतुर्थी	त्रिभ्य:	तिसृभ्य:	त्रिभ्य:
पञ्चमी	त्रिभ्य:	तिसृभ्य:	त्रिभ्य:
षष्ठी	त्रयाणाम्	तिसृणाम्	त्रयाणाम्
सप्तमी	त्रिषु	तिसृषु	त्रिषु

अङ्का चतुर्–4

विभक्ति	पुल्लिग	स्त्रीलिंग	नपुंसकलिंग
प्रथमा	चत्वार:	चतस्र:	चत्वारि
द्वितीया	चतुर:	चतस्र:	चत्वारि
तृतीया	चतुर्भि:	चतसृभि:	चतुर्भि:
चतुर्थी	चतुर्भ्य:	चतसृभ्य:	चतुर्भ्य:
पञ्चमी	चतुर्भ्य:	चतसृभ्य:	चतुर्भ्य:
षष्ठी	चतुर्णाम्	चतसृणाम्	चतुर्णाम्
सप्तमी	चतुर्षु	चतसृषु	चतुर्षु

एक से सौ तक संख्या शब्द

अङ्का: शब्दाः	अङ्काः शब्दाः	अङ्काः शब्दाः
1. एकः/एका/एकम्	2. द्वौ/द्वे	3. त्रयः/तिस्रः/त्रीणि
4. चत्वारः/चत्वारि	5. पञ्च	6. षट्
7. सप्त	8. अष्ट	9. नव
10. दश	11. एकादशः	12. द्वादशः
13. त्रयोदशः	14. चतुर्दश	15. पञ्चदश
16. षोडश	17. सप्तदश	18. अष्टादश
19. एकोनविंशतिः	20. विंशतिः	21. एकविंशतिः
22. द्वाविंशतिः	23. त्रयोविंशतिः	24. चतुर्विंशतिः
25 पञ्चविंशतिः	26. षड्विंशतिः	27. सप्तविंशतिः
28. अष्टविंशतिः	29. नवविंशतिः	30. त्रिंशत्
31. एकत्रिंशत्	32. द्वात्रिंशत्	33. त्रयस्त्रिंशत्
34. चतुस्त्रिंशत्	35. पञ्चत्रिंशत्	36. षट्त्रिंशत्
37. सप्तत्रिंशत्	38. अष्टत्रिंशत्	39. नवत्रिंशत्
40. चत्वारिंशत्	41. एकचत्वारिंशत्	42. द्विचत्वारिंशत्
43. त्रिचत्वारिंशत्	44. चतुश्चत्वारिंशत्	45. पञ्चचत्वारिंशत्
46. षट्चत्वारिंशत्	47. सप्तचत्वारिंशत्	48. अष्टचत्वारिंशत्
49. नवचत्वारिंशत्	50. पञ्चाशत्	51. एकपञ्चाशत्
52. द्विपञ्चाशत्	53. त्रिपञ्चाशत्	54. चतुःपञ्चाशत्
55. पञ्चपञ्चाशत्	56. षट्पञ्चाशत्	57. सप्तपञ्चाशत्
58. अष्टपञ्चाशत्	59. एकोनषष्टिः	60. षष्टिः
61. एकषष्टिः	62. द्विषष्टिः	63. त्रिषष्टिः
64. चतुःषष्टिः	65. पञ्चषष्टिः	66. षट्षष्टिः
67. सप्तषष्टिः	68. अष्टषष्टिः	69. नवषष्टिः
70. सप्ततिः	71. एकसप्ततिः	72. द्विसप्ततिः
73. त्रिसप्ततिः	74. चतुः सप्ततिः	75. पञ्चसप्ततिः
76. षट्सप्ततिः	77. सप्तसप्ततिः	78. अष्टसप्ततिः
79. एकोनशीतिः	80. अशीतिः	81. एकाशीतिः
82. द्वयशीतिः	83. त्रयशीतिः	84. चतुरशीतिः
85. पञ्चाशीतिः	86. षडशीतिः	87. सप्ताशीतिः
88. अष्टाशीतिः	89. एकोननवतिः	90. नवतिः
91. एकनवतिः	92. द्विनवतिः	93. त्रिनवतिः
94. चतुर्नवतिः	95. पञ्चनवतिः	96. षण्णवतिः
97. सप्तनवतिः	98. अष्टनवतिः	99. नवनवतिः
100. शतम्	1000. सहस्त्रम्	10000. अयुतम्
100000. लक्षम्		

साधित उदाहरणम्

बहुविकल्पीय प्रश्ना:

I. अधोलिखितेषु वाक्येषु रिक्तस्थानानि विकल्पेभ्य: उचितं संख्याशब्दं चित्वा/लिखत पूरयत।
(निम्नलिखित नीचे लिखे हुए वाक्यों में रिक्त स्थानों की पूर्ति विकल्पों में से उचित संख्या शब्द चुनकर/लिखकर कीजिए।)

1. ....(1) बालिका लिखति।
(अ) एकम् (ब) एका
(स) एक: (द) एकाम्
उत्तराणि (ब) एका

2. क्रीडाक्षेत्रे........(5) बालका: क्रीडन्ति।
(अ) पञ्च (ब) पञ्चं
(स) पञ्चा: (द) पञ्चमं
उत्तराणि (अ) पञ्च

3. दशरथस्य........(3) राज्ञय: आसन्।
(अ) त्रीणि (ब) त्रि
(स) तिस्त्र: (द) त्रय:
उत्तराणि (स) तिस्र:

4. ....महिले फलानि आनयत:।
(अ) द्वौ (ब) द्वा
(स) द्वे (द) द्वि
उत्तराणि (स) द्वे

5. सा........(4) फलानि खादति।
(अ) चत्वारि (ब) चतस्त्र:
(स) चत्वार: (द) चतुराणि
उत्तराणि (अ) चत्वारि

लघुउत्तरीय प्रश्ना:

1. ....(2) अश्वौ तीव्रं धावत:।
उत्तराणि द्वौ (2) अश्वौ तीव्रं धावत:।

2. दशरथस्य........(4) पुत्रा: आसन्।
उत्तराणि दशरथस्य **चत्वार:** (4) पुत्रा: आसन्।

3. वृक्षात्........(1) पक्वं फलं पतति।
उत्तराणि वृक्षात् **एकम्** (1) पक्वं फलं पतति।

4. पाण्डवा: .... (5) आसन्।
उत्तराणि पाण्डवा: **पञ्च** (5) आसन्।

5. पुस्तकालये........(3) मित्राणि पुस्तकं पठन्ति।
उत्तराणि पुस्तकालये **त्रीणि** (3) मित्राणि पुस्तकं पठन्ति।

6. वेदा:........(4) सन्ति।
उत्तराणि वेदा: **चत्वार:** (4) सन्ति।

7. अश्वस्य........(4) पादा: भवन्ति।
उत्तराणि अश्वस्य **चत्वार:** (4) पादा: भवन्ति।

8. उद्याने........(3) बालिका कन्दुकेन क्रीडन्ति।
उत्तराणि उद्याने **तिस्र:** (3) बालिका कन्दुकेन क्रीडन्ति।

9. अत्र........(2) वृक्षौ स्त:।
उत्तराणि अत्र **द्वौ** (2) वृक्षौ स्त:।

10. ....(1) नर्तकी रङ्गमञ्चे नृत्यति।
उत्तराणि एका (1) नर्तकी रङ्गमञ्चे नृत्यति।

11. ....(4) नायिका: नृत्यन्ति।
उत्तराणि चतस्र: (4) नायिका: नृत्यन्ति।

12. ....(2) छात्रौ पुस्तकं पठत:।
उत्तराणि द्वौ (2) छात्रौ पुस्तकं पठत:।

13. ....(3) गजा: धावने असमर्था: सन्ति।
उत्तराणि त्रय: (3) गजा: धावने असमर्था: सन्ति।

14. तत्र........(1) बालक: पठति।
उत्तराणि तत्र **एक:** (1) बालक: पठति।

15. सरोवरे........(4) मत्स्या: आसन्।
उत्तराणि सरोवरे **चतस्र:** (4) मत्स्या: आसन्।

16. .... (1) व्याध: तत्र आसीत्।
उत्तराणि (1) **एक:** व्याध: तत्र आसीत्।

17. एकस्मिन् वृक्षे........(3) शुका: आसन्।
उत्तराणि एकस्मिन् वृक्षे **त्रय:** (3) शुका: आसन्।

18. मानवस्य शरीरे........(2) पादौ स्त:।
उत्तराणि मानवस्य शरीरे **द्वौ** (2) पादौ स्त:।

19. मानवस्य हस्ते .... (5) अङ्गुल्य: भवन्ति।
उत्तराणि मानवस्य हस्ते **पञ्च** (5) अङ्गुल्य: भवन्ति।

20. अस्मिन् वृक्षे........ (2) काकौ तिष्ठत:।
उत्तराणि अस्मिन वृक्षे **द्वौ** (2) काकौ तिष्ठत:।

21. मम........ (4) भ्राता सन्ति।
उत्तराणि मम **चत्वार:** (4) भ्राता सन्ति।

22. मम कक्षायां........ (5) बालिका: सन्ति।
उत्तराणि मम कक्षायां **पञ्च** (5) बालिका: सन्ति।

23. शङ्करस्य........ (3) नेत्राणि सन्ति।
उत्तराणि शङ्करस्य **त्रीणि** (3) नेत्राणि सन्ति।

24. धनस्य........ (3) गतय: भवन्ति।
उत्तराणि धनस्य (3) **तिस्र** गतय: भवन्ति।

25. .... (5) बालका: खादन्ति।
उत्तराणि पञ्च (5) बालका: खादन्ति।

26. **मुखे········ (1) जिह्वा अस्ति।**
उत्तराणि मुखे **एका** (1) जिह्वा अस्ति।

27. **मम पार्श्वे········ (4) पुस्तकानि सन्ति।**
उत्तराणि मम पार्श्वे **चत्वारि** (4) पुस्तकानि सन्ति।

28. **विद्यालये········ (4) शिक्षका: पाठयन्ति।**
उत्तराणि विद्यालये **चत्वार:** (4) शिक्षका: पाठयन्ति।

29. **········ (3) नार्य: मार्गे गच्छन्ति।**
उत्तराणि **तिस्र:** (3) नार्य: मार्गे गच्छन्ति।

30. **मह्यं········ (4) फलानि यच्छ।**
उत्तराणि मह्यं **चत्वारि** (4) फलानि यच्छ।

31. **नासिकायां········ (2) छिद्रे स्त:।**
उत्तराणि नासिकायां **द्वे** (2) छिद्रे स्त:।

32. **स: बालक:········ (1) पत्रं लिखति।**
उत्तराणि स: बालक: **एकम्** (1) पत्र लिखति।

33. **········ (2) बालकौ अत्र आगच्छत:।**
उत्तराणि **द्वौ** (2) बालकौ अत्र आगच्छत:।

34. **गुरुकुले········ (4) छात्रा: वेदान् पठन्ति।**
उत्तराणि गुरुकुले **चत्वार:** (4) छात्रा: वेदान् पठन्ति।

35. **ता:········ (3) बालिका: विद्यालयं गच्छन्ति।**
उत्तराणि ता: **तिस्र:** बालिका: विद्यालयं गच्छन्ति।

36. **वृक्षे········ (4) आम्रफलानि सन्ति।**
उत्तराणि वृक्षे **चत्वारि** (4) आम्रफलानि सन्ति।

37. **········ (3) फलानि मधुराणि सन्ति।**
उत्तराणि **त्रीणि** (3) फलानि मधुराणि सन्ति।

38. **········ (4) महिला: भोजनं पचन्ति।**
उत्तराणि **चतस्र:** (4) महिला: भोजनं पचन्ति।

39. **········ (2) महिले वार्तालापं कुरुत:।**
उत्तराणि **द्वे** (2) महिले वार्तालापं कुरुत:।

40. **मम········ (1) नासिका अस्ति।**
उत्तराणि मम **एका** (1) नासिका अस्ति।

41. **अत्र········ (2) हंसौ विहरत:।**
उत्तराणि अत्र **द्वौ** (2) हंसौ विहरत:।

42. **अत्र········ (3) वर्तिका: तरन्ति।**
उत्तराणि अत्र **तिस्र:** (3) वर्तिका: तरन्ति।

43. **········ (1) बक: अपि अत्र तिष्ठति।**
उत्तराणि **एक:** (1) बक: अपि अत्र तिष्ठति।

44. **अस्मिन् सरोवरे········ (4) कमलानि सन्ति।**
उत्तराणि अस्मिन् सरोवरे **चत्वारि** (4) कमलानि सन्ति।

45. **कृषकस्य ········ (4) पुत्रा: आसन्।**
उत्तराणि कृषकस्य **चत्वार:** (4) पुत्रा: आसन्।

46. **स:········ (1) पत्रं लिखति।**
उत्तराणि स: (1) **एकम्** पत्रं लिखति।

47. **स्यूते········ (3) पुस्तकानि सन्ति।**
उत्तराणि स्यूत (3) **त्रीणि** पुस्तकानि सन्ति।

48. **········ (1) छात्राया: माता आगच्छति।**
उत्तराणि (1) **एकस्या:** छात्राया: माता आगच्छति।

49. **········ (2) बालिके प्रतिदिनं गायत:।**
उत्तराणि (2) **द्वे** बालिके प्रतिदिनं गायत:।

50. **········ (4) बालका: क्रीडन्ति।**
उत्तराणि (4) **चत्वार:** बालका: क्रीडन्ति।

51. **वेदा: ...... (4) सन्ति।**
उत्तराणि वेदा: **चत्वार:** (4) सन्ति।

52. **पुराणानि ...... (18) सन्ति।**
उत्तराणि पुराणानि **अष्टादश** (18) सन्ति।

53. **भास: ...... (13) नाटकानि अलिखत्।**
उत्तराणि भास: **त्रयोदश** (13) नाटकानि अलिखत्।

54. **वृक्षे ...... (3) कोकिला: सन्ति।**
उत्तराणि वृक्षे **तिस्र:** (3) कोकिला: सन्ति।

55. **मासे .... (30) दिनानि भवन्ति।**
उत्तराणि मासे (30) **त्रिंशत्** दिनानि भवन्ति।

56. **ता: ...... (3) स्त्रिय: ग्रामं गच्छन्ति।**
उत्तराणि ता: (3) **तिस्र:** स्त्रिय: ग्रामं गच्छन्ति।

57. **...... (1) उद्याने विंशतिवृक्षा: आसन्।**
उत्तराणि (1) **एकस्मिन्** उद्याने विंशतिवृक्षा: आसन्।

58. **तडागे ...... (4) कमलानि विकसन्ति।**
उत्तराणि तडागे (4) **चत्वारि** कमलानि विकसन्ति।

59. **...... (2) कोकिले कूजत:।**
उत्तराणि (2) **द्वे** कोकिले कूजत:।

60. **वृक्षे ...... (2) काकौ: कूजत:।**
उत्तराणि वृक्षे **द्वौ** (2) काकौ: कूजत:।

अभ्यास प्रश्ना:

बहुविकल्पीय एवं
वर्णनात्मक प्रश्नों सहित

बहुविकल्पीय प्रश्न

I. अधोलिखितवाक्येषु अङ्कानां स्थाने सङ्ख्यावाचकपदैः रिक्तस्थानपूर्तिः कृत्वा पुनः चिनुत।
(निम्नलिखित वाक्यों में अंकों के स्थान पर संख्यावाचक शब्दों से रिक्त स्थानों की पूर्ति करके पुनः चुनिए।)

1. मम विद्यालय········(1) आदर्शः विद्यालयः अस्ति।
(अ) एकः (ब) एका (स) एकं (द) एकां

2. नीडे········(2) चटके स्तः।
(अ) द्वौ (ब) द्वे (स) द्वें (द) द्वि

3. विद्यालये ········ (4) विशाल वृक्षाः सन्ति।
(अ) चतस्त्रः (ब) चत्वारि (स) चत्वारः (द) चत्वाराः

4. ········(4) छात्राः क्रीडास्थले क्रीडन्ति।
(अ) चत्वारि (ब) चत्वारः (स) चतस्त्रः (द) चत्वाराः

5. इदं ········(1) पुस्तकं मम अस्ति।
(अ) एकम् (ब) एका (स) एकः (द) एक

6. कालिदासः········(3) नाटकानि अलिखत।
(अ) त्रयम (ब) त्रीणि (स) त्रि (द) त्रयः

7. तरौ ········ (5) पक्षिणः कूजन्ति।
(अ) पञ्च (ब) पञ्चाः (स) पञ्चं (द) पञ्चमं

8. ताः ········ (3) स्त्रियः नगरं गच्छन्ति।
(अ) त्रीणि (ब) तिस्त्रः (स) त्रयः (द) त्रि

9. ········ (2) गजौ चलतः।
(अ) द्वौ (ब) द्वे (स) द्वा (द) द्वि

10. .... (1) पेयं दीयताम्।
(अ) एकम् (ब) एकः (स) एका (द) एक

11. दशरथस्य ········ (4) पुत्राः आसन्।
(अ) चत्वारः (ब) चत्वारि (स) चतस्त्रः (द) चतुराणि

12. मानवस्य ········ (2) हस्तौ भवतः।
(अ) द्वौ (ब) द्वे (स) द्वा (द) द्वि

13. विद्यालये········ (3) प्रयोगशालाः सन्ति।
(अ) तिस्त्रः (ब) त्रयः (स) त्रीणि (द) त्रि

14. अहं ········ (3) पुष्पाणि पश्यामि।
(अ) त्रय (ब) तिस्त्रः
(स) त्रीणि (द) त्रि

15. अस्मिन् उद्याने········ (5) आम्रवृक्षाः सन्ति।
(अ) पञ्चं (ब) पञ्चाः
(स) पञ्च (द) पञ्चमं

16. अस्य विद्यालयस्य········ (1) प्रमुखं प्रवेशद्वारम् अस्ति।
(अ) एकम् (ब) एकः (स) एका (द) एक

17. रमेशः········ (4) पुस्तकानि लिखति।
(अ) चत्वारि (ब) चतुराणि (स) चत्वारः (द) चतस्त्रः

18. ········ (1) छात्रः विद्यालयं गच्छति।
(अ) एकः (ब) एकम् (स) एका (द) एक

19. वृक्षात्········ (5) फलानि पतन्ति।
(अ) पञ्च (ब) पञ्चाः (स) पञ्चमं (द) पञ्चं

20. विद्यालये········ (4) वृक्षाः अशोकस्य सन्ति।
(अ) चत्वारः (ब) चतस्त्रः (स) चत्वारि (द) चतुराणि

लघुउत्तरीय प्रश्नाः

II. अधोलिखितवाक्येषु अङ्कानां स्थाने सङ्ख्यावाचकपदैः रिक्तस्थानपूर्तिः कृत्वा पुनः लिखत।
(निम्नलिखित वाक्यों में अंकों के स्थान पर संख्यावाचक शब्दों से रिक्त स्थानों की पूर्ति करके पुनः लिखिए।)

1. विद्यालयस्य········ (3) सहायकद्वाराणि अपि सन्ति।
2. उद्याने········ (3) बालिकाः क्रीडन्ति।
3. ········ (2) बालिके तत्र क्रीडतः।
4. विद्यालय········ (1) सुयोग्यः प्रधानाचार्यः अस्ति।
5. वेदाः········ (4) सन्ति।
6. वृक्षे········ (3) कोकिलाः सन्ति।
7. मम हस्ते········(2) फले स्तः।
8. ········ (2) व्याघ्रौ मृगं हन्ति।
9. ········ (2) बालकौ नदीं पश्यतः।
10. शिशु········ (4) मोदकानि खादति।
11. भवन्तौ········ (2) फले खादत।
12. रामस्य········ (2) पुत्रौ आस्ताम्।

13. त्वं ········ (2) पत्रे लिखसि।

14. विद्यालये ········ (2) क्रीडाक्षेत्रे अपि स्तः।

15. विद्यालये ········ (3) उद्यानानि अपि सन्ति।

16. विद्यालयस्य कार्यालये ········ (3) लिपिकाः सन्ति।

17. अस्माकं कक्षायां ········ (5) बालिकाः पठन्ति।

18. ········ (4) अजाः चरन्ति।

19. वयं ········ (3) सन्ति।

20. ········ (1) मालाकारः स्रजं रचयति।

21. अत्र ········ (1) साधु वसति।

22. दशरथस्य ········ (3) भार्याः आसन्।

23. तत्र ········ (3) कपोताः उड्डयन्ति।

24. ········ (4) महिलाः विद्यालये कार्यं कुर्वन्ति।

25. नद्यां ········ (3) नौकाः तरन्ति।

26. मम गृहे ········ (5) महिलाः सन्ति।

27. गजस्य ········ (2) दन्तौ भवतः।

28. विद्यालये ········ (3) शिक्षिकाः अपि सन्ति।

29. उद्याने ········ (1) वृक्षस्य शाखायां कोकिला कूजति।

30. जनाः········ (2) नेत्राभ्यां पश्यन्ति।

उत्तराणि

I.
1. (अ) एकः
2. (ब) द्वे
3. (स) चत्वारः
4. (स) चतस्रः
5. (अ) एकम्
6. (ब) त्रीणि
7. (अ) पञ्च
8. (ब) तिस्रः
9. (अ) द्वौ
10. (अ) एकम्
11. (अ) चत्वारः
12. (अ) द्वौ
13. (अ) तिस्रः
14. (स) त्रीणि
15. (स) पञ्च
16. (अ) एकम्
17. (अ) चत्वारि
18. (अ) एकः
19. (अ) पञ्च
20. (अ) चत्वारः

II.
1. विद्यालयस्य **त्रीणि** (3) सहायकद्वाराणि अपि सन्ति।
2. उद्याने **तिस्रः** (3) बालिकाः क्रीडन्ति।
3. **द्वे** (2) बालिके तत्र क्रीडतः।
4. विद्यालये **एकः** (1) सुयोग्यः प्रधानाचार्यः अस्ति।
5. वेदाः **चत्वारः** (4) सन्ति।
6. वृक्षे **तिस्रः** (3) कोकिलाः सन्ति।
7. मम हस्ते **द्वे** (2) फले स्तः।
8. **द्वौ** (2) व्याघ्रौ मृगं हन्ति।
9. **द्वौ** (2) बालकौ नदीं पश्यतः।
10. शिशु **चत्वारि** (4) मोदकानि खादति।
11. भवन्तौ **द्वे** (2) फले खादत।
12. रामस्य **द्वौ** (2) पुत्रौ आस्ताम्।
13. त्वं **द्वे** (2) पत्रे लिखसि।
14. विद्यालये **द्वे** (2) क्रीडाक्षेत्रे अपि स्तः।
15. विद्यालये **त्रीणि** (3) उद्यानानि अपि सन्ति।
16. विद्यालयस्य कार्यालये **त्रयः** (3) लिपिकाः सन्ति।
17. अस्माकं कक्षायां **पञ्च** (5) बालिकाः पठन्ति।
18. **चतस्रः** (4) अजाः चरन्ति।
19. वयं **त्रयः** (3) सन्ति।
20. **एकः** (1) मालाकारः स्रजं रचयति।
21. **अत्र एकः** (1) साधु वसति।
22. दशरथस्य **तिस्रः** (3) भार्याः आसन्।
23. तत्र **त्रयः** (3) कपोताः उड्डयन्ति।
24. **चतस्रः** (4) महिलाः विद्यालये कार्यं कुर्वन्ति।
25. नद्यां **तिस्रः** (3) नौकाः तरन्ति।
26. मम गृहे **पञ्च** (5) महिलाः सन्ति।
27. गजस्य **द्वौ** (2) दन्तौ भवतः।
28. विद्यालये **तिस्रः** (3) शिक्षिकाः अपि सन्ति।
29. उद्याने **एकस्य** (1) वृक्षस्य शाखायां कोकिला कूजति।
30. जनाः **द्वाभ्याम्** (2) नेत्राभ्यां पश्यन्ति।

वन्दना

तमीश्वराणां परमं महेश्वरम्
तं देवतानां परमं च दैवतम्।
पतिं पतीनां परमं परस्तात्
विदाम देवं भुवनेशमीड्यम् ।। 1 ।।

शब्दार्थाः ईश्वराणाम् = स्वामियों के, महेश्वरम् = स्वामी को, दैवतम् = देवता को, परस्तात् = परे, विदाम = जानें, ईड्यम् = स्तुति के योग्य।

स्वामियों के उस परम स्वामी, तथा देवताओं के उस परम देवता, पतियों के परम पति, इस संसार के परे निवास करने वाले, स्तुति करने योग्य, संसार के स्वामी, दिव्य गुणों से युक्त परमात्मा को म जानें

एको वशी सर्वभूतान्तरात्मा
एकं रूपं बहुधा यः करोति।
तमात्मस्थं येऽनुपश्यन्ति धीरा-
स्तेषां सुखं शाश्वतं नेतरेषाम् ।। 2 ।।

शब्दार्थाः वशी = जितेन्द्रिय, बहुधा = अनेक प्रकार से, आत्मस्थम् = आत्मा में स्थित, शाश्वतम् = स्थायी, इतरेषाम् = अन्य का।

एकमात्र जितेन्द्रिय, सब प्राणियों की अन्तरात्मा, जो एक रूप को अनेक रूपों से धारण करता है, उसको, जो बुद्धिमान् लोग अनुष्ठानपूर्वक अपनी आत्मा में स्थित देखते हैं, उन्हें स्थायी सुख प्राप्त होता है, दूसरों को नहीं।

न तत्र सूर्यो भाति न चन्द्रतारकं
नेमा विद्युतो भान्ति कुतोऽयमग्निः।
तमेव भान्तमनुभाति सर्वं
तस्य भासा सर्वमिदं विभाति ।। 3 ।।

शब्दार्थाः भाति = चमकता है, चन्द्रतारकम् = चाँद और तारे, विद्युतः = बिजलियाँ, कुतः = कहाँ, भान्तम् = चमकते हुए को, भासा = चमक से, विभाति = चमकता है।

वहाँ न सूर्य चमकता है, न चाँद तारे, न ये बिजलियाँ चमकती हैं, यह अग्नि कहाँ से चमक सकती है? उस चमकती हुई ब्रह्मज्योति के पीछे सब चमकता है। उस ब्रह्म के प्रकाश से ही यह सब चमकता है।

अविवेक: परमापदां पदम्

(विवेकहीनता बड़ी विपत्तियों का स्थान होती है।)

अध्याय 1

पाठ परिचय

ततस्तेन नकुलेन बालसमीपमुपसर्पन् कृष्णसर्पो दृष्ट:।

ऋचा व्योम! एकं प्रश्नं पृच्छामि। क: स: पशु: य: सर्पस्य शत्रु:?

व्योम: ऋचे! गरुड: सर्पं भक्षयति। मयूर: अपि अहिभुक् कथ्यते।

ऋचा व्योम! एतौ तु खगौ, न तु पशु।

व्योम: आम्! ज्ञातम्। एष: नकुल: सर्पस्य शत्रु: यस्य चित्रम् अत्र दत्तम्।

ऋचा इदानीं वद, किम् अस्यां कथायां सर्प: बालं दशति अथवा नकुल: सर्पं मारयति?

व्योम: एतत् तु कथां पठित्वा एव ज्ञास्याम: परन्तु प्रथमम् एतत् वद—कुत: गृहीता एषा कथा?

ऋचा मम आचार्या अकथयत्—एषा कथा हितोपदेशात् गृहीता। तत्र अनेका: मनोरञ्जका: नीतिकथा: सन्ति।

व्योम: बाढम्। पाठं पठित्वा तव प्रश्नस्य उत्तरं दास्यामि।

ऋचा शोभनम्! अधुना पाठं पठाम:।

शब्दार्था: नकुलेन = नेवले के द्वारा, उपसर्पन् = रेंगता हुआ, कृष्ण: = काला, गरुड: = एक पक्षी, अहिभुक् = सर्प भक्षी, दशति = डँसता है।

हिंदी अनुवाद

तत्पश्चात् उस नेवले के द्वारा बालक के पास सरकता हुआ काला साँप देखा गया।

ऋचा व्योम! एक प्रश्न पूछती हूँ। वह कौन-सा पशु है, जो साँप का शत्रु है?

व्योम ऋचा! गरुड़ साँप को खाता है। मोर भी साँप को खाने वाला ही कहा जाता है।

ऋचा व्योम! ये दोनों तो पक्षी हैं न कि पशु।

व्योम हाँ! जानता हूँ। यह नेवला साँप का शत्रु है, जिसका चित्र मणिका पाठ्यपुस्तक में दिया गया है।

ऋचा अब बोलो, क्या इस कहानी में साँप बालक को काटता है या नेवला साँप को मारता है?

व्योम यह तो कहानी को पढ़कर ही जानेंगे, परंतु पहले यह बताओ—यह कहानी कहाँ से ली गई है?

ऋचा मेरी अध्यापिका (आचार्या) कहती थीं—यह कहानी हितोपदेश से ली गई है। उसमें अनेक मनमोहक नीतियुक्त कहानियाँ हैं।

व्योम ठीक है। पाठ को पढ़कर तुम्हारे प्रश्न का उत्तर दूँगा।

ऋचा सुंदर! अब पाठ पढ़ते हैं।

पाठ का सार प्रस्तुत पाठ हितोपदेश से लिया गया है। हितोपदेश में अनेक मनोरंजक नीति कथाएँ संकलित हैं। प्रस्तुत पाठ में बताया गया है कि प्रत्येक परिस्थिति में विवेक सदैव बना रहना चाहिए। अविवेक का परिणाम केवल पश्चाताप होता है, जबकि विवेक का परिणाम सुखद होता है।

पाठ में एक निर्धन ब्राह्मण की मजबूरी का वर्णन किया गया है जो थोड़ी-सी दक्षिणा के लालच में अपने पुत्र को पालतू नेवले के संरक्षण में अकेला छोड़कर राजा के यहाँ श्राद्ध करने चला जाता है। श्राद्ध करके लौटने पर वह नेवले के मुँह और पैरों को खून से लथ-पथ देखकर बिना सोचे-समझे उसे मार देता है। कुछ समय पश्चात् जब वह ब्राह्मण अंदर जाता है और अपने पुत्र को सकुशल पाता है, तब वह सोचता है कि नेवले ने मेरे पुत्र की रक्षा हेतु केवल साँप को मारा है न कि मेरे पुत्र को मारा है। इस प्रकार अविवेक के द्वारा किए गए कार्य पर उसको पछताना पड़ता है। अत: इस पाठ से हमें यह शिक्षा मिलती है कि विवेक (बुद्धि) पर हमारा नियंत्रण होना चाहिए।

पाठ का हिंदी अनुवाद

1. अस्ति उज्जयिन्यां माधव: नाम विप्र:। एकदा तस्य भार्या स्वबालापत्यस्य रक्षार्थं तम् अवस्थाप्य स्नातुं गता। अथ ब्राह्मण: राज्ञा श्राद्धार्थं निमन्त्रित:। ब्राह्मण: सहजदारिद्र्यात् अचिन्तयत्—"यदि सत्वरं न गच्छामि तर्हि अन्य: कश्चित् श्राद्धार्थं वृत: भवेत्"। यत:—

शब्दार्था: अस्ति = था, विप्रः = ब्राह्मण, बालापत्यस्य = बालक का, रक्षार्थं = रक्षा के लिए, अवस्थाप्य = नियुक्त करके, रक्षार्थम् = रक्षा के लिए, अवस्थाप्य = नियुक्त करके, स्नातुं गता = स्नान करने गई, सहजदारिद्र्यात् = जन्म से प्राप्त गरीबी के कारण, सत्वरम् = शीघ्र, वृतः भवेत् = चुना जा सकता है, यतः = क्योंकि।

हिंदी अनुवाद उज्जयिनी (वर्तमान में उज्जैन) में माधव नाम का एक ब्राह्मण रहता था। एक बार माधव की पत्नी अपने छोटे बालक (संतान) की रक्षा के लिए उसे (माधव को उसकी रक्षा के लिए) नियुक्त करके स्नान करने के लिए चली गई। तत्पश्चात् ब्राह्मण (माधव) को राजा द्वारा श्राद्ध क्रिया संपन्न कराने के लिए उसी समय आमंत्रित किया गया। ब्राह्मण अपनी गरीबी के कारण सोचने लगा—"यदि मैं शीघ्र नहीं जाऊँगा, तो कोई दूसरा ब्राह्मण श्राद्ध के लिए आ जाएगा"। क्योंकि—

2. आदानस्य प्रदानस्य कर्त्तव्यस्यच कर्मण:।
क्षिप्रमक्रियमाणस्य काल: पिबति तद्रसम्।।

शब्दार्था: आदानस्य = लेने का, प्रदानस्य = देने का, कर्त्तव्यस्य = करने योग्य का, कर्मणः = कर्म का, क्षिप्रम = तुरंत, अक्रियमाणस्य = न किए जाते हुए कार्य का, कालः = समय, पिबति = पी जाता है।

अन्वय: आदानस्य, प्रदानस्य, क्षिप्रम् अक्रियमाणस्य च कर्त्तव्यस्य कर्मण: तद्रसम् काल: पिबति।

हिंदी अनुवाद लेन-देन या करने योग्य कर्म को यदि उचित समय पर शीघ्रता से नहीं किया जाता है, तो समय उस लेन-देन या कर्म के महत्त्व को पी जाता है अर्थात् उसको नष्ट कर देता है।

3. किन्तु बालस्य अत्र रक्षक: नास्ति। तत् किं करोमि? भवतु, चिरकालपालितम् इमं पुत्रनिर्विशेषं नकुलं बालरक्षायां व्यवस्थाप्य गच्छामि। तथा कृत्वा गत:। ततस्तेन नकुलेन बालसमीपम् उपसर्पन् कृष्णसर्प: दृष्ट:। स तं व्यापाद्य खण्डश: कृतवान्। अत्रान्तरे ब्राह्मणोऽपि श्राद्धं गृहीत्वा गृहम् उपावृत्त:। ब्राह्मणं दृष्ट्वा नकुल: रक्त-विलिप्त-मुख-पाद: तस्य चरणयो: अलुठत्। विप्र: तथाविधं तं दृष्ट्वा बालकोऽनेन खादित: इति अवधार्य कोपात् नकुलं व्यापादितवान्। अनन्तरं यावत् उपसृत्य अपत्यं पश्यति तावद् बालक: सुस्थ: सर्पश्च व्यापादित: तिष्ठति। तत: तम् उपकारकं नकुलं मृतं निरीक्ष्य आत्मानंमुषितं मन्यमान: ब्राह्मण: परं विषादम् अगच्छत्। अत उच्यते—

शब्दार्था: रक्षकः = रक्षा करने वाला, भवतु = अच्छा, चिरकालपालितम् = लंबे समय से पाला हुआ, पुत्रनिर्विशेषम् = पुत्र के समान, नकुलम् = नेवला, व्यवस्थाप्य = नियुक्त करके, ततः = उसके बाद, उपसर्पन् = सरकता हुआ, कृष्णसर्पः = काला साँप, दृष्टः = देखा गया, व्यापाद्य = मारकर, खण्डशः = टुकड़े-टुकड़े, उपावृत्तः = लौट आया, रक्तविलिप्तमुखपादः = रक्त से सने हुए मुख और पैर वाला, तस्यचरणयोः = उसके पैरों में, अलुठत् = लौटने लगा, तथाविधं = उस प्रकार (खून से लथपथ मुख व पैर वाले) उसको, खादितः = खाया गया है, अवधार्य = निश्चय करके, कोपात् = क्रोध से, व्यापादितवान् = मार डाला, अपत्यम् = संतान को, सुस्थं = स्वस्थ, उषितम् = ठगा हुआ, विषादम्-अच्छत् = दुःख को प्राप्त हुआ।

हिंदी अनुवाद परंतु यहाँ बालक की रक्षा करने वाला कोई नहीं है, तो क्या करूँ? अच्छा, लम्बे समय से पुत्र के समान पाले हुए इस नेवले को बालक की रक्षा के लिए नियुक्त करके जाता हूँ। ऐसा करके वह चला गया। इसके बाद उस नेवले ने एक काले साँप को बालक के पास जाते हुए देखा। उसने (नेवले ने) साँप को मारकर उसके टुकड़े-टुकड़े कर दिए। कुछ समय पश्चात् ब्राह्मण भी वापस आ गया। ब्राह्मण को देखकर खून से सने हुए मुख व पैरों वाला नेवला उसके चरणों में लेट गया। ब्राह्मण ने उसको (नेवले को) इस दशा में देखकर सोचा कि इसने बालक को खा लिया है और क्रोध में आकर ब्राह्मण ने नेवले को मार दिया। नेवले को मारने के पश्चात् जब वह अपनी संतान के पास जाकर देखता है, तब वह बालक को सकुशल और साँप को मरा हुआ पाता है। यह देखकर वह अपने आपको ठगा हुआ सा महसूस करके बहुत दु:खी होता है। इसलिए कहा गया है कि—

4. सहसा विदधीत न क्रियामविवेक: परमापदां पदम्।
वृणते हि विमृश्यकारिणं गुणलुब्धा: स्वयमेव सम्पद:।।

शब्दार्था: सहसा = एकदम, बिना सोचे, विदधीत = करना चाहिए, न = नहीं, अविवेकः = विवेक (ज्ञान), शून्यता, आपदाम् = मुसीबतों का, परम् = सबसे बड़ा, पदम् = स्थान, हि = निश्चय ही, वृणते = वरण करती है, विमृश्यकारिणम् = विचारपूर्वक कार्य करने वाले को, गुणालुब्धाः = गुणों द्वारा आकृष्ट, सम्पदः = संपत्ति।

अन्वय: क्रियाम् सहसा न विदधीत, अविवेक: परम् आपदाम् पदम् (अस्ति)। गुणलुब्धा: सम्पद: स्वयम् एव विमृश्यकारिणम् (नरम्) हि वृणते।

हिंदी अनुवाद अचानक क्रोध में आकर बिना सोचे-समझे कोई कार्य नहीं करना चाहिए अर्थात् अविवेकपूर्ण कार्य करने से बड़ी-बड़ी विपत्तियाँ मनुष्य को घेर लेती हैं। इसके विपरीत निश्चित ही सोच-समझकर विवेकपूर्ण कार्य करने वाले व्यक्ति के गुणों पर आकृष्ट होकर संपत्तियाँ स्वयं ही उसका वरण कर लेती हैं।

मणिका-पाठ्यपुस्तकम् प्रश्नोत्तरा:

मणिका पाठ्य-पुस्तक के प्रश्नोत्तर

प्र.1 अधोलिखितप्रश्नानाम् उत्तराणि एकपदेन लिखत।
(निम्नलिखित प्रश्नों के उत्तर एक पद में लिखिए।)
(क) उज्जयिन्यां किं नाम विप्रः अवसत्?
(ख) माधवः केन श्राद्धार्थं निमन्त्रितः?
(ग) अक्रियमाणस्य कर्त्तव्यस्य रसं कः पिबति?
(घ) 'किं करोमि' इति कः चिन्तयति?
(ङ) कृष्णसर्पः केन दृष्टः?
(च) नकुलं कः व्यापादितवान्?
(छ) सम्पदः कं वृणते?

उत्तराणि
(क) माधवः (ख) राज्ञा (ग) कालः
(घ) ब्राह्मणः (ङ) नकुलेन (च) ब्राह्मणः
(छ) विमृश्यकारिणं

प्र.2 अधोलिखितप्रश्नानाम् उत्तराणि पूर्णवाक्येन लिखत।
(निम्नलिखित प्रश्नों के उत्तर पूर्ण वाक्य में लिखिए।)
(क) ब्राह्मणः बालकस्य रक्षायै कम् उपायम् अचिन्तयत्?
(ख) ब्राह्मणेन अविचार्य किं कृतम्?
(ग) कालः कस्य रसं पिबति?
(घ) कीदृशः नकुलः ब्राह्मणस्य चरणयोः अलुठत्?
(ङ) नकुलेन कः व्यापादितः?
(च) परमापदां पदं किम्?
(छ) सम्पदः कीदृश्यः भवन्ति?

उत्तराणि
(क) ब्राह्मणः बालकस्य रक्षायै चिरकालपालितं पुत्रनिर्विशेषं नकुलम् अवस्थाप्य राजभवनं गन्तुम् अचिन्तयत्।
(ख) ब्राह्मणः अविचार्य नकुलं व्यापादितवान्।
(ग) क्षिप्रक्रियमाणस्य रसं कालः पिबति।
(घ) रक्त-विलिप्त-मुख-पादः नकुलः ब्राह्मणस्य चरणयोः अलुठत्।
(ङ) नकुलेन सर्पः व्यापादितः।
(च) अविवेकः परमापदां पदम्।
(छ) विमृश्यकारिणं गुणालुब्धाः सम्पदः वृणते।

प्र.3 अधोलिखितवाक्येषु स्थूलपदानि आश्रित्य प्रश्ननिर्माणं कुरुत।
(निम्नलिखित वाक्यों में स्थूल पदों को आश्रित करके प्रश्न निर्माण कीजिए।)
(क) माधवः **उज्जयिन्याम्** अवसत्।
(ख) ब्राह्मणी शिशोः रक्षार्थं **ब्राह्मणं** नियोज्य स्नातुं गता।
(ग) ब्राह्मणः **दारिद्र्यात्** अचिन्तयत्।
(घ) यदि कार्यं क्षिप्रं न क्रियते तदा कालः **तस्य** रसं पिबति।
(ङ) स ब्राह्मणः **नकुलं** बालरक्षायाम् व्यवस्थापयत्।
(च) नकुलः समीपम् आगच्छन्तं **कृष्णसर्पम्** अमारयत्।
(छ) नकुलस्य मुखं पादाः च **रक्तेन** विलिप्ताः।

उत्तराणि
(क) कुत्र (ख) कम्
(ग) कस्मात् (घ) कस्य
(ङ) कम् (च) कम्
(छ) केन

प्र.4 अधोलिखितप्रश्नान् यथानिर्देशम् उत्तरत।
(निम्नलिखित प्रश्नों के निर्देशानुसार उत्तर दीजिए।)
(क) 'अस्ति उज्जयिन्यां माधवः नाम विप्रः।' अस्मिन् वाक्ये किं क्रियापदं प्रयुक्तम्?
(ख) 'किन्तु बालस्य अत्र रक्षकः नास्ति।' अत्र किं कर्तृपदं वर्तते?
(ग) 'ब्राह्मणं दृष्ट्वा नकुलः रक्तविलिप्तमुखपादः तस्य चरणयोः अलुठत्।' अस्मिन् वाक्ये किं विशेष्यपदं प्रयुक्तम्?
(घ) 'अत्रान्तरे ब्राह्मणोऽपि श्राद्धं गृहीत्वा गृहम् उपावृत्तः।' अत्र 'दत्त्वा' इति पदस्य किं विलोमपदं प्रदत्तम् अस्ति?
(ङ) 'बालकः सुस्थः सर्पश्च व्यापादितः तिष्ठति।' अत्र 'बालकः सुस्थः' इत्यनयोः पदयोः किं विशेषणपदम् अस्ति?
(च) 'यदि सत्वरं न गच्छामि' इत्यत्र 'शीघ्रम्' इति पदस्य किं पर्यायपदं प्रयुक्तम्?

उत्तराणि
(क) अस्ति (ख) रक्षकः
(ग) नकुलः (घ) गृहीत्वा
(ङ) सुस्थः (च) सत्वरं

प्र.5 घटनाक्रमानुसारं वाक्यानि पुस्तिकायां लिखत।
(घटनाक्रमानुसार वाक्यों को पुस्तिका में लिखिए।)
(क) ब्राह्मणः नकुलं बालरक्षार्थं व्यवस्थाप्य गच्छति।
(ख) उज्जयिन्यां माधवो नाम विप्रः वसति।
(ग) ब्राह्मणः श्राद्धं गृहीत्वा प्रत्यागच्छति।
(घ) ब्राह्मणः श्राद्धार्थं राज्ञा निमन्त्रितः भवति।
(ङ) ब्राह्मणः श्राद्धार्थं राज्ञः प्रासादं गच्छति।
(च) नकुलः बालकस्य समीपम् आगच्छन्तं सर्पं मारयति।
(छ) ब्राह्मणः सुस्थं पुत्रं दृष्ट्वा विषादमनुभवति।
(ज) नकुलस्य मुखं रक्तविलिप्तं भवति।
(झ) ब्राह्मणः रक्तविलिप्तमुखं नकुलं दृष्ट्वा चिन्तयति-'नूनं खादितः मे पुत्रः अनेन नकुलेन।'
(ञ) सहसा क्रियां न विदधीत।

उत्तराणि

(क) उज्जयिन्यां माधवो नाम विप्रः वसति।

(ख) ब्राह्मणः श्राद्धार्थं राज्ञा निमन्त्रितः भवति।

(ग) ब्राह्मणः नकुलं बालरक्षार्थं व्यवस्थाप्य गच्छति।

(घ) ब्राह्मणः श्राद्धार्थं राज्ञः प्रासादं गच्छति।

(ङ) नकुलः बालकस्य समीपम् आगच्छन्तं सर्पं मारयति।

(च) ब्राह्मणः श्राद्धं गृहीत्वा प्रत्यागच्छति।

(छ) नकुलस्य मुखं रक्तविलिप्तं भवति।

(ज) ब्राह्मणः रक्तविलिप्तमुखं नकुलं दृष्ट्वा चिन्तयति—'नूनं खादितः मे पुत्रः अनेन नकुलेन'।

(झ) ब्राह्मणः सुस्थं पुत्रं दृष्ट्वा विषादमनुभवति।

(ञ) सहसा क्रियां न विदधीत।

प्र.6 **अधोलिखितकथनयोः उचित भावार्थं (✓) इति चिह्नेन प्रदर्शयत।**
(अधोलिखित कथनों में उचित भावार्थ का (✓) के चिह्न से प्रदर्शित कीजिए।)

(अ) सहसा विदधीत न क्रियाम्—

(i) कार्यं सर्वदा एव विचार्य कर्त्तव्यम्।

(ii) कार्यं यदा-कदा एव विचार्य कर्त्तव्यम्।

(iii) कानिचित् कार्याणि एव विचार्य कर्त्तव्यानि न तु सर्वाणि।

(ब) क्षिप्रमक्रियमाणस्य कालः पिबति तद्रसम्—

(i) कालः कार्यस्य आनन्दं नाश्यति।

(ii) कार्यस्य आनन्दः स्वयम् एव नश्यति।

(iii) कार्यस्य स्वादः न्यूनः भवति।

उत्तराणि

(अ) (i) कार्यं सर्वदा एव विचार्य कर्त्तव्यम्।

(ब) (i) कालः कार्यस्य आनन्दं नाश्यति।

प्र.7 **समुचितप्रतीपमेलनं कुरुत।**
(समुचित विलोम शब्दों से मेल कीजिए।)

सूची (अ)		**सूची** (ब)	
(क)	आदानम्	(i)	दूरम्
(ख)	समीपम्	(ii)	अपसृत्य
(ग)	दारिद्र्यम्	(iii)	अविवेकः
(घ)	विवेकः	(iv)	प्रदानम्
(ङ)	उपसृत्य	(v)	सम्पन्नता

उत्तराणि

सूची (अ)		**सूची** (ब)	
(क)	आदानम्	(iv)	प्रदानम्
(ख)	समीपम्	(i)	दूरम्
(ग)	दारिद्र्यम्	(v)	सम्पन्नता
(घ)	विवेकः	(iii)	अविवेकः
(ङ)	उपसृत्य	(ii)	अपसृत्य

प्र.8 **अत्र विशेषणानि दत्तानि। एतानि अधोलिखितविशेष्यैः सह योजयत। (यहाँ पर विशेषण दिए हुए हैं। इनका निम्नलिखित विशेष्यों के साथ मेल कीजिए।)**

विशेषणानि–चिरकालपालितः, पुत्रनिर्विशेषः, कृष्णः, रक्तविलिप्तमुखपादः, सुस्थः, व्यापादितः, उपकारकः, मृतः

विशेष्याणि-	**नकुलः**	**बालकः**	**सर्पः**
	....	....	....
	....	....	....
....		....	....

उत्तराणि

विशेष्याणि-	**नकुलः**	**बालकः**	**सर्पः**
	पुत्रनिर्विशेषः	सुस्थः	कृष्णः
	चिरकालपालितः	—	व्यापादितः
	रक्तविलिप्तमुखपादः	—	मृतः
	उपकारकः		

योग्यताविस्तारः (योग्यता-विस्तार)

(क) भावविस्तारः (भाव-विस्तार)

गुणलुब्धाः सम्पदः सम्पदः तं पुरुषमेव वृण्वन्ति यः विचार्य कार्यं करोति। अतएव उच्यते—

यदि सन्ति गुणाः पुंसां विकसन्त्येव ते स्वयम्।
न हि कस्तूरिकामोदः शपथेन विभाव्यते।।

अपि च—

गुणैरुत्तुङ्गतां याति नोच्चैरासनसंस्थितः।
प्रसादशिखरस्थोऽपि काकः किं गरुडायते।।
न हि जन्मनि ज्येष्ठत्वं, ज्येष्ठत्वं गुण उच्यते।
गुणाद् गुरुत्वमायाति दधि दुग्धं घृतं यथा।।

गुण ही संपदा होते हैं संपत्तियाँ उस मनुष्य का स्वयं वरण करती हैं जो विचारपूर्वक कार्य करता है। इसलिए कहा गया है–

यदि व्यक्ति में गुण हैं, तब वह गुणों के आधार पर ही स्वयं उन्नति करता है। कस्तूरी की सुगंध शपथ के द्वारा नहीं पहचानी जाती अर्थात् वह स्वयं ही सर्वत्र फैलती है।

और भी–

ऊँचे आसन पर बैठने से महानता नहीं आती है, महानता गुणों से आती है, क्योंकि राजमहल के शिखर पर बैठने से कौआ गरुड़ नहीं बन जाता है।

ज्येष्ठता जन्म से नहीं अपितु गुणों से होती है। गुणों से ही दूध, दही और घी भिन्न-भिन्न होते हैं।

(ख) भाषाविस्तारः (भाषा-विस्तार)

1. **तत्पुरुषबहुव्रीहिसमासयोः भेदः**
(तत्पुरुष और बहुव्रीहि समास में भेद)
यदा अन्तिमपदं प्रधानं वर्तते, पूर्वपदं च तस्मिन् आश्रितं, तदा तत्पुरुषसमासः भवति, यदा च अन्यपदप्रधानं वर्तते तदा बहुव्रीहिः समासः भवति यथा—
रक्तविलिप्तम् = रक्तेन विलिप्तम्, तृ. तत्पुरुषः
रक्तविलिप्तं मुखं पादौ च यस्य सः = रक्तविलिप्तमुखपादः, बहुव्रीहिः

जब अंतिम पद प्रधान होता है और पूर्वपद उस पर आश्रित होता है, तब तत्पुरुष समास होता है और जब अन्य पद प्रधान होता है, वहाँ बहुव्रीहि समास होता है; जैसे–

खून से लथपथ = खून से सना हुआ, तत्पुरुष समास।

खून से लिप्त मुख और पैर = खून से पुते मुख और पैर वाला, बहुव्रीहि समास।

2. **उपपदतत्पुरुषः (उपपद तत्पुरुष)**

विमृश्य करोति इति विमृश्यकारिन्। सम्यक् तिष्ठति इति सुस्थः। पयः ददाति इति पयोदः। पयांसि धीयन्ते अस्मिन् इति पयोधिः। जले जायते इति जलजम् एवं पङ्कजम्, सरसिजम्, अम्बुजम् आदयः।

जिस प्रकार विमृश्य करोति का समस्त पद विमृश्य कारिन तथा सम्यक् तिष्ठति का समस्त पद सुस्थः होता है वैसे ही–

पयः ददाति	–	पयोदः
पयांसि धीयन्ते	–	पयोधिः
जले जायते	–	जलजम्
पङ्के जायते –	पङ्कजम्	
सरसि जायते	–	सरसिजम्
अम्बौ जायते	–	अम्बुजम् आदि

3. **यदा धातोः पूर्वमुपसर्गः भवति तदा 'क्त्वा' प्रत्ययस्य स्थाने 'ल्यप्' भवति। अत्र केवलं 'य' अवशिष्यते।**

यदि धातु से पहले, उपसर्ग होता है तब 'क्त्वा' प्रत्यय के स्थान पर 'ल्यप्' प्रत्यय हो जाता है। ल्यप का केवल 'य' शेष बचता है; जैसे-

अधि + इ + ल्यप् = अधीत्य।

वि + अव + स्था (णिच्) + ल्यप् = व्यवस्थाप्य।

अव + धृ + ल्यप् = अवधृत्य।

अव + धृ + (णिच्) + ल्यप् = अवधार्य।

4. **'क्त' प्रत्ययेन युक्तानि पदानि विशेषणानि भवन्ति। यथा-वृतः ब्राह्मणः।**

'क्त' प्रत्यय से युक्त पद विशेषण होते है; जैसे- वृत ब्राह्मण।

(i) पालितं नकुलम् (पालतू नेवला)
(ii) मृतं सर्पम् (मरा हुआ साँप)
(iii) सुप्तां कन्याम् (सोती हुई कन्या)
(iv) व्यापादितः सर्पः (कुचला हुआ साँप)
(v) कृतं कार्यम् (किया गया कार्य)

क्रियापदानि अपि भवन्ति। यथा –

क्रिया पद भी होते हैं; जैसे-

(i) तेन पुस्तकं पठितम्। उससे पुस्तक पढ़ी गई।
(ii) तेन फलानि भक्षितानि। उससे फल खाए गए।
(iii) मया दूरदर्शनं दृष्टम्। मुझसे दूरदर्शन देखा गया।

5. **उदाहरणानुसारं शब्दनिर्माणं कुरुत।**

(उदाहरण के अनुसार शब्द निर्माण कीजिए।)

(क) सम्यक् तिष्ठति = सुस्थः

(i) समीपे तिष्ठति = समीपस्थः
(ii) दूरे तिष्ठति = ……………
(iii) निकटे तिष्ठति = ……………

उत्तराणि

(ii) दूरस्थः (iii) निकटस्थः

(ख) वृक्षे तिष्ठति = वृक्षस्थः

(i) गृहे तिष्ठति = ……………
(ii) विमाने तिष्ठति = ……………
(iii) समाधौ तिष्ठति = ……………

उत्तराणि

(i) गृहस्थः (ii) विमानस्थः
(iii) समाधिस्थः

6. **उदाहरणम् अनुसृत्य रिक्तस्थानानि पूरयत।**

(उदाहरण को देखकर रिक्त स्थानों की पूर्ति कीजिए।)

सः पाठकः यः पठति

(क) सः पालकः यः ……………
(ख) सः नर्तकः यः ……………
(ग) सः गायकः यः ……………
(घ) सः याचकः यः ……………
(ङ) सः धावकः यः ……………

उत्तराणि

(क) पालयति (घ) याचते
(ख) नृत्यति (ङ) धावति
(ग) गायति

अभ्यास प्रश्नाः

मणिका पाठ्य-पुस्तक
पर आधारित प्रश्नोत्तर

गद्यांश आधारित प्रश्नाः

1. अधोलिखितं गद्यांशं पठित्वा प्रदत्त प्रश्नानाम् उत्तराणि संस्कृतेन लिखत। (निम्नलिखित गद्यांश को पढ़कर दिए गए प्रश्नों के उत्तर संस्कृत में लिखिए।)

(क) अस्ति उज्जयिन्यां माधवः नाम विप्रः। एकदा तस्य भार्या स्वबालापत्यस्य रक्षार्थं तम् अवस्थाप्य स्नातुं गता। अथ ब्राह्मणः राज्ञा श्राद्धार्थं निमन्त्रितः। ब्राह्मणः सहजदारिद्र्यात् अचिन्तयत्–"यदि सत्वरं न गच्छामि तर्हि अन्यः कश्चित् श्राद्धार्थं वृतः भवेत्"।

I. एकपदेन उत्तरत। (एक पद में उत्तर दीजिए।)
- (i) विप्रस्य नाम किम् अस्ति?
- (ii) ब्राह्मणः कुत्र वसति स्म?
- (iii) स्नातुं का गता?

II. पूर्णवाक्येन उत्तरत। (पूर्ण वाक्य में उत्तर दीजिए।)
- (i) विप्रः स्वाभाविक दारिद्र्यात् किम् अचिन्तयत्?
- (ii) ब्राह्मणस्य भार्या किमर्थं ब्राह्मणम् अवस्थाप्य स्नातुं गता?
- (iii) कः केन किमर्थं च निमन्त्रितः?

III. निर्देशानुसारम् उत्तरत। (निर्देशानुसार उत्तर दीजिए।)
- (i) 'ब्राह्मणः' पदस्य पर्यायः किम् अस्ति?
- (ii) 'रक्षार्थम्' पदस्य विलोमः किम् अस्ति?
- (iii) 'ब्राह्मणः सहजदारिद्र्यात् अचिन्तयत्' अत्र कर्तृपदं किमस्ति?

उत्तराणि

I. (i) माधवः (ii) उज्जयिन्याम्
(iii) भार्या

II. (i) विप्रः स्वाभाविक-दारिद्र्यात् अचिन्तयत्–"यदि सत्वरं न गच्छामि तर्हि अन्यः कश्चित् श्राद्धार्थं वृतः भवेत्"।
(ii) ब्राह्मणस्य भार्या स्वबालापत्यस्य रक्षार्थं ब्राह्मणम् अवस्थाप्य स्नातुं गता।
(iii) ब्राह्मणः राज्ञा श्राद्धार्थं निमन्त्रितः।

III. (i) विप्रः (ii) विनाशार्थम्
(iii) ब्राह्मणः

(ख) किन्तु बालस्य अत्र रक्षकः नास्ति। तत् किं करोमि? भवतु, चिरकालपालितम् इमं पुत्रनिर्विशेषं नकुलं बालरक्षायां व्यवस्थाप्य गच्छामि। तथा कृत्वा गतः। ततस्तेन नकुलेन बालसमीपम् उपसर्पन् कृष्णसर्पः दृष्टः। स तं व्यापाद्य खण्डशः कृतवान्। अत्रान्तरे ब्राह्मणोऽपि श्राद्धं गृहीत्वा गृहम् उपावृत्तः। ब्राह्मणं दृष्ट्वा नकुलः रक्त-विलिप्त-मुख-पादः तस्य चरणयोः अलुठत्। विप्रः तथाविधं तं दृष्ट्वा बालकोऽनेन खादितः इति अवधार्य कोपात् नकुलं व्यापादितवान्। अनन्तरं यावत् उपसृत्य अपत्यं पश्यति तावद् बालकः सुस्थः सर्पश्च व्यापादितः तिष्ठति। ततः तम् उपकारकं नकुलं मृतं निरीक्ष्य आत्मानं मुषितं मन्यमानः ब्राह्मणः परं विषादम् अगच्छत्। अत उच्यते–

I. एकपदेन उत्तरत। (एक पद में उत्तर दीजिए।)
- (i) चिरकालपालितम् इमं पुत्रनिर्विशेषं नकुलं बालरक्षायां कः नियुक्तवान्?
- (ii) का गता?
- (iii) विप्रस्य भार्या किं कर्तुं गता?

II. पूर्णवाक्येन उत्तरत। (पूर्ण वाक्य में उत्तर दीजिए।)
- (i) अत्र कस्य रक्षकः नास्ति?
- (ii) सा कस्य रक्षार्थं विप्रम अवस्थाप्य गता?
- (iii) नकुलेन बाल समीपम् उपसर्पन् कः दृष्टः?

III. निर्देशानुसारम् उत्तरत। (निर्देशानुसार उत्तर दीजिए।)
- (i) 'निरीक्ष्य' इति पदस्य पर्यायः अस्ति?
- (ii) 'चिरकालपालितं' इति पदं विशेषणम् अस्ति?
- (iii) 'ब्राह्मणः परं विषादम् अगच्छत्' अत्र कर्तृपदं किमस्ति?

उत्तराणि

I. (i) ब्राह्मणः (ii) भार्या
(iii) स्नातुं

II. (i) अत्र बालस्य रक्षकः नास्ति।
(ii) सा स्वबालापत्यस्य रक्षार्थं विप्रम् अवस्थाप्य गता।
(iii) नकुलेन बाल समीपम् उपसर्पन् कृष्णः सर्पः दृष्टः।

III. (i) दृष्ट्वा (ii) नकुलस्य
(iii) ब्राह्मणः

श्लोक आधारित प्रश्नाः

2. अधोलिखितं श्लोकांशं पठित्वा प्रदत्त प्रश्नानाम् उत्तराणि संस्कृतेन लिखत। (निम्नलिखित श्लोकांश को पढ़कर दिए गए प्रश्नों के उत्तर संस्कृत में लिखिए।)

सहसा विदधीत न क्रियामविवेकः परमापदां पदम्।
वृणते हि विमृश्यकारिणं गुणलुब्धाः स्वयमेव सम्पदः।।

I. एकपदेन उत्तरत। (एक पद में उत्तर दीजिए।)
- (i) का वृणते?
- (ii) सम्पदः कीदृश्यः भवन्ति?
- (iii) अविवेकः केषां स्थानम् अस्ति?

II. पूर्णवाक्येन उत्तरत। (पूर्ण वाक्य में उत्तर दीजिए।)

(i) वृणते इत्यस्य कः अर्थः?

(ii) गुणालुब्धाः सम्पदः कं वृणते?

(iii) विदधीत इत्यस्य कः अर्थः?

III. निर्देशानुसारम् उत्तरत। (निर्देशानुसार उत्तर दीजिए।)

(i) 'गुणलुब्धाः' विशेषण-पदस्य प्रयोगः कस्मै विशेष्यपदाय अभवत्?

(ii) 'सहसा विदधीत न क्रियाम्' अत्र क्रियापदं किमस्ति?

(iii) 'आपदाम्' इति पदस्य पर्यायः किम् अस्ति?

उत्तराणि

I. (i) सम्पदः (ii) गुणालुब्धाः (iii) आपदाम्

II. (i) वृणते इत्यस्य वरणं करोति।
(ii) गुणालुब्धाः सम्पदः विमृश्यकारिणं वृणते।
(iii) विदधीत इत्यस्य कुर्वीत इत्यर्थः भवति।

III. (i) सम्पद्भ्यः (ii) विदधीत (iii) विपदाम्

अन्वयः पूर्ति

3. मञ्जूषातः समुचितपदानि चित्वा अधोलिखित श्लोकस्य अन्वयं पूरयित्वा पुनः लिखत।
(मञ्जूषा से समुचित पद चुनकर निम्नलिखित श्लोक का अन्वय पूर्ण करके पुनः लिखिए।)

(क) आदानस्य प्रदानस्य कर्त्तव्यस्य च कर्मणः।
क्षिप्रमक्रियमाणस्य कालः पिबति तद्रसम्।।

अन्वयः (i) ······ प्रदानस्य, (ii) ······ अक्रियमाणस्य च (iii) ······ कर्त्तव्यस्य (iv) ······ कालः पिबति।

• मञ्जूषा क्षिप्रम्, कर्मणः, आदानस्य, तद्रसम्।

(ख) सहसा विदधीत न क्रियामविवेकः परमापदां पदम्।
वृणते हि विमृश्यकारिणं गुणलुब्धाः स्वयमेव सम्पदः।।

अन्वयः क्रियाम् (i) ······ न (ii) ······ अविवेकः (iii) ······ आपदाम् पदम्। (iv) ······ सम्पदः स्वयम् एव विमृश्यकारिणम् हि वृणते।

• मञ्जूषा विदधीत, सहसा, गुणालुब्धाः, परम्।

उत्तराणि

(क) (i) आदानस्य (ii) क्षिप्रम् (iii) कर्मणः (iv) तद्रसम्

(ख) (i) सहसा (ii) विदधीत (iii) परम् (iv) गुणालुब्धाः

भावार्थ पूर्ति

4. मञ्जूषायाः साहाय्येन श्लोकस्य भावार्थे रिक्तस्थानानि पूरयित्वा पुनः लिखत।
(मञ्जूषा की सहायता से श्लोक के भावार्थ में रिक्तस्थान पूर्ण करके पुनः लिखिए।)

(क) आदानस्य प्रदानस्य कर्त्तव्यस्य च कर्मणः।
क्षिप्रमक्रियमाणस्य कालः पिबति तद्रसम्।।

भावार्थः (i) ····· प्रदानं (ii) ····· चेति त्रीणी कर्माणि यथाकालं (iii) ····· नो चेत् समुचितं (iv) ····· न लभ्यते।

• मञ्जूषा कर्त्तव्यकर्म, आदानं, फलं, करणीयानि।

(ख) सहसा विदधीत न क्रियामविवेकः परमापदां पदम्।
वृणते हि विमृश्यकारिणं गुणलुब्धाः स्वयमेव सम्पदः।।

भावार्थः अचिन्तयित्वा (i) ······ आवेगेन किमपि (ii) ······ अज्ञानं (iii) ······ स्थानं भवति। (iv) ······ धनमेव विवेकशीलं विचारशीलं कर्म कुर्वतां गुणेषु आकृष्टं भवति।

• मञ्जूषा सहसा, महाक्लेशानां, न कुर्यात्, प्रत्युत।

उत्तराणि

(क) (i) आदानं (ii) कर्त्तव्यकर्म (iii) करणीयानि (iv) फलं

(ख) (i) सहसा
(ii) न कुर्यात्
(iii) महाक्लेशानां
(iv) प्रत्युत

प्रश्ननिर्माणं कुरुत

5. निम्नांकित वाक्येषु रेखाङ्कित पदानि आधृत्य प्रश्ननिर्माणं कुरुत।
(निम्नलिखित वाक्यों में रेखांकित पदों के आधार पर प्रश्न निर्माण कीजिए।)

(i) ब्राह्मणः दारिद्र्यात् अचिन्तयत्।

(ii) ब्राह्मणः नकुलं मारयति।

(iii) माधवः विप्रः अस्ति।

(iv) माधवः नाम विप्रः उज्जयिन्याम् अस्ति।

(v) ब्राह्मणः निमन्त्रितः।

(vi) राज्ञा निमन्त्रितः।

उत्तराणि

(i) कः (ii) कम्
(iii) कः (iv) कुत्र
(v) कः (vi) केन

प्रसङ्गानुसारं प्रश्नाः

6. रेखाङ्कितपदानां प्रसङ्गानुसारम् अर्थरूपं चयनं कुरुत।
(रेखांकित पदों के प्रसंग के अनुसार अर्थ रूप को चुनिए।)

(i) वृणते हि विमृश्यकारिणं।
(अ) वरणं कुर्वन्ति (ब) गह्नम्
(स) हरणं कुर्वन्ति (द) सर्वाः

(ii) कश्चित् श्राद्धार्थं वृतः भवेत्।
(अ) निमंत्रितः (ब) आमंत्रितः
(स) सर्वत्रः (द) प्रसन्नः

(iii) बालकः सुस्थः सर्पश्च व्यापादितः तिष्ठति।
(ब) शीघ्रम् (ब) दृष्ट्वा
(स) सम्यक् स्थितः (द) हतवान्

(iv) चिरकालपालितम् इमं पुत्रनिर्विशेषं नकुलं बालरक्षायां व्यवस्थाप्य गच्छामि।

(अ) पितातुल्यम् (ब) पुत्रतुल्यम्
(स) मातातुल्यम् (द) भ्रातातुल्यम्

(v) अविवेकः परमापदां पदम्।

(अ) गृहम् (ब) पादम्
(स) स्थानम् (द) आसनम्

(vi) क्षिपम् अक्रियमाणस्य तद् रसम् कालः पिबति।

(अ) विक्षुब्धः (ब) शीघ्रम्
(स) सम्प्रति (द) अधुना

उत्तराणि

(i) (अ) वरणं कुर्वन्ति (ii) (ब) आमंत्रितः
(iii) (स) सम्यक् स्थितः (iv) (ब) पुत्रतुल्यम्
(v) (स) स्थानम् (vi) (ब) शीघ्रम्

मेलनं कुरुत

7. सुमेलितं कुरुत। (सुमेलित कीजिए।)

सूची (क)	सूची (ख)
(i) पिबति	(अ) लङ्
(ii) अलुठत्	(ब) लट्
(iii) उपसृत्य	(स) बहुव्रीहिः
(iv) पुत्रनिर्विशेषम्	(द) अव्ययीभावः
(v) कृष्णसर्पः	(य) क्रियाविशेषणः

उत्तराणि

	सूची (क)	सूची (ख)
(i)	पिबति	(ब) लट्
(ii)	अलुठत्	(अ) लङ्
(iii)	उपसृत्य	(द) अव्ययीभावः
(iv)	पुत्रनिर्विशेषम्	(य) क्रियाविशेषणः
(v)	कृष्णसर्पः	(स) बहुव्रीहिः

कथापूर्ति कुरुत

8. अधोलिखितां कथां मञ्जूषायाः सहायतया पूरयित्वा पुनः लिखत। (निम्नलिखित कथा को मञ्जूषा की सहायता से पूर्ण करके पुनः लिखिए।)

अस्ति उज्जयिन्यां (i) ...... नाम विप्रः। एकदा तस्य भार्या (ii) ...... रक्षार्थं तम् अवस्थाप्य स्नातुं गता। अयं ब्राह्मणः राज्ञा (iii) ...... निमन्त्रितः। किन्तुः (iv) ...... अत्र रक्षकः नास्ति। (v) ...... इमं (vi) ...... नकुलं (vii) ...... व्यवस्थाप्य गच्छामि।

- मञ्जूषा स्वबालापत्यस्य, माधवः, श्राद्धार्थं, बालरक्षायां, बालस्य, चिरकालपालितम्, पुत्रनिर्विशेषं।

उत्तराणि

(i) माधवः (ii) स्वबालापत्यस्य
(iii) श्राद्धार्थं (iv) बालस्य
(v) चिरकालपालितम् (vi) पुत्रनिर्विशेषं
(vii) बालरक्षायां

अध्याय 2

पाथेयम् (पथ के साधन)

पाठ परिचय

सोत्साहानां नास्त्यसाध्यं नराणाम्। मार्गारब्धाः सर्वयत्नाः फलन्ति।

विवेकः अये विशाल! नमस्ते! आगच्छ, उपविश।

विशालः नमस्ते! विवेक! उपविशामि परन्तु त्वं तु कुत्रापि गन्तुम् उद्यतः इव प्रतीयसे।

विवेकः आम्! मम मातुलः युद्धक्षेत्रात् प्रतिनिवृत्तः। अहं तं द्रष्टुं गच्छामि।

विशालः अहो! धन्यः तव मातुलः यः एवं देशसेवायां संलग्नः। अत्र स्यूते किमेतत् नयसि?

विवेकः स्यूते पाथेयम् अस्ति।

विशालः पाथेयं किं भवति?

विवेकः (विहस्य) शृणु, पथि हितकरं पाथेयं भवति। अतः स्यूते कानिचित् फलानि अथ च, ज्ञानवर्धनाय द्वित्राणि पुस्तकानि अपि सन्ति।

विशालः इदानीं ज्ञातम्। अतएव अस्माकं 'मणिका' पाठ्यपुस्तके 'पाथेयम्' इति पाठे सुभाषितानि सन्ति।

विवेकः ननु सुभाषितानि एव अस्माकं जीवने मार्गदर्शनं कुर्वन्ति।

विशालः शुभाय भवतु ते पाथेयम्।

शब्दार्थाः उपविश = बैठो, इव = तरह, यः = जो, देशसेवायाम् = देश सेवा में, स्यूते = थैले में, पाथेयम् = साधन सामग्री, ज्ञानवर्धनाय = ज्ञान बढ़ाने वाला।

हिंदी अनुवाद

साहसी मनुष्य के लिए ऐसा कुछ नहीं है, जो वह प्राप्त न कर सके। उचित दिशा में किए गए सभी प्रयत्न सफल होते हैं।

विवेक अरे विशाल! नमस्ते! आओ, बैठो।

विशाल नमस्ते! विवेक! मैं बैठ रहा हूँ, परंतु तुम तो कहीं जाने के लिए तैयार से लग रहे हो।

विवेक हाँ! मेरे मामाजी युद्ध भूमि से लौटे हैं और वे घायल हैं। अतः मैं उन्हें देखने जा रहा हूँ।

विशाल ओह! धन्य हैं तुम्हारे मामाजी, जो इस प्रकार देश-सेवा में संलग्न हैं। इस थैले में यह क्या ले जा रहे हो?

विवेक थैले में पाथेय अर्थात् साधन सामग्री है।

विशाल पाथेय क्या होता है?

विवेक (हँसकर) सुनो, पाथेय मार्ग में हितकर होता है, इसलिए थैले में कुछ फल और ज्ञान बढ़ाने के लिए दो-तीन पुस्तकें भी हैं।

विशाल अब ज्ञात हुआ। इसलिए ही हमारी 'मणिका' पाठ्य-पुस्तक में 'पाथेयम्' नाम के पाठ में अच्छी उक्तियाँ (सुभाषित) हैं।''

विवेक निश्चय ही सुभाषित ही हमारे जीवन में मार्गदर्शन करती हैं।

विशाल आपका पाथेय शुभ हो।

पाठ का सार पाथेय का अर्थ उन सभी वस्तुओं से है, जो आपकी जीवन यात्रा को सुविधाजनक व सरल बनाने में योगदान देती हैं; जैसे— कुछ खाद्य पदार्थ, खेल की वस्तु या पाठ्य सामग्री आदि। प्रस्तुत पाठ में कुछ नीति संबंधी श्लोक हैं, जिनसे यात्रा ज्ञानवर्धक और मनोरंजक हो जाती है। पृथ्वी पर वास्तविक रत्न क्या हैं? कल्पवृक्ष का वास्तविक स्वरूप क्या है? निरंतर परिश्रम का क्या महत्त्व है? दान का क्या महत्त्व है? सत्यवादिता का क्या महत्त्व है? समृद्धि का क्या महत्त्व है? इन सभी प्रश्नों के उत्तर का यहाँ विस्तार से वर्णन किया गया है। अंतिम श्लोक में सदाचार के श्रेष्ठ आभूषणों का वर्णन भी किया गया है।
अत: पाठ में बताया गया है कि जीवन में अच्छी बातों का महत्त्वपूर्ण योगदान है।

पाठ का हिंदी अनुवाद

1. पृथिव्यां त्रीणि रत्नानि जलमन्नं सुभाषितम्।
मूढैः पाषाणखण्डेषु रत्नसंज्ञा विधीयते।।1।।

शब्दार्थाः पृथिव्याम् = धरती पर, त्रीणि = तीन, रत्नानि = रत्न, सुभाषितम् = अच्छी उक्तियाँ, मूढैः = मूर्खों के द्वारा, पाषाणखण्डेषु = पत्थर के टुकड़ों पर, विधीयते = दिया जाता है।

अन्वयः पृथिव्याम् जलम् अन्नम् सुभाषितम् (च) त्रीणि (एव) रत्नानि (भवन्ति) मूढैः पाषाणखण्डेषु रत्नसंज्ञा विधीयते।

हिंदी अनुवाद पृथ्वी पर तीन रत्न हैं—जल, रत्न और अच्छी उक्तियाँ, परंतु मूर्खों के द्वारा पत्थर के टुकड़ों को रत्न का नाम दिया जाता है।

2. कल्पद्रुमः कल्पितमेव सूते,
सा कामधुक् कामितमेव दोग्धि।
चिन्तामणिश्चिन्तितमेव दत्ते,
सतां हि सङ्गः सकलं प्रसूते।।2।।

शब्दार्थाः कल्पद्रुमः = कल्पवृक्ष, कामधुक् = कामधेनु (गाय), दोग्धि = दूध देती है, चिन्तामणि = सभी इच्छाओं को पूरा करने वाला पौराणिक रत्न, दत्त = देता है, सताम् = कुलीन और धर्मात्मा व्यक्ति, सकलम् = संपूर्ण, प्रसूते = उपजाना।

अन्वयः कल्पद्रुमः कल्पितम् एव सूते, सा कामधुक् कामितम् एव दोग्धि, चिन्तामणिः चिन्तितम् एव दत्ते। सतां सङ्गः हि सकलं प्रसूते।

हिंदी अनुवाद पुराणों में वर्णित कल्पवृक्ष विनती किए जाने पर ही इच्छित वस्तु की आपूर्ति करता है और कामधेनु गाय भी सेवा करने पर ही दूध देती है। इसी प्रकार चिन्तामणि भी माँगने पर ही माँगी हुई वस्तु प्रदान करती है, परंतु साधु और सज्जन लोगों की संगति में बिना कुछ माँगे ही सब कुछ मिल जाता है।

3. गच्छन् पिपीलको याति योजनानां शतान्यपि।
अगच्छन् वैनतेयोऽपि पदमेकं न गच्छति।।3।।

शब्दार्थाः गच्छन् = जाता हुआ, पिपीलकः = कीड़ा (चींटी), याति = चला जाता है, योजनानाम् = कोसों को, अगच्छन् = न चलता हुआ, वैनतेयः = गरुड़ पक्षी, पदम = कदम, एकम् = एक, न गच्छति = नही चलता है।

अन्वयः गच्छन् पिपीलकः योजनानाम् शतानि अपि याति। अगच्छन् वैनतेयः एकम् पदम् अपि न गच्छति।

हिंदी अनुवाद जाती हुई अर्थात् चलती हुई चींटी भी सैकड़ों कोसों तक चली जाती है और न जाता हुआ अर्थात् न चलता हुआ गरुड़ पक्षी एक कदम भी नहीं चलता है।

4. शोको नाशयते धैर्यं, शोको नाशयते श्रुतम्।
शोको नाशयते सर्वं, नास्ति शोकसमो रिपुः।।4।।

शब्दार्थाः शोक = दुःख, चिंता, धैर्यं = सहनशीलता, नाशयते = विनष्ट करता है, श्रुतम् = सुना हुआ, शोक-समः = चिंता के सदृश, रिपुः = शत्रु।

अन्वयः शोकः धैर्यं नाशयते, शोकः श्रुतम् (अपि) नाशयते। शोकः सर्वम् नाशयते। शोकसमः रिपुः न अस्ति।

हिंदी अनुवाद शोक अर्थात् चिंता सहनशीलता और शास्त्रादि के सुने हुए ज्ञान को नष्ट करती है अर्थात् शोक सब कुछ नष्ट कर देता है, अत: शोक के समान कोई शत्रु नहीं है।

5. गौरवं प्राप्यते दानात् न तु वित्तस्य सञ्चयात्।
स्थितिरुच्चैः पयोदानां पयोधीनामधः स्थितिः।।5।।

शब्दार्थाः गौरवम् = महत्ता, प्राप्यते = प्राप्त होती है, दानात् = दान से, वित्तस्य = धन में, सञ्चयात् = संग्रह से, उच्चैः = ऊँचा है, पयोदानाम् = बादलों के, पयोधीनाम् = समुद्रों के, अधः = नीचा, स्थित = स्थान।

अन्वयः दानात् गौरवम् प्राप्यते वित्तस्य सञ्चयात् तु न (एव प्राप्यते)। पयोदानाम् स्थितिः उच्चैः (भवति), पयोधीनां स्थितिः अधः (एव भवति)।

हिंदी अनुवाद धन का दान करने से महत्ता प्राप्त होती है न कि संग्रह करने से। जल देने वाले बादलों (मेघों) की स्थिति ऊपर होती है तथा जल धारण करने वाले समुद्रों की स्थिति नीचे होती है।

6. सद्भिस्तु लीलया प्रोक्तं शिलालिखितमक्षरम्।
असद्भिः शपथेनापि जले लिखितमक्षरम्।।6।।

शब्दार्थाः सद्भिः = सज्जनों के द्वारा, लीलया = सहज भाव से, प्रोक्तम् = कहा गया, लिखितम् = शिला पर लिखा हुआ, अक्षरम् = वचन, असद्भिः = असज्जनों (दुर्जनों) के द्वारा , शपथेन = कसम के द्वारा, जलेलिखितम् = पानी पर लिख गया।

अन्वयः सद्भिः तु लीलया प्रोक्तम् शिलालिखितम् अक्षरम् (इव भवति)। असद्भिः शपथेन अपि (प्रोक्तम्) जले लिखितम् अक्षरम् (इव भवति)।

हिंदी अनुवाद सज्जनों के द्वारा सहज भाव से कहा गया शब्द भी चट्टान पर लिखे अक्षर (वचन) के समान होता है। असज्जनों के द्वारा शपथ ग्रहण करने के पश्चात् भी कहा हुआ शब्द जल में लिखे अक्षर के समान होता है।

7. भवन्ति नम्रास्तरवः फलोद्गमैः
नवाम्बुभिर्भूरिविलम्बिनो घनाः।
अनुद्धताः सत्पुरुषाः समृद्धिभिः
स्वभाव एवैष परोपकारिणाम्।।7।।

शब्दार्थाः नम्राः = विनम्र, तरवः = पेड़, फलोद्गमैः = फलों के आने से, नवाम्बुभिः = नवीन जल से (परिपूर्ण), भूरिविलम्बिनः = अत्यधिक लटके हुए, घनाः = बादल, अनुद्धताः = अभिमान रहित, सत्पुरुषाः = अच्छे लोग, समृद्धिभि = संपत्तियों से युक्त होने पर, स्वभावः = प्रकृति, परोपकारिणाम् = परोपकारियों का।

अन्वयः तरवः फल-उद्गमैः नम्राः भवन्ति, घनाः नवाम्बुभिः भूरिविलम्बिनः (भवन्ति)। सत्पुरुषाः समृद्धिभिः अनुद्धताः (भवन्ति), एष एव परोपकारिणाम् स्वभावः (भवति)।

हिंदी अनुवाद जिस प्रकार नए फल आने पर पेड़ झुक जाते हैं, उसी प्रकार जल से युक्त बादल नीचे झुक जाते हैं। अतः समृद्धि अर्थात् बहुत धन आने पर सज्जन लोगों को अभिमान रहित अर्थात् विनम्र रहना चाहिए। यही परोपकारियों (उपकार करने वालों) का स्वभाव होता है।

8. काष्ठादग्निर्जायते मथ्यमानाद्
भूमिस्तोयं खन्यमाना ददाति।
सोत्साहानां नास्त्यसाध्यं नराणां
मार्गारब्धाः सर्वयत्नाः फलन्ति।।8।।

शब्दार्थाः काष्ठात् = लकड़ी से, जायते = पैदा होती है, मथ्यमानात् = जिसका मंथन किया जा रहा है, उससे (रगड़ने से), तोयम् = पानी, खन्यमाना = खोदी जाती हुई, ददाति = प्रदान करती है, सोत्साहानाम् = उत्साह युक्त (मनुष्य) के लिए, असाध्यम् = असंभव जो साध्य नहीं है, मार्गआरब्धाः = उचित दिशा में आरंभ किए गए, सर्वयत्नाः = सब कोशिशें, फलन्ति = फलीभूत होती हैं।

अन्वयः मथ्यमानात् काष्ठात् अग्निः जायते, खन्यमाना भूमिः तोयम् ददाति। सोत्साहानाम् नराणाम् (कृते किमपि) असाध्यम् न अस्ति। मार्गे-आरब्धाः सर्वयत्नाः फलन्ति।

हिंदी अनुवाद लकड़ी को मथने अर्थात् रगड़ने से आग उत्पन्न हो जाती है। भूमि को खोदने से जल प्राप्त होता है। उत्साहयुक्त व्यक्तियों के लिए कुछ भी असाध्य अर्थात् असंभव नहीं है। सही दिशा में प्रारंभ किए गए प्रयत्न फल देने वाले होते हैं।

9. वयमिह परितुष्टाः वल्कलैस्त्वं दुकूलैः
सम इह परितोषो निर्विशेषो विशेषः।
स तु भवति दरिद्रो यस्य तृष्णा विशाला
मनसि च परितुष्टे कोऽर्थवान् को दरिद्रः।।9।।

शब्दार्थाः परितुष्टाः = संतुष्ट हुए, वल्कलैः = वृक्ष की छाल से बने वस्त्रों से, दुकूलैः = रेशमी वस्त्रों से, समः = समान, इह = यहाँ, इस संसार में, विशेषः = विशेष परितोषः = संतोष, निर्विशेषः = जहाँ भेदभाव नहीं है, तृष्णा = इच्छा, अर्थवान् = धनी, दरिद्रः = निर्धन।

अन्वयः इह वयम् वल्कलैः परितुष्टाः (स्मः परम्) त्वम् दुकूलैः (परितुष्टः असि)। इह परितोषः समः (अस्ति)। विशेषः निर्विशेषः (अस्ति), सः तु दरिद्रः (भवति) यस्य तृष्णा विशाला (अस्ति), परितुष्टे मनसि दरिद्रः कः (अस्ति?), अर्थवान् कः (अस्ति?) च।

हिंदी अनुवाद इस संसार में हम सब (संन्यासी) वृक्ष की छाल से बने वस्त्रों से खुश हैं तथा तुम (सांसारिक व्यक्ति) रेशमी वस्त्रों से। इन दोनों स्थितियों में संतोष का स्तर एक समान है। अतः वही व्यक्ति दरिद्र (गरीब) होता है, जिसकी इच्छाएँ बड़ी अर्थात् असीमित होती हैं। मन के संतुष्ट होने पर धनवान और गरीब में कोई भेद नहीं होता।

10. ऐश्वर्यस्य विभूषणं सुजनता शौर्यस्य वाक्संयमो
ज्ञानस्योपशमः कुलस्य विनयो वित्तस्य पात्रे व्ययः।
अक्रोधस्तपसः क्षमा बलवतां धर्मस्य निर्व्याजता
सर्वेषामपि सर्वकारणमिदं शीलं परं भूषणम्।।10।।

शब्दार्थाः ऐश्वर्यस्य = वैभव का, विभूषणम् = आभूषण, सुजनता = सज्जनता, वाक्संयम = वाणी का संयम, उपशमः = मन को शांत रखना, विनयः = विनय, नम्रमा, वित्तस्य = धन का, तपसः = तपस्या का, बलवताम् = बलवानों का, निर्व्याजता = कपट से दूर रहना, शीलम् = सदाचार।

अन्वयः ऐश्वर्यस्य विभूषणम् सुजनता (भवति), शौर्यस्य (विभूषणम्) वाक्यसंयमः (भवति), ज्ञानस्य (विभूषणम्) उपशमः (भवति), कुलस्य (विभूषणम्) विनयः (भवति), वित्तस्य (विभूषणम्) पात्रे व्ययः (भवति), तपसः (विभूषणम्) अक्रोधः (भवति), बलवताम् (विभूषणम्) क्षमा (भवति), धर्मस्य (विभूषणम्) निर्व्याजता (भवति), सर्वेषाम् अपि सर्वकारणम् इदम् शीलम् परम् भूषणम् (अस्ति)।

हिंदी अनुवाद वैभव अर्थात् संपन्नता का आभूषण सज्जनता है। शौर्य (पराक्रम) का आभूषण वाणी पर नियंत्रण है। ज्ञान का आभूषण मन की शांति है। कुल का आभूषण विनम्रता है। धन का आभूषण उचित पात्र (निर्धन) पर खर्च करना है। तप का आभूषण क्रोध न करना है। बलवानों का आभूषण क्षमा करना होता है। धर्म का आभूषण छल-कपट रहित होना है। इन सभी का कारण सदाचार है तथा सदाचार ही सर्वश्रेष्ठ आभूषण हैं।

मणिका-पाठ्यपुस्तकम् प्रश्नोत्तरा:

मणिका पाठ्य-पुस्तक के प्रश्नोत्तर

प्र.1 संस्कृतभाषया एकपदेन उत्तराणि लिखत।
(संस्कृत भाषा में एक पद में उत्तर लिखिए।)
(क) पृथिव्यां कति रत्नानि?
(ख) केषाम् उद्गमैः तरवः नम्राः भवन्ति?
(ग) के समृद्धिभिः अपि अनुद्धताः भवन्ति?
(घ) परं भूषणं किम्?
(ङ) पयोदाः कैः भूरिविलम्बिनः जायन्ते?
(च) कः कल्पितमेव जनयति?
(छ) कस्मिन् परितुष्टे दरिद्र-धनिकयोः भेदः नश्यति?

उत्तराणि

(क) त्रीणि (ख) फलानाम्
(ग) सत्पुरुषाः (घ) शीलम्
(ङ) नवाम्बुभिः (च) कल्पद्रुमः
(छ) मनसि

प्र.2 पूर्णवाक्येन संस्कृतभाषया उत्तराणि लिखत।
(संस्कृत भाषा में पूर्ण वाक्य में उत्तर लिखिए।)
(क) गौरवं कथं प्राप्यते?
(ख) परोपकारिणां स्वभावः कीदृशः वर्तते?
(ग) शोकः किं-किं नाश्यति?
(घ) दरिद्रः कः भवति?
(ङ) कस्य किं विभूषणम्? त्रीणि उदाहरणानि लिखत।
(च) कः सर्वं प्रसूते?
(छ) कीदृशी भूमिः तोयं ददाति?

उत्तराणि

(क) गौरवं दानात् प्राप्यते न तु वित्तस्य सञ्चयात्।
(ख) परोपकारिणां स्वभावः समृद्धिभिः अनुद्धतः वर्तते।
(ग) शोकः श्रुतम्, धैर्यम् सर्वम् च नाश्यति।
(घ) यस्य तृष्णा विशाला भवति सः दरिद्रः भवति।
(ङ) त्रीणि उदाहरणानि
(i) कुलस्य विभूषणं विनयः।
(ii) शौर्यस्य विभूषणं वाक्यसंयमः।
(iii) ऐश्वर्यस्य विभूषणं सुजनता।
(च) सतां सङ्गः सर्वं प्रसूते।
(छ) खन्यमाना भूमिः तोयं ददाति।

प्र.3 अधोलिखितवाक्येषु स्थूलाक्षरपदानि आधृत्य प्रश्नान् रचयत।
(निम्नलिखित वाक्यों में स्थूल अक्षर शब्दों को आधार मानकर प्रश्न बनाइए।)
(क) मूढैः **पाषाणखण्डेषु** रत्नसंज्ञा विधीयते।
(ख) **सद्भिः** लीलया प्रोक्तं शिलालिखितमक्षरम्।
(ग) **मथ्यमानात्** काष्ठात् अग्निर्जायते।
(घ) **वैनतेयः** अगच्छन् एकं पदं न गच्छति।
(ङ) **ऐश्वर्यस्य** विभूषणं सुजनता।
(च) **उत्साहवतां** किञ्चिद् असाध्यं नास्ति।
(छ) शोकः **धैर्यं** नाश्यति।
(ज) महान् भवितुं **सत्सङ्गतिः** अपेक्षिता।

उत्तराणि

(क) केषु (ख) कैः (ग) कथम्
(घ) कः (ङ) कस्य (च) केषाम्
(छ) कम् (ज) का

प्र.4 अधोलिखितान् प्रश्नानां यथानिर्देशम् उत्तरत।
(निम्नलिखित प्रश्नों के निर्देशानुसार उत्तर दीजिए।)
(क) 'गच्छन् पिपीलको याति योजनानां शतान्यपि' अस्मिन् 'पिपीलकः' इति कर्तृपदस्य किं क्रियापदं प्रयुक्तम्?
(ख) 'नास्ति शोकसमो रिपुः' अस्मिन् वाक्ये 'मित्रम्' इति पदस्य किं विलोमपदं प्रयुक्तम्?
(ग) 'मार्गारब्धाः सर्वयत्नाः फलन्ति' अस्मिन् वाक्ये किं कर्तृपदं प्रयुक्तम्?
(घ) 'स तु भवति दरिद्रो यस्य तृष्णा विशाला' अस्मिन् वाक्ये 'विशाला' इति पदस्य किं विशेष्यपदं प्रयुक्तम्?
(ङ) 'भूमिस्तोयं खन्यमाना ददाति' अत्र किं विशेषणपदं वर्तते?
(च) 'स्थितिरुच्चैः पयोदानां पयोधीनामधः स्थितिः' अस्मिन् वाक्ये 'मेघानाम्' इति पदस्य किं पर्यायपदं प्रयुक्तम्?

उत्तराणि

(क) याति (ख) रिपुः (ग) सर्वयत्नाः
(घ) तृष्णा (ङ) खन्यमाना (च) पयोदानां

प्र.5 स्तम्भद्वये लिखितानां विपरीतार्थकशब्दानां समुचितमेलनं कृत्वा लिखत।
(दोनों स्तंभों में दिए गए विपरीतार्थक शब्दों का उचित मेल करके लिखिए।)

सूची (अ)	सूची (ब)
(क) अर्थवान्	(i) अधः
(ख) उच्चैः	(ii) परितोषः
(ग) तृष्णा	(iii) दरिद्रः
(घ) सज्जनः	(iv) मित्रम्
(ङ) वल्कलैः	(v) दुर्जनः
(च) शोकः	(vi) हर्षः
(छ) रिपुः	(vii) दुकूलैः

उत्तराणि

	सूची (अ)		सूची (ब)
(क)	अर्थवान्	(iii)	दरिद्रः
(ख)	उच्चैः	(i)	अधः
(ग)	तृष्णा	(ii)	परितोषः
(घ)	सज्जनः	(v)	दुर्जनः
(ङ)	वल्कलैः	(vii)	दुकूलैः
(च)	शोकः	(vi)	हर्षः
(छ)	रिपुः	(iv)	मित्रम्

प्र.6 अधोलिखितेषु द्वे शुद्धे पर्यायपदे चित्वा लिखत।

(निम्नलिखित में दो शुद्ध पर्यायवाची शब्द चुनकर लिखिए।)

(क) तरुः वृक्षः, महीरुहः, महीभृत्।

(ख) पयोदः सागरः, मेघः, वारिदः।

(ग) पयोधिः उदधिः, अम्बुवाहः, जलधिः।

(घ) आपः जलम्, वर्षा, वारि।

(ङ) भूमिः पृथ्वी, वसुन्धरा, महीपतिः।

उत्तराणि

(क) तरुः – वृक्षः, महीरुहः

(ख) पयोदः – मेघः, वारिदः

(ग) पयोधिः – उदधिः, जलधिः

(घ) आपः – जलम्, वारि

(ङ) भूमिः – पृथ्वी, वसुन्धरा

प्र.7 अधोलिखितेषु सूक्तेः शुद्धम् अर्थं चिनुत।

(निम्नलिखित सूक्तियों में से शुद्ध अर्थ चुनिए।)

(क) सद्भिस्तु लीलया प्रोक्तं शिलालिखितमक्षरम्।

(i) सज्जनैः क्रीडया एव शिलाखण्डेषु अक्षराणि लिख्यन्ते।

(ii) सज्जनाः प्रभुलीलया एव अक्षराणि पाषाणखण्डेषु लिखन्ति।

(iii) सज्जनाः यत् किञ्चित् सामान्येन अपि कथयन्ति तत् पाषाणे लिखितम् इव भवति।

(ख) मार्गारब्धाः सर्वयत्नाः फलन्ति।

(i) मार्गे दैवयोगेन सर्वे यत्नाः फलन्ति।

(ii) ताः एव चेष्टाः फलदायिकाः भवन्ति याः उचितमार्गे सोद्देश्यं प्रारभ्यन्ते।

(iii) आरम्भे सर्वे यत्नाः मार्गे फलदायकाः भवन्ति।

(ग) अगच्छन् वैनतेयोऽपि पदमेकं न गच्छति।

(i) सततम् अगच्छन् अपि गरुडः शतं क्रोशान् गच्छति।

(ii) विनतायाः पुत्रः गरुडः शनैः गच्छन् अपि स्वगन्तव्यं न प्राप्नोति।

(iii) तीव्रगामी अपि गरुडः यदि न चलति तर्हि एकं पदमपि न सरति।

उत्तराणि

(क) (iii) सज्जनाः यत् किञ्चित् सामान्येन अपि कथयन्ति तत् पाषाणे लिखितम् इव भवति।

(ख) (ii) ताः एव चेष्टाः फलदायिकाः भवन्ति याः उचितमार्गे सोद्देश्यं प्रारभ्यन्ते।

(ग) (iii) तीव्रगामी अपि गरुडः यदि न चलति तर्हि एकं पदमपि न सरति।

प्र.8 अस्मिन् पाठे विविधभावयुक्ताः श्लोकाः सन्ति। अधोलिखितानां भावानां समक्षं तेन भावेन सम्बद्धां पङ्क्तिं लिखत।

(इस पाठ में विविध भावों से युक्त श्लोक हैं। निम्नलिखित भावों के समक्ष उनसे संबंधित भावों की पंक्तियों को लिखिए।)

भावः	श्लोकपङ्क्ति
यथाहि–दानम्–	गौरवं प्राप्यते दानात् न तु वित्तस्य सञ्चयात्।
(क) उत्साहः	....
(ख) सन्तोषः	....
(ग) क्षमा	....
(घ) सत्सङ्गतिः	....
(ङ) परोपकारः	....
(च) शीलम्	....

उत्तराणि

भावः		श्लोकपङ्क्ति
(क) उत्साहः	–	सोत्साहानां नास्त्यसाध्यम् नराणाम्।
(ख) सन्तोषः	–	मनसि च परितुष्टे कोऽर्थवान् को दरिद्रः।
(ग) क्षमा	–	क्षमा बलवताम्।
(घ) सत्सङ्गतिः	–	यदि सत्सङ्गतिरतो भविष्यसि।
(ङ) परोपकारः	–	स्वभाव एवैष परोपकारिणाम्।
(च) शीलम्	–	शीलं परं भूषणम्।

प्र.9 समुचितपदैः रिक्तस्थानानि पूरयत।

(उचित पदों के द्वारा रिक्त स्थानों की पूर्ति कीजिए।)

(क) अनुद्धताः .... समृद्धिभिः।

(ख) पृथिव्यां त्रीणि रत्नानि .... सुभाषितम्।

(ग) सोत्साहानां नराणां नास्ति ....।

(घ) नास्ति .... रिपुः।

(ङ) स्थितिरुच्चैः .... अधः स्थितिः ....।

(च) वयमिह परितुष्टाः .... त्वं ....।

(छ) सद्भिः लीलया प्रोक्तं ....।

उत्तराणि

(क) सत्पुरुषाः (ख) जलमन्नं

(ग) असाध्यम् (घ) शोकसमः

(ङ) पयोदानाम्, पयोधीनाम् (च) वल्कलैः, दुकूलैः

(छ) शिलालिखितमक्षरम्

प्र.10 अधोलिखितम् अन्वयं पूरयत।

(अधोलिखित अन्वय को पूर्ण कीजिए।)

तरवः (i) .... नम्राः भवन्ति, (ii) .... घनाः भूरिविलम्बिनः (भवन्ति), सत्पुरुषाः (iii) .... अनुद्धताः (भवन्ति), परोपकारिणाम् एष एव स्वभावः (भवति)।

उत्तराणि

(i) फलोद्गमैः

(ii) नवाम्बुभिः

(iii) समृद्धिभिः

योग्यताविस्तारः (योग्यता-विस्तार)

(क) भावविस्तारः (भाव-विस्तार)

विविधभावैः युक्ताः सूक्तीः पठत।

(विविध भावों से युक्त सूक्तियों को पढ़िए।)

(i) **परोपकाराय हि सतां विभूतयः।**
सज्जनों की विभूतियाँ परोपकार के लिए ही होती हैं।

(ii) **सत्सङ्गतिः कथय किं न करोति पुंसाम्?**
हे पुरुषों! कहो (बताओ), सत्संगति पुरुषों के लिए क्या नहीं करती है?

(iii) **हीयते हि मतिस्तात हीनैः सह समागमात्।**
बुद्धि नीच की संगति से नीच हो जाती है।

(iv) **विद्या विनयोपेता हरति न चेतांसि कस्य मनुजस्य?**
विनय से युक्त विद्या किस मनुष्य के चित्त को आकर्षित नहीं करती है?

(v) **आचारः परमो धर्मः।**
सदाचार ही परम धर्म है।

(vi) **काले खलु समारब्धाः फलं बध्नन्ति नीतयः।**
प्रारंभ से नीतियाँ फल को बाँधती हैं। समय के अनुसार अपनाई गई नीतियाँ फलदायी होती हैं।

(vii) **सन्तोष एव पुरुषस्य परं निधानम्।**
संतोष ही पुरुष की सबसे बड़ी संपत्ति अर्थात् खजाना है।

(viii) **क्षमा शस्त्रं करे यस्य दुर्जनः किं करिष्यति?**
जिसके हाथ में क्षमाशस्त्र है, दुर्जन उसका क्या करेंगे?

(ix) **चित्ते वाचि क्रियायां च साधूनामेकरूपता।**
साधु या सज्जनों के मन, वचन तथा कर्म हमेशा समान रहते हैं।

(ख) अधोलिखितासु सूक्तिषु प्रश्नोत्तरमाध्यमेन कार्यकारणभावं पठत।

(अधोलिखित सूक्तियों में प्रश्नोत्तर माध्यम से कार्य कारण भाव पढ़िए।)

(i)	इन्धनं केन चन्दनायते? इंधन किसके साथ चंदन हो जाता है?	मलयाचलगंधेन। मलयाचल की गंध के साथ।
(ii)	दुर्जनः केन सज्जनायते? दुर्जन किसके साथ से सज्जन हो जाता है?	सज्जनसङ्गेन। सज्जन के संग से।
(iii)	दानेन कानि नाशं यान्ति? दान के द्वारा क्या नष्ट हो जाती है?	वैराणि अपि। शत्रुताएँ भी।
(iv)	लक्ष्मीः कम् उपैति? लक्ष्मी किसको प्राप्त होती हैं?	उद्योगिनं पुरुषसिंहम्। श्रेष्ठ उद्योगी लोगों को।
(v)	खिन्नं चापि मनः केन रमते? उदास मन भी किस बात से प्रसन्न होता है?	सुभाषितेन् अच्छे वचनों से।
(vi)	वसुधैव कुटुम्बकं केषाम्? वसुधा किनके लिए परिवार है?	उदारचरितानाम्। उदारचरित वालों के लिए
(vii)	सर्वत्र सम्पदः कस्य? संपत्तियाँ सदा किसके पास हैं?	यस्य सन्तुष्टं मानसम्। जिसका मन संतुष्ट है।
(viii)	विनयात् कम् याति? विनय से मनुष्य किसको प्राप्त करता है?	पात्रताम्। योग्यता को।

(ग) भावविस्तारः (भाव-विस्तार)

रूपभेदः (रूपभेद)

अधोलिखितपदानां षष्ठी बहुवचने भेदं विलोक्य अवगच्छत।

निम्नलिखित षष्ठी विभक्ति के बहुवचन में अंतर देखो और समझो।

परोपकारिन्	**परोपकारिणाम्**
नर	**नराणाम्**
लता	**लतानाम्**
साधू	**साधूनाम्**
नदी	**नदीनाम्**
राजन्	**राज्ञाम्**
सर्वनाम	
तत् (पुल्लिङ्गम्)	**तेषाम्**
तत् (स्त्रीलिङ्गम्)	**तासाम्**
अस्मद्	**अस्माकम्**
युष्मद्	**युष्माकम्**

अभ्यास प्रश्ना:

मणिका पाठ्य-पुस्तक
पर आधारित प्रश्नोत्तर

पद्यांश आधारित प्रश्ना:

1. निम्नलिखित पद्यांशान् पठित्वा उत्तरं लिखत।
(निम्नलिखित पद्यांशों को पढ़कर उत्तर लिखिए।)

(क) पृथिव्यां त्रीणि रत्नानि जलमन्नं सुभाषितम्।
मूढैः पाषाणखण्डेषु रत्नसंज्ञा विधीयते।।

I. एकपदेन उत्तरत। (एक पद में उत्तर दीजिए।)
(i) पृथिव्यां सुभाषितं किं भवति?
(ii) कैः पाषाण खण्डेषु रत्नसंज्ञा विधीयते?
(iii) पृथिव्यां कति रत्नानि भवन्ति?

II. पूर्णवाक्येन उत्तरत। (पूर्ण वाक्य में उत्तर दीजिए।)
(i) मूढैः केषु रत्नसंज्ञा विधीयते?
(ii) पृथिव्यां कानि त्रीणि रत्नानि?
(iii) पृथिव्यां प्रथमं रत्नं किम्?

III. निर्देशानुसारम् उत्तरत। (निर्देशानुसार उत्तर दीजिए।)
(i) श्लोके 'भूमौ' अर्थे किं पदम् प्रयुक्तम्?
(ii) 'विधीयते' इत्यत्र कः लकारः?
(iii) 'मूढैः' इत्यस्मिन् पदे का: विभक्तिः?

उत्तराणि

I. (i) रत्नम् (ii) मूढैः (iii) त्रीणि
II. (i) मूढैः पाषाणखण्डेषु रत्नसंज्ञा विधीयते।
(ii) पृथिव्यां त्रीणि रत्नानि जलं, अन्नं सुभाषितम् च सन्ति।
(iii) पृथिव्यां प्रथमं रत्नं जलम् अस्ति।
III. (i) पृथिव्यां (ii) लट् (iii) तृतीया:

(ख) गच्छन् पिपीलको याति योजनानां शतान्यपि।
अगच्छन् वैनतेयोऽपि पदमेकं न गच्छति।।

I. एकपदेन उत्तरत। (एक पद में उत्तर दीजिए।)
(i) पिपीलकः कथं योजनानां शतानि गच्छति?
(ii) योजनानां शतानि कः गच्छति?
(iii) अगच्छन् पदमेकं कः न गच्छति?

II. पूर्णवाक्येन उत्तरत। (पूर्ण वाक्य में उत्तर दीजिए।)
(i) एकमपि पदं कः न गच्छति?
(ii) पिपीलकः गच्छन् कियद् दूरं गच्छति?
(iii) वैनतेयः अपि कति पदं न गच्छति?

III. निर्देशानुसारम् उत्तरत। (निर्देशानुसार उत्तर दीजिए।)
(i) 'गच्छन् पिपीलको याति' अत्र क्रियापदं किम् अस्ति?
(ii) श्लोके 'गच्छति' इति क्रियायाः कर्तृपदं किम्?
(iii) 'याति' पदस्य समानार्थी श्लोके कः प्रयुक्तः?

उत्तराणि

I. (i) गच्छन् (ii) पिपीलकः
(iii) वैनतेयः
II. (i) अगच्छन् वैनतेयः एकमपि पदं न गच्छति।
(ii) पिपीलकः गच्छन् योजनानां शतानि परिमितं गच्छति।
(iii) वैनतेयः अपि एकं पदं न गच्छति।
III. (i) याति (ii) वैनतेयः
(iii) चलति

(ग) शोको नाशयते धैर्यं, शोको नाशयते श्रुतम्।
शोको नाशयते सर्वं, नास्ति शोकसमो रिपुः।।

I. एकपदेन उत्तरत। (एक पद में उत्तर दीजिए।)
(i) धैर्यं कः नाशयते?
(ii) केन समः रिपुः नास्ति?
(iii) शोकः कम् नाशयते?

II. पूर्णवाक्येन उत्तरत। (पूर्ण वाक्य में उत्तर दीजिए।)
(i) 'नास्ति शोकसमो रिपुः' अस्याः पंक्तेः कः भावार्थः?
(ii) शोकः किं-किं नाशयते?
(iii) संसारे जनानां सर्वोपरि शत्रुः तेषां कः एव वर्तते?

III. निर्देशानुसारम् उत्तरत। (निर्देशानुसार उत्तर दीजिए।)
(i) श्लोके 'मित्रम्' पदस्य कः विपर्ययः आगतः?
(ii) 'धैर्यम्' इत्यस्य पदस्य कः पर्यायः अत्र प्रयुक्तः?
(iii) 'श्रुत्वा' इति पदस्य प्रत्ययः किम् अस्ति?

उत्तराणि

I. (i) शोकः (ii) शोकेन (iii) धैर्यम्।
II. (i) अस्याः पंक्तेः भावार्थः अस्ति यत् शोकेन् समः मनुष्यस्य कोऽपि शत्रुः नास्ति यतः शोकः एव तस्य सर्वं नाशयते।
(ii) शोकः मनुष्यस्य धैर्यं, श्रुतम् सर्वं च नाशयते।
(iii) संसारे जनानां सर्वोपरि शत्रुः तेषां शोकः एव वर्तते।
III. (i) रिपुः (ii) सहिष्णुता (iii) क्त्वा

(घ) गौरवं प्राप्यते दानात् न तु वित्तस्य सञ्चयात्।
स्थितिरुच्चैः पयोदानां पयोधीनामधः स्थितिः।।

I. एकपदेन उत्तरत। (एक पद में उत्तर दीजिए।)
(i) पयोधीनां स्थितिः कुत्र भवति?
(ii) गौरवं कस्मात् प्राप्यते?
(iii) कस्य सञ्चयात् गौरवं न प्राप्यते?

II. पूर्णवाक्येन उत्तरत। (पूर्ण वाक्य में उत्तर दीजिए।)
(i) अस्माभिः दानं किमर्थं करणीयम्?
(ii) पयोदानां पयोधीनां च स्थित्योः कः भेदः?
(iii) कस्मात् कारणात् पयोदानां स्थितिः उच्चैः पयोधिनां च स्थितिः अधः भवतः?

III. निर्देशानुसारम् उत्तरत। (निर्देशानुसार उत्तर दीजिए।)
(i) 'उच्चैः' पदस्य अर्थः अस्ति।
(ii) श्लोके 'ग्रहणात्' इत्यस्य पदस्य कः पर्यायः आगतः?
(iii) 'धनस्य' इति पदस्य स्थाने श्लोके किं पदं प्रयुक्तम्?

उत्तराणि

I. (i) नीचैः (ii) दानात्
(iii) वित्तस्य

II. (i) अस्माभिः महत्त्वं गुरुत्वं प्रतिष्ठां च प्राप्तुं दानं करणीयम्।
(ii) पयोदानां स्थितिः उच्चैः आकाशे भवति, पयोधीनां स्थितिः अधः भूतले भवति।
(iii) दानकारणात् पयोदानां स्थितिः उच्चैः संग्रहकरणात् च पयोधीनां स्थितिः अधः भवतः।

III. (i) उपरि (ii) सञ्चयात्
(iii) वित्तस्य

(ङ) **सद्भिस्तु लीलया प्रोक्तं शिलालिखितमक्षरम्।**
असद्भिः शपथेनापि जले लिखितमक्षरम्।।

I. एकपदेन उत्तरत। (एक पद में उत्तर दीजिए।)
(i) कैः उक्तं पदं शिलालिखितमक्षरम्?
(ii) शपथेन कैः कथितम् अक्षरम् जले लिखितम् इव अभवत्?
(iii) सद्भिः कया प्रोक्तं शिलालिखितम् अक्षरं भवति?

II. पूर्णवाक्येन उत्तरत। (पूर्ण वाक्य में उत्तर दीजिए।)
(i) कैः लीलया प्रोक्तं शिलालिखितमक्षरम्?
(ii) सदसद्योः जनयोः कः विश्वसनीयो भवति?
(iii) केषाम् शब्दः शपथेनापि जले लिखितमक्षरम् इव भवति?

III. निर्देशानुसारम् उत्तरत। (निर्देशानुसार उत्तर दीजिए।)
(i) 'लिखितमक्षरम्' अत्र विशेषणपदं किम्?
(ii) 'सद्भिस्तु लीलया प्रोक्तम्' इत्यत्र क्रियापदं किम्?
(iii) 'नीरे' शब्दस्य पर्याय पदं पद्यांशात् चित्वा लिखत।

उत्तराणि

I. (i) सद्भिः (ii) असद्भिः
(iii) लीलया

II. (i) सद्भिः लीलया प्रोक्तं शिलालिखितम् अक्षरम्।
(ii) सदसद्योः सज्जनः एव विश्वसनीयो भवति।
(iii) असताम् शब्दः शपथेन अपि जले लिखितम् अक्षरम् इव भवति।

III. (i) लिखितम् (ii) प्रोक्तम्
(iii) जले

(च) **भवन्ति नम्रास्तरवः फलोद्गमैः**
नवाम्बुभिर्भूरिविलम्बिनो घनाः।
अनुद्धताः सत्पुरुषाः समृद्धिभिः
स्वभाव एवैष परोपकारिणाम्।।

I. एकपदेन उत्तरत। (एक पद में उत्तर दीजिए।)
(i) फलोद्गमैः के नम्राः भवन्ति?
(ii) घनाः कैः भूरिविलम्बिनः भवति?
(iii) सत्पुरुषाः कदा अनुद्धताः भवन्ति?

II. पूर्णवाक्येन उत्तरत। (पूर्ण वाक्य में उत्तर दीजिए।)
(i) तरुणां किं वैशिष्ट्यमस्ति?
(ii) समृद्धि प्राप्य सत्पुरुषाः कीदृशाः भवन्ति?
(iii) परोपकारिणाम् स्वभावः कीदृशः भवति?

III. निर्देशानुसारं उत्तरत। (निर्देशानुसार उत्तर दीजिए।)
(i) 'फलन्ति' इति क्रियापदस्य किं कर्तृपदम्?
(ii) 'अनुद्धताः' इति पदं केषां विशेषणमस्ति?
(iii) 'विलम्बिनः' इति पदस्य पर्यायम् श्लोकात् चित्वा लिखत।

उत्तराणि

I. (i) वृक्षाः (ii) नवाम्बुभिः
(iii) समृद्धिभिः

II. (i) तरवः फलोद्गमैः नम्राः भवन्ति इति तरुणां वैशिष्टयम् अस्ति।
(ii) समृद्धि प्राप्य सत्पुरुषाः अनुद्धताः भवन्ति।
(iii) परोपकारिणाम् स्वभावः अनुद्धताः भवति।

III. (i) तरवः (ii) सत्पुरुषाणाम्
(iii) नम्राः

(छ) **काष्ठादग्निर्जायते मथ्यमानाद्**
भूमिस्तोयं खन्यमाना ददाति।
सोत्साहानां नास्त्यसाध्यं नराणां
मार्गारब्धाः सर्वयत्नाः फलन्ति।।

I. एकपदेन उत्तरत। (एक पद में उत्तर दीजिए।)
(i) काष्ठात् अग्नि कथं जायते?
(ii) कीदृशाः सर्वप्रयत्नाः फलन्ति?
(iii) कीदृशी धराः जलं ददाति?

II पूर्णवाक्येन उत्तरत। (पूर्ण वाक्य में उत्तर दीजिए।)
(i) सोत्साहनां नराणां कृते किमपि किं न भवति?
(ii) काष्ठाद् मध्यमानाद् किं भवति?
(iii) उचित मार्गे प्रयत्नं कीदृशं भवति?

III. निर्देशानुसारम् उत्तरत। (निर्देशानुसार उत्तर दीजिए।)
(i) अग्निः इति कर्तृपदस्य क्रियापदं किम्?
(ii) श्लोके 'जलम्' पदस्य कः पर्यायः आगतः?
(iii) हतोत्साहानाम् इत्यस्य पदस्य कः विपर्ययः?

उत्तराणि

I. (i) मध्यमानाद् (ii) मार्गारन्ब्धाः
(iii) खन्यमाना

II. (i) सोत्साहानां नराणां कृते किमपि असाध्यं न भवति।
(ii) मध्यमानाद् काष्ठाद् अग्निः जायते।
(iii) उचित मार्गे प्रयत्नं सफलं भवति।

III. (i) जायते (ii) तोयम्
(iii) सोत्साहानाम्

(ज) **वयमिह परितुष्टाः वल्कलैस्त्वं दुकूलैः**
सम इह परितोषो निर्विशेषो विशेषः।
स तु भवति दरिद्रो यस्य तृष्णा विशाला
मनसि च परितुष्टे कोऽर्थवान् को दरिद्रः।।

I. एकपदेन उत्तरत। (एक पद में उत्तर दीजिए।)
(i) वयमिह कैः परितुष्टाः?
(ii) त्वं कैः परितुष्टाः?
(iii) दुकूलैः कः सन्तुष्टः भवति?

II. पूर्णवाक्येन उत्तरत। (पूर्ण वाक्य में उत्तर दीजिए।)
(i) अर्थवतः दरिद्रस्य च अभेदः कदा भवति?
(ii) दरिद्रः को भवति?
(iii) वल्कलैः के परितुष्टाः?

III. निर्देशानुसारम् उत्तरत। (निर्देशानुसार उत्तर दीजिए।)
(i) वल्कलैः पदस्य विपर्ययः श्लोकात् चित्वा लिखत।
(ii) 'सः तु भवति दरिद्रः' अत्र क्रियापदं किम्?
(iii) श्लोके धनी पदस्य कः पर्यायः आगतः?

उत्तराणि

I. (i) वल्कलैः (ii) दुकूलैः
(iii) अर्थवान्

II. (i) मनसि परितुष्टे अर्थवतः दरिद्रस्य च अभेदः भवति।
(ii) यस्य तृष्णा विशाला भवति सः दरिद्रः भवति।
(iii) वल्कलैः तृष्णाहीनाः परितुष्टाः।

III. (i) दुकूलैः (ii) भवति
(iii) अर्थवान्

(झ) ऐश्वर्यस्य विभूषणं सुजनता शौर्यस्य वाक्संयमो
ज्ञानस्योपशमः कुलस्य विनयो वित्तस्य पात्रे व्ययः।
अक्रोधस्तपसः क्षमा बलवतां धर्मस्य निर्व्याजता
सर्वेषामपि सर्वकारणमिदं शीलं परं भूषणम्।।

I. एकपदेन उत्तरत। (एक पद में उत्तर दीजिए।)
(i) क्षमा केषां विभूषणम्?
(ii) सुजनता कस्य आभूषणम्?
(iii) धर्मस्य आभूषणं किम्?

II. पूर्णवाक्येन उत्तरत। (पूर्ण वाक्य में उत्तर दीजिए।)
(i) अक्रोधः कस्य भूषणम्?
(ii) वित्तस्य आभूषणं किम्?
(iii) शौर्यस्य आभूषणं किम्?

III. निर्देशानुसारम् उत्तरत। (निर्देशानुसार उत्तर दीजिए।)
(i) आयः इति पदस्य कः विपर्ययः श्लोके आगतः?
(ii) शान्ति पदस्य कः पर्यायः?
(iii) 'सर्वेषाम् इत्यस्मिन्' पदे का विभक्ति?

उत्तराणि

I. (i) बलवत्ताम् (ii) ऐश्वर्यस्य
(iii) निर्व्याजता

II. (i) अक्रोधः तपसः भूषणम् अस्ति।
(ii) पात्रे व्ययः एव वित्तस्य विभूषणम्।
(iii) शौर्यस्य आभूषणम् वाक्यसंयमः अस्ति।

III. (i) व्ययः (ii) उपशमः
(iii) षष्ठी

अन्वयः पूर्ति

2. मञ्जूषातः समुचितपदानि चित्वा अधोलिखित श्लोकस्य अन्वयं पूरयित्वा पुनः लिखत।
(मञ्जूषा से समुचित पद चुनकर निम्नलिखित श्लोक का अन्वय पूर्ण करके पुनः लिखिए।)

(क) शोको नाशयते धैर्यं, शोको नाशयते श्रुतम्।
शोको नाशयते सर्वं, नास्ति शोकसमो रिपुः।।

अन्वयः (i) ...... धैर्यं नाशयते, शोकः (ii) ...... नाशयते। शोकः सर्वं (iii) ...... शोकसमः (iv)...... न अस्ति।

• **मञ्जूषा** श्रुतम्, रिपुः, नाशयते, शोकः।

(ख) गौरवं प्राप्यते दानात् न तु वित्तस्य सञ्चयात्।
स्थितिरुच्चैः पयोदानां पयोधीनामधः स्थितिः।।

अन्वयः गौरवम् दानात् (i) ...... (ii) ...... सञ्चयात् तु न। पयोदानां (iii) ...... उच्चैः (iv) ...... स्थितिः अधः।

• **मञ्जूषा** पयोधीनाम्, प्राप्यते, स्थितिः, वित्तस्य।

(ग) सद्भिस्तु लीलया प्रोक्तं शिलालिखितमक्षरम्।
असद्भिः शपथेनापि जले लिखितमक्षरम्।।

अन्वयः सद्भिः तु (i) ...... प्रोक्तम् शिला लिखितम् (ii) ...... असद्भिः (iii) ...... अपि। जले (iv) ...... अक्षरम्।

• **मञ्जूषा** शपथेन, लिखितम्, लीलया, अक्षरम्।

(घ) वयमिह परितुष्टाः वल्कलैस्त्वं दुकूलैः
सम इह परितोषो निर्विशेषो विशेषः।
स तु भवति दरिद्रो यस्य तृष्णा विशाला
मनसि च परितुष्टे कोऽर्थवान् को दरिद्रः।।

अन्वयः इह वयं (i) ...... त्वं दुकूलैः (ii) ...... इह परितोषः (iii) ...... विशेषः समः। स तु दरिद्रः भवति यस्य तृष्णा विशाला अस्ति। मनसि च परितुष्टे कः (iv) ...... कः दरिद्रः।

• **मञ्जूषा** निर्विशेषः, अर्थवान्, वल्कलैः, परितुष्टाः।

(ङ) ऐश्वर्यस्य विभूषणं सुजनता शौर्यस्य वाक्संयमो
ज्ञानस्योपशमः कुलस्य विनयो वित्तस्य पात्रे व्ययः।
अक्रोधस्तपसः क्षमा बलवतां धर्मस्य निर्व्याजता
सर्वेषामपि सर्वकारणमिदं शीलं परं भूषणम्।।

अन्वयः ऐश्वर्यस्य (i) ...... सुजनता, शौर्यस्य (ii) ...... ज्ञानस्य उपशमः, कुलस्य विनयः वित्तस्य (iii) ...... तपसः अक्रोधः, बलवत्ताम् क्षमा, धर्मस्य निर्व्याजता, सर्वकारणम् इदम् (iv) ...... सर्वेषाम् अपि परं भूषणम्।

• **मञ्जूषा** शीलम्, वाक्यसंयमः, पात्रे व्ययः, विभूषणम्।

उत्तराणि

(क) (i) शोकः (ii) श्रुतम्
(iii) नाशयते (iv) रिपुः
(ख) (i) प्राप्यते (ii) वित्तस्य
(iii) स्थितिः (iv) पयोधीनाम्
(ग) (i) लीलया (ii) अक्षरम्
(iii) शपथेन (iv) लिखितम्

(घ) (i) वल्कलैः (ii) परितुष्टाः
(iii) निर्विशेषः (iv) अर्थवान्
(ङ) (i) विभूषणम् (ii) वाक्यसंयमः
(iii) पात्रे व्ययः (iv) शीलम्

भावार्थ पूर्ति

3. मञ्जूषायाः साहाय्येन श्लोकस्य भावार्थे रिक्तस्थानानि पूरयित्वा पुनः लिखत।
(मञ्जूषा की सहायता से श्लोक के भावार्थ में रिक्त स्थान पूर्ण करके पुनः लिखिए।)

(क) पृथिव्यां त्रीणि रत्नानि जलमन्नं सुभाषितम्।
मूढैः पाषाणखण्डेषु रत्नसंज्ञा विधीयते।।

भावार्थः अस्याम् धरायां (i) ...... अन्नं श्रेष्ठवचनानि च त्रीणि (ii) ...... सन्ति। परं (iii) ...... हीरक मौक्तिकादीनि (iv) ...... एव रत्नानि मत्वा तान् प्राप्तुम् इच्छन्ति।

• **मञ्जूषा** मूर्खाः, पाषाणखण्डानि, जलम्, रत्नानि।

(ख) कल्पद्रुमः कल्पितमेव सूते,
सा कामधुक् कामितमेव दोग्धि।
चिन्तामणिश्चिन्तितमेव दत्ते,
सतां हि सङ्गः सकलं प्रसूते।।

भावार्थः यदि मुनष्यः (i) ...... संगत्यां संलग्नः अस्ति तर्हि सः तेषां सहयोगेन उपदेशेन वा जीवने (ii) ...... अवश्यमेव भविष्यति। परं यदि सः दुष्टानां (iii) ...... दुष्कार्ये दुःखे वा (iv) ...... एव। इदं सत्यम् वर्तते।

• **मञ्जूषा** संगति, पतिष्यति, सज्जनानां, सफलः।

(ग) गच्छन् पिपीलको याति योजनानां शतान्यपि।
अगच्छन् वैनतेयोऽपि पदमेकं न गच्छति।।

भावार्थः सूक्ष्मः कीटः (i) ...... अपि यदि निरन्तर प्रयासं करोति तर्हि सः अवश्यमेव एकस्मिन् (ii) ...... लक्ष्यं प्राप्तुं सफलो भविष्यति। परन्तु तीव्रगामी (iii) ...... अपि प्रयासं न करोति तर्हि सः शतवर्षेषु अपि स्वं लक्ष्यं प्रति (iv)...... सफलतां न प्राप्स्यति। अतः निरन्तरं प्रयासं कर्त्तव्यम्।

• **मञ्जूषा** गन्तुं, समये, पिपीलकः, गरुडः।

(घ) भवन्ति नम्रास्तरवः फलोद्गमैः
नवाम्बुभिर्भूरिविलम्बिनो घनाः।
अनुद्धताः सत्पुरुषाः समृद्धिभिः
स्वभाव एवैष परोपकारिणाम्।।

भावार्थः यथा (i) ...... आगते सति वृक्षाः नम्राः भवन्ति, बद्‌दलाः (ii) ...... धरां प्रति अवलम्बिताः भवन्ति तथैव विद्या घनादिभिः (iii) ...... सज्जनाः अपि विनम्राः भवन्ति यतः परोपकारी जनानाम् एषः एव (iv) ...... वर्तते। परं दुर्जनाः समृद्धिभिः अभिमानिनः भवन्ति।

• **मञ्जूषा** स्वभावः, फलानाम्, नवाम्बुभिः, समृद्धिभिः।

(ङ) काष्ठादग्निर्जायते मथ्यमानाद्
भूमिस्तोयं खन्यमाना ददाति।
सोत्साहानां नास्त्यसाध्यं नराणां
मार्गारब्धाः सर्वयत्नाः फलन्ति।।

भावार्थः येन प्रकारेण मथ्यमानात् (i) ...... अग्नि, ग्रभवति, खन्यमाना धरा (ii) ...... ददाति तथैव उत्साहितेभ्यः, (iii)...... किञ्चिद् फलं संसारे असम्भव नास्ति। उचित मार्गे कृतं (iv) ...... अवश्यमेव फलति।

• **मञ्जूषा** कार्यम्, काष्ठात्, जनेभ्यः, जलं।

उत्तराणि

(क) (i) जलम् (ii) रत्नानि
(iii) मूर्खाः (iv) पाषाणखण्डानि
(ख) (i) सज्जनानां (ii) सफलः
(iii) संगति (iv) पतिष्यति
(ग) (i) पिपीलकः (ii) समये
(iii) गरुडः (iv) गन्तुं
(घ) (i) फलानाम् (ii) नवाम्बुभिः
(iii) समृद्धिभिः (iv) स्वभावः
(ङ) (i) काष्ठात् (ii) जलं
(iii) जनेभ्यः (iv) कार्यम्

प्रश्ननिर्माणं कुरुत

4. निम्नांकित वाक्येषु रेखाङ्कित पदानि आधृत्य प्रश्ननिर्माण कुरुत।
(निम्नलिखित वाक्यों में रेखांकित पदों के आधार पर प्रश्न निर्माण कीजिए।)

(i) उचित मार्गे प्रयत्नं सफलं भवति।
(ii) वयमिह वल्कलैः परितुष्टाः।
(iii) वित्तस्य आभूषणं पात्रे व्ययः वर्तते।
(iv) शीलं परं भूषणम्।
(v) मेघाः नूतनजलैः विलम्बिनः भवन्ति।
(vi) गौरवं दानात् प्राप्यते।
(vii) सद्भि लीलया प्रोक्तं शिलालिखितम् इव।

उत्तराणि

(i) कीदृशं (ii) कैः
(iii) कस्य (iv) कीदृशम्
(v) कैः (vi) किम्
(vii) कया

प्रसङ्गानुकूलं प्रश्नाः

5. अधोलिखितेषु रेखाङ्कितपदानां प्रसङ्गानुकूलम् उचितार्थं चित्वा लिखत।
(निम्नलिखित वाक्यों में रेखांकित पदों के प्रसंगों के अनुकूल उचित अर्थ चुनकर लिखिए।)

(i) मूढैः पाषाणखण्डेषु रत्नसंज्ञा विधीयते।
(अ) मूर्खैः (ब) मूर्खाः
(स) मूर्खः (द) दुर्जनः

(ii) नास्ति शोकसमो रिपुः।

(अ) मित्र: (ब) वैरी

(स) नृप: (द) सैनिक:

(iii) असद्भिः शपथेनापि जले लिखितमक्षरम्।

(अ) सज्जनैः (ब) असज्जनैः

(स) समृद्धि: (द) प्रकृति:

(iv) वयमिह परितुष्टाः वल्कलैस्त्वं दुकूलैः।

(अ) सन्तुष्टा: (ब) निर्मितेः वस्त्रैः

(स) चीनांशुकैः (द) सर्वाः

(v) काष्ठाद् अग्नि र्जायते मध्यमानाद्।

(अ) वह्नि (ब) जलम्

(स) मन्थनं (द) पृथिवी

(vi) गौरवं प्राप्यते दानात् न तु वित्तस्य सञ्चयात्।

(अ) अन्नम् (ब) धनम्

(स) धनस्य (द) सरलया

(vii) अगच्छन् वैनतेयोऽपि पदमेकं न गच्छति।

(अ) चिटिक: (ब) पिपीलक:

(स) गरुड: (द) श्वान:

(viii) नवाम्बुभिर्भूरिविलम्बिनो घनाः।

(अ) तरव: (ब) घना:

(स) नम्रा: (द) भूमिं प्रति

(ix) भूमिस्तोयं खन्यमाना ददाति।

(अ) खननं क्रियमाणा (ब) उत्साहानाम्

(स) सोत्साहानाम् (द) मध्यमानाद्

(x) स तु भवति दरिद्रो यस्य तृष्णा विशाला।

(अ) धनहीन: (ब) सन्तोष:

(स) कामना (द) सर्वाः

उत्तराणि

(i) (अ) मूर्खें: (ii) (ब) वैरी

(iii) (ब) असज्जनैः (iv) (स) चीनांशुकैः

(v) (अ) वह्निः (vi) (स) धनस्य

(vii) (स) गरुड: (viii) (द) भूमिं प्रति

(ix) (अ) खननं क्रियमाणा (x) (स) कामना

मेलनं कुरुत

6. सुमेलितं कुरुत। (सुमेलित कीजिए।)

	सूची (अ)		सूची (ब)
(i)	विधीयते	(अ)	लट् लकार
(ii)	पतिष्यसि	(ब)	वि उपसर्ग
(iii)	नाशयते	(स)	लृट् लकार
(iv)	एषः	(द)	तोयम्
(v)	जलम्	(य	षष्ठी विभक्ति
(vi)	नराणाम्	(र)	सर्वनाम शब्दः

उत्तराणि

	सूची (अ)		सूची (ब)
(i)	विधीयते	(ब)	वि उपसर्ग
(ii)	पतिष्यसि	(स)	लृट् लकार
(iii)	नाशयते	(अ)	लट् लकार
(iv)	एषः	(र)	सर्वनाम शब्दः
(v)	जलम्	(द)	तोयम्
(vi)	नराणाम्	(य)	षष्ठी विभक्ति

विजयतां स्वदेशः
(अपना देश विजयी हो।)

अध्याय 3

पाठ परिचय

"गृह्यतां भगवन्! देशं धर्मं च रक्षितुम्।"

दिव्या अयि सुलभे! पश्य एतत् चित्रम्। कः नु खलु एष महापुरुषः?

सुलभा दिव्ये! छत्रेण तु राजा इव प्रतीयते।

दिव्या सुलभे! परन्तु अत्र नास्ति सिंहासनम्।

प्रकाशः अयि, किं युवां न जानीथः "अयं मेवाडाधिपतिः प्रतापः वने स्थितः।"

सुलभा कथं प्रतापः निराशः इव दृश्यते?

दिव्या आम्! निराशः स स्वतन्त्रतायै धनाभावात्।

प्रकाशः अत एव श्रेष्ठी भामाशाहः देशरक्षार्थं सर्वां सम्पत्तिं महाराणाय प्रतापाय अर्पयति।

दिव्या कथं जानासि?

प्रकाशः ननु अस्मात् नाटकात् एव।

सुवीरः अतीव रुचिकरं ननु इदं नाटकं देशभक्त्या ओतप्रोतं च। स्वतन्त्रतादिवसे अस्य एव अभिनयं करिष्यामः।

प्रकाशः आम्! अहम् अद्यैव पात्राणां चयनं करोमि।

सर्वे पठामः तावत् एतं पाठम् अभिनयार्थम्।

शब्दार्थाः गृह्यताम् = ग्रहण करो, पश्य = देखो, प्रतीयते = प्रतीत होता है, जानीथः = जानते हो, दृश्यते= दिखाई देते हैं, स्वतन्त्रतायै = स्वत्रंता के लिए।

हिंदी अनुवाद

"भगवन्! देश तथा धर्म की रक्षा के लिए इसे ग्रहण कीजिए।"

दिव्या अरे सुलभा! इस चित्र (मणिका पाठ्यपुस्तक में दिया गया चित्र) को देखो। ये महापुरुष निश्चित रूप से कौन हैं?

सुलभा अरे दिव्या! छत्र से तो राजा के समान प्रतीत हो रहे हैं।

दिव्या हाँ सुलभा! परंतु यहाँ सिंहासन नहीं है।

प्रकाश अरे, क्या तुम नहीं जानते हो कि "यह मेवाड़ के अधिपति (राजा) प्रताप वन में रहते थे।"

सुलभा प्रताप कैसे निराश से दिखाई दे रहे हैं?

दिव्या हाँ! वे स्वतंत्रता के लिए आवश्यक धन के अभाव के कारण निराश हैं।

प्रकाश इसलिए सेठ भामाशाह अपनी संपूर्ण संपत्ति महाराणा प्रताप को भेंट कर रहे हैं।

दिव्या तुम कैसे जानते हो?

प्रकाश निश्चय ही इस नाटक से।

सुवीर निश्चय ही यह नाटक अत्यंत रुचिकर तथा देशभक्ति से ओतप्रोत है। हम स्वतंत्रता दिवस पर इसका ही अभिनय करेंगे।

प्रकाश हाँ! मैं आज ही पात्रों का चयन करता हूँ।

सब तो हम इस पाठ को अभिनय के लिए पढ़ते हैं।

पाठ का सार प्रस्तुत पाठ स्वतंत्रता के महत्त्व और स्वदेश की रक्षा पर केंद्रित है। स्वदेश की रक्षा के लिए अनेक वीरों ने प्राणों की आहुति दी है, साथ ही भामाशाह जैसे अनेक धनपतियों ने अपनी धन संपत्ति भी देश की सेवा के लिए समर्पित कर दी। पाठ में बताया गया है कि एक दिन महाराणा प्रताप वन में स्वतंत्रता प्राप्ति हेतु आवश्यक धन के अभाव में चिंतित बैठे थे, तभी भामाशाह ने उन्हें ढूँढ़कर अपना धन मातृभूमि की रक्षा के लिए दे दिया तथा भावना व्यक्त की कि यह धन राष्ट्र का ही है और राष्ट्र की रक्षा के काम आएगा। इस पाठ में स्वदेश की रक्षा तथा धन की सदुपयोगिता का वर्णन किया गया है।

पाठ का हिंदी अनुवाद

1. (मेवाडाधिपतिः महाराणाप्रतापः अरण्ये कतिपयैः विश्वासपात्रैः भटैः सह सङ्कटापन्ने काले विचारमग्नः शिलायाम् उपविष्टः अस्ति। स्वदेशस्य रक्षायै युध्यमानस्य तस्य बहूनि वर्षाणि व्यतीतानि। हन्त! वराकस्य पार्श्वे सेनायाः भोजनसामग्र्याः अपि च अभावः विद्यते। अधुना तु स स्वकीयैः प्राणैरेव स्वदेशं स्वतन्त्रं कर्तुम् इच्छति।)

प्रतापः धिङ् माम् अधन्यम्, योऽहं मातृभूमिं रक्षितुम् असमर्थः। अलं मम एतेन जीवितेन। (दीर्घं निःश्वसिति)
(यावत् सहचराः तस्य आकृतिं दृष्ट्वा व्याकुलाः भवन्ति, तावदेव सहसा प्रविशति कश्चिद् मेवाडराजपुत्रः)

राजपुत्रः (राजोचितं प्रणम्य) विजयतां महाराजः, विजयताम्।

प्रतापः (समाश्वस्य) अयि भ्रातः! कथं जयघोषं कृत्वां मां लज्जयसे?

राजपुत्रः देव! कथं भवान् वदति एवम्? किं न खलु कृतं भवता राज्यत्राणाय? स्वदेशं स्वाधीनं कर्तुं भवता किं न सोढम्? विजेष्यते ननु भवान्।

प्रतापः कुतस्तावद् विजयः! स्वदेशमेव त्यक्तुं तत्परोऽहम्।

भटः (अञ्जलिं बद्ध्वा) महाराज! नैवं तावत्। स्वामिभाग्यानाम् अनुगन्तारः वयम्। वयं सर्वे त्वाम् अनुगमिष्यामः।

प्रतापः एवं न वक्तव्यम्। कृतज्ञोऽस्मि भवताम् अहम्। वीरैः धीरैः बहु उपकृतं देशस्य। स्वदेशे एव तिष्ठद्भिः भवद्भिः देशस्य स्वतन्त्रतायै प्रयत्नः समाधेयः।

सर्वे भटाः देशरक्षायै बद्धपरिकरा वयं तु भवन्तमेव अनुसरिष्यामः।

प्रतापः यथा रोचते भवद्भ्यः। प्रदेशोऽयम् अस्माभिः त्याज्यः एव।

शब्दार्थाः अरण्ये = जंगल में, कतिपयैः = कुछ, भटैः = योद्धाओं के साथ, उपविष्टः = बैठे हुए वराकस्य = बेचारे के, पार्श्वे = समीपे, पास में, प्राणैरेव = प्राण देकर धिक् = धिक्कार है, अधन्यम् = भाग्यहीन को, जीवितेन= जीवन से, निःश्वसिति = गहरा साँस (आह) छोडता है, समाश्वस्य = चैन की साँस लेकर, लज्जयसे = लज्जित करते हो, सोढम् = सहन किया गया, विजेष्यते = जीतेगा, कुतस्तावद् = किंतु अब कहाँ, अनुगन्तारः = अनुसरण करने वाले, उपकृतम् = उपकार किया गया, समाधेयः = करना चाहिए, बद्धपरिकरा = कमर कसे हुए तैयार, दृढ संकल्प।

हिंदी अनुवाद मेवाड़ के राजा महाराणा प्रताप जंगल में कुछ विश्वासपात्र योद्धाओं के साथ संकट के समय में विचारों में डूबे हुए चट्टान/शिला पर बैठे हैं। अपने देश की रक्षा के लिए लड़ते हुए उन्हें बहुत वर्ष बीत गए। अरे! बेचारे के पास में सेना और भोजन सामग्री का भी अभाव है। अब तो वह अपने प्राण देकर भी स्वदेश को स्वतंत्र करना चाहते हैं।

प्रताप मुझ कृतघ्न (भाग्यहीन) को धिक्कार है, जो मैं मातृभूमि की रक्षा करने में असमर्थ हूँ। अब मेरा यह जीवन बेकार है। (लंबी साँस छोडते हैं।)
(जब तक साथी उनकी मुखाकृति को देखकर व्याकुल होते हैं, तभी अचानक से मेवाड़ का कोई राजपुत्र प्रवेश करता है)।

राजपुत्र (राजा को उचित रीति से प्रणाम करते हुए) महाराज की जय हो, जय हो।

प्रताप (चैन की साँस लेते हुए) अरे भाई! क्यों जयघोष करके मुझे लज्जित करते हो?

राजपुत्र महाराज! आप ऐसा क्यों बोलते हैं? निश्चित रूप से राज्य की रक्षा के लिए आपके द्वारा क्या नहीं किया गया है? अपने देश को स्वतंत्र कराने के लिए आपने क्या नहीं सहन किया? निश्चित रूप से आप जीतेंगे।

प्रताप किंतु अब विजय कहाँ! मैं तो अपने देश को ही छोड़ने के लिए तैयार हूँ।

सैनिक (हाथ जोड़कर) महाराज! ऐसा न कीजिए। स्वामी हम सभी आपके भाग्य का अनुसरण करने वाले हैं। हम सभी आपका ही अनुसरण करेंगे।

प्रताप ऐसा मत बोलिए। मैं आप सभी का कृतज्ञ (आभारी) हूँ। वीरों और धीरों के द्वारा देश पर बहुत उपकार किए गए हैं। अपने देश में ही रहते हुए आप सभी के द्वारा देश की स्वतंत्रता के लिए प्रयत्न किया जाना चाहिए।

सभी सैनिक देश की रक्षा के लिए हम दृढ़संकल्प हैं और हम आपका ही अनुसरण करेंगे।

प्रताप जैसा आप सभी को ठीक लगता है। यह प्रदेश (स्थान) तो अब हमारे द्वारा त्यागने योग्य है।

2. (निस्सरति प्रतापः, भटाः चापि तमनुचरन्ति। तमेवं स्वतन्त्रताप्राप्तिं प्रति निराशं दृष्ट्वा अटवीवासिनो भिल्लाः दुःखीयन्ति)

प्रथमः भिल्लः हा धिक्! कीदृशः समय आगतः? देशभक्तः प्रतापोऽपि स्वदेशं परित्यज्य अन्यत्र प्रस्थितः।

द्वितीयः भिल्लः न जानेऽस्य मेवाडदेशस्य भाग्ये किं लिखितम्? हा निष्ठुर दैव! देशभक्ते तु दयस्व।

तृतीयः भिल्लः वराकोऽयं जीवनसामग्रीयुद्धसामग्र्योः अभावेन खिद्यते। परमेश्वर! दयस्व! मातृभूमेः दुर्दशां स्वचक्षुषा कथं द्रक्ष्यामः? (सर्वे भिल्लाः विलपन्ति)

एकः सैनिकः हा दैव! कथं देशधर्मौ प्रति निष्ठुरः सञ्जातोऽसि? (प्रतापं प्रति) महाराज! मदीयेन एव खड्गेन जहि माम्। न शक्नोमि स्वचक्षुषा द्रष्टुं स्वदेशदुर्दशाम्।

सर्वे सैनिकाः परतन्त्रे देशे जीवनं नरकायते। न शक्नुमः प्राणान् धारयितुम्। (सर्वे आत्मानं हन्तुमुद्यताः)

(एतद् दृश्यं दृष्ट्वा तत्रत्याः भिल्लाः अपि मरणाय तत्पराः भवन्ति)

प्रतापः (सैनिकान् भिल्लान् च आत्घातं कुर्वतः दृष्ट्वा) स्थीयताम्, स्थीयताम्। आत्मघातिनः जनाः तु असूर्यान् लोकान् व्रजन्ति। वीरगत्या मरणमेव कल्याणप्रदं भवति। धैर्येण स्वतन्त्रतायाः उपायाः चिन्तनीयाः।

शब्दार्थाः निस्सरति = निकलता है, अनुचरन्ति = अनुसरण करते हैं, अटवीवासिनो = जंगल के निवासी, भिल्लाः = भील, दुःखीयन्ति = दुःखित होते हैं, प्रस्थितः = चले गए हैं, निष्ठुर दैव = हे कठोर भाग्य, वराक = बेचारा, जीवनसामग्रीयुद्धसामग्रयोः = जीवन सामग्री तथा युद्ध सामग्री के, अभावेन = अभाव से, खिद्यते = खिन्न है, स्वचक्षुषा = अपनी आँखों से, द्रक्ष्यामः = देखेंगे, विलयन्ति = विलाप करते हैं, सञ्जातः = हो गए, जहि = मार दो, नरकायते = नरक जैसा, प्राणान्-धारयितुम = प्राण धारण करने में, हन्तुमु = मारने के लिए, गद्यताः = तैयार हो जाते हैं, स्थीयताम् = रुकिए, आत्मघातिनः = आत्महत्या करने वाला, असूर्यान् = आसुरी, व्रजन्ति = जाते हैं।

हिंदी अनुवाद (प्रताप वहाँ से निकल जाते हैं और योद्धा भी उनका अनुसरण करते हैं। उन्हें इस तरह स्वतंत्रता प्राप्ति हेतु निराश देखकर जंगल में रहने वाले भील भी दुःखी होते हैं।)

पहला भील धिक्कार है! कैसा समय आ गया? देशभक्त प्रताप भी अपने देश को छोड़कर दूसरी जगह चल दिए हैं।

दूसरा भील न जाने इस मेवाड़ देश के भाग्य में क्या लिखा है? हाय, निर्दयी भाग्य! देशभक्त पर तो दया करो।

तीसरा भील यह बेचारा राजा जीवन सामग्री और युद्ध सामग्री के अभाव से दुःखी है। हे परमेश्वर! दया करो! मातृभूमि की दुर्दशा को अपनी आँखों से हम कैसे देखेंगे? (सभी भील विलाप करते हैं)।

एक सैनिक हाय भाग्य! कैसे देश और धर्म के प्रति निर्दयी हो गए हो? (प्रताप की ओर) महाराज! मेरी ही तलवार से मुझे मार दो। मैं अपने देश की ऐसी दुर्दशा होते हुए नहीं देख सकता हूँ।

सभी सैनिक परतंत्र (गुलाम) देश में जीवन नरक बन जाता है। हम प्राणों को धारण नहीं कर सकते हैं।
(सभी अपने आपको मारने के लिए तैयार हो जाते हैं।)
(यह दृश्य देखकर वहाँ रहने वाले सभी भील मरने के लिए तैयार होते हैं।)

प्रताप (सैनिकों और भीलों की आत्महत्या करते हुए देखकर) रुक जाओ, रुक जाओ। आत्महत्या करने वाले लोग तो आसुरी लोकों को प्राप्त होते हैं। वीरगति से मरना ही कल्याणकारी होता है।
धैर्य से हम सभी को अपने देश की स्वतंत्रता के लिए उपाय सोचना चाहिए।

3. (नेपथ्ये)
विरम्यतां प्रभो! विरम्यताम्।

प्रतापः श्रुतपूर्व इव स्वरः। (सैनिकं प्रति) वृक्षम् आरुह्य दृश्यतां कः एष शब्दायति?

सैनिकः (निपुणं निरीक्ष्य) महाराज! मेवाडमन्त्री भामाशाहः खलु एषः।

प्रतापः अये भामाशाहः आगतः! कथमस्माकं दौर्भाग्यं भवताऽपि परिज्ञातम्? (भामाशाहः धनराशिमादाय आयाति)

भामाशाहः (सप्रणामम्) अन्नदातः! सेवकं परित्यज्य कुत्र प्रस्थितो भवान्?

प्रतापः (दीर्घं निःश्वस्य) न क्वापि बन्धो! गन्तुमपि न शक्यते। धनसेनयोः अभावे देशरक्षणाय पर्याकुलाः स्मः।

भामाशाहः भवतः चिन्तातुरतां परिज्ञाय भग्नमिव मे हृदयम्। (धनराशिं निर्दिश्य) इयं सम्पतिः खलु कस्मै प्रयोजनाय? ईदृशे एव कर्मणि अस्याः उपयोगः श्रेयान्।

प्रतापः सत्यं वदति भवान्।

भामाशाहः यद्येवं तर्हि गृह्यताम्। त्रोट्यतां पारतन्त्र्यशृङ्खलाः स्वकीयैः लौहबाहुभिः। स्वतन्त्रः क्रियतां स्वदेशः।
(धनराशिं प्रतापचरणयोः अर्पयति)

प्रतापः (साश्चर्यम्) किमिदं भवान् करोति? नाहं दत्तां सम्पत्तिं पुनः आददामि।

भामाशाहः (सविनयम्) गृह्यतां भगवन्! देशं धर्मं च रक्षितुम्।

प्रतापः धन्योऽसि मन्त्रिवर्य! त्वदीया जननी धन्या। सुकुले जातोऽसि। (द्वादशवर्षाणि यावत् पञ्चविंशतिसहस्त्रसैनिकानां पालयित्रीं सम्पत्तिमवलोक्य सैनिकान् प्रति)
अस्मिन्नेव क्षणे स्वदेशं पारतन्त्रयात् मोचयितुं योत्स्यामहे। (भामाशाहम् अभिलक्ष्य) सखे! एहि गाढं परिष्वजस्व माम्।

भामाशाहः अनुगृहीतोऽस्मि।

शब्दार्थाः नेपथ्ये = पर्दे के पीछे, विरम्यताम् = रुकिए, श्रुतपूर्वः = पहले सुना हुआ, इव = सा, जैसा, आरुह्य = चढ़कर, शब्दाययति = शब्द कर रहा है, निपुणम् = ध्यानपूर्वक, निरीक्ष्य = जाँचकर (देखकर), खलु = निश्चय, परिज्ञातम् = पता चला, परित्यज्य = छोड़कर, प्रस्थितः = चला गया, बन्धो = हे बन्धु, शक्यते = सकता है, धनसेनयोः = धन तथा सेना के, पर्याकुलाः = बेचैन, परिज्ञान = जानकर, त्रोट्यताम् = तोड़ा जाए, पारतन्त्र् शृंखला = गुलामी की जंजीर, लौहबाहुभिः= लोहे के सम्मान भुजाओं से, दत्ताम् = दी गई, आददामि = लेता हूँ, मन्त्रिमर्य = हे मन्त्रियों में श्रेष्ठ, त्वदीया = तुम्हारी माता, सकुले = श्रेष्ठ कुल में, जातः = उत्पन्न हुए हो, पालयित्रीम् = पालन करने वाली सम्पत्ति को, अवलोक्य = देखकर, जारतन्त्र्यात् = गुलामी से, उन्मोचयितुम = छुड़ाने के लिए, योत्स्यामहे = हम युद्ध करेंगे, एहि = आओ, मोचयितुम् = मुक्त कराने के लिए, परिष्वजस्व = गले लगाओ।

हिंदी अनुवाद
(पर्दे के पीछे से)
रुकिए महाराज! रुकिए।

प्रताप पहले सुनी हुई सी आवाज लगती है। (सैनिक से) वृक्ष पर चढ़कर देखो, यह कौन पुकार रहा है?

सैनिक (अच्छी तरह से जाँचकर) महाराज! निश्चय ही यह मेवाड़ राज्य के मंत्री भामाशाह हैं।

प्रताप अरे भामाशाह आ गए हैं! क्या इन्हें भी हमारे दुर्भाग्य का पता चल गया है? (भामाशाह धनराशि को लेकर आते हैं।)

भामाशाह (प्रणाम के साथ) हे अन्नदाता! सेवक को छोड़कर आप कहाँ जा रहे थे?

प्रताप (लंबी साँस छोड़कर) कहीं भी नहीं बंधु! जा भी तो नहीं सकता हूँ। धन और सेना के अभाव में देश की रक्षा के लिए (हम) व्याकुल हैं।

भामाशाह आपकी चिंता भरी व्याकुलता को जानकर मेरा हृदय टूट (दु:खी) गया है। (धनराशि की ओर संकेत करके) यह संपत्ति निश्चय से किस प्रयोजन के लिए है? ऐसे ही काम अर्थात देश की स्वतन्त्रता प्राप्ति में इसका उपयोग उत्तम है अर्थात् कल्याणकारक है।

प्रताप आप सत्य कहते हैं।

भामाशाह यदि ऐसा है, तो स्वीकार कीजिए अपनी लोहे जैसी भुजाओं से परतंत्रता (गुलामी) की जंजीरों को तोड़ दीजिए। अपने देश को स्वतंत्र कराइए।
(भामाशाह धनराशि को प्रताप के चरणों में अर्पित करते हैं।)

प्रताप (आश्चर्य के साथ) यह आप क्या कर रहे हैं? मैं दी गई संपत्ति को पुन: वापस नहीं लेता हूँ।

भामाशाह (विनती के साथ) भगवन! देश और धर्म की रक्षा के लिए ले लीजिए।

प्रताप हे श्रेष्ठ मंत्री! आप धन्य हैं। आपकी माता धन्य हैं। आप उत्तम कुल में उत्पन्न हुए हैं। (बारह वर्षों तक पच्चीस हजार सैनिकों का पालन करने वाली संपत्ति को देखकर सैनिकों की ओर) इसी क्षण से ही अपने देश को परतंत्रता (गुलामी) से मुक्त कराने के लिए युद्ध करेंगे। (भामाशाह को सामने देखकर) हे मित्र! आओ मुझे अच्छी तरह से गले लगा लो।

भामाशाह मैं अनुगृहीत हो गया हूँ।

4. (उभौ सस्नेहं परस्परमालिङ्गत:)
सर्वे सैनिका: धन्योऽस्ति राणा, पुनरस्ति मन्त्री
धन्य: द्वयोर्मेलनमस्ति धन्यम्।
धन्या वयं स्म: समयश्च धन्यो
धन्यं पुनर्दर्शनमस्ति पुण्यम्।।
विजयतां महाराणा! विजयतां भामाशाह:! विजयतां स्वदेश:! (पटाक्षेप:)

शब्दार्था: द्वयो: = दोनों का, मेलनम् = मिलन पुनर्दर्शनम् = पुनर्मिलन, पुण्यम् = पवित्र, पटाक्षेप: = परदा गिरता है।

अन्वय: राणा धन्य: अस्ति, पुन: मन्त्री (धन्य:) अस्ति। द्वयो: मेलनम् धन्यम् अस्ति। वयम् धन्या: स्म:। समय: च धन्य:। पुन: दर्शनम् पुण्यम् धन्यम् (च) अस्ति।

हिंदी अनुवाद (दोनों प्रेम पूर्वक आपस में गले मिलते हैं।)

सभी सैनिक महाराणा प्रताप धन्य है, फिर मंत्री धन्य हैं। हम सभी धन्य है और यह समय धन्य है। यह पवित्र पुनर्मिलन भी धन्य है।
महाराणा प्रताप की विजय हो!
भामाशाह की विजय हो! अपने देश की विजय हो!
(पर्दा गिरता है।)

मणिका-पाठ्यपुस्तकम् प्रश्नोत्तरा:
मणिका पाठ्य-पुस्तक के प्रश्नोत्तर

प्र.1 अध: प्रदत्तानां प्रश्नानाम् उत्तराणि एकपदेन लिखत।
(नीचे दिए गए प्रश्नों के उत्तर एक पद में लिखिए।)
(क) प्रताप: कां रक्षितुम् असमर्थ: आसीत्?
(ख) क: दीर्घं नि:श्वसिति?
(ग) प्रतापं निराशं दृष्ट्वा के दु:खीयन्ति?
(घ) सैनिक: स्वचक्षुषा किं द्रष्टुं न शक्नोति?
(ङ) कीदृशे देशे जीवनं नरकायते?
(च) आत्मघातिनो जना: कीदृशान् लोकान् व्रजन्ति?
(छ) धनराशिं क: आनयति?

उत्तराणि
(क) मातृभूमिम् (ख) प्रताप: (ग) भिल्ला:
(घ) स्वदेशदुर्दशाम् (ङ) परतन्त्रे (च) असूर्यान्
(छ) भामाशाह:

प्र.2 पूर्णवाक्येन उत्तराणि लिखत। (पूर्ण वाक्य में उत्तर लिखिए।)
(क) प्रताप: किं श्रुत्वा लज्जाम् अनुभवति?
(ख) कै: देशस्य उपकार: क्रियते?
(ग) स्वतन्त्रताया: उपाया: कथं चिन्तनीया:?
(घ) प्रताप: किमर्थं पर्याकुल: आसीत्?
(ङ) परतन्त्रताया: शृङ्खला: कथं त्रोटनीया:?
(च) किं-किं धन्यम्?

उत्तराणि

(क) प्रताप: स्व-जयघोषं श्रुत्वा लज्जाम् अनुभवति।

(ख) वीरै:, धीरै: देशस्य उपकार: क्रियते।

(ग) स्वतन्त्रताया: उपाया: धैर्येण चिन्तनीया:।

(घ) प्रताप: धनसेनयो: अभवात् देशरक्षणे असामर्थ्यकारणात् पर्याकुल: आसीत्।

(ङ) परतन्त्रताया: शृङ्खला: लौहबाहुभि: त्रोटनीया:।

(च) महाराणाप्रताप-भामाशायो: मेलनं धन्यम् समय: धन्यम्, पुन: दर्शनं पुण्यं च धन्यमस्ति।

प्र.3 अधोलिखितकथनेषु स्थूलपदानि आधृत्य प्रश्ननिर्माणं कुरुत।
(निम्नलिखित कथनों में स्थूल पदों को आधार मानकर प्रश्न निर्माण कीजिए।)

(क) विचारमग्न: महाराणाप्रताप: **शिलायाम्** उपविष्ट: आसीत्।

(ख) सर्वे भटा: **देशरक्षायै** बद्धपरिकरा: आसन्।

(ग) भिल्ला: **मातृभूमे:** दुर्दशां नैव द्रष्टुं शक्नुवन्ति।

(घ) **भामाशाह:** धनराशिम् आदाय आगच्छति।

(ङ) **परतन्त्रे** देशे जीवनं नरकायते।

(च) **वीरगत्या** मरणमेव कल्याणप्रदं भवति।

उत्तराणि

(क) कुत्र	(ख) किमर्थम्	(ग) कस्या:
(घ) क:	(ङ) कीदृशे	(च) कया

प्र.4 अधोलिखितप्रश्नान् यथानिर्देशम् उत्तरत।
(निम्नलिखित प्रश्नों के निर्देशानुसार उत्तर दीजिए।)

(क) 'सहचरा: तस्य आकृतिं दृष्ट्वा व्याकुला: भवन्ति।' अस्मिन् वाक्ये कर्तृपदं किम्?

(ख) 'अयि भ्रात: ! कथं जयघोषं कृत्वा मां लज्जयसे।' अस्मिन् वाक्ये क्रियापदं किम्?

(ग) 'हा धिक् कीदृश: समय: आगत:।' अस्मात् वाक्यात् 'कीदृश:' इति पदस्य विशेष्यं चिनुत?

(घ) 'न क्वापि बन्धो! गन्तुमपि न शक्यते।' अस्मिन् वाक्ये 'कुत्र' इत्यर्थे किं पदं प्रयुक्तम्?

(ङ) 'परतन्त्रे देशे जीवनं नरकायते।' अस्मात् वाक्यात् 'स्वतन्त्रे' पदस्य विलोमपदं चिनुत।

(च) 'मदीयेन एव खड्गेन जहि माम्' अत्र 'खड्गेन' पदस्य किं विशेषणपदं प्रयुक्तम्?

उत्तराणि

(क) सहचरा:	(ख) लज्जयसे
(ग) समय:	(घ) क्व
(ङ) परतन्त्रे	(च) मदीयेन

प्र.5 अधोलिखितानां पदानां विलोमपदानि पाठात् चित्वा लिखत।
(निम्नलिखित पदों के विलोम पद पाठ से चुनकर लिखिए।)

(क) धन्यम्	(i) ....
(ख) दयालु:	(ii) ....
(ग) प्रसीदति	(iii) ....
(घ) आत्मरक्षाम्	(iv) ....
(ङ) परकीयै:	(v) ....
(च) मदीया	(vi) ....
(छ) याति	(vii) ....

उत्तराणि

(क) धन्यम् - अधन्यम्

(ख) दयालु: - निष्ठुर:

(ग) प्रसीदति - विलपति

(घ) आत्मरक्षाम् - देशरक्षाम्

(ङ) परकीयै: - स्वकीयै:

(च) मदीया - त्वदीया

(छ) याति - एति

प्र.6 मञ्जूषात: समुचितं विशेषणपदं चित्वा लिखत।
(मञ्जूषा से समुचित विशेषण पद चुनकर लिखिए।)

(क) .... प्रताप:

(ख) .... भामाशाह:

(ग) .... काले

(घ) .... खड्गेन

(ङ) .... भिल्ला:

(च) .... लोकान्

(छ) .... लौहबाहुभि:

- **मञ्जूषा** मदीयेन, सङ्कटापन्ने, मेवाडमन्त्री, असूर्यान्, स्वकीयै:, अटवीवासिन:, देशभक्त:।

उत्तराणि

(क) देशभक्त: - प्रताप:

(ख) मेवाडमन्त्री - भामाशाह:

(ग) सङ्कटापन्ने - काले

(घ) मदीयेन - खड्गेन

(ङ) अटवीवासिन: - भिल्ला:

(च) असूर्यान् - लोकान्

(छ) स्वकीयै: - लौहबाहुभि:

प्र.7 अध: दत्तानां वाक्यानां समक्षं वक्तारं श्रोतारं च निर्दिशत।
(नीचे दिए गए वाक्यों के समक्ष वक्ता और श्रोता निर्दिष्ट कीजिए।)

वाक्यानि	वक्ता	श्रोता
(क) विजयतां महाराज:।	....	....
(ख) कथं मां लज्जयसे?	....	....
(ग) स्वामिभाग्यानाम् अनुगन्तारो वयम्।	....	....
(घ) मदीयेनैव खड्गेन जहि माम्।	....	....
(ङ) नाहं दत्तां सम्पत्तिं पुन: आददामि।	....	....
(च) गृह्यताम् भगवन्! देशं धर्मं च रक्षितुम्।	....	....

उत्तराणि

	वाक्यानि	वक्ता	श्रोता
(क)	विजयतां महाराजः।	राजपुत्रः	प्रतापः
(ख)	कथं मां लज्जयसे?	प्रतापः	राजपुत्रः
(ग)	स्वामिभाग्यानाम् अनुगन्तारो वयम्।	भटः	प्रतापः
(घ)	मदीयेनैव खड्गेन जहि माम्।	एकः सैनिकः	प्रतापः
(ङ)	नाहं दत्तां सम्पत्तिं पुनः आददामि।	प्रतापः	भामाशाहः
(च)	गृह्यताम् भगवन्! देशं धर्मं च रक्षितुम्।	भामाशाहः	प्रतापः

प्र.8 अधोलिखितवाक्यानाम् उचितभावैः सह सम्मेलनं कुरुत।
(निम्नलिखित वाक्यों का उचित भावों के साथ मेल कीजिए।)

	सूची (अ) (वाक्यानि)		सूची (ब) (भावः)
(क)	अलं मम एतेन जीवितेन।	(i)	ओजः
(ख)	वीरैः धीरैः बहु उपकृतं देशस्य।	(ii)	निराशा
(ग)	आत्मघातिनो जनास्तु असूर्यान् लोकान् व्रजन्ति।	(iii)	धैर्यम्
(घ)	त्रोट्यतां पारतन्त्र्यशृङ्खला स्वीकीयैः बहुभिः।	(iv)	ग्लानिः
(ङ)	धैर्येण स्वतन्त्रतायाः उपायाः चिन्तनीयाः।	(v)	उत्साहः

उत्तराणि

	सूची (अ) (वाक्यानि)		सूची (ब) (भावः)
(क)	अलं मम एतेन जीवितेन।	(ii)	निराशा
(ख)	वीरैः धीरैः बहु उपकृतं देशस्य।	(i)	ओजः
(ग)	आत्मघातिनो जनास्तु असूर्यान् लोकान् व्रजन्ति।	(iv)	ग्लानिः
(घ)	त्रोट्यतां पारतन्त्र्यशृङ्खला स्वीकीयैः बहुभिः।	(v)	उत्साहः
(ङ)	धैर्येण स्वतन्त्रतायाः उपायाः चिन्तनीयाः।	(iii)	धैर्यम्

प्र.9 कथाक्रमानुसारम् अधोलिखितानि वाक्यानि पुनः लिखत।
(कथाक्रमानुसार निम्नलिखित वाक्यों को पुनः लिखिए।)

(क) सः सेनायाः भोजनसामग्र्याः अभावेन खिन्नः अस्ति।

(ख) जयघोषं श्रुत्वा प्रतापः कथयति-अयि भ्रातः! कथं जयघोषं कृत्वा मां लज्जयसे इति।

(ग) सहचराः महाराणाप्रतापस्य एतादृशीं स्थितिं दृष्ट्वा व्याकुलाः भवन्ति।

(घ) महाराणा प्रतापः अरण्ये विचारमग्नः शिलायाम् उपविष्टः अस्ति।

(ङ) तदैव कश्चित् मेवाडराजपुत्रः तत्र प्रविशति।

(च) तदा राजपुत्रः वदति-स्वदेशं स्वाधीनं कर्तुं भवता किं न सोढम्? विजेष्यते ननु भवान्।

(छ) अधुना सः स्वकीयैः प्राणैरेव स्वदेशं स्वतन्त्रं कर्तुम् इच्छति।

(ज) सः राजपुत्रः महाराणाप्रतापस्य जयघोषं करोति।

उत्तराणि

(क) महाराणा प्रतापः अरण्ये विचारमग्नः शिलायाम् उपविष्टः अस्ति।

(ख) सः सेनायाः भोजनसामग्र्याः अभावेन खिन्नः अस्ति।

(ग) अधुना सः स्वकीयैः प्राणैरेव स्वदेशं स्वतन्त्रं कर्तुम् इच्छति।

(घ) सहचराः महाराणाप्रतापस्य एतादृशीं स्थितिं दृष्ट्वा व्याकुलाः भवन्ति।

(ङ) तदैव कश्चित् मेवाडराजपुत्रः तत्र प्रविशति।

(च) सः राजपुत्रः महाराणाप्रतापस्य जयघोषं करोति।

(छ) जयघोषं श्रुत्वा प्रतापः कथयति-अयि भ्रातः। कथं जयघोषं कृत्वा मां लज्जयसे इति।

(ज) तदा राजपुत्रः वदति-स्वदेशं स्वाधीनं कर्तुं भवता किं न सोढम्? विजेष्यते मनु भवान्।

योग्यताविस्तारः (योग्यता-विस्तार)

1. **'जि' धातोः प्रयोगः सामान्यतः परस्मैपदि भवति, परं यदा अस्य प्रारम्भे 'वि' उपसर्गः आगच्छति, तदा एष धातुः आत्मनेपदि प्रयुज्यते- यथा**

विजयताम्- वि-उपसर्गः, जि-धातुः, लोट्-लकारः, प्रथमपुरुषे एकवचनम्।

विजेष्यते- वि + जि + लृट्, प्रथमपुरुषे एकवचनम् ।

'जि' धातु का प्रयोग सामान्यतः परस्मै पद में होता है, परंतु जब इसके प्रारंभ में 'वि' उपसर्ग आता है। तब यह धातु आत्मने पद में प्रयुक्त होती है; जैसे—**विजयताम्** = वि उपसर्ग, जि धातु, लोट् लकार, प्रथम पुरुष में एकवचन।

विजेष्यते = वि + जि + लृट्, प्रथमपुरुष एकवचन में।

2. **नामधातुः (नामधातु)**

यदा कश्चन् शब्दः एव धातुवद् आचरति तदा एष नामधातुः भवति। यथा-दुःखीयन्ति-अत्र दुःखशब्दः क्यच्-प्रत्ययस्य योगं प्राप्य-दुःखीयति भवति, तस्य लट् लकारे प्रथमपुरुषे बहुवचने दुःखीयन्ति इति रूपम्।

नरकायते-अत्रापि नरकशब्दः क्यङ् -प्रत्यययोगेन नामधातुः भवति-नरकायते, नरकवत् प्रतीयते।

जब कोई शब्द धातु के समान प्रयोग में आता है, तब वह नामधातु होता है;

जैसे-**दुःखीयन्ति**-यहाँ दुःख शब्दः, क्यच् प्रत्यय का योग होकर दुःखीयति शब्द बनता है। उसका लट् लकार में प्रथम पुरुष बहुवचन में दुःखीयन्ति रूप बनता है।

नरकायते यहाँ भी नरक शब्द क्यङ् प्रत्यय का प्रयोग होने पर नामधातु होता है नरकायते का अर्थ है- नरक के समान प्रतीत होता है।

3. **वाच्यम् (वाच्य)**

वाच्यं त्रिविधं भवति। वाच्य तीन प्रकार के होते हैं-

(i) **कर्तृवाच्यम् (कर्तृवाच्य)**

(ii) **कर्मवाच्यम् (कर्मवाच्य)**

(iii) भाववाच्यम् (भाववाच्य)

(i) **कर्तृवाच्यम्** यदा क्रियापदेन कर्ता उच्यते/निर्दिश्यते।

यथा–भवान् वदति। अस्मिन् वाक्ये कः वदति? अस्य उत्तरे उच्यते–भवान् वदति। अतः इदं वाक्यं कर्तृवाच्ययुक्तम्।

कर्तृवाच्य इसके अन्तर्गत क्रिया पद का प्रयोग कर्ता के रूप में होता है; जैसे–आप बोलते हैं। इस वाक्य में कौन बोलता है? इसके उत्तर में कहा जाता है–आप बोलते हैं। अतः यह वाक्य कर्तृवाच्य है।

(ii) **कर्मवाच्यम्** यदा क्रियापदेन कर्म उच्यते/निर्दिश्यते।

यथा–"त्रोट्यतां पारतन्त्र्यशृङ्खलाः स्वकीयैः लौहबाहुभिः।" अस्मिन् वाक्ये 'त्रोट्यताम्' इति क्रियापदम्, प्रश्नः अस्ति किं त्रोट्यताम्? उत्तरम्–शृङ्खलाः त्रोट्यताम्। अतः इदं वाक्यमस्ति कर्मवाच्ययुक्तम्।

कर्मवाच्य इसके अन्तर्गत क्रिया पद के द्वारा कर्म किया जाता है; जैसे-''परतंत्रता की बेड़ियों को अपनी लौह भुजाओं के द्वारा तोड़ दीजिए।'' इस वाक्य में तोड़ दीजिए यह क्रिया पद है। प्रश्न है क्या तोड़ दीजिए? उत्तर-बेड़ियों (शृंखला) को तोड़ दीजिए। अतः यह वाक्य कर्मवाच्य युक्त है।

(iii) **भाववाच्यम्** यत्र केवलं क्रियापदम् एव अर्थे प्रधानम्। यथा–बालेन हस्यते। अत्र हस्यते इति भावप्रधानः, अतः भाववाच्ययुक्तमिदं वाक्यम्।

भाववाच्य इसके अन्तर्गत केवल क्रिया पद ही प्रधान होता है; जैसे-बालक से हँसा जाता है। यहाँ हँसना प्रधान भाव है अतः यह वाक्य भाववाच्य है।

4. 'श्रुतपूर्वः' इत्यत्र द्वौ शब्दौ तद्यथा–वाच्यम्

पूर्वं श्रुतः – इति श्रुतपूर्वः। अस्मिन् पाठे अयं शब्दः 'स्वरः' इत्यस्य विशेषणमस्ति। अनेन शब्देन सदृशाः शब्दाः सन्ति–दृष्टपूर्वः, कथितपूर्वा, गतपूर्वम्, भूतपूर्वः, ज्ञातपूर्वा।

'**श्रुतपूर्व**' इसमें दो शब्द है, जैसे–पूर्वं श्रुतः (पहले सुना हुआ) इस पाठ में यह शब्द 'स्वर' पद का विशेषण है। इस शब्द के समान ही अन्य शब्द है। पहले देखा हुआ, पहले कही हुई, पहले गया हुआ, पहले हुआ, पहले ज्ञात हुई।

5. **अत्र पाठे बहवः नाट्यसङ्केताः सन्ति। एतेषाम् अभिनयं कुरुत।**

यहाँ पाठ में बहुत से नाट्य संकेत दिए गए हैं। इनका अभिनय कीजिए।

(i) **राजोचितं प्रणम्य।** (राजा को उचित रूप से प्रणाम करके।)

(ii) **समाश्वस्य।** (चैन की साँस लेकर।)

(iii) **अञ्जलिं बद्ध्वा।** (हाथ जोड़कर।)

(iv) **सप्रणामम्।** (प्रणाम सहित।)

(v) **दीर्घं निःश्वस्य।** (लंबी साँस छोड़कर।)

अभ्यास प्रश्नाः

मणिका पाठ्य-पुस्तक पर आधारित प्रश्नोत्तर

नाट्यांश आधारित प्रश्नाः

1. अधोलिखितनाट्यांशान् पठित्वा उत्तरं लिखत।
(निम्नलिखित नाट्यांश को पढ़कर उत्तर लिखिए।)

(क) (निस्सरति प्रतापः, भटाः चापि तमनुचरन्ति। तमेवं स्वतन्त्रताप्राप्तिं प्रति निराशं दृष्ट्वा अटवीवासिनो भिल्लाः दुःखीयन्ति)

प्रथमः भिल्लः: हा धिक्! कीदृशः समय आगतः? देशभक्तः प्रतापोऽपि स्वदेशं परित्यज्य अन्यत्र प्रस्थितः।

द्वितीयः भिल्लः: न जानेऽस्य मेवाडदेशस्य भाग्ये किं लिखितम्? हा निष्ठुर दैव! देशभक्ते तु दयस्व।

तृतीयः भिल्लः: वराकोऽयं जीवनसामग्रीयुद्धसामग्र्योः अभावेन खिद्यते। परमेश्वर! दयस्व! मातृभूमेः दुर्दशां स्वचक्षुषा कथं द्रक्ष्यामः? (सर्वे भिल्लाः विलपन्ति)

एकः सैनिकः: हा दैव! कथं देशधर्मौ प्रति निष्ठुरः सञ्जातोऽसि? (प्रतापं प्रति) महाराज! मदीयेन एव खड्गेन जहि माम्। न शक्नोमि स्वचक्षुषा द्रष्टुं स्वदेशदुर्दशाम्।

सर्वे सैनिकाः: परतन्त्रे देशे जीवनं नरकायते। न शक्नुमः प्राणान् धारयितुम्।
(सर्वे आत्मानं हन्तुमुद्यताः)
(एतद् दृश्यं दृष्ट्वा तत्रत्याः भिल्लाः अपि मरणाय तत्पराः भवन्ति)

प्रतापः: (सैनिकान् भिल्लान् च आत्मघातं कुर्वतः दृष्ट्वा) स्थीयताम्, स्थीयताम्। आत्मघातिनः जनाः तु असूर्यान् लोकान् व्रजन्ति। वीरगत्या मरणमेव कल्याणप्रदं भवति। धैर्येण स्वतन्त्रतायाः उपायाः चिन्तनीयाः।

I. एकपदेन उत्तरत। (एक पद में उत्तर दीजिए।)

(i) कीदृशं मरणं कल्याणप्रदं भवति?

(ii) आत्मानं हन्तुमुद्यताः के?

(iii) स्वदेशं परित्यज्य कः अन्यत्र प्रस्थितः?

II. पूर्णवाक्येन उत्तरत। (पूर्ण वाक्य में उत्तर दीजिए।)

(i) प्रतापः कयोः अभावेन खिद्यते?

(ii) धैर्येण के चिन्तनीयाः?

(iii) आत्मघातिनः जनाः कुत्र व्रजन्ति?

III. निर्देशानुसारम् उत्तरत। (निर्देशानुसार उत्तर दीजिए।)

(i) संवादे 'जीवनम्' इति कर्तृपदस्य क्रियापदं किम्?

(ii) 'गच्छन्ति' इति पदस्य कः पर्यायः अत्र वर्तते?

(iii) दयालुः पदस्य कः विपर्ययः?

उत्तराणि

I. (i) वीरगत्या (ii) सैनिका:

(iii) प्रतापः

II. (i) प्रतापः जीवनसामग्रीययुद्धसामग्रयोः अभावेन खिद्यते।

(ii) धैर्येण स्वतन्त्रतायाः उपायाः चिन्तनीयाः।

(iii) आत्मघातिनः जनाः तु असूर्यान् लोकान् व्रजन्ति।

III. (i) नरकायते (ii) व्रजन्ति

(iii) निष्ठुरः

(ख) नेपथ्ये

विरम्यतां प्रभो! विरम्यताम्।

प्रतापः श्रुतपूर्व इव स्वरः। (सैनिकं प्रति) वृक्षम् आरुह्य दृश्यतां कः एष शब्दापयति?

सैनिकः (निपुणं निरीक्ष्य) महाराज! मेवाडमन्त्री भामाशाहः खलु एषः।

प्रतापः अये भामाशाहः आगतः! कथमस्माकं दौर्भाग्यं भवताऽपि परिज्ञातम्।
(भामाशाहः धनराशिमादाय आयाति)

भामाशाहः (सप्रणामम्) अन्नदातः! सेवकं परित्यज्य कुत्र प्रस्थितो भवान्?

प्रतापः (दीर्घं निःश्वस्य) न क्वापि बन्धो! गन्तुमपि न शक्यते। धनसेनयोः अभावे देशरक्षणाय पर्याकुलाः स्मः।

भामाशाहः भवतः चिन्तातुरतां परिज्ञाय भग्नमिव मे हृदयम्। (धनराशिं निर्दिश्य) इयं सम्पत्तिः खलु कस्मै प्रयोजनाय? ईदृशे एव कर्मणि अस्याः उपयोगः श्रेयान्।

प्रतापः सत्यं वदति भवान्।

भामाशाहः यद्येवं तर्हि गृह्यताम्। त्रोट्यतां पारतन्त्र्यशृङ्खलाः स्वकीयैः लौहबाहुभिः। स्वतन्त्रः क्रियतां स्वदेशः।
(धनराशिं प्रतापचरणयोः अर्पयति)

प्रतापः (साश्चर्यम्) किमिदं भवान् करोति? नाहं दत्तां सम्पत्तिं पुनः आददामि।

भामाशाहः (सविनयम्) गृह्यतां भगवन्! देशं धर्मं च रक्षितुम्।

प्रतापः धन्योऽसि मन्त्रिवर्य! त्वदीया जननी धन्या। सुकुले जातोऽसि।
(द्वादशवर्षाणि यावत् पञ्चविंशतिसहस्रसैनिकानां पालयित्रीं सम्पत्तिमवलोक्य सैनिकान् प्रति)
अस्मिन्नेव क्षणे स्वदेशं पारतन्त्र्यात् मोचयितुं योत्स्यामहे। (भामाशाहम् अभिलक्ष्य) सखे! एहि गाढं परिष्वजस्व माम्।

भामाशाहः अनुगृहीतोऽस्मि।

I. एकपदेन उत्तरत। (एक पद में उत्तर दीजिए।)

(i) केन प्रतापस्य दौर्भाग्यं परिज्ञातम्?

(ii) पारतन्त्र्यशृंङ्खलाः काभिः त्रोट्यताम्?

(iii) कस्य जननी धन्या?

II. पूर्णवाक्येन उत्तरत। (पूर्ण वाक्य में उत्तर दीजिए।)

(i) भामाशाहः धनराशिं कुत्र अर्पयति?

(ii) प्रतापस्य चिन्तातुरतां परिज्ञाय कस्य हृदयं भाग्नमिव अभवत्?

(iii) वृक्षम् आरूहत कः पश्यति?

III. निर्देशानुसारम् उत्तरत। (निर्देशानुसार उत्तर दीजिए।)

(i) 'श्रुतपूर्वः' इति कस्य विशेषणम्?

(ii) सुकुले जातोऽसि इति प्रतापः कस्मै कथयति?

(iii) संवादे 'प्रस्थितः' इति क्रियापदस्य कर्तृपदं किम्?

उत्तराणि

I. (i) भामाशाहेन (ii) लौहबाहुभिः

(iii) भामाशाहस्य

II. (i) भामाशाहः धनराशिं प्रतापचरणयोः अर्पयति।

(ii) प्रतापस्य चिन्तातुरताम् परिज्ञाय भामाशाहस्य हृदयं भाग्नमिव अभवत्।

(iii) वृक्षम् आरूहत सैनिकः पश्यति।

III. (i) स्वरस्य

(ii) भामाशाहाय

(iii) भवान्

प्रश्ननिर्माणं कुरुत

2. निम्नांकित वाक्येषु रेखाङ्कित पदानि आधृत्य प्रश्ननिर्माणं कुरुत। (निम्नलिखित वाक्यों में रेखांकित पदों के आधार पर प्रश्न निर्माण कीजिए।)

(i) प्रतापेन राज्यत्राणाय बहु-कृतम्।

(ii) वराकस्य पार्श्वे सेनायाः भोजनसामग्रयाः अपि च अभावः विद्यते।

(iii) सर्वे आत्मानं हन्तुमुद्यताः।

(iv) वीरगत्या मरणमेव कल्याणप्रदं भवति।

(v) श्रुतपूर्वं इव स्वरः।

(vi) भामाशाहः आगतः।

(vii) वयम् धन्याः स्मः।

(viii) अहम् अनुगृहीतः अस्मि।

उत्तराणि

(i) कस्मै (ii) कस्य

(iii) कम् (iv कया

(v) कः (vi) कः

(vii) के (viii) कीदृशः

प्रसङ्गानुकूलं प्रश्नाः

3. रेखाङ्कितपदानां प्रसङ्गानुकूलम् उचितार्थं चित्वा लिखत।
(निम्नलिखित वाक्यों में रेखांकित पदों के प्रसंगों के अनुकूल उचित अर्थ चुनकर लिखिए।)

(i) उपकृतं इति शब्देन अर्थं लिखत।
(अ) दयनीयस्य (ब) सहनं
(स) उपकारः कृतः (द) पार्श्वे

(ii) मदीयेन एव खड्गेन जहि माम्।
(अ) वधं (ब) निर्माणं
(स) मोक्षः (द) नरकम्

(iii) निराशं दृष्ट्वा अटवीवासिनो भिल्लाः दुखीयन्ति।
(अ) महलवासिनः (ब) वनवासिनः
(स) गृहवासिनः (द) सर्वाः

(iv) वराकः इति शब्देन नाट्यांशान् कः अर्थः?
(अ) दयनीयः (ब) निर्दयः
(स) सज्जनः (द) पुरुषः

(v) विरम्यताम् प्रभो! विरम्यताम् शब्दस्य उचितार्थं लिखत।
(अ) गतः (ब) निश्चयेन
(स) स्थीयताम् (द) खलु

(vi) गृह्यतां भगवन्! देशं धर्मं च रक्षितुम्।
(अ) स्वीक्रियताम् (ब) स्थीयताम्
(स) परीक्ष्य (द) ग्रहणं

(vii) अस्मिन्नेव क्षणे स्वदेशं पारतन्त्र्यात् मोचयितुं योत्स्यामहे।
(अ) मिथः (ब) पटस्य आक्षेपः
(स) मोचनाय (द) युद्धं करिष्यामः

(viii) पर्याकुलाः इति शब्देन अर्थं लिखत।
(अ) विकलाः (ब) विचलाः
(स) अचलाः (द) निर्जलाः

(ix) त्वकीया जननी धन्या।
(अ) माता (ब) पितृ
(स) भ्राताः (द) भगिनिः

(x) समाश्वस्य अयि भ्रातः। कथं जयघोषं कृत्वा मां लज्जयसे।
(अ) दयनीयस्य (ब) रक्षितुम्
(स) सुखेन श्वासं गृहीत्वा (द) अनुगमनं

उत्तराणि

(i) (स) उपकारः कृतः (ii) (अ) वधं
(iii) (ब) वनवासिनः (iv) (अ) दयनीयः
(v) (स) स्थीयताम् (vi) (अ) स्वीक्रियताम्
(vii) (द) युद्धं करिष्यामः (viii) (अ) विकलाः
(ix) (अ) माता (x) (स) सुखेन श्वासं गृहीत्वा

मेलनं कुरुत

4. सुमेलितं कुरुत। (सुमेलित कीजिए।)

	सूची (क)	सूची (ख)
(i)	मोचयितुम्	(अ) ल्यप्
(ii)	अभिलक्ष्य	(ब) क्त
(iii)	अनुगृहीतः	(स) ल्यप्
(iv)	अवलोक्य	(द) तुमुन्
(v)	कुर्वतः	(य) शतृ

उत्तराणि

	सूची (क)	सूची (ख)
(i)	मोचयितुम्	(द) तुमुन्
(ii)	अभिलक्ष्य	(अ) ल्यप्
(iii)	अनुगृहीतः	(ब) क्त
(iv)	अवलोक्य	(स) ल्यप्
(v)	कुर्वतः	(य) शतृ

विद्यया भान्ति सद्गुणा:
(सद्गुण विद्या से सुशोभित होते हैं।)

अध्याय 4

पाठ परिचय

देव! महाकुलसम्भूता एते राजपुत्राः, तन्मया नीतिं ग्राहयितुं शक्यन्ते।

मालविका भो सुकुमार! किमर्थं चिन्तितः असि?

सुकुमारः मम अनुजस्य पठने रुचिः न अस्ति।

मालविका सुकुमार! मम पुस्तके एका कथा अस्ति, यत्र एकः राजा अपि एवमेव चिन्तितः आसीत्।

सुकुमारः सत्यम्! किं कृतं तदा तेन राज्ञा?

मालविका तदा राज्ञा एकः विद्वान् आहूतः। सः सुरोचकाभिः कथाभिः राजपुत्रान् नीतिशास्त्रम् अपाठयत्। तासां कथानां संग्रहः अपि विद्यते।

सुकुमारः आश्चर्यम्! किं नाम तत् पुस्तकम्?

मालविका तस्य नाम हितोपदेशः। तस्य प्रारम्भे एव इदं वर्णितं यत् विद्यां विना मनुष्यस्य जीवनं व्यर्थम्।

सुकुमारः पठनीयं तत् पुस्तकम्।

मालविका मया सह आगच्छ। अद्यैव अस्माकम् आचार्यः तां कथां पाठयिष्यति।

सुकुमारः मम एतत् सौभाग्यम्। पठामः तावत् पाठम्।

शब्दार्थाः असि = हो, अनुजस्य = छोटे भाई की, अपि = भी, राज्ञा = राजा के द्वारा, मया = मेरे (साथ), अद्यैव = आज ही।

हिंदी अनुवाद

महाराज! ये राजकुमार महान कुल में जन्मे हैं, तो इन्हें मेरे द्वारा नीतिशास्त्र का ज्ञान कराया जा सकता है।

मालविका अरे सुकुमार! किसलिए चिंतित हो?

सुकुमार मेरे छोटे भाई की पढ़ने में रुचि नहीं है।

मालविका सुकुमार! मेरी पुस्तक में एक कथा है, जिसमें एक राजा भी इसी प्रकार चिंतित था।

सुकुमार क्या यह सत्य है? उस राजा ने फिर क्या किया?

मालविका उस राजा ने एक विद्वान को बुलाया। उसने रोचक कथाओं से राजपुत्रों को नीतिशास्त्र पढ़ाया। उन कथाओं का संग्रह भी है।

सुकुमार आश्चर्य है! क्या नाम है उस पुस्तक का?

मालविका उसका नाम हितोपदेश है। उस पुस्तक के आरंभ में ही बताया गया है कि विद्या के बिना मनुष्य का जीवन व्यर्थ है।

सुकुमार वह पुस्तक पढ़ने योग्य है।

मालविका मेरे साथ आओ। आज ही हमें आचार्य जी वह कथा पढाऐंगे।

सुकुमार यह मेरा सौभाग्य है। तब तक हम पाठ पढ़ते हैं।

पाठ का सार गंगा नदी के किनारे पाटलिपुत्र नामक एक नगर में सुदर्शन नामक राजा रहता था। उस राजा ने एक बार दो श्लोकों को सुना—पहले श्लोक में शास्त्र की व्याख्या की गई तथा दूसरे श्लोक में मानव की युवावस्था, धन, राजपद एवं मूर्खता का वर्णन किया गया है।

शास्त्रों के ज्ञान से रहित, हर समय बुरे मार्ग पर चलने वाले अपने पुत्रों की आचार हीनता से चिंतित राजा ने सोचा कि मेरे पुत्रों ने न तो शास्त्रों का ज्ञान प्राप्त किया है और न ही उन्होंने शस्त्रों को प्राप्त किया है। अत: राजा इस विषय पर गहन चिंता के साथ विद्वानों से विचार-विमर्श करते हैं और अपने पुत्रों को ज्ञान प्रदान कराने हेतु उपाय खोजते हैं। अंत में सभा में उपस्थित एक विद्वान राजा के पुत्रों को हितोपदेश में संकलित नीति कथाओं के माध्यम से ज्ञान प्रदान करते हैं और राजपुत्रों को नीतिशास्त्र का पाठ भी कराते हैं।

पाठ का हिंदी अनुवाद

1. अस्ति भागीरथीतीरे पाटलिपुत्रनामधेयं नगरम्। तत्र सर्वस्वामिगुणोपत: सुदर्शन: नाम नरपति: आसीत्। स भूपति: एकदा पाठ्यमानं श्लोकद्वयं श्रुतवान्।

अनेकसंशयोच्छेदि परोक्षार्थस्य दर्शकम्।
सर्वस्य लोचनं शास्त्रं यस्य नास्त्यन्ध एव स:।। 1।।
यौवनं धनसम्पत्ति: प्रभुत्वमविवेकिता।
एकैकमप्यनर्थाय किमु यत्र चतुष्टयम्।। 2।।

शब्दार्था: भागीरथीतीरे = गंगा नदी के किनारे पर, सर्वस्वामिगुणोपतः = स्वामी के सभी गुणों से युक्त, नरपतिः = राजा, एकदा = एक बार, पाठ्यमानम् = पढ़े जाते हुए को, श्रुतवान् = सुना, अनेकसंशयोच्छेदि = अनेक प्रकार के संशयों को दूर करने वाला, परोक्षार्थस्य = भूतभविष्यत्कालिक सूक्ष्मपदार्थों (घटनाओं) का, दर्शकम् = दिखलाने वाला, लोचनम् = नेत्र, यौवनम् = जवानी, प्रभुत्वम् = स्वामित्व, अविवेकिता = कर्त्तव्य-अकर्त्तव्य का ज्ञान न होना, एक-एकमपि = एक-एक दुर्गुण भी, अनर्थाय = अनर्थ के लिए, पाप के लिए, चतुष्टयम् = चारों।

अन्वय: शास्त्रम् अनेकसंशय-उच्छेदि परोक्ष-अर्थस्य दर्शकम् (अस्ति, पुन: च एतत्) सर्वस्य (जनस्य) लोचनम् (इव) (यस्य) (पार्श्वे) न अस्ति स: (तु) अन्ध: एव अस्ति।

अन्वय: यौवनम् धनसम्पत्ति: प्रभुत्वम् अविवेकिता च एक-एकम् अपि अनर्थाय (पर्याप्तम्) भवन्ति। यत्र चतुष्ट्यम् तत्र किम् (भविष्यति)?

हिंदी अनुवाद भागीरथी (गंगा) नदी के किनारे पर पाटलिपुत्र नामक नगर था। वहाँ सुदर्शन नामक एक राजा रहता था जो एक राजा के सभी गुणों से संपन्न था। एक बार उस राजा ने किसी के द्वारा पढ़े जाते हुए दो श्लोकों को सुना।

अनेक संशयों को नष्ट करने वाला, भूत-भविष्य की घटनाओं को दिखाने वाला शास्त्र (ज्ञान) सभी का नेत्र होता है, जिसके पास यह नहीं है वह अंधा ही है।

यौवन (जवानी), धन संपत्ति, प्रभुत्व (स्वामित्व) और मूर्खता, इनमें से केवल एक ही अनर्थ (पाप) के लिए पर्याप्त है। जहाँ ये चारों ही हैं, वहाँ तो कहना ही क्या? अर्थात् उसका तो सर्वनाश निश्चित ही है।

2. आत्मन: पुत्राणाम् अनधिगतशास्त्राणां नित्यमुन्मार्गगामिनाम् आचारहीनतया उद्विग्नमना: स राजा अचिन्तयत्—

स जातो येन जातेन याति वंश: समुन्नतिम्।
परिवर्तिनि संसारे मृत: को वा न जायते।। 3।।
वरमेको गुणी पुत्रो न च मूर्खणांशतान्यपि।
एकश्चन्द्रस्तमो हन्ति न च तारागणैरपि।। 4।।

शब्दार्था: अनधिगतशास्त्राणाम् = विद्याध्ययन से रहित पुत्रों का, नित्यम् = सदैव, उन्मार्गगामिनाम् = कुमार्ग अर्थात् जुआ आदि दुर्व्यसनों में लगे हुए, आचारहीनतया = सदाचार से रहित होने के कारण, उद्विग्नमनाः = चिंता से व्याकुल मन वाला, चिन्तयत् = सोचा, जातः = उत्पन्न हुआ, याति = जाता है, प्राप्त होता है, परिवर्तिनि = परिवर्तनशील, समुन्नतिम् = प्रगति को, वा = अथवा, जायते = पैदा होता है, वरमेको = गुणवान, गुणी = गुणवान, पुत्रः = सपूत, बेटा, मुर्ख-शतानि = सैंकड़ों मूर्ख, चन्द्रः = चंद्रमा, तमः = अंधकार, हन्ति = नष्ट करता है, तारागणौ = तारों के समूह से।

अन्वय: येन जातेन वंश: समुन्नतिम् याति स: (एव) जात: (अस्ति) (अस्मिन्) परिवर्तिनि संसारे क: मृत: (क:) वा न जायते?

अन्वय: एक: गुणी पुत्र: वरम् (भवति), शतानि अपि मूर्खा: (वरम्) च न (भवन्ति), एक: चन्द्र: तम: हन्ति, (तत् तम:) तारागणै: अपि न (हन्यते)।

हिंदी अनुवाद शास्त्रों के ज्ञान से हीन, नित्य बुरे मार्ग पर चलने वाले अपने पुत्रों की आचारहीनता के कारण, चिंता से व्याकुल मन वाले उस राजा ने सोचा—

वही जन्मा है अर्थात् उसका जन्म लेना ही सार्थक है जिसके जन्म लेने से वंश उन्नति प्राप्त करता है। अन्यथा इस परिवर्तनशील संसार में कौन नहीं मरता और कौन नहीं पैदा होता है अर्थात् सभी का जन्म होता है और सभी मर जाते हैं।

सौ मूर्ख पुत्रों की अपेक्षा एक गुणवान पुत्र श्रेष्ठ होता है; जैसे—एक चंद्रमा अंधकार को नष्ट कर सकता है, परंतु तारों का समूह अंधकार को नष्ट नहीं कर सकता है।

3. तत् कथम् इदानीम् एते मम पुत्रा: गुणवन्त: क्रियन्ताम्? यत:—

माता शत्रु: पिता वैरी येन बालो न पाठित:।
न शोभते सभामध्ये हंसमध्ये बको यथा।। 5।।
रूपयौवनसम्पन्ना विशालकुलसम्भवा:।
विद्याहीना न शोभन्ते निर्गन्धा इव किंशुका:।। 6।।

शब्दार्था: गुणवन्तः = विद्या, विनय आदि गुणों से पूर्ण, क्रियन्ताम् = किए जाएँ, शत्रुः = दुश्मन, वैरी = अहित करने वाला, पाठितः = पढ़ाया गया, न शोभन्ते = शोभा नहीं देता, सभामध्ये = सभा में, हंसमध्ये = हंसों में, बकः = बगुला, रूपयौवनसम्पन्ना = रूप और जवानी से युक्त, विशालकुलसम्भवाः = ऊँचे कुल में उत्पन्न हुए, विद्याहीन = विद्या से रहित, निर्गन्धा = गंध रहित, किंशुकाः = पलाश नामक पुष्प।

अन्वयः येन (याभ्यां मातृपितृभ्याम्) बालः न पाठितः, (तादृशी) माता शत्रुः, (तादृशः) पिता वैरी (भवति), तयोः पुत्राः सभामध्ये (तथा) न शोभन्ते, यथा हंसमध्ये बकः (न शोभते)।

अन्वयः (ये जनाः) रूपयौवनसम्पन्नाः, विशालकुलसम्भवाः (सन्ति, ते) (परन्तु) विद्याहीनाः। (भवन्ति ते) निर्गन्धाः किंशुका इव (कदापि) न शोभन्ते।

हिंदी अनुवाद तो अब किस प्रकार मेरे पुत्र गुणवान किए जाएँ? क्योंकि—

जिसने अपने बच्चे को नहीं पढ़ाया, वह माँ दुश्मन के समान है और पिता अहित करने वाला है, क्योंकि गुणहीन पुत्र सभा के बीच में वैसे ही शोभा नहीं पाते हैं, जैसे—हंसों के बीच बगुला शोभा नहीं पाता है।

सुंदरता और जवानी से युक्त उच्च कुल में उत्पन्न हुए, किंतु विद्या से हीन बालक उसी प्रकार शोभा नहीं पाते हैं, जिस प्रकार गंधहीन पलाश (टेसू) के फूल शोभा नहीं पाते हैं।

4. अत्र तु दैवं कारणमिति न उचितम्, अतः सर्वथा दैवम् आलस्यं च विहाय पुरुषार्थः विधेयः। एतत् चिन्तयित्वा राजा पण्डितसभां कारितवान्। राजा अवदत्—'भोः-भोः पण्डिताः!' श्रूयतां मम वचनम्—'अस्ति कश्चिद् एवम्भूतो विद्वान् यो मम पुत्राणां नित्यम् उन्मार्गगामिनाम् अनधिगतशास्त्राणाम् इदानीं नीतिशास्त्रोपदेशेन पुनर्जन्म कारयितुं समर्थः?'
अत्रान्तरे विष्णुशर्मनामा महापण्डितः सकलनीतिशास्त्रतत्त्वज्ञः बृहस्पतिः इव अवदत्—'देव! महाकुलसम्भूताः एते राजपुत्राः, तत् मया नीतिं ग्राहयितुं शक्यन्ते।' अतोऽहं षण्मासाभ्यन्तरे भवत्पुत्रान् नीतिशास्त्राऽभिज्ञान् करिष्यामि। राजा सविनयं पुनरवदत्—कोऽत्र सन्देहः?

शब्दार्थाः दैवम् = भाग्य को, सर्वथा = सब प्रकार से, विहाय = छोड़कर, पुरुषार्थः = परिश्रम, कारितवान् = बुलवाई, श्रूयतां = सुनिए, एवम्भूतः = इस प्रकार का, इदानीम् = अब, कारयितुं = दिलाने में, समर्थः = समर्थ, सामर्थ्य से युक्त, अत्रान्तरे = इसी बीच, इसके मध्य में, सकलनीतिशास्त्रतत्त्वज्ञः = समस्तनीतिशास्त्रों के गूढ़ रहस्यों को जानने वाला, बृहस्पतिः = देवताओं के गुरु का नाम, अवदत् = बोला, महाकुलसम्भूताः = उच्च कुल (राजकुल) में उत्पन्न हुए, नीतिम् = नीतिशास्त्र को, ग्राहयितुम् = अच्छी प्रकार से ज्ञान कराने के लिए, सविनयं = विनम्रतापूर्वक, शक्यन्ते = समर्थ है, षण्मासाभ्यन्तरे = छः महीने में, नीतिशास्त्राऽभिज्ञान् = नीतिशास्त्र से परिचित।

हिंदी अनुवाद यहाँ तो भाग्य ही कारण है ऐसा मानना उचित नहीं है, इसलिए पूरी तरह से भाग्य और आलस्य को छोड़कर पुरुषार्थ अर्थात् परिश्रम करना चाहिए। यह सोचकर राजा ने विद्वानों की सभा बुलवाई। राजा बोला— 'अरे-अरे विद्वानों!' मेरे वचन सुनिए— 'क्या कोई ऐसा विद्वान है, जो हर समय बुरे मार्ग पर चलने वाले और शास्त्रों के ज्ञान से रहित मेरे पुत्रों को इस समय नीतिशास्त्रों के उपदेश से पुनर्जन्म कराने में समर्थ हो?'

इसी बीच संपूर्ण नीतिशास्त्रों के गूढ़ रहस्यों को जानने वाला बृहस्पति की तरह विष्णु शर्मा नामक एक महान विद्वान बोला— 'हे महाराज! उच्च कुल में जन्मे ये राजपुत्र मेरे द्वारा नीतिशास्त्र को ग्रहण करने में समर्थ हो सकते हैं। इसलिए मैं छः महीने के अंदर आपके पुत्रों को नीतिशास्त्र में ज्ञानी बना दूँगा। राजा ने प्रार्थना के साथ फिर कहा—इसमें क्या संदेह है?

5. कीटोऽपि सुमनःसङ्गादारोहति सतां शिरः।
अश्मापि याति देवत्वं महद्भिः सुप्रतिष्ठितः॥ 7॥
तदेतेषाम् अस्मत्पुत्राणां नीतिशास्त्रोपदेशाय भवन्तः प्रमाणम् इति उक्त्वा तस्य विष्णुशर्मणः करे बहुमानपुरःसरं पुत्रान् समर्पितवान्।
ततः विष्णुशर्मा पशु-पक्षि-जन्तूनां मनोरञ्जकाभिः, प्रेरणाप्रदाभिश्च कथाभिः तान् राजकुमारान् शिक्षितवान्। एतासां कथानां सङ्कलनमेव 'हितोपदेशः' नामकः ग्रन्थः प्रसिद्धः जातः।

शब्दार्थाः कीटः = कीड़ा, सुमनः सङ्गात् = फूलों के योग से, सताम् = सज्जनों के, शिरः = सिर पर, अश्मापि = पत्थर भी, अश्म = पत्थर, महद्भिः = महान, सुप्रतिष्ठितः = महिमा-मंडित होकर, एतेषाम् = इनके, अस्मापुत्राणां = हमारे पुत्रों के, नीतिशास्त्रोंपदेशाय = नीतिशास्त्र के उपदेश के लिए, भवन्तः = आप, प्रमाणम् = प्रमाण हैं, स्वयं समर्थ हैं, इति = इस प्रकार, उक्त्वा = कहकर, बहुमानपुरस्सरम् = बहुत सम्मान के साथ, समर्पितवान् = सौंप दिया, ततः = तत्पश्चात्, मनोरञ्जकाभिः = मनोरंजन कराने वाली, प्रेरणाप्रदाभिश्च = प्रेरणा प्रदान करने वाली, कथाभि = कथाओं से, जातः = उत्पन्न होता है।

अन्वयः (यथा) सुमनः सङ्गात् कीटः अपि सताम् शिरः आरोहति (तथा एव) महद्भिः सुप्रतिष्ठितः अश्म अपि देवत्वम् याति।

हिंदी अनुवाद जिस प्रकार कीड़ा भी फूल की संगति से सज्जनों के सिर पर चढ़ जाता है उसी प्रकार, महान लोगों द्वारा मान्यता दिया गया पत्थर भी देवत्व को प्राप्त कर लेता है अर्थात् देवताओं के गुणों को प्राप्त कर लेता है, तो इन मेरे पुत्रों के नीतिशास्त्र के उपदेश के लिए आप ही उपयुक्त हैं। ऐसा कहकर उस राजा ने विष्णु शर्मा के हाथ में बहुत सम्मान के साथ अपने पुत्रों को समर्पित कर दिया।

उसके बाद विष्णु शर्मा ने पशु-पक्षियों, जीव-जंतुओं की मनोरंजन करने वाली और प्रेरणा देने वाली कथाओं से उन राजपुत्रों को शिक्षित किया। इन कथाओं का संग्रह ही 'हितोपदेश' नामक ग्रंथ के रूप में प्रसिद्ध हुआ।

मणिका-पाठ्यपुस्तकम् प्रश्नोत्तराः

मणिका पाठ्य-पुस्तक के प्रश्नोत्तर

प्र.1 अधोलिखितानां प्रश्नानाम् उत्तराणि एकपदेन लिखत।
(निम्नलिखित प्रश्नों के उत्तर एक पद में लिखिए।)
(क) पाटलिपुत्रनामधेयं नगरं कुत्रास्ति?
(ख) पाटलिपुत्रनगरस्य राजा कः आसीत्?
(ग) सर्वस्य लोचनं किं भवति?
(घ) हंसमध्ये कः न शोभते?
(ङ) किं विहाय पुरुषार्थः विधेयः?
(च) कः राजपुत्रान् शिक्षयितुं स्वीकृतवान्?
(छ) महद्भिः सुप्रतिष्ठितः देवत्वं कः याति?

उत्तराणि

(क) भागीरथीतीरे
(ख) सुदर्शनः
(ग) शास्त्रम्
(घ) बकः
(ङ) आलस्यम्
(च) विष्णुशर्मा
(छ) अश्मः

प्र.2 अधोलिखितानां प्रश्नानामुत्तराणि पूर्णवाक्येन लिखत।
(निम्नलिखित प्रश्नों के उत्तर पूर्ण वाक्य में लिखिए।)
(क) पाटलिपुत्रे कीदृशः नरपतिः आसीत्?
(ख) शास्त्रं किं करोति?
(ग) के-के अनर्थाय भवन्ति?
(घ) विष्णुशर्मा तान् कथं शिक्षितान् अकरोत्?
(ङ) कस्य जन्म सफलं विद्यते?
(च) कीटः कथं सतां शिरः आरोहति?
(छ) राजाः निजपुत्रान् विष्णुशर्मणः करे कथं समर्पितवान्?

उत्तराणि

(क) पाटलिपुत्रे सर्वस्वामिगुणोपेतः नरपतिः आसीत्।
(ख) शास्त्रं अनेकसंशयोच्छेदनं करोति।
(ग) यौवनं, धनसम्पत्तिः, प्रभुत्वम् अविवेकता च अनर्थाय भवन्ति।
(घ) विष्णुशर्मा तान् पशु-पक्षि-जन्तूनां मनोरञ्जकाभिः प्रेरणाप्रदामिश्च कथाभिः शिक्षितान् अकरोत्।
(ङ) येन जातेन वंशः समुन्नतिं याति तस्य जन्म सफलं विद्यते।
(च) कीटः सुमनः सङ्गात् सतां शिरः आरोहति।
(छ) राजाः निजपुत्रान् विष्णुशर्मणः करे बहुमानपुरः सरं समर्पितवान्।

प्र.3 अधोलिखितेषु वाक्येषु स्थूलपदानि आधारीकृत्य प्रश्ननिर्माणं कुरुत।
(निम्नलिखित वाक्यों में स्थूल पदों को आधार मानकर प्रश्न निर्माण कीजिए।)
(क) **अविवेकता** अपि अनर्थाय।
(ख) राजा **पुत्राणाम्** आचारहीनतया उद्विग्नमनाः आसीत्।
(ग) एकः चन्द्रः **तमः** हन्ति।
(घ) **विद्याहीनाः** पुत्राः न शोभन्ते।
(ङ) राजा **पण्डितसभां** कारितवान्।
(च) **हितोपदेशः** नीतिकथानां सङ्कलनमेव।
(छ) **विद्यया** बालकस्य पुनर्जन्म भवति।

उत्तराणि

(क) का
(ख) केषाम्
(ग) किम्
(घ) कीदृशाः
(ङ) कां
(च) कः
(छ) कया

प्र.4 अधोलिखितप्रश्नान् यथानिर्देशम् उत्तरत।
(निम्नलिखित प्रश्नों के निर्देशानुसार उत्तर दीजिए।)
(क) 'तत् कथम् इदानीम् एते मम पुत्राः गुणवन्तः क्रियन्ताम्।' अस्मिन् वाक्ये 'पुत्राः' इति पदस्य किं विशेषणपदं प्रयुक्तम्?
(ख) 'अत्र तु दैवं कारणमिति न उचितम्' अस्मिन् वाक्ये 'भाग्यम्' इत्यर्थे किं पदं प्रयुक्तम्?
(ग) 'तत्र सर्वस्वामिगुणोपेतः सुदर्शनः नाम नरपतिः आसीत्।' अस्मिन् वाक्ये किं क्रियापदम् अस्ति?
(घ) 'अत्रान्तरे विष्णुशर्मा महापण्डितः सकलनीतिशास्त्रतत्त्वज्ञः बृहस्पतिः इव अवदत्।' अत्र 'अवदत्' इति क्रियापदस्य किं कर्तृपदं प्रयुक्तम्?
(ङ) 'एकश्चन्द्रस्तमो हन्ति।' अस्मिन् वाक्ये एकः इति पदस्य किं विशेषणपदं प्रयुक्तम्?

उत्तराणि

(क) मम
(ख) दैवम्
(ग) आसीत्
(घ) विष्णुशर्मा
(ङ) चन्द्रः

प्र.5 अधोलिखितशब्दानां पर्यायद्वयं प्रदत्तशब्देभ्यः चित्वा लिखत।
(निम्नलिखित शब्दों में से दो-दो पर्यायवाची शब्द चुनकर लिखिए।)
(क) भागीरथी - गङ्गा, कालिन्दी, जाह्नवी। ....
(ख) नरपतिः - भूपतिः, नृपः, सुरपतिः। ....
(ग) लोचनम् - मोचनम्, नयनम्, अक्षि। ....
(घ) चन्द्रः - हिमकरः, दिवाकरः, निशापतिः। ....
(ङ) सुमनम् - प्रसूनम्, पुष्पम्, स्त्रजम्। ....

उत्तराणि

(क) भागीरथी - गङ्गा, जाह्नवी
(ख) नरपतिः - भूपतिः, नृपः
(ग) लोचनम् - नयनम्, अक्षि
(घ) चन्द्रः - हिमकरः, निशापतिः
(ङ) सुमनम् - प्रसूनम्, पुष्पम्

प्र.6 अधोलिखितपदानां समक्षं तद्विपरीतार्थकं पदं लिखत।
(निम्नलिखित शब्दों के समक्ष उनके विपरीतार्थक शब्द लिखिए।)

सूची (अ) (यौवनम्)	सूची (ब) (वार्धक्यम्)
(क) समुन्नतिम्	(i) सुमार्गगामिनः
(ख) अनधिगतशास्त्राः	(ii) ज्योतिः
(ग) उन्मार्गगामिनः	(iii) अवनतिम्
(घ) तमः	(iv) मित्रम्
(ङ) विद्वान्	(v) अधिगतशास्त्राः
(च) शत्रुः	(vi) मूर्खः

उत्तराणि

	सूची (अ) (यौवनम्)	सूची (ब) (वार्धक्यम्)
(क)	समुन्नतिम्	(iii) अवनतिम्
(ख)	अनधिगतशास्त्राः	(v) अधिगतशास्त्राः
(ग)	उन्मार्गगामिनः	(i) सुमार्गगामिनः
(घ)	तमः	(ii) ज्योतिः
(ङ)	विद्वान्	(vi) मूर्खः
(च)	शत्रुः	(iv) मित्रम्

प्र.7 अधोलिखितपङ्क्त्योः आशयेषु शुद्धम् आशयम् (✓) इति चिह्नीकुरुत।
(निम्नलिखित पंक्तियों के आशयों में शुद्ध आशय (✓) से चिह्नित कीजिए।)

(क) स जातो येन जातेन याति वंशः समुन्नतिम्।
(i) यस्य जन्ममात्रेण वंशः समुन्नतिं याति।
(ii) यस्य जन्मनः पश्चात् वंशः समुन्नतिं याति।
(iii) यस्य गुणैः कर्मभिः च वंशः सर्वविधाम् उन्नतिं करोति।

(ख) अस्ति कश्चित् नीतिशास्त्रोपदेशेन पुनर्जन्म कारयितुं समर्थः?
(i) अत्र कः एवम्भूतः विद्वान् यः नीतिशिक्षया मूर्खान् पुत्रान् व्यवहारे निपुणान् कर्तुं शक्नोति?
(ii) विष्णुशर्मा एव नीतिशास्त्रोपदेशेन पुनर्जन्म कारयति।
(iii) कोऽपि मूर्खान् राजपुत्रान् नीतिशास्त्रस्य उपदेशेन व्यवहारकुशलान् सभ्यान् च कर्तुं न शक्नोति।

उत्तराणि

(क) (iii) यस्य गुणैः कर्मभिः च वंशः सर्वविधाम् उन्नतिं करोति।
(ख) (i) अत्र कः एवम्भूतः विद्वान् यः नीतिशिक्षया मूर्खान् पुत्रान् व्यवहारे निपुणान् कर्तुं शक्नोति?

प्र.8 अधोदत्ते अन्वये उचितकर्तृपदाभ्यां रिक्तस्थानपूर्तिं कुरुत।
(नीचे दिए गए अन्वय में उचित कर्तृ पदों से रिक्त स्थानों की पूर्ति कीजिए।)

········· अपि सुमनःसङ्गात् सतां शिरः आरोहति, महद्भिः सुप्रतिष्ठितः ········· अपि देवत्वं याति।

उत्तराणि

कीटः, अश्मः

प्र.9 कथाक्रमानुसारम् अधोलिखितानि वाक्यानि पुनः लिखत।
(कथाक्रमानुसार निम्नलिखित वाक्यों को पुनः लिखिए।)

(क) राजा निजपुत्रान् विष्णुशर्मणः करे समर्पितवान्।
(ख) राजा पण्डितसभां कारितवान्।
(ग) विष्णुशर्मा महापण्डितः सकलनीतिशास्त्रतत्त्वज्ञः बृहस्पतिः इव आसीत्।
(घ) भोः-भोः पण्डिताः! किं कश्चित् विद्वान् अस्ति यः मम पुत्रान् शिक्षयितुं समर्थः।
(ङ) भागीरथीतीरे पाटलिपुत्रनामधेयं नगरम् आसीत्।
(च) राज्ञः पुत्राः अनधिगतशास्त्राः नित्यमुन्मार्गगामिनः आचारहीनाश्च आसन्।
(छ) पाटलिपुत्रे सुदर्शनः नाम सर्वगुणोपतः राजा आसीत्।

उत्तराणि

(क) भागीरथीतीरे पाटलिपुत्रनामधेयं नगरम् आसीत्।
(ख) पाटलिपुत्रे सुदर्शनः नाम सर्वगुणोपतः राजा आसीत्।
(ग) राज्ञः पुत्राः अनधिगतशास्त्राः नित्यमुन्मार्गगामिनः आचारहीनाश्च आसन्।
(घ) राजा पण्डितसभां कारितवान्।
(ङ) भोः-भोः पण्डिताः! किं कश्चित् विद्वान् अस्ति यः मम पुत्रान् शिक्षयितुं समर्थः।
(च) विष्णुशर्मा महापण्डितः सकलनीतिशास्त्रतत्त्वज्ञः बृहस्पतिः इव आसीत्।
(छ) राजा निजपुत्रान् विष्णुशर्मणः करे समर्पितवान्।

योग्यताविस्तारः (योग्यता-विस्तार)

(क) भावविस्तारः (भाव-विस्तार)

हितोपदेश-परिचयः-(हितोपदेश का परिचय)

'हितोपदेशः' व्यावहारिक-नैतिक-राजनैतिकज्ञानैः पूर्णः लघुकथानां हृदयग्राही सङ्ग्रहः अस्ति। सुकुमार-बुद्धि-बालकेषु तदुक्तसंस्कारान् उत्पादयितुं समर्थोऽयं ग्रन्थः। अस्य सङ्ग्रहकर्ता 'नारायण-पण्डितः' अस्ति। अयं हि बङ्गीयस्य राज्ञः धवलचन्द्रस्य राज्याश्रितः आसीत्। ग्रन्थोऽयं कथादृष्ट्या चतुर्षु भागेषु विभक्तोऽस्ति। यथा-
1. मित्रलाभः 2. सुहृद्भेदः 3. विग्रहः 4. सन्धिः। अयं हि नीति-कथा-ग्रन्थः कथ्यते। एषः हि संस्कृतोक्तिषु पाटवम्, सर्वत्र वाचां वैचित्र्यम्, नीतिविद्यानैपुण्यम् आदिगुणान् शिक्षयति।

'हितोपदेश' व्यावहारिक, नैतिक, राजनैतिक ज्ञान से पूर्ण छोटी-छोटी हृदय को छूने वाली कहानियों का संग्रह है। कोमल बुद्धि बालकों में उपर्युक्त संस्कार को उत्पन्न करने में यह ग्रंथ समर्थ है। इसके संग्रहकर्ता 'नारायण पंडित' हैं। यह बंगाल के राजा चंद्र धवल के आश्रित कवि थे। यह ग्रंथ कथा की दृष्टि से चार भागों में बाँटा हुआ है;
जैसे–1. मित्र लाभ 2. सुहृद भेद 3. विग्रह 4. संधि।
यह ग्रंथ नीतियुक्त कहानियों का ग्रंथ कहा जाता है। यह निश्चय ही संस्कृत की उक्तियों द्वारा चतुराई, सर्वत्र वाणी की विचित्रता और नीतिविद्या में निपुणता आदि गुणों को सिखाता है।

(ख) पाठेऽस्मिन् विद्या–सुपुत्र–सत्सङ्गति–पुरुषार्थानां महत्त्वस्य विषये भवन्तः पठितवन्तः। तद्भावद्योतकाः केचन श्लोकाः काश्चन सूक्तयश्च अत्रापि दीयन्ते। तत्पठनेन स्वयोग्यतां वर्धयन्तु। स्वयं च सूक्तीनां सङ्कलनं कुर्वन्तु।

इस पाठ में आपने विद्या-सुपुत्र, सत्संगति और पुरुषार्थों (परिश्रम) के महत्त्व के विषय में पढ़ा है। उन भावों के संकेतक कुछ श्लोक और कुछ सूक्तियाँ भी यहाँ दी गई हैं। उनको पढ़कर अपनी योग्यता बढ़ानी चाहिए और सूक्तियों का संकलन स्वयं करना चाहिए।

विद्या (विद्या)

(i) **न चौरहार्यं न च राजहार्यं न भ्रातृभाज्यं न च भारकारि।
व्यये कृते वर्धत एव नित्यं विद्याधनं सर्वधनप्रधानम्।।**

चोर इसे चुरा नहीं सकता है। राजा छीन नहीं सकता है। भाई बाँट नहीं सकता है। यह भार हीन है। व्यय करने पर निरंतर बढ़ती रहती है। विद्या सभी धनों में प्रधान है।

(ii) **अलसस्य कुतो विद्या, अविद्यस्य कुतो धनम्।
अधनस्य कुतो मित्रम्, अमित्रस्य कुतः सुखम्।।**

आलसी व्यक्ति को विद्या कहाँ, विद्याहीन व्यक्ति को धन कहाँ, निर्धन का कोई मित्र नहीं होता, मित्ररहित को सुख कहाँ।

(iii) **संस्कारशौचेन नरं पुनीते, शुद्धा हि विद्या किल कामधेनुः।**

संस्कार और शुचिता से मनुष्य पवित्र होता है, शुद्ध विद्या कामधेनु के समान होती है।

(iv) **किं-किं न साधयति कल्पलतेव विद्या।**

कल्पलता (कल्पवृक्ष) की तरह विद्या से क्या-क्या नहीं साध सकते हैं।

सुपुत्रस्य महत्त्वम् (सुपुत्र का महत्त्व)

(i) **को धन्यो बहुभिः पुत्रैः कुशूलाऽऽपूरणाढकैः।
वरमेकः कुलालम्बी यत्र विश्रूयते पिता।।**

भूसी (अन्न का छिल्का) से भरे बर्तन की तरह कई मूर्ख पुत्रों से कोई व्यक्ति महान नहीं होता, अपितु परिवार का पालन करने और गौरव बढ़ाने वाला एक पुत्र ही श्रेयस्कर (पर्याप्त) है, उससे ही पिता को संसार में ख्याति (प्रसिद्धि) प्राप्त होती है।

(ii) **एकोऽपि गुणवान् पुत्रो निर्गुणैः किं शतैरपि।
एकश्चन्द्रो जगच्चक्षुर्नक्षत्रैः किं प्रयोजनम्।।**

एक गुणवान पुत्र ही पर्याप्त है। गुणहीन सौ पुत्रों से क्या लाभ? एक ही चंद्रमा संसार को प्रकाशित करता है। अनेक नक्षत्रों का क्या प्रयोजन है?

(iii) **एकेनापि सुपुत्रेण विद्यायुक्तेन भासते।
कुलं पुरुषसिंहेन चन्द्रेणेव हि शर्वरी।।**

एक विद्वान पुत्र ही कुल को प्रकाशित करता है, जिस प्रकार चंद्रमा रात्रि को प्रकाशित करता है।

सत्सङ्गतिः (सत्संगति)

(i) **जाड्यं धियो हरति सिञ्चति वाचि सत्यं,
मानोन्नतिं दिशति पापमपाकरोति।
चेतः प्रसादयति दिक्षु तनोति कीर्तिं,
सत्सङ्गतिः कथय किं न करोति पुंसाम्।।**

सत्संगति बुद्धि की जड़ता को समाप्त करती है, वाणी में सत्य का संचार करती है। चारों दिशाओं में सम्मान बढ़ाती है। पाप से मुक्त करती है। हृदय को प्रसन्न करती है। दिशाओं में कीर्ति को बढ़ाती है। हे पुरुषों! कहो, सत्संगति पुरुषों के लिए क्या नहीं करती है?

पुरुषार्थः (पुरुषार्थ)

(i) **उद्यमेन हि सिध्यन्ति, कार्याणि न मनोरथैः।
न हि सुप्तस्य सिंहस्य, प्रविशन्ति मुखे मृगाः।।**

परिश्रम करने से ही कार्य सिद्ध होते हैं, केवल मनोरथ करने से नहीं, क्योंकि वन्य पशु भी सोते हुए सिंह के मुख में स्वयं प्रवेश नहीं करते हैं।

(ii) **आलस्यं हि मनुष्याणां शरीरस्थो महान् रिपुः।
नास्त्युद्यमसमो बन्धुः कृत्वा यं नावसीदति।।**

आलस्य निश्चय ही मनुष्य के शरीर में स्थित महान शत्रु है। परिश्रम के समान कोई दूसरा बंधु (साथी) नहीं है, जिसके साथ से मनुष्य का कभी पतन नहीं होता है।

(iii) **यथा-ह्येकेन चक्रेण न रथस्य गतिर्भवेत्।
एव पुरुषकारेण विना दैवं न सिध्यति।।**

जैसे-केवल एक ही चक्र से रथ की गति नहीं होती है, उसी प्रकार पुरुषार्थ के बिना केवल भाग्य से ही सफलता नहीं मिलती है।

अभ्यास प्रश्ना:

मणिका पाठ्य-पुस्तक
पर आधारित प्रश्नोत्तर

पद्यांश आधारित प्रश्ना:

1. अधोलिखितं पद्यांशं पठित्वा प्रदत्त प्रश्नानाम् उत्तराणि संस्कृतेन लिखत। (निम्नलिखित पद्यांशों को पढ़कर दिए गए प्रश्नों के उत्तर संस्कृत में लिखिए।)

(क) अस्ति भागीरथीतीरे पाटलिपुत्रनामधेयं नगरम्। तत्र सर्वस्वामिगुणोपेतः सुदर्शनः नाम नरपतिः आसीत्। स भूपतिः एकदा पाठ्यमानं श्लोकद्वयं श्रुतवान्।

अनेकसंशयोच्छेदि परोक्षार्थस्य दर्शकम्।
सर्वस्य लोचनं शास्त्रं यस्य नास्त्यन्ध एव सः।।
यौवनं धनसम्पत्तिः प्रभुत्वमविवेकिता।
एकैकमप्यनर्थाय किम् यत्र चतुष्टयम्।।

I. एकपदेन उत्तरत। (एक पद में उत्तर दीजिए।)
(i) पाटलिपुत्रनाम नगरं कुत्र अस्ति?
(ii) नरपतेः नाम् किम् आसीत्?
(iii) अनेकसंशयोच्छेदि किम्?

II. पूर्णवाक्येन उत्तरत। (पूर्ण वाक्य में उत्तर दीजिए।)
(i) अन्धः कः?
(ii) अनर्थाय किं-किं भवति?
(iii) सर्वस्य लोचनं किम्?

III. निर्देशानुसारम् उत्तरत। (निर्देशानुसार उत्तर दीजिए।)
(i) शुश्राव इति क्रियायाः कर्तृपदं किम्?
(ii) 'दर्शकम्' इति कस्य विशेषणम्?
(iii) 'भूपतिः' पदस्य पर्यायपदम् अनुच्छेदात् चित्वा लिखत।

उत्तराणि

I. (i) भागीरथीतीरे (ii) सुदर्शनः
(iii) शास्त्रम्

II. (i) यस्य शास्त्रं (शास्त्रज्ञानं) न अस्ति सः एव अन्धः।
(ii) यौवनं, धनसम्पत्तिः, प्रभुत्वम् अविवेकिता च एकैकमपि अनर्थाय भवति।
(iii) सर्वस्य लोचनं शास्त्रम् अस्ति।

III. (i) भूपतिः (ii) शास्त्रस्य (iii) नरपतिः

(ख) आत्मनः पुत्राणाम् अनधिगतशास्त्राणां नित्यमुन्मार्गगामिनाम् आचारहीनतया उद्विग्नमनाः स राजा अचिन्तयत्-

स जातो येन जातेन याति वंशः समुन्नतिम्।
परिवर्तिनि संसारे मृतः को वा न जायते।।
वरमेको गुणी पुत्रो न च मूर्खशतान्यपि।
एकश्चन्द्रस्तमो हन्ति न च तारागणैरपि।।

I. एकपदेन उत्तरत। (एक पद में उत्तर दीजिए।)
(i) उद्विग्नमनः कः अभवत्?
(ii) पुत्राणाम् कया राजा उद्विग्नमनः आसीत्?
(iii) अनधिगतशास्त्राः के आसन्?

II. पूर्णवाक्येन उत्तरत। (पूर्ण वाक्य में उत्तर दीजिए।)
(i) नित्यम् उन्मार्गगामिनः के आसन्?
(ii) परिवर्तिनि संसारे कः जातः?
(iii) मुर्खपुत्रेभ्यः कः वरम्?

III. निर्देशानुसारम् उत्तरत। (निर्देशानुसार उत्तर दीजिए।)
(i) 'उद्विग्नमनः' कस्य विशेषणम्?
(ii) 'चिन्तयामास' इति क्रियायाः कर्तृपदं किम्?
(iii) 'सुतः' पदस्य के पर्यायः श्लोके प्रयुक्तः?

उत्तराणि

I. (i) चन्द्रः (ii आचारहीनतया
(iii) राजपुत्राः

II. (i) नित्यम् उन्मार्गगामिनः राज्ञः पुत्राः आसन्।
(ii) परिवर्तिनि संसारे सः जातः येन जातेन वंशः समुन्नतिम् याति।
(iii) मुर्खपुत्रेभ्यः एकः गुणी पुत्रः वरं भवति।

III. (i) राज्ञः (ii) भूपतिः
(iii) पुत्रः

(ग) तत् कथम् इदानीम् एते मम पुत्राः गुणवन्तः क्रियन्ताम्? यतः-

माता शत्रुः पिता वैरी येन बालो न पाठितः।
न शोभते सभामध्ये हंसमध्ये बको यथा।।
रूपयौवनसम्पन्ना विशालकुलसम्भवाः।
विद्याहीना न शोभन्ते निर्गन्धा इव किंशुकाः।।

अत्र तु दैवं कारणमिति न उचितम्, अतः सर्वथा दैवम् आलस्यं च विहाय पुरुषार्थः विधेयः। एतत् चिन्तयित्वा राजा पण्डितसभां कारितवान्। राजा अवदत्- 'भोः-भोः पण्डिताः!' श्रूयतां मम वचनम्- 'अस्ति कश्चिद् एवम्भूतो विद्वान् यो मम पुत्राणां नित्यम् उन्मार्गगामिनाम् अनधिगतशास्त्राणाम् इदानीं नीतिशास्त्रोपदेशेन पुनर्जन्म कारयितुं समर्थः?'

I. एकपदेन उत्तरत। (एक पद में उत्तर दीजिए।)
(i) गुणवन्तः के क्रियताम्?
(ii) सभामध्ये कः न शोभते?
(iii) दैवं विहाय किं कर्त्तव्यम्?

II. पूर्णवाक्येन उत्तरत। (पूर्ण वाक्य में उत्तर दीजिए।)
(i) राजा पण्डितसभां कारयित्वा किम् उवाच?
(ii) कीदृशी माता कीदृशः च पिता बालस्य शत्रुः स्तः?
(iii) अनधिगतशास्त्राणां बालानाम् पुनर्जन्म केन भवितुम् शक्नोति?

III. निर्देशानुसारम् उत्तरत। (निर्देशानुसार उत्तर दीजिए।)
(i) 'निर्गन्धाः' केषां विशेषणम्?
(ii) आलस्यम् इति पदस्य विपर्ययः अनुच्छेदात् चित्वा लिखत।
(iii) विहाय पदे कः प्रत्ययः?

उत्तराणि

I. (i) राजपुत्राः (ii) अपठितः
(iii) पुरुषार्थम्

II. (i) राजा पण्डितसभां कारयित्वा उवाच—भोः-भोः पण्डितः! श्रूयतां मम् वचनम्,अस्ति कश्चित् एवम्भूतः विद्वान् यः मम पुत्राणां नीतिशास्त्रस्य उपदेशेन पुनर्जन्म कारयितुं समर्थः।
(ii) सा माता शत्रुः सः च पिता अपि शत्रुः स्तः याभ्यां बालः न पठितः।
(iii) अनधिगतशास्त्राणां बालानां पुनर्जन्म नीतिशास्त्रस्य उपदेशेन भवितुं शक्नोति।

III. (i) किंशुकानाम् (ii) पुरुषार्थः
(iii) ल्यप्

(घ) कीटोऽपि सुमनःसङ्गादारोहति सतां शिरः।
अश्मापि याति देवत्वं महद्भिः सुप्रतिष्ठितः।।
तदेतेषाम् अस्मत्पुत्राणां नीतिशास्त्रोपदेशाय भवन्तः प्रमाणम् इति उक्त्वा तस्य विष्णुशर्मणः करे बहुमानपुरःसरं पुत्रान् समर्पितवान्। ततः विष्णुशर्मा पशु-पक्षि-जन्तूनां मनोरञ्जकाभिः, प्रेरणाप्रदाभिश्च कथाभिः तान् राजकुमारान् शिक्षितवान्। एतासां कथानां सङ्कलनमेव 'हितोपदेशः' नामकः ग्रन्थः प्रसिद्धः जातः।

I. एकपदेन उत्तरत। (एक पद में उत्तर दीजिए।)
(i) कीटोऽपि सुमनः सङ्गात् केषां शिरः आरोहति?
(ii) विष्णुशर्मा कान् शिक्षितवान्?
(iii) बृहस्पतिः इव कः अब्रावीत्?

II. पूर्णवाक्येन उत्तरत। (पूर्ण वाक्य में उत्तर दीजिए।)
(i) विष्णुशर्मा काभिः राजकुमारान् शिक्षितवान्?
(ii) अश्म कथं देवत्वं याति?
(iii) अनधिगतशास्त्राणां बालानां पुनर्जन्म केन भवितुं शक्नोति?

III. निर्देशानुसारम् उत्तरत। (निर्देशानुसार उत्तर दीजिए।)
(i) शिक्षितवान् इति क्रियायाः कर्तृपदं किम्?
(ii) 'महामूर्खः' इति पदस्य विलोमः प्रयुक्तः अस्ति?
(iii) 'हितोपदेशः' इति कर्तृपदस्य क्रियापदं किम्?

उत्तराणि

I. (i) सताम् (ii) राजपुत्रान् (iii) विष्णुशर्मा

II. (i) विष्णुशर्मा पशु-पक्षी-जन्तूनां मनोरञ्जकाभिः प्रेरणाप्रदाभिश्च कथाभिः राजकुमारान् शिक्षितवान्।
(ii) महद्भिः सुप्रतिष्ठितः सन् अश्म देवत्वं याति।
(iii) अनधिगतशास्त्राणां बालानां (राजपुत्राणाम्) पुनर्जन्म नीतिशास्त्रोपदेशेन भवितुं शक्नोति।

III. (i) विष्णुशर्मा (ii) महाविद्वान्
(iii) जातः

अन्वयः पूर्ति

2. मञ्जूषातः समुचितपदानि चित्वा अद्योलिखित श्लोकस्य अन्वयं पूरयित्वा पुनः लिखत।
(मञ्जूषा से समुचित पद चुनकर निम्नलिखित श्लोक का अन्वय पूर्ण करके पुनः लिखिए।)

(क) अनेकसंशयोच्छेदि परोक्षार्थस्य दर्शकम्।
सर्वस्य लोचनं शास्त्रं यस्य नास्त्यन्ध एव सः।।

अन्वयः अनेक सशंय उच्छेदि (i) ······ दर्शकम् शास्त्रम् सर्वस्य (ii) ······ अस्ति। (iii) ······ न अस्ति सः (iv) ······ एव।

• मञ्जूषा लोचनम्, अन्धः, यस्य, परोक्षार्थस्य।

(ख) स जातो येन जातेन याति वंशः समुन्नतिम्।
परिवर्तिनि संसारे मृतः को वा न जायते।।

अन्वयः येन (i) ····· वंशः समुन्नितम् (ii) ····· सः जातः। परिवर्तिनि (iii) ····· कः (iv) ····· वा न जायते।

• मञ्जूषा याति, मृतः, संसारे, जातेन।

(ग) वरमेको गुणी पुत्रो न च मूर्खशतान्यपि।
एकश्चन्द्रस्तमो हन्ति न च तारागणैरपि।।

अन्वयः एकः (i) ····· पुत्रः वरम् (ii) ····· अपि च न (वरम्) (iii) ···· चन्द्रः तमः हन्ति (iv) ····· अपि च न (तमः हन्ति)।

• मञ्जूषा मूर्खशतानि, एकः, गुणी, तारागणैः।

(घ) माता शत्रुः पिता वैरी येन बालो न पाठितः।
न शोभते सभामध्ये हंसमध्ये बको यथा।।

अन्वयः (स) (i) ····· (बालस्य) शत्रुः (सः) पिता (च) (ii) ····· येन बालः न पाठितः। (अपाठित बालः) (iii) ····· न शोभते यथा (iv) ····· बकः (न शोभते)।

• मञ्जूषा वैरी, सभामध्ये, हंसमध्ये, माता।

उत्तराणि

(क) (i) परोक्षार्थस्य (ii) लोचनम्
(iii) यस्य (iv) अन्धः

(ख) (i) जातेन (ii) याति
(iii) संसारे (iv) मृतः

(ग) (i) गुणी (ii) मूर्खशतानि
(iii) एकः (iv) तारागणैः

(घ) (i) माता (ii) वैरी
(iii) सभामध्ये (iv) हंसमध्ये

भावार्थ पूर्ति

3. मञ्जूषायाः साहय्येन श्लोकस्य भावार्थे रिक्तस्थानानि पूरयित्वा पुनः लिखत।
(मञ्जूषा की सहायता से श्लोक के भावार्थ में रिक्त स्थान पूर्ण करके पुनः लिखिए।)

(क) यौवनं धनसम्पत्तिः प्रभुत्वमविवेकिता।
एकैकमप्यनर्थाय किमु यत्र चतुष्टयम्।।

भावार्थः अस्मिन् संसारे (i) ...... धनम् अधिकारं (ii) ...... च एते चत्वारः ऐश्वर्याः जनेभ्यः अतीव अनर्थकराः भवन्ति एतेषु एकम् अपि अनार्थाय पर्याप्तः। परं तस्य जनस्य विनाशस्य तु (iii) ...... एव का वर्तते यस्य समीपे एते (iv) ...... एव भवन्ति।

- **मञ्जूषा** चत्वारः, कथा, युवावस्था, मूर्खता।

(ख) माता शत्रुः पिता वैरी येन बालो न पाठितः।
न शोभते सभामध्ये हंसमध्ये बको यथा।।

भावार्थः यौ (i) ...... बालकं न पाठयेत् तौ तस्य बालस्य (ii) ...... एव स्तः। यतः सः बालकः आजीवनं (iii) ...... तथैव आदरं न प्राप्नोति यथा हंसानां मध्ये (iv) ...... आदरं न लभ्यते।

- **मञ्जूषा** शत्रु, बकः, मातापितरौ, सभायां।

(ग) रूपयौवनसम्पन्ना विशालकुलसम्भवाः।
विद्याहीना न शोभन्ते निर्गन्धा इव किंशुकाः।।

भावार्थः ये जनाः (i) ...... हीनाः भवन्ति रूपेण (ii) ...... च सम्पन्नाः भवन्ति (iii) ...... कुले जन्मनि सति अपि (iv) ...... पलाशपुष्पाणाम् इव शोभिताः न भवन्ति।

- **मञ्जूषा** विशालेः, सुगन्धहीनानां, विद्यया, यौवनेन।

(घ) कीटोऽपि सुमनःसङ्गादारोहति सतां शिरः।
अश्मापि याति देवत्वं महद्भिः सुप्रतिष्ठितः।।

भावार्थः श्रेष्ठं (i) ...... सङ्गत्या दुष्टोऽपि सज्जनः भवति। यथा (ii) ...... सङ्गात् कीटोऽपि (iii) ...... शिरसि आरुढः भवति। एवमेव (iv) ...... जनस्य हस्तेन स्थापितः अश्मः अपि देवत्वं प्राप्नोति। अतः सदैव सत्सङ्गतिः एव करणीयः।

- **मञ्जूषा** पुष्पस्य, श्रेष्ठस्य, जनानां, सज्जनानां।

उत्तराणि

(क) (i) युवावस्था (ii) मूर्खता
(iii) कथा (iv) चत्वारः

(ख) (i) मातापितरौ (ii) शत्रु
(iii) सभायां (iv) बकः

(ग) (i) विद्यया (ii) यौवनेन
(iii) विशाले (iv) सुगन्धहीनानां

(घ) (i) जनानां (ii) पुष्पस्य
(iii) सज्जनानां (iv) श्रेष्ठस्य

प्रश्ननिर्माणं कुरुत

4. अधोलिखितेषु कथनेषु स्थूलपदानि आधृत्य प्रश्ननिर्माणं कुरुत।
(निम्नलिखित कथनों में स्थूल पद को आधार मानकर प्रश्ननिर्माण कीजिए।)

(i) विद्याहीनाः **निर्गन्धाः** किंशुकाः इव भवन्ति।
(ii) **आलस्यं** विहाय पुरुषार्थः विधेयः।
(iii) सः जातः येन जातेन **वंशः** समुन्नतिं याति।
(iv) एकः **गुणी** पुत्रः परं न च मूर्खशतान्यपि।
(v) **सर्वस्य** लोचनं शास्त्रम् अस्ति।
(vi) प्रभुत्वम् अपि **अनर्थाय** भवितुं शक्नोति।

उत्तराणि

(i) कीदृशाः (ii) किम् (iii) काम्
(iv) कीदृशः (v) कस्य (vi) कस्मै

प्रसङ्गानुकूलं प्रश्नाः

5. अधोलिखितेषु रेखाङ्कितपदानां प्रसङ्गानुकूलम् उचितार्थं चित्वा लिखत।
(निम्नलिखित वाक्यों में रेखांकित पदों के प्रसंगो के अनुकूल उचित अर्थ चुनकर लिखिए।)

(i) यौवनं धनसम्पत्तिः प्रभुत्वम् विवेकिता।
(अ) स्वामित्वम् (ब) प्रदर्शकम्
(स) विवेकशून्यता (द) वद्यमानम्

(ii) परिवर्तिनि संसारे मृतः को वा न जायते।
(अ) प्रगतिम् (ब) उत्पद्यते
(स) नक्षत्रगणैः (द) तमः

(iii) स जातो येन जातेन याति वंशः समुन्नितम्।
(अ) गम्यते (ब) आगच्छति
(स) गच्छति (द) निर्गच्छति

(iv) कारितवान् इत्यस्य कः अर्थः?
(अ) अकारयत् (ब) अध्यापित
(स) करणीयम् (द) सर्वाः

(v) देव! महाकुलसम्भूता एते राजपुत्राः।
(अ) नीच्चैकुले उत्पन्नाः (ब) सर्वकुले उत्पन्नाः
(स) उच्चकुले उत्पन्नाः (द) न कोऽपि

(vi) कीटोऽपि सुमनः सङ्गादारोहति सतां शिरः।
(अ) पुष्पाणां योगात् (ब) आकाशं
(स) पृथिवीं (द) पात्रणां

(vii) सर्वथा दैवम् आलस्यं च विहाय पुरुषार्थः विधेयः।
(अ) शत्रुः (ब) जित्वा
(स) त्यक्त्वा (द) निर्जलः

(viii) अस्ति भागीरथीतीरे पाटलिपुत्रनामधेयं नगरम्।
(अ) नर्मदातटे (ब) गंगातटे
(स) सरयूतटे (द) गोदावरीतटे

(ix) **सुदर्शनः नाम नरपतिः आसीत्।**

(अ) कुपतिः (ब) पतिः
(स) भूपतिः (द) स्वामित्वः

(x) **एते मम पुत्राः गुणवन्तः क्रियताम्।**

(अ) विद्यासंस्कारयुक्ता (ब) सर्वसंस्कारयुक्ता
(स) नृपः (द) देवः

उत्तराणि

(i) (अ) स्वामित्वम् (ii) (ब) उत्पद्यते
(iii) (स) गच्छति (iv) (अ) अकारयत्
(v) (स) उच्चकुले उत्पन्नाः (vi) (अ) पुष्पाणां योगात्
(vii) (स) त्यक्त्वा (viii) (ब) गंगातटे
(ix) (स) भूपतिः (x) (अ) विद्यासंस्कारयुक्ता

कथापूर्ति कुरुत

6. अधोलिखितां कथां मञ्जूषायाः सहायतया पूरयित्वा पुनः लिखत। (निम्नलिखित कथा को मञ्जूषा की सहायता से पूर्ण करके पुनः लिखिए।)

अत्र तु दैवम् कारणमिति न (i) ····· अतः सर्वथा दैवम् (ii) ····· च विहाय पुरुषार्थः विधेयः। एतत् (iii) ····· राजा पण्डितसभां कारितवान्। राजा (iv) ····· भोः-भोः (v) ·····। श्रूयताम् मम वचनम् अस्ति (vi) ····· एवंभूतो विद्वान् यो मम (vii) ····· नित्यम् उन्मार्गगामिनाम् (viii) ····· इदानीं नीतिशास्त्रोपदेशेन पुनर्जन्म (ix) ····· समर्थः?

- मञ्जूषा कारयितुं, पुत्राणाम्, उचितम्, अवदत्, कश्चिद्, पण्डिताः, आलस्यं, चिन्तयित्वा, अनाधिगतशास्त्रणाम्।

उत्तराणि

(i) उचितम् (ii) आलस्यं
(iii) चिन्तयित्वा (iv) अवदत्
(v) पण्डिताः (vi) कश्चिद्
(vii) पुत्राणाम् (viii) अनधिगतशास्त्राणाम्
(ix) कारयितुं

मेलनं कुरुत

7. सुमेलितं कुरुत। (सुमेलित कीजिए।)

सूची (क)	सूची (ख)
(i) कः वरं भवति	(अ) मूर्खपुत्राः वरं न भवन्ति।
(ii) कीदृशाः पुत्राः वरं न भवन्ति	(ब) पुत्रः वरं भवति।
(iii) चन्द्रः किं हन्ति?	(स) तारागणैः तमः न हन्यते।
(iv) कैः तमः न हन्यते?	(द) एकः पुत्रः एव वरं भवति।
(v) कति पुत्रः वरं भवति?	(य) चन्द्रः तमः हन्ति।

उत्तराणि

सूची (क)	सूची (ख)
(i) कः वरं भवति	(ब) पुत्रः वरं भवति।
(ii) कीदृशाः पुत्राः वरं न भवन्ति	(अ) मूर्खपुत्राः वरं न भवन्ति।
(iii) चन्द्रः किं हन्ति?	(य) चन्द्रः तमः हन्ति।
(iv) कैः तमः न हन्यते?	(स) तारागणैः तमः न हन्यते।
(v) कति पुत्रः वरं भवति?	(द) एकः पुत्रः एव वरं भवति।

8. अव्ययपदानां लिखत। (अव्यय पदों को लिखिए।)

(i) त्वम् ······· मम प्रियं मित्रम् असि।
(ii) ······· बहवः जनाः किमर्थं तिष्ठन्ति।
(iii) ······· जलं भवति ······· खगाः आगच्छन्ति।
(iv) किं त्वम् ······· मया सह गमिष्यसि।
(v) ······· अहं न्यूयार्क नगरम् अगच्छम्।

- मञ्जूषा तत्र, एकदा, एव, यत्र, तत्र, अपि।

उत्तराणि

(i) एव (ii) तत्र (iii) यत्र, तत्र
(iv) अपि (v) एकदा

कर्मणा याति संसिद्धिम्

अध्याय 5

(कर्म से सफलता प्राप्त होती है।)

पाठ परिचय

स च क्रुद्धस्तां व्यलोकयत्।

लोकेशः विशाखे! श्वः परीक्षा अस्ति। किं पुनरावृत्तिः कृता?

विशाखा आम्। मया ते सर्वे पाठाः सम्यक् आवृत्ताः। अतः परीक्षाविषये निश्चिन्ता अस्मि।

लोकेशः सत्यम्! कर्मणा एव नरः सफलताम् आप्नोति। किं न पठिता कथासरित्सागरात् सङ्कलिता एषा कथा?

विशाखा अद्य कक्षायाम् आचार्या पाठयिष्यति।

लोकेशः अहं तु सर्वदा गृहात् पूर्वमेव पठित्वा विद्यालयम् आगच्छामि। यत्र शङ्का भवति तत् शब्दं चिह्नितं करोमि।

विशाखा तर्हि वद, अस्मिन् चित्रे किमर्थम् एकः ऋषिः एका बलाका च चित्रिता?

लोकेशः वदामि! ऋषिः क्रुद्धः भूत्वा बलाकां पश्यति, बलाका च दग्धा भूत्वा भूमौ पतति।

विशाखा अहो! ऋषेः तपसः प्रभावः।

लोकेशः परन्तु सेवायाः महत्त्वं तपसः अपि अधिकतरम्।

विशाखा पठामस्तावत् एतादृशीं ज्ञानवर्धनीं कथाम्।

शब्दार्थाः श्वः = आने वाला कल, पुनरावृत्ति = दोहराना, अस्मि = हूँ, बलाका = बगुली, भूत्वा = होकर, सेवायाः = सेवा का।

हिंदी अनुवाद

उसने (ऋषि ने) **क्रोधित होकर उसको** (बगुली को) **देखा।**

लोकेश विशाखा! कल परीक्षा है, क्या तुमने पाठ को दोहरा लिया है?

विशाखा हाँ! मैनें सभी पाठ अच्छी तरह से दोहरा लिए हैं, इसलिए परीक्षा के विषय में मैं निश्चिंत हूँ।

लोकेश सत्य है! कर्म के द्वारा ही मनुष्य सफलता को प्राप्त करता है। क्या तुमने कथासरित्सागर से संकलित यह कथा नहीं पढ़ी है?

विशाखा आज कक्षा में आचार्या महोदया पढ़ाएँगी।

लोकेश मैं तो हमेशा घर से पहले ही पढ़कर विद्यालय आता हूँ। जहाँ शंका होती है उस शब्द को चिह्नित कर लेता हूँ।

विशाखा तो बताओ, इस चित्र (मणिका पाठ्यपुस्तक में) में एक ऋषि और एक बगुली क्यों चित्रित हैं?

लोकेश बताता हूँ! ऋषि क्रोधित होकर बगुली को देखता है और बगुली जलकर भूमि पर गिरती है।

विशाखा अरे! ऋषि की तपस्या का प्रभाव।

लोकेश परंतु सेवा का महत्त्व तपस्या से भी अधिक है।

विशाखा ज्ञान बढ़ाने वाली ऐसी कथा को पढ़ते हैं।

पाठ का सार प्रस्तुत पाठ कथासरित्सागर ग्रंथ से संकलित है। कथासरित्सागर श्री सोमदेव द्वारा रचित एक पद्यात्मक कथा ग्रंथ है। प्राचीन काल में किसी वन में महातपा नामक एक मुनि निवास करते थे। एक दिन वह वृक्ष के नीचे बैठकर तप कर रहे थे कि तभी एक बगुली ने उनके ऊपर बीट कर दी। इससे क्रोधित होकर उन्होंने बगुली को कठोर दृष्टि से देखा, जिससे बगुली वहीं भस्म हो गई।

एक दिन वह मुनि नगर के एक घर में भिक्षा माँगने गए। घर की स्वामिनी ने अंदर से आवाज दी–थोड़ी देर रुकिए! इससे मुनि क्रोधित हो गए और जब स्वामिनी घर से बाहर आई, तो मुनि ने उसे भी क्रोध के साथ देखा। यह देखकर गृह की स्वामिनी बोली महाराज! मैं बगुली की तरह भस्म नहीं होऊँगी। यह सुनकर मुनि हैरान हो गए, क्योंकि उस घटना के समय वहाँ कोई उपस्थित नहीं था।

मुनि ने गृह स्वामिनी से पूछा—''तुमने यह सब कैसे जान लिया,'' तो स्त्री ने प्रत्युत्तर देते हुए कहा–पति सेवा के अतिरिक्त मैं कोई अन्य धर्म कार्य नहीं करती, इसी से मुझे यह ज्ञान प्राप्त हुआ है। इससे अधिक जानने के लिए तुम धर्मव्याध नामक मांस विक्रेता के पास जाकर पूछो, जिससे तुम्हारा कल्याण होगा और तुम अहंकार रहित हो जाओगे। मुनि ऐसा ही करते हैं और धर्मव्याध की दिनचर्या देखकर स्वयं ही ज्ञान प्राप्त करके अहंकार रहित होते हैं।

पाठ का हिंदी अनुवाद

1. आसीत् पुरा कोऽपि महातपा नाम वनवासी मुनिः। एकदा यदा स तरुच्छायोपविष्ट आसीत्। तदा तस्योपरि एका बलाका विष्ठाम् उदसृजत्। स च क्रुद्धस्तां व्यलोकयत्। दृष्टमात्रा एव बलाका भस्मसाद् अभवत्। ततश्च स मुनिः तपःप्रभावाद् अहङ्कारम् उपगतः।

शब्दार्थाः पुरा = प्राचीन समय में, वनवासी = वन में रहने वाला, तरुच्छायोपविष्टः = पेड़ की छाया में बैठे हुए, बलाका = बगुली, विष्ठाम् = बीट को, उदसृजत् = छोड़ा, व्यलोकयत् = देखा, भस्मसात् = भस्म हो गई, तपः प्रभावाद् = तप के प्रभाव से, अहङ्कारमुपगतः = अहंकारी हो गया।

हिंदी अनुवाद प्राचीन काल में कोई महातपा नामक वनवासी मुनि थे। एक बार वे वृक्ष के नीचे छाया में बैठे थे। तब उनके ऊपर एक मादा बगुला (बगुली) ने विष्ठा अर्थात् मल (बीट) छोड़ दिया। उन्होंने क्रोधित होकर उसे देखा। देखने मात्र से ही वह बगुली भस्म हो गई और इसके बाद वह मुनि तपस्या के प्रभाव से अहंकारी हो गया।

2. एकदा अयं मुनिः क्वापि नगरे एकं ब्राह्मणगृहं प्राप्य तद्गृहिणीं भिक्षामयाचत्। सा पतिव्रता गृहिणी तमवदत्—''प्रतीक्षस्व क्षणं, यावद् भर्तुः परिचर्यां समापये इति''। एतत् श्रुत्वा स मुनिः तां कोपदृष्ट्या दृष्टवान्। सा विहस्य अभाषत— ''मुने! न अहं बलाकेति''। तत् आकर्ण्य विस्मितः मुनिः ''एतत् कथमिव ज्ञातमनया'' इति चिन्तयन् तत्र उपाविशत्।

शब्दार्थाः एकदा = एक बार, क्वापि = किसी, तद्गृहिणी = उसकी पत्नी से भिक्षामयाचत् = भिक्षा माँगी, प्रतीक्षस्व = प्रतीक्षा करो, परिचर्यां = सेवा, समापये = समाप्त करती हूँ, श्रुत्वा = सुनकर, कोपदृष्ट्या = क्रोधित दृष्टि से, आकर्ण्य = सुनकर, ज्ञातम् = जाना, चिन्तयन् = सोचते हुए, उपाविशत् = बैठ गया।

हिंदी अनुवाद एक बार उस मुनि ने किसी नगर में एक ब्राह्मण के घर जाकर उसकी पत्नी से भिक्षा माँगी। वह पतिव्रता स्त्री बोली—''थोड़ी देर रुकिए, जब तक मैं पति की सेवा समाप्त करती हूँ।'' यह सुनकर उस मुनि ने उसे क्रोधित (क्रोध भरी) दृष्टि से उसे देखा। वह हँसकर बोली—''हे मुनि! मैं बगुली नहीं हूँ।'' ऐसा सुनकर हैरान मुनि यह सोचते हुए कि ''इसने यह सब कैसे जान लिया।'' वहाँ बैठ गए।

3. ततश्च सा साध्वी भर्तुः शुश्रूषां कृत्वा भिक्षामादाय मुनेः अन्तिकम् आगता। स च मुनिः बद्धाञ्जलिः तामवदत्—''कथं त्वया अनन्यगोचरो बलाकावृत्तान्तोज्ञात इति ब्रूहि, ततो भिक्षां ग्रहीष्ये।'' साऽवदत्—''मुने! न भर्तृसेवायाः अपरं कञ्चन् धर्मं करोम्यहम्। तत्प्रसादेन एव मे एतादृशं विज्ञानम्। किञ्च इतः धर्मव्याधाख्यं कञ्चन मांसविक्रयिणं गत्वा एतत् पृच्छ। ततस्ते श्रेयो भविष्यति त्वं च निरहङ्कारः भविष्यसि इति''। एवं सर्वविदा पतिव्रतया अभिहितः गृहीतातिथिसत्कारः स मुनिः तां प्रणम्य तद्गृहाद् निरगच्छत्।

शब्दार्थाः साध्वी = साधु स्त्री, साधिका, शुश्रूषाम् = सेवा को, अन्तिकम् = पास, बद्धाञ्जलिः = हाथ जोडकर, अवदत् = बोला, ग्रहीष्ये = ग्रहण करूँगा, प्रसादेन = कृपा से, विक्रयिणम् = बेचने वाले को, श्रेयः = कल्याण, अभिहितः = कहा गया, तद्गृहात् = उसके घर से, निरगच्छत् = निकल चला गया।

हिंदी अनुवाद उसके बाद वह पतिव्रता स्त्री पति की सेवा करके भिक्षा लेकर मुनि के पास आई (तब) वह मुनि हाथ जोड़कर उससे बोला—''तुमने किसी के द्वारा न देखी गई बगुली की घटना कैसे जान ली? यह मुझे बताओ, इसके बाद ही मैं भिक्षा लूँगा।'' वह (स्त्री) बोली— ''हे मुनि! पति की सेवा के अतिरिक्त मैं कोई और धर्मकार्य नहीं करती हूँ। उन्हीं की कृपा से मुझे ऐसा ज्ञान प्राप्त हुआ है, परंतु यहाँ से धर्मव्याध नामक मांस विक्रेता के पास जाकर यह पूछो। उससे तुम्हारा कल्याण होगा और तुम अहंकार रहित हो जाओगे।'' इस प्रकार सब कुछ जानने वाली पतिव्रता स्त्री से उपदेश पाकर और अतिथि सत्कार को प्राप्त करके वह मुनि उस स्त्री को प्रणाम करके उसके घर से चला गया।

4. अन्येद्युः सः मुनिः समन्विष्य तं विपणिस्थं मांसानि विक्रीणन्तम् उपागच्छत्। धर्मव्याधश्च दृष्ट्वा एव तं मुनिम् अभाषत–''ब्रह्मन्! किं पतिव्रतया तया इह त्वं प्रेषितः''? तत् आकर्ण्य स मुनिर्विस्मितः तं धर्मव्याधम् अवदत्— '' भद्र! मांसविक्रयिणः ते कथम् ईदृशं विज्ञानम्''? धर्मव्याधः अवदत्— ''ब्रह्मन्! अहं मातापित्रोर्भक्तः। तौ हि मम परायणम्। अहं तौ स्नापयित्वा स्नामि, भोजयित्वा भोजनं स्वीकरोमि। शाययित्वा च स्वपिमि। तेन मे एतादृशं विज्ञानम्। अन्यहतानां च मृगादीनां मांसानि स्वधर्म इति मत्वा वृत्त्यर्थं विक्रीणे, न तु धनलिप्सया। हे मुने! ''ज्ञानविघ्नोऽहङ्कारः। अतः स्वधर्मं चर, येन आशु परं श्रेयः अवाप्स्यसि''।

शब्दार्थाः अन्येद्युः = किसी अन्य दिन, समन्विष्य = खोजकर, ढूँढ़कर, विपणिस्थम् = दुकान में बैठे हुए को, धर्मव्याधश्च = धर्म के अनुसार कर्म

करने वाले को, विक्रीणन्तम् = बेचते हुए को, उपागच्छत् = पास गया, दृष्ट्वा = देखकर, प्रेषितः = भेजे गए हो, आकर्ण्य = सुनकर, विस्मितः = चकित, ब्रह्मन् = हे ब्राह्मण, स्नापयित्वा = स्नान कराकर, भोजयित्वा = खिलाकर, शाययित्वा = सुलाकर, स्वपिमि = सोता हूँ, वृत्तयर्थम् = जीविका निर्वाह के लिए, आशु = जल्दी, अवाप्स्यसि = प्राप्त करोगे।

हिंदी अनुवाद दूसरे दिन वह मुनि कुशलतापूर्वक बाजार में बैठकर मांस बेचते हुए उस विक्रेता के पास गया। धर्म के अनुसार अपने कार्य करने वाले उस मांसविक्रेता ने उस मुनि को देखकर पूछा—"हे ब्राह्मण! क्या उस पतिव्रता ने तुम्हें यहाँ भेजा है?" ये सुनकर वह मुनि हैरान हो गए और उस धर्मव्याध से बोले—"हे प्रिय! मांस बेचने वाले, तुम्हें यह कैसे ज्ञात हुआ?"

धर्मव्याध बोला—"हे ब्राह्मण! मैं माता-पिता का भक्त हूँ। वे दोनों ही मेरे आश्रय हैं। मैं उन दोनों को स्नानादि कराकर ही स्नान करता हूँ। उन्हें भोजन खिलाकर ही भोजन करता हूँ और उन्हें सुलाकर ही सोता हूँ। उसी के परिणामस्वरूप मुझे ऐसा ज्ञान प्राप्त हुआ है। दूसरों के द्वारा मारे गए मृग आदि पशुओं के मांस को अपना धर्म मानकर जीवन निर्वाह के लिए ही मैं मांस बेचता हूँ न कि धन के लालच से। हे मुनि! "अहंकार ज्ञान में बाधा है, इसलिए अपने धर्म का पालन करो, जिससे तुम शीघ्र ही परम कल्याण को प्राप्त करोगे"?

5. ततश्च धर्मव्याधेन एवम् अनुशिष्टः स मुनिः तद्गृहं गत्वा धर्मव्याधस्य च सर्वं क्रियाविधिम् अवलोक्य परितुष्टः वनं गतवान् अवाप्तवान् च तदुपदेशात् सिद्धिम्। उक्तञ्च—

कर्मणैव हि संसिद्धिम् आस्थिता जनकादयः।

अन्वयः जनक-आदयः कर्मणा एव संसिद्धिम् आस्थिता।

शब्दार्थाः तत् = तत्पश्चात्, एवम् = इस प्रकार, अनुशिष्टः = उपदेश दिया गया, सर्वाम् = सब, क्रियाविधिम् = क्रियाकलाप को, अवलोक्य = देखकर, परितुष्ट = पूरी तरह संतुष्ट हो गया, गतवान् = चला गया, आप्तवान् = प्राप्त किया, सिद्धिम् = सिद्धि या सफलता ने, कर्मणा एव = कर्म से ही, संसिद्धिम्-उत्तम सिद्धि, आस्थिताः-प्राप्त किया।

हिंदी अनुवाद तत्पश्चात् धर्मव्याध द्वारा उस मुनि को इस प्रकार उपदेश दिया गया। वह मुनि उसके (व्याध के) घर जाकर और धर्मव्याध की सारी दिनचर्या को देखकर, संतुष्ट होकर वन चला गया और उसके उपदेश से सफलता प्राप्त की। अतः कहा गया है कि—

कर्म से ही जनक आदि महर्षियों ने उत्तम सिद्धि प्राप्त की थी।

मणिका-पाठ्यपुस्तकम् प्रश्नोत्तराः

मणिका पाठ्य-पुस्तक के प्रश्नोत्तर

प्र.1 अधोलिखितानां प्रश्नानामुत्तराणि एकपदेन लिखत।
(निम्नलिखित प्रश्नों के उत्तर एक पद में लिखिए।)

(क) मुनिः कस्मात् कारणाद् अहङ्कारमुपगतः?
(ख) मुनिः काम् भिक्षाम् अयाचत्?
(ग) साध्वी किं आदाय मुनेः सकाशम् आगच्छत्?
(घ) बलाकावृत्तान्तः कया ज्ञातः?
(ङ) साध्वी किं धर्मकार्यं करोति स्म?
(च) सा मुनिं कस्य समीपे गन्तुम् अकथयत्?
(छ) धर्मव्याधः कस्य भक्तः आसीत्?

उत्तराणि

(क) तपः प्रभावात्
(ख) गृहिणीम्
(ग) भिक्षाम्
(घ) पतिव्रतया
(ङ) भर्तृसेवाम्
(च) धर्मव्याधस्य
(छ) मातापित्रोः

प्र.2 अधोलिखितानां प्रश्नानामुत्तराणि पूर्णवाक्येन लिखत।
(निम्नलिखित प्रश्नों के उत्तर पूर्ण वाक्य में लिखिए।)

(क) यदा मुनिः गृहिणीं भिक्षामयाचत् तदा सा किम् अवदत्?
(ख) मुनिः बद्धाञ्जलिः गृहिणीं किमवदत्?
(ग) धर्मव्याधः दृष्ट्वैव तं मुनिं किमभाषत?
(घ) धर्मव्याधेन मुनिः कथमनुशिष्टः?
(ङ) कः ज्ञाने विघ्नं जनयति?
(च) मुनिः कस्य उपदेशात् सिद्धिम् अवाप्तवान्?
(छ) धर्मव्याधः किमर्थं मांसविक्रयणं करोति स्म?

उत्तराणि

(क) यदा मुनिः गृहिणीं भिक्षामयाचत् तदा सा अवदत्-'प्रतीक्षस्व क्षणं, यावद् भर्तुः परिचर्यां समापये' इति।'
(ख) मुनिः बद्धाञ्जलिः गृहिणीम् अवदत्-"कथं त्वया अनन्यगोचरो बलाकावृत्तान्तो ज्ञातः इति ब्रूहि, ततो भिक्षां गृहीष्ये।"
(ग) धर्मव्याधः दृष्ट्वैव तं मुनिम् अभाषत-ब्राह्मन्। किं पतिव्रतया तया इह त्वं प्रेषितः।
(घ) धर्मव्याधेन मुनिः अनुशिष्टः-हे मुने! "ज्ञानविघ्नोऽहंकारः। अतः स्वधर्मं चर, येन आशु परं श्रेयः अवाप्स्यसि।"
(ङ) अहङ्कारः ज्ञाने विघ्नं जनयति।
(च) मुनिः धर्मव्याधस्य उपदेशात् सिद्धिम् अवाप्तवान्।
(छ) धर्मव्याधः वृत्यर्थं मांसविक्रयणं करोति स्म।

प्र.3 अधोलिखितकथनेषु स्थूलपदानि आधृत्य प्रश्ननिर्माणं कुरुत।
(निम्नलिखित कथनों में स्थूल पदों को आधार मानकर प्रश्न निर्माण कीजिए।)

(क) पुरा **महातपा** नाम मुनिरासीत्?
(ख) **वृक्षस्य** उपरि बलाका आसीत्।
(ग) क्रुद्धः मुनिः **बलाकाम्** अपश्यत्।
(घ) मुनिः **ब्राह्मणगृहं** गत्वा भिक्षामयाचत्।
(ङ) ब्राह्मणी **भर्तुः** परिचर्याम् करोति स्म।
(च) 'नाहं बलाका' इति **ब्राह्मण्या** कथितम्।
(छ) धर्मव्याधः **मातापित्रोः** भक्तः आसीत्।
(ज) **अहङ्कारेण** ज्ञानं नश्यति।

उत्तराणि

(क) किम् (ख) कस्य (ग) काम्
(घ) कुत्र (ङ) कस्य (च) कया
(छ) कयोः (ज) केन

प्र.4 अधोलिखितप्रश्नान् यथानिर्देशम् उत्तरत।
(निम्नलिखित प्रश्नों के निर्देशानुसार उत्तर दीजिए।)

(क) 'आसीत् पुरा कोऽपि महातपा नाम वनवासी मुनिः।' अस्मिन् वाक्ये 'आसीत्' इति क्रियापदस्य कर्त्तृपदं किम्?
(ख) 'साध्वी भिक्षामादाय मुनेः अन्तिकम् आगता' अस्मिन् वाक्ये 'समीपे' इति पदस्य किं पर्यायपदं प्रयुक्तम्?
(ग) 'सः मुनिः बद्धाञ्जलिः तामवदत्।' अत्र 'बद्धाञ्जलिः' इति पदस्य विशेष्यपदं किम् अस्ति?
(घ) 'सा विहस्य अभाषत।' अस्मिन् वाक्ये क्रियापदं किम्?
(ङ) 'स च क्रुद्धस्तां व्यलोकयत्।' अस्मिन् वाक्ये 'प्रसन्नः' इति पदस्य किं विलोमपदं प्रयुक्तम्?
(च) 'गृहीतातिथिसत्कारः मुनिः तां प्रणम्य निरगच्छत्' अत्र 'मुनिः' पदस्य विशेषणपदं किम्?

उत्तराणि

(क) मुनिः (ख) अन्तिकम्
(ग) मुनिः (घ) अभाषत
(ङ) क्रुद्धः (च) गृहीतातिथिसत्कारः

प्र.5 उचितपर्यायपदैः सह मेलनं कृत्वा लिखत।
(उचित पर्याय पदों के द्वारा मेल करके लिखिए।)

सूची (अ)	सूची (ब)
(क) उपगतः	(i) दृष्ट्वा
(ख) शुश्रूषाम्	(ii) नत्वा
(ग) आदाय	(iii) प्राप्तः
(घ) प्रणम्य	(iv) सेवाम्
(ङ) अवलोक्य	(v) स्वीकृत्य

उत्तराणि

सूची (अ)	सूची (ब)
(क) उपगतः	(iii) प्राप्तः
(ख) शुश्रूषाम्	(iv) सेवाम्
(ग) आदाय	(v) स्वीकृत्य
(घ) प्रणम्य	(ii) नत्वा
(ङ) अवलोक्य	(i) दृष्ट्वा

प्र.6 विपरीतार्थकानां शब्दानां मेलनं कृत्वा लिखत।
(विपरीतार्थक शब्दों को मेल करके लिखिए।)

सूची (अ)	सूची (ब)
(क) परितुष्टः	(i) चिरम्
(ख) आशु	(ii) आरम्भे
(ग) अन्तिकम्	(iii) आगत्य
(घ) गत्वा	(iv) असंतुष्टः
(ङ) समापये	(v) दूरम्

उत्तराणि

सूची (अ)	सूची (ब)
(क) परितुष्टः	(iv) असंतुष्टः
(ख) आशु	(i) चिरम्
(ग) अन्तिकम्	(v) दूरम्
(घ) गत्वा	(iii) आगत्य
(ङ) समापये	(ii) आरम्भे

प्र.7 अधोलिखितकथनानाम् आशयः समक्षं दत्तोऽस्ति। तत्र यत्सत्यमेकं तद् लिखत।
(निम्नलिखित कथनों के समक्ष आशय दिए गए हैं। उनमें एक सत्य है उसे लिखिए।)

(क) न अहं बलाकेति।
(i) त्वं मह्यं कथं क्रुध्यसि? मम नाम बलाका नास्ति। त्वं मम अनिष्टं कर्तुं कथमपि न पारयसि।
(ii) अहं पक्षि नास्मि यत् तव कोपेन भीता स्याम्। गच्छ त्वम् इतः शीघ्रम्।
(iii) अहं पतिव्रता नारी अस्मि। तव क्रोध दृष्टिः मां भस्मीकर्तुं न शक्नोति।

(ख) मांसानि, स्वधर्म इति मत्वा वृत्त्यर्थं विक्रीणे, न तु धनलिप्सया।
(i) मांसविक्रयणम् एव धर्मव्याधस्य धर्म आसीत्। सः स्वधर्मं श्रेष्ठं मन्यते। धनलोभात् सः सर्वं कार्यं करोति स्म।
(ii) धर्मव्याधः मांसविक्रयणं धर्मार्थं करोति। अनेन प्राप्तं सर्वं धनं दीनेभ्यः वितरति।
(iii) मांसविक्रयणं धर्मव्याधस्य स्वाभाविकं कर्म आसीत्। तेनैव जीविकानिर्वाहः भवति। सः धनमात्रलालसया मांसं न विक्रीणीते स्म।

(ग) ज्ञानविघ्नोऽहङ्कारः

(i) ज्ञानात् अहङ्कारः बाधकः जायते।

(ii) ज्ञानप्राप्तौ अहङ्कारः बाधकः भवति।

(iii) अहङ्कारे ज्ञानं विघ्नं करोति।

उत्तराणि

(क) (iii) अहं पतिव्रता नारी अस्मि। तव क्रोध दृष्टिः मां भस्मीकर्तुं न शक्नोति।

(ख) (iii) मांसविक्रयणं धर्मव्याधस्य स्वाभाविकं कर्म आसीत। तेनैव जीविकानिर्वाहः भवति। सः धनमात्रलालसया मासं न विक्रीणीते स्म।

(ग) (ii) ज्ञानप्राप्तौ अहङ्कारः बाधकः भवति।

प्र.8 'अ' स्तंभे विशेषणपदानि सन्ति 'ब' स्तंभे विशेष्यपदानि दत्तानि सन्ति। तयोः यथोचितं मेलनं कुरुत।

('अ' स्तंभ में विशेषण पद तथा 'ब' स्तंभ में विशेष्य पद दिए गए हैं। दोनों का उचित मेल कीजिए।)

सूची (अ) (वनवासी)	सूची (ब) (मुनिः)
(क) अनन्यगोचरः	(i) बलाका
(ख) सर्वविदा	(ii) गृहिणी
(ग) एका	(iii) बलाकावृत्तान्तः
(घ) ज्ञानविघ्नः	(iv) पतिव्रतया
(ङ) पतिव्रता	(v) अहङ्कारः

उत्तराणि

सूची (अ) (वनवासी)	सूची (ब) (मुनिः)
(क) अनन्यगोचरः	(iii) बलाकावृत्तान्तः
(ख) सर्वविदा	(iv) पतिव्रतया
(ग) एका	(i) बलाका
(घ) ज्ञानविघ्नः	(v) अहङ्कारः
(ङ) पतिव्रता	(ii) गृहिणी

प्र.9 अधोलिखितैः पदैः वाक्यानि प्रपूर्य कथासूत्रं योजयत।

(अधोलिखित पदों से वाक्य पूर्ण करके कथा सूत्र को जोड़िए।)

तरुच्छायायाम्, मुनिः, भस्मसाद् अभूत्, महातपा नाम, मुनेः, विष्ठाम्, भिक्षाम्, प्रतीक्षस्व क्षणम्, विस्मितः, नाहं बलाकेति, क्रुद्धदृष्ट्या।

एकदा .... मुनिः .... उपविष्ट आसीत्। एका बलाका तस्योपरि .... उदसृजत्। सा बलाका .... क्रोधदृष्ट्या ....। पुनः एकदा असौ .... एकां गृहिणीं .... अयाचत। पतिसेवारता सा अवदत् ....। तदा मुनिः तां ... अपश्यत्। सा विहस्य अवदत् ....। एतच्छ्रुत्वा मुनिः अतीव .... जातः।

उत्तराणि

महातपा नाम, तरुच्छायायाम्, विष्ठाम्, मुनेः, भस्मसाद् अभूत्, मुनिः, भिक्षाम्, प्रतीक्षस्व क्षणम्, क्रुद्धदृष्ट्या, नाहं बलाकेति, विस्मितः।

प्र.10 कथाक्रमानुसारम् अधोलिखितानि वाक्यानि पुनः लिखत।

(कथाक्रमानुसार निम्नलिखित वाक्यों को पुनः लिखिए।)

(क) वृक्षस्य उपरि स्थिता बलाका तस्योपरि विष्ठाम् उदसृजत्।

(ख) एकदा असौ मुनिः ब्राह्मणगृहं गत्वा भिक्षाम् अयाचत्।

(ग) ब्राह्मणी भर्तुः परिचर्यां करोति स्म।

(घ) पुरा महातपा नाम मुनिरासीत्।

(ङ) मुनिः तपःप्रभावात् अहङ्कारम् उपगतः।

(च) एतत् श्रुत्वा सः मुनिः तां कोपदृष्ट्या दृष्टवान्, परं न अहं बलाकेति तया कथितम्।

(छ) मुनेः दृष्टमात्रा एव सा बलाका भस्मसात् अभवत्।

(ज) प्रतीक्षस्व क्षणम् इति सा पतिव्रता गृहिणी तम् अवदत्।

उत्तराणि

(क) पुरा महातपा नाम मुनिरासीत्।

(ख) वृक्षस्य उपरि स्थिता बलाका तस्योपरि विष्ठाम् उदसृजत्।

(ग) मुनेः दृष्टमात्रा एव सा बलाका भस्मसात् अभवत्।

(घ) मुनिः तपः प्रभावात् अहङ्कारम् उपगतः।

(ङ) एकदा असौ मुनिः ब्राह्मणगृहं गत्वा भिक्षाम् अयाचत्।

(च) ब्राह्मणी भर्तुः परिचर्यां करोति स्म।

(छ) प्रतीक्षस्व क्षणम् इति सा पतिव्रता गृहिणी तम् अवदत्।

(ज) एतत् श्रुत्वा सः मुनिः तां कोपदृष्ट्या दृष्टवान्, परं न अहं बलाकेति तया कथितम्।

योग्यताविस्तारः (योग्यता-विस्तार)

(क) ग्रन्थपरिचयः (ग्रंथपरिचय)

श्रीसोमदेवरचितः 'कथासरित्सागरः' पद्यात्मकः रोचकः प्रवाहमयः कथाग्रन्थः अस्ति। ग्रन्थेऽस्मिन् द्वाविंशतिसहस्रम् (22,000) पद्यानि सन्ति।

श्री सोमदेव द्वारा रचित 'कथासरित्सागर पद्यों' से युक्त, रुचिकर, प्रवाहयुक्त कहानियों का ग्रंथ है। इस ग्रंथ में बाईस हजार (22000) श्लोक (पद्य) हैं।

(ख) भावविस्तारः (भाव-विस्तार)

कर्त्तव्यपालनम् एव सर्वोत्तमः धर्मः इति सारः अस्याः कथायाः। गीतायाम् अपि उक्तम्-

कर्त्तव्य पालन ही सर्वश्रेष्ठ धर्म होता है इस कथा का यही सार है। गीता में भी कहा गया है-

(i) **अनाश्रितः कर्मफलं कार्यं कर्म करोति यः।
स संन्यासी च योगी च न निरग्निः न चाक्रियः।।**

जो पुरुष कर्म-फल का आश्रय न लेकर करने योग्य कर्म करता है। वह संन्यासी तथा योगी है। केवल अग्नि कार्य करने वाला तथा केवल क्रियाओं का त्याग करने वाला योगी नहीं है।

(ii) **कर्मण्येवाधिकारस्ते०।**

तेरा कर्म करने में ही अधिकार है,उसके फलों में कभी नहीं।

(iii) **कर्मणैव हि संसिद्धिमास्थिता जनकादयः।
लोकसङ्ग्रहमेवापि संपश्यन् कर्तुमर्हसि।।**

जनकादि ज्ञानी जन भी आसक्ति रहित कर्म द्वारा ही परम सिद्धि को प्राप्त हुए हैं, इसलिए लोक संग्रह को देखते हुए तुम भी कर्म करने को ही योग्य मानों अर्थात् तुम्हारे द्वारा कर्म करना ही उचित है।

(iv) **उपनिषदामपि आदेशः अस्ति-मातृदेवो भव, पितृदेवो भव, आचार्यदेवो भव।**

उपनिषदों का भी आदेश है-माता, पिता और आचार्य देवता के समान पूजनीय हैं।

(ग) भाषिकयोग्यता (भाषिक-योग्यता)

अव्ययप्रयोगः (अव्यय प्रयोग) -परस्परं वाग्व्यवहारे अधोलिखितानाम् अव्ययानामपि प्रयोगः भवति, तेषामपि ज्ञानमावश्यकम्।

परस्पर भाषिक व्यवहार में निम्नलिखित अव्ययों का प्रयोग भी होता है इनका ज्ञान आवश्यक है।

I. **यत्र-तत्र (जहाँ-वहाँ)**

(i) **नार्यस्तु पूज्यन्ते**
नारियों की पूजा होती है।

(ii) **देवताः रमन्ते**
देवता निवास करते हैं।

- **यत्र नार्यस्तु पूज्यन्ते रमन्ते तत्र देवताः।**
जहाँ नारियों की पूजा होती है, वहाँ देवता निवास करते हैं।

(i) **जलं भवति**
जल होता है।

(ii) **वृक्षाः अपि भवन्ति।**
वृक्ष भी होते हैं।

- **यत्र जलं भवति तत्र वृक्षाः अपि भवन्ति।**
जहाँ जल होता है, वहाँ वृक्ष भी होते हैं।

II. **अत्र-तत्र पृथक् वाक्ये प्रयोगः** (यहाँ-वहाँ अलग वाक्य प्रयोग में)

(i) **बालकाः पठन्ति**
बालक पढ़ते हैं।

(ii) **बालिका लिखन्ति।**
बालिकाऐं लिखती हैं।

- **अत्र बालकाः पठन्ति, तत्र बालिकाः लिखन्ति।**
यहाँ बालक पढ़ते हैं, वहाँ बालिकाएँ लिखती हैं।

III. **कदा (कब)**

(i) **सः कदा पठति?**
वह कब पढ़ता है?

(ii) **त्वं कदा भ्रमसि?**
तुम कब घूमते हो?

(iii) **भवान् कदा विद्यालयं गच्छति?**
आप विद्यालय कब जाते हैं?

IV. **कुतः (कहाँ से)**

(i) **अशोकः कुतः आगच्छति?**
अशोक कहाँ से आ रहा है?

(ii) **सुशीला कुतः आगमिष्यति?**
सुशीला कहाँ से आएगी?

V. **अधुना (अब)**

(i) **अधुना अहं पठामि।**
अब मैं पढ़ रहा हूँ।

(ii) **अधुना वसन्तकालः।**
अब बसंत का समय है।

(iii) **अधुना भोजनकालः।**
अब भोजन का समय है।

VI. **ह्यः (बीता हुआ कल)**

(i) **ह्यः रविवारः आसीत्।**
कल रविवार था।

(ii) **ह्यः दीपावलिः पर्व आसीत्।**
कल दीपावली का पर्व था।

VII. **श्वः (आने वाला कल)**

(i) **श्वः मम जन्मदिवसः भविष्यति।**
कल मेरा जन्मदिन है।

(ii) **श्वः मम मित्रम् आगमिष्यति।**
कल मेरा मित्र आएगा।

VIII. **अद्य (आज)**

(i) **अद्य अवकाशः अस्ति।**
आज अवकाश है।

(ii) **अद्य अहं गृहं गमिष्यामि।**
आज मैं घर जाऊँगा।

अभ्यास प्रश्नाः

मणिका पाठ्य-पुस्तक पर आधारित प्रश्नोत्तर

गद्यांश आधारित प्रश्नाः

1. अधोलिखितं गद्यांशं पठित्वा प्रदत्त प्रश्नानाम् उत्तराणि संस्कृतेन लिखत। (निम्नलिखित गद्यांश को पढ़कर दिए गए प्रश्नों के उत्तर संस्कृत में लिखिए।)

(क) ततश्च सा साध्वी भर्तुः शुश्रूषां कृत्वा भिक्षामादाय मुनेः अन्तिकम् आगता। स च मुनिः बद्धाञ्जलिः तामवदत्–"कथं त्वया अनन्यगोचरो बलाकावृत्तान्तोऽज्ञात इति ब्रूहि, ततो भिक्षां ग्रहीष्ये।" साऽवदत्–"मुने! न भर्तृसेवायाः अपरं कञ्चन धर्मं करोम्यहम्। तत्प्रसादेन एव में एतादृशं विज्ञानम्। किञ्च इतः धर्मव्याधाख्यं कञ्चन मांसविक्रयिणं गत्वा एतत् पृच्छ। ततस्ते श्रेयो भविष्यति त्वं च निरहङ्कारः भविष्यसि इति"। एवं सर्वविदा पतिव्रतया अभिहितः गृहीतातिथिसत्कारः स मुनिः तां प्रणम्य तद्गृहाद् निरगच्छत्।

I. एकपदेन उत्तरत। (एक पद में उत्तर दीजिए।)
(i) मुनेः किं भविष्यति?
(ii) कः बद्धाञ्जलिः आसीत्?
(iii) गृहीतातिथिसत्कारः कः अभवत्?

II. पूर्णवाक्येन उत्तरत। (पूर्ण वाक्य में उत्तर दीजिए)
(i) मुनिः बद्धाञ्जलिः भूत्वा साध्वी किम् अवदत्?
(ii) मुनेः प्रश्नस्य किम् उत्तरं सा अवदत्?
(iii) गृहिणी मुनिं कस्य समीपे गन्तुम् अवदत्?

III. निर्देशानुसारम् उत्तरत। (निर्देशानुसार उत्तर दीजिए।)
(i) 'सर्वविदा' कस्याः विशेषणम्?
(ii) 'अन्य' इति पदस्य विपर्ययपदम् अनुच्छेदात् एव चित्वा लिखत।
(iii) अनुच्छेदे 'समीपम्' पदस्य कः पर्यायः आगतः?

उत्तराणि

I. (i) श्रेयः (ii) मुनिः
(iii) मुनिः

II. (i) मुनिः बद्धाञ्जलिः भूत्वा साध्वी अवदत्—कथं त्वया अनन्यगोचरो बलाकावृत्तान्तो ज्ञातं इति ब्रूहि, ततो भिक्षां ग्रहीष्ये।
(ii) मुनेः प्रश्नस्य उत्तरं सा अवदत्—"मुने! न भर्तृसेवायाः अपरं कञ्चन धर्मं करोमि अहम्। तत्प्रसादेन एव में एतादृशं विज्ञानम्।
(iii) गृहिणी मुनिं धर्मव्याधाख्यस्य मांसविक्रयिणः समीपं गन्तुम् अवदत्।

III. (i) गृहिण्याः (ii) अनन्य
(iii) अन्तिकम्

(ख) अन्येद्युः सः मुनिः समन्विष्य तं विपणिस्थं मांसानि विक्रीणन्तम् उपागच्छत्। धर्मव्याधश्च दृष्ट्वा एव तं मुनिम् अभाषत–"ब्रह्मन्! किं पतिव्रतया तया इह त्वं प्रेषितः"? तत् आकर्ण्य स मुनिर्विस्मितः तं धर्मव्याधम् अवदत्–"भद्र! मांसविक्रयिणः ते कथम् ईदृशं विज्ञानम्"? धर्मव्याधः अवदत्–"ब्रह्मन्! अहं मातापित्रोर्भक्तः। तौ हि मम परायणम्। अहं तौ स्नापयित्वा स्नामि, भोजयित्वा भोजनं स्वीकरोमि। शाययित्वा च स्वपिमि। तेन में एतादृशं विज्ञानम्। अन्यहतानां च मृगादीनां मांसानि स्वधर्म इति मत्वा वृत्त्यर्थं विक्रीणे, न तु धनलिप्सया। हे मुने! ज्ञानविघ्नोऽहङ्कारः। अतः स्वधर्मं चर, येन आशु परं श्रेयः अवाप्स्यसि"।

ततश्च धर्मव्याधेन एवम् अनुशिष्टः स मुनिः तद्गृहं गत्वा धर्मव्याधस्य च सर्वं क्रियाविधिम् अवलोक्य परितुष्टः वनं गतवान् अवाप्तवान् च तदुपदेशात् सिद्धिम्। उक्तञ्च–
कर्मणैव हि संसिद्धिम् आस्थिता जनकादयः।

I. एकपदेन उत्तरत। (एक पद में उत्तर दीजिए।)
(i) धर्मव्याधः कुत्र आसीत्?
(ii) ज्ञाने कः विघ्नः?
(iii) मातापित्रोर्भक्तः कः आसीत्?

II. पूर्णवाक्येन उत्तरत। (पूर्ण वाक्य में उत्तर दीजिए)
(i) धर्मव्याधः दृष्ट्वा एव तं मुनिं किम् अभाषत?
(ii) सः मुनिः विस्मितः तं धर्मव्याधं किम् अवदत्?
(iii) अन्येद्युः मुनिः कस्य समीपे अगच्छत्?

III. निर्देशानुसारम् उत्तरत। (निर्देशानुसार उत्तर दीजिए।)
(i) अहं तौ स्नापयित्वा स्नामि। अस्मिन् वाक्ये 'तौ' पदं काभ्यां प्रयुक्तम्?
(ii) शीघ्रम् पदस्य कः पर्यायः?
(iii) जनकादयः कर्मणा संसिद्धिम् आस्थिताः 'अत्र आस्थिताः' क्रियापदस्य कर्तृपदं किम्?

उत्तराणि

I. (i) विपणिस्थः (ii) अहङ्कारः
(iii) धर्मव्याधः

II. (i) धर्मव्याधः दृष्ट्वा एव तं मुनिम् अभाषत–"ब्राह्मन्! किं पतिव्रतया तया इह त्वं प्रेषितः"?
(ii) सः मुनिः विस्मितः तं धर्मव्याधम् अवदत्–"भद्र! मांसविक्रयिणः ते कथम् ईदृशं विज्ञानम्"?
(iii) अन्येद्युः मुनिः धर्मव्याधस्य समीपे अगच्छत्।

III. (i) मातृपितृभ्याम् (ii) आशु
(iii) जनकादयः

प्रश्ननिर्माणं कुरुत

2. निम्नांकित वाक्येषु रेखाङ्कित पदानि आधृत्य प्रश्ननिर्माणं कुरुत। (निम्नलिखित वाक्यों में रेखांकित पदों के आधार पर प्रश्न निर्माण कीजिए।)
(i) सा भिक्षाम् आदाय मुनेः अन्तिकम् आगता।
(ii) तत्प्रसादेन एव में एतादृशं विज्ञानम्।
(iii) ततः ते श्रेयः भविष्यति।
(iv) मुनिः तां प्रणम्य तद्गृहाद् निरगच्छत्।
(v) मुने! नाहम् बलाका इति।
(vi) सा विहस्य अभाषत।
(vii) सा पतिव्रता गृहिणी तम् अवदत्।

उत्तराणि

(i) कस्य (ii) कीदृशम् (iii) किम्
(iv) काम् (v) का (vi) कथम्
(vii) कम्

प्रसङ्गानुसारम् प्रश्नाः

3. प्रसङ्गानुसारम् शुद्धम् अर्थं चिनुत। (प्रसंगानुसार शुद्ध अर्थ चुनिए।)
(i) साध्वी भिक्षाम् आदाय मुनेः अन्तिकम् आगता।
(अ) समीपम् (ब) सत्काराय
(स) सेवायाम् (द) सर्वाः

(ii) आसीत् पुरा कोऽपि महातपा नाम वनवासी: मुनि:।
(अ) अधुना (ब) वर्तमाने
(स) प्राचीनकाले (द) न कोऽपि

(iii) तं विपणिस्थं मांसानि विक्रीणन्तम् उपागच्छत्।
(अ) प्रताडित: (ब) विक्रयं कुर्वन्तम्
(स) विक्रेतारम् (द) पत्यु:

(iv) त्वम् आशु परं श्रेय: अवाप्स्यति।
(अ) शीघ्रम् (ब) तत:
(स) तत्पश्चात् (द) स्वयम्

(v) ततश्च सा साध्वी भर्तु: शुश्रूषां कृत्वा।
(अ) मातु: (ब) गुरु:
(स) सुचरित्रा (द) धर्म:

(vi) अहं तौ स्नापयित्वा स्नामि।
(अ) भोजनं कारयित्वा (ब) विक्रयं कुर्वन्तम्
(स) शयनं करोमि (द) स्नानं कारयित्वा

(vii) न भर्तु सेवाया: अपरं कञ्चन धर्मं करोम्यहम्।
(अ) मातु: (ब) गुरो:
(स) ईश्वरस्य (द) पत्यु:

(viii) बलाकावृत्तान्तो ज्ञात इति ब्रूहि, ततो भिक्षां गृहीष्ये।
(अ) ग्रहणं (ब) शरणम्
(स) वद् (द) प्रतीक्षां

(ix) कर्मणैव हि संसिद्धिम् आस्थिता जनकादय:।
(अ) हितम् (ब) मोक्षम्
(स) सेवाम् (द) सर्वा:

(x) तौ हि मम परायणम्।
(अ) सेवाम् (ब) विक्रेतारम्
(स) शरणम् (द) मोक्षम्

उत्तराणि

(i) (अ) समीपम् (ii) (स) प्राचीनकाले
(iii) (ब) विक्रयं कुर्वन्तम् (iv) (अ) शीघ्रम्
(v) (स) सुचरित्रा (vi) (द) स्नानं कारयित्वा
(vii) (द) पत्यु: (viii) (अ) ग्रहणं
(ix) (ब) मोक्षम् (x) (स) शरणम्

कथापूर्ति कुरुत

4. अधोलिखितां कथां मञ्जूषाया: सहायतया पूरयित्वा पुन: लिखत। (निम्नलिखित कथा को मञ्जूषा की सहायता से पूर्ण करके पुन: लिखिए।)

एकदा अयं (i) ······· क्वापि नगरे एकं (ii) ······· प्राप्य तद्गृहिणीं (iii) ·······। सा (iv) ······· गृहिणी तमवदत्–"प्रतीक्षस्व क्षणं, यावद् (v) ······· परिचर्यां समापये इति।" (vi) ······· श्रुत्वा स मुनि: तां (vii) ······· दृष्ट्वान्। सा (viii) ······· अभाषत–"मुने! न अहं बलाकेति"।

- **मञ्जूषा** भिक्षामयाचत्, ब्राह्मणगृहं, मुनि:, विहस्य, पतिव्रता, भर्तु:, कोपदृष्ट्या, एतत्।

उत्तराणि

(i) मुनि: (ii) ब्राह्मणगृहं
(iii) भिक्षामयाचत् (iv) पतिव्रता
(v) भर्तु: (vi) एतत्
(vii) कोपदृष्ट्या (viii) विहस्य

मेलनं कुरुत

5. सुमेलितं कुरुत। (सुमेलित कीजिए।)

सूची (क)	**सूची** (ख)
(i) आदाय	(अ) ङीप्
(ii) आगता	(ब) ल्यप्
(iii) साध्वी	(स) क्त
(iv) अवाप्तवान्	(द) शतृ
(v) विक्रीणतम्	(य) क्तवतु

उत्तराणि

सूची (क)	**सूची** (ख)
(i) आदाय	(ब) ल्यप्
(ii) आगता	(स) क्त
(iii) साध्वी	(अ) ङीप्
(iv) अवाप्तवान्	(य) क्तवतु
(v) विक्रीणतम्	(द) शतृ

6. अधोलिखितानि अव्ययानि तेषां प्रयोगं कुरुत। (निम्नलिखित अव्ययों का प्रयोग कीजिए।)

(i) क्वापि (ii) यावत्
(iii) इति (iv) तत्र
(v) कञ्चन (vi) अन्तिकम्

उत्तराणि

(i) स: क्वापि न गच्छति।
(ii) यावत् अहं पठामि तावत् प्रतीक्षां कुरु।
(iii) न अहं बलाका इति श्रुत्वा मुनि: विस्मित: अभवत्।
(iv) तत्र कोऽपि न अस्ति।
(v) अहम् पठनात् अपरं कञ्चन कार्यं न करोमि।
(vi) स: गुरो: अन्तिकम् अगच्छत्।

तत् त्वम् असि

(वह तुम हो।)

अध्याय 6

पाठ परिचय

हे सौम्य! स एव आत्मा। तत् एव सत्। तत् त्वम् असि।

उमेशः	रमे! पश्य एतत् चित्रम्। कः एषः वृक्षः?
रमा	अयं तु वटवृक्षः प्रतीयते। किं न पश्यसि अस्य दीर्घाः शाखाः पृथ्वीं स्पृशन्ति।
उमेशः	आम्, पश्यामि। वट एव अयम्। परन्तु कोऽयम् ऋषिः बालकः च?
रमा	आचार्य आगच्छति, तामेव पृच्छामः।
उमेशः	आचार्ये! कोऽयम् ऋषिः?
आचार्या	पाठं पठित्वा ज्ञास्यामः।
रमा	आचार्ये! कुतः गृहीतः एषः पाठः?
आचार्या	छान्दोग्य-उपनिषदः।
उमेशः	आचार्ये! उपनिषद् किं भवति?
आचार्या	उपनिषदः नाम ते ग्रन्थाः येषु अमूल्यम् आत्मज्ञानम् उपदिष्टम्।
रमा	एवम्। अतीव उत्सुकाः वयम् एतं पाठं पठितुम्।

शब्दार्थाः पश्यसि = देखते हो, स्पृशन्ति = छूते हैं, पठित्वा = पढ़कर, ज्ञास्यामः = जानूँगा, अतीव = बहुत ही।

हिंदी अनुवाद

हे सौम्य! वह ही आत्मा है। वह ही सत्य है। वह तुम हो।

उमेश	रमा! इस चित्र (मणिका पाठ्य-पुस्तक में दिए गए) को देखो। यह कौन-सा वृक्ष है?
रमा	यह तो वट वृक्ष प्रतीत होता है। क्या देख नहीं रहे हो, इसकी बड़ी-बड़ी शाखाएँ पृथ्वी को छू रही हैं।
उमेश	हाँ, देख रहा हूँ। यह वट वृक्ष ही है, परंतु यह ऋषि और बालक कौन है?
रमा	आचार्या (महोदया) आ रही हैं। उनसे ही पूछते हैं।
उमेश	हे आचार्या! यह ऋषि कौन है?
आचार्या	पाठ को पढ़कर जानेंगे।
रमा	हे आचार्या! यह पाठ कहाँ से लिया है?
आचार्या	छांदोग्य-उपनिषद् से।
उमेश	हे आचार्या! उपनिषद् क्या होता है?
आचार्या	'उपनिषद्' उन ग्रंथों का नाम है, जिनमें अमूल्य आत्मज्ञान की शिक्षा दी गई है।
रमा	ठीक है। हम सब इस पाठ को पढ़ने के लिए बहुत उत्सुक हैं।

पाठ का सार प्रस्तुत पाठ छांदोग्योपनिषद् के छठे अध्याय से संकलित है। इस अध्याय में महर्षि आरुणि 'तत त्वम् असि' वाक्य का विभिन्न दृष्टिकोणों से संसार के रहस्यों का वर्णन करते हैं। महर्षि आरुणि का पुत्र श्वेतकेतु था। जब श्वेतकेतु बारह वर्ष का था, तब उसे गुरु के पास अध्ययन के लिए भेजा गया। जब वह आचार्य के पास रहकर चौबीस वर्ष का हुआ, तभी वह सभी वेदों को अर्थ सहित पढ़कर घर आया। वह स्वयं को सर्वश्रेष्ठ मानता हुआ अहंकारी स्वभाव वाला बन गया। महर्षि आरुणि ने श्वेतकेतु के इस स्वभाव को जान लिया और सही मार्ग दिखाने के उद्देश्य से उससे अनेक प्रश्न किए। अंत में जब श्वेतकेतु प्रश्नों के उत्तर देने में विफल रहा तब महर्षि आरुणि ने कहा—अणु के समान अथवा सूक्ष्म (प्रकृति) से ही स्थूल (बड़ा) संसार होता है, वही तुम हो। तत्पश्चात् वह पिता श्री के उपदेश से आत्मज्ञानी हुआ।

पाठ का हिंदी अनुवाद

1. महर्षेः आरुणेः पुत्रः श्वेतकेतुः आसीत्। द्वादशवर्षीयं तं पुत्रं पिता आरुणिः उवाच—हे श्वेतकेतो! गुरुं प्रति गच्छ अध्ययनार्थं यतः सौम्य! अस्मत्कुलीनः अनधीत्य न भवति इति। सः पुत्रः आचार्यम् उपेत्य यावत् चतुर्विंशतिवर्षः अभवत् तावत् सः सर्वान् वेदान् सार्थान् अधीत्य पितुः सकाशम् आगच्छत्। सः च 'सर्वश्रेष्ठः अहम्' इति मन्यमानः उद्धतस्वभावः अभवत्। एवम्भूतं पुत्रं दृष्ट्वा पिता उवाच—हे श्वेतकेतो! कः ते उपाध्यायात् अतिशयः प्राप्तः येन त्वं कुलाननुरूपम् उद्धतः असि? जानासि किं तत्, येन श्रुतेन अन्यत् अश्रुतम् अपि श्रुतं भवति, अमतं मतम्, अविज्ञातं च विज्ञातं भवति इति। एतद् अद्भुतं प्रश्नं श्रुत्वा पृच्छति—कथम् इति? इत्युक्तः पिता अधोलिखितदृष्टान्तेन तत्त्वज्ञानं प्रतिपादयति—

शब्दार्थाः महर्षेः आरुणेः = महर्षि आरुणि का, द्वादशवर्षीयं = बारह वर्ष के, तम् पुत्रम् = उस पुत्र को, गुरुं प्रति = गुरु के पास, अध्ययनार्थम् = अध्ययन के लिए, सौम्य = हे भद्र (पुत्र), अस्मत्कुलीनः = हमारे कुल में उत्पन्न, अनधीत्य = बिना पढ़ा हुआ, आचार्यमुपेत्य = आचार्य के पास जाकर, चतुर्विंशतिवर्षः = चौबीस वर्ष की आयु का, सार्थान् = अर्थ सहित, अधीत्य = पढ़कर, सर्वश्रेष्ठः अहम् = मैं सब में श्रेष्ठ हूँ, इति = इस प्रकार, सकाशम् = पास में, मन्यमानः = मानते हुए, उद्धतस्वभावः = घमंडी स्वभाव वाला, एवम्भूतं = उद्दंडी वृत्ति वाले, उवाच = कहा, अतिशयः = विशेषता, कुलाननुरूपम् = जो उच्च कुल के योग्य नहीं है, अश्रुतं श्रुतं भवति = न सुना हुआ भी सुना हुआ हो जाता है, अमतं मतम् = बिना विचार किया हुआ, अविज्ञातं विज्ञातम् = बिना जाना हुआ, जाना हुआ, हो जाता है, इत्युक्तः = इस प्रकार कहे गए, दृष्टान्तः = उदाहरण, तत्त्वज्ञानम् = परम सत्य, प्रतिपादयति = उदाहरणों की सहायता से समझाता है।

हिंदी अनुवाद महर्षि आरुणि का पुत्र श्वेतकेतु था। पिता आरुणि अपने बारह वर्षीय पुत्र से बोलते हैं—हे श्वेतकेतु! गुरु के पास अध्ययन के लिए जाओ, क्योंकि हे पुत्र! हमारे कुल में कोई भी ऐसा नहीं है, जिसने ज्ञान प्राप्त न किया हो। वह (पुत्र) आचार्य के पास गया और जब वह चौबीस वर्ष का हुआ, तब सब वेदों को अर्थ सहित पढ़कर पिता के पास आया और वह 'मैं सर्वश्रेष्ठ हूँ' यह मानता हुआ अहंकारी स्वभाव वाला हो गया। इस प्रकार से अहंकारी हुए पुत्र को देखकर पिता बोले—हे श्वेतकेतु! तुमने आचार्य से ऐसी क्या विशेष शिक्षा प्राप्त की? जिससे तुम कुल के विपरीत अहंकारी हो गए हो? क्या उसे जानते हो, जिसके सुनने से न सुना हुआ भी सुना हुआ हो जाता है, न विचार किया हुआ भी विचारा किया हुआ हो जाता है और अनिश्चित भी निश्चित हो जाता है। यह अद्भुत् (अनोखा) प्रश्न सुनकर वह (श्वेतकेतु) पूछता है—यह कैसे (सम्भव है)? इस प्रकार कहने पर पिता नीचे लिखे दृष्टांत से तत्त्वज्ञान का प्रतिपादन करते हैं—

2. **आरुणिः** श्वेतकेतो! न्यग्रोधफलम् आहर।
श्वेतकेतुः इदं भगवन्!
आरुणिः अत्र किं पश्यसि?
श्वेतकेतुः अणुतराणि इमानि बीजानि।
आरुणिः एषु एकं बीजं भिन्धि।
श्वेतकेतुः भिन्नम्।
आरुणिः अत्र किं पश्यसि?
श्वेतकेतुः न किञ्चन भगवन्।

इदं श्रुत्वा पिता पुत्रम् उवाच-हे सौम्य! पश्य अत्र वटबीजे एव महान् स्थूलः शाखादिमान् न्यग्रोधः वटः उत्पन्नः सन् तिष्ठति। एवम् अणिम्नः स्थूलं जगद् उद्भवति। विश्वसिहि, हे सौम्य! स एव आत्मा। तत् एव सत्। तत् त्वम् असि।

शब्दार्थाः न्यग्रोधफलम् = वट (बड़ा) वृक्ष के फल को, आहर = लाओ, भगवन् = सम्मानित, श्रद्धेय, अणुतराणि = छोटे-छोटे, इमानि = इन (बीजों) को, भिन्धि = तोड़ो, भिन्नं = तोड़ दिया गया, न किञ्चन = कुछ भी नहीं, शाखादिमान् = शाखा पत्रों आदि से युक्त, न्यग्रोधः = बड़ का पेड़ उत्पन्नः सन् तिष्ठति = उत्पन्न होते हुए स्थित है, अणिम्नः = सूक्ष्म तत्त्व से, उद्भवति = पैदा होता है, तत् एव सत् = वह ब्रह्म ही सत्य है, विश्वसिहि = विश्वास करो, तत् त्वम् असि = तुम वही ब्रह्म हो।

हिंदी अनुवाद

आरुणि हे श्वेतकेतु! बड़ (वट वृक्ष) का फल लाओ।
श्वेतकेतु यह (लीजिए) श्रद्धेय!
आरुणि इसमें क्या देखते हो?
श्वेतकेतु छोटे-छोटे इन बीजों को।
आरुणि इनमें से एक बीज को तोड़ो।
श्वेतकेतु तोड़ दिया।
आरुणि यहाँ क्या देखते हो?
श्वेतकेतु कुछ नहीं श्रद्धेय।

यह सुनकर पिता पुत्र से बोले—हे प्रिय! देखो यहाँ बड़ के बीज से बड़ी और मोटी शाखाओं से युक्त बड़ का पेड़ उत्पन्न हुआ है। ऐसे ही सूक्ष्म तत्त्व (छोटे से छोटे अणु) से स्थूल (इतना बड़ा) संसार उत्पन्न होता है। विश्वास करो, हे प्रिय! वही आत्मा है। वही सत्य है। वही तुम हो अर्थात् केवल वास्तविक सत्य ब्रह्म है और वास्तविक सत्य के तुम अंश हो।

मणिका-पाठ्यपुस्तकम् प्रश्नोत्तरा:

मणिका पाठ्य-पुस्तक के प्रश्नोत्तर

प्र.1 एकपदेन संस्कृतभाषाया उत्तरत।
(एक पद में संस्कृत भाषा में उत्तर दीजिए।)

(क) श्वेतकेतुः कस्य पुत्रः आसीत्?
(ख) श्वेतकेतुः कम् उपेत्य वेदान् अपठत्?
(ग) पिता केन तत्त्वज्ञानं प्रतिपादयति?
(घ) आरुणिः श्वेतकेतुं किम् आनेतुम् आदिशत्?
(ङ) श्वेतकेतुः न्यग्रोधफले किम् अपश्यत्?
(च) स्थूलं जगत् कस्माद् उद्भवति?
(छ) पिता न्योग्रोधफलस्य दृष्टान्तेन किं प्रतिपादियति?

उत्तराणि

(क) आरुणेः (ख) आचार्यम् (ग) दृष्टान्तेन
(घ) न्यग्रोधफलम् (ङ) बीजानि (च) अणिम्नः
(छ) तत्त्वज्ञानम्

प्र.2 पूर्णवाक्येन संस्कृतभाषया उत्तरत।
(पूर्ण वाक्य में संस्कृत भाषा में उत्तर दीजिए।)

(क) श्वेतकेतुः विद्या प्राप्यं किम् अमन्यत्?
(ख) आरुणिः श्वेतकेतुं कं प्रश्नम् अपृच्छत्?
(ग) सर्वेषु देहेषु कः अस्ति यः अजरः अमरश्च?
(घ) वस्तुतः वटबीजे कः तिष्ठति?
(ङ) जगति किं सत् अस्ति?

उत्तराणि

(क) श्वेतकेतुः विद्या प्राप्यं सर्वश्रेष्ठः अहम् इति अमन्यत्।
(ख) आरुणिः श्वेतकेतुम् अपृच्छत्—हे श्वेतकेतो! कः ते उपाध्यायात् अतिशयः प्राप्तः येन त्वं कुलाननुरूपम् उद्धतः असि? जानासि किं तत्, येन श्रुतेन अन्यत् अश्रुतम् अपि श्रुतं भवति, अमतं मतम्, अविज्ञातं च विज्ञातं भवति इति।
(ग) सर्वेषु देहेषु आत्मा अजरः अमरः च अस्ति।
(घ) वस्तुतः वटबीजे महान् स्थूलः शाखादिमान् न्यग्रोधः वटः उत्पन्नः सन् तिष्ठति।
(ङ) जगति आत्मा सत् अस्ति।

प्र.3 अधोलिखितवाक्येषु स्थूलाक्षरपदानि आधारीकृत्य प्रश्न निर्माणं कुरुत।
(निम्नलिखित वाक्यों में स्थूल अक्षर पदों को आधार मानकर प्रश्न निर्माण कीजिए।)

(क) आरुणिः **श्वेतकेतोः** पिता आसीत्।
(ख) श्वेतकेतुः **आचार्यम्** उपेत्य वेदान् अपठत्।
(ग) द्वादशवर्षीयं तं पुत्रम् **आरुणिः** उवाच।
(घ) श्वेतकेतुः **वेदान्** आधीत्य आगच्छत्।
(ङ) **विद्यां** प्राप्य स आत्मानं सर्वश्रेष्ठम् अमन्यत्।
(च) उद्धतस्वभावः स **पितुः** सकाशम् आगच्छत्।
(छ) पिता **दृष्टान्तेन** तत्त्वज्ञानं प्रतिपादयति।
(ज) श्वेतकेतुः **न्यग्रोधस्य** फलम् आहरति।
(झ) श्वेतकेतुः **फले** बीजानि पश्यति।

उत्तराणि

(क) कस्य (ख) कम् (ग) कः
(घ) कान् (ङ) कम् (च) कस्य
(छ) किम् (ज) कस्य (झ) कस्मिन्

प्र.4 अधोलिखितप्रश्नान् यथानिर्देशम् उत्तरत।
(अधोलिखित प्रश्नों के उत्तर निर्देशानुसार दीजिए।)

(क) 'त्वं कुलाननुरूपम् उद्धतः असि'। अत्र 'असि' इति क्रियापदस्य कर्तृपदं किम्?
(ख) 'अणिम्नः स्थूलं जगद् उद्भवति'। वाक्येऽस्मिन् विशेषणपदं किं प्रयुक्तम्?
(ग) 'गुरुं प्रति गच्छ अध्ययनार्थम्'। अत्र क्रियापदं किम्?
(घ) 'समीपम्' इति पदस्य किं पर्यायपदं पाठे प्रयुक्तम्?
(ङ) 'सूक्ष्मः' इति पदस्य विलोमपदं पाठात् चित्वा लिखत।

उत्तराणि

(क) त्वम् (ख) स्थूलम् (ग) गच्छ
(घ) सकाशम् (ङ) स्थूलः

प्र.5 अधोलिखितवाक्यानि कथाक्रमानुसारं पुस्तिकायां लिखत।
(निम्नलिखित वाक्यों को कथाक्रमानुसार पुस्तिका में लिखिए।)

(क) आरुणिः श्वेतकेतुः वटफलम् आनेतुम् अकथयत्।
(ख) श्वेतकेतुः गुरोः सकाशाद् वेदान् अपठत्।
(ग) आरुणिः पुत्रं वटबीजस्य अन्तः दृष्टुम् अकथयत्।
(घ) वेदान् अधीत्य श्वेतकेतुः अमन्यत्-अहं सर्वश्रेष्ठः अस्मि।
(ङ) आरुणिः श्वेतकेतुम् आत्मनः विषये उपादिशत्।
(च) वस्तुतः जगति आत्मा एव सत्।
(छ) आत्मज्ञानेन सर्वम् अविज्ञातं ज्ञातं भवति।

उत्तराणि

(क) श्वेतकेतुः गुरोः सकाशाद् वेदान् अपठत्।
(ख) वेदान् अधीत्य श्वेतकेतुः अमन्यत्—अहं सर्वश्रेष्ठः अस्मि।
(ग) आत्मज्ञानेन सर्वम् अविज्ञातं ज्ञातं भवति।
(घ) आरुणिः श्वेतकेतुः वटफलम् आनेतुम् अकथयत्।
(ङ) आरुणिः पुत्रं वटबीजस्य अन्तः दृष्टुम् अकथयत्।
(च) आरुणिः श्वेतकेतुम् आत्मनः विषये उपादिशत्।
(छ) वस्तुतः जगति आत्मा एव सत्।

प्र.6 शब्दानाम् अर्थैः सह मेलनं कृत्वा लिखत।
(शब्दों के अर्थों के साथ मेल करके लिखिए।)

सूची (अ)	सूची (ब)
(क) अधीत्य	(i) समीपं गत्वा
(ख) आहर	(ii) भेदनं कुरु
(ग) भिन्धि	(iii) सूक्ष्मात्
(घ) अणिम्नः	(iv) आनय
(ङ) उपेत्य	(v) पठित्वा

उत्तराणि

सूची (अ)	सूची (ब)
(क) अधीत्य	(v) पठित्वा
(ख) आहर	(iv) आनय
(ग) भिन्धि	(ii) भेदनं कुरु
(घ) अणिम्नः	(iii) सूक्ष्मात्
(ङ) उपेत्य	(i) समीपं गत्वा

प्र.7 पाठात् चित्वा विपरीतार्थान् लिखत।
(पाठ से चुनकार विपरीत अर्थों को लिखिए।)
यथा अनुरूपम्-अननुरूपम्

(क) अधीत्य ········ (ख) श्रुतम् ······
(ग) मतम् ······· (घ) विज्ञातम् ······
(ङ) दूरम् ·······

उत्तराणि

(क) अनधीत्य (ख) अश्रुतम् (ग) अमतम्
(घ) अविज्ञातम् (ङ) सकाशम्

गतिविधिः

1. **परस्परं मिलित्वा वर्गेषु विचार्यताम् ततः लिख्यताम्**
   (क) श्वेतकेतुः किमर्थम् उद्धतस्वभावः अभवत्?
   (ख) महर्षिः आरुणिः तं किं प्रतिपादयितुम् इच्छति स्म?

   उत्तराणि

   (क) श्वेतकेतुः केवलं शास्त्रज्ञानं लब्ध्वा, तत्त्वज्ञानं विना आत्मानं सर्वश्रेष्ठं मन्यमानः उद्धतस्वभावः अभवत्।
   (ख) महर्षिः आरुणिः तम् दृष्टान्तमाध्यमेन तत्त्वज्ञानं प्रतिपादयितुम् इच्छति स्म।

2. **उपनिषदां विषये जानन्तु। प्रमुखाणाम् उपनिषदां च नाम्नां सङ्ग्रहं कृत्वा स्फोरक-पत्रस्य निर्माणं कुर्वन्तु।**

   उत्तराणि

   छात्र स्वयं करें।

योग्यताविस्तारः (योग्यता-विस्तार)

(क) पाठपरिचयः टिप्पण्यश्च (पाठ परिचय और टिप्पणियाँ)

छान्दोग्योपनिषदः षष्ठाध्यायात् सङ्कलितोऽयम् अंशः। अस्मिन् अध्याये आरुणिः विभिन्नदृष्टान्तैः नववारं 'तत् त्वम् असि' इति वाक्येन आत्मतत्त्वस्य रहस्यानि उद्घाटयति।

यह अंश छान्दोग्य-उपनिषद् के छठे अध्याय से संकलित किया गया है। इस अध्याय में महर्षि आरुणि विभिन्न उदाहरणों के द्वारा नौ बार 'वह तुम हो' इस वाक्य के (प्रयोग) द्वारा आत्मतत्त्व (वास्तविक सत्य) के रहस्यों को उद्घाटित करते हैं।

(ख) भावविस्तारः (भाव-विस्तार)

विश्वसिहिदृष्टुम् (विश्वास कीजिए) यदा श्रद्धा विश्वासश्च भवतः तदैव ज्ञानस्य प्राप्तिर्भवति। उक्तश्च रामचरितमानसे-

जब श्रद्धा और विश्वास होते हैं तभी ज्ञान की प्राप्ति होती है। जैसा कि रामचरितमानस (तुलसीदास द्वारा लिखित ग्रंथ) में कहा गया है-

भवानीशङ्करौ वन्दे श्रद्धाविश्वासरूपिणौ।
याभ्यां विना न पश्यन्ति सिद्धाः स्वान्तः स्थमीश्वरम्।।

(मैं तुलसीदास) श्रद्धा और विश्वास के प्रतीक भवानी और शंकर की वंदना करता हूँ। जिनके बिना सिद्ध-पुरुष (भी) अपने अंतःकरण में विद्यमान ईश्वर को नहीं देख पाते हैं।

तत् एव सत् (वह सत्य है) सत् एव सत्यं चेतनतत्त्वम्। केनोपनिषदि कथितम्।

सत्य, चेतन तत्त्व ही सत् (शाश्वत्) है। केनोपनिषद् में कहा गया है—

इह चेत अवेदीत् अथ सत्यम् अस्ति।
न चेत् इह अवेदीत् महती विनष्टिः।।

यदि वह यह जानता है, तो सत्य है और यदि नहीं जानता है, तो यहाँ विनाश होता है।

1. **नञ् तत्पुरुषः (नञ् तत्पुरुष)**
   यदा तत्पुरुषसमासे पूर्वपदं 'न' इति अभावार्थे भवति तदा स्वरात् पूर्वम् 'अन्' व्यञ्जनात्पूर्वं च 'अ' इति भवति। यथा—न धर्मः इति अधर्मः, न उत्तमः इति अनुत्तमः, न उपस्थितः इति अनुपस्थितः।
   जब तत्पुरुष समास में पहला पद 'न' अभाव के अर्थ में होता है, तब स्वर से पहले अन् और व्यंजन से पहले 'अ' हो जाता है; जैसे—
   न धर्मः इति अधर्म — जो धर्म नहीं है अर्थात् अधर्म,
   न उत्तमः इति अनुत्तमः — जो उत्तम नहीं है अर्थात् अनुत्तम,
   न उपस्थितः इति अनुपस्थितः जो उपस्थित नहीं अर्थात् अनुपस्थित।

2. **कर्मधारय-बहुव्रीहि-समासयोः भेदः**
   (कर्मधारय-बहुव्रीहि समास में भेद)
   यदा विशेषण-विशेष्ययोः अथवा उपमान-उपमेययोः संक्षेपः भवति तदा कर्मधारयसमासः भवति।
   यथा—उद्धतस्वभावः = उद्धतः स्वभावः।
   उद्धतस्वभावेन नरः यशः न प्राप्नोति।
   यदा च अन्यपदं प्रधानं भवति तदा बहुव्रीहिसमासः भवति।
   यथा—उद्धतः स्वभावः यस्य सः।
   श्वेतकेतुः उद्धतस्वभावः अभवत्।
   जब विशेषण-विशेष्य का या उपमान-उपमेय का संक्षेप होता है, तब कर्मधारय समास होता है।
   जैसे-उद्धत स्वभावः = उद्धत-स्वभावः।
   उद्धत स्वभाव से नर यश प्राप्त नहीं करता है।
   जब अन्य पद प्रधान होता है, तब बहुव्रीहि समास होता है
   जैसे- उद्धत स्वभाव है जिसका
   वह श्वेत केतु उद्धत स्वभाव वाला हो गया था।

अभ्यास प्रश्नाः

मणिका पाठ्य-पुस्तक पर आधारित प्रश्नोत्तर

गद्यांश आधारित प्रश्नाः

1. अधोलिखितं गद्यांशं पठित्वा प्रदत्त प्रश्नानाम् उत्तराणि संस्कृतेन लिखत। (निम्नलिखित गद्यांश को पढ़कर दिए गए प्रश्नों के उत्तर संस्कृत में लिखिए।)

(क) महर्षेः आरुणेः पुत्रः श्वेतकेतुः आसीत्। द्वादशवर्षीयं तं पुत्रं पिता आरुणिः उवाच–हे श्वेतकेतो! गुरुं प्रति गच्छ अध्ययनार्थं यतः सौम्य! अस्मत्कुलीनः अनधीत्य न भवति इति। सः पुत्रः आचार्यम् उपेत्य यावत् चतुर्विंशतिवर्षः अभवत् तावत् सः सर्वान् वेदान् सार्थान् अधीत्य पितुः सकाशम् आगच्छत्। सः च 'सर्वश्रेष्ठः अहम्' इति मन्यमानः उद्धतस्वभावः अभवत्। एवम्भूतं पुत्रं दृष्ट्वा पिता उवाच–हे श्वेतकेतो! कः ते उपाध्यायात् अतिशयः प्राप्तः येन त्वं कुलाननुरूपम् उद्धतः असि? जानासि किं तत्, येन श्रुतेन अन्यत् अश्रुतम् अपि श्रुतं भवति, अमतं मतम्, अविज्ञातं च विज्ञातं भवति इति। एतद् अद्भुतं प्रश्नं श्रुत्वा पृच्छति–कथम् इति? इत्युक्तः पिता अधोलिखितदृष्टान्तेन तत्त्वज्ञानं प्रतिपादयति–

I. एकपदेन उत्तरत। (एक पद में उत्तर दीजिए।)
   (i) श्वेतकेतुः कस्य पुत्रः आसीत्?
   (ii) कुलाननुरूपम् उद्धतः कः अभवत्?
   (iii) पितुः सकाशं कः अगच्छत्?

II. पूर्णवाक्येन उत्तरत। (पूर्ण वाक्य में उत्तर दीजिए।)
   (i) श्वेतकेतुः आचार्यात् कान् अधीत्य पितुः सकाशम् आगच्छत्?
   (ii) एवंभूतं पुत्रं दृष्ट्वा पिता किम् उवाच?
   (iii) आरुणिः स्वपुत्रं किम् उवाच?

III. निर्देशानुसारम् उत्तरत। (निर्देशानुसार उत्तर दीजिए।)
   (i) अधीत्य पदस्य विलोमः अनुच्छेदात् चित्वा लिखत।
   (ii) उद्धतः कस्य विशेषणम्?
   (iii) अनुच्छेदे 'उवाच' इति क्रिया पदस्य कर्तृपदं किम्?

उत्तराणि

I. (i) आरुणेः (ii) श्वेतकेतुः (iii) श्वेतकेतुः

II. (i) श्वेतकेतुः आचार्यात् सर्वान् वेदान् सार्थान् अधीत्य पितुः सकाशम् आगच्छत्।
   (ii) एवंभूतं पुत्रं दृष्ट्वा पिता उवाच—हे श्वेतकेतो! कः ते उपाध्यायात् अतिशयः प्राप्तः येन त्वं कुलाननुरूपम् उद्धतः असि?
   (iii) आरुणिः स्वपुत्रं उवाच—हे श्वेतकेतो! गुरुं प्रति गच्छ अध्ययनार्थम्, यतः सौम्य! अस्मत्कुलीनः अनधीत्य न भवति इति।

III. (i) अनधीत्य (ii) श्वेतकेतोः
   (iii) पिता

(ख) आरुणिः श्वेतकेतो! न्यग्रोधफलम् आहर।
श्वेतकेतुः इदं भगवन्!
आरुणिः अत्र किं पश्यसि?
श्वेतकेतुः अणुतरणि इमानि बीजानि।
आरुणिः एषु एकं बीजं भिन्धि।
श्वेतकेतुः भिन्नम्।
आरुणिः अत्र किं पश्यसि?
श्वेतकेतुः न किञ्चन भगवन्।

इदं श्रुत्वा पिता पुत्रम् उवाच–हे सौम्य! पश्य अत्र वटबीजे एव महान् स्थूलः शाखादिमान् न्यग्रोधः वटः उत्पन्नः सन् तिष्ठति। एवम् अणिम्नः स्थूलं जगद् उद्भवति। विश्वसिहि, हे सौम्य! स एव आत्मा। तत् एव सत्। तत् त्वम् असि।

I. एकपदेन उत्तरत। (एक पद में उत्तर दीजिए।)
   (i) श्वेतकेतु न्यग्रोध फलस्य बीजे किम् पश्यति?
   (ii) स्थूलं जगत् कस्मात् उद्भवति?
   (iii) वस्तुतः सत् किम्?

II. पूर्णवाक्येन उत्तरत। (पूर्ण वाक्य में उत्तर दीजिए।)
   (i) वस्तुतः वटबीजे कः तिष्ठति?
   (ii) आरुणिः पुत्रं कस्य दृष्टान्तेन तत्त्वज्ञानं प्रतिपादयति?
   (iii) आरुणिः पुत्रं कस्य फलम् आनेतुम् आदिशति?

III. निर्देशानुसारम् उत्तरत। (निर्देशानुसार उत्तर दीजिए।)
   (i) सौम्य! इति कस्य विशेषणम्?
   (ii) सत् पदस्य विपर्ययः कः?
   (iii) अत्र किं पश्यसि? अस्मिन् वाक्ये क्रियापदं किम्?

उत्तराणि

I. (i) न किञ्चन् (ii) अणिम्नः (iii) आत्मा

II. (i) वस्तुतः वटबीजे एव महान् स्थूलः शाखादिमान् न्यग्रोधः वटः उत्पन्नः सन् तिष्ठति।
   (ii) आरुणिः पुत्रं न्यग्रोधफलस्य दृष्टान्तेन तत्त्वज्ञानं प्रतिपादयति।
   (iii) आरुणिः पुत्रं न्यग्रोधफलं आनेतुम् आदिशति।

III. (i) श्वेतकेतोः (ii) असत् (iii) पश्यसि

प्रश्ननिर्माणं कुरुत

2. निम्नांकित वाक्येषु रेखाङ्कित पदानि आधृत्य प्रश्ननिर्माणं कुरुत। (निम्नलिखित वाक्यों में रेखांकित पदों के आधार पर प्रश्न निर्माण कीजिए।)

(i) पिता अधोलिखितदृष्टान्तेन <u>तत्त्वज्ञानं</u> प्रतिपादयति।
(ii) <u>एषु</u> एकं बीजं भिन्धि।

(iii) एवम् अणिम्नः स्थूलं जगद् उद्भवति।

(iv) तत् त्वम् असि।

(v) एतद् पुत्रं दृष्ट्वा पिता उवाच।

(vi) येन श्रुतेन अश्रुतम् अपि श्रुतं भवति।

उत्तराणि

(i) किम् (ii) केषु
(iii) कस्माद् (iv) कः
(v) कः (vi) कीदृशम्

प्रसङ्गानुकूलं प्रश्नाः

3. अधोलिखितेषु रेखाङ्कितपदानां प्रसङ्गानुकूलम् उचितार्थं चित्वा लिखत। (निम्नलिखित वाक्यों में रेखांकित पदों के प्रसंगों के अनुकूल उचित अर्थ चुनकर लिखिए।)

(i) गुरुं प्रति गच्छ अध्ययनार्थं यतः सौम्य।
(अ) पठनार्थम् (ब) पठित्वा
(स) अधीत्यः (द) आधारः

(ii) आचार्यम् उपेत्य यावत् चतुर्विंशतिवर्षः अभवत्।
(अ) सर्वोत्तमः (ब) समीपं गत्वा
(स) अगच्छत् (द) निरगच्छत्

(iii) अहम् इति मन्यमानः उद्धतस्वभावः अभवत्।
(अ) निश्छलः (ब) कपटीः
(स) गर्वितशीलः (द) सर्वाः

(iv) कः ते उपाध्यायात् अतिशयः प्राप्तः येन त्वं।
(अ) वैशिष्ट्यम् (ब) आधिक्यम्
(स) विशेषताः (द) अधिकताः

(v) येन श्रुतेन अन्यत् अश्रुतम् अपि श्रुतं भवति।
(अ) अनाकर्णितम् (ब) आकर्णितं
(स) द्वावपि (द) न कोऽपि

(vi) अमतं मतं, अविज्ञातं च विज्ञातं भवति इति।
(अ) अतर्कितं (ब) आकर्णितं
(स) गर्वितः (द) उद्ण्डः

(vii) श्वेतकेतो! न्यग्रोधफलम् आहर।
(अ) नारिकेलम् (ब) आम्रम्
(स) वटफलम् (द) कदलीफलम्

(viii) अणुतराणि इमानि बीजानि।
(अ) लघुतराणि (ब) दीर्घतराणि
(स) आहर (द) सर्वाः

(ix) एषु एकं बीजं भिन्धि।
(अ) श्रद्धेय (ब) भेदनं कुरु
(स) भिन्नं (द) छेदनं

(x) न किञ्चन भगवन्।
(अ) किमपि (ब) सर्वापि
(स) न किमपि (द) सर्वाः

उत्तराणि

(i) (अ) पठनार्थम् (ii) (ब) समीपं गत्वा
(iii) (स) गर्वितशीलः (iv) (द) अधिकताः
(v) (स) द्वावपि (vi) (अ) अतर्कितं
(vii) (स) वटफलम् (viii) (अ) लघुतराणि
(ix) (ब) भेदनं कुरु (x) (स) न किमपि

मेलनं कुरुत

4. सुमेलितं कुरुत। (सुमेलित कीजिए।)

सूची (क) (शब्दाः)	**सूची** (ख) (पर्यायाः)
(i) शिक्षकात्	(अ) दृष्ट्वा
(ii) विचित्रम्	(ब) उद्धतः
(iii) वीक्ष्य	(स) उपाध्यायात्
(iv) अहंमानी	(द) अद्भूतम्

उत्तराणि

सूची (क) (शब्दाः)	**सूची** (ख) (पर्यायाः)
(i) शिक्षकात्	(स) उपाध्यायात्
(ii) विचित्रम्	(द) अद्भूतम्
(iii) वीक्ष्य	(अ) दृष्ट्वा
(iv) अहंमानी	(ब) उद्धतः

तरवे नमोऽस्तु
(वृक्षों को नमन है)

अध्याय 7

पाठ परिचय

छायामन्यस्य कुर्वन्ति तिष्ठन्ति स्वयमातपे।
(विद्यालये वृक्षारोपण-उत्सवः)

प्रत्यूषः अर्णव! त्वम् अद्य कं वृक्षम् आरोपयितुम् आनीतवान्?

अर्णवः मया तु आम्रवृक्षस्य पादपः आनीतः।

सौरभः अहं तु अर्जुनवृक्षस्य पादपम् आनीतवान्।

ऋषभः मया तु हरिशृङ्गारः आनीतः।

आचार्यः छात्राः! धन्याः ननु यूयं यत् वृक्षान् प्रति एवं समादरभावं धारयथ।

प्रत्यूषः आचार्य! एषा भवतामेव प्रेरणा।

अर्णवः आचार्यवर! उत्सवे केषां पद्यानां गायनं करणीयम्?

आचार्यः मणिकापुस्तके यानि पद्यानि सप्तमे पाठे दत्तानि तेषामेव सस्वरं पाठं करिष्यामः।

छात्राः आम्! आम्! पठामः, गायामः, वृक्षान् प्रति कृतज्ञतां च अनुभवामः।

शब्दार्थाः तिष्ठन्ति = रहते हैं, आतपे = धूप में, पादपः = वृक्षः, धारयथ = धारण करो, करणीयम् = करना चाहिए, करिष्यामः = करेंगे।

हिंदी अनुवाद

वृक्ष दूसरों के लिए छाया करते हैं और स्वयं धूप में खड़े रहते हैं।
(विद्यालय में वृक्षारोपण का उत्सव)

प्रत्यूष अर्णव! तुम आज किस वृक्ष को उगाने के लिए लाए हो?

अर्णव मेरे द्वारा तो आम का पौधा लाया गया है।

सौरभ मैं तो अर्जुन वृक्ष का पौधा लाया हूँ।

ऋषभ मेरे द्वारा तो हार श्रृंगार लाया गया है।

आचार्य छात्रों! निश्चय ही तुम सब धन्य हो, जो वृक्षों के प्रति ऐसा आदर भाव रखते हो।

प्रत्यूष हे आचार्य! यह आपकी ही प्रेरणा है।

अर्णव हे आचार्यवर! उत्सव में किन पद्यों/श्लोकों का गायन करना चाहिए?

आचार्य मणिका पुस्तक के सातवें पाठ में, जो श्लोक दिए गए हैं। उनका ही सस्वर पाठ करेंगे।

सभी छात्र हाँ! हाँ! पढ़ते हैं, गाते हैं और वृक्षों के प्रति कृतज्ञता का अनुभव करते हैं।

पाठ का सार प्रस्तुत पाठ में वृक्षों के नि:स्वार्थ भाव से किए गए परोपकारों और उनके महत्त्वों का वर्णन किया गया है। वृक्ष को वैदिक संस्कृत में 'द्रु' कहा जाता है। वृक्ष विषैली वायु को ग्रहण करके हमें शुद्ध वायु प्रदान करते हैं। एक वृक्ष जहाँ धूप से हमारी रक्षा करता है, वहीं हमें छाया प्रदान करता है, फल देता है, औषधियाँ देता है अनेक छोटे-छोटे जंतुओं तथा पक्षियों को आश्रय प्रदान करता है। सचमुच हमें वृक्षों को लगाना चाहिए, क्योंकि इनके द्वारा ही हमारी रक्षा होती है, इसलिए वृक्ष प्रणाम करने एवं पूजन करने योग्य हैं।

पाठ का हिंदी अनुवाद

1. छायामन्यस्य कुर्वन्ति तिष्ठन्ति स्वयमातपे।
   फलान्यपि परार्थाय वृक्षा: सत्पुरुषा इव।।1।।

शब्दार्था: छायाम् = छाँव, कुर्वन्ति = करते हैं तिष्ठन्ति = खड़े रहते हैं, आतपे = धूप में, फलम् = फल, अपि = भी, परार्थाय = दूसरों के लिए, वृक्षाः = पेड़, सत्पुरुषा इव = सज्जनों के समान।

अन्वय: छायाम् अन्यस्य (कृते) कुर्वन्ति, स्वयम् आतपे तिष्ठन्ति, (तेषाम्) फलानि अपि परार्थाय (भवन्ति), (अत:) वृक्षा: सत्पुरुषा: इव (सन्ति)।

भावार्थ वृक्ष सज्जनों की तरह सदैव दूसरों को छाया प्रदान करते हैं और स्वयं धूप में खड़े रहते हैं। वृक्ष सत्पुरुषों के समान ही दूसरों को अपने फल भी देते हैं।

2. अहो! एषां वरं जन्म सर्वप्राण्युपजीवनम्।
   धन्या महीरूहा येभ्यो निराशा यान्ति नार्थिन:।।2।।

शब्दार्था: एषाम् = इन (वृक्षों) का, वरम् = उत्तम्, सर्वप्राणीम = सभी प्राणियों को, उपजीवनम् = आश्रय शरण देने वाला, धन्याः = सौभाग्यशाली, महीरूहा = पेड़, येभ्यः = जिनसे, निराशा = दुःखी होकर, अर्थिन = प्रार्थना करने वाला।

अन्वय: अहो! एषाम् सर्व-प्राणि-उपजीवनम् जन्म वरम्। महीरुहा: धन्या: येभ्य: अर्थिन: निराशा: न यान्ति।

भावार्थ ओह! सभी प्राणियों को जीवन देने वाले, आश्रय (शरण) देने वाले, इनका (वृक्षों का) जीवन श्रेष्ठ होता है। वृक्ष सौभाग्यशाली हैं, क्योंकि इनके याचक इनके पास से कभी निराश होकर वापस नहीं लौटते हैं।

3. पत्र-पुष्प-फलच्छाया-मूल-वल्कलदारुभि:।
   गन्ध-निर्यास-भस्मास्थितोक्मै: कामान्वितन्वते।।3।।

शब्दार्था: मूल = जड़, वल्लकलम् = पेड़ों की छाल, दारुभिः = लकड़ियों से, गन्धः = सुगंध, निर्यासः = पेड़ का रस (गोंद आदि), भस्मास्थि = कोयला, तोक्मैः = त्वचा, (चमड़ी खाल से), कामान् वितन्वते = इच्छाओं को पूरा करते हैं।

अन्वय: पत्र-पुष्प-फल-छाया-मूल-वल्कल-दारुभि: गन्ध-निर्यास-भस्म-अस्थि-तोक्मै: कामान् वितन्वते।

भावार्थ (वृक्ष) अपने पत्तों, फूलों, छाया, जड़ों, छाल, लकड़ियों, सुगंध, गोंद, राख और कोयले से मानव की सभी कामनाओं (इच्छाओं) को पूर्ण करते हैं अर्थात् वृक्ष अपने अनेक भागों के द्वारा हमारी इच्छाओं को पूरा करते हैं।

4. आम्र! यद्यपि गता दिवसास्ते पुष्पसौरभफलप्रचुरा ये।
   हन्त! सम्प्रति तथापि जनानां छाययैव दलयस्यतितापम्।।4।।

शब्दार्था: गताः = बीत गए, दिवसाः = दिन, पुष्पसौरभफलप्रचुराः = फूल सुगंध और फूलों से भरपूर, ये = जो, सम्प्रति = इस समय, तथापि = फिर भी, छायया = छाया से, दलयसि = दूर करते हो, अतितापं = अत्यधिक ताप को।

अन्वय (हे) आम्र! यद्यपि ते दिवसा: गता: ये पुष्प-सौरभ-फल-प्रचुरा: (आसन्)। हन्त! तथापि सम्प्रति जनानाम् अतितापम् छायया एव दलयसि।

भावार्थ हे आम! जबकि तुम्हारे वे दिन चले गए (बीत) जब तुम फूल, सुगंध और फलों से युक्त थे, किंतु फिर भी! (आप) इस समय अपनी छाया से ही लोगों का अधिक ताप (गर्मी) दूर करते हो।

5. मूलं भुजङ्गै: शिखरं प्लवङ्गै: शाखा विहङ्गै: कुसुमानि भृङ्गै:।
   नास्त्येव तच्चन्दनपादपस्य यन्नाश्रितं सत्त्वभरै: समन्तात्।।5।।

शब्दार्था: मूलम् = जड़, भुजङ्गैः = साँपों से, प्लवङ्गैः = बंदरों से, विहङ्गैः = पक्षियों के द्वारा, कुसुमानि = फूल, भृङ्गैः = भौरों से, चन्दनादपस्य = चंदन का पेड़, सत्त्वभरैः = जीव-जंतुओं से, समन्तात् = चारों ओर से।

अन्वय: भुजङ्गै: मूलम् (आश्रितम्) प्लवङ्गै: शिखरम् (आश्रितम्), विहङ्गै: शाखा: (आश्रिता:), भृङ्गै: कुसुमानि (आश्रितानि) चन्दन-पादपस्य तत् न एव अस्ति यत् समन्तात् सत्त्वभरै: न आश्रितम्।

भावार्थ चंदन के वृक्ष की जड़े साँपों से, चोटियाँ बंदरों से, शाखाएँ पक्षियों से और फूल भौरों से युक्त होते हैं। उस चंदन के वृक्ष का ऐसा एक भी भाग नहीं है, जिसे चारों ओर से जीव-जंतुओं के द्वारा आश्रय न बनाया गया हो।

6. निम्ब! त्वदीयकटुता यदि दाहहन्त्री,
   गायन्तु मूढमनुजास्तव दोषगाथा:।
   तप्तास्त एव तपनोपमपित्ततापै:
   गास्यन्ति मित्रवर! तावकगीतकानि।।6।।

शब्दार्था: नीम्ब = नीम, त्वदीय = तुम्हारी, कुटुता = कड़ुवाहट, दाहहन्त्री = जलन को शांत करने वाली, गायन्तु = गाए, मूढमनुजाः = मूर्ख लोग, दोषगाथाः = अवगुणों (बुराईयों) से संबंधित कथाएँ, तप्ताः = तपे हुए, तपनोपमपित्ततापैः = सूर्य के समान तपाने वाले पित्त की गर्मी से, गास्यन्ति = गाएँगे, तावक = तुम्हारे, गीतकानि = गीत।

अन्वय: निम्ब! त्वदीय-कटुता यदि दाहहन्त्री (अस्ति), मूढमनुजा: तव दोष-गाथा: गायन्तु। मित्रवर! तपन-उपम-पित्ततापै: तप्ता: ते एव (जना:) तावक-गीतकानि गास्यन्ति।

भावार्थ हे नीम! तुम्हारी कड़ुवाहट से यद्यपि पेट की गर्मी (जलन) दूर होती है, लेकिन फिर भी कुछ मूर्ख मनुष्य तुम्हारे अवगुणों से संबंधित कथाएँ गाते रहते हैं। हे मित्र! जिन मनुष्यों की पित्त (पेट) की गर्मी सूर्य के ताप के

समान होती है उसको तुम्हारे द्वारा शांत किया जाता है। वे मनुष्य अवश्य ही तुम्हारे गुणों का गान करेंगे।

7. धत्ते भरं कुसुमपत्रफलावलीनां घर्मव्यथां वहति शीतभवां रुजं च।
य: सर्वमर्पयति चान्यसुखस्य हेतोः तस्मै वदान्यगुरवे तरवे नमोऽस्तु।।7।।

शब्दार्था: धत्ते = धारण करता है, भरम् = भार को, कुसुमपत्रफलावलीनां = फूल, पत्ते, फलों के, घर्मव्यथाम् = धूप के कष्ट को, वहति = वहन करता है, शीतभवाम् = जाड़े/सर्दी से, रुजम् = पीड़ा को, अर्पयति = अर्पित कर देता है, अन्य-सुखस्य = दूसरों के सुख के, हेतोः = हेतु, कारण, के लिए, वदान्यगुरवे = उदारों में श्रेष्ठ के लिए, महादानी के लिए, तरवे = पेड़ के लिए।

अन्वयः यः कुसुम-पत्र-फल-आवलीनाम् भरम् धत्ते, घर्मव्यथाम् शीतभवाम् रुजम् च वहति। यः अन्य-सुखस्य-हेतोः सर्वम् अर्पयति, तस्मै वदान्य-गुरवे तरवे नमः अस्तु।।

भावार्थ जो (वृक्ष) फूलों, पत्तों और फलों के गुच्छों के भार को उठाता है, जो धूप के कष्ट और ठंड से होने वाली परेशानी को सहन करता है तथा दूसरों के सुख के लिए अपना सबकुछ समर्पित कर देता है, वह दानियों में श्रेष्ठ महादानी है अतः ऐसे वृक्ष को मेरा नमस्कार है।

मणिका-पाठ्यपुस्तकम् प्रश्नोत्तरा:

मणिका पाठ्य-पुस्तक के प्रश्नोत्तर

प्र.1 संस्कृतभाषया एकपदेन उत्तरं लिखत।
(संस्कृत भाषा में एक पद में उत्तर लिखिए।)

(क) सत्पुरुषाः इव के सन्ति?
(ख) अर्थिनः केभ्यो निराशाः न यान्ति?
(ग) वृक्षः कस्य सुखस्य हेतोः सर्वमर्पयति?
(घ) आम्रः जनानाम् अतितापं कया दलयति?
(ङ) कस्य तरोः कटुता दाहहन्त्री?
(च) चन्दनस्य शाखाः कैराश्रिताः?
(छ) कस्य मूलं भुजङ्गैः आश्रितम्?

उत्तराणि

(क) वृक्षाः (ख) महीरुहेभ्यः (ग) अन्यस्य
(घ) छायया (ङ) निम्बस्य (च) विहङ्गैः (जन्तुसमूहैः)
(छ) चन्दनपादपस्य

प्र.2 संस्कृतभाषया पूर्णवाक्येन उत्तरं लिखत।
(संस्कृत भाषा में पूर्ण वाक्य में उत्तर लिखिए।)

(क) वृक्षाः परेभ्यः किं कुर्वन्ति?
(ख) महीरुहाः किमर्थं धन्याः?
(ग) तरवः कैः साधनैः परेषां कामान् वितन्वते?
(घ) चन्दनपादपस्य विविधानि अङ्गानि कैः आश्रितानि?
(ङ) मूढमनुजाः किं गायन्ति?
(च) वृक्षः अन्यसुखस्य हेतोः किं धत्ते?

उत्तराणि

(क) वृक्षाः परेभ्यः फलानि यच्छन्ति।
(ख) महीरुहेभ्योऽर्थिनः निराशाः न यान्ति अतः महीरुहाः धन्याः सन्ति।
(ग) तरवः तत्र-पुष्प-फलच्छाया-मूल-वल्कल-दारु-गन्ध-निर्यास-भस्म-अस्थि-तोक्मैः परेषां कामान् वितन्वते।
(घ) चन्दनपादपस्य मूलं भुजङ्गैः शिखरं प्लवङ्गैः, शाखा विहङ्गैः कुसुमानि च भृङ्गैः आश्रितानि।
(ङ) मूढमनुजाः निम्बस्य दोषगाथाः गायन्ति।
(च) वृक्षः अन्यसुखस्य हेतोः कुसुमपत्रफलावलीनां भर धत्ते।

प्र.3 स्थूलपदानि आधृत्य प्रश्ननिर्माणं कुरुत।
(स्थूल पदों को आधार मानकर प्रश्न निर्माण कीजिए।)

(क) वृक्षाणां फलानि अपि **परार्थाय** भवन्ति।
(ख) तरवः स्वविभूतिभिः **सर्वेषां** कामान् पूरयन्ति।
(ग) चन्दनपादपः समन्तात् **सत्त्वैः** आश्रितः वर्तते।
(घ) वृक्षाः स्वयम् **आतपे** तिष्ठन्ति।
(ङ) चन्दनस्य मूलं **भुजङ्गैः** आश्रितम्।
(च) **तरवे** नमः अस्तु।
(छ) महारुहेभ्यः **अर्थिनः** निराशाः न यान्ति।

उत्तराणि

(क) कस्मै (ख) केषाम् (ग) कैः
(घ) कुत्र (ङ) कैः (च) कस्मै
(छ) के

प्र.4 अधोलिखितप्रश्नान् यथानिर्देशम् उत्तरत।
(अधोलिखित प्रश्नों के निर्देशानुसार उत्तर दीजिए।)

(क) 'धन्या महीरुहा येभ्यो निराशा यान्ति नार्थिनः।' अस्मिन् वाक्ये कर्तृपदं किम्?
(ख) 'गायन्तु मूढमनुजास्तव दोषगाथाः' अस्मिन् वाक्ये 'मूढमनुजाः' इति कर्तृपदस्य किं क्रियापदं प्रयुक्तम्?
(ग) 'निम्ब! त्वदीय-कटुता यदि दाहहन्त्री।' अस्मिन् वाक्ये 'मधुरता' इति पदस्य किं विलोमपदं प्रयुक्तम् अस्ति?
(घ) 'अहो! एषां वरं जन्म सर्वप्राण्युपजीवनम्।' अस्मिन् वाक्ये 'वरम्' इति पदस्य किं विशेष्यपदं प्रयुक्तम् अस्ति?
(ङ) पाठात् 'याचकाः' इति पदस्य पर्यायपदं चित्वा लिखत।

उत्तराणि

(क) अर्थिनः (ख) गायन्तु
(ग) कटुता (घ) जन्म
(ङ) अर्थिनः

प्र.5 **समुचितान् विपर्ययान् चित्वा लिखत।**
(समुचित विलोम शब्दों को चुनकर लिखिए।)

सूची (अ)	सूची (ब)
(क) कटुता	(i) गुणगाथाः
(ख) दोषगाथाः	(ii) छाया
(ग) जन्म	(iii) आशा
(घ) आतपः	(iv) मरणम्
(ङ) निराशा	(v) मधुरता

उत्तराणि

सूची (अ)	सूची (ब)
(क) कटुता	(v) मधुरता
(ख) दोषगाथाः	(i) गुणगाथाः
(ग) जन्म	(iv) मरणम्
(घ) आतपः	(ii) छाया
(ङ) निराशा	(iii) आशा

प्र.6 **कोष्ठकात् शुद्धम् अर्थं चित्वा लिखत।**
(कोष्ठक से शुद्ध शब्दों को चुनकर लिखिए।)

(क) घर्मः .... (धर्मः, आतपः)
(ख) दारुभिः .... (काष्ठैः, मदिराभिः)
(ग) महीरुहाः .... (नृपाः, वृक्षाः)
(घ) समन्तात् .... (सर्वतः, उभयतः)
(ङ) प्लवङ्गैः .... (मृगैः, वानरैः)

उत्तराणि

(क) धर्मः (ख) काष्ठैः (ग) वृक्षाः
(घ) सर्वतः (ङ) वानरैः

प्र.7 **अधोलिखितस्य श्लोकस्य समुचितं शीर्षकं चिनुत।**
(अधोलिखित श्लोक का समुचित शीर्षक चुनिए।)

(अ) मूलं भुजङ्गैः शिखरं प्लवङ्गैः शाखा विहङ्गैः कुसुमानि भृङ्गैः।
नास्त्येव तच्चन्दनपादपस्य यन्नाश्रितं सत्त्वभरैः समन्तात्।।

(i) आश्रयदाता चन्दनपादपः
(ii) विषाक्तः चन्दनवृक्षः
(iii) सुरभितः चन्दनवृक्षः

(आ) 'कैः किम् आश्रितम्' इति विचार्य समुचितमेलनं कुरुत।

सूची (अ)	सूची (ब)
(क) भुजङ्गैः	(i) कुसुमानि
(ख) प्लवङ्गैः	(ii) मूलम्
(ग) विहङ्गैः	(iii) शिखरम्
(घ) भृङ्गैः	(iv) शाखाः

उत्तराणि

(अ) (i) आश्रयदाता चन्दनपादपः

(आ)

सूची (अ)	सूची (ब)
(क) भुजङ्गैः	(ii) मूलम्
(ख) प्लवङ्गैः	(iii) शिखरम्
(ग) विहङ्गैः	(iv) शाखाः
(घ) भृङ्गैः	(i) कुसुमानि

प्र.8 **कथनमाधृत्य वृक्षस्य नाम लिखत।**
(कथन के आधार पर वृक्ष के नाम लिखिए।)
यथा–अहं छायारहितः सन्नपि मधुरफलैः सर्वान् अर्पयामि।

खर्जूरवृक्षः

(क) मम कटुता दाहहन्त्री परं पित्ततापान् दूरीकरोमि। ....
(ख) वसन्ते प्राप्ते पुष्प-सौरभ-फलप्रचुराः मे शाखाः सन्ति। ....
(ग) मम मूले भुजङ्गाः सन्ति तथापि परतापं नाशयामि। ....

उत्तराणि

(क) निम्बवृक्षः (ख) आम्रवृक्षः
(ग) चन्दनवृक्षः

प्र.9 (अ) **अधोलिखितानां पङ्क्तीनाम् अन्वयं कुरुत।**
(अधोलिखित पंक्तियों में अन्वय कीजिए।)

(क) गायन्तु मूढमनुजास्तव दोषगाथाः।
(ख) यः सर्वमर्पयति चान्यसुखस्य हेतोः।
(ग) नास्त्येव तच्चन्दनपादपस्य यन्नाश्रितं सत्त्वभरैः समन्तात्।

(आ) **अधोलिखितस्य अन्वयस्य पूर्तिम् उचिताव्ययपदैः कुरुत।**
(अधोलिखित अन्वय की उचित पद द्वारा पूर्ति कीजिए।)

(क) आम्र! .... ते दिवसाः गताः ये पुष्पसौरभफलप्रचुराः (भवन्ति स्म), हन्त! .... सम्प्रति छायया .... जनानाम् अतितापं दलयसि।

(ख) अस्मिन् अन्वये क्रियापदानि रिक्तानि सन्ति। तानि तत्र लिखत।
यः (वृक्षः) कुसुमपत्रफलावलीनां भरं .... घर्मव्यथां .... शीतभवां रुजं च (यः) अन्यसुखस्य हेतोः च सर्वम् .... , तस्मै वदान्यगुरवे तरवे नमः ....।

उत्तराणि

(अ) (क) मूढमनुजाः तव दोषगाथाः गायन्तु।
(ख) य : च अन्यसुखस्य हेतोः सर्वम् अर्पयति।
(ग) तत् चन्दनपादपस्य एव न अस्ति यत् सत्त्वभरैः समन्तात् न आश्रितम्।

(आ) (क) यद्यपि, तथापि, एव।
(ख) धत्ते, वहति, अर्पयति, अस्तु।

क्रियाकलापाः

(अ) मध्यकोष्ठकात् कर्तृपदं विचित्य वाक्यचतुष्टयं रचयत अव्ययपदानि च रेखाङ्कितानि कुरुत।
(मध्यकोष्ठक से कर्ता पद चुनकर चार वाक्य बनाओ और अव्यय पदों को रेखांकित कीजिए।)

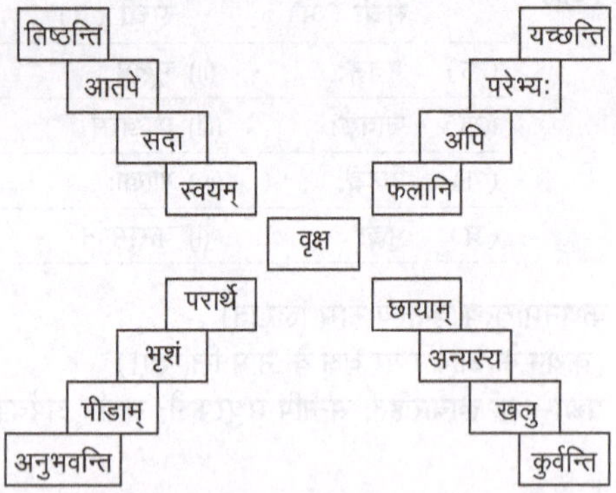

(आ) यत्र, इव, सम्प्रति, एव, एतेषाम्, अव्ययपदानाम्, इत्थमेव खेलमाध्यमेन वाक्येषु प्रयोगं कुरुत।
(यत्र, इव, संप्रति, एव, इन अव्यय पदों का इसी प्रकार खेल माध्यम द्वारा संस्कृत वाक्यों में प्रयोग कीजिए।)

(इ) वृक्षस्य तेषाम् अङ्गानां नामानि लिखत यैः सः परोपकारं करोति। (चित्रं कृत्वा अपि नामानि लेखितुं शक्यन्ते।)
(वृक्ष के उन अंगों के नाम लिखिए, जिनसे वह दूसरों का उपकार करते हैं। चित्र बनाकर भी नाम लिखे जा सकते हैं।)

उत्तराणि

(अ) वृक्षः स्वयं सदा आतपे तिष्ठन्ति अस्मान् छाया यच्छन्ति।
वृक्षः परार्थे भृशं पीडाम् अनुभवन्ति।
वृक्षः परेभ्यः फलानि अपि यच्छन्ति।
वृक्षः अन्यस्य छायामपि कुर्वन्ति।

(आ) छात्र स्वयं करें।

(इ) मूलम्, पत्रम्, फलम्, पुष्पम्, वत्कलम्, काष्ठम, गन्धम्।

योग्यताविस्तारः (योग्यता-विस्तार)

भावविस्तारः (भाव-विस्तार)

1. **परोपकारिणः वृक्षाः सततं सेवारताः सन्ति। अस्माभिः अपि तद्वत् परोपकारिभिः भूत्वा जीवनयापनं कर्त्तव्यम्। पठत, स्मरत, अवगच्छत च एताः सूक्तयः-**

परोपकारी वृक्ष सदैव सेवारत रहते हैं। हमें भी उनके समान परोपकारी होकर जीवनयापन करना चाहिए। ये सूक्तियाँ पढ़िए, स्मरण कीजिए तथा समझिए

(i) **परोपकारः पुण्याय पापाय परपीडनम्।**
परोपकार करना ही पुण्य है और दूसरों को कष्ट देना ही पाप है।

(ii) **परोपकाराय फलन्ति वृक्षाः, परोपकारार्थमिदं शरीरम्।**
परोपकार के लिए ही वृक्ष फल देते हैं, यह शरीर भी परोपकार के लिए ही है।

(iii) **नमन्ति फलिनो वृक्षाः, नमन्ति गुणिनो जनाः।**
फलयुक्त वृक्ष और गुणवान व्यक्ति विनम्र होते हैं।

(iv) **विभाति कायः खलु सज्जनानां परोपकारेण न चन्दनेन।**
सज्जन पुरुषों के शरीर परोपकार से सुशोभित होते हैं चंदन से नहीं।

(v) **अध्वनि अध्वनि तरवः पथि-पथि पथिकैः उपास्यते छाया।**
मार्ग-मार्ग में पेड़ होने से पथिकों द्वारा उनकी छाया का आश्रय लिया जाता है।

अभ्यास प्रश्नाः

मणिका पाठ्य-पुस्तक पर आधारित प्रश्नोत्तर

पद्यांश आधारित प्रश्नाः

1. निम्नलिखित पद्यांशान् पठित्वा उत्तरम् लिखत।
(निम्नलिखित पद्यांशों को पढ़कर उत्तर लिखिए।)

(क) छायामन्यस्य कुर्वन्ति तिष्ठन्ति स्वयमातपे।
फलान्यपि परार्थाय वृक्षाः सत्पुरुषा इव।।
अहो! एषां वरं जन्म सर्वप्राण्युपजीवनम्।
धन्या महीरुहा येभ्यो निराशा यान्ति नार्थिनः।।

I. एकपदेन उत्तरत। (एक पद में उत्तर दीजिए।)
(i) वृक्षाः छायां कस्य कुर्वन्ति?
(ii) वृक्षाः स्वयं कुत्र तिष्ठन्ति?
(iii) केषां जन्म वरम्?

II. पूर्णवाक्येन उत्तरत। (पूर्ण वाक्य में उत्तर दीजिए।)
(i) के धन्याः? कस्मात् कारणात् च?
(ii) वृक्षाः परार्थाय किं-किं कुर्वन्ति?
(iii) अर्थिनः केभ्यः निराशाः न यान्ति?

III. निर्देशानुसारम् उत्तरत। (निर्देशानुसार उत्तर दीजिए।)
(i) महीरुहाः पदस्य अर्थम् अस्ति।
(ii) श्लोके 'कुर्वन्ति' क्रियापदस्य कर्तृपदं किम्?
(iii) छायायां पदस्य श्लोके विपर्ययः कः?

उत्तराणि

I. (i) अन्यस्य (ii) आतपे (iii) वृक्षाणाम्
II. (i) महीरुहाः धन्याः, यतः तेभ्यः अर्थिनः निराशाः न यान्ति।

(ii) वृक्षाः परार्थाय छायाम्, फलानि जीवनम् च यच्छन्ति।
(iii) अर्थिनः वृक्षेभ्यः निराशाः न यान्ति।

III. (i) वृक्षाः (ii) वृक्षाः (iii) आतपे

(ख) पत्र-पुष्प-फलच्छाया-मूल-वल्कलदारुभिः।
गन्ध-निर्यास-भस्मास्थितोक्मैः कामान्वितन्वते।।
आम्र! यद्यपि गता दिवसास्ते पुष्पसौरभफलप्रचुरा ये।
हन्त! सम्प्रति तथापि जनानां छाययैव दलयस्यतितापम्।।

I. एकपदेन उत्तरत। (एक पद में उत्तर दीजिए।)
(i) वृक्षः कान् वितन्वते?
(ii) प्रथम-पङ्क्तौ कति वस्तूनां वर्णनं वर्तते?
(iii) आम्रवृक्षः किं दलयसि?
(iv) कस्य दिवसाः गता?

II. पूर्णवाक्येन उत्तरत। (पूर्ण वाक्य में उत्तर दीजिए।)
(i) वृक्षाः कैः जनानां कामान् वितन्वते?
(ii) आम्रवृक्षाः कदा पुष्पसौरभफल प्रचुराः भवन्ति?
(iii) केषाम् छाययैव दलस्य अति तापम् हरति?

III. निर्देशानुसारम् उत्तरत। (निर्देशानुसार उत्तर दीजिए।)
(i) 'पुष्पसौरभफलप्रचुराः' इति विशेषणस्य विशेष्यः कः?
(ii) 'काष्ठैः' पदस्य पर्यायः वर्तते?
(iii) श्लोके 'सत्त्वभरैः' इति कर्तृपदस्य क्रियापदं किम्?

उत्तराणि

I. (i) कामान् (ii) सप्त
(iii) अतितापम् (iv) आम्रस्य

II. (i) वृक्षः पत्र-पुष्प-फलच्छाया-मूल-वत्कलदारुभिः गन्धः निर्यास-भस्मास्थितोक्मैः जनानां कामान् वितन्वते।
(ii) बसन्त ग्रीष्म वर्षासु ऋतुषु आम्रवृक्षाः पुष्पसौरभ फल प्रचुराः भवन्ति।
(iii) वृक्षाणाम् छाययैव दलस्य अति तापम् हरति।

III. (i) दिवसाः (ii) दारुभिः
(iii) आश्रितम्

(ग) मूलं भुजङ्गैः शिखरं प्लवङ्गैः शाखा विहङ्गैः कुसुमानि भृङ्गैः।
नास्त्येव तच्चन्दनपादपस्य यन्नाश्रितं सत्त्वभरैः समन्तात्।।
निम्ब! त्वदीयकटुता यदि दाहहन्त्री,
गायन्तु मूढमनुजास्तव दोषगाथाः।
तप्तास्त एव तपनोपमपित्ततापैः
गास्यन्ति मित्रवर! तावकगीतकानि।।

I. एकपदेन उत्तरत। (एक पद में उत्तर दीजिए।)
(i) चन्दनपादपस्य शाखा कैः आश्रिताः?
(ii) कस्य कटुता दाहहन्त्री?
(iii) कीदृशाः मूढमनुजाः अपि निम्बस्य गीतकानि गास्यन्ति?

II. पूर्णवाक्येन उत्तरत। (पूर्ण वाक्य में उत्तर दीजिए।)
(i) निम्बस्य कटुता कस्य दाहहन्त्री?
(ii) चन्दनपादपस्य किं-किं कैः आश्रितम् अस्ति?
(iii) कस्य वृक्षस्य तत् अगम् एव न अस्ति यत् सत्त्वभरैः आश्रितम् न अस्ति?

III. निर्देशानुसारम् उत्तरत। (निर्देशानुसार उत्तर दीजिए।)
(i) परितः 'पदस्य' पर्यायः श्लोके कः आगतः?
(ii) श्लोके 'मनुष्याः' पदस्य कः पयभिः आगतः?
(iii) मूढमनुजाः इति कर्तृपदस्य क्रियापदं किम्?

उत्तराणि

I. (i) विहङ्गैः (ii) निम्बस्य (iii) तप्ताः

II. (i) निम्बस्य कटुता पित्तस्य दाहहन्त्री।
(ii) चन्दनपादपस्य मूलं भुजङ्गैः शिखरं प्लवङ्गैः, शाखा विहङ्गैः कुसुमानि च भृङ्गैः आश्रितानि सन्ति।
(iii) चन्दनवृक्षस्य तत् अगम् एव न अस्ति यत् सत्त्वभरैः आश्रितं न अस्ति।

III. (i) समन्तात् (ii) मनुजाः (iii) गायन्तु

अन्वयः पूर्ति

2. मञ्जूषातः समुचितपदानि चित्वा अधोलिखित श्लोकस्य अन्वयं पूरयित्वा पुनः लिखत।
(मञ्जूषा से समुचित पद चुनकर निम्नलिखित श्लोक का अन्वय पूर्ण करके पुनः लिखिए।)

(क) छायामन्यस्य कुर्वन्ति तिष्ठन्ति स्वयमातपे।
फलान्यपि परार्थाय वृक्षाः सत्पुरुषा इव।।

अन्वयः सत्पुरुषाः इव (i) ...... स्वयम् (ii) ..... तिष्ठन्ति, (iii) ...... छायां (iv) ...... फलानि अपि (v) ...... (यच्छन्ति)।

• **मञ्जूषा** अन्यस्य, परार्थाय, आतपे, वृक्षाः, कुर्वन्ति।

(ख) अहो! एषां वरं जन्म सर्वप्राण्युपजीवनम्।
धन्या महीरुहा येभ्यो निराशा यान्ति नार्थिनः।।

अन्वयः अहो! (i) ..... उपजीवनम् (ii) ...... जन्म (iii) ...... अस्ति। (iv) .... धन्याः येभ्यः (v) .... निराशाः न यान्ति।

• **मञ्जूषा** अर्थिनः, एषां, सर्वप्राणि, वरम्, महीरुहाः।

(ग) आम्र! यद्यपि गता दिवसास्ते पुष्पसौरभफलप्रचुरा ये।
हन्त! सम्प्रति तथापि जनानां छाययैव दलयस्यतितापम्।।

अन्वयः (हे) (i) ...... यद्यपि ते (ii) ...... गताः ये पुष्प (iii) ..... फलप्रचुराः। हन्त! (iv) ...... सम्प्रति छायया एव (v) .... अतितापम् दलयसि।

• **मञ्जूषा** तथापि, सौरभ, जनानाम्, आम्र, दिवसाः।

उत्तराणि

(क) (i) वृक्षाः (ii) आतपे
(iii) अन्यस्य (iv) कुर्वन्ति (v) परार्थाय

(ख) (i) सर्वप्राणि (ii) एषां
(iii) वरम् (iv) महीरुहाः
(v) अर्थिनः

(ग) (i) आम्र (ii) दिवसाः
(iii) सौरभ (iv) तथापि
(v) जनानाम्

भावार्थ पूर्ति

3. मञ्जूषायाः साहाय्येन श्लोकस्य भावार्थे रिक्त स्थानानि पूरयित्वा पुनः लिखत।
(मञ्जूषा की सहायता से श्लोक के भावार्थ में रिक्त स्थान पूर्ण करके पुनः लिखिए।)

(क) छायामन्यस्य कुर्वन्ति तिष्ठन्ति स्वयमातपे।
फलान्यपि परार्थाय वृक्षाः सत्पुरुषा इव।।

भावार्थः (i) ...... छायां प्रयच्छन्ति, ते (ii) ...... सूर्ये तिष्ठन्ति, फलानि (iii) ...... कृते अपि सन्ति, सत्यमेव वृक्षाः (iv) ...... इव सन्ति।

- मञ्जूषा परेषां, स्वयं, सज्जनाः, परेषां।

(ख) अहो! एषां वरं जन्म सर्वप्राण्युपजीवनम्।
धन्या महीरुहा येभ्यो निराशा यान्ति नार्थिनः।।

भावार्थः वृक्षाः स्व पत्रेण (i) ...... फलेन, छायया, मूलेन, (ii) ...... दारुणा च अस्माकं सर्वान् (iii) ...... विस्तारयन्ति। तथैव गन्धेन (iv) ...... भस्मना, अस्थिना तोक्मनः च (v)...... अस्माकं सर्वान् कामान् पूरयन्ति।

- मञ्जूषा पुष्पेण, निर्यासेन, कामान्, वृक्षाः, वल्कलेन।

(ग) निम्ब! त्वदीयकटुता यदि दाहहन्त्री,
गायन्तु मूढमनुजास्तव दोषगाथाः।
तप्तास्त एव तपनोपमपित्ततापैः
गास्यन्ति मित्रवर! तावकगीतकानि।।

भावार्थः हे निम्ब! तव कटुता पित्त (i) ...... अस्ति, तथापि मूर्खजनाः तव (ii) ...... गायन्ति। हे मित्रवर! ये (iii) ...... सूर्यसदृशतापेन पितेन (iv) ...... सन्ति ते तु तव गीतानि एव गास्यन्ति अर्थात् तव (v) .... कुर्वन्ति।

- मञ्जूषा दोषगाथाः, जनाः, तापनिवारिका, प्रशंसा, पीडिता।

उत्तराणि

(क) (i) परेषां (ii) स्वयं
(iii) परेषां (iv) सज्जनाः

(ख) (i) पुष्पेण (ii) वल्कलेन
(iii) कामान् (iv) निर्यासेन
(v) वृक्षाः

(ग) (i) तापनिवारिका (ii) दोषगाथाः
(iii) जनाः (iv) पीडिता
(v) प्रशंसा

प्रश्ननिर्माणं कुरुत

4. निम्नांकित वाक्येषु रेखाङ्कित पदानि आधृत्य प्रश्ननिर्माणं कुरुत। (निम्नलिखित वाक्यों में रेखांकित पदों के आधार पर प्रश्न निर्माण कीजिए।)

(i) निम्बस्य <u>कटुता</u> तपनोपमपित्तापस्य दाहहन्त्री।
(ii) <u>मित्रवर</u>! इति पदस्य प्रयोगः <u>निम्बवृक्षाय</u> अभवत्।
(iii) वृक्षः <u>अन्यसुखस्य</u> हेतोः सर्वम् अर्पयति।
(iv) वृक्षाः <u>वदान्यगुरवः</u> भवन्ति।
(v) महीरुहाः <u>धन्याः</u> सन्ति।
(vi) वृक्षेभ्यः <u>अर्थिनः</u> निराशाः न यान्ति।

उत्तराणि

(i) का (ii) कस्मै
(iii) कस्य (iv) कीदृशाः
(v) कीदृशाः (iv) के

प्रसङ्गानुकूलं प्रश्नाः

5. अधोलिखितेषु रेखाङ्कितपदानां प्रसङ्गानुकूलम् उचितार्थं चित्वा लिखत। (निम्नलिखित वाक्यों में रेखांकित पदों के प्रसंगों के अनुकूल उचित अर्थ चुनकर लिखिए।)

(i) छायामन्यस्य कुर्वन्ति तिष्ठन्ति स्वय<u>मातपे</u>।
(अ) धर्मे (ब) सर्पैः
(स) भ्रमरैः (द) वृक्षाः

(ii) एषां वरं जन्म सर्वप्राण्युप<u>जीवनम्</u>।
(अ) धर्मे (ब) वृक्षरस
(स) आश्रयः (द) काष्ठैः

(iii) धन्या महीरुहा येभ्यो निराशा यान्ति <u>नार्थिनः</u>।
(अ) सर्पैः (ब) वृक्षाः
(स) वानरैः (द) प्रार्थयितारः

(iv) गन्ध निर्यास भस्मास्थितो<u>क्मैः</u> कामान्वितवन्ते।
(अ) त्वग्भिः (ब) काष्ठैः
(स) वृक्षरस (द) भ्रमरैः

(v) मूलं <u>भुजङ्गैः</u> शिखरं प्लवङ्गैः शाखा।
(अ) वृक्षाः (ब) सर्पैः
(स) भ्रमरैः (द) आश्रयः

(vi) विहङ्गैः कुसुमानि <u>भृङ्गैः</u>।
(अ) भ्रमरैः (ब) काष्ठैः
(स) त्वग्भिः (द) सर्वाः

(vii) तप्तास्त एव <u>तपनोपमपित्ततापैः</u>।
(अ) अन्यस्मै (ब) वानरैः
(स) सूर्यसदृशतीव्रपित्तदोषैः (द) न कोऽपि

(viii) निम्ब! त्वदीयकटुता यदि <u>दाहहन्त्री</u>।
(अ) पित्ततापनिवारिका (ब) पीडाम्
(स) पूरयन्ति (द) परितः

(ix) गायन्तु मूढमनुजास्तव <u>दोषगाथाः</u>।
(अ) खगैः (ब) प्राणिसमूहैः
(स) अवगुणानां वार्ताः (द) काष्ठैः

(x) घर्मव्यथां वहति शीतभवां <u>रुजम्</u> च।
(अ) धर्मे (ब) पीडाम्
(स) सर्पैः (द) खगैः

उत्तराणि

(i) (अ) धर्मे (ii) (स) आश्रयः
(iii) (द) प्रार्थयितारः (iv) (अ) त्वग्भिः
(v) (ब) सर्पैः (vi) (अ) भ्रमरैः

(vii) (स) सूर्यसदृशतीव्रपित्तदोषैः
(viii) (अ) पित्ततापनिवारिका
(ix) (स) अवगुणानां वार्ताः
(x) (ब) पीडाम्

कथापूर्ति कुरुत

6. अधोलिखितां कथां मञ्जूषायाः सहायतया पूरयित्वा पुनः लिखत। (निम्नलिखित कथा को मञ्जूषा की सहायता से पूर्ण करके पुनः लिखिए।)

छायामनयस्य (i) ..... तिष्ठन्ति स्वयमातपे। (ii) ..... परार्थाय वृक्षाः (iii) ..... इव। अहो! एषां (iv) ..... जन्म सर्वप्राणयुप (v)......। धन्या (vi) ..... येभ्यो निराशा (vii) ..... नार्थिनः।।

- मञ्जूषा सत्पुरुषा, जीवनम्, कुर्वन्ति, फलान्यपि, वरं, यान्ति, महीरुहा।

उत्तराणि

(i) कुर्वन्ति
(ii) फलान्यपि
(iii) सत्पुरुषा
(iv) वरं
(v) जीवनम्
(vi) महीरुहा
(vii) यान्ति

मेलनं कुरुत

7. सुमेलितं कुरुत। (सुमेलित कीजिए।)

सूची (क)	**सूची** (ख)
(i) फलच्छाया	(अ) विसर्ग सन्धि
(ii) छायचैव	(ब) तुगागमः सन्धि
(iii) दिवसास्ते	(स) वृद्धि सन्धि
(iv) भुजङ्गैः	(द) परसवर्ण सन्धि
(v) नास्त्येव	(य) यण् सन्धि

उत्तराणि

सूची (क)	**सूची** (ख)
(i) फलच्छाया	(ब) तुगागमः सन्धि
(ii) छायचैव	(स) वृद्धि सन्धि
(iii) दिवसास्ते	(अ) विसर्ग सन्धि
(iv) भुजङ्गैः	(द) परसवर्ण सन्धि
(v) नास्त्येव	(य) यण् सन्धि

अध्याय 8

न धर्मवृद्धेषु वय: समीक्ष्यते

(धर्म वृद्धों (ज्ञानियों) की आयु की समीक्षा नहीं होती है।)

पाठ परिचय

वदन्तु भवन्तः, किं वक्रे देहे आत्मा वक्रः भवति?

छात्राः आचार्य! नमामः।

आचार्यः चिरं जीवत। यशस्विनः भवत।

छात्राः अनुगृहीताः स्मः।

राघवः आचार्य! धर्मवृद्धः कः भवति?

आचार्यः भवान् किं मन्यते?

राघवः (चिन्तयित्वा) हूँ ······ यः धर्मे वृद्धः।

आचार्यः सत्यं! परन्तु कस्तावत् धर्मः?

माधवः अहं वदानि गुरुवर! धार्यते सः धर्मः। अतः धर्मः नाम कर्त्तव्यम्।

आचार्यः शोभनम्! यः कर्त्तव्यपरायणः गुणी च भवति तस्य आयुः न गण्यते।

राघवः तत् कथम्?

आचार्यः महाभारतात् गृहीताम् इमां कथां पठत, यत्र एकः द्वादशवर्षीयः बालकः अष्टावक्रः राज्ञः जनकस्य सभासदान् ज्ञानेन अजयत्।

छात्राः धन्यं खलु भारतम्, यत्र बालाः अपि एवं ज्ञानवृद्धाः।

शब्दार्थाः वक्रे = टेढ़े, देहे = शरीर में, चिन्तयित्वा = सोचकर, वदानि = बताऊँ, गण्यते = गिनते है, महाभारतात् = महाभारत से, पठत = पढ़ो, राज्ञः = राजा के।

हिंदी अनुवाद

आप सब बताइए क्या वक्र (टेढ़े) शरीर में आत्मा भी वक्र (टेढ़ी) होती है?

सभी छात्र आचार्य जी! प्रणाम।

आचार्य दीर्घायु हों। यशस्वी बनो।

सभी छात्र (हम सब) अनुगृहीत (आभारी) हैं।

राघव आचार्यवर। 'धर्मवृद्ध' क्या होता है?

आचार्य आप क्या समझते/मानते हैं?

राघव (सोचकर) हूँ ······ जो धर्म में वृद्ध हो।

आचार्य ठीक! परंतु वह धर्म क्या है?

माधव गुरुवर! मैं बताऊँ! जो धारण किया जाता है, वह धर्म है। अतः धर्म कर्त्तव्य का नाम है।

आचार्य सुंदर! जो कर्त्तव्यपरायण और गुणवान होता है, उसकी आयु नहीं गिनी जाती है।

राघव वह कैसे?

आचार्य महाभारत से ली गई इस कहानी को पढ़ो, जिसमें एक बारह वर्षीय बालक अष्टावक्र ने राजा जनक के सभासदों को ज्ञान से जीत लिया था।

सभी छात्र यह भारत निश्चय ही धन्य है, जिसमें बच्चे ऐसे ज्ञानवृद्ध (ज्ञानी) हुए हैं।

पाठ का सार प्रस्तुत कथा संस्कृत के महान ग्रंथ महाभारत से ली गई है। बालक अष्टावक्र अपने पिता के राजसभा से न लौटने पर उन्हें खोजने राजर्षि जनक के दरबार में जाते हैं। तब अष्टावक्र दरबार की सभा में प्रवेश करते हैं, तभी सभा में बैठे सभी विद्वान उनके टेढ़े-मेढ़े शरीर को देखकर हँसने लगते हैं। राजा जनक की अनुमति पाकर अष्टावक्र राजसभा के विद्वानों के साथ शास्त्रार्थ करते हैं और उन्हें जीत लेते हैं। अष्टावक्र की इतनी कम आयु में इतना अधिक ज्ञान बुद्धि, चातुर्य और संयम आदि देखकर राजा उन्हें कुछ देना चाहते हैं, परंतु अष्टावक्र उनसे वह माँगते है, जो केवल उनका है अर्थात् वह राजा का मन माँग लेते हैं। यह सुनकर राजा दुविधा में पड़ जाते हैं कि मन देने के पश्चात् वह लौकिक व्यवहार किस प्रकार करेंगे, तब अष्टावक्र उन्हें ज्ञान व आत्मा का अर्थ समझाते हैं अर्थात् आत्मतत्त्व का ज्ञान प्रदान करते हैं। इसलिए कहा जाता है-धर्मज्ञानियों में आयु नहीं देखी जाती है।

पाठ का हिंदी अनुवाद

1. बाल: अष्टावक्र: मित्रै: सह क्रीडित्वा गृहं प्रत्यावृत्त:। स जननीम् अपृच्छत्—"मात:! क्व आस्ते मम पिता इति?" साऽवदत्— "जात! तव पिता राजर्षे: जनकस्य सभां विद्वद्भि: सह शास्त्रार्थाय गत: आसीत्, किन्तु अधुना यावत् न प्रतिनिवृत्त:। अहमपि चिन्तातुरा अस्मि।" इदं निशम्य अष्टावक्र: प्रत्यवदत्— "जननि! अलं चिन्तया। श्व: प्रभाते एव अहं राजसभां गत्वा ज्ञास्यामि का वार्ता इति?" माताऽवदत्—"त्वं बालोऽसि। राजसभायां तव प्रवेशो न सुलभ:। तत्र तव उपहासोऽपि सम्भाव्यते।" विलक्षणप्रतिभासम्पन्न: सर्वशास्त्रपारङ्गत: अष्टावक्र: अभाषत— "मात:! मा भैषी: ईदृशीं तादृशीं वा आशङ्कां मा विधेहि। अहं पित्रा सह क्षिप्रमागमिष्यामि।"

शब्दार्थाः क्रीडित्वा = खेलकर, प्रत्यावृत्तः = लौटा, आस्ते = है, विद्यमान है, जात = हे पुत्र, विद्वद्भिः = विद्वानों के साथ, शास्त्रार्थाय = शास्त्र चर्चा की प्रतियोगिता में भाग लेने के लिए, प्रतिनिवृत्तः = लौट आया, निशम्य = सुनकर, अलं चिन्तया = चिंता मत करो, सम्भाव्यते = संभव है, विलक्षणप्रतिभासम्पन्नः = अद्भुत प्रतिभा से युक्त, भैषीः = डरिये, ईदृशीं-तादृशीं = ऐसी-वैसी, विधेहि = करो, क्षिप्रम = शीघ्र, आगमिष्यामि = लौट आऊँगा।

हिंदी अनुवाद बालक अष्टावक्र साथियों के साथ खेलकर घर वापस आया। उसने अपनी माता से पूछा— "माँ! मेरे पिताजी कहाँ हैं"? वह बोली— "हे पुत्र! तुम्हारे पिता राजर्षि जनक के दरबार में विद्वानों के साथ शास्त्रार्थ करने के लिए गए थे, परंतु अभी तक वापस नहीं आए। मैं भी इस कारण बहुत चिंतित हूँ।" यह सुनकर अष्टावक्र ने कहा—"माँ! आप चिंता न करें। मैं कल प्रात: ही राजसभा में जाकर पता लगाऊँगा कि क्या बात है?" माता बोली— "तुम बच्चे हो। राजसभा में तुम्हारा प्रवेश करना सरल नहीं होगा। वहाँ तुम्हारी हँसी भी संभव है।" अनोखी प्रतिभा से युक्त एवं सभी शास्त्रों में प्रवीण अष्टावक्र बोले— "हे माता! डरो मत। ऐसी या वैसी आशंका मत करो। मैं पिताजी के साथ शीघ्र ही लौट आऊँगा।"

2. इत्युक्त्वा मात्रा अनुमत: अष्टावक्र: राजसभां गत:। कथमपि सभायां लब्धप्रवेश: स राजानं सविनयं प्राणमत्। तस्य वक्रदेहं वीक्ष्य सभास्थिता: पण्डिता: तारस्वरेण अहसन्। "एष बाल: अस्माभि: सह शास्त्रार्थम् अपि करिष्यति" इति ज्ञात्वा ते अन्योऽन्यं पश्यन्त: स्मितम् अकुर्वन्। तेषां पण्डितानां चेष्टितं दृष्ट्वा अष्टावक्र: उच्चै: हसितुम् आरभत्।

तं हसन्तं विलोक्य सर्वे सभास्थिता: विद्वांस: स्तब्धा: अभवन्। राज्ञा हास्यकारणं पृष्टम्। अष्टावक्र: अवदत्— "राजन्! मया श्रुतम् आसीत् यद् भवत: राजसभा आत्मतत्त्वज्ञै: शास्त्ररहस्यवेदिभि: विद्वद्भि अलङ्कृतास्ति, किन्तु सभां प्रविश्य पश्यामि, यत् एते पण्डिता: मम वक्रदेहं दृष्ट्वा हसन्ति, अहमपि मिथ्याज्ञानगर्वितान् एतान् दृष्ट्वा हसामि।"

शब्दार्थाः इत्युक्त्वा = इस प्रकार कहकर, मात्रा = माता से, अनुमतः = आज्ञा पाकर, लब्धप्रवेशः = जिसने प्रवेश प्राप्त किया है, प्राणमत् = प्रणाम किया, वक्रदेहः = टेढ़े शरीर वाला, वीक्ष्य = देखकर, सभास्थिताः = सभा में बैठे हुए, तारस्वरेण = ऊँचे स्वर से, अस्माभिःसह = हमारे साथ, अन्योऽन्म् = एक-दूसरे को, पश्यन्तः = देखते हुए, स्मितम् = मुस्कुराहट, चेष्टितम् = चेष्टा को, उच्चैः = जोर से, हसितुम् = हँसना, आरभत = शुरू किया, हसन्तम् = हँसते हुए को, विलोक्य = देखकर, स्तब्धाः = हक्के-बक्के रह गए, पृष्टम् = पूछा गया, श्रुतम् = सुना गया, आत्मतत्त्वतै = आत्म तत्त्व को जानने वालों से, शास्त्ररहस्यवेदिभिः = शास्त्रों के रहस्य को जानने वालों से, मिथ्याज्ञानगर्वितान् = झूठे ज्ञान से गर्व करने वालों को।

हिंदी अनुवाद ऐसा कहकर तथा माँ की आज्ञा लेकर अष्टावक्र राजसभा में गए। किसी भी तरह से सभा में प्रवेश प्राप्त कर उन्होंने राजा को आदर सहित प्रणाम किया। उनके टेढ़े-मेढ़े शरीर को देखकर सभा में उपस्थित विद्वान जोर-जोर से हँसने लगे। "यह बालक हमारे साथ शास्त्रार्थ भी करेगा।" ऐसा जानकर वे एक-दूसरे की ओर देखते हुए मुस्कुराने लगे। उन पंडितों की ऐसी चेष्टा (क्रिया) को देखकर अष्टावक्र ने भी जोर से हँसना शुरू कर दिया।

उनको हँसते हुए देखकर सभा में उपस्थित सभी विद्वान हक्के-बक्के रह गए। राजा ने उनके अर्थात् अष्टावक्र के हँसने का कारण पूछा। अष्टावक्र बोले—"महाराज! मैंने सुना था कि आपकी राजसभा आत्मतत्त्व के ज्ञाताओं तथा शास्त्रों के रहस्यों के ज्ञानी विद्वानों से सुशोभित है, परंतु सभा में प्रवेश करके देखता हूँ कि ये पंडितगण मेरे टेढ़े-मेढ़े शरीर को देखकर हँस रहे हैं, मैं भी झूठे ज्ञान का गर्व करने वाले इनको देखकर हँस रहा हूँ।"

3. स पुन: अवदत्— "राजन्! पृच्छामि ननु अस्मिन् अस्थि-रुधिर-मांस-मेदोभरिते चर्मवेष्टिते देहे किम् अस्ति दर्शनीयम्? सर्वसाक्षी, निर्लेप:, नित्य: निराकारश्च आत्मा कथं न दृश्यते? वदन्तु भवन्त:, किं वक्रे देहे आत्मा वक्र: भवति? यदि नदी वक्रा किं तस्या: जलमपि वक्रम्"?

राज्ञ: जनकस्य अनुमत्या अष्टावक्र: पण्डितै: सह शास्त्रार्थं कृत्वा तान् अजयत्। अष्टावक्रस्य आत्मज्ञानं शास्त्रपाण्डित्यं बुद्धिपाटवम् संयमादिगुणजातं च निरीक्ष्य राजर्षि: जनक: प्रभावित: भूत्वा तस्मै निवेदितवान्— "भगवन्! अहं भवद्दर्शनै: आत्मानं धन्यं मन्ये। इच्छामि भवद्भ्य: किञ्चिद् दातुम्।" अष्टावक्र: प्रत्यवदत्— "यदि भवान् इच्छति, तदा यद् वस्तु भवदीयम् अस्ति, तत् मह्यम् अर्पय"।

शब्दार्था: पुनः = फिर, ननु = निश्चय ही, अस्थि = हड्डी, रुधिर = खून, मेदः = चर्बी से, भरिते = भरे हुए, चर्मवेष्टिते = चमड़े से ढके हुए में, दर्शनीयम् = सुंदर, सर्वसाक्षी = सबको देखने वाला, निर्लेप = लिप्त होने वाला, नित्यः = सदा रहने वाला, निराकारः = बिना आकृति के, दृश्यते = दिखाई देती, अनुमत्या = अनुमति से, अजयत् = जीत लिया, आत्मज्ञानम् = आत्मा विषयक ज्ञान को, शास्त्रपाण्डित्यम् = शास्त्रों में प्रवीणता को, बुद्धिपाटवम् = बुद्धि की चतुराई को, संयमादिगुणजातं = संयम आदि गुण-समूह को, निरीक्ष्य = गहराई से देखकर, निवेदितवान् = प्रार्थना की, भवद्-दर्शनैः = आपके दर्शनों से, आत्मानं = अपने आपको, धन्यं = भाग्यशाली, मन्यते = मानता हूँ, भवद्भ्यः = आपको, दातुम् इच्छामि = देना चाहता हूँ, भवदीयम् = आपकी, अर्पय = अर्पण (भेंट) करें।

हिंदी अनुवाद वे फिर बोले– ''हे महाराज! मैं पूछता हूँ कि निश्चय से इस हड्डी, खून, मांस और चर्बी से बने तथा चमड़े से लिपटे हुए इस शरीर में देखने योग्य क्या है? सभी को दिखने वाली, निर्लिप्त, नित्य कार्य करने वाली और बिना आकृति की आत्मा क्यों नहीं दिखाई देती? आप सब बताएँ! क्या टेढ़े-मेढ़े शरीर में आत्मा टेढ़ी होती है? यदि नदी टेढ़ी है, तो क्या उसका जल भी टेढ़ा होता है?''

राजा जनक की अनुमति से अष्टावक्र ने पंडितों के साथ शास्त्रार्थ करके उन्हें जीत लिया। अष्टावक्र के आत्मज्ञान, शास्त्रीय निपुणता एवं बुद्धि की चतुराई और संयम आदि गुण को देखकर राजा जनक ने प्रभावित होकर निवेदन किया– ''हे श्रद्धेय! मैं आपके दर्शनों से अपने आपको धन्य मानता हूँ। आपको कुछ देना चाहता हूँ।'' अष्टावक्र बोले– ''यदि आप चाहते हैं, तो जो वस्तु आपकी है, वह मुझे दे दीजिए।''

4. जनकः राज्यम् अर्पयामि।

अष्टावक्रः राज्यं भवदीयं नास्ति। एतत् वंशपरम्पराप्राप्तम्।

जनकः धनं ददामि।

अष्टावक्रः धनं भवदीयं नास्ति। एतत् प्रजायाः सकाशाद् आगतम्।

जनकः शरीरं प्रयच्छामि।

अष्टावक्रः आत्मा शरीरस्य अध्यक्षः न भवान्।

जनकः स्वकीयं मनः समर्पयामि।

अष्टावक्रः अस्तु इदम् एव अस्तु। दीयतां मे स्वमनः।

जनकः भगवन्! दत्तं मया स्वमनः भवते। सम्प्रति आदिशतु मां राजकार्याय।

अष्टावक्रः कथं भवान् करिष्यति राजकार्यम्? भवतः मनः तु मम अधीनम्। मनसा शून्यः भवान् सङ्कल्पविकल्पौ कर्तुं न अर्हति।

जनकः (आत्मगतम्) कीदृशीं दशां प्राप्तोऽहम्? शान्ते मनसि अपूर्वा आनन्दानुभूतिः। परं कथं लौकिकं व्यवहारं करोमि?

शब्दार्था: अर्पयामि = देता हूँ, भवदीयम् = आप से संबंध रखने वाला, आगतम् = आया है, प्रयच्छामि = प्रदान करता हूँ, अध्यक्षः = अधिष्णाता, स्वामी, सकाशात् = पासे से, समर्पयामि = देता हूँ, स्वकीयम् = अपना, दीयताम् = दीजिए, सम्प्रति = अब, भवते = आपके लिए, आदिशतु = आदेश दीजिए, सङ्कल्पविकल्पौ = विकल्पसहित सोच-समझकर करना, न अर्हति = समर्थ नहीं है, आत्मगतम् = मन ही मन, अपूर्वा = अद्वितीय, आनन्दानुभूतिः = आनंद का अनुभव, लौकिकं = सांसारिक।

हिंदी अनुवाद

जनक राज्य को देता हूँ।

अष्टावक्र राज्य आपका नहीं है। यह वंश परंपरा से मिला है।

जनक धन देता हूँ।

अष्टावक्र धन आपका नहीं है। यह प्रजा के पास से आया है।

जनक शरीर देता हूँ।

अष्टावक्र आत्मा शरीर का स्वामी है आप नहीं।

जनक अपना मन देता हूँ।

अष्टावक्र ठीक है, यही ठीक है। मुझे अपना मन दे दो।

जनक हे श्रद्धेय! मैंने अपना मन आपको दे दिया। अब मुझे राजकार्य के लिए आदेश दीजिए।

अष्टावक्र आप कैसे राजकार्य करेंगे? आपका मन तो मेरे अधीन है। मन से शून्य आप संकल्प-विकल्प करने में समर्थ नहीं हैं।

जनक (मन ही मन में) मैं कैसी दशा को प्राप्त हो गया? शांत मन में अनोखे आनंद की अनुभूति हो रही है, परंतु मैं लौकिक व्यवहार कैसे करूँ?

5. न कर्तुं समर्थोऽस्मि चर्चां विचारं,
न यज्ञं न दानं न मानं विहारं,
प्रकुर्यां कथं पालनं मे प्रजायाः,
क्षणो नास्ति लभ्यो यदा कल्पनायाः।

(प्रकाशम्) भगवन्! मम मार्गदर्शनं क्रियताम्। भवान् एव मे गुरुः। (पादयोः पतति) प्रीतः अष्टावक्रः तं बहुविधं ज्ञानम् आत्मतत्त्वं च बोधयति। अत उच्यते–

''न धर्मवृद्धेषु वयः समीक्ष्यते''।

शब्दार्था: चर्चाम् विचारम् = चर्चा तथा विचार को, कर्तुम् = करने के लिए, समर्थोऽस्मि = समर्थ हूँ, प्रकुर्यां = करूँ, मानम् = अभिमान, सम्मान, क्षणः = अवसर, लभ्यो = प्राप्त, प्रकाशम् = स्पष्ट रूप में, पादयौः = पैरों में, प्रीतः = प्रसन्न, बोधयति = बोध कराता है, उच्यते = कहा जाता है, समीक्ष्यते = समीक्षा नहीं की जाती है अर्थात् देखी नहीं जाती है, धर्मवृद्धेषु = धर्म ज्ञानियों में।

अन्वयः (अहम्) चर्चाम् विचारम् (च) कर्तुम् समर्थः न अस्मि। न यज्ञम्, न दानम्, न मानम् विहारम् (च कर्तुम् समर्थः अस्मि)। यदा कल्पनायाः क्षणः लभ्यः न अस्ति (तदा) मे प्रजायाः पालनम् कथम् प्रकुर्याम्।

हिंदी अनुवाद मैं चर्चा-विचार, यज्ञ, दान, अभिमान और भ्रमण करने में भी समर्थ नहीं हूँ। अपनी प्रजा का पालन कैसे करूँ, जब मुझे सोचने का एक क्षण भी प्राप्त नहीं है।

(स्पष्ट रूप में) हे श्रद्धेय! मेरा मार्गदर्शन कीजिए। आप ही मेरे गुरु हैं। (पैरों में गिरता है) प्रसन्न होकर अष्टावक्र उनको अनेक प्रकार का ज्ञान और आत्मतत्त्व का बोध कराते हैं। अतः कहा जाता है–

''धर्मज्ञानियों में आयु नहीं देखी जाती है।''

मणिका-पाठ्यपुस्तकम् प्रश्नोत्तरा:

मणिका पाठ्य-पुस्तक के प्रश्नोत्तर

प्र.1 अधोलिखितानां प्रश्नानाम् उत्तरम् एकपदेन लिखत।
(निम्नलिखित प्रश्नों के उत्तर एक पद में लिखिए।)

(क) मित्रैः सह क्रीडित्वा कः गृहं प्रत्यावृत्तः?
(ख) अष्टावक्रस्य पिता किमर्थं राजसभां गतः आसीत्?
(ग) 'त्वं बालोऽसि! राजसभायां तव प्रवेशो न सुलभः' इति कस्य वचनम्?
(घ) 'ईदृशीं तादृशीं वा आशङ्कां मा विधेहि' इति आश्वासनं कस्मै दीयते?
(ङ) अष्टावक्रं दृष्ट्वा के उच्चैः अहसन्?
(च) अष्टावक्रः किं कृत्वा पण्डितान् अजयत्?
(छ) राजसभायां मिथ्याज्ञानगर्विताः के?
(ज) अष्टावक्रः कस्य विषये कथयति– 'अस्थि-रुधिर-मांस-मेदोभरिते चर्मवेष्टिते' इति?
(झ) 'यदि नदी वक्रा, किं तस्याः जलमपि वक्रम्' इति केन पृष्टम्?
(ञ) किं वस्तु वंशपरम्पराप्राप्तम्?

उत्तराणि

(क) अष्टावक्रः	(ख) शास्त्रार्थाय
(ग) मातुः	(घ) मात्रे
(ङ) पण्डिताः	(च) शास्त्रार्थम्
(छ) पण्डिताः	(ज) देहस्य
(झ) अष्टावक्रेण	(ञ) राज्यम्

प्र.2 पूर्णवाक्येन संस्कृतभाषया उत्तरत।
(संस्कृत भाषा में पूर्ण वाक्य में उत्तर दीजिए।)

(क) मातुः चिन्तां ज्ञात्वा कः राजसभां गन्तुम् उद्यतः आसीत्?
(ख) राजसभायां कस्य उपहासः अभवत्?
(ग) राजा जनकः अष्टावक्राय किम् अयच्छत्?
(घ) मनसः किं कार्यम्?
(ङ) राजा जनकः कस्य पादयोः पतति किमर्थं च?

उत्तराणि

(क) मातुः चिन्तां ज्ञात्वा अष्टावक्रः राजसभां गन्तुम् उद्यतः आसीत्।
(ख) राजसभायाम् अष्टावक्रस्य उपहासः अभवत्।
(ग) राजा जनकः अष्टावक्राय स्वमनः अयच्छत्।
(घ) सङ्कल्पविकल्पौ मनसः कार्यम्।
(ङ) राजा जनकः अष्टावक्रस्य पादयोः मार्गदर्शनार्थं पतति।

प्र.3 एतादृशां प्रश्नानां निर्माणं कुरुत येषाम् उत्तराणि अधोलिखितवाक्येषु स्युः।
(ऐसे प्रश्नों का निर्माण कीजिए, जिनके उत्तर निम्न वाक्यों में हो।)

यथा

(i) अष्टावक्रः जननीम् अपृच्छत–मातः क्व आस्ते मम पिता?
प्रश्न– अष्टावक्रः जननीं किम् अपृच्छत्?

(ii) अष्टावक्रस्य पिता जनकस्य सभायां विद्वद्भिः सह शास्त्रार्थं गतः आसीत्?
प्रश्न–अष्टावक्रस्य पिता जनकस्य सभायां कैः सह शास्त्रार्थं गतः आसीत्?

(क) अष्टावक्रः प्रत्यवदत् 'जननि! अलं चिन्तया'।
(ख) राजसभायां बालकस्य वक्रदेहस्य उपहासोऽपि सम्भाव्यते।
(ग) अष्टावक्रः पितरम् आदाय क्षिप्रम् आगमिष्यति।
(घ) मात्रा अनुज्ञातः स राजसभां गतः।
(ङ) पण्डितानां चेष्टितं दृष्ट्वा अष्टावक्रः हसितुमारभत्।
(च) राज्ञा हास्यकारणं पृष्टम्।
(छ) अष्टावक्रः मिथ्याज्ञानगर्वितान् दृष्ट्वा हसति।
(ज) राजर्षिः जनकः आत्मानं धन्यं मन्यते।

उत्तराणि

(क) किम्	(ख) कस्य
(ग) कम्	(घ) कः
(ङ) केषां	(च) केन
(छ) कान्	(ज) कीदृशम्

प्र.4 अधोलिखितान् प्रश्नान् यथानिर्देशम् उत्तरत।
(निम्नलिखित प्रश्नों के निर्देशानुसार उत्तर दीजिए।)

(क) 'बालः अष्टावक्रः मित्रैः सह क्रीडित्वा गृहं प्रत्यावृत्तः।' अस्मिन् वाक्ये 'अष्टावक्रः' इति कर्तृपदस्य किं क्रियापदं प्रयुक्तम्?
(ख) 'तं हसन्तं विलोक्य सर्वे सभास्थिताः विद्वांसः स्तब्धाः अभवन्।' अस्मात् वाक्यात् 'स्तब्धाः' इति पदस्य विशेष्यपदं चिनुत।
(ग) 'अहं भवद्दर्शनैः आत्मानं धन्यं मन्ये।' अत्र 'मन्ये' इति क्रियापदस्य किं कर्तृपदं प्रयुक्तम्?
(घ) 'मात्रा अनुमतः अष्टावक्रः राजसभां गतः।' अस्मिन् वाक्ये 'अष्टावक्रः' इत्यस्य विशेषणं चिनुत।
(ङ) 'तस्य वक्रदेहं वीक्ष्य पण्डिताः तारस्वरेण अहसन्।' अत्र 'दृष्ट्वा' इति पदस्य किं पर्यायपदं प्रयुक्तम्?
(च) 'इच्छामि भवद्भ्यः किञ्चिद् दातुम्' अस्मिन् वाक्ये 'स्वीकर्तुम्' इति पदस्य किं विलोमपदं प्रयुक्तम्?

उत्तराणि

(क) प्रत्यावृत्तः	(ख) विद्वांसः
(ग) अहम्	(घ) अनुमतः
(ङ) वीक्ष्य	(च) दातुम्

प्र.5 घटनाक्रमानुसारम् अधोलिखितवाक्यानि पुनः लिखत।
(अधोलिखित वाक्यों को घटना क्रमानुसार पुनः लिखिए।)

(क) अष्टावक्रस्य पिता राजर्षेः जनकस्य सभां विद्वद्भिः सह शास्त्रार्थाय गतः आसीत्।
(ख) अष्टावक्रः मातरम् अपृच्छत्– मातः! क्व आस्ते मे पिता?
(ग) मात्रा अनुमतः अष्टावक्रः राजसभां गतः।
(घ) अष्टावक्रः पण्डितानां चेष्टितं दृष्ट्वा उच्चैः अहसत्।
(ङ) पण्डिताः तं वक्रदेहं बालं दृष्ट्वा हसितुम् प्रारभन्त।
(च) हे राजन्! किं वक्रे देहे आत्माऽपि वक्रः भवति?
(छ) जनकः अपृच्छत्–भो अष्टावक्र! किमर्थं हससि?
(ज) अष्टावक्रस्य शास्त्रपाण्डित्येन सर्वे प्रभाविताः अभवन्।
(झ) अष्टावक्रः उवाच–एते मे देहं दृष्ट्वा हसन्ति, अहम् एतेषां मूर्खतां दृष्ट्वा हसामि।
(ञ) जनकः स्वमनः अष्टावक्राय यच्छति।
(ट) जनकः प्रभावितः सन् अष्टावक्राय किमपि दातुम् इच्छति।
(ठ) जनकः पराजितः भूत्वा अष्टवक्रस्य पादयोः पतति।

उत्तराणि

(क) अष्टावक्रः मातरम् अपृच्छत्—मातः! क्व आस्ते मे पिता?
(ख) अष्टावक्रस्य पिता राजर्षेः जनकस्य सभां विद्वद्भिः सह शास्त्रार्थाय गतः आसीत्।
(ग) मात्रा अनुमतः अष्टावक्रः राजसभां गतः।
(घ) पण्डिताः तं वक्रदेहं बालं दृष्ट्वा हसितुम् प्रारभन्त।
(ङ) अष्टावक्रः पण्डितानां चेष्टितं दृष्ट्वा उच्चैः अहसत्।
(च) जनकः अपृच्छत्—भो अष्टावक्र! किमर्थं हससि?
(छ) अष्टावक्रः उवाच–एते मे देहं दृष्ट्वा हसन्ति, अहम् एतेषां मूर्खतां दृष्ट्वा हसामि।
(ज) हे राजन्! किं वक्रे देहे आत्माऽपि वक्रः भवति?
(झ) अष्टावक्रस्य शास्त्रपाण्डित्येन सर्वे प्रभाविताः अभवन्।
(ञ) जनकः प्रभावितः सन् अष्टावक्राय किमपि दातुम् इच्छति।
(ट) जनकः स्वमनः अष्टावक्राय यच्छति।
(ठ) जनकः पराजितः भूत्वा अष्टवक्रस्य पादयोः पतति।

प्र.6 समुचितं पर्यायपदं पाठात् अन्विष्य लिखत।
(पाठ से खोजकर समुचित पर्यायवाची शब्द लिखिए।)

(क) कुत्र …………
(ख) विस्मिताः …………
(ग) विलोक्य …………
(घ) समीपात् …………
(ङ) अधुना …………

उत्तराणि

(क) क्व
(ख) स्तब्धाः
(ग) दृष्ट्वा
(घ) सकाशात्
(ङ) सम्प्रति

प्र.7 उचितविपरीतपदं चित्वा लिखत।
(उचित विलोमपद चुनकर लिखिए।)

सूची (अ)	सूची (ब)
(क) सुलभः	(i) शनैः
(ख) क्षिप्रम्	(ii) निर्गत्य
(ग) अर्पय	(iii) अलौकिकम्
(घ) प्रविश्य	(iv) दुर्लभः
(ङ) लौकिकम्	(v) गृहाण

उत्तराणि

सूची (अ)	सूची (ब)
(क) सुलभः	(iv) दुर्लभः
(ख) क्षिप्रम्	(i) शनैः
(ग) अर्पय	(v) ग्रहाण
(घ) प्रविश्य	(ii) निर्गत्य
(ङ) लौकिकम्	(iii) अलौकिकम्

प्र.8 अधोलिखितानां वाक्यानां पूर्तिः उचितैः विशेषणैः कुरुत।
(अधोलिखित वाक्यों की पूर्ति उचित विशेषणों से कीजिए।)
निराकारः, ईदृशी, अलकृता, भवदीयम्, सुलभः, सर्वशास्त्रपारङ्गतः, स्तब्धः, मिथ्याज्ञानगर्विताः

(क) अष्टावक्रः ………… आसीत्।
(ख) अहो बालस्य ………… निपुणता।
(ग) एतत् धनम् ………… नास्ति।
(घ) ये ………… ते सम्मानं न लभन्ते।
(ङ) राजसभा विद्वद्भिः ………… अस्ति।
(च) मित्रस्य कटुव्यवहारं दृष्ट्वा अहं ………… अभवम्।
(छ) आत्मा ………… उच्यते।
(ज) उदारतागुणः न …………।

उत्तराणि

(क) सर्वशास्त्रपारङ्गतः (ख) ईदृशी (ग) भवदीयम्
(घ) मिथ्याज्ञानगर्विताः (ङ) अलङ्कृता (च) स्तब्धः
(छ) निराकारः (ज) सुलभः

योग्यताविस्तारः (योग्यता–विस्तार)

(क) महाभारतम् (महाभारत) – महर्षिद्वैपायनव्यासप्रणीतं महाभारतम् भारतीयसंस्कृतेः विश्वकोशः इति मन्यते। कथ्यते च यदिहास्ति तदन्यत्र, यन्नेहास्ति न तत् क्वचित्।

महर्षि द्वैपायन व्यास द्वारा रचित महाभारत को भारतीय संस्कृति का विश्वकोश माना जाता है। कहा जाता है कि जो इसमें है वह अन्यत्र है, जो इसमें नहीं है वह कहीं नहीं है।

(ख) भावविस्तारः (भाव-विस्तार)

(i) चञ्चलं हि मनः कृष्ण प्रमाथि बलवद्दृढम्।
तस्याहं निग्रहं मन्ये वायोरिव सुदुष्करम्।।

(हे श्रीकृष्ण! यह मन बड़ा चंचल, उथल-पुथल शरीर को वश में करने वाला, बड़ा दृढ़ और बलवान है इसलिए इसको वश में करना मैं वायु को रोकने की भाँति अत्यंत दुष्कर मानता हूँ।

असंशयं महाबाहो मनो दुर्निग्रहं चलम्।
अभ्यासेन तु कौन्तेय वैराग्येण च गृह्यते।।

श्री भगवान बोले- हे महाबाहो! निःसंदेह यह मन बड़ा चंचल और कठिनता से वश में आने वाला है, परंतु हे कुंती पुत्र अर्जुन! यह अभ्यास और वैराग्य से वश में होता है।

इन्द्रियाणि पराण्याहुः, इन्द्रियेभ्यः परं मनः।
मनसस्तु परा बुद्धिः, यो बुद्धेः परतस्तु सः।। (गीता)

इंद्रियों को श्रेष्ठ कहा गया है, परंतु इंद्रियों से श्रेष्ठ सूक्ष्म मन होता है। मन से श्रेष्ठ बुद्धि होती है और जो बुद्धि से श्रेष्ठ होता है, वह आत्मा है।

(ii) **गुणाः पूजास्थानं गुणिषु न च लिङ्गं न च वयः।**

गुणीजनों में गुण ही पूजनीय होते हैं। (उनका) लिंग या आयु नहीं।

अभ्यास प्रश्नाः

मणिका पाठ्य-पुस्तक पर आधारित प्रश्नोत्तर

गद्यांश आधारित प्रश्नाः

1. अधोलिखितं गद्यांशान् पठित्वा उत्तरम् लिखत।
(निम्नलिखित गद्यांशों को पढ़कर उत्तर लिखिए।)

(क) इत्युक्त्वा मात्रा अनुमतः अष्टावक्रः राजसभां गतः। कथमपि सभायां लब्धप्रवेशः स राजानं सविनयं प्राणमत्। तस्य वक्रदेहं वीक्ष्य सभास्थिताः पण्डिताः तारस्वरेण अहसन्। "एष बालः अस्माभिः सह शास्त्रार्थम् अपि करिष्यति" इति ज्ञात्वा ते अन्योऽन्यं पश्यन्तः स्मितम् अकुर्वन्। तेषां पण्डितानां चेष्टितं दृष्ट्वा अष्टावक्रः उच्चैः हसितुम् आरभत्।

तं हसन्तं विलोक्य सर्वे सभास्थिताः विद्वांसः स्तब्धाः अभवन्। राज्ञा हास्यकारणं पृष्टम्। अष्टावक्रः अवदत्- "राजन्! मया श्रुतम् आसीत् यद् भवतः राजसभा आत्मतत्त्वज्ञैः शास्त्ररहस्यवेदिभिः विद्वद्भि अलङ्कृतास्ति, किन्तु सभां प्रविश्य पश्यामि, यत् एते पण्डिताः मम वक्रदेहं दृष्ट्वा हसन्ति, अहमपि मिथ्याज्ञानगर्वितान् एतान् दृष्ट्वा हसामि।"

I. एकपदेन उत्तरत। (एक पद में उत्तर दीजिए।)
(i) अष्टावक्रः केषां चेष्टितम् दृष्ट्वा अहसत्?
(ii) हास्यकारणं केन पृष्टम्?
(iii) मिथ्याज्ञानगर्विताः के आसन्?

II. पूर्णवाक्येन उत्तरत। (पूर्ण वाक्य में उत्तर दीजिए।)
(i) अष्टावक्रं हसन्तं विलोक्य के स्तब्धाः जाताः?
(ii) जनकस्य राजसभा कैः अलङ्कृता आसीत्?
(iii) पण्डितानां चेष्टितं दृष्ट्वा अष्टावक्रः किम् आरभत्?

III. निर्देशानुसारम् उत्तरत। (निर्देशानुसार उत्तर दीजिए।)
(i) 'विद्वांसः स्तब्धाः जाताः।' अत्र कर्तृपदं किम्?
(ii) अनुच्छेदे 'वीक्ष्य' पदस्य कः पर्यायः लिखितः?
(iii) 'मिथ्याज्ञानगर्वितान् इति पदं केषां विशेषणम्?
(iv) 'मूर्खाः इत्यस्य पदस्य कः विपर्ययः प्रयुक्तः?

उत्तराणि

I. (i) पण्डितानाम् (ii) राज्ञा
(iii) पण्डिताः।

II. (i) अष्टावक्रं हसन्तं विलोक्य सर्वे सभास्थिताः विद्वांसः स्तब्धाः जाताः।
(ii) जनकस्य राजसभा आत्मतत्त्वज्ञैः शास्त्ररहस्यवेदिभिः विद्वद्भिः अलङ्कृता आसीत्।
(iii) पण्डितां चेष्टितं दृष्ट्वा अष्टावक्रः उच्चैः हसितुम् आरभत्।

III. (i) विद्वांसः (ii) दृष्ट्वा
(iii) पण्डितानाम् (iv) विद्वांसः

(ख) स पुनः अवदत्- "राजन् पृच्छामि ननु अस्मिन् अस्थि-रुधिर-मांस-मेदोभरिते चर्मवेष्टिते देहे किम् अस्ति दर्शनीयम्? सर्वसाक्षी, निर्लेपः, नित्यः निराकारश्च आत्मा कथं न दृश्यते? वदन्तु भवन्तः, किं वक्रे देहे आत्मा वक्रः भवति? यदि नदी वक्रा किं तस्याः जलमपि वक्रम्"?

राज्ञः जनकस्य अनुमत्या अष्टावक्रः पण्डितैः सह शास्त्रार्थं कृत्वा तान् अजयत्। अष्टावक्रस्य आत्मज्ञानं शास्त्रपाण्डित्यं बुद्धिपाटवम् संयमादिगुणजातं च निरीक्ष्य राजर्षिः जनकः प्रभावितः भूत्वा तस्मै निवेदितवान्- "भगवन्! अहं भवद्दर्शनैः आत्मानं धन्यं मन्ये। इच्छामि भवद्भ्यः किञ्चिद् दातुम्।" अष्टावक्रः प्रत्यवदत्- "यदि भवान् इच्छति, तदा यद् वस्तु भवदीयम् अस्ति, तत् मह्यम् अर्पय"।

I. एकपदेन उत्तरत। (एक पद में उत्तर दीजिए।)
(i) कस्य अनुमत्या अष्टावक्रः पण्डितान् अजयत्?
(ii) अष्टावक्रस्य बुद्धिपाटवं दृष्ट्वा कः प्रभावितः अभवत्?
(iii) नदी कीदृशी भवति?

II. पूर्णवाक्येन उत्तरत। (पूर्ण वाक्य में उत्तर दीजिए।)
(i) राजा जनकः अष्टावक्रस्य किं दृष्ट्वा प्रभावितः अभवत्?
(ii) अष्टावक्रः किं प्रत्यवदत्?
(iii) राजर्षिः जनकः अष्टावक्राय किं निवेदितवान्?

III. निर्देशानुसारम् उत्तरत। (निर्देशानुसार उत्तर दीजिए।)

(i) 'निराकार:' कस्य विशेषणम्?

(ii) 'राजर्षि: जनक:' अनयो: पदयो: विशेषणं किम्?

(iii) 'मन्ये' इति क्रियाया: कर्तृपदं किम्?

(iv) अनुच्छेदे 'रक्त' पदस्य क: पर्याय: प्रयुक्त:?

उत्तराणि

I. (i) राज्ञ: (ii) जनक: (iii) वक्रा

II. (i) राजा जनक: अष्टावक्रस्य आत्मज्ञानं शास्त्रपाण्डित्यं बुद्धिपाटवम् च दृष्ट्वा प्रभावित: अभवत्।

(ii) अष्टावक्र: प्रत्यवदत्— "यदि भवान् इच्छति, तदा यद् वस्तु भवदीयम् अस्ति, तत् मह्यम अर्पय।"

(iii) राजर्षि: जनक: अष्टवक्राय निवेदितवान्— "भगवन्! अहं भवद्दर्शनै: आत्मानं धन्यं मन्ये। इच्छामि भवद्भ्य: किञ्चिद् दातुम्।"

II. (i) आत्मन: (ii) राजर्षि:

(iii) अहम् (iv) रुधिर

(ग) **जनक:** राज्यम् अर्पयामि।

अष्टावक्र: राज्यं भवदीयं नास्ति। एतत् वंशपरम्पराप्राप्तम्।

जनक: धनं ददामि।

अष्टावक्र: धनं भवदीयं नास्ति। एतत् प्रजाया: सकाशाद् आगतम्।

जनक: शरीरं प्रयच्छामि।

अष्टावक्र: आत्मा शरीरस्य अध्यक्ष: न भवान्।

जनक: स्वकीयं मन: समर्पयामि।

अष्टावक्र: अस्तु इदम् एव अस्तु। दीयतां मे स्वमन:।

जनक: भगवन्! दत्तं मया स्वमन: भवते। सम्प्रति आदिशतु मां राजकार्याय।

अष्टावक्र: कथं भवान् करिष्यति राजकार्यम्? भवत: मन: तु मम अधीनम्। मनसा शून्य: भवान् सङ्कल्पविकल्पौ कर्तुं न अर्हति।

जनक: (आत्मगतम्) कीदृशीं दशां प्राप्तोऽहम्? शान्ते मनसि अपूर्वा आनन्दानुभूति:। परं कथं लौकिकं व्यवहारं करोमि?

न कर्तुं समर्थोऽस्मि चर्चां विचारं,
न यज्ञं न दानं न मानं विहारं,
प्रकुर्यां कथं पालनं मे प्रजाया:,
क्षणो नास्ति लभ्यो यदा कल्पनाया:।

(प्रकाशम्) भगवन्! मम मार्गदर्शनं क्रियताम्। भवान् एव मे गुरु:। (पादयो: पतति) प्रीत: अष्टावक्र: तं बहुविधं ज्ञानम् आत्मतत्त्वं च बोधयति। अत उच्यते–

"न धर्मवृद्धेषु वय: समीक्ष्यते"।

I. एकपदेन उत्तरत। (एक पद में उत्तर दीजिए।)

(i) राज्यं क्या प्राप्तम्?

(ii) शरीरस्य अध्यक्ष: क:?

(iii) प्रजाया: सकाशाद् किम् आगतम्?

II. पूर्णवाक्येन उत्तरत। (पूर्ण वाक्य में उत्तर दीजिए।)

(i) जनक: आत्मन: मन: कस्मै दत्तवान्?

(ii) प्रीत: अष्टावक्र: जनकं किं बोधयति?

(iii) जनकस्य शान्ते मनसि का अभवत्?

III. निर्देशानुसारम् उत्तरत। (निर्देशानुसार उत्तर दीजिए।)

(i) 'अपूर्वा' इति कस्य विशेषणम्?

(ii) संवादे 'अर्हति' इति क्रियाया: कर्तृपदं किम्?

(iii) 'प्रमुख' पदस्य क: पर्याय: अत्र लिखित:?

(iv) संवादे 'संकल्प:' इति पदस्य क: विपर्यय: आगत:?

उत्तराणि

I. (i) वंशपरम्परया (ii) आत्मा

(iii) धनम्

II. (i) जनक: आत्मन: मन: अष्टवक्राय दत्तवान्।

(ii) प्रीत: अष्टावक्र: जनकं बहुविधं ज्ञानम् आत्मतत्त्वं च बोधयति।

(iii) जनकस्य शान्ते मनसि अपूर्वा आनन्दाभूति: अभवत्।

III. (i) आनन्दानु भूते: (ii) भवान्

(iii) अध्यक्ष: (iv) विकल्प:

अन्वय: पूर्ति

2. मञ्जूषात: समुचितपदानि चित्वा अधोलिखित श्लोकस्य अन्वयं पूरयित्वा पुन: लिखत।
(मञ्जूषा से समुचित पद चुनकर निम्नलिखित श्लोक का अन्वय पूर्ण करके पुन: लिखिए।)

(क) न कर्तुं समर्थोऽस्मि चर्चां विचारं,
न यज्ञं न दानं न मानं विहारं,
प्रकुर्यां कथं पालनं मे प्रजाया:,
क्षणो नास्ति लभ्यो यदा कल्पनाया:।

अन्वय: अहं न (i) .... विचारं, न यज्ञं न (ii) .... न मानं विहारं (iii) .... समर्थ: अस्मि। यदा (iv) .... क्षण: लभ्य: नास्ति मे (v) .... पालनं कथं प्रकुर्याम्?

• **मञ्जूषा** दानं, कल्पनाया: प्रजाया:, चर्चाम्, कर्तुम्।

उत्तराणि

(i) चर्चाम् (ii) दानं

(iii) कर्तुम् (iv) कल्पनाया:

(v) प्रजाया:

प्रश्ननिर्माणं कुरुत

3. निम्नांकित वाक्येषु रेखाङ्कित पदानि आधृत्य प्रश्ननिर्माणं कुरुत।
(निम्नलिखित वाक्यों में रेखांकित पदों के आधार पर प्रश्न निर्माण कीजिए।)

(i) राजर्षे: जनकस्य सभा आत्म तत्त्वज्ञै: अलङ्कृता आसीत्।

(ii) स: राजानाम् सविनयं प्राणमत्।

(iii) पण्डिता: अष्टावक्रस्य वक्रदेहं दृष्ट्वा अहसन्।

(iv) राजन्! मया श्रुतम् आसीत्।

(v) राज्ञा हास्यकारणम् अपृच्छत्।

(vi) अहमपि मिथ्याज्ञानगर्वितान् एतान् दृष्ट्वा हसामि।

उत्तराणि

(i) कस्य	(ii) कथम्	(iii) के
(iv) केन	(v) किम्	(vi) कीदृशान्

प्रसङ्गानुसारं प्रश्ना:

4. **रेखाङ्कितपदानां प्रसंङ्गानुसारम् अर्थं लिखत।**
(रेखांकित पदों के प्रसंगानुसार अर्थ लिखिए।)

(i) इत्युक्त्वा मात्रा अनुमत: अष्टावक्र: राजसभां गत:।
(अ) अनुमति प्राप्त: (ब) अननुमति:
(स) आकाररहित: (द) सर्वा:

(ii) अस्थि-रुधिर-मांस-मेदोभरिते चर्मवेष्टिते देहे किम् अस्ति।
(अ) उच्चै: (ब) नीच्चै:
(स) चर्मणा आवृते (द) कर्मणा आवृते

(iii) अष्टावक्रस्य आत्मज्ञानं शास्त्रपाण्डित्यं बुद्धिपाटवं संयमादिगुणा:।
(अ) अर्थेषु कुशलताम् (ब) शास्त्रेषु कुशलताम्
(स) ज्योतिष: (द) कर्मकाण्ड पण्डित:

(iv) मनसा शून्य: भवान् सङ्कल्पविकल्पौ कर्तुं न अर्हति।
(अ) ऊहापोहौ (ब) सर्वदृष्टा
(स) द्वावपि (द) न कोऽपि

(v) राज्यं भवदीयं नास्ति। एतत् वंशपरम्पराप्राप्तम्।
(अ) बुद्धिपाटवम् (ब) विरत: भव
(स) भवत्सम्बद्धम् (द) वक्र:

(vi) किं वक्र देहे आत्मा वक्र: भवति?
(अ) वक्रपादा: (ब) वक्रउदर:
(स) वक्रहस्थ: (द) वक्रशरीर:

(vii) अष्टावक्रस्य आत्मज्ञानं शास्त्रपाण्डित्यं बुद्धिपाटवं संयमादिगुणजात: च निरीक्ष्य।
(अ) मतिनैपुण्यम् (ब) प्राप्तप्रवेश:
(स) प्रत्यावृत: (द) प्रत्यागत:

(viii) तं हसन्तं विलोक्य सर्वे सभास्थिता: विद्वांस: स्तब्धा: अभवन्।
(अ) सर्वदृष्टा: (ब) अल्पहसितम्
(स) जडीभूता: (द) सर्वा:

(ix) इति ज्ञात्वा ते अन्योऽन्यं पश्यन्त: स्मितम् अकुर्वन्।
(अ) बहुहसितम् (ब) अल्पहसितम्
(स) समीक्ष्यते (द) अल्पदर्शना:

(x) अहमपि मिथ्याज्ञानगर्वितान् एतान् दृष्ट्वा हसामि।
(अ) मिथ्याज्ञानेन गर्वं (ब) विद्वान:
(स) शास्त्रेषु कुशलताम् (द) शास्त्ररहस्यज्ञातृभि:

उत्तराणि

(i) (अ) अनुमति प्राप्त:	(ii) (स) चर्मणा आवृते
(iii) (ब) शास्त्रेषु कुशलताम्	(iv) (अ) ऊहापोहौ
(v) (स) भवत्सम्बद्धम्	(vi) (द) वक्रशरीर:
(vii) (अ) मतिनैपुण्यम्	(viii) (स) जडीभूता:
(ix) (ब) अल्पहसितम्	(x) (अ) मिथ्याज्ञानेन गर्वं

कथापूर्तिं कुरुत

5. **अधोलिखितां कथां मञ्जूषाया: सहायतया पूरयित्वा पुन: लिखत।**
(निम्नलिखित कथा को मञ्जूषा की सहायता से पूर्ण करके पुन: लिखिए।)
इत्युक्त्वा मात्रा अनुमत: (i) ····· राजसभां गत:। कथमपि सभायां (ii) ····· स राजानं सविनयं प्राणमत्। तस्य (iii) ····· वीक्ष्य सभास्थिता: पण्डिता: (iv) ····· अहसन्। "एष बाल: अस्माभि: सह (v) ····· अपि करिष्यति" इति ज्ञात्वा ते अन्योऽन्यं पश्यन्त: (vi) ····· अकुर्वन्। तेषां पण्डितानां चेष्टितं दृष्ट्वा अष्टावक्र: (vii) ····· हसितुम् आरभत्।

- मञ्जूषा उच्चै:, शास्त्रार्थम्, अष्टावक्र:, लब्धप्रवेश:, वक्रदेहं, तारस्वरेण, स्मितम्।

उत्तराणि

(i) अष्टावक्र:	(ii) लब्धप्रवेश:	(iii) वक्रदेहं
(iv) तारस्वरेण	(v) शास्त्रार्थम्	(vi) स्मितम्
(vii) उच्चै:		

मेलनं कुरुत

6. **सुमेलितं कुरुत। (सुमेलित कीजिए।)**

	सूची (क)		**सूची** (ख)
(i)	दर्शनीयम्	(अ)	क्तवतु
(ii)	निरीक्ष्य	(ब)	अनीयर्
(iii)	निवेदितवान्	(स)	ल्यप्
(iv)	कृत्वा	(द)	तुमुन्
(v)	दातुम्	(य)	क्त्वा

उत्तराणि

	सूची (क)		**सूची** (ख)
(i)	दर्शनीयम्	(ब)	अनीयर्
(ii)	निरीक्ष्य	(स)	ल्यप्
(iii)	निवेदितवान्	(अ)	क्तवतु
(iv)	कृत्वा	(य)	क्त्वा
(v)	दातुम्	(द)	तुमुन्

7. **अव्ययानि तेषां प्रयोग: कुरुत।**
(अव्ययों के प्रयोग करें।)

- मञ्जूषा सह, क्व, अधुनायावत्, श्व:, अलम्।

उत्तराणि

सह	-	रामेण सह सीता अपि वनम् अगच्छत्।
क्व	-	राम: लक्ष्मणम् अपृच्छत् यत् सीता क्व अस्ति?
अधुनायावत्	-	बाल: किमर्थम् अधुनायावत् विद्यालयात् न आगच्छत्?
श्व:	-	अद्य रविवासर: अस्ति, श्व: सोमवासर:, भविष्यति।
अलम्	-	अलं कोलाहलेन।

कवयामि वयामि यामि
(कविता करता हूँ, बुनता हूँ, जाता हूँ।)

अध्याय 9

पाठ परिचय

महाशय! अहं त्रुटितान् तन्तून् संयोजयामि।

यशोधरा स्वाते! कुत्र गच्छसि?
स्वातिः ननु अहं गच्छामि अशिक्षितान् पाठयितुम्।
यशोधरा अतीव शोभनं कार्यम्। अद्यत्वे शिक्षायाः महत्त्वं सर्वे जानन्ति।
स्वातिः शिक्षां विना तु जीवनम् अपूर्णमेव। किं न पठितं चतुर्थे पाठे यत् विद्याहीनाः न शोभन्ते निर्गन्धाः इव किंशुकाः?
यशोधरा आम्! मया अपि पठितं भोजराज्यस्य राज्ये सर्वे एव नागरिकाः न केवलं शिक्षिताः अपितु काव्यम् अपि कर्तुं जानन्ति स्म।
स्वातिः किं कथयसि? सर्वे एव कवयः।
यशोधरा सत्यम्। पठनीयं खलु एतत् नाटकम्—'कवयामि वयामि यामि।'

शब्दार्थाः त्रुटितान् = टूटे हुए, तन्तून् = धागों को, संयोजयामि = जोड़ता हूँ, अतीव = बहुत ही, निर्गन्धा = गंधहीन।

हिंदी अनुवाद

महाशय! मैं टूटे हुए धागों को जोड़ता हूँ।

यशोधरा स्वाति! कहाँ जा रही हो?
स्वाति निश्चय ही मैं अशिक्षितों को पढ़ाने जा रही हूँ।
यशोधरा बहुत अच्छा कार्य है। आजकल शिक्षा का महत्त्व सभी जानते हैं।
स्वाति शिक्षा के बिना तो जीवन अपूर्ण ही है। क्या आपने चौथे पाठ में नहीं पढ़ा कि विद्या रहित मनुष्य सुगंध रहित पुष्प के समान होते हैं?
यशोधरा हाँ! मैंने भी पढ़ा है कि भोज के राज्य में सभी नागरिक न केवल शिक्षित थे, अपितु कविता रचना करना भी जानते थे।
स्वाति क्या कहती हो? सभी कवि थे।
यशोधरा सत्य है यह नाटक निश्चय ही पढ़ने योग्य है– 'कविता करता हूँ, बुनता जाता हूँ।'

पाठ का सार प्रस्तुत पाठ में धारा नगरी के राजा भोज की कथा द्वारा शिक्षा के महत्त्व को दर्शाया गया है। पाठ में बताया गया है कि विद्याहीन व्यक्ति कहीं भी शोभा नहीं देते परंतु शिक्षित व्यक्ति प्रत्येक परिस्थिति में चतुरता से कार्य करते हैं। राजा भोज विद्वान, धर्मात्मा और प्रजापालक राजा थे। कोई द्रविड़ देश का निवासी लक्ष्मीधर नामक विद्वान महाराज के राज्य में निवास करने आता है।

राजा भोज उनके बुद्धि चातुर्य से प्रसन्न होते हैं। राजा नगरपाल को आदेश देते हैं कि नगर में जो भी व्यक्ति अशिक्षित हो या कविता न करता हो, उसके घर में इन्हें बसाया जाए। नगरपाल एक जुलाहा को दरबार में प्रस्तुत करता है। जुलाहा बताता है कि मैं गुरुकुल से शिक्षा प्राप्त हूँ, परंतु समय के अभाव के कारण कविता लेखन नहीं करता हूँ। राजा क्रोधित होकर उसे नगर से निकल जाने का आदेश देता है। तब आवश्यकता होने पर जुलाहा राजा को कविता सुनाता है कविता सुनकर राजा अपने को गौर्वान्वित महसूस करता है और जुलाहे को पुरुस्कृत करता है तथा लक्ष्मीधर नामक विद्वान के निवास की व्यवस्था महल में की जाती है।

पाठ का हिंदी अनुवाद

प्रथमं दृश्यम्

1. (धारानगर्यां भोजराजस्य राजसभा। सर्वे अमात्याः कर्मचारिणः च यथास्थानम् आसनानि अध्यासते।)

(प्रविश्य)

द्वारपालः जयतु देवः। द्रविडदेशीयः लक्ष्मीधरनामा कश्चिद् विद्वान् देवस्य दर्शनार्थं द्वारदेशम् अध्यास्ते।

भोजः सादरं प्रवेशय।

द्वारपालः यथा आदिशति देवः! (निष्क्रान्तः)

शब्दार्थाः धारानगर्यां = धारा नगरी में (भोज की राजधानी), अमात्याः = सचिवगण, मंत्री, अध्यासते = बैठे हैं, प्रविश्य = प्रवेश कर, जयतु = विजयी हों, द्रविडदेशीयः = द्रविड़ देश में रहने वाला, लक्ष्मीधरनामा = लक्ष्मीधर नामक, देवस्य = महाराज के, दर्शनार्थं = दर्शन के लिए, प्रवेशय = प्रवेश कराओं, अध्यास्ते = विराजमान हैं, आदिशति = आदेश देते हैं, निष्क्रान्तः = चला गया।

प्रथम दृश्य

हिंदी अनुवाद (धारा नगरी में राजा भोजराज की राजसभा। सभी मंत्री और कर्मचारी यथा स्थान बैठे हैं।)

(प्रवेश करके)

द्वारपाल जय हो, देव। द्रविड देश में रहने वाला लक्ष्मीधर नाम का कोई विद्वान महाराज के दर्शन करने के लिए द्वार पर बैठा है।

भोज आदर सहित अंदर प्रवेश कराइएँ।

द्वारपाल जो आज्ञा महाराज! (बाहर निकल जाता है।)

2. **लक्ष्मीधरः** (द्वारपालेन सह प्रविश्य), राजन्! अभिवादये भवन्तम्। दिनकरदीप्तिरिव भवत्कीर्तिः दिक्षु प्रसारम् आप्नोतुं। वर्धन्तां विभवाः सौख्यानि च। लसन्तु सम्पदः, विलयं व्रजन्तु च विपदः। प्रतिष्ठां लभतां विद्वद्गणः। सततम् एधतां विद्यासु कलासु च भवदनुरागः।
श्रूयताम्—क्षमा दाता गुणग्राही स्वामी पुण्येन लभ्यते।
अनुकूलः शुचिर्दक्षः कविर्विद्वान् सुदुर्लभः।।

शब्दार्थाः अभिवादये = अभिवादन (प्रणाम) करता हूँ, दिनकरदीप्तिरिव = सूर्य के तेज (चमक) के समान, दिक्षु = दिशाओं में, आप्नोतुं = फैले, विभवाः = वैभव, धन, सौख्यानि = सुख, लसन्तु = शोभित हो, एधतां = बढ़े, श्रूयताम् = सुनिए, क्षमा = क्षमा करने वाला, दाता = देने वाला, गुणग्राही = गुण ग्रहण करने वाला, पुण्येन = पुण्य से, शुचिः = पवित्र, दक्षः = प्रवीण, कुशल, सुदुर्लभः = अति दुर्लभ।

अन्वयः क्षमी, दाता, गुणग्राही, अनुकूलः, शुचिः, दक्षः, कविः, विद्वान्, सुदुर्लभः स्वामी पुण्येन लभ्यते।

हिंदी अनुवाद

लक्ष्मीधर (द्वारपाल के साथ प्रवेश करके), हे राजा! मैं आपको प्रणाम करता हूँ।
सूर्य के प्रकाश के समान आपकी कीर्ति (यश) सभी दिशाओं में फैले। वैभव और सुख निरंतर बढ़े। संपत्तियाँ शोभा को प्राप्त हों और विपत्तियाँ विनाश को प्राप्त हों। विद्वान मनुष्य प्रतिष्ठा प्राप्त करें। आपका विद्याओं और कलाओं में अनुराग निरंतर बढ़े। सुनिए—
क्षमा करने वाला (क्षमावान), दानी और गुणों से युक्त स्वामी पुण्य से प्राप्त होता है। अनुकूल आचरण करने वाला और पवित्र भावना रखने वाला, चतुर, कवि और विद्वान तो अत्यधिक परिश्रम से प्राप्त होता है (अर्थात् बहुत मुश्किल से मिलता है।)

3. **भोजः** अनुगृहीतोऽस्मि। कुतः समागमनम् अत्रभवताम्?

लक्ष्मीधरः राजन्! यत्र जलपूर्णं सरः भवति, तत्र पक्षिणः स्वयं समायान्ति। अहमपि भवतां विद्यानुरागं दानशीलतां च समाकर्ण्य समागतोऽस्मि। भवद्राज्ये निवस्तुम् इच्छामि।

भोजः ममैतत् सौभाग्यं यद् भवादृशाः विद्वांसः मम पण्डितपरिषदं विभूषयेयुः। (मन्त्रिणं प्रति) मन्त्रिवर! नगरपालं समाहूय आदिश्यतां यत् स लक्ष्मीधरविदुषे निवासव्यवस्थां कारयतु। नगरे कृतनिवासम् अपठितं जनं निःसार्य तद्गृहे एष पण्डितवरः वासयितव्यः।

मन्त्रीः यथा आज्ञापयति देवः।
(निष्क्रम्य पुनः नगरपालेन सह प्रविश्य)

नगरपालः महाराज! मन्त्रिवरस्य आदेशेन अहं समस्ते नगरे भ्रान्त्वा कमपि निरक्षरं मूर्खं वा जनं न अपश्यम्। कुत्र वासयितव्यः पण्डितवर्यः?

भोजः (क्षणं विचार्य) भो नगरपाल! त्वं भूयः नगरं याहि। यः नागरिकः काव्यं कर्तुं न जानाति, स निष्कास्यताम्।

शब्दार्थाः अनुगृहीतः = कृपा किया गया, अत्रभवताम् = आपका, समागमनम् = शुभ आगमन, जलपूर्णं = जल से भरा हुआ, सरः = तालाब, पक्षिणः = पक्षी, विद्यानुरागम् = विद्या प्रेम, समाकर्ण्य = सुनकर, समागतोऽस्मि = आया हूँ, भवद्राज्ये = आपके राज्य में, निवस्तुम् = रहने के लिए, भवादृशाः = आप जैसे, नगरपालम् = कोतवाल, समाहूय = बुलाकर, आदिश्यतां = आज्ञा दीजिए, कृतनिवासम् = रहने वाले को, अपठितम् = अनपढ़ को, निःसार्य = निकालकर, यथा आज्ञापयति = जैसी आज्ञा देते हैं, निष्क्रम्य = निकलकर, नगरपालेन सह = कोतवाल के साथ, भ्रान्त्वा = घूमकर, कमपि = कोई भी, निरक्षरम् = अनपढ को, वासयितव्यः = बसाना चाहिए, विचार्य = सोचकर/विचारकर, भूयः = फिर, बार-बार, निष्कास्यताम् = निकालिए।

हिंदी अनुवाद

भोज मैं अनुगृहीत हुआ। आप कहाँ से आए हैं?

लक्ष्मीधर हे राजा! जहाँ जल से परिपूर्ण जलाशय होता है, वहाँ पक्षी स्वयं ही आते हैं। मैं आपके विद्या प्रेम और दानशीलता को सुनकर आया हूँ। आपके राज्य में निवास करना चाहता हूँ।

भोज यह मेरा सौभाग्य है कि आप जैसे विद्वान मेरी विद्वानों की सभा की शोभा बढ़ाएंगे। (मंत्रियों के प्रति) हे मंत्री जी! कोतवाल को बुलाकर आदेश दीजिए कि वह परम विद्वान लक्ष्मीधर जी के निवास स्थान की व्यवस्था करें। नगर में निवास करने वाले किसी अशिक्षित व्यक्ति को निकालकर उसके घर में पंडित जी को बसाया जाए।

मंत्री जैसी महाराज की आज्ञा! (दरबार से निकलकर पुनः कोतवाल के साथ प्रवेश करते हैं।)

नगरपाल महाराज! मंत्रीवर के आदेश से मैं संपूर्ण नगर में घूमकर आया हूँ, मैंने कोई भी अशिक्षित या मूर्ख व्यक्ति को नहीं देखा। पंडित जी को कहाँ बसाना चाहिए?

भोज (एक क्षण सोचकर) हे कोतवाल! तुम फिर नगर में जाओ, जो नागरिक कविता लिखना (करना) नहीं जानता हो, उसे निकाल दो।

4. **द्वितीयं दृश्यम्**

नगरपालः (तन्तुवायं प्रति) भो! किमेतत् करोषि?

तन्तुवायः महाशय! अहं त्रुटितान् तन्तून् संयोजयामि।

नगरपालः किं पठितोऽसि?

तन्तुवायः आम्! मया गुरुकुले शिक्षा गृहीता।

नगरपालः किं काव्यरचनां जानासि?

तन्तुवायः पश्यतु एव भवान्। तन्तुसंयोजने व्यग्रोऽहं कथं काव्यं कुर्याम्?

नगरपालः तर्हि त्वया मया सह राजसभां गन्तव्यम्।

तन्तुवायः प्रसीदतु भवान्! तत्र गत्वा किं करिष्यामि। दयस्व, मयि दयस्व। तत्र गमनेन मम कार्यहानिः भविष्यति।

नगरपालः नाहं जाने। त्वया गन्तव्यमेव। एष राजदेशः। विसृज कार्यम्। झटिति आगच्छ मया साकम्।

तन्तुवायः राजादेश इति। गन्तव्यमेव, नास्ति उपायः। चलामि नगरपालक! चलामि।

शब्दार्थाः तन्तुवायः = जुलाहे को, त्रुटितान् = टूटे हुए, तन्तून् = धागों को, संयोजयामि = जोड़ता हूँ, तन्तुवायः = जुलाहा, काव्यरचनाम् = कविता लिखना, तन्तुसंयोजने = धागे जोड़ने में, व्यग्रः = घबराया हुआ, प्रसीदतु = प्रसन्न हो, दयस्व = दया करो, गमनेन = जाने से, विसृज = छोड़ो, साकम् = साथ।

हिंदी अनुवाद

दूसरा दृश्य

नगरपाल (जुलाहे से) अरे! तुम क्या करते हो?

जुलाहा श्रीमान्! मैं टूटे हुए धागों को जोड़ता हूँ।

नगरपाल क्या पढ़ना जानते हो?

जुलाहा हाँ! मैंने गुरुकुल में शिक्षा ग्रहण की है।

नगरपाल क्या कविता लिखना जानते हो?

जुलाहा आप ही देख लीजिए। धागे जोड़ने में व्यस्त मैं कैसे कविता लिखूँ?

नगरपाल नहीं जानते, तो मेरे साथ राज दरबार में चलना होगा।

जुलाहा आप प्रसन्न हों! वहाँ जाकर क्या करूँगा। दया करो, मुझ पर दया करो। वहाँ जाने से मेरे कार्य की हानि हो जाएगी।

नगरपाल मैं नहीं जानता। तुम्हें मेरे साथ चलना होगा। यह राजा की आज्ञा है। कार्य छोड़ो, मेरे साथ जल्दी आओ।

जुलाहा यह राजा की आज्ञा है। जाना ही होगा, अन्य कोई उपाय नहीं है। चलता हूँ कोतवाल! चलता हूँ।

5. **तृतीयं दृश्यम्**

(राजसभा। सर्वे यथापूर्वम् उपविष्टाः।)

नगरपालः (प्रविश्य) महाराज! अनीतोऽयं कुविन्दः। अयं काव्यं कर्तुं न जानाति।

भोजराजः (कुविन्दं प्रति) भोः! त्वं काव्यं कर्तुं न जानीषे। अतः राजकोषात् धनं गृहीत्वा कवचिदन्यत्र प्रस्थानं कुरु। तव गृहे एष पण्डितवरः सकुटुम्बः स्थास्यति।

तन्तुवायः राजन्! राजनियमः तु मया पालनीयः एव तथापि श्रूयतां मम एकं निवेदनम्।

भोजराजः त्वरितं ब्रूहि!

तन्तुवायः महाराज! तन्तुवयनं मम व्यवसायः। अहं रात्रिन्दिवं परिश्रम्य अनेन व्यवसायेन जीविकामर्जयामि। काव्यरचनायां महाकवितुल्यः मम अभ्यासः नास्ति तथापि किञ्चित् निवेदयामि। श्रोतुमर्हन्ति भवन्तः।

शब्दार्थाः यथापूर्वम् = पहले की तरह, अनीतोऽयम् = इसे ले आया, कुविन्दः = जुलाहा, जानीषे = जानते हो, राजकोषात् = राजकोष से, गृहीत्वा = लेकर, कवचिदन्यत्र = कहीं और, सकुटुम्बः= कुटुंब सहित, स्थास्यति = ठहरेंगे, पालनीयः = पालन योग्य, त्वरितम = जल्दी, तन्तुवयनम् = धागों से वस्त्र बनाना, रात्रिन्दिवम् = रात-दिन, जीविकामर्जयामि = जीविकोपार्जन, काव्यरचनायाम् = काव्य रचना में, महाकवितुल्यः = महाकवि के समान।

हिंदी अनुवाद

तीसरा दृश्य

(राजसभा। सभी यथा स्थान बैठे हैं।)

नगरपाल (प्रवेश करते हुए) महाराज! मैं इस जुलाहे को ले आया हूँ। यह काव्य रचना नहीं जानता।

भोजराज (जुलाहे से) अरे! तुम काव्य रचना नहीं जानते हो। अतः राजकोष से धन लेकर कहीं और प्रस्थान करो। तुम्हारे घर में ये पंडित जी सपरिवार निवास करेंगे।

जुलाहा हे राजन! मैं राज नियमों का पालन करता हूँ फिर भी मेरा एक निवेदन सुन लीजिए।

भोजराज जल्दी बताओ!

जुलाहा महाराज! धागों से वस्त्र बनाना मेरा व्यवसाय है। मैं रात-दिन परिश्रम करके इस व्यवसाय से जीविकोपार्जन करता हूँ। काव्य रचना में मेरा अभ्यास किसी महाकवि के समान नहीं है, फिर भी कुछ निवेदन करना चाहता हूँ। आप सुनिए।

7. काव्यं करोमि नहि चारुतरं करोमि
यत्नात् करोमि यदि चारुतरं करोमि।
भूपालमौलिमणिमण्डितपादपीठ
हे। साहसाङ्क! कवयामि वयामि यामि।।

भोजः साधु कुविन्द! साधु! कीदृशी लालित्यपूर्णा पदयोजना 'कवयामि वयामि यामि' धन्योऽसि त्वम्। अहमपि आत्मानं धन्यं मन्ये, यस्य राज्ये तन्तुवायाः, कुम्भकाराः, अयस्काराः, शिल्पिनः, श्रमिकाः अपि ललितां काव्यरचनां कुर्वन्ति।

शब्दार्थाः काव्यम् = कविता, चारुतरं = सुंदरतापूर्ण, यत्नात् = प्रयत्नपूर्वक, भूपालमौलिमणिमण्डितपादपीठ = राजाओं के सिरों की मुकुटमणियों से सुशोभित पाद-पीठ चरण वाले (हे राजन्!), साहसाङ्क = हे साहसी, हे साहस के प्रतीक, कवयामि = काव्य रचना करता हूँ, वयामि = बुनने का काम करता हूँ, यामि = जाता हूँ, अयस्काराः = लोहार, लुहार।

अन्वयः (अहम्) काव्यम् करोमि, चारुतरम् न हि करोमि। यदि यत्नात् करोमि, चारुतरम् करोमि। हे भूपाल-मौलि-मणि-मण्डित-पादपीठ! (हे) साहसाङ्क! कवयामि वयामि यामि।

हिन्दी अनुवाद

कविता करता (बनाता) हूँ, किंतु बहुत अच्छी कविता नहीं करता हूँ। यदि प्रयत्नपूर्वक करता हूँ, तो बहुत अच्छी कविता करता हूँ। राजाओं के सिरों पर स्थित मुकुटमणियों से सुशोभित चरणपीठ वाले हे साहसी राजन्! मैं कविता करता हूँ, कपड़ा बुनता हूँ अर्थात् जीवन यापन करता हूँ।

भोज बहुत अच्छा जुलाहे! कितनी लालित्यपूर्ण पदयोजना है 'कवयामि वयामि यामि'। तुम धन्य हो, मैं भी स्वयं को धन्य मानता हूँ। जिसके राज्य में जुलाहें, कुम्हार, लौहार, शिल्पी, श्रमिक (मजदूर) भी सुंदर काव्य रचना करते हैं।

8. (तन्तुवायं प्रति) भो! कविवर! गृहाण पुष्कलं स्वर्णमयं पारितोषिकम्। निजम् आवासं च प्रयाहि। (मन्त्रिणं प्रति) पण्डितः लक्ष्मीधरः मम राजभवने वासयितव्यः, यावद् अपरा व्यवस्था न भवति।

(राजा तन्तुवायाय स्वर्णमुद्राः अर्पयति। तन्तुवायः पारितोषिकं प्राप्य प्रसन्नवदनः राजानम् अभिवाद्य गृहं प्रयाति)।

शब्दार्थाः तन्तुवायं प्रति = जुलाहे से, पुष्कलम् = बहुत अधिक, पर्याप्त, स्वर्णमयम् = सोने का, पारितोषक = इनाम, प्रयाहि = जाओं, यावद् = जब तक, अपरा = दूसरी, अर्पयति = देता है, प्रसन्नवदनः = खिले हुए चेहरे वाला, अभिवाद्य = अभिवादन, प्रणाम करके।

हिंदी अनुवाद (जुलाहे से) हे कवि श्रेष्ठ! सोने का उपहार ग्रहण कीजिए और अपने आवास को जाइए।

(मंत्री की ओर) जब तक दूसरी व्यवस्था नहीं होती है। तब तक विद्वान लक्ष्मीधर मेरे राजभवन में बसाए जाएँ (अर्थात् रहने की व्यवस्था की जाए)। राजा जुलाहे को सोने की अशर्फियाँ देते हैं। जुलाहा इनाम पाकर प्रसन्नता के साथ राजा को प्रणाम करके घर चला जाता है।

मणिका-पाठ्यपुस्तकम् प्रश्नोत्तरा:

मणिका पाठ्य-पुस्तक के प्रश्नोत्तर

प्र.1 एकपदेन उत्तरं लिखत। (एक पद में उत्तर लिखिए।)

(क) भोजराजः कस्य राज्यस्य नरेशः आसीत्?

(ख) कः विद्वान् राजदर्शनार्थं समायातः?

(ग) लक्ष्मीधरेण कस्मै आशीर्वादः दीयते?

(घ) यत्र जलपूर्णं सरः भवति, तत्र के आगच्छन्ति?

(ङ) लक्ष्मीधरः किं समाकर्ण्य धारानगरीम् आगच्छति?

(च) निवासव्यवस्थायै मन्त्री कम् आदिशति?

(छ) भोजराजेन स्वराज्यात् कस्य निःसारणादेशः कृतः?

उत्तराणि

(क) धारानगर्याः (ख) लक्ष्मीधरः (ग) भोजराज्ञे

(घ) पक्षिणः (ङ) विद्यानुरागं (च) नगरपालं

(छ) अपठितं जनं

प्र.2 पूर्णवाक्येन अधोलिखितप्रश्नानामुत्तराणि संस्कृतेन लिखत। (निम्नलिखित प्रश्नों के उत्तर संस्कृत में पूर्ण वाक्य में लिखिए।)

(क) लक्ष्मीधरेण कः आशीर्वादः राज्ञे प्रदत्तः?

(ख) लक्ष्मीधरः कस्य गृहे वासयितव्यः आसीत्?

(ग) तन्तुवायः केन जीविकाम् अर्जयति स्म?

(घ) तन्तुवायेन यत्पद्यं रचयित्वा श्रावितं तस्य प्रथमां पङ्क्तिं लिखत।

(ङ) यावद् अपरा व्यवस्था न भवति तावत् लक्ष्मीधरः कुत्र वासयितव्यः आसीत्?

(च) तन्तुवायस्य पदयोजना कीदृशी आसीत्?

(छ) भोजराजः सन्तुष्टो भूत्वा कं प्रशंसति?

उत्तराणि

(क) सततं एधतां विद्यासु कलासु च भवदनुरागः।

(ख) यः नागरिकः काव्य कर्तुं न जानाति तस्यैव गृहे लक्ष्मीधरः वासयितव्यः आसीत्।

(ग) तन्तुवायः तन्तु संयोजने न जीविकाम् अर्जयति स्म।

(घ) काव्यं करोमि नहि चारूरं करोमि।

(ङ) यावद् अपरा व्यवस्था न भवति तावत् लक्ष्मीधरः राजभवने एव वासयितव्यः आसीत्।

(च) तन्तुवायस्य पदयोजनालालित्य पूर्णा आसीत्।

(छ) भोजराजः सन्तुष्टो भूत्वा कथयति स्म अहमपि आत्मानं धन्यं मन्ये।

प्र.3 स्थूलाक्षरपदानि आधृत्य प्रश्ननिर्माणं कुरुत। (स्थूल अक्षर पदों को आधार मानकर प्रश्न निर्माण कीजिए।)

(क) लक्ष्मीधरः **द्वारपालेन** सह प्रविशति।

(ख) यत्र जलपूर्णं सरः भवति तत्र **पक्षिणः** स्वयं समायान्ति।

(ग) अहं **त्रुटितान्** तन्तून् संयोजयामि।

(घ) तन्तुवायेन **गुरुकुले** शिक्षा गृहीताः।

(ङ) राजा **तन्तुवायाय** स्वर्णमुद्राः अर्पयति।

उत्तराणि

(क) केन (ख) के (ग) कान्

(घ) कुत्र (ङ) कस्मै

प्र.4 अधोलिखितान् प्रश्नान् यथानिर्देशम् उत्तरत। (निम्नलिखित प्रश्नों के निर्देशानुसार उत्तर दीजिए।)

(क) 'दिनकरदीप्तिरिव भवकीर्तिः दिक्षु प्रसारम् आप्नोतुं।' अस्मिन् वाक्ये क्रियापदं किम्?

(ख) 'तत्र पक्षिणः स्वयं समायान्ति।' अत्र 'समायान्ति' इति क्रियापदस्य किं कर्तृपदं प्रयुक्तम्?

(ग) 'महाराज! आनीतोऽयं कुविन्दः।' अस्मिन् वाक्ये 'आनीतः' इति विशेषणपदस्य किं विशेष्यपदं प्रयुक्तम्?

(घ) 'यावद् अपरा व्यवस्था न भवति।' अस्मात् वाक्यात् विशेषणपदं चित्वा लिखत।

(ङ) 'झटिति आगच्छ मया साकम्।' अस्मात् वाक्यात् 'सह' इति पदस्य पर्यायपदं चिनुत।

(च) 'तन्तुवायः राजानम् अभिवाद्य गृहं प्रयाति' अस्मिन् वाक्ये 'आयाति' इति पदस्य किं विलोमपदं प्रयुक्तम्?

उत्तराणि

(क) आप्नोतुं (ख) पक्षिणः (ग) अयं

(घ) अपरा (ङ) साकम् (च) प्रयाति

प्र.5 कथाक्रमानुसारम् अधोलिखितवाक्यानि पुनः लिखत। (निम्नलिखित वाक्यों को कथाक्रमानुसार पुनः लिखिए।)

(क) तन्तुवायः तन्तुवयनेन जीविकाम् अर्जयति स्म।

(ख) तन्तुवायः महाकवितुल्यः न आसीत्।

(ग) राजाभोजः मन्त्रिणं लक्ष्मीधरस्य आवास व्यवस्थायै आदिशति।

(घ) एकदा लक्ष्मीधरः भोजराजस्य सभां गच्छति।

(ङ) भोजराजः लक्ष्मीधरस्य वाक्चातुर्येण प्रसन्नः भवति।

(च) नगरपालः नगरे कमपि निरक्षरं मूर्खं वा जनं न अपश्यत्।

(छ) भोजराजः नगरपालं काव्यप्रतिभाहीनं जनं नगरात् निष्कास्य लक्ष्मीधरं वासयितुम् आदिशति।

(ज) वस्तुतः तन्तुवायः अपि कविः आसीत्।

(झ) नगरपालः तन्तुवायं राजसभां नयति।

(ञ) राजा तन्तुवायस्य पदयोजनां प्रशंसति।

उत्तराणि

(क) एकदा लक्ष्मीधरः भोजराजस्य सभां गच्छति।
(ख) भोजराजः लक्ष्मीधरस्य वाक्चातुर्येण प्रसन्नः भवति।
(ग) राजाभोजः मन्त्रिणं लक्ष्मीधरस्य आवास व्यवस्थायै आदिशति।
(घ) नगरपालः नगरे कमपि निरक्षरं मूर्खं वा जनं न अपश्यत्।
(ङ) भोजराजः नगरपालं काव्यप्रतिभाहीनं जनं नगरात् निष्कास्य लक्ष्मीधरं वासयितम् आदिशति।
(च) नगरपालः तन्तुवायं राजसभां नयति।
(छ) वस्तुतः तन्तुवायः अपि कविः आसीत्।
(ज) तन्तुवायः महाकवितुल्यः न आसीत्।
(झ) तन्तुवायः तन्तुवयनेन जीविकाम् अर्जयति स्म।
(ञ) राजा तन्तुवायस्य पदयोजनां प्रशंसति।

प्र.6 पर्यायवाचिनां मेलनं कृत्वा लिखत।
(पर्यायवाची पदों का सुमेल करके लिखिए।)

सूची (अ)	सूची (ब)
(क) अमात्यः	(i) कुविन्दः
(ख) तन्तुवायः	(ii) त्वरितम्
(ग) विद्वान्	(iii) मन्त्री
(घ) झटिति	(iv) पण्डितः

उत्तराणि

सूची (अ)	सूची (ब)
(क) अमात्यः	(iii) मन्त्री
(ख) तन्तुवायः	(i) कुविन्दः
(ग) विद्वान्	(iv) पण्डितः
(घ) झटिति	(ii) त्वरितम्

प्र.7 अधोलिखितानां पदानां विपरीतार्थकान् शब्दान् पाठात् चित्वा लिखत। (अधोलिखित पदों के विपरीतार्थक शब्दों को पाठ से चुनकर लिखिए।)

(क) गत्वा ....
(ख) मूर्खः ....
(ग) निरक्षरः ....
(घ) निष्क्रम्य ....
(ङ) सम्पदः ....

उत्तराणि

(क) गत्वा	आगत्वा
(ख) मूर्खः	विद्वान्
(ग) निरक्षरः	पण्डितः
(घ) निष्क्रम्य	वासयितव्यः
(ङ) सम्पदः	विपदः

प्र.8 अधस्तात् दत्तानि वाक्यानि केन कम् प्रति उक्तानि?
(नीचे दिए गए वाक्य किसके द्वारा किसके प्रति कहे गए?)

	केन	कम्
(क) ममैतत् सौभाग्यं यद् भवादृशाः विद्वांसः मम पण्डितपरिषदं विभूषयेयुः।	....	....
(ख) अभिवादये भवन्तम्। दिनकरदीप्तिरिव, भवत्कीर्तिः दिक्षु प्रसारम् आप्नोतु।	....	....
(ग) राजन्! यत्र जलपूर्णं सरः भवति तत्र पक्षिणः स्वयं समायान्ति।	....	....
(घ) समस्ते नगरे भ्रान्त्वा कमपि निरक्षरं मूर्खं वा जनं न अपश्यम्।	....	....
(ङ) त्वं भूयः नगरे याहि।	....	....
(च) महाशय! अहं त्रुटितान् तन्तुन् संयोजयामि।	....	....
(छ) आम्! मया गुरुकुले शिक्षा गृहीता।	....	....
(ज) राजा भोजः आत्मानं धन्यं मन्यते।	....	....
(झ) दयस्व, मयि दयस्व।	....	....
(ञ) नगरपालं समाहूय आदिश्यताम्।	....	....

उत्तराणि

	केन	कम्
(क)	भोजः	लक्ष्मीधरं
(ख)	लक्ष्मीधरः	भोजराजं प्रति
(ग)	लक्ष्मीधरः	भोजराजं
(घ)	नगरपालः	भोजराजं
(ङ)	भोजराजः	नगरपालं
(च)	तन्तुवायः	नगरपालं
(छ)	तन्तुवायः	नगरपालं
(ज)	राजाभोजः	लक्ष्मीधरं
(झ)	तन्तुवायः	नगरपालं
(ञ)	राजाभोजः	मन्त्रिणं

योग्यताविस्तारः (योग्यता–विस्तार)

(क) काव्यपरिचयः (काव्य परिचय)

धारानरेशस्य भोजराजस्य चरितं भोजप्रबन्धनाम्नि ग्रन्थे उपलभ्यते। महाराजः भोजः परमविद्वान्, गुणवान्, दानशीलः, कलाप्रियश्च आसीत्। तस्य राजसभायां समागताः कवयः काव्यपाठं कृत्वा विपुलं पुरस्काराराशिं लभन्ते स्म। भोजप्रबन्धः गद्यपद्यमयी ललिता रचनाऽस्ति। अस्य भाषा सुबोधा व्यवहारोपयोगिनी च। षोडशशताब्द्यां जातः श्रीबल्लालसेनः अस्य ग्रन्थरत्नस्य प्रणेता।

धारा नरेश भोजराज का जीवन-चरित्र भोज प्रबंध नामक ग्रंथ में उपलब्ध है। राजा भोज परम विद्वान, गुणवान, दानशील और कला प्रिय थे। उनकी राज सभा में आए कवि काव्य पाठ करके विपुल धनराशि प्राप्त करते थे। भोज प्रबंध गद्य-पद्य युक्त सुंदर रचना है। इसकी भाषा सुबोध और व्यावहारिक है। सोलहवीं शताब्दी में हुए बल्लाल सेन इस ग्रंथ के प्रणेता (रचियता) थे।

अस्माद् ग्रन्थाद् उद्धृत्य कानिचित् पद्यानि भवतां ज्ञानवर्धनाय विनोदाय च दीयन्ते–

इस ग्रंथ से उद्धृत कुछ पद्य आपके ज्ञान वर्धन के लिए और विनोद (पढ़ने) के लिए यहाँ दिए गए हैं-

बलवानप्यशक्तोऽसौ धनवानपि निर्धनः।
श्रुतवानपि मूर्खोऽसौ यो धर्मविमुखो जनः।।1।।

जो व्यक्ति धर्म से विमुख है, वह बलवान होने पर भी निर्बल है, धनवान होने पर भी वह निर्धन है तथा वेदों का श्रवण करने पर भी वह मूर्ख है।

कण्ठस्था या भवेद् विद्या सा प्रकाश्या सदा बुधैः।
या गुरोः पुस्तके विद्या तया मूढः प्रतार्यते।।2।।

जो विद्या कंठ में स्थित होती है वह सदा बुद्धि द्वारा प्रकाशित होती है। जो विद्या गुरु के पास या पुस्तक में होती है उसके द्वारा मूर्ख भी सीख जाते हैं।

मनीषिणः सन्ति न ते हितैषिणः-हितैषिणः सन्ति न ते मनीषिणः।
सुहृच्च विद्वानपि दुर्लभो नृणाम् यथौषधं स्वादु हितं च दुर्लभम्।।3।।

जो विद्वान होते हैं वे हितैषी नहीं होते, जो हितैषी होते हैं वे विद्वान नहीं होते। जैसे एक मीठी और हितकारक औषधी दुर्लभ होती है, वैसे ही सुहृदय विद्वान् भी दुर्लभ होते हैं।

एकेन राजहंसेन या शोभा सरसोऽभवत्।
न सा बकसहस्त्रेण परितस्तीरवासिना।। 4।।

एक राज हंस से ही सरोवर की शोभा होती है। सरोवर के किनारे चारों तरफ रहने वाले हजारों बगुलों से नहीं।

(ख) भाषाविस्तारः (भाषा-विस्तार)

अधस्ताद् एतादृशाः शब्दाः दीयन्ते, येषाम् आदिवर्णस्य अपसारणेन नवीनशब्दः निर्मितः भवति। एतेषाम् अनुशीलनेन ज्ञानवर्धनं कुरुत-

नीचे ऐसे शब्द दिए गए हैं जिनके प्रथम वर्ण हटाने से नवीन शब्द बनता है। इनके अनुशीलता से ज्ञान वर्धन कीजिए।

यथा–कवयामि, ए. व. = कविता करता हूँ।

1. कवयामि (कविता करता हूँ) वयामि (बुनता हूँ) यामि (जाता हूँ)
2. सुजनः (सज्जन) जनः (लोग) नः (हमको)
3. चलताम् (चलते हैं) लताम् (बेल को) ताम् (उसको)
4. वसताम् (बसते हैं) सताम् (सत् को) ताम् (उसको)
5. तरवः (वृक्ष) रवः (कोहलाहल) वः
6. कवयः (कवि) वयः (अवस्था) यः (जो)
7. राजिताः जिताः ताः (जीते हुए)

अभ्यास प्रश्नाः

मणिका पाठ्य-पुस्तक पर आधारित प्रश्नोत्तर

गद्यांश आधारित प्रश्नाः

1. अधोलिखितं गद्यांशं पठित्वा प्रदत्त प्रश्नानाम् उत्तराणि संस्कृतेन लिखत। (निम्नलिखित गद्यांशों को पढ़कर दिए गए प्रश्नों के उत्तर संस्कृत में लिखिए।)

(क) **द्वारपालः** जयतु देवः। द्रविडदेशीयः लक्ष्मीधरनामा कश्चिद् विद्वान् देवस्य दर्शनार्थं द्वारदेशम् अध्यास्ते।

भोजः सादरं प्रवेशय।

द्वारपालः यथा आदिशति देवः! (निष्क्रान्तः)

लक्ष्मीधरः (द्वारपालेन सह प्रविश्य), राजन्! अभिवादये भवन्तम्। दिनकरदीप्तिरिव भवत्कीर्तिः दिक्षु प्रसारम् आप्नोतुं। वर्धन्तां विभवाः सौख्यानि च। लसन्तु सम्पदः, विलयं व्रजन्तु च विपदः। प्रतिष्ठां लभतां विद्वद्गणः। सततम् एधतां विद्यासु कलासु च भवदनुरागः। श्रूयताम्–

I. एकपदेन उत्तरत। (एक पद में उत्तर दीजिए।)
(i) द्रविडदेशीयः आगंतुकः आसीत्?
(ii) लक्ष्मीधरः किमर्थम् आगतः?
(iii) लक्ष्मीधरः कुत्र अतिष्ठत्?

II. पूर्णवाक्येन उत्तरत। (पूर्ण वाक्य में उत्तर दीजिए।)
(i) प्रविश्यः लक्ष्मीधरः कः अवदत्?
(ii) लक्ष्मी धरस्य राज्ञ प्रति का भावना?
(iii) राज्ञः अनुरागः कस्याम् आसीत्?

III. निर्देशानुसारम् उत्तरत। (निर्देशानुसार उत्तर दीजिए।)
(i) दिक्षु इत्यस्मिन् पदे का विभक्ति?
(ii) दिनकर दीप्तिरिव अत्र कः समासः?
(iii) लसन्तु इत्यस्मिन् पदे कः लकारः अस्ति?

उत्तराणि

I. (i) लक्ष्मीधरः (ii) दर्शनार्थम्
(iii) द्वारदेशम्

II. (i) स अवदत् भवत्कीर्तिः दिनकर दीप्तिरिव दिक्षु प्रसारं भवेत्।
(ii) भवतः विभवाः सौख्यानि च वर्धन्ताम्।
(iii) राज्ञः अनुराग विधासु कलासु च आसीत्।

III. (i) सप्तमी (ii) बहुव्रीहि
(iii) लोट् लकार

(ख) राजन्! यत्र जलपूर्णं सरः भवति, तत्र पक्षिणः स्वयं समायान्ति। अहमपि भवतां विद्यानुरागं दानशीलतां च समाकर्ण्य समागतोऽस्मि। भवद्राज्ये निवस्तुम् इच्छामि।

भोजः ममैतत् सौभाग्यं यद् भवादृशाः विद्वांसः मम पण्डितपरिषदं विभूषयेयुः। (मन्त्रिणं प्रति) मन्त्रिवर! नगरपालं समाहूय आदिश्यतां यत् स लक्ष्मीधरविदुषे निवासव्यवस्थां कारयतु। नगरे कृतनिवासम् अपठितं जनं निःसार्य तद्गृहे एष पण्डितवरः वासयितव्यः।

मन्त्रीः यथा आज्ञापयति देवः।
(निष्क्रम्य पुनः नगरपालेन सह प्रविश्य)

नगरपालः महाराज! मन्त्रिवरस्य आदेशेन अहं समस्ते नगरे भ्रान्त्वा कमपि निरक्षरं मूर्खं वा जनं न अपश्यम्। कुत्र वासयितव्यः पण्डितवर्यः?

I. एकपदेन उत्तरत। (एक पद में उत्तर दीजिए।)
(i) कः जलपूर्णमस्ति?
(ii) जले किमायान्ति?
(iii) लक्ष्मी धरस्य निवास व्यवस्थां कं आदिश्यतां?

II. पूर्णवाक्येन उत्तरत। (पूर्ण वाक्य में उत्तर दीजिए।)
(i) लक्ष्मीधरः कस्य राज्ये निवासाय इच्छति?
(ii) राजभोजः मन्त्रिणं प्रति किमथयत्?
(iii) मन्त्रिवरः किम् आदेशमयच्छत्?

III. निर्देशानुसारम् उत्तरत। (निर्देशानुसार उत्तर दीजिए।)
(i) अस्मि इत्यस्मिन् पदे कः लकारः?
(ii) समायान्ति इत्यस्मिन् पदे कः उपसर्गः?
(iii) वासयितव्यः इत्यत्र कः प्रत्ययः अस्ति?

उत्तराणि

I. (i) सरः (ii) पक्षिणः
(iii) नगरपालम्

II. (i) लक्ष्मीधरः भोजराज्ञः राज्ये निवस्तुम् इच्छति।
(ii) भोजः अकथयत् मन्त्रिवर! नगरपालं समाहूय आदिश्यतां यत् स लक्ष्मीधरविदुषे निवासव्यवस्थां कारयतु।
(iii) मन्त्रिवरः आदेशमयच्छत् नगरे कृत निवासम् अपठितं जनं निःसार्य लक्ष्मीधरः वास्तव्यः।

III. (i) लट् लकारः (ii) सम्
(iii) तव्यत्

(ग) भो नगरपाल! त्वं भूयः नगरं याहि। यः नागरिकः काव्यं कर्तुं न जानाति, स निष्कास्यताम्।

द्वितीयं दृश्यम्

नगरपालः (तन्तुवायं प्रति) भो! किमेतत् करोषि?
तन्तुवायः महाशय! अहं त्रुटितान् तन्तून् संयोजयामि।
नगरपालः किं पठितोऽसि?
तन्तुवायः आम्, मया गुरुकुले शिक्षा गृहीता।
नगरपालः किं काव्यरचनां जानासि?
तन्तुवायः पश्यतु एव भवान्। तन्तुसंयोजने व्यग्रोऽहं कथं काव्यं कुर्याम्?
नगरपालः तर्हि त्वया मया सह राजसभां गन्तव्यम्।
तन्तुवायः प्रसीदतु भवान्! तत्र गत्वा किं करिष्यामि। दयस्व, मयि दयस्व। तत्र गमनेन मम कार्यहानिः भविष्यति।
नगरपालः नाहं जाने। त्वया गन्तव्यमेव। एष राजदेशः। विसृज कार्यम्। झटिति आगच्छ मया साकम्।
तन्तुवायः राजादेश इति। गन्तव्यमेव, नास्ति उपायः। चलामि नगरपालक! चलामि।

I. एकपदेन उत्तरत। (एक पद में उत्तर दीजिए।)
(i) तन्तुवायस्य शिक्षा कुत्र अभवत्?
(ii) नगरपालः तन्तुवायं कुत्र अनयत्?
(iii) तन्तुवायः केन सह अगच्छत्?

II. पूर्णवाक्येन उत्तरत। (पूर्ण वाक्य में उत्तर दीजिए।)
(i) नगर पालस्य प्रश्नस्य तन्तुवायः किम् उत्तरम् अददत्?
(ii) तन्तुवायः नगर पालेन् किम् अवदत्?
(iii) नगरपालः किं आदिशत्?

III. निर्देशानुसारम् उत्तरत। (निर्देशानुसार उत्तर दीजिए।)
(i) काव्यं अस्य पदे का विभक्तिः?
(ii) पालनीयः इत्यस्मिन् पदे कः प्रत्ययः अस्ति?
(iii) काव्यरचनां अस्मिन् पदे कः समासः?

उत्तराणि

I. (i) गुरुकुले (ii) राजसभायाम्
(iii) नगरपालेन

II. (i) अहं त्रुटितान् तन्तून् संयोजयामि।
(ii) सोऽवदत्—मयि दयस्व तत्र गमनेन मम कार्यहानिः भविष्यति।
(iii) नगरपालः आदिशत्। एष राजादेशः विसृज कार्यं। झटिति मया साकम् आगच्छ।

III. (i) द्वितीया (ii) अनीयर् (iii) तत्पुरुषः

अन्वयः पूर्ति

2. **मञ्जूषातः समुचितपदानि चित्वा अधोलिखित श्लोकस्य अन्वयं पूरयित्वा पुनः लिखत।**
(मञ्जूषा से समुचित पद चुनकर निम्नलिखित श्लोक का अन्वय पूर्ण करके पुनः लिखिए।)

(क) क्षमा दाता गुणग्राही स्वामी पुण्येन लभ्यते।
अनुकूलः शुचिर्दक्षः कविर्विद्वान् सुदुर्लभः।।

अन्वयः क्षमी दाता (i) ...... स्वामी पुण्येन लभ्यते। अनुकूलः (ii) ...... दक्षः कविः (iii) ...... (iv) ...... ।

• मञ्जूषा शुचिः, गुणग्राही, सुदुर्लभः, विद्वान्।

(ख) काव्यं करोमि नहि चारुतरं करोमि
यत्नात् करोमि यदि चारुतरं करोमि।
भूपालमौलिमणिमण्डितपादपीठ
हे साहसाङ्क! कवयामि वयामि यामि।।

अन्वयः अहं (i) ...... करोमि, (ii) ...... न हि करोमि। यदि (iii) ...... करोमि, चारुतरं करोमि। हे भूपाल (iv) ...... मणिमण्डित पादपीठ! हे साहसाङ्क! कवयामि वयामि यामि।

• मञ्जूषा मौलि, काव्यं, यत्नात्, चारुतरम्।

उत्तराणि

(क) (i) गुणग्राही (ii) शुचिः
(iii) विद्वान् (iv) सुदुर्लभः

(ख) (i) काव्यं (ii) चारुतरम्
(iii) यत्नात् (iv) मौलि

भावार्थ पूर्ति

3. मञ्जूषायाः साहाय्येन श्लोकस्य भावार्थं रिक्तस्थानानि पूरयित्वा पुनः लिखत।
(मञ्जूषा की सहायता से श्लोक के भावार्थ में रिक्त स्थान पूर्ण करके पुनः लिखिए।)

(क) क्षमा दाता गुणग्राही स्वामी पुण्येन लभ्यते।
अनुकूलः शुचिर्दक्षः कविर्विद्वान् सुदुर्लभः।।

भावार्थः दातारः (i) ····· शुचि (ii) ····· स्वामि (iii) ····· परमपुण्यः कर्मणः तु (iv) ·····।

• मञ्जूषा लभ्यते, विद्वान्, सुदुर्लभः, गुण ग्राहिणः।

(ख) काव्यं करोमि नहि चारुतरं करोमि
यत्नात् करोमि यदि चारुतरं करोमि।
भूपालमौलिमणिमण्डितपादपीठ
हे साहसाङ्क! कवयामि वयामि यामि।।

भावार्थः अहं काव्यं कर्तुं (i) ····· किन्तु (ii) ····· न कर्तुम् शक्नोमि यत्नात् चारुतरमपि कर्तुम् शक्नोमि, हे भूपाल मौलि (iii) ····· पादपीठ हे (iv) ····· कवयामि वयामि (v) ·····।

• मञ्जूषा साहसाङ्क, यामि, शक्नोमि, मणिमण्डित, चारुतरम्।

उत्तराणि

(क) (i) गुण ग्राहिणः (ii) विद्वान्
(iii) सुदुर्लभः (iv) लभ्यते

(ख) (i) शक्नोमि (ii) चारुतरम्
(iii) मणिमण्डित (iv) साहसाङ्क
(v) यामि

प्रश्ननिर्माणं कुरुत

4. निम्नांकित वाक्येषु रेखाङ्कित पदानि आधृत्य प्रश्ननिर्माणं कुरुत।
(निम्नलिखित वाक्यों में रेखांकित पदों के आधार पर प्रश्न निर्माण कीजिए।)

(i) भवादृशाः विद्वांसः मम पण्डित परिषदं विभूषयेयुः।
(ii) मन्त्रिवर नगरपालं आहूय समादिश्ताम्।
(iii) तव गृहे एषः पण्डितवरः सकुटुम्ब स्थास्यति।
(iv) श्रमिकाः अपि ललितां काव्यरचनां कुर्वन्ति।
(v) कुविन्दस्य लालित्य पूर्णा पदयोजना।

उत्तराणि

(i) कीदृशाः (ii) कम् (ii) कः
(iv) के (v) कस्य

प्रसङ्गानुकूलं प्रश्नाः

5. अधोलिखितेषु रेखाङ्कितपदानां प्रसङ्गानुकूलम् उचितार्थं चित्वा लिखत।
(निम्नलिखित वाक्यों में रेखांकित पदों के प्रसंगों के अनुकूल उचित अर्थ चुनकर लिखिए।)

(i) अतीव शोभनं कार्यं।
(अ) सुन्दरं (ब) पर्याप्तं
(स) साधु (द) उचितं

(ii) शिक्षां विना तु जीवनम् अपूर्णमेव।
(अ) सहितं (ब) ऋते
(स) पर्याप्तं (द) संयुक्त

(iii) यत्र जलपूर्णं सरः भवति।
(अ) जलज (ब) जलदः
(स) पयः (द) जलधि

(iv) तत्र पक्षिणः स्वयं समायान्ति।
(अ) जलचराः (ब) मीनाः
(स) मत्स्याः (द) खगाः

(v) नगरपालं समाहूयः आदिश्यताम्।
(अ) दण्डाधिकारी (ब) कोटपालः
(स) निरीक्षकः (द) न्यायाधीशः

(vi) विद्यासु कलासु च भवदनुरागः।
(अ) व्यसनः (ब) अनुरक्तः
(स) प्रेमः (द) सहितः

(vii) झटिति आगच्छ मयासाकम्।
(अ) तुरन्तः (ब) त्वरितमेव
(स) अधुना (द) अद्यैव

उत्तराणि

(i) (अ) सुन्दरं (ii) (ब) ऋते
(iii) (स) पयः (iv) (द) खगाः
(v) (ब) कोटपालः (vi) (स) प्रेमः
(vii) (ब) त्वरितमेव

कथापूर्ति कुरुत

6. अधोलिखितां कथां मञ्जूषायाः सहायतया पूरयित्वा पुनः लिखत।
(निम्नलिखित कथा को मञ्जूषा की सहायता से पूर्ण करके पुनः लिखिए।)

महाराज! तन्तुवयनं मम (i) ·····। अहं रात्रिन्दिवम् परिश्रम्य (ii) ····· व्यवसायेन (iii) ·····। काव्यरचनायां महाकवितुल्यः मम (iv) ····· न अस्ति तथापि किञ्चित् (v) ·····। श्रोतुमर्हन्ति भवन्तः। साधु! कीदृशी लालित्यपूर्णा (vi) ····· 'कवयामि वयामि यामि' धन्योऽसि त्वम्। (vii) ····· आत्मानं धन्यं मन्ये, यस्य राज्ये (viii) ····· कुम्भकाराः, अयस्काराः (ix) ····· श्रमिकाः अपि ललितां (x) ····· कुर्वन्ति।

• मञ्जूषा पदयोजना, अनेन, निवेदयामि, शिल्पिनः अहमपि, काव्यरचनां, व्यवसायः, अभ्यासः, तन्तुवायाः, जीविकामर्जयामि।

उत्तराणि

(i) व्यवसायः (ii) अनेन
(iii) जीविकामर्जयामि (iv) अभ्यासः
(v) निवेदयामि (vi) पदयोजना
(vii) अहमपि (viii) तन्तुवायाः
(ix) शिल्पिनः (x) काव्यरचना

भारतीयं विज्ञानम्
(भारतीय विज्ञान)

अध्याय 10

पाठ परिचय

जलमूलमन्विष्यता तेन कश्चन आह्लादकरः शब्दः श्रुतः।

विभुः पश्य एतत् चित्रं, स्वयम्भो!

स्वयम्भूः आम्! पश्यामि। एषः ऋषिः किं करोति?

विभुः ननु आश्चर्येण किमपि पश्यति।

स्वयम्भूः तत्र पत्रेषु केचन जलबिन्दवः दृश्यन्ते।

विभुः आम्! मन्ये तत्र प्रपातात् जलबिन्दवः पर्णेषु पतन्ति।

आचार्यः किं विचार्यते ?

विभुः गुरुवर! अत्र चित्रे किं दर्शितं, न स्पष्टं भवति?

आचार्यः पाठं पठित्वा अनुमीयताम्।

विभुः आम्, ज्ञातम्! जलबिन्दुभिः सङ्गीतरचना क्रियते। आचार्य! किं प्राचीनकाले अपि भारते विज्ञानम् आसीत् ?

आचार्यः न केवलं विज्ञानम् आसीत् अपितु अभूतपूर्वाः उपलब्धयः आसन्। पारदसहायतया विमानानि सञ्चरन्ति स्म।

स्वयम्भूः अहो आश्चर्यम्! पठनीयः खलु एषः पाठः।

आचार्यः आम्! पठित्वा एव यूयं स्वदेशस्य विज्ञान गरिम्णः अनुभवं कर्तुं शक्ष्यथ।

शब्दार्थाः जलमूलम् = जल स्रोत, आह्लादकरः = प्रसन्नतादायक, आम् = हाँ, जल बिन्दुभि = जल की बूदों के द्वारा, पारदसहायतया = पारे की सहायता से।

हिंदी अनुवाद

जल के स्रोत को खोजते हुए उन्होंने कोई आनंदित करने वाला शब्द सुना।

विभु अरे स्वयंभू! इस चित्र (मणिका पाठ्यपुस्तक में दिया गया) को देखो।

स्वयंभू हाँ! देखता हूँ। यह ऋषि क्या कर रहे हैं?

विभु निश्चित रूप से, आश्चर्य से कुछ देख रहे हैं।

स्वयंभू वहाँ पत्तों पर कुछ जल की बूंदे दिखाई दे रही हैं।

विभु हाँ! मानता हूँ। वहाँ झरने से जल की बूँदे पत्तों पर गिर रही हैं?

आचार्य क्या सोचते हैं?

विभु गुरुवर! यहाँ चित्र (मणिका पाठ्यपुस्तक में दिया गया) में क्या दिखाया गया है, स्पष्ट नहीं हो रहा है?

आचार्य पाठ पढ़कर अनुमान लगाइए।

विभु हाँ, ज्ञात होता है! जल की बूँदों से संगीत की रचना की जा रही है। आचार्य! क्या प्राचीन काल में भी भारत में विज्ञान था?

आचार्य न केवल विज्ञान था, बल्कि अभूतपूर्व उपलब्धियाँ भी थीं। पारे की सहायता से विमान उड़ते भी थे।

स्वयंभू ओह आश्चर्य! निश्चित रूप से यह पाठ पढ़ने योग्य है।

आचार्य हाँ! पढ़ कर ही तुम सब अपने देश की विज्ञान गरिमा का अनुभव कर सकते हो।

पाठ का सार

प्रस्तुत पाठ भारतीय विज्ञान के वृहद रूप का वर्णन करता है। पाठ में बताया गया है कि प्राचीनकाल में भारतीय विज्ञान कितना उन्नत था तथा इसकी कितनी उपलब्धियाँ थीं। स्वाति नामक मुनि ने सूखे पत्तों पर पर्वतों से पड़ने वाली जल की बूँदों से उत्पन्न हुई मधुर ध्वनि को सुन कर संगीत साधनों के लिए सूक्ष्म क्रिया का आविष्कार किया। जिसके परिणामस्वरूप एक संगीत उपकरण का आविष्कार किया, जिसका नाम मृदंग है। यह कहानी भरतमुनि के नाट्यशास्त्र में भी वर्णित है। भारतीय विज्ञान केवल संगीत शास्त्र में ही नहीं, अपितु गणित शास्त्र, भौतिक विज्ञान, रसायन विज्ञान, जीव विज्ञान, आयुर्वेद, धनुर्वेद, भू-विज्ञान, अंतरिक्ष विज्ञान, नक्षत्र विज्ञान, धातु विज्ञान, रत्न विज्ञान, विमान विज्ञान, वास्तु विज्ञान, शिल्प विज्ञान और सैन्य विज्ञान में भी आश्चर्यजनक सिद्धियाँ प्राप्त कर चुका है।

पाठ का हिंदी अनुवाद

1. एकदा स्वातिनामकः मुनिः पिपासया पीडितोऽभवत्। जलमूलम् अन्विष्यता तेन कश्चन् आह्लादकरः शब्दः श्रुतः। तम् अनुसृत्य स अग्रे गतः। तत्र कुत्रचित् पर्वतात् पतन्तः जलबिन्दवः शुष्कपर्णानाम् उपरि पतित्वा मधुरं सङ्गीतं जनयन्ति स्म। एतद् अवगत्य प्रेरितः स तृषाकुलतां विस्मृत्य वेगेन आश्रमम् आगतवान्। सङ्गीतसाधनेषु प्रतिध्वनेः उत्पादनार्थं यः सूक्ष्मक्रमः आवश्यकः तम् अन्विष्टवान् सः। एवं यत् सङ्गीतसाधनं निर्मितवान् तस्य नाम मृदङ्ग इति।

शब्दार्थाः एकदा = एक बार, स्वातिनामकः = स्वाति नाम के, पिपासया = प्यास से, जलमूलम् = जल का स्रोत, अन्विष्यता = खोजते हुए, तेन = उन्होंने, कश्चन् = कोई, आह्लादकरः = आनंदित करने वाला, श्रुतः = सुना, अनुसृत्य = पीछा करके, कुत्रचित् = कहीं पर, पतन्तः = गिरती हुई (बूँदें), पर्णानाम् = सूखे पत्तों के, पतित्वा = गिरकर, जनयन्ति स्म = उत्पन्न कर रही थी, अवगत्य = जानकर, तृषाकुलताम् = प्यास की बेचैनी को, विस्मृत्य = भूलकर, आगतवान् = आकर, प्रतिध्वने = प्रतिध्वनि के, उत्पादनर्थम् = उत्पादन के लिए, निर्मितवान् = निर्माण किया, अन्विष्टवान् = खोजा, मृदङ्ग = ढोलक जैसा संगीत का एक तालवाद्य।

हिंदी अनुवाद एक बार स्वाति नामक मुनि प्यास से व्याकुल होकर जल की खोज में निकले। वहाँ उन्होंने कोई आनंदित करने वाला शब्द सुना। उनका पीछा (खोज) करते हुए वे आगे बढ़े। तब उन्होंने देखा वहाँ कहीं पर पर्वत से जल की बूँदे सूखे पत्तों पर गिरती हुई मधुर संगीत उत्पन्न कर रही थीं। यह जानकर वे प्यास की व्याकुलता भूल गए और तीव्र गति से चलकर आश्रम में आए। संगीत साधनों में प्रतिध्वनि के निर्माण के लिए जो प्रक्रिया आवश्यक है, वह उन्होंने खोज लिया। इस प्रकार जो संगीत साधन निर्मित हुआ उसका नाम 'मृदंग' है।

2. एषा कथा भरतमुनेः नाट्यशास्त्रे वर्णिता। प्रतिध्वनिविज्ञानं विना सङ्गीतसाधनानां निर्माणम् असाध्यम् वर्तते। न केवलं सङ्गीतशास्त्रे अपितु गणितशास्त्रे, भौतिके, रसायने, जीवविज्ञाने, आयुर्वेदे, धनुर्वेदे, भूविज्ञाने, खगोलविज्ञाने, नक्षत्रविज्ञाने, धातुविज्ञाने, रत्नविज्ञाने, विमानविज्ञाने, वास्तुविज्ञाने, शिल्पविज्ञाने, किं बहुना, सैन्यविज्ञानेऽपि गभीराध्ययनं कृत्वा अभूतपूर्वाः सिद्धयः सम्प्राप्ताः।

शब्दार्थाः सङ्गीतसाधनानाम् = संगीत के उपकरणों का, असाध्यम् = दुष्कर्म, धनुर्वेदे = धनुष विद्या, भूविज्ञाने = भूगोल में, खगोलविज्ञाने = अंतिरक्ष विज्ञान, धातुविज्ञाने = खनिज पदार्थ लोहा, सोना आदि धातुओं के विज्ञान में, विमानविज्ञाने = वायुयान विज्ञान में, वास्तुविज्ञाने = घर आदि के निर्माण की विद्या में, सैन्यविज्ञाने = युद्धकला संबंधी विज्ञान में, सम्प्राप्ताः = सफलताएँ प्राप्त हैं।

हिंदी अनुवाद यह कथा भरतमुनि के नाट्यशास्त्र में वर्णित है। प्रतिध्वनि-विज्ञान के बिना संगीत उपकरणों (यन्त्रों) का निर्माण कठिन है। केवल संगीत शास्त्र में ही नहीं, अपितु गणितशास्त्र, भौतिक-विज्ञान, रसायन-विज्ञान, जीव-विज्ञान, आयुर्वेद, धनुर्वेद, भू-विज्ञान, अंतरिक्षविज्ञान, नक्षत्र विज्ञान, धातु विज्ञान, रत्न विज्ञान, विमान विज्ञान, वास्तु विज्ञान, शिल्प विज्ञान और तो और सैन्य विज्ञान में भी गंभीर अध्ययन करके अद्‌भुत सफलताएँ प्राप्त की हैं।

3. महर्षिपराशररचितवृक्षायुर्वेदे वृक्षाणां पर्णैः क्रियमाणाः विविधाः क्रियाः वर्णिताः, यथा—प्रकाशनिस्सारणप्रक्रिया, पर्णस्य अवान्तरभागाः, पर्णकेषु स्थितः प्लाज्मा, बीजनिर्माणमादयः। रेखागणिते यः सिद्धान्तः 'पाइथागोरस' इति नाम्ना विख्यातः मूलतः स सिद्धान्तः बोधयनाचार्येण शुल्वसूत्रेषु पूर्वमेव निरूपितः।

शब्दार्थाः वृक्षायुर्वेदे = वनस्पति विज्ञान, पर्णैः = पत्तियों द्वारा, प्रकाशनिस्सारणप्रक्रिया = प्रकाश के निकालने का तरीका, अवान्तरंभागाः = बीच के भाग, पाइथागोरस = प्रमेय (रेखा गणित विषयक), शुल्वसूत्रेषु = वैदिक रेखा गणित।

हिंदी अनुवाद महर्षि पराशर द्वारा रचित वृक्षायुर्वेद (वनस्पति-विज्ञान) में वृक्षों की पत्तियों द्वारा की जाने वाली अनेक क्रियाओं का वर्णन हैं; जैसे—प्रकाश संश्लेषण प्रक्रिया, पत्तियों का आंतरिक भाग, पत्तों में स्थित प्लाज्मा, बीज निर्माण आदि। रेखागणित में जो सिद्धांत 'पाइथागोरस' नाम से विख्यात है, मूल रूप से वही सिद्धांत बोधायन आचार्य के द्वारा शुल्व सूत्रों में पहले से ही निरूपित किया गया है।

4. नालन्दाविश्वविद्यालये बौद्धदर्शनेन सह कृषिः, आयुर्वेदः, पशुविज्ञानं, कला शिल्पानि च अध्यापितानि। सप्तवर्षीयः सन् छात्रः पञ्चविद्याः अधीतवान्। प्रथमा शब्दविद्या तु व्याकरणस्य ज्ञानाय अभवत्। तदनु द्वितीया विद्या शिल्पस्थानम् इति विख्याता। एतेन शिल्पानि, यन्त्रनिर्माणविधिः, ज्योतिषं, तिथिपत्रं च शिक्षितानि। आयुर्वेदः तृतीया विद्या। तत्र शरीररक्षा, शल्यचिकित्सा, ओषधीनां प्रज्ञानं च अधीतानि। चतुर्थी हेतुविद्या न्यायदर्शनं तर्कशास्त्रं च आसीत् येन सत्यासत्यविवेकोऽभवत्। अन्तिमा पञ्चमी विद्याध्यात्मिकी अभवत् यया जीवनदर्शनस्य रहस्यानि विवृतानि।

शब्दार्थाः बौद्धदर्शनेन सह = बौद्धदर्शनशास्त्र के साथ, अध्यापितानि = पढ़ाए जाते थे, अधीतवान् = अध्ययन करता था, सप्तवर्षीयः = सात वर्ष का, शब्दविद्या = व्याकरण, शिल्पस्थानम् = शिल्प, यन्त्र निर्माण, ज्योतिष, आयुर्वेदः = शरीर रक्षा, औषधिविज्ञान, तदनु = उसके पश्चात्, तिथिपत्रम् = पंचांग, प्रज्ञानम् = विशिष्ट ज्ञान, हेतुविद्या = न्यायदर्शन, तर्कशास्त्र।

हिंदी अनुवाद नालंदा विश्वविद्यालय में बौद्ध दर्शन के साथ कृषि, आयुर्वेद, पशु विज्ञान, कला और शिल्प आदि विषय पढ़ाए जाते थे। उस समय सात वर्ष की अवस्था होने पर बालक पाँच विद्याओं का अध्ययन करता था। जिनमें पहली शब्दविद्या व्याकरण के ज्ञान के लिए होती थी। तत्पश्चात् दूसरी विद्या में शिल्प का स्थान प्रसिद्ध है। इसके द्वारा कलाएँ, यंत्र निर्माण विधि, ज्योतिष और पंचांग का अध्ययन कराया जाता था। तीसरी विद्या में आयुर्वेद, जिसमें शरीर की रक्षा, शल्य चिकित्सा और औषधि विषयक् विशिष्ट ज्ञान का अध्ययन कराया जाता था। चौथी विद्या स्थान हेतु (कार्य-कारण) न्याय दर्शन और तर्क शास्त्र की होती थी, जिससे सत्य और असत्य का विवेक होता था। अंतिम और पाँचवीं विद्या आध्यात्मिकी थी, जिससे जीवन दर्शन के रहस्यों की व्याख्या की जाती थी।

5. एवं भारतीयविज्ञानपरम्परा अति उत्कृष्टा मानवीयमूल्ययुक्ता च आसीत्। अस्माकं जीवनदृष्टेः अनुरूपमेव तत् विज्ञानमपि सर्वहिताय सर्वसुखाय च आसीत् यतः भारतीयसभ्यतायाः मूलमन्त्रोऽस्ति—

"सर्वे भवन्तु सुखिनः सर्वे सन्तु निरामयाः।
सर्वे भद्राणि पश्यन्तु मा कश्चिद् दुःखभाग्भवेत्।"

शब्दार्थाः एवम् = इस प्रकार, उत्कृष्टा = उत्तम, मानवीयमूल्ययुक्ता = मानवीय मूल्यों से युक्त, परम्परा = प्रथा, निरामयाः = निरोग, भद्राणि = कल्याणकारी, पश्यन्तु = देखें, मा = नहीं, सर्वहिताय = सबके मंगल के लिए, मूलयमन्त्रम् = मौलिक या वास्तविक मंत्र, भवन्तु = होवें, सुखिनः = सुखी।

अन्वयः सर्वे सुखिनः भवन्तु, सर्वे निरामयाः सन्तु, सर्वे भद्राणि पश्यन्तु, कश्चित् दुःखभाग् मा भवेत्।

हिंदी अनुवाद इस प्रकार भारतीय विज्ञान प्रथा अति उत्कृष्ट और मानवीय मूल्यों से युक्त थी। हमारी जीवन दृष्टि के अनुसार ही वह विज्ञान भी सबके हित के लिए और सभी के सुख के लिए था, क्योंकि भारतीय सभ्यता का मूलमंत्र है—

"सभी सुखी हों, सभी निरोगी हों, सभी का कल्याण देखें और कोई दुःख का भागी न हो।"

मणिका-पाठ्यपुस्तकम् प्रश्नोत्तराः

मणिका पाठ्य-पुस्तक के प्रश्नोत्तर

प्र.1 निम्नलिखितानां प्रश्नानामुत्तराणि एकपदेन लिखत।
(निम्नलिखित प्रश्नों के उत्तर एक पद में लिखिए।)

(क) स्वातिनामकः मुनिः कया पीडितः अभवत्?

(ख) मुनिना कीदृशः शब्दः श्रुतः?

(ग) मुनिः किं विस्मृत्य वेगेन आश्रमम् आगतवान्?

(घ) मुनिना यत् सङ्गीतसाधनं निर्मितम् तस्य किं नाम?

(ङ) भरतमुनिना किं शास्त्रं विरचितम्?

(च) रेखागणितस्य कः सिद्धान्तः शुल्वसूत्रेषु पूर्वमेव निरूपितः?

(छ) कस्मिन् विश्वविद्यालये कृषिः, आयुर्वेदः, पशुविज्ञानम् आदयः विषयाः अध्याप्यन्ते स्म?

(ज) प्राचीना भारतीयविज्ञानपरम्परा कीदृशी आसीत्?

(झ) 'सर्वे भवन्तु सुखिनः' इति कस्याः सभ्यतायाः मूलमन्त्रम्?

उत्तराणि

(क) पिपासया
(ख) आह्लादकरः
(ग) तृषाकुलतां
(घ) मृदङ्गः
(ङ) नाट्यशास्त्रम्
(च) पाइथागोरसः
(छ) नालन्दा
(ज) मानवीय मूल्य युक्ता
(झ) भारतीय सभ्यतायाः

प्र.2 पूर्णवाक्येन संस्कृतभाषायां उत्तरत।
(पूर्ण वाक्य में संस्कृत भाषा में उत्तर दीजिए।)

(क) स्वातिमुनिः किम् अन्विष्टवान्?

(ख) प्राचीनभारतीयविज्ञानस्य पञ्चशाखानां नामानि लिखत।

(ग) वृक्षाणां पर्णैः काः क्रियाः क्रियन्ते?

(घ) बोधायनाचार्येण शुल्वसूत्रेषु किं निरूपितम्?

(ङ) पञ्चविद्यानां नामानि लिखत।

(च) प्राचीना भारतीयविज्ञानपरम्परा कीदृशी आसीत्?

(छ) भारतीयसभ्यतायाः मूलमन्त्रः कः अस्ति?

उत्तराणि

(क) स्वातिमुनिः जलमूलम् अन्विष्टवान्।

(ख) गणित शास्त्रं, भौतिक विज्ञानं, रसायनं शास्त्रं, जीव विज्ञानं आयुर्वेदञ्च।

(ग) वृक्षाणां पर्णैः प्रकाश निस्सारण क्रियाः क्रियन्ते।

(घ) बोधायनाचार्येण शुल्वसूत्रेषु पाइथागोरसं प्रमेयं निरूपितम्।

(ङ) व्याकरणम्, शिल्प शास्त्रम्, ज्योतिष शास्त्रं, आयुर्वेद शास्त्रं तर्कशास्त्रं च।

(च) प्राचीना भारतीयविज्ञानपरम्परा मानवीय मूल्य युक्ता च आसीत्।

(छ) भारतीयःसभ्यतायाः मूलमन्त्रः अस्ति।
सर्वे भवन्तु सुखिनः सर्वे सन्तु निरामयाः।
सर्वे भद्राणि पश्यन्तु मा कश्चिद् दुःखभाग्भवेत्।

प्र.3 स्थूलाक्षरपदानि उत्तराणि स्युः इति दृष्ट्या प्रश्ननिर्माणं कुरुत।
(स्थूलाक्षर पद उत्तर हो, इस दृष्टि से प्रश्न निर्माण कीजिए।)

(क) **जलमूलम्** अन्विष्यता स्वातिमुनिना आह्लादकरः शब्दः श्रुतः।

(ख) अग्रे गत्वा **पर्वतात्** पततः जलबिन्दून् अपश्यत् सः।

(ग) जलबिन्दवः **मधुरसङ्गीतं** जनयन्ति स्म।

(घ) प्रतिध्वनिविज्ञानं विना **सङ्गीतसाधनानां** निर्माणम् असाध्यम्।

(ङ) **विज्ञाने** गभीराध्ययनं कृत्वा अस्माकं पूर्वजैः अभूतपूर्वाः सिद्धयः सम्प्राप्ताः।

(च) वृक्षायुर्वेदः **महर्षिपराशरेण** विरचितः।

उत्तराणि

(क) कम् (ख) कस्मात् (ग) कम्
(घ) केषाम् (ङ) कस्मिन् (च) कः

प्र.4 अधोलिखितान् प्रश्नान् यथानिर्देशम् उत्तरत।
(निम्नलिखित प्रश्नों के उत्तर निर्देशानुसार दीजिए।)

(क) 'एकदा स्वातिनामकः मुनिः पिपासया पीडितोऽभवत्।' अत्र क्रियापदं किम्?

(ख) 'वृक्षायुर्वेदे वृक्षाणां पर्णैः क्रियमाणाः विविधाः क्रियाः वर्णिताः।' अत्र 'विविधाः' इति पदस्य किं विशेष्यपदं प्रयुक्तम्?

(ग) 'प्रथमा शब्दविद्या तु व्याकरणस्य ज्ञानाय अभवत्।' अत्र विशेषणपदं किम्?

(घ) 'सर्वे भवन्तु सुखिनः।' अत्र कर्तृपदं किम्?

(ङ) 'सः तृषाकुलतां विस्मृत्य वेगेन आश्रमम् आगतवान्।' अस्मिन् वाक्ये 'स्मृत्वा' इति पदस्य किं विलोमपदं प्रयुक्तम्?

(च) 'सर्वे सन्तु निरामयाः' अस्मिन् वाक्ये 'रोगरहिताः' इत्यर्थे किं पदं प्रयुक्तम्?

उत्तराणि

(क) पीडितोऽभवत् (ख) क्रियाः (ग) विद्या
(घ) सर्वे (ङ) विस्मृत्य (च) निरामयाः

प्र.5 कथाक्रमानुसारम् अधोलिखितानि वाक्यानि पुनः लिखत।
(कथा के क्रम के अनुसार निम्नलिखित वाक्यों को पुनः लिखिए।)

(क) सङ्गीतसाधनेषु प्रतिध्वनेः उत्पादनार्थं यः सूक्ष्मक्रमः आवश्यकः तम् अन्विष्टवान् सः।

(ख) एकदा स्वातिनामकः मुनिः आसीत्।

(ग) तत्र पर्वतात् पतन्तः जलबिन्दवः शुष्कपर्णानाम् उपरि पतित्वा मधुरं सङ्गीतं जनयन्ति स्म।

(घ) सः पिपासया पीडितोऽभवत्।

(ङ) एवं यत् सङ्गीतसाधनं निर्मितवान् तस्य नाम मृदङ्ग इति।

(च) तं शब्दम् अनुसृत्य स अग्रे गतः।

(छ) एतद् अवगत्य प्रेरितः स तृषाकुलतां विस्मृत्य वेगेन आश्रमम् आगतवान्।

उत्तराणि

(क) एकदा स्वातिनामकः मुनिः आसीत्।

(ख) सः पिपासया पीडितोऽभवत्।

(ग) तं शब्दम् अनुसृत्य स अग्रे गतः।

(घ) तत्र पर्वतात् पतन्तः जलबिन्दवः शुष्कपर्णानाम् उपरि पतित्वा मधुरं सङ्गीतं जनयन्ति स्म।

(ङ) एतद् अवगत्य प्रेरितः स तृषाकुलतां विस्मृत्य वेगेन आश्रमम् आगतवान्।

(च) सङ्गीतसाधनेषु प्रतिध्वनेः उत्पादनार्थं यः सूक्ष्मक्रमः आवश्यकः तम् अन्विष्टवान् सः।

(छ) एवं यत् सङ्गीतसाधनं निर्मितवान् तस्य नाम मृदङ्ग इति।

प्र.6 विशेषण-विशेष्याणां मेलनं कृत्वा लिखत।
(विशेषण-विशेष्यों को मेल करके लिखिए।)

सूची (अ) (विशेषणानि)	सूची (ब) (विशेष्याणि)
(क) मधुरम्	(i) परंपरा
(ख) आह्लादकरः	(ii) सर्वे
(ग) अत्युत्कृष्टा	(iii) क्रियाः
(घ) विविधाः	(iv) सङ्गीतम्
(ङ) सुखिनः	(v) शब्दः

उत्तराणि

सूची (अ) (विशेषणानि)	सूची (ब) (विशेष्याणि)
(क) मधुरम्	(iv) संङ्गीतम्
(ख) आह्लादकरः	(v) शब्दः
(ग) अत्युत्कृष्टा	(i) परंपरा
(घ) विविधाः	(iii) क्रियाः
(ङ) सुखिनः	(ii) सर्वे

प्र.7 अधोलिखितविद्यानां विषयैः सह मेलनं कृत्वा लिखत।
(निम्नलिखित विद्याओं का विषयों के साथ मेल करके लिखिए।)

सूची (अ)	सूची (ब)
(क) हेतुविद्या	(i) व्याकरणम्
(ख) शिल्पस्थानम्	(ii) न्यायादिदर्शनम्
(ग) आध्यात्मिकी	(iii) यन्त्रनिर्माणविधिः
(घ) आयुर्वेदः	(iv) जीवनदर्शनम्
(ङ) शब्दविद्या	(v) शरीररक्षा

उत्तराणि

सूची (अ)	सूची (ब)
(क) हेतुविद्या	(ii) न्यायादिदर्शनम्
(ख) शिल्पस्थानम्	(iii) यन्त्रनिर्माणविधिः
(ग) आध्यात्मिकी	(iv) जीवनदर्शनम्
(घ) आयुर्वेदः	(v) शरीररक्षा
(ङ) शब्दविद्या	(i) व्याकरणम्

योग्यताविस्तारः (योग्यता-विस्तार)

(क) **आर्यभट्टः** **प्रसिद्धः गणितज्ञः। आर्यभटीयम् इति तस्य विशुद्धा वैज्ञानिकी कृतिः अस्ति।**

भास्कराचार्यः **अस्य लीलावती, बीजगणितञ्च इति गणितविषयकौ ग्रन्थौ अति प्रसिद्धौ।**

महर्षिभरद्वाजः **'यन्त्रसर्वस्वम्' इति ग्रन्थे चत्वारिंशत्तमे अधिकरणे वैमानिकप्रकरणमस्ति।**

वराहमिहिरः **बृहत्संहितायाम् नौकानिर्माणकला वर्णिता।**

भोजः **युक्तिकल्पतरुः इति ग्रन्थे नौकानिर्माणकला वर्णिता।**

श्रीवसवराजेंद्रः **शिवतत्त्वरत्नाकरे चतुष्षष्टिः कलाः वर्णिताः तेषु लौहक्रिया, अश्मक्रिया, मृत्क्रिया, दारुक्रियादयः प्रमुखाः सन्ति।**

आर्यभट्ट प्रसिद्ध गणितज्ञ। आर्यभटीय इनकी विशुद्ध वैज्ञानिक कृति है।

भास्कराचार्य इनके द्वारा रचित 'लीलावती' और 'बीजगणित' दो बहुत प्रसिद्ध ग्रंथ हैं

महर्षिभारद्वाज इनके द्वारा रचित 'यंत्रसर्वस्व' ग्रंथ चालीसवें अधिकरण में वैमान-विषयक प्रकरण हैं।

वराहमिहिर 'वृहत्संहिता' में नक्षत्र विज्ञान का वर्णन है।

भोज इनके 'युक्ति कल्पतरू' नामक ग्रंथ में नौका निर्माण की कला वर्णित है।

श्रीवसवराजेंद्र इनके द्वारा रचित शिव तत्त्व रत्नाकर में चौंसठ (64) कलाएँ वर्णित हैं, इसमें लौह क्रिया, अश्म क्रिया, मृत क्रिया, दारू क्रिया आदि प्रमुख हैं।

(ख) **अधोलिखितादर्शवाक्यानि सम्बद्धसंस्थाभिः सह पठत।**

(अधोलिखित आदर्श वाक्यों को संबद्ध संस्थाओं के साथ पढ़िए।)

(क) बहुजनहिताय बहुजनसुखाय	(i) दूरदर्शनम्
(ख) अहर्निशं सेवामहे	(ii) दूरसञ्चारविभागः
(ग) सत्यमेव जयते	(iii) भारतशासनम्
(घ) विद्ययाऽमृतमश्नुते	(iv) राष्ट्रीय शैक्षिक अनुसंधान एवं प्रशिक्षण परिषद्
(ङ) शरीरमाद्यं खलु धर्मसाधनम्	(v) अखिलभारतीयायुर्विज्ञानसंस्थानम्
(च) असतो मा सद्गमय	(vi) केंद्रीयमाध्यमिकशिक्षापरिषद्

उत्तराणि

(क) बहुजनहिताय, बहुजनसुखाय	(i) दूरदर्शन
(ख) अहर्निशं सेवामहे	(ii) दूर संचार विभाग
(ग) सत्यमेव जयते	(iii) भारत शासन
(घ) विद्ययाऽमृतमश्नुते	(iv) राष्ट्रीय शैक्षिक अनुसंधान एवं प्रशिक्षण परिषद्
(ङ) शरीरमाद्यं खलु धर्मसाधनम्	(v) अखिल भारतीय आयुविज्ञान संस्थान
(च) असतो मा सद्गमय	(vi) केंद्रीय माध्यमिक शिक्षा परिषद्

(ग) **खगोलविज्ञानम-आकाशार्थे प्रयुज्यते यथा-**

खगोलविज्ञान आकाश के अर्थ में प्रयुक्त होता है; जैसे-

द्यौ दिवौ द्वे स्त्रियामभ्रं व्योमपुष्करमम्बरम्।
नभोऽन्तरिक्षं गगनमनन्तं सुरवर्त्मखम्।।

(द्यौ, दिव्, व्योमन, पुष्करम् , अम्बरम्, नभः, अन्तरिक्षम्, गगनम्, अनन्तम्, सुरवर्त्मन, खम् (चेती)

एतानि आकाशस्य पर्यायपदानि अमरकोशे निहितानि सन्ति।

ये आकाश के पर्याय पद हैं, जो अमर कोश में निहित हैं।

अभ्यास प्रश्नाः

मणिका पाठ्य-पुस्तक पर आधारित प्रश्नोत्तर

गद्यांश आधारित प्रश्नाः

1. अधोलिखितं गद्यांशं पठित्वा प्रदत्त प्रश्नानाम् उत्तराणि संस्कृतेन लिखत।

(निम्नलिखित गद्यांशों को पढ़कर दिए गए प्रश्नों के उत्तर संस्कृत में लिखिए।)

(क) एकदा स्वातिनामकः मुनिः पिपासया पीडितोऽभवत्। जलमूलम् अन्विष्यता तेन कश्चन आह्लादकरः शब्दः श्रुतः। तम् अनुसृत्य स अग्रे गतः। तत्र कुत्रचित् पर्वतात् पतन्तः जलबिन्दवः शुष्कपर्णानाम् उपरि पतित्वा मधुरं सङ्गीतं जनयन्ति स्म। एतद् अवगत्य प्रेरितः स तृषाकुलतां विस्मृत्य वेगेन आश्रमम् आगतवान्। सङ्गीतसाधनेषु प्रतिध्वनेः उत्पादनार्थं यः सूक्ष्मक्रमः आवश्यकः तम् अन्विष्टवान् सः। एवं यत् सङ्गीतसाधनं निर्मितवान् तस्य नाम मृदङ्ग इति।

I. एकपदेन उत्तरत। (एक पद में उत्तर दीजिए।)

(i) मुनेः किं नाम् आसीत्?

(ii) मुनिः पिपासया कीदृशः अभवत्?

(iii) तेन (मुनिना) कीदृशः शब्दः श्रुतः?

II. पूर्णवाक्येन उत्तरत। (पूर्ण वाक्य में उत्तर दीजिए।)

(i) शब्दम् अनुसृत्यः स कुत्र गतः?

(ii) पर्वतात् के पतन्तः?

(iii) जल बिन्दवः कुत्र पतन्तः?

III. निर्देशानुसारम् उत्तरत। (निर्देशानुसार उत्तर दीजिए।)
(i) अभवत् अस्मिन् पदे कः लकारः वर्तते?
(ii) पतित्वा इत्यत्र कः प्रत्ययः अस्ति?
(iii) शुष्क पर्णानाम् इत्यत्र का विभक्तिरस्ति?

उत्तराणि

I. (i) स्वाति (ii) पीडितः
(iii) आह्लादकरः

II. (i) शब्दम् अनुसृत्य स अग्रे गतः।
(ii) पर्वतात् जल बिन्दवः पतन्तः।
(iii) जल बिन्दवः शुष्कपर्णानाम् उपरि पतन्तः।

III. (i) लङ् लकार (ii) क्त्वा
(iii) षष्ठी

(ख) एषा कथा भरतमुनेः नाट्यशास्त्रे वर्णिता। प्रतिध्वनिविज्ञानं विना सङ्गीतसाधनानां निर्माणम् असाध्यम् वर्तते। न केवलं सङ्गीतशास्त्रे अपितु गणितशास्त्रे, भौतिके, रसायने, जीवविज्ञाने, आयुर्वेदे, धनुर्वेदे, भूविज्ञाने, खगोलविज्ञाने, नक्षत्रविज्ञाने, धातुविज्ञाने, रत्नविज्ञाने, विमानविज्ञाने, वास्तुविज्ञाने, शिल्पविज्ञाने, किं बहुना, सैन्यविज्ञानेऽपि गभीराध्ययनं कृत्वा अभूतपूर्वाः सिद्धयः सम्प्राप्ताः।

I. एकपदेन उत्तरत। (एक पद में उत्तर दीजिए।)
(i) एषा कथा कस्य शास्त्रे वर्णिता:?
(ii) प्रतिध्वनिविज्ञानं विना कस्य निर्माणम् असाध्यम्?
(iii) सैन्य विज्ञानेऽपि गभीराध्ययनं कृत्वा का सम्प्राप्तः?

II. पूर्णवाक्येन उत्तरत। (पूर्ण वाक्य में उत्तर दीजिए।)
(i) भरतमुनिः कं ग्रन्थमरचयत्?
(ii) कं विना सङ्गीतसाधनानां निर्माणम् असाध्यम् वर्तते?
(iii) अभूतपूर्व सिद्धयः प्राप्तर्थं का आवश्यकता?

III. निर्देशानुसारम् उत्तरत। (निर्देशानुसार उत्तर दीजिए।)
(i) सम्प्राप्ताः इत्यस्मिन् पदे कः उपसर्गः प्रयुक्तः?
(ii) नाट्य शास्त्रे इत्यस्मिन् पदे का विभक्तिरस्ति?
(iii) सैन्येऽपि अस्मिन् पदे का सन्धिविच्छेदः?

उत्तराणि

I. (i) भरतमुनेः (ii) सङ्गीतसाधनानां
(iii) अभूतपूर्वाःसिद्धयः

II. (i) भरतमुनिः नाट्यशास्त्रं ग्रन्थमरचयत्।
(ii) प्रतिध्वनिविज्ञानं विना सङ्गीतसाधनानां निर्माणम् असाध्यं वर्तते।
(iii) अभूतपूर्व सिद्धयः प्राप्तर्थं गम्भीर अध्ययनस्य आवश्यकता।

III. (i) सम् (ii) सप्तमी
(iii) सैन्ये + अपि

(ग) महर्षिपराशररचितवृक्षायुर्वेदे वृक्षाणां पर्णैः क्रियमाणाः विविधाः क्रियाः वर्णिताः, यथा–प्रकाशनिस्सारणप्रक्रिया, पर्णस्य अवान्तरभागाः, पर्णकेषु स्थितः प्लाज्मा, बीजनिर्माणमादयः। रेखागणिते यः सिद्धान्तः 'पाइथागोरस' इति नाम्ना विख्यातः मूलतः स सिद्धान्तः बोधयनाचार्येण शुल्वसूत्रेषु पूर्वमेव निरूपितः।

I. एकपदेन उत्तरत। (एक पद में उत्तर दीजिए।)
(i) महर्षि पराशर रचितः ग्रन्थः कः?
(ii) कैः क्रियमाणाः क्रियाः वर्णिताः?
(iii) प्रकाश निस्सारण क्रिया कस्य अस्ति?

II. पूर्णवाक्येन उत्तरत। (पूर्ण वाक्य में उत्तर दीजिए।)
(i) वृक्षायुर्वेदे का वर्णिताः?
(ii) रेखागणितस्य कः सिद्धान्तः विख्यातः?
(iii) शुल्वः केन विरचितः?

III. निर्देशानुसारम् उत्तरत। (निर्देशानुसार उत्तर दीजिए।)
(i) पर्णैं इत्यस्मिन् पदे का विभक्तिरस्ति?
(ii) निस्सारण इत्यत्र कः उपसर्गः?
(iii) पूर्वमेव इत्यस्य सन्धि विच्छेद कुरुत।

उत्तराणि

I. (i) वृक्षायुर्वेदः (ii) पर्णैः (iii) पर्णस्य

II. (i) वृक्षायुर्वेदे वृक्षाणां पर्णैः क्रियामाणाः विविधाः क्रियाः वर्णिताः।
(ii) रेखागणितस्य पाइथागोरस्य सिद्धान्तः विख्यातः।
(iii) शुल्व सूत्रः बोधायन आचार्येण विरचितः।

III. (i) तृतीया (ii) निस्
(iii) पूर्वम् + एव

अन्वयः पूर्ति

2. मञ्जूषातः समुचितपदानि चित्वा अधोलिखित श्लोकस्य अन्वयं पूरयित्वा पुनः लिखत।
(मञ्जूषा से समुचित पद चुनकर निम्नलिखित श्लोक का अन्वय पूर्ण करके पुनः लिखिए।)

(क) सर्वे भवन्तु सुखिनः सर्वे सन्तु निरामयाः।
सर्वे भद्राणि पश्यन्तु मा कश्चिद् दुःखभाग्भवेत्।

अन्वयः सर्वे (i) ...... भवन्तु, सर्वे (ii) ...... सन्तु सर्वे भद्राणि (iii) ......, कश्चिद् दुःख भाग् (iv) ...... भवेत्।

• मञ्जूषा मा, सुखिनः, पश्यन्तु, निरामयाः।

उत्तराणि

(i) सुखिनः (ii) निरामयाः
(iii) पश्यन्तु (iv) मा

भावार्थ पूर्ति

3. मञ्जूषायाः साहाय्येन श्लोकस्य भावार्थे रिक्त स्थानानि पूरयित्वा पुनः लिखत।
(मञ्जूषा की सहायता से श्लोक के भावार्थ में रिक्त स्थान पूर्ण करके पुनः लिखिए।)

(क) सर्वे भवन्तु सुखिनः सर्वे सन्तु निरामयाः।
सर्वे भद्राणि पश्यन्तु मा कश्चिद् दुःखभागभवेत्।

भावार्थः जगति सर्वे जनाः (i) ...... भवन्तु। सर्वे (ii) ...... भवन्तु (iii) ...... भद्र भाव एव पश्यन्तु (iv) ...... दुःखिनः (v) ...... भवेत्।

• मञ्जूषा मा, सुखिनः, कोऽपि, निरामयापि, सर्वे।

उत्तराणि

(i) सुखिन:
(ii) निरामयापि
(iii) सर्वे
(iv) कोऽपि
(v) मा

प्रश्ननिर्माणं कुरुत

4. निम्नांकित वाक्येषु रेखाङ्कित पदानि आधृत्य प्रश्ननिर्माणं कुरुत। (निम्नलिखित वाक्यों में रेखांकित पदों के आधार पर प्रश्न निर्माण कीजिए।)

(i) जलमूलम् अन्विष्यता तेन आह्लादकर: शब्द: श्रुत:।
(ii) शुष्क पर्णानाम् उपरिपतित्वा मधुर सङ्गीतं जनयन्ति स्म।
(iii) तृषाकुलतां विस्मृत्य वेगेन आश्रमम् आगतवान्।
(iv) सप्तवर्षीय: सन् छात्र पञ्चविद्या: अधीतवान्।
(v) अस्माकं जीवनदृष्टे अनुरूपमेव अस्ति।

उत्तराणि

(i) कम्
(ii) किम्
(iii) काम्
(iv) क:
(v) केषाम्

प्रसङ्गानुकूलं प्रश्ना:

5. अधोलिखितेषु रेखाङ्कितपदानां प्रसंङ्गानुकूलम् उचितार्थं चित्वा लिखत। (निम्नलिखित वाक्यों में रेखांकित पदों के प्रसंगों के अनुकूल उचित अर्थ चुनकर लिखिए।)

(i) एकदा स्वाति नामक: मुनि: पिपासया पीडितोऽभवत्।
(अ) एकबारं (ब) बहुधा
(स) एकधा (द) अनेकधा

(ii) जलमूलम् अन्विष्यता तेन कश्चन् आहलादकर: शब्द: श्रुत:।
(अ) स्रोतम् (ब) स्रोतम्
(स) प्रवाहम् (द) धारां

(iii) तस्य नाम मृदङ्ग: इति।
(अ) ढक्कां (ब) तबला
(स) पखावज: (द) नाल

(iv) तम् अनुसृत्य स अग्रे गत:।
(अ) धावित्वा (ब) चलित्वा
(स) अनुकरणम् कृत्वा (द) गत्वा

(v) वृक्षाणां पर्णै: क्रियामाणा: विविधा: क्रिया: वर्णिता:।
(अ) पत्राणि (ब) दलै:
(स) शाखा (द) मूलै:

(vi) वृक्षायुर्वेदे वृक्षाणां पर्णै क्रिया विविधा कार्या:।
(अ) वृक्षाणां स्वास्थ्य (ब) चिकित्सा
(स) वनस्पतिशास्त्र (द) औषधी

(vii) सङ्गीतसाधनानां निर्माणम्।
(अ) ढक्कां (ब) उपकरणं
(स) वाद्य यन्त्रं (द) ढपली

उत्तराणि

(i) (अ) एकबारं
(ii) (अ) स्रोतम्
(iii) (स) पखावज:
(iv) (स) अनुकरणम् कृत्वा
(v) (ब) दलै:
(vi) (स) वनस्पतिशास्त्र
(vii) (स) वाद्य यन्त्रं

कथापूर्ति कुरुत

6. अधोलिखितां कथां मञ्जूषाया: सहायतया पूरयित्वा पुन: लिखत। (निम्नलिखित कथा को मञ्जूषा की सहायता से पूर्ण करके पुन: लिखिए।)

नालन्दाविश्वविद्यालये (i) ...... सह कृषि:, आयुर्वेद:, (ii) ...... , कला शिल्पानि च (iii)......। सप्तवर्षीय: सन् छात्र: (iv)...... अधीतवान्। प्रथमा शब्दविद्या तु (v) ...... ज्ञानाय अभवत्। तदनु द्वितीया विद्या (vi) ...... इति विख्याता। एतेन शिल्पानि, यन्त्रनिर्माणविधि:, ज्योतिषं, तिथिपत्रं च शिक्षितानि। आयुर्वेद: तृतीया विद्या। तत्र शरीररक्षा, शल्यचिकित्सा, ओषधीनां (vii) ...... च अधीतानि। चतुर्थी हेतुविद्या (viii) ...... तर्कशास्त्रं च आसीत् येन सत्यासत्यविवेकोऽभवत्। अन्तिमा पञ्चमी (ix) ...... अभवत् यया जीवनदर्शनस्य (x) ...... विवृतानि।

- **मञ्जूषा** विद्याध्यात्मिकी, पशुविज्ञानं, व्याकरणस्य, प्रज्ञानं, पञ्चविद्या:, बौद्धदर्शनेन, शिल्पस्थानम्, अध्यापितानि, न्यायदर्शनं, रहस्यानि।

उत्तराणि

(i) बौद्धदर्शनेन
(ii) पशुविज्ञानं
(iii) अध्यापितानि
(iv) पञ्चविद्या:
(v) व्याकरणस्य
(vi) शिल्पस्थानम्
(vi) प्रज्ञानं
(viii) न्यायदर्शनं
(ix) विद्याध्यात्मिकी
(x) रहस्यानि

भारतेनास्ति मे जीवनं जीवनम्

(भारत से ही मेरा जीवन, जीवन है।)

अध्याय 11

पाठ परिचय

आचार्य: छात्रा:! एकां प्रहेलिकां पृच्छामि।

छात्रा: अहो प्रहेलिका! पृच्छतु भवान्। वयं सन्नद्धा:।

आचार्य: अधोलिखितात् वर्णजालात् नदीनां पर्वतानां नमानि चिनुत

अ	बु	द:	*	गं
रा	च	न्द्र	भा	गा
व	य	मु	ना	है
लि:	वि	न्ध्य:	मा	*
नी	ला	द्रि:	हया	स

छात्रा: पूर्णरूपेण न ज्ञायते।

आचार्य: पाठे दत्तान् श्लोकान् पठत। तत: एतां पूरयत।

रवि: आचार्यवर! एतानि पद्यानि तु मया दूरदर्शनत: श्रुतानि, अपि च चित्राणि अपि दृष्टानि।

आचार्य: साधूक्तम्! एतानि पद्यानि 'भाति मे भारतम्' इति गीतिकाव्यात् सङ्गृहीतानि।

छात्रा: तर्हि गायाम: वयम् एतानि पद्यानि।

शब्दार्था: प्रहेलिकां = पहेली को, वर्णजालात् = वर्णजाल से, नदीनां = नदियों के, पद्यानि = कविता को, साधूक्तम् = ठीक कहते हो, गीतिकाव्यात् = गीतिकाव्य से।

हिंदी अनुवाद

आचार्य छात्रों! एक पहेली पूछता हूँ।

सभी छात्र वाह पहेली! आप पूछिए। हम तैयार हैं।

आचार्य उपरोक्त वर्णों के जाल से नदियों और पर्वतों के नाम चुनिए।

सभी छात्र पूरी तरह नहीं जानते हैं।

आचार्य पाठ में दिए गए श्लोकों को पढ़िए तब इनको पूर्ण कीजिए।

रवि आचार्यवर! ये कविताएँ तो मैंने दूरदर्शन पर सुनी हैं और चित्र भी देखे हैं।

आचार्य ठीक कहते हो! ये कविताएँ ''भाति में भारतम्'' नामक गीतिकाव्य से संगृहीत की हैं।

सभी छात्र तो हम सब इन कविताओं को गाते हैं।

पाठ का सार प्रस्तुत पाठ गीतिकाव्य संग्रह से संकलित है यह डॉ. रमाकांत शुक्ल द्वारा रचित हैं। प्रस्तुत पाठ में भारत की महत्ता दर्शाने के साथ-साथ उसके प्रति समर्पण भाव की कामना की गई है। हमारा देश भारत विंध्य, सह्याद्रि, नील और हिमालय आदि पर्वतों से सुशोभित है। यह वेदों के ज्ञान से प्रकाशित तथा ललित कलाओं से सुशोभित है। यह मधुर संगीत तथा माँ सरस्वती की वीणा के तारों से झंकृत इस पृथ्वी पर सुशोभित है।

भारत विश्वबंधुत्व की भावना तथा महापुरुषों द्वारा संसार को पवित्र करता हुआ इस धरती पर निरंतर सुशोभित हो रहा है। यह धरती धर्म, अर्थ, काम, मोक्ष, भक्ति और ज्ञान से युक्त है। यहाँ कोई शोषित, रोगी तथा पीड़ित न हो, कोई दीन-हीन न हो, यही मेरा सबसे बड़ी कामना है। वास्तव में, भारत से ही मेरा जीवन है। मैं अपने सभी कार्यों व क्रिया-कलापों को प्रिय राष्ट्र (भारत) को समर्पित करता हूँ।

पाठ का हिंदी अनुवाद

1. विन्ध्यसह्याद्रिनीलाद्रिमालान्वितं
शुभ्रहैमाद्रिहासप्रभापूरितम्।
अर्बुदारावलीश्रेणिसम्पूजितम्
भूतले भाति मेऽनारतं भारतम्।।1।।

शब्दार्थाः विन्ध्यसह्याद्रिनीलाद्रिमालान्वितं = विंध्याचल, सह्याद्रि तथा नीलाचल पर्वतों की श्रेणियाँ, अद्रिः = पर्वत, अन्वितम् = युक्त, प्रभापूरितम् = प्रकाशित, अर्बुद = आबू पर्वत, पूजितम् = पूज्य, अनारतम् = निरंतर, भाति = सुशोभित होता है।

अन्वयः विन्ध्य-सह्य-अद्रि-नील-अद्रि-माला-अन्वितम् शुभ्र-हैम-अद्रि-हास-प्रभा-पूरितम्, अर्बुद-अरावली-श्रेणि-सम्पूजितम् मे भारतं भूतले अनारतम् भाति।

हिंदी अनुवाद विंध्याचल, सह्याद्रि और नील पर्वत की चोटियों से युक्त, श्वेत हिमालय की धवलता से प्रकाशित, आबू और अरावली की पर्वत श्रेणियों से पूजा हुआ, मेरा भारत देश धरती पर निरंतर सुशोभित हो रहा है।

2. जाह्नवीचन्द्रभागाजलैः पावितम्
भानुजानर्मदावीचिभिर्लालितम्।
तुङ्गभद्राविपाशादिभिर्भावितम्
भूतले भाति मेऽनारतं भारतम्।।2।।

शब्दार्थाः जाह्नवी = गंगा, चन्द्रभागा = चिनाब नदी, जलैः = जलों के द्वारा, पावितम् = पवित्र किया गया, भानुजा = यमुना नदी, वीचिभिः = लहरों से, लालितम् = सुशोभित, तुङ्गभद्रा = तुंगभद्रा नदी, विपाशा = व्यास नदी, भावितम् = गूँजता हुआ, भूतले = पृथ्वी पर।

अन्वयः जाह्नवी-चन्द्रभागा-जलैः पावितम्, भानुजा-नर्मदा-वीचिभिः लालितम्, तुङ्गभद्रा-विपाशा-आदिभिः भावितम्, मे भारतं भूतले अनारतम् भाति।

हिंदी अनुवाद गंगा और चिनाब नदियों के जलों द्वारा पवित्र किया हुआ, यमुना और नर्मदा नदियों की लहरों से सुशोभित, तुंगभद्रा और व्यास आदि नदियों के जल की ध्वनियों से गूँजता हुआ, मेरा भारत देश धरती पर निरंतर सुशोभित हो रहा है।

3. वेदभाभासितं सत्कलालालितं
रम्यसङ्गीतसाहित्यसौहित्यभूः।
भारतीवल्लकीझङ्कृतैर्झङ्कृतं
भूतले भाति मेऽनारतं भारतम्।।3।।

शब्दार्थाः वेदभाभासितम् = वेदों के प्रकाश से प्रकाशित, सत्कलालालितम् = श्रेष्ठकलाओं से सुशोभित, रम्यसङ्गीतसाहित्यसौहित्यभूः = रमणीय संगीत और साहित्य के फलने-फूलने की भूमि, भारतीवल्लकीझङ्कृतैः = माँ सरस्वती की वीणा की झंकारों से, भूतले = धरती पर, भाति = सुशोभित होता है, मे = मेरा, अनारतम् = सतत (लगातार)।

अन्वयः वेद-भा-भासितम् सत्कलालालितम् रम्य-सङ्गीत-साहित्य-सौहित्य-भूः भारती-वल्लकी-झङ्कृतैः झङ्कृतम् मे भारतं भूतले अनारतम् भाति।

हिंदी अनुवाद वेदों के ज्ञान रूपी प्रकाश से प्रकाशित, ललित कलाओं से सुशोभित, मधुर संगीत और साहित्य के फलने-फूलने की भूमि, माता सरस्वती की वीणा की झंकारों से गूँजता हुआ, मेरा भारत देश धरती पर निरंतर सुशोभित हो रहा है।

4. विश्वबन्धुत्वमुद्घोषयत्पावनं
विश्ववन्द्यैश्चरित्रैर्जगत्पावयत्।
विश्वमेकं कुटुम्बं समालोकयत्
भूतले भाति मेऽनारतं भारतम्।।4।।

शब्दार्थाः विश्वबन्धुत्वम् = संसार के सभी लोगों के प्रति भाईचारे की भावना, उद्घोषयत् = उच्च स्वर से घोषणा करता हुआ, पावयत् = पवित्र किया गया, विश्वमेकं कुटुम्बम् = सारा विश्व एक परिवार है, समालोकयत् = देखता हुआ।

अन्वयः पावनम् विश्वबन्धुत्वम् उद्घोषयत्, विश्व-वन्द्यैः चरित्रैः जगत् पावयत्, विश्वम् एकम् कुटुम्बम् समालोकयत् मे भारतं भूतले अनारतम् भाति।

हिंदी अनुवाद संसार के सभी लोगों के प्रति भाईचारे की पवित्र भावना की उच्च स्वर से घोषणा उद्घोष करते हुए, समस्त विश्व में वंदनीय महापुरुषों द्वारा संसार को पवित्र करते हुए, संपूर्ण पृथ्वी को एक परिवार के रूप में देखते हुए, मेरा भारत देश धरती पर निरंतर सुशोभित हो रहा है।

5. वेशभूषाशनोपासनापद्धति
क्रीडनामोदसंस्कारवृत्त्यादिषु।
यद्धि भिन्नं सदप्यस्त्यभिन्नं सदा
भूतले भाति तन्मामकं भारतम्।।5।।

शब्दार्था: उपासनापद्धति = पूजा की विधि, क्रीडनम् = खेल-कूद, वृत्त्यादिषु = आजीविका इत्यादि, हि = निश्चय ही, अभिन्नम् = एकरूप, भूतले = धरती पर, मामकम् = मेरा।

अन्वय: वेष-भूषा-अशन-उपासना-पद्धति-क्रीडन-आमोद-संस्कार-वृत्ति-आदिषु यत् हि भिन्नम् सत् अपि सदा अभिन्नम् अस्ति, तत् मामकं भारतं भूतले भाति।

हिंदी अनुवाद वेश-भूषा, खान-पान, पूजा की विधि, खेल-कूद, मनोरंजन, धार्मिक सामाजिक संसार एवं आजीविकाओं में भी, जो भिन्न है अर्थात् अनेकता होने पर भी भारत एक है ऐसी हिंद की विशेषता है। अत: मेरा भारत देश धरती पर निरंतर सुशोभित हो रहा है।

6. अर्थकामान्वितं धर्ममोक्षान्वितम्
भक्तिभावान्वितं ज्ञानकर्मान्वितम्।
नैकमार्गैः प्रभुं चैकमाराधयद्
भूतले भाति मेऽनारतं भारतम्।।6।।

शब्दार्था: अर्थकामन्वितम् = धन और इच्छाओं से युक्त, धर्ममोक्षान्वितम् = धर्म और मोक्ष से युक्त, भक्तिभावन्वितम् = भक्ति के भावों से परिपूर्ण, ज्ञानकर्मान्वितम् = ज्ञान और कर्म से युक्त, नैकमार्गैः = अनेक तरीकों से, प्रभुम् = भगवान को, आराधयत् = आराधना करता हुआ।

अन्वय: अर्थ-काम-अन्वितम्, धर्म-मोक्ष-अन्वितम्, भक्ति-भाव-अन्वितम्, ज्ञान-कर्म-अन्वितम्, नैकमार्गैः च एकम् प्रभुम् आराधयत्, मे भारतं भूतले अनारतम् भाति।

हिंदी अनुवाद अर्थ (धन) और काम (इच्छा) से युक्त, धर्म और मोक्ष से युक्त, भक्ति के भावों से परिपूर्ण, ज्ञान और कर्म से युक्त, अनेक तरीकों से एक ही ईश्वर की आराधना करता हुआ मेरा भारत देश धरती पर निरंतर सुशोभित हो रहा है।

7. शोषितो नात्र कश्चिद् भवेत् केनचित्
व्याधिना पीडितो नो भवेत्कश्चन।
नात्र कोऽपि व्रजेद् दीनतां हीनतां
मोदतां राजतां पावनं भारतम्।।7।।

शब्दार्था: शोषितः = पीड़ित, नात्र = यहाँ नहीं, कश्चिद् = कोई भी, भवेत् = होना चाहिए, व्याधिना = व्याधि से, मोदताम् = प्रसन्नता (खुशी), राजताम् = सुशोभित हो।

अन्वय: अत्र केनचित् कश्चित् शोषितः न भवेत्, कश्चन् व्याधिना पीडितः न भवेत्, अत्र कः अपि दीनताम् हीनताम् (च) न व्रजेत्। पावनम् भारतं भूतले मोदताम् राजताम्।

हिंदी अनुवाद यहाँ (भारत में) कोई भी किसी के द्वारा शोषित (पीड़ित) न हो, कोई किसी बीमारी से पीड़ित न हो। कोई भी दीनता और हीनता को प्राप्त न करे। अत: मेरा पवित्र भारत सुशोभित रहे और चमकता रहे।

8. भारतं वर्तते मे परं सम्बलं
भारतं नित्यमेव स्मरामि प्रियम्।
भारतेनास्ति में जीवनं-जीवनं
भारतायार्पितं मेऽखिलं चेष्टितम्।।8।।

शब्दार्था: वर्तते = होता है, सम्बलम् = सहारा, नित्यम् = हमेशा ही, स्मरामि = याद करता हूँ, नस्ति = है, अर्पितम् = अर्पित किया गया, अखिलम् = समस्त, चेष्टितम् = क्रिया।

अन्वय: भारतम् मे परम् सम्बलम् वर्तते। (अहम्) प्रियम् भारतम् नित्यम् एव स्मरामि। भारतेन मे जीवनम्-जीवनम् अस्ति। मे अखिलम् चेष्टितम् भारताय (एव) अर्पितम् (अस्ति)।

हिंदी अनुवाद भारत ही मेरा परम (सबसे बड़ा सहारा) आश्रय है। मैं हमेशा अपने प्रिय भारत को याद करता हूँ। भारत के अस्तित्व से ही मेरा जीवन, जीवन है। भारत के लिए, मैं अपनी संपूर्ण क्रियाएँ समर्पित करता हूँ।

मणिका-पाठ्यपुस्तकम् प्रश्नोत्तरा:

मणिका पाठ्य-पुस्तक के प्रश्नोत्तर

प्र.1 **संस्कृतभाषया एकपदेन उत्तरं लिखत।**
(संस्कृत भाषा में एक पद में उत्तर लिखिए।)

(क) मम भारतं कुत्र भाति?
(ख) भारतं कस्य हासप्रभया पूरितम् अस्ति?
(ग) धरण्यां किं मोदताम्?
(घ) मम अखिलं चेष्टितं कस्मै अर्पितं भवेत्?
(ङ) अत्र कोऽपि कां न व्रजेत्?
(च) भारतं कया लालितं वर्तते?
(छ) अहं किं नित्यमेव स्मरामि?
(ज) भारतं जगत् कीदृशैः चरित्रैः पावयति?

उत्तराणि

(क) भूतले (ख) शुभ्रहैमाद्रिः (ग) भारतम्
(घ) भारताय (ङ) हीनताम् (च) सल्कलाभिः
(छ) भारतं (ज) विश्ववन्द्यैः

प्र.2 संस्कृतभाषया पूर्णवाक्येन उत्तरं लिखत।
(संस्कृत भाषा में पूर्ण वाक्य में उत्तर लिखिए।)
(क) अस्मिन् पाठे केषां पर्वतानाम् उल्लेखः अस्ति?
(ख) भारतस्य पञ्चनदीनां नामानि लिखत।
(ग) भारतदेशः संसारं कैः पावयति?
(घ) भारतं कैः झङ्कृतः वर्तते?
(ङ) मम भारतं कैः अन्वितं वर्तते?

उत्तराणि

(क) अस्मिन् पाठे विन्ध्यः सह्याद्रि-नीलाद्रि-हैमाद्रि-अर्बुद-अरावलि पर्वतानां उल्लेखः अस्ति।
(ख) गंगा, चन्द्रभागा, तुङ्गभद्राः विपाशा, यमुना च पञ्चनद्याः सन्ति।
(ग) भारतदेशः संसारं विश्ववन्दैः चरित्रैश्च पावयति।
(घ) भारतं भारती वल्लकैः झङ्कतैर्झङ्कतं वर्तते।
(ङ) मम भारतं धर्मः अर्थः कामः मोक्षः भक्ति भावः ज्ञान कर्मान्वितं वर्तते।

प्र.3 अधोलिखितेषु कथनेषु स्थूलाङ्कितपदानि आधारीकृत्य प्रश्ननिर्माणं कुरुत।
(अधोलिखित कथनों में स्थूल अंकित पदों को आधार मानकर प्रश्न निर्माण कीजिए।)
(क) मम भारतं **पर्वतश्रेणिभिः** सम्पूजितं वर्तते।
(ख) भारते **गङ्गायमुनादयः** नद्यः वहन्ति।
(ग) भारतं **सत्कलाभिः** लालितम् अस्ति।
(घ) भारतं **विश्वं** कुटुम्बवत् आलोकयति।
(ङ) भारते भिन्नाः **संस्कृतयः** सन्ति तथापि भारतम् अभिन्नम् अस्ति।
(च) भारते जनाः **अनेकमार्गैः** प्रभुम् आराधयन्ति।
(छ) अत्र जनाः **व्याधिना** पीडिताः न भवेयुः।
(ज) भारतेन **मह्यं** शुभाः प्रेरणाः प्रदत्ताः।
(झ) अहम् **अनेककर्माणि** कुर्वन् भारतस्य गीतानि गायामि।
(ञ) मम सर्वाणि चेष्टितानि **भारताय** अर्पितानि।

उत्तराणि

(क) काभिः	(ख) काः
(ग) कया	(घ) कम्
(ङ) का	(च) कैः
(छ) काभिः	(ज) कस्मै
(झ) कानि	(ञ) कस्मै

प्र.4 अधोलिखितान् प्रश्नान् यथानिर्देशम् उत्तरत।
(अधोलिखित प्रश्नों के निर्देशानुसार उत्तर दीजिए।)
(क) 'भूतले भाति मेऽनारतं भारतम्।' अस्मिन् वाक्ये क्रियापदं किम्?
(ख) 'मोदतां राजतां पावनं भारतम्।' अस्मिन् वाक्ये 'राजताम्' इति क्रियापदस्य किं कर्तृपदं प्रयुक्तम्?
(ग) 'भारतं वर्तते मे परं सम्बलम्।' अत्र 'मम' इत्यर्थे किं पदं प्रयुक्तम्?
(घ) 'भारतं नित्यमेव स्मरामि प्रियम्।' अत्र 'यदा-कदा' इत्यनयोः पदयोः किं विलोमपदं प्रयुक्तम्?
(ङ) 'भारतायार्पितं मेऽखिलं चेष्टितम्।' अत्र 'चेष्टितम्' इति पदस्य किं विशेषणपदं प्रयुक्तम्?
(च) 'भूतले भाति तन्मामकं भारतम्' अत्र 'मामकम्' इति पदस्य कि विशेष्यपदं प्रयुक्तम्?

उत्तराणि

(क) भाति	(ख) भारतम्
(ग) मे	(घ) नित्यमेव
(ङ) अखिलम्	(च) भारतम्

प्र.5 अधोलिखितवाक्यानाम् अर्थत्रयात् सर्वोचितम् अर्थं चिनुत।
(अधोलिखित वाक्यों के तीन अर्थों से सबसे उचित अर्थ लिखिए।)

(क) भारतं वर्तते मे परं सम्बलम्
(i) भारतं मह्यं पर बलं ददाति।
(ii) मम भारतदेशः अतीव शक्तिशाली वर्तते।
(iii) भारतं मम परमः आश्रयः अस्ति।

(ख) नात्र कोऽपि व्रजेत् दीनताम्
(i) अस्मिन् भारते कोऽपि नरः दीनः न भवेत्।
(ii) अस्मिन् भारते कोऽपि दीनस्य समीपे न गच्छेत्।
(iii) भारतदेशे दुष्टः दैन्यं प्राप्नुयात्।

(ग) येन मह्यं प्रदत्ताः शुभाः प्रेरणाः
(i) भारताय अहं प्रेरणां दास्यामि।
(ii) भारतं मह्यं सदा शोभनाः प्रेरणाः ददाति।
(iii) भारतेन सुन्दराः प्रेरणाः विदेशेभ्यः दत्ताः।

उत्तराणि

(क) (iii) भारतं मम परमः आश्रयः अस्ति।
(ख) (i) अस्मिन् भारते कोऽपि नरः दीनः न भवेत्।
(ग) (ii) भारतं मह्यं सदा शोभनाः प्रेरणाः ददाति।

प्र.6 मञ्जूषायां प्रदत्तानां विशेषण-विशेष्यपदानां मेलनं कृत्वा शब्दयुग्मानि लिखत।
(मञ्जूषा में दिए गए विशेषण-विशेष्य पदों का मेल करके शुब्द-युग्म लिखिए।)

विशेषणानि	विशेष्याणि
यथा-भारतं	सम्बलम्
....	....
....	....
....	....
....	....
....	....

- मञ्जूषा भारतं, पावनम्, एकं , चेष्टितं, सम्बलम्, केनचित्, अखिलं, व्याधिना, विश्ववन्द्यैः, प्रभुं, विश्वबन्धुत्वम्।

उत्तराणि

विशेषणानि	विशेष्याणि
प्रभुं	एकं
विश्वबन्धुत्वम्	पावनम्
चेष्टितं	अखिलं
व्याधिना	केनचित्
चरित्रैः	विश्ववन्द्यैः

प्र.7 शब्दार्थैः सह मेलनं कृत्वा लिखत।
(शब्दार्थों के साथ मेल करके लिखिए।)

सूची (अ)	सूची (ब)
(क) अनारतम्	(i) संवर्धनस्थली
(ख) भानुजा	(ii) पवित्रीकृतम्
(ग) सौहित्यभूः	(iii) प्रकाशितम्
(घ) वल्लकी	(iv) सततम्
(ङ) भासितम्	(v) वीणा
(च) पावितम्	(vi) यमुना

उत्तराणि

सूची (अ)	सूची (ब)
(क) अनारतम्	(iv) सततम्
(ख) भानुजा	(vi) यमुना
(ग) सौहित्यभूः	(i) संवर्धनस्थली
(घ) वल्लकी	(v) वीणा
(ङ) भासितम्	(iii) प्रकाशितम्
(च) पावितम्	(ii) पवित्रीकृतम्

8. अधोलिखिताः श्लोकपङ्क्तीः पूरयत।
(अधोलिखित श्लोक पंक्तियाँ पूर्ण कीजिए।)
(क) विश्वमेकं ……………… समालोकयत्।
(ख) वेदभा ……………… सत्कला ………………।
(ग) अर्बुद ……………… श्रेणि ………………।
(घ) जाह्नवी ……………… जलैः ………………।
(ङ) ……………… भाति मे ……………… भारतम्।

उत्तराणि
(क) कुटुम्बकम् (ख) भासितं, लालितं
(ग) अरावली, सम्पूजितं (घ) चन्द्रभागा, पावितम्
(ङ) भूतले, अनारतम्

9. अधोदत्तं अन्वयं शतृप्रत्ययान्तपदैः पूरयत।
(नीचे दिए गए अन्वय को शतृ प्रत्ययांत पदों के द्वारा पूर्ण कीजिए।)
पावनं, विश्वबन्धुत्वम् ……………, विश्ववन्द्यैः चरित्रैः जगत् ……………, विश्वम् एकम् कुटुम्बकम् ……………, मे भारतम् भूतले अनारतम् भाति।

उत्तराणि
उद्घोषयन् पावयन्
समालोकायन्

योग्यताविस्तारः (योग्यता–विस्तार)

(क) ग्रंथपरिचयः (ग्रंथ परिचय)

डॉ. रमाकान्तशुक्लप्रणीतगीतिकाव्यम् 'भाति मे भारतम्' अनेकवारं दूरदर्शनात् सचित्रं प्रसारितम्।
डॉ. रमाकांत शुक्ल प्रणीत गीतिकाव्य 'भाति में भारतम्' अनेक बार दूरदर्शन से सचित्र प्रसारित हुआ है।

(ख) भावविस्तारः (भाव-विस्तार)

(1) **भारतस्य सरितः (भारत की नदियाँ)**

गङ्गा **भागीरथी, जाह्नवी आदिनामभिः प्रसिद्धा नदी हिमालयात् उद्गमनात् परं 1560 मीलकं पूर्वं वहन्ती महोदधौ 'बंगाल की खाड़ी' इति स्थाने पतति। भगीरथः एतां सगरस्य षष्टिसहस्त्रपुत्रान् समुद्धर्तुं स्वर्गात् भूमिम् आनयत्।**
गंगा भागीरथी, जाह्नवी आदि नामों से प्रसिद्ध नदी हिमालय से निकलकर 1560 मील पूर्व को बहती हुई 'बंगाल की खाड़ी' महासागर में गिरती है। इसको भगीरथ महाराजा सागर के साठ हजार पुत्रों का उद्धार करने के लिए लाए थे।

यमुना **भानुजा, कालिन्दी, सूर्यपुत्री इति ज्ञाता हिमालये कलिन्दपर्वतात् उत्पद्यते।**
यमुना यह भानुजा, कालिंदी, सूर्य पुत्री नाम से भी जानी जाती है। यह हिमालय में स्थित कालिंदी पर्वत से निकलती है।

चन्द्रभागा **चन्द्रस्य स्पर्शात् अमृततुल्यं जलं वहन्ती हिमालयात् निःसृत्य पश्चिमसमुद्रे पतति 'चनाब' इति नाम्ना प्रसिद्धा।**
चंद्रभागा चंद्रमा के स्पर्श से अमृत तुल्य जल को बहाती हुई यह हिमालय से निकलकर पश्चिमी समुद्र में गिरती है। यह चेनाब नाम से प्रसिद्ध है।

नर्मदा **दक्षिणप्रदेशीया पुण्यमयी नदी चन्द्रवंशीयहिरण्यतेजसः तपसा पृथिव्यामवतारिता जाता।**
नर्मदा दक्षिणी प्रदेश की पुण्यमयी नदी चंद्रवंशीय हिरण्यतेज के तप से पृथ्वी पर अवतरित हुई।

तुङ्गभद्रा **सह्यनामकात् पर्वतात् उद्गच्छति।**
तुंगभद्रा यह सह्य नामक पर्वत से निकलती है।

विपाशा **पाशमुक्तकारिणी 'व्यास' नाम्ना पञ्जाबदेशस्य प्रमुखा नदी।**
विपाशा यह बन्धन मुक्त कारिणी 'व्यास' नाम से प्रसिद्ध पंजाब की प्रमुख नदी है।

(2) **भारतस्य प्रसिद्धाः भूधराः (भारत के प्रसिद्ध पर्वत)**

पर्वतः **पर्वभिः युक्त इति पर्वतः। भुवं धारयति अतः भूधरः, महीधरः इति कथ्यते। कथम् इति चिन्तयाम।**
पर्वत पर्वों से जो युक्त है, वह पर्वत है। भूमि को जो धारण करता है इसलिए वह भू-धर महीधर आदि कहा जाता है। कैसे? विचार।

विन्ध्यः **भूमेः वेधनं कृत्वा भारतस्य मध्यभागे स्थितः।**
विंध्य भूमि को वेध करके भारत के मध्य भाग में स्थित है।

सह्याद्रिः **पश्चिमीतटीयपर्वतश्रृङ्खला सप्तकुलपर्वतेषु– गण्यते।**
सह्याद्रि पश्चिमी तट की पर्वतीय श्रृंखला के पर्वत सप्तकुल के पर्वतों में गिने जाते हैं। जैसे-

महेन्द्रो मलयः सह्यः शुक्तिमानृक्षपर्वतः।
विन्ध्यश्च पारियात्रश्च सप्तैते कुलपर्वताः॥ (विष्णुपुराणात्)
महेंद्र, मलय, सह्य, शुक्तिमान, ऋक्ष पर्वत, विंध्य
और परियात्र-ये सात कुल पर्वत हैं।

नीलाद्रिः **इलावृत्तखण्डस्य पर्वतोऽयं 'नीलम' इति रत्नवत् दीव्यति।**
नीलाद्रि इलावृत्त खंड का यह पर्वत 'नीलम' की तरह चमकता है।

अरावलिः **राजस्थानस्य प्रमुखा पर्वतश्रेणी इयं दिल्लीपर्यन्तं विस्तृता।**
अरावलि राजस्थान की प्रमुख पर्वत शृंखला, जो दिल्ली तक फैली है।

अर्बुदः **'आबू' इति प्रसिद्धा पर्वतशृङ्खला राजस्थाने प्रसिद्धा।**
अर्बुद यह पर्वत शृंखला राजस्थान में 'आबू' नाम से प्रसिद्ध है।

हिमाद्रिः **पर्वतराजहिमालयः यस्य हिमं शिवस्य अट्टहास इव वर्णितं कालिदासेन।**
हिमाद्रि पर्वत राज हिमालय, जिसके हिम का वर्णन कालिदास ने शिव की हँसी के समान बताया है।

(3) **सम्बद्धाः सूक्तयः (संबंधित सूक्तियाँ)**

(अ) **सङ्गच्छध्वं संवदध्वं सं वो मनांसि जानताम्**
साथ मिलकर चलो, साथ मिलकर बोलो, हम सबके मन एक समान हो।

(आ) **मन्दिरैर्मस्जिदैश्चैत्यगिर्जागृहै-**
रार्यगेहैगुरुद्वारकैर्भ्राजितम्।
कर्मभूः शर्मभूर्धर्मभूर्मर्मभूः
भूतले भाति मेऽनारतं भारतम्।।
मंदिरों, मस्जिदों, चैत्यों, गिरजाघरों, आर्यघरों, गुरुद्वारों से चमकता हुआ, मेरी कर्मभूमि, आश्रयभूमि, धर्मभूमि, मर्मभूमि भारत इस धरती पर सुशोभित हो रहा है।

यत्र मन्दाकिनी पापसंहारिणी,
यत्र गोदावरी चारुसञ्चारिणी,
देववाणी च यत्रास्ति मोदाकुला
भूतले भाति मेऽनारतं भारतम्।।
जहाँ मंदाकिनी (गंगा) पापों को नष्ट करने वाली है, जहाँ गोदावरी संदरता को संचारित करने वाली है और जहाँ देववाणी (संस्कृत) आनंद को बढ़ाने वाली है, वह मेरा भारत धरती पर निरंतर सुशोभित हो रहा है।

(ग) भाषाविस्तारः (भाषा-विस्तार)

(अ) **अधोलिखितवाक्येषु स्थूलाङ्कितपदानाम् अर्थभेदम् जानीहि-**
(निम्नलिखित वाक्यों में मोटे अंकित पदों का अर्थ भेद जानों)

(1) (क) **नृपः प्रजाः आराधयत्।**
राजा ने प्रजा की आराधना (सेवा) की।

(ख) **धेनुम् आराधयत्** गोपवृन्दं **सुखमन्वभवत्।**
धेनु की सेवा करते हुए गोपियों के समूह ने सुख अनुभव किया।

(2) (क) **जनसमूहः महोत्सवं समालोकयत्।**
जन समूह ने महोत्सव देखा।

(ख) निर्माणकार्यं **समालोकयत्** निरीक्षकद्वयम् अतुष्यत्।
निर्माण का कार्य देखते हुए दो निरीक्षक संतुष्ट थे।

(3) (क) **होमधूमः सर्वाः दिशः अपावयत्।**
हवन के धूप ने सभी दिशाओं को पवित्र किया।

(ख) **स्वचरणैः गृहं पावयत्** योगित्रयम् उपादिशत्।
अपने चरणों से घर को पवित्र करते हुए तीनों योगियों ने उपदेश दिया।

(4) (क) **प्रधानाचार्यः** विजयिच्छात्रेभ्यः **पुरस्कारान् उद्घोषयत्।**
प्रधानाचार्य ने विजयी छात्रों के लिए पुरस्कारों की घोषणा की।

(ख) क्रीडाङ्गणे मित्रस्य विजयम् **उद्घोषयत्** तन्मित्रम् हर्षध्वनिम् अकरोत्।
खेल के मैदान में मित्र की विजय की घोषणा करते हुए उसके मित्र ने हर्षध्वनि की।

(आ) **अधोलिखितवाक्यद्वयस्य स्थाने एकं वाक्यं लिखितम् अत्र। एवमेव स्वयं वाक्यनिर्माणं कुरुत-**
(नीचे लिखे हुए दो वाक्यों के स्थान पर एक वाक्य लिखिए। इसी प्रकार स्वयं वाक्य निर्माण कीजिए।)

(क) **सः मार्गे गच्छति, स वृक्षं स्पृशति।**
वह मार्ग में जाता है, वह वृक्ष को स्पर्श करता है।
- **सः मार्गे गच्छन् वृक्षं स्पृशति।**
वह मार्ग में जाते हुए वृक्ष को स्पर्श करता है।

(ख) **अहं पत्रं लिखामि, अहं सङ्गीतं शृणोमि।**
मैं पत्र लिखता हूँ, मैं संगीत सुनता हूँ।
- **अहं पत्रं लिखन् सङ्गीतं शृणोमि।**
मैं पत्र लिखता हुआ संगीत सुनता हूँ।

(ग) **बालिका लिखति, बालिका गायति।**
बालिका लिखती है, बालिका गाती है।
- **बालिका लिखन्ती गायति।**
बालिका लिखते हुए गाती है।

(घ) **गवां वृन्दं चरति, गवां वृन्दम् अग्रे गच्छति।**
गायें समूह में चरती है, गायों का समूह आगे जाता है।
- **गवां वृन्दं चरत् अग्रे गच्छति।**
गायों का समूह चरते हुए आगे जाता है।

अभ्यास प्रश्ना:

मणिका पाठ्य-पुस्तक
पर आधारित प्रश्नोत्तर

पद्यांश आधारित प्रश्ना:

1. अधोलिखितं पद्यांशं पठित्वा प्रदत्त प्रश्नानाम् उत्तराणि संस्कृतेन लिखत।
(निम्नलिखित पद्यांशों को पढ़कर दिए गए प्रश्नों के उत्तर संस्कृत में लिखिए।)

(क) विन्ध्यसह्याद्रिनीलाद्रिमालान्वितं
शुभ्रहैमाद्रिहासप्रभापूरितम्।
अर्बुदारावलीश्रेणिसम्पूजितम्
भूतले भाति मेऽनारतं भारतम्।।

I. एकपदेन उत्तरत। (एक पद में उत्तर दीजिए।)
(i) विन्ध्य सह्याद्रि मालान्वित: क: अस्ति?
(ii) अर्बुदारावली श्रेणी क: सम्पूजितम्?
(iii) भारतं कथं भाति?

II. पूर्णवाक्येन उत्तरत।(पूर्ण वाक्य में उत्तर दीजिए।)
(i) भारत: कीदृशी मालान्वित: अस्ति?
(ii) भारत: कया: श्रेण्या: सम्पूजितम् अस्ति?
(iii) भारत: भूतले कीदृशं भाति?

III. निर्देशानुसारम् उत्तरत। (निर्देशानुसार उत्तर दीजिए।)
(i) मेऽनारतं इत्यस्मिन् पदे सन्धि-विच्छेदं क: अस्ति?
(ii) भूतले अस्मिन् पदे विभक्ति: का?
(iii) सम्पूजितम् इत्यत्र क: उपसर्ग:?

उत्तराणि

I. (i) भारत: (ii) भारत: (iii) अनारतं
II. (i) भारत: विन्ध्य सह्याद्रि मालान्वितं अस्ति।
(ii) भारत: अर्बुदारावली श्रेण्या: सम्पूजितम् अस्ति।
(iii) भारत: भूतले अनारतं भाति।
III. (i) मे + अनारतम् (ii) सप्तमी (iii) सम्

(ख) जाह्नवीचन्द्रभागाजलै: पावितम्
भानुजानर्मदावीचिभिर्लालितम्।
तुङ्गभद्राविपाशादिभिर्भावितम्
भूतले भाति मेऽनारतं भारतम्।।

I. एकपदेन उत्तरत। (एक पद में उत्तर दीजिए।)
(i) भारत भूमि कै: पावितम्?
(ii) भारत भूमि काभि: लालितम्?
(iii) भारत भूमि: कै: भावितम्?

II. पूर्णवाक्येन उत्तरत।(पूर्ण वाक्य में उत्तर दीजिए।)
(i) भारतं कीदृशम् भाति?
(ii) भारत भूमि: कै: जलै: लालितम्?
(iii) भारतं अनारतं कुत्र भाति?

III. निर्देशानुसारम् उत्तरत। (निर्देशानुसार उत्तर दीजिए।)
(i) जलै: इति पदे का विभक्ति?
(ii) कस्या नाम भानुजा अस्ति?
(iii) विपाशादिभिर्भावितम् इत्यत्र का सन्धि?

उत्तराणि

I. (i) जाह्नवीचन्द्रभागाजलै:
(ii) वीचिभि:
(iii) तुङ्गभद्राविपाशादिभि:
II. (i) भारतं अनारतं भाति।
(ii) भारत भूमि: भानुजा नर्मदा जलै लालितम् अस्ति।
(iii) भारतं अनारतं भूतले भाति।
III. (i) तृतीया (ii) यमुना
(iii) विसर्ग सन्धि

(ग) वेदभाभासितं सत्कलालालितं
रम्यसङ्गीतसाहित्यसौहित्यभू:।
भारतीवल्लकीझङ्कृतैर्झङ्कृतं
भूतले भाति मेऽनारतं भारतम्।।

I. एकपदेन उत्तरत। (एक पद में उत्तर दीजिए।)
(i) भारत भूमि: कै: भासितम्?
(ii) भारत भूमि कया लालितम्?
(iii) रम्या सङ्गीतं साहित्य भू का अस्ति?

II. पूर्णवाक्येन उत्तरत। (पूर्ण वाक्य में उत्तर दीजिए।)
(i) भारत भू कीदृशी: अस्ति?
(ii) भारत भूमि: काभि: शोभितम् अस्ति?
(iii) कस्या वल्लकी झङ्कृतम् अस्ति?

III. निर्देशानुसारम् उत्तरत। (निर्देशानुसार उत्तर दीजिए।)
(i) भारतीवल्लकी इत्यस्मिन् पदे क: समास: अस्ति?
(ii) झङ्कृतै: इत्यस्मिन्-पदे का विभक्ति:?
(iii) भाति इत्यस्मिन् पदे का धातुरस्ति?

उत्तराणि

I. (i) वेदभा (ii) सत्कलया
(iii) भारत भूमि
II. (i) रम्यं सङ्गीतं साहित्यस्यसंवर्धन स्थली अस्ति।
(ii) भारत भूमि: श्रेष्ठ: कलाभि: शोभितम् अस्ति।
(iii) भारत्या वल्लकी झङ्कृतम् अस्ति।
III. (i) षष्ठी तत्पुरुष (ii) तृतीया
(iii) भा

(घ) विश्वबन्धुत्वमुद्घोषयत्पावनं
विश्ववन्द्यैश्चरित्रैर्जगत्पावयत्।
विश्वमेकं कुटुम्बं समालोकयत्
भूतले भाति मेऽनारतं भारतम्।।

I. एकपदेन उत्तरत। (एक पद में उत्तर दीजिए।)
(i) विश्व बन्धुत्वं कः उद्घोषयत्?
(ii) विश्ववन्द्यैःचरित्रैः कः पावयत्?
(iii) विश्वः बन्धुत्वं कः समालोकयति?

II. पूर्णवाक्येन उत्तरत।(पूर्ण वाक्य में उत्तर दीजिए।)
(i) भारत भूमिः कः जगत्पावयति?
(ii) समस्तं विश्वं कीदृशमस्ति?
(iii) अनारतं भारतं कुत्र भाति?

III. निर्देशानुसारम् उत्तरत। (निर्देशानुसार उत्तर दीजिए।)
(i) 'उद्घोषयत्' इत्यस्मिन् पदे कः उपसर्गः?
(ii) सन्धि-विच्छेदं कुरुत-विश्वमेकं।
(iii) समालोकयत् इत्यस्मिन् पदे का सन्धिरस्ति?

उत्तराणि

I. (i) भारत भूः (ii) जगत् (iii) भारत भूः
II. (i) भारत भूमिः विश्ववन्द्यैः चरित्रैः जगत्पावयति।
(ii) समस्तं विश्वं एकं कुटुम्बम् अस्ति।
(iii) अनारतं भारतं भूतले भाति।
III. (i) उत् (ii) विश्वम् + एकम् (iii) दीर्घ सन्धिः

अन्वयः पूर्ति

2. मञ्जूषातः समुचितपदानि चित्वा अधोलिखित श्लोकस्य अन्वयं पूरयित्वा पुनः लिखत।
(मञ्जूषा से समुचित पद चुनकर निम्नलिखित श्लोक का अन्वय पूर्ण करके पुनः लिखिए।)

(क) विन्ध्यसह्याद्रिनीलाद्रिमालान्वितं
शुभ्रहैमाद्रिहासप्रभापूरितम्।
अर्बुदारावलीश्रेणिसम्पूजितम्
भूतले भाति मेऽनारतं भारतम्।।

अन्वयः विन्ध्यः (i)...... अद्रि-नील (ii)...... माला-अन्वितुम् शुभ्र (iii)...... अद्रि-हास प्रभा-पूरितम् , अर्बुद-(iv)...... श्रेणि- सम्पूजितम् मे भारतम् भूतले अनारतम् भाति।

• मञ्जूषा अद्रिः, अरावली, हैम्, सह्यः।

(ख) जाह्नवीचन्द्रभागाजलैः पावितम्
भानुजानर्मदावीचिभिर्लालितम्।
तुङ्गभद्राविपाशादिभिर्भावितम्
भूतले भाति मेऽनारतं भारतम्।।

अन्वयः जाह्नवी (i) .... जलैः पावितम् (ii) ..... नर्मदा वीचिभिः लालितम् , तुङ्गभद्राः (iii)..... आदिभिः भावितम् मे भारतम् भूतले (iv) ..... भाति।

• मञ्जूषा भानुजा, अनारतम्, विपाशा, चन्द्रभागा।

(ग) वेदभाभासितं सत्कलालालितं
रम्यसङ्गीतसाहित्यसौहित्यभूः।
भारतीवल्लकीझङ्कृतैर्झङ्कृतं
भूतले भाति मेऽनारतं भारतम्।।

अन्वयः वेद-भा-भासितम् (i)..... रम्य-सङ्गीत-साहित्य (ii) ..... भूः भारती वल्लकी (iii) ..... झंङ्कृतम् मे भारतें भूतले (iv) ..... भाति।

• मञ्जूषा अनारतम्, सत्कलालालितम्, झङ्कृतैः, सौहित्यः।

(घ) विश्वबन्धुत्वमुद्घोषयत्पावनं
विश्ववन्द्यैश्चरित्रैर्जगत्पावयत्।
विश्वमेकं कुटुम्बं समालोकयत्
भूतले भाति मेऽनारतं भारतम्।।

अन्वयः पावनम् विश्वबन्धुत्वम् (i)..... विश्व-वन्द्यैः चरित्रैः (ii)..... पावयत् , विश्वम् एकम् कुटुम्बम् (iii) ..... मे भारतम् भूतले (iv) ..... भाति।

• मञ्जूषा अनारतम्, उद्घोषयत्, समालोकयत्, जगत्।

उत्तराणि

(क) (i) सह्यः (ii) अद्रिः
(iii) हैम (iv) अरावली
(ख) (i) चन्द्रभागा (ii) भानुजा
(iii) विपाशा (iv) अनारतम्
(ग) (i) सत्कलालालितम् (ii) सौहित्यः
(iii) झङ्कृतैः (iv) अनारतम्
(घ) (i) उद्घोषयत् (ii) जगत्
(iii) समालोकयत् (iv) अनारतम्

भावार्थ पूर्ति

3. मञ्जूषायाः साहाय्येन श्लोकस्य भावार्थे रिक्तस्थानानि पूरयित्वा पुनः लिखत।
(मञ्जूषा की सहायता से श्लोक के भावार्थ में रिक्त स्थान पूर्ण करके पुनः लिखिए।)

(क) विन्ध्यसह्याद्रिनीलाद्रिमालान्वितं
शुभ्रहैमाद्रिहासप्रभापूरितम्।
अर्बुदारावलीश्रेणिसम्पूजितम्
भूतले भाति मेऽनारतं भारतम्।।

भावार्थः विन्ध्यः सह्यः पर्वतः (i) ..... युक्तः हिमालयस्य (ii) ..... परिपूर्णः आबू (iii) ..... च पूजितः मे भारतम् (iv) ..... शोभित मस्ति।

• मञ्जूषा सततं, नीलपर्वतैः, अरावल्या, श्वेतिमा।

(ख) जाह्नवीचन्द्रभागाजलैः पावितम्
भानुजानर्मदावीचिभिर्लालितम्।
तुङ्गभद्राविपाशादिभिर्भावितम्
भूतले भाति मेऽनारतं भारतम।

भावार्थः जाह्नवी चन्द्र भागाजलैः (i) ····· यमुनया नर्मदया च (ii)····· सुशोभिता। तुङ्गभद्रा व्यासः आद्याः च (iii) ····· मे भारतं सततं (iv) ····· अस्ति।

- मञ्जूषा गुञ्जितः, पूतं, सुशोभितम्, ऊर्मिभिः।

(ग) वेदभाभासितं सत्कलालालितं
रम्यसङ्गीतसाहित्यसौहित्यभूः।
भारतीवल्लकीझङ्कृतैर्झङ्कृतं
भूतले भाति मेऽनारतं भारतम्।।

भावार्थः वेदानां प्रकाशेन (i) ····· लालित्य कलाभिः सुशोभितः मृदु संगीतं (ii) ····· परिपोषिता भूमि (iii) ····· वीणायाः झङ्कृतैझङ्कृतं मे भारतम् (iv) ····· सुशोभितम् अस्ति।

- मञ्जूषा सततं, प्रकाशितः, शारदायाः, साहित्यस्य।

(घ) विश्वबन्धुत्वमुद्घोषयत्पावनं
विश्ववन्द्यैश्चरित्रैर्जगत्पावयत्।
विश्वमेकं कुटुम्बं समालोकयत्
भूतले भाति मेऽनारतं भारतम्।।

भावार्थः विश्वबन्धुत्वम् (i) ····· विश्ववन्द्यैः (ii) ····· विश्वम् पावयन् वसुधैव कुटुम्बकस्य (iii) ····· अस्मिन् पृथिव्याम् में (iv) ····· सुशोभितम् अस्ति।

- मञ्जूषा भारतम्, उद्घोषयन्, भावनया, चरित्रैः।

उत्तराणि

(क) (i) नीलपर्वतैः (ii) श्वेतिमा
(iii) अरावल्या (iv) सततं

(ख) (i) पूतं (ii) ऊर्मिभिः
(iii) गुञ्जितः (iv) सुशोभितम्

(ग) (i) प्रकाशितः (ii) साहित्यस्य
(iii) शारदायाः (iv) सततं

(घ) (i) उद्घोषयन् (ii) चरित्रैः
(iii) भावनया (iv) भारतम्

प्रश्ननिर्माणं कुरुत

4. निम्नांकित वाक्येषु रेखाङ्कित पदानि आधृत्य प्रश्न निर्माणं कुरुत। (निम्नलिखित वाक्यों में रेखांकित पदों के आधार पर प्रश्न निर्माण कीजिए।)

(i) मम भारतं विन्ध्य सह्याद्रि नीलाद्रि मालान्वितं अस्ति।
(ii) मम भारतं भारती वल्लकी झङ्कृतैझङ्कृतं भाति।
(iii) मम भारतं विश्वबन्धुत्व मुद्घोषयत् पावनं अस्ति।
(iv) मम भारतं विश्वमेकं कुटुम्बं समालोकयति।
(v) मे भारतं परं सम्बलं वर्तते।

उत्तराणि

(i) केषाम् (ii) कस्या
(iii) कस्य (iv) कं
(v) कम्

प्रसङ्गानुकूलं प्रश्नाः

5. अधोलिखितेषु रेखाङ्कितपदानां प्रसङ्गानुकूलम् उचितार्थं चित्वा लिखत।
(निम्नलिखित वाक्यों में रेखांकित पदों के प्रसंगों के अनुकूल उचित अर्थ चुनकर लिखिए।)

(i) भूतले भाति मेऽनारतं भारतम्।
(अ) पृथिव्याम् (ब) विपिने
(स) अरण्ये (द) समुद्रे

(ii) जगति भाति मेऽनारतं भारतम्।
(अ) निरन्तरम् (ब) अवतरम्
(स) अनवरतम् (द) सदैव

(iii) जाह्नवी चन्द्रभागाजलैः पावितम्।
(अ) गंगाजलैः (ब) सागरजलैः
(स) हिमजलैः (द) हिमकणैः

(iv) भारती वल्लकी झङ्कृतैझङ्कृतम्।
(अ) मुरली (ब) सारङ्गी
(स) सरस्वत्या वीणा (द) मृदङ्ग

(v) विश्वमेकं कुटुम्बं समालोकयत्।
(अ) एकः परिजनः (ब) वसुधैव कुटुम्बम्
(स) एकः सजातीयः (द) एकः वर्णः

(vi) अर्थ कायान्वितं धर्म मोक्षान्वितम्।
(अ) तात्पर्य (ब) वित्तः
(स) पर्यायः (द) विपर्ययः

(vii) भारतायार्पितं मेऽखिलं चेष्टितम्।
(अ) सर्वम् (ब) सकलः
(स) अर्पणम् (द) सर्वांगः

उत्तराणि

(i) (अ) पृथिव्याम् (ii) (स) अनवरतम्
(iii) (अ) गंगाजलैः (iv) (स) सरस्वत्या वीणा
(v) (ब) वसुधैव कुटुम्बम् (vi) (ब) वित्तः
(vii) (अ) सर्वम्

प्रतिदर्श प्रश्न–पत्र 1 (हल सहित)

संस्कृतम् (सम्प्रेषणात्मकम्)

समय : होरात्रयम्	पूर्णाङ्का : 80

सामान्यनिर्देशा:

- प्रश्नपत्रमिदं चतुर्षु भागेषु विभक्तम् अस्ति।
- प्रश्नपत्रेऽस्मिन् एकोनविंशति: (19) प्रश्ना: सन्ति।
  भाग: 'क' – प्रश्नसंख्या 1
  भाग: 'ख' – प्रश्नसंख्या 2 से 4
  भाग: 'ग' – प्रश्नसंख्या 5 से 12
  भाग: 'घ' – प्रश्नसंख्या 13 से 19
- यथानिर्देशं प्रश्ना: समाधेया:।
- उत्तरपुस्तिकायाम् उत्तरलेखनात् पूर्वं प्रश्नाङ्क: अवश्यं लेखनीय:।

भाग 'क' : अपठितावबोधनम्

1. अधोलिखितं गद्यांशं पठित्वा प्रदत्तप्रश्नानाम् उत्तराणि संस्कृतेन लिखत। (10)

(निम्नलिखित गद्यांश को पढ़कर दिए गए प्रश्नों के उत्तर संस्कृत में लिखिए।)

अस्माकं देशे कुम्भमेलानां बहुमहत्त्वम् अस्ति। देशस्य चतुर्षु स्थानेषु कुम्भमेला: आयोज्यन्ते–प्रयागे, हरिद्वारे, उज्जयिन्यां, नासिके च। प्रत्येकस्मिन् नगरे द्वादशवर्षाणाम् अनन्तरम् एक: पूर्णकुम्भयोग: आयाति। एवं वर्षत्रयस्य अनन्तरम् क्रमश: देशस्य एकैकस्मिन् स्थाने कुम्भमेला भवति। प्रत्येकस्मिन् नगरे षष्ठे वर्षे अर्धकुम्भयोग: अपि भवति। कुम्भमेलायां भागं गृहितुं भारतवर्षस्य अनेकेभ्य: स्थानेभ्य: सामान्यजना:, साधव: सन्त: च आगच्छन्ति। कुम्भमेलायां जना: नदीषु स्नानं कुर्वन्ति। तत्र स्नानस्य एव विशिष्टं महत्त्वं वर्तते। चत्वारि कुम्भस्थानानि चतसृणां प्रमुखानां नदीनां तटेषु अवस्थितानि सन्ति। प्रयाग: उत्तर प्रदेशे तिसृणां पवित्राणां नदीनां सङ्गमस्थाने अवस्थित: अस्ति। हरिद्वारम् उत्तर प्रदेशे गङ्गानद्या: तटे स्थितम् अस्ति। उज्जयिनी मध्य प्रदेशे शिप्रानद्या: तटे स्थिता अस्ति। नासिकं महाराष्ट्रप्रान्ते गोदावरीनद्या: तटे स्थितम् अस्ति।

I. **एकपदेन उत्तरत। (केवलं प्रश्नद्वयम्)** (2 × 1 = 2)
(एक पद में उत्तर दीजिए।) (केवल दो प्रश्न)

(i) कुम्भमेला: कति स्थानेषु आयोज्यन्ते?
(ii) कुम्भमेलायां जना: किं कुर्वन्ति?
(iii) उज्जयिनी मध्य प्रदेशे क: तटे स्थितम् अस्ति?

II. **पूर्णवाक्येन उत्तरत। (केवलं प्रश्नद्वयम्)** (2 × 2 = 4)
(पूर्ण वाक्य में उत्तर दीजिए।) (केवल दो प्रश्न)

(i) एक: पूर्णकुम्भयोग: कदा आयाति?
(ii) चत्वारि कुम्भस्थानानि कुत्र अवस्थितानि सन्ति?
(iii) कुत्र कदा च अर्धकुम्भयोग: भवति?

III. **अस्य अनुच्छेदस्य कृते समुचितं शीर्षकं लिखत।** (1)
(इस अनुच्छेद का उचित शीर्षक लिखिए।)

IV. **निर्देशानुसारं उत्तरत। (केवलं प्रश्नत्रयम्)** (1 × 3 = 3)
(निर्देशानुसार उत्तर दीजिए।) (केवल तीन प्रश्न)

(i) 'प्रमुखानां' इति विशेषण पदस्य विशेष्य: क:?
(क) नदीनां (ख) मेलानां
(ग) देशानां (घ) गृहाणां

(ii) 'कुर्वन्ति' क्रियाया: कर्तृपदं किम्?
(क) साधव: (ख) जना:
(ग) सन्त: (घ) प्रदेश:

(iii) अनुच्छेदे 'कूले' इति पदस्य अर्थे किम् पदम् प्रयुक्तम्?
(क) देशे (ख) गृहे
(ग) तटे (घ) स्थाने

(iv) 'नदीषु' इति पदस्य का विभक्ति?
(क) प्रथमा (ख) तृतीया
(ग) सप्तमी (घ) षष्ठी

उत्तराणि

I. (i) चतुर्षु (ii) स्नानं (iii) शिप्रानद्याः

II. (i) एकः पूर्णकुम्भयोगः द्वादशवर्षाणाम् अनन्तरम् आयाति।
(ii) चत्वारि कुम्भस्थानानि चतसृणां प्रमुखानां नदीनां तटेषु अवस्थितानि सन्ति।
(iii) प्रत्येकास्मिन् नगरे षष्ठे वर्षे अर्धकुम्भयोगः अपि भवति।

III. कुम्भमेला

IV. (i) (क) नदीनां (ii) (ख) जनाः
(iii) (ग) तटे (iv) (ग) सप्तमी

भाग 'ख' : रचनात्मकं-कार्यम्

2. **भवान् कुलदीपकः अस्ति। 'पाञ्चजन्य' साप्ताहिके पत्रे भवान् पत्रकारः एकं समाचारं प्रकाशयितुम् इच्छति। अतः तस्य प्रकाशनार्थं पत्रस्य सम्पादकं प्रति मञ्जूषायाः सहायतया भवान् तत्पत्रं सम्पूर्य लिखतु।** (10 × 1/2 = 5)

(आप कुलदीपक हैं। 'पाञ्चजन्य' साप्ताहिक पत्र में आप एक समाचार प्रकाशित करवाना चाहते हैं। अतः इसके प्रकाशन के लिए पत्र के सम्पादक को मञ्जूषा की सहायता से इस पत्र को पूर्ण करके लिखिए।)

1/17 जनकपुरीः
(i).........।
दिनाङ्कः.........
सेवायाम्,
सम्पादक-महोदयः,
(ii).........
नवदिल्ली।

विषयः 'पाञ्चजन्य' साप्ताहिकपत्रे स्वमौलिकसमाचारं प्रकाशनार्थम् पत्रम्।

महोदयः,
निवेदनम् अस्ति यत् अहं जनकपुरी क्षेत्रस्य निवासी एकः (iii)......... अस्मि। मम पत्रकारिता, विवरणं समाचारं वा समये-समये देशस्य अनेकेषु (iv)......... प्रकाशयन्ते। सम्प्रति अहं केनचिन्माध्यमेन भवतां प्रतिष्ठितस्य साप्ताहिकपत्रस्य (v)......... श्रुतवान्। अतः स्वक्षेत्रस्य एक अतीव (vi)......... समाचारं तस्मिन् पत्रे (vii)......... प्रेषयामि। कृपया इमं (viii)......... स्वप्रतिष्ठिते पत्रे प्रकाशयतु भवान्। भवताम् अतीव (ix)......... भवष्यिति।
भवतां विश्वासुः (x).........

- **मञ्जूषा** धन्यवादः, महत्त्वपूर्णम्, नवदिल्लीतः, पत्रकारः, कुलदीपकः, विषये, समाचारम्, प्रकाशनार्थम्, 'पाञ्चजन्यः' समाचारपत्रम्, पत्रेषु।

उत्तराणि

(i) नवदिल्लीतः (ii) 'पाञ्चजन्यः' समाचारपत्रम्
(iii) पत्रकारः (iv) पत्रेषु
(v) विषये (vi) महत्त्वपूर्णम्
(vii) प्रकाशनार्थम् (viii) समाचारम्
(ix) धन्यवादः (x) कुलदीपकः

3. **अधोदत्तचित्रस्य वर्णनं मञ्जूषायां प्रदत्तपदानां सहायतया पञ्चवाक्येषु कुरुत।** (5×1= 5)

(नीचे दिए गए चित्र का वर्णन मञ्जूषा में दिए गए शब्दों की सहायता से पाँच वाक्यों में कीजिए।)

- **मञ्जूषा** आरण्यके, कुटीरः, एषः, आरण्यकस्य, एकस्य, अधः, तिष्ठति, मुनिः, उपदिशति, तिष्ठिन्ति।

उत्तराणि

(i) एषः एकः आरण्यकस्य चित्रमस्ति।
(ii) आरण्यके एक कुटीरः अस्ति।
(iii) एकस्य वृक्षस्य अधः एकः मुनिः तिष्ठति।
(iv) तस्याग्रे पञ्चभक्ताः अपि तिष्ठिन्ति।
(v) मुनिः भक्तान् उपदिशति।

अथवा

मञ्जूषायाः सहायतया "होलिकोत्सवः" इति विषयम् अधिकृत्य पञ्चवाक्यानि संस्कृतेन लिखत। (5)

(मञ्जूषा की सहायता से "होलिकोत्सव" इस विषय पर पाँच वाक्य संस्कृत में लिखिए।)

- **मञ्जूषा** होलिकोत्सवः, अन्योन्येषुरंगं, जनाः, प्रसन्नाः, मिलन्ति, खादन्ति, वैरभावं, विस्मृत्य, आलिङ्गनम्, कुर्वन्ति, फाल्गुन-पूर्णिमावसरे, भवति, परस्परं, क्षिपन्ति, अस्मिन्, इदम्, पर्व, अस्ति, पर्वाणि, नवान्नान्।

उत्तराणि

(i) फाल्गुन-पूर्णिमावसरे होलिकोत्सवः भवति।
(ii) जनाः परस्परं वैरभावं विस्मृत्य आलिङ्गनं कुर्वन्ति।
(iii) जनाः अन्योन्येषुरंगं क्षिपन्ति।
(iv) अस्मिन् पर्वणि जनाः नवान्नान् खादन्ति।
(v) इदं प्रसन्नतायाः पर्वम् अस्ति।

4. **अधोलिखितं कथां मञ्जूषायाः सहायतया पूरयित्वा पुनः लिखत।** (10×1/2 = 5)

(निम्नलिखित कथा को मञ्जूषा की सहायता से पूर्ण करके पुनः लिखिए।)

सत्सङ्गते (i) ····· को न जानसि? संसारे द्विधा जनाः सन्ति। तेषु जनेषु सज्जनाः अपि सन्ति दुर्जनाः च अपि सन्ति। दुर्जनस्य संगतिम् कोऽपि कर्तुम् न इच्छति। अपरत्र सत्सगं विना जीवनम् एव (ii) ····· भवति। वस्तुतः (iii) ····· जनानां पोषिका कुसंगतिश्च नाशिका। सर्वे जनाः स्वपोषमेव इच्छन्ति (iv) ····· तु न इच्छन्ति। अतः सत्संगतिः एव श्रेयसी। (v) ····· तु स्वगुणैः एव सन्तः कथयन्ते, अतएव जनाः सज्जनानां (vi) ····· स्पृहन्ति।

सद्गुणेनैव जनः (vii) ····· वाचा कर्मणा स्वस्थो भवति। तेन तस्य (viii) ····· वर्धते, यशः अपि सततं वर्धते। को न जानाति यत् सर्वेषाम् देशानाम् (ix) ····· अपि सत्संगत्या श्रेष्ठां पदवीं प्राप्नुवन्। उक्तं हि भवभूतिना–''सत्संगजानि (x) ····· तारयन्ति''।

- **मञ्जूषाः** निधनान्यपि, गुणेभ्यः, महापुरुषाः आयुः, मनसा, सज्जनाः, सत्सङ्गतिः, दुर्जीवनं, विनाशं, महिमानम्।

उत्तराणि

(i) महिमानम् (ii) दुर्जीवनं (iii) सत्सङ्गतिः
(iv) विनाशं (v) सज्जनाः (vi) गुणेभ्यः
(vii) मनसा (viii) आयुः
(ix) महापुरुषाः (x) निधनान्यपि

अथवा

रिक्तस्थानानि पूरयित्वा अधोलिखितसंवादं पुनः लिखत। (5×1 = 5)

(रिक्त स्थानों को पूरा करके निम्नलिखित संवाद को पुनःलिखिए।)

रेखाः अरे कृष्ण! त्वं किम् करोषि?
कृष्णः अहं (i) ·····
रेखा इदं त्वया उचितम् न कृतम्। अवकरम् यत्र-तत्र न क्षिपेत् केवलं पात्रे हि क्षिपेत्।
कृष्णः कथम् अत्र तव गृहम् अस्ति किम्?
रेखा नहि, मम गृहं नास्ति, परन्तु (ii) ·····
कृष्णः गच्छ, स्वकार्यम् कुरु। अलं विवादेन।
रेखा प्रथमम् अवकरं (iii) ·····
कृष्णः इदम् अहं न करिष्यामि।
रेखा मित्र! अत्र वयं भ्रमामः क्रीडामः च। अवकरेण विविधाः रोगाः (iv) ········· मार्गाणाम् स्वच्छता तु सर्वेषाम् स्वास्थाय आवश्यकम् अस्ति। वयम् छात्राः स्मः। वयम् एव स्वच्छतायाः संदेशम् दातुम् शक्नुमः।
कृष्णः सत्यं कथयसि। शीघ्रम् स्वच्छम् करोमि। इदम् तु स्वच्छ (v) ·········

- **मञ्जूषाः** उत्पन्नाः भवन्ति।
  अवकरं क्षिपामि।
  पात्रे क्षिपतु।
  पर्यावरणाय अपि आवश्यकम्।
  स्वच्छता तु सर्वेषाम् कृते आवश्यकी भवति।

उत्तराणि

(i) अवकरं क्षिपामि।
(ii) स्वच्छता तु सर्वेषाम् कृते आवश्यकी भवति।
(iii) पात्रे क्षिपतु।
(iv) उत्पन्नाः भवन्ति।
(v) पर्यावरणाय अपि आवश्यकम्।

भाग 'ग' : अनुप्रयुक्त-व्याकरणम्

5. **यथानिर्देशं अधोलिखितप्रश्नानां उत्तरं ददातु।**
(केवलं प्रश्नचतुष्टयम्) (4×1/2 = 2)
(निम्नलिखित प्रश्नों के उत्तर निर्देशानुसार दीजिए।)
(केवल चार प्रश्न)

(i) **संस्कृत भाषायाम् कति स्पर्शवर्णाः सन्ति?**
(ii) **ऊष्माः वर्णाः के सन्ति?**
(iii) **अन्तःस्थाः के सन्ति?**
(iv) **स्पर्शाः किम् भवति?**
(v) **अन्तःस्थाः के कथ्यन्ते?**

उत्तराणि

(i) संस्कृत भाषायाम् पञ्चविंशति स्पर्श-वर्णाः सन्ति।
(ii) य्, व्, र्, ल ऊष्म वर्णाः सन्ति।
(iii) श् ष् स् ह् अन्तःस्थाः सन्ति।
(iv) येन उच्चारणेन् अस्माकं जिह्वा मुखे अन्तर्भागाः स्पृशंति ते वर्णाः स्पर्शाः भवन्ति।
(v) ये वर्णाः स्पर्श ऊष्मयोः च मध्ये स्थिताः ते अन्तःस्थाः कथ्यन्ते।

6. **अधोलिखितेषु वाक्येषु रेखाङ्कितपदेषु संधि संधि विच्छेदं वा कुरुत। (केवलं प्रश्नचतुष्टयम्)** (1×4 = 4)

(निम्नलिखित वाक्यों में रेखांकित शब्दों की उचित संधि अथवा संधि विच्छेद कीजिए।) (केवल चार प्रश्न)

(i) **कालिदासः अद्यापि सर्वत्र प्रसिद्धः।**
(ii) **अहं चिकित्सा + अर्थं गमिष्यामि।**
(iii) **मदोद्धताः कपयः प्रहस्य अवदन्।**
(iv) **तच्छरेण तरुशाखा छिन्ना अभवत्।**
(v) **पश्य एतच्चित्रम् लिखत।**

उत्तराणि

(i) कालिदासः **अद्य + अपि** सर्वत्र प्रसिद्धः।
(ii) अहं **चिकित्सार्थं** गमिष्यामि।
(iii) **मद + उद्धताः** कपयः प्रहस्य अवदन्।
(iv) **तत् + शरेण** तरुशाखा छिन्ना अभवत्।
(v) पश्य **एतत् + चित्रम्** लिखत।

7. अधोलिखितवाक्येषु विकल्पेभ्यः उचित विभक्तिरूपेण वाक्यपूर्तिं कृत्वा पुनः लिखत। (केवलं प्रश्नचतुष्टयम्) (1×4 = 4)

(निम्नलिखित वाक्यों में विकल्पों से उचित विभक्ति रूप द्वारा वाक्यों की पूर्ति करके पुनः लिखिए।) (केवल चार प्रश्न)

(i) **········ प्रति दयां कुरू।**
(अ) दीनान् (ब) दीने
(स) दीनस्य (द) दीनः

(ii) **तान् ········ धिक् ये स्वच्छतां न कुर्वन्ति।**
(अ) जनस्य (ब) जने
(स) जनान् (द) जनः

(iii) **········ विना जीवनं निरर्थकम् अस्ति।**
(अ) शिक्षा (ब) शिक्षां
(स) शिक्षैः (द) शिक्षायैः

(iv) **राजमार्गम् ········ वृक्षाः सन्ति।**
(अ) विना (ब) परितः
(स) धिक् (द) उभयतः

(v) **मातरं ········ श्रद्धां कुरू**
(अ) प्रति (ब) विना
(स) धिक् (द) निकषा

उत्तराणि

(i) (अ) दीनान् (ii) (स) जनान्
(iii) (ब) शिक्षां (iv) (द) उभयतः
(v) (अ) प्रति

8. अधोलिखितवाक्येषु कोष्ठके प्रदत्त शब्दस्य उचित रूपेण रिक्तस्थान पूर्ति कृत्वा पुनः लिखत। (केवलं प्रश्नचतुष्टयम्) (1×4 = 4)

(निम्नलिखित वाक्यों में कोष्ठक में दिए गए शब्द के उचित रूप से रिक्त स्थान की पूर्ति करके पुनः लिखिए।) (केवल चार प्रश्न)

(i) **····· बालकाय मोदकं ददासि ····· बालकाय दुग्धमपि देहि। (यत्, तत्)**
(अ) यम्, तम् (ब) यस्मै, तस्मै
(स) यस्मात्, तस्मात् (द) यस्य, तस्य

(ii) **····· विद्यालये छात्राः बुद्धिमन्तः सन्ति। (अस्मद्)**
(अ) अस्मद्
(ब) अस्माभिः
(स) अस्मासु
(द) अस्माकम्

(iii) **····· रामः पठने श्रेष्ठः अस्ति, ····· मोहनः क्रीडने श्रेष्ठः। (यत्, तत्)**
(अ) यैः, तैः (ब) येभ्यः, तेभ्यः
(स) यान्, तान् (द) येषु, तेषु

(iv) **.... पुत्रेण किम्? यो न विद्वान् न धार्मिकः। (तत्)**
(अ) तम् (ब) तेन
(स) तस्य (द) तस्मिन्

(v) **त्वदागमनम् ····· निवेदयामि।**
(अ) आर्यम् (ब) आर्येण
(स) आर्याय (द) आर्यस्य

उत्तराणि

(i) (ब) यस्मै, तस्मै (ii) (द) अस्माकम्
(iii) (द) येषु, तेषु (iv) (ब) तेन
(v) (स) आर्याय

9. अधोलिखितवाक्येषु विकल्पेभ्यः उचित धातुरूपेण वाक्यपूर्तिं कृत्वा पुनः लिखत। (केवलं प्रश्नचतुष्टयम्) (1×4 = 4)

(निम्नलिखित वाक्यों में विकल्पों के उचित धातुरूप से वाक्यपूर्ति करके पुनः लिखिए।) (केवल चार प्रश्न)

(i) **बकः हंस मध्ये न <u>शोभते</u>। (किम् वचनम्)**
(अ) एकवचनम् (ब) द्विवचनम्
(स) बहुवचनम् (द) किमपि न

(ii) **निर्गन्धाः किंशुकाः न <u>शोभन्ते</u>। (कः पुरुषः)**
(अ) प्रथमः (ब) मध्यमः
(स) उत्तमः (द) कोऽपि न

(iii) **वयम् अद्य विद्यालयं न ·····। गम् (लृट्)**
(अ) गमिष्यामि (ब) गमिष्यावः
(स) गमिष्यन्ति (द) गमिष्यामः

(iv) **अहम् श्वः कोलकातानगरं ·····।**
(अ) गमिष्यसि (ब) गमिष्यति
(स) गमिष्यावः (द) गमिष्यामि

(v) **वयं प्रातः काले सन्ध्या वन्दनं ·····। (कृ लट्)**
(अ) करोमि (ब) कुर्वः
(स) कुरुमः (द) कुर्मः

उत्तराणि

(i) (अ) एकवचनम् (ii) (अ) प्रथमः
(iii) (द) गमिष्यामः (iv) (द) गमिष्यामि
(v) (द) कुर्मः

10. रेखाङ्कितपदेषु प्रदत्तविकल्पेभ्यः समीचीनं पदं चिनुत। (केवलं प्रश्नत्रयम्) (1×3 = 3)

(रेखांकित पदों के लिए दिए गए विकल्पों में से उचित पद चुनिए) (केवल तीन प्रश्न)

(i) **सः सर्वान् वेदान् सार्थान् <u>अधीत्य</u> पितुः सकाशम् आगच्छत्।**
(अ) क्त्वा (ब) ल्यप्
(स) तुमुन् (द) शतृ

(ii) एवं भूतं पुत्रं दृष्ट्वा पिता उवाच।
(अ) क्त्वा (ब) ल्यप्
(स) तुमुन् (द) शतृ

(iii) एतत् अद्भुतं प्रश्नं श्रुत्वा पृच्छति।
(अ) क्त्वा (ब) ल्यप्
(स) अनीयर् (द) तुमुन्

(iv) तम् अवस्थाप्य स्नातुं गता।
(अ) तुमुन्
(ब) तत्यत्
(स) क्त्वा
(द) ल्यप्

उत्तराणि

(i) (ब) ल्यप् (ii) (अ) क्त्वा
(iii) (अ) क्त्वा (iv) (अ) तुमुन्

11. अधोलिखितेषु वाक्येषु उचित अव्यय पदेन रिक्त स्थानानि पूरयत। (केवलं प्रश्नचतुष्टयम्) (1/2 × 4 = 2)
(निम्नलिखित वाक्यों में उचित अव्यय पद से रिक्त स्थानों की पूर्ति कीजिए) (केवल चार प्रश्न)

(i) यत्र जलम् .... मीना:।
(ii) त्वं .... पश्यसि?
(iii) अहं .... एव पठामि।
(iv) .... वृक्षौ स्त:।
(v) अहं .... गन्तुं इच्छामि।

उत्तराणि

(i) तत्र (ii) कुत्र
(iii) अधुना (iv) उभयत्र
(v) अधुना

12. अधोलिखितवाक्येषु अङ्कानां स्थाने सङ्ख्यावाचकपदै: रिक्तस्थानपूर्ति: कृत्वा पुन: लिखत।
(केवलं प्रश्नचतुष्टयम्) (1/2 × 4 = 2)
(निम्नलिखित वाक्यों में अंकों के स्थान पर संख्यावाचक शब्दों से रिक्त स्थानों की पूर्ति करके पुनः लिखिए।)
(केवल चार प्रश्न)

(i) ....(2) अश्वौ तीव्रं धावत:।
(ii) दशरथस्य........(4) पुत्रा: आसन्।
(iii) वृक्षात्........(1) पक्वं फलं पतति।
(iv) पाण्डवा: .... (5) आसन्।
(v) पुस्तकालये........(3) मित्राणि पुस्तकं पठन्ति।
(vi) वेदा:........(4) सन्ति।

उत्तराणि

(i) **द्वौ** (2) अश्वौ तीव्रं धावत:।
(ii) दशरथस्य **चत्वारः** (4) पुत्रा: आसन्।
(iii) वृक्षात् **एकम्** (1) पक्वं फलं पतति।
(iv) पाण्डवा: **पञ्च** (5) आसन्।
(v) पुस्तकालये **त्रीणि** (3) मित्राणि पुस्तकं पठन्ति।
(vi) वेदा: **चत्वारः** (4) सन्ति।

भाग 'घ' : पठितावबोधनम्

13. अधोलिखितं गद्यांशं पठित्वा प्रदत्त प्रश्नानाम् उत्तराणि संस्कृतेन लिखत।
(निम्नलिखित गद्यांश को पढ़कर दिए गए प्रश्नों के उत्तर संस्कृत में लिखिए।)

किन्तु बालस्य अत्र रक्षक: नास्ति। तत् किं करोमि? भवतु, चिरकालपालितम् इमं पुत्रनिर्विशेषं नकुलं बालरक्षायां व्यवस्थाप्य गच्छामि। तथा कृत्वा गत:। ततस्तेन नकुलेन बालसमीपम् उपसर्पन् कृष्णसर्प: दृष्ट:। स तं व्यापाद्य खण्डश: कृतवान्। अत्रान्तरे ब्राह्मणोऽपि श्राद्धं गृहीत्वा गृहम् उपावृत्त:। ब्राह्मणं दृष्ट्वा नकुल: रक्त-विलिप्त-मुख-पाद: तस्य चरणयो: अलुठत्। विप्र: तथाविधं तं दृष्ट्वा बालकोऽनेन खादित: इति अवधार्य कोपात् नकुलं व्यापादितवान्। अनन्तरं यावत् उपसृत्य अपत्यं पश्यति तावद् बालक: सुस्थ: सर्पश्च व्यापादित: तिष्ठति। तत: तम् उपकारकं नकुलं मृतं निरीक्ष्य आत्मानं मुषितं मन्यमान: ब्राह्मण: परं विषादम् अगच्छत्। अत उच्यते—

I. एकपदेन उत्तरत। (केवलं प्रश्नद्वयम्) (2 × 1/2 = 1)
(एक पद में उत्तर दीजिए।) (केवल दो प्रश्न)
(i) चिरकालपालितम् इमं पुत्रनिर्विशेषं नकुलं बालरक्षायां क: नियुक्तवान्?
(ii) का गता?
(iii) विप्रस्य भार्या किं कर्तुं गता?

II. पूर्णवाक्येन उत्तरत। (केवलं प्रश्नद्वयम्) (2 × 1 = 2)
(पूर्ण वाक्य में उत्तर दीजिए।) (केवल दो प्रश्न)
(i) अत्र कस्य रक्षक: नास्ति?
(ii) सा कस्य रक्षार्थं विप्रम् अवस्थाप्य गता?
(iii) नकुलेन बाल समीपम् उपसर्पन् क: दृष्ट:?

III. निर्देशानुसारं उत्तरत। (केवलं प्रश्नद्वयम्) (2 × 1 = 2)
(निर्देशानुसार उत्तर दीजिए।) (केवल दो प्रश्न)
(i) 'निरीक्ष्य' इति पदस्य पर्याय: अस्ति?

(ii) 'चिरकालपालितं' इति पदं विशेषणम् अस्ति?

(iii) 'ब्राह्मणः परं विषादम् अगच्छत्' अत्र कर्तृपदं किमस्ति?

उत्तराणि

I. (i) ब्राह्मणः (ii) भार्या (iii) स्नातुं

II. (i) अत्र बालस्य रक्षकः नास्ति।

(ii) स्वबालापत्यस्य रक्षार्थं विप्रम् अवस्थाप्य गता।

(iii) नकुलेन बाल समीपम् उपसर्पन् कृष्णः सर्पः दृष्टः।

III. (i) दृष्ट्वा (ii) नकुलस्य (iii) ब्राह्मणः

14. अधोलिखितं पद्यांशं पठित्वा प्रदत्तप्रश्नानाम् उत्तराणि संस्कृतेन लिखत।

(निम्नलिखित पद्यांश को पढ़कर दिए गए प्रश्नों के उत्तर संस्कृत में लिखिए।)

शोको नाशयते धैर्यं, शोको नाशयते श्रुतम्।
शोको नाशयते सर्वं, नास्ति शोकसमो रिपुः।।

I. एकपदेन उत्तरत। (केवलं प्रश्नद्वयम्) (2×1/2 = 1)

(एक पद में उत्तर दीजिए।) (केवल दो प्रश्न)

(i) धैर्यं कः नाशयते?

(ii) केन समः रिपुः नास्ति?

(iii) शोकः कम् नाशयते?

II. पूर्ण वाक्येन उत्तरत। (केवलं प्रश्नद्वयम्) (2×1= 2)

(पूर्ण वाक्य में उत्तर दीजिए।) (केवल दो प्रश्न)

(i) 'नास्ति शोकसमो रिपुः' अस्याः पंक्तेः कः भावार्थः?

(ii) शोकः किं-किं नाशयते?

(iii) संसारे जनानां सर्वोपरि शत्रुः तेषां कः एव वर्तते?

III. निर्देशानुसारं उत्तरत। (केवलं प्रश्नद्वयम्) (2×1= 2)

(निर्देशानुसार उत्तर दीजिए।) (केवल दो प्रश्न)

(i) श्लोके 'मित्रम्' पदस्य कः विपर्ययः आगतः?

(ii) 'धैर्यम्' इत्यस्य पदस्य कः पर्यायः अत्र प्रयुक्तः?

(iii) 'श्रुत्वा' इति पदे प्रत्ययः किम् अस्ति?

उत्तराणि

I. (i) शोकः (ii) शोकेन (iii) धैर्यम्।

II. (i) अस्याः पंक्तेः भावार्थः अस्ति यत् शोकेन समः मनुष्यस्य कोऽपि शत्रुः नास्ति यतः शोकः एव तस्य सर्वं नाशयते।

(ii) शोकः मनुष्यस्य धैर्यं, श्रुतम् सर्वं च नाशयते।

(iii) संसारे जनानां सर्वोपरि शत्रुः तेषां शोकः एव वर्तते।

III. (i) रिपुः (ii) सहिष्णुता (iii) क्त्वा

15. अधोलिखितं नाट्यांशं पठित्वा प्रदत्तप्रश्नानाम् उत्तराणि संस्कृतेन लिखत।

(निम्नलिखित नाट्यांश को पढ़कर दिए गए प्रश्नों के उत्तर संस्कृत में लिखिए।)

(निस्सरति प्रतापः, भटाः चापि तमनुचरन्ति। तमेवं स्वतन्त्रताप्राप्तिं प्रति निराशं दृष्ट्वा अटवीवासिनो भिल्लाः दुःखीयन्ति)

प्रथमः भिल्लः हा धिक्! कीदृशः समय आगतः? देशभक्तः प्रतापोऽपि स्वदेशं परित्यज्य अन्यत्र प्रस्थितः।

द्वितीयः भिल्लः न जानेऽस्य मेवाडदेशस्य भाग्ये किं लिखितम्? हा निष्ठुर दैव! देशभक्ते तु दयस्व।

तृतीयः भिल्लः वराकोऽयं जीवनसामग्रीयुद्धसामग्र्योः अभावेन खिद्यते। परमेश्वर! दयस्व! मातृभूमेः दुर्दशां स्वचक्षुषा कथं द्रक्ष्यामः? (सर्वे भिल्लाः विलपन्ति)

एकः सैनिकः हा दैव! कथं देशधर्मौ प्रति निष्ठुरः सञ्जातोऽसि? (प्रतापं प्रति) महाराज! मदीयेन एव खड्गेन जहि माम्। न शक्नोमि स्वचक्षुषा द्रष्टुं स्वदेशदुर्दशाम्।

सर्वे सैनिकाः परतन्त्रे देशे जीवनं नरकायते। न शक्नुमः प्राणान् धारयितुम्। (सर्वे आत्मानं हन्तुमुद्यताः) (एतद् दृश्यं दृष्ट्वा तत्रत्याः भिल्लाः अपि मरणाय तत्पराः भवन्ति)

प्रतापः (सैनिकान् भिल्लान् च आत्मघातं कुर्वतः दृष्ट्वा) स्थीयताम्, स्थीयताम्। आत्मघातिनः जनाः तु असूर्यान् लोकान् व्रजन्ति। वीरगत्या मरणमेव कल्याणप्रदं भवति। धैर्येण स्वतन्त्रतायाः उपायाः चिन्तनीयाः।

I. एकपदेन उत्तरत। (केवलं प्रश्नद्वयम्) (2×1/2 = 1)

(एक पद में उत्तर दीजिए।) (केवल दो प्रश्न)

(i) कीदृशं मरणं कल्याणप्रदं भवति?

(ii) आत्मानं हन्तुमुद्यताः के?

(iii) स्वदेशं परित्यज्य कः अन्यत्र प्रस्थितः?

II. पूर्णवाक्येन उत्तरत। (केवलं प्रश्नद्वयम्) (2×1= 2)

(पूर्ण वाक्य में उत्तर दीजिए।) (केवल दो प्रश्न)

(i) प्रतापः कयोः अभावेन खिद्यते?

(ii) धैर्येण के चिन्तनीयाः?

(iii) आत्मघातिनः जनाः कुत्र व्रजन्ति?

III. निर्देशानुसारं उत्तरत। (केवलं प्रश्नद्वयम्) (2×1= 2)

(निर्देशानुसार उत्तर दीजिए।) (केवल दो प्रश्न)

(i) संवादे 'जीवनम्' इति कर्तृपदस्य क्रियापदं किम्?

(ii) 'गच्छन्ति' इति पदस्य कः पर्यायः अत्र वर्तते?

(iii) दयालुः पदस्य कः विपर्ययः?

उत्तराणि

I. (i) वीरगत्या (ii) सैनिका:
(iii) प्रताप:

II. (i) प्रताप: जीवनसामग्रीययुद्धसामग्रयो: अभावेन खिद्यते।
(ii) धैर्येण स्वतन्त्रताया: उपाया: चिन्तनीया:।
(iii) आत्मघातिन: जना: तु असूर्यान् लोकान् व्रजन्ति।

III. (i) नरकायते (ii) व्रजन्ति
(iii) निष्ठुर:

16. रेखाङ्कितपदानि आधृत्य प्रश्ननिर्माणं कुरुत। (केवलं पञ्चप्रश्ना:) (1 × 5 = 5)
(रेखांकित पदों के आधार पर प्रश्न निर्माण कीजिए।) (केवल पाँच प्रश्न)

(i) विद्याहीना: निर्गन्धा: किंशुका: इव भवन्ति।
(ii) तत्प्रसादेन एव में एतादृशं विज्ञानम्।
(iii) तत: ते श्रेय: भविष्यति।
(iv) तत् त्वम् असि।
(v) एतद् पुत्रं दृष्ट्वा पिता उवाच।
(vi) वृक्षेभ्य: अर्थिन: निराशा: न यान्ति।

उत्तराणि

(i) कीदृशा: (ii) कीदृशम्
(iii) किम् (iv) क:
(v) क: (vi) के

17. मञ्जूषात: समुचितपदानि चित्वा अधोलिखित श्लोकस्य अन्वयं पूरयित्वा पुन: लिखत। (4 × 1/2 = 2)
(मञ्जूषा से समुचित पद चुनकर निम्नलिखित श्लोक का अन्वय पूर्ण करके पुन: लिखिए।)

आदानस्य प्रदानस्य कर्त्तव्यस्य च कर्मण:।
क्षप्रमक्रियमाणस्य काल: पिबति तद्रसम्।।

अन्वय: (i) ...... प्रदानस्य, (ii) ...... अक्रियमाणस्य च (iii) ...... कर्त्तव्यस्य (iv) ...... काल: पिबति।

- **मञ्जूषा** क्षिप्रम्, कर्मण:, आदानस्य, तद्रसम्।

उत्तराणि

(i) आदानस्य (ii) क्षिप्रम्
(iii) कर्मण: (iv) तद्रसम्

अथवा

मञ्जूषाया: साहाय्येन श्लोकस्य भावार्थे रिक्तस्थानानि पूरयित्वा पुन: लिखत। (4 × 1/2 = 2)
(मञ्जूषा की सहायता से श्लोक के भावार्थ में रिक्त स्थान पूर्ण करके पुन: लिखिए।)

पृथिव्यां त्रीणि रत्नानि जलमन्नं सुभाषितम्।
मूढै: पाषाणखण्डेषु रत्नसंज्ञा विधीयते।।

भावार्थ: अस्याम् धरायां (i) ...... अन्नं श्रेष्ठवचनानि च त्रीणि (ii) ...... सन्ति। परं (iii) ...... हीरक मौक्तिकादीनि (iv) ...... एव रत्नानि मत्वा तान् प्राप्तुम् इच्छन्ति।

- **मञ्जूषा** मूर्खा:, पाषाणखण्डानि, जलम्, रत्नानि।

उत्तराणि

(i) जलम् (ii) रत्नानि
(iii) मूर्खा: (iv) पाषाणखण्डानि

18. रेखाङ्कितपदानां प्रसङ्गानुकूलम् उचितार्थं चित्वा लिखत। (केवलं प्रश्नचतुष्टयम्) (1 × 4 = 4)
(रेखांकित पदों के प्रसंगों के अनुकूल उचित अर्थ चुनकर लिखिए।) (केवल चार प्रश्न)

(i) उपकृतं इति शब्देन अर्थं लिखत।
(अ) दयनीयस्य (ब) सहनं
(स) उपकार: कृत: (द) पार्श्वे

(ii) मदीयेन एव खड्गेन जहि माम्।
(अ) वधं (ब) निर्माणं
(स) मोक्ष: (द) नरकम्

(iii) स जातो येन जातेन याति वंश: समुन्नितम्।
(अ) गम्यते (ब) आगच्छति
(स) गच्छति (द) निर्गच्छति

(iv) कारितवान् इत्यस्य क: अर्थ:?
(अ) अकारयत् (ब) अध्यापित
(स) करणीयम् (द) सर्वा:

(v) ततश्च सा साध्वी भर्तु: शुश्रूषां कृत्वा।
(अ) मातु: (ब) गुरु: (स) सुचरित्रा (द) धर्म:

उत्तराणि

(i) (स) उपकार: कृत: (ii) (अ) वधं
(iii) (स) गच्छति (iv) (अ) अकारयत्
(v) (स) सुचरित्रा

19. अधोलिखितां कथां मञ्जूषाया: सहायतया पूरयित्वा पुन: लिखत। (4)
(निम्नलिखित कथा को मञ्जूषा की सहायता से पूर्ण करके पुन: लिखिए।)

छायामनयस्य (i) ...... तिष्ठन्ति स्वयमातपे। (ii) ...... परार्थाय वृक्षा: (iii) ...... इव। अहो! एषां (iv) ...... जन्म सर्वप्राणयुप (v)......। धन्या (vi) ...... येभ्यो निराशा (vii) ...... नार्थिन:।।

- **मञ्जूषा** सत्पुरुषा, जीवनम्, कुर्वन्ति, फलान्यपि, वरं, यान्ति, महीरुहा।

उत्तराणि

(i) कुर्वन्ति (ii) फलान्यपि
(iii) सत्पुरुषा (iv) वरं
(v) जीवनम् (vi) महीरुहा
(vii) यान्ति

प्रतिदर्श प्रश्न-पत्र 2 (हल रहित)

संस्कृतम् (सम्प्रेषणात्मकम्)

समय : होरात्रयम् | पूर्णाङ्काः : 80

सामान्यनिर्देशाः

- प्रश्नपत्रमिदं चतुर्षु भागेषु विभक्तम् अस्ति।
- प्रश्नपत्रेऽस्मिन् एकोनविंशतिः (19) प्रश्नाः सन्ति।
  भागः 'क' – प्रश्नसंख्या 1
  भागः 'ख' – प्रश्नसंख्या 2 से 4
  भागः 'ग' – प्रश्नसंख्या 5 से 12
  भागः 'घ' – प्रश्नसंख्या 13 से 19
- यथानिर्देशं प्रश्नाः समाधेयाः।
- उत्तरपुस्तिकायाम् उत्तरलेखनात् पूर्वं प्रश्नाङ्कः अवश्यं लेखनीयः।

भाग 'क' : अपठितावबोधनम्

1. अधोलिखितं गद्यांशं पठित्वा प्रदत्तप्रश्नानाम् उत्तराणि संस्कृतेन लिखत। (10)

(निम्नलिखित गद्यांश को पढ़कर दिए गए प्रश्नों के उत्तर संस्कृत में लिखिए।)

दक्षिणात्ये जनपदे महिलारोप्यं नाम नगरम् आसीत्। तस्मिन् नगरे एकः वटवृक्षः आसीत्। तत्र देशदेशाद् आगत्य अनेके कपोताः वृक्षे उपविशन्ति स्म। ते परस्परं प्रेम्णा वसन्ति स्म। सर्वे कपोताः तत्र सुखेन कालं यापयन्ति स्म। एकदा प्रातः सर्वे कपोताः भोजनार्थं गगने उत्पतन्तः आसन्। तदा एकः व्याधः तत्रागच्छत्। सः भूमौ जालं प्रासारयत्। जालस्योपरि तण्डुलकणान् अक्षिपत्। पार्श्वे निभृतो भूत्वाऽतिष्ठत्। तदा कपोताः तण्डुलकणान् अपश्यन्। ते तान् भक्षणार्थं नीचैः आगन्तुम् ऐच्छन्। तेषां स्वामी चित्रग्रीवः तान् तथाकर्तुं न्यवारयत्। कपोताः स्वामिनः आज्ञां नान्वसरन्। एवं ते शीघ्रं जालेन बद्धाः जाताः। मूषकः तेषां जालम् अकृन्तत्। एवं सर्वे कपोताः बन्धनमुक्ताः अभवन्। वस्तुतः संघे शक्तिर्भवति।

I. **एकपदेन उत्तरत। (केवलं प्रश्नद्वयम्)** (2×1 = 2)
(एक पद में उत्तर दीजिए।) (केवल दो प्रश्न)

(i) दक्षिणात्ये जनपदे किम् नाम नगरम् आसीत्?
(ii) सर्वे कपोताः तत्र केन कालं यापयन्ति स्म?
(iii) अनेके कपोताः कुत्र उपविशन्ति स्म?

II. **पूर्णवाक्येन उत्तरत। (केवलं प्रश्नद्वयम्)** (2×2 = 4)
(पूर्ण वाक्य में उत्तर दीजिए।) (केवल दो प्रश्न)

(i) कदा एकः व्याधः तत्रागच्छत्?
(ii) व्याधः भूमौ जालं प्रासार्य किम् अक्षिपत्?
(iii) केषां स्वामी न्यवारयत्?

III. **अस्य अनुच्छेदस्य कृते समुचितं शीर्षकं लिखत।** (1)
(इस अनुच्छेद का उचित शीर्षक लिखिए।)

IV. **निर्देशानुसारं उत्तरत। (केवलं प्रश्नत्रयम्)** (1×3 = 3)
(निर्देशानुसार उत्तर दीजिए।) (केवल तीन प्रश्न)

(i) 'स्नेहेन' इति पदस्य कः पर्यायः अनुच्छेदे प्रयुक्तम्?
(क) प्रेम्णा
(ख) एकदा
(ग) मूषकः
(घ) कपोताः

(ii) 'यापयन्ति स्म' इति क्रियापदस्य कर्तृपदं किं प्रयुक्तम्?
(क) खगाः (ख) काकाः
(ग) कपोताः (घ) सर्वे कपोताः

(iii) 'उच्चैः' इति पदस्य किं विलोमपदं अनुच्छेदे प्रयुक्तम्?
(क) मन्दम् (ख) नीचैः
(ग) शीघ्रम् (घ) त्वरितम्

(iv) 'अभवन्' कः लकारः अस्ति?
(क) लङ्ग (ख) लोट्
(ग) लृट् (घ) लट्

भाग 'ख' : रचनात्मकं-कार्यम्

2. भवत्याः नाम दिव्यालक्ष्मी वर्तते। भवती प्रधानमन्त्रिणा उद्घोषित 'बेटी बचाओ, बेटी पढ़ाओ' विषयमुपरि एकं स्वलेखं प्रकाशयितुम् इच्छति अतः देशस्य प्रतिष्ठित-पत्रिकायाः सम्पादिकां प्रति स्वलेखेन सह मञ्जूषायाः सहायतया पत्रं लिखतु भवती। (10 × 1/2 = 5)

(आपका नाम दिव्यालक्ष्मी है। आप प्रधानमन्त्री द्वारा उद्घोषित 'बेटी बचाओ, बेटी पढ़ाओ' विषय के ऊपर अपना एक लेख प्रकाशित करवाना चाहती हैं। अतः देश के प्रतिष्ठित पत्र-पत्रिकाओं के सम्पादकों को अपने लेख के साथ मञ्जूषा की सहायता से पत्र लिखिए।)

18/10 गोविन्द विहारः

(i)..........।

दिनाङ्कः..........

सेवायाम्,

(ii)..........,

'वामा' साप्ताहिकम्,

ब. शा. ज. मार्गः,

नवदिल्ली।

विषयः 'बेटी बचाओ, बेटी पढ़ाओ' विषये लिखितं स्वलेखं प्रकाशनार्थं पत्रम्।

महोदयः,

सविनयं निवेदनम् अस्ति यत् सम्मानीय प्रधानमन्त्रिणा श्री नरेन्द्र भाई मोदी (iii)..... सञ्चालितम् अभियानं 'बेटी बचाओ, बेटी पढ़ाओ' कन्यायां संरक्षार्थं सम्पूर्णे (iv)..... प्रचलित। इदम् अभियानं देशाय अति लाभकरं वर्तते। अनेन देशे (v).......... संख्यासु वृद्धिः अभवत्। मया अस्मिन् (vi).......... एकः लेखः लिखितोऽस्ति। अतः एकेन पत्रेण सह तं (vii).......... प्रकाशनार्थं भवतीनां सेवायां प्रेषायमि। कृपया स्वप्रतिष्ठित-पत्रिकायाम् इमं लेखं प्रकाशित्य माम् अनुगृह्णातु (viii).......... आशास्ति। यत् अनेन लेखेन नारीं प्रति (ix).......... जनेषु आगमिष्यति।

सधन्यवादः (x).......... विश्वासुः

दिव्यालक्ष्मी

- **मञ्जूषा** अभियाने, महाभागेन, चण्डीगढ़ः, देशे, सम्पादिका महोदयः, कन्यानाम्, भवत्याः, भवती, लेखम्, जागरूकता।

3. **अधोदत्तचित्रस्य वर्णनं मञ्जूषायां प्रदत्तपदानां सहायतया पञ्चवाक्येषु कुरुत।** (5 × 1 = 5)

(नीचे दिए गए चित्र का वर्णन मञ्जूषा में दिए गए शब्दों की सहायता से पाँच वाक्यों में कीजिए।)

- **मञ्जूषा** क्षेत्रे, जलम्, कुरुतः, सूर्यः, वृक्षाः, वृषभाभ्यां, पुष्पाणि, वार्तालापं, कृषकः, कृषकौ, हलेन, कुटीरः, सन्ति, विविधाः, कर्षति, उदेति, अत्र, परस्परं, इदं, अस्मिन्, चित्रम्, क्षेत्रस्य, अस्ति, कुरुत।

अथवा

मञ्जूषायाः सहायतया "दीपावली" इति विषयम् अधिकृत्य पञ्चवाक्यानि संस्कृतेन लिखत। (5)

(मञ्जूषा की सहायता से "दीपावली" इस विषय पर पाँच वाक्य संस्कृत में लिखिए।)

- **मञ्जूषा** दीपावली, पर्व, दिवसे, अस्माकं, लङ्का, श्रीरामः, अयोध्याम्, अमावस्यां, अन्धकारः, दीपान्, अवलिः, सर्वत्र, उल्लासः, दिने, ज्वालयन्तिः, राष्ट्रियोत्सवः, विजित्य, भवति, अस्मिन्, वर्तते, दूरीकर्तुं।

4. **अधोलिखितं कथां मञ्जूषायाः सहायतया पूरयित्वा पुनः लिखत।** (10 × 1/2 = 5)

(निम्नलिखित कथा को मञ्जूषा की सहायता से पूर्ण करके पुनः लिखिए।)

अस्मिन् संसारे (i) ...... मातृभूमिश्च एवैते (ii) ...... स्तः। बालकस्योपरि मातुः यादृशं (iii) ...... प्रेम भवति, न तादृशं क्वापि शक्यते। माता बालकस्य कृते सर्वस्वमपि (iv) ...... शक्नोति। मातुः सर्वदैव एषेच्छा भवति यद् बालकः सदा सुखी समृद्धो गुणवान् विभूषितश्च भवेत्। स स्वीयं (v) ...... नैव चिन्तयति, बालकस्य सुखचिन्तैव सदा तस्याः (vi) ...... भवति। अतएव पुत्रस्यापि (vii) ...... नैसर्गिकम् (viii) ...... च प्रेम भवति। सः बाल्यकालात् प्रभृतिः मातरमेव सर्वतोऽधिकं मन्यते। बालकस्य कृते मातैव सर्वस्वमस्ति। (ix) ...... कदाचिदपि मातुः (x) ...... प्राप्तुं न शक्नोति। अत एवोपनिषत्सु आदिश्यते-मातृदेवो भव।

- **मञ्जूषा** मनुष्यः, अनृणतां, मातुरुपरि, असाधारणं, कष्टजातं, समक्षं, नैसर्गिकं, त्यक्तुं, सर्वोत्तमे, माता।

अथवा

रिक्तस्थानानि पूरयित्वा अधोलिखितसंवादं पुनः लिखत। (1 × 5 = 5)

(रिक्त स्थानों को पूरा करके निम्नलिखित संवाद को पुनः लिखिए।)

दिव्या त्वम् किम् पठसि?

रितिका अहं संस्कृत व्याकरणम् पठामि।

दिव्या किम् त्वम् जानासि, व्याकरणस्य (i) ....

रितिका नहि, अहं न जानामि। किम् त्वम् जानासि?

दिव्या आम्, अस्य रचयिता पाणिनिः अस्ति।

रितिका व्याकरणस्य (ii) ....

दिव्या व्याकरणस्य प्रसिद्धः ग्रन्थः अष्टाध्यायी अस्ति।

रितिका श्वः मम विद्यालये संस्कृत-व्याकरण (iii) .... तस्याम् प्रतियोगिताम् अहमपि भागं ग्रहीष्यामि। किम् तव रुचिः संस्कृत-साहित्ये अस्ति।

दिव्या आम्! संस्कृत भाषायां सदैव मम रुचि अस्ति। मम रुचि (iv) ....

रितिका त्वम् कति भाषाः जानासि। किम् त्वम् फ्रेंच भाषा अपि जानासि?

दिव्या न, अहम् फ्रेंच भाषा न जानामि परन्तु तस्याम् अपि मम रुचिः अस्ति।

रितिका (v) .... । तव रुचि तु अनेकासु भाषासु अस्ति।

- **मञ्जूषा** शोभनम्, प्रसिद्ध ग्रन्थः कः अस्ति।
  रचयिता कः अस्ति।, आंग्ल भाषायाम् अपि अस्ति।
  प्रतियोगिता भविष्यति।

भाग 'ग' : अनुप्रयुक्त-व्याकरणम्

5. यथानिर्देशं अधोलिखितप्रश्नानां उत्तरं ददातु। (केवलं प्रश्नचतुष्टयम्) (4 × 1/2 = 2)

(निम्नलिखित प्रश्नों के उत्तर निर्देशानुसार दीजिए।) (केवल चार प्रश्न)

(i) संयुक्ताः वर्णाः के भवन्ति?

(ii) सर्वे वर्गस्य अन्तिमे वर्णाः कुतः उच्चरन्ति?

(iii) प्लुतस्य कति मात्रा सन्ति?

(iv) प्लुत स्वरस्य उदाहरणं लिखत।

(v) स्वराणां उच्चारेण कति भेदाः सन्ति?

6. अधोलिखितेषु वाक्येषु रेखाङ्कितपदेषु संधि संधि विच्छेदं वा कुरुत। (केवलं प्रश्नचतुष्टयम्) (1×4 = 4)

(निम्नलिखित वाक्यों में रेखांकित शब्दों की उचित संधि अथवा संधि विच्छेद कीजिए) (केवल चार प्रश्न)

(i) अभीष्टानि वस्तूनि प्राप्य सन्तुष्टः अभवत्।

(ii) परं शक्तिः दर्प + उन्मत्तः नकुलः जलम् अपिबत।

(iii) मातृणम् सर्वर्त्रऋणेषु प्रधानम्।

(iv) अयम् शिवस्य धनुष्टङ्कारः अस्ति।

(v) भारति! तव अयम् अपूर्वः कः + अपि कोषः विद्यते।

7. अधोलिखितवाक्येषु विकल्पेभ्यः उचित विभक्तिरूपेण वाक्यपूर्ति कृत्वा पुनः लिखत। (केवलं प्रश्नचतुष्टयम्) (1×4 = 4)

(निम्नलिखित वाक्यों में विकल्पों से उचित विभक्ति रूप द्वारा वाक्यों की पूर्ति करके पुनः लिखिए।) (केवल चार प्रश्न)

(i) .... नमः।
(अ) शिवाय (ब) शिवे
(स) शिवः (द) शिवस्य

(ii) .... स्वाहा।
(अ) अग्निः (ब) अग्नये
(स) अग्नेः (द) अग्नी

(iii) श्री कृष्णः .... क्रुध्यति।
(अ) कंसः (ब) कंसे
(स) कंसम् (द) कंसाय

(iv) गुरुः .... क्रुध्यति।
(अ) शिष्याय (ब) शिष्यः
(स) शिष्यम् (द) शिष्यस्य

(v) .... अध्ययनं रोचते।
(अ) अहम् (ब) आवाम्
(स) वयम् (द) मह्यम्

8. अधोलिखितवाक्येषु कोष्ठके प्रदत्त शब्दस्य उचित रूपेण रिक्तस्थान पूर्ति कृत्वा पुनः लिखत। (केवलं प्रश्नचतुष्टयम्) (1×4 = 4)

(निम्नलिखित वाक्यों में कोष्ठक में दिए गए शब्द के उचित रूप से रिक्त स्थान की पूर्ति करके पुनः लिखिए।) (केवल चार प्रश्न)

(i) छात्रः ..... नमति। (गुरु)
(अ) गुरुम्
(ब) गुरोः
(स) गुरवे
(द) गुरुणा

(ii) गंगा ..... प्रभवति। (हिमालय)
(अ) हिमालयेन (ब) हिमालयात्
(स) हिमालये (द) हिमालयस्य

(iii) इमे बालिके ..... बिभीतः। (किम्)
(अ) केन (ब) कस्मात्
(स) कस्य (द) कस्मिन्

(iv) ····· कक्षायां मोहनः अपि पठति। (अस्मद्)
(अ) मयि (ब) मम
(स) मत् (द) मह्यम्

(v) ····· अभितः नगरम् अस्ति। (नदी)
(अ) नदीम् (ब) नद्या (स) नद्याः (द) नद्याम्

9. अधोलिखितवाक्येषु विकल्पेभ्यः उचित धातुरूपेण वाक्यपूर्तिं कृत्वा पुनः लिखत। (केवलं प्रश्नचतुष्टयम्) (1×4 = 4)
(निम्नलिखित वाक्यों में विकल्पों के उचित धातुरूप से वाक्यपूर्ति करके पुनः लिखिए।) (केवल चार प्रश्न)

(i) यदि सत्सङ्गनिरतो भविष्यसि। (लकारः कः)
(अ) लट् (ब) लङ् (स) लृट् (द) लिङ्

(ii) भवन्ति नम्रास्तरवः फलोद्गमैः। (धातुः कः)
(अ) भव् (ब) भो (स) भू (द) भु

(iii) अहम् षण्मासाभ्यन्तरे भवत्पुत्रान् नीतिशास्त्राभिज्ञान् ····· । कृ-लृट् (मणिकातः षष्ठपाठः)
(अ) करोमि (ब) करिष्यामि
(स) करवाणि (द) अकरवम्

(iv) प्रतापः देशभक्तः ....।
(अ) आसीत् (ब) आसीः
(स) आस्ताम् (द) आसम्

(v) अहं कक्षायां प्रथमश्रेणीं ····· । (लभ् लङ्)
(अ) अलभत् (ब) अलभताम्
(स) अलभन् (द) अलभे

(vi) त्वम् अतिथीम्·······।
(अ) असेवत (ब) असेवथाः
(स) असेवध्वम् (स) असेवे

10. रेखाङ्कितपदेषु प्रदत्तविकल्पेभ्यः समीचीनं पदं चिनुत। (केवलं प्रश्नत्रयम्) (1×3 = 3)
(रेखांकित पदों के लिए दिए गए विकल्पों में से उचित पद चुनिए) (केवल तीन प्रश्न)

(i) सः तं <u>व्यापाद्य</u> खण्डशः कृतवान्।
(अ) क्त्वा (ब) ल्यप्
(स) तव्यत् (द) तुमुन्

(ii) ब्राह्मणोऽपि श्राद्धं <u>गृहीत्वा</u> गृहम् उपावृत्तः।
(अ) क्त्वा (ब) ल्यप्
(स) अनीयर् (द) तुमुन्

(iii) यावत् <u>उपसृत्य</u> अपत्यम् पश्यति।
(अ) क्त्वा (ब) ल्यप्
(स) तुमुन् (द) अनीयर्

(iv) उत्थाय परिक्रम्य, भरतम् <u>अवलोक्य</u>।
(अ) ल्यप् (ब) क्त्वा
(स) अनीयर् (द) तुमुन्

11. अधोलिखितेषु वाक्येषु उचित अव्यय पदेन रिक्त स्थानानि पूरयत। (केवलं प्रश्नचतुष्टयम्) (1/2 × 4 = 2)
(निम्नलिखित वाक्यों में उचित अव्यय पद से रिक्त स्थानों की पूर्ति कीजिए) (केवल चार प्रश्न)

(i) ············ भवान् प्रीतः ············ तव एकस्य चक्षुषः दानम् इच्छामि।
(ii) ············ अत्र एकम् वनम् आसीत्।
(iii) अहं ············ ईश्वरं नमामि।
(iv) ············ त्वं कुत्र गच्छसि?
(v) ············ बुधवासरः अस्ति।

12. अधोलिखितवाक्येषु अङ्कानां स्थाने सङ्ख्यावाचकपदैः रिक्तस्थानपूर्तिः कृत्वा पुनः लिखत। (केवलं प्रश्नचतुष्टयम्) (1/2 × 4 = 2)
(निम्नलिखित वाक्यों में अंकों के स्थान पर संख्यावाचक शब्दों से रिक्त स्थानों की पूर्ति करके पुनः लिखिए।)
(केवल चार प्रश्न)

(i) तत्र........(1) बालकः पठति।
(ii) सरोवरे........(4) मत्स्याः आसन्।
(iii) .... (1) व्याधः तत्र आसीत्।
(iv) एकस्मिन् वृक्षे........(3) शुकाः आसन्।
(v) मानवस्य शरीरे........(2) पादौ स्तः।
(vi) मानवस्य हस्ते .... (5) अङ्गुल्यः भवन्ति।

भाग 'घ' : पठितावबोधनम्

13. अधोलिखितं गद्यांशं पठित्वा प्रदत्त प्रश्नानाम् उत्तराणि संस्कृतेन लिखत। (5)
(निम्नलिखित गद्यांश को पढ़कर दिए गए प्रश्नों के उत्तर संस्कृत में लिखिए।)

कीटोऽपि सुमनःसङ्गादारोहति सतां शिरः।
अश्मापि याति देवत्वं महद्भिः सुप्रतिष्ठितः।।

तदेतेषाम् अस्मत्पुत्राणां नीतिशास्त्रोपदेशाय भवन्तः प्रमाणम् इति उक्त्वा तस्य विष्णुशर्मणः करे बहुमानपुरःसरं पुत्रान् समर्पितवान्। ततः विष्णुशर्मा पशु-पक्षि-जन्तूनां मनोरञ्जकाभिः, प्रेरणाप्रदाभिश्च कथाभिः तान् राजकुमारान् शिक्षितवान्। एतासां कथानां सङ्कलनमेव 'हितोपदेशः' नामकः ग्रन्थः प्रसिद्धः जातः।

I. एकपदेन उत्तरत। (केवलं प्रश्नद्वयम्) (2×1/2 = 1)
(एक पद में उत्तर दीजिए।) (केवल दो प्रश्न)

(i) कीटोऽपि सुमनः सङ्गात् केषां शिरः आरोहति?
(ii) विष्णुशर्मा कान् शिक्षितवान्?
(iii) बृहस्पतिः इव कः अब्रवीत्?

II. पूर्णवाक्येन उत्तरत। (केवलं प्रश्नद्वयम्) (2×1= 2)

(पूर्ण वाक्य में उत्तर दीजिए।) (केवल दो प्रश्न)

(i) विष्णुशर्मा काभिः राजकुमारान् शिक्षितवान्?

(ii) अश्म कथं देवत्वं याति?

(iii) अनधिगतशास्त्राणां बालानां पुनर्जन्म केन भवितुं शक्नोति?

III. निर्देशानुसारं उत्तरत। (केवलं प्रश्नद्वयम्) (2×1= 2)

(निर्देशानुसार उत्तर दीजिए।) (केवल दो प्रश्न)

(i) शिक्षितवान् इति क्रियायाः कर्तृपदं किम्?

(ii) 'महामूर्खः' इति पदस्य विलोमः प्रयुक्तः अस्ति?

(iii) 'हितोपदेशः' इति कर्तृपदस्य क्रियापदं किम्?

14. अधोलिखितं पद्यांशं पठित्वा प्रदत्तप्रश्नानाम् उत्तराणि संस्कृतेन लिखत। (5)

(निम्नलिखित पद्यांश को पढ़कर दिए गए प्रश्नों के उत्तर संस्कृत में लिखिए।)

छायामन्यस्य कुर्वन्ति तिष्ठन्ति स्वयमातपे।
फलान्यपि परार्थाय वृक्षाः सत्पुरुषा इव।।
अहो! एषां वरं जन्म सर्वप्राण्युपजीवनम्।
धन्या महीरुहा येभ्यो निराशा यान्ति नार्थिनः।।

I. एकपदेन उत्तरत। (केवलं प्रश्नद्वयम्) (2×1/2 = 1)

(एक पद में उत्तर दीजिए।) (केवल दो प्रश्न)

(i) वृक्षाः छायां कस्य कुर्वन्ति?

(ii) वृक्षाः स्वयं कुत्र तिष्ठन्ति?

(iii) केषां जन्म वरम्?

II. पूर्णवाक्येन उत्तरत। (केवलं प्रश्नद्वयम्) (2×1= 2)

(पूर्ण वाक्य में उत्तर दीजिए।) (केवल दो प्रश्न)

(i) के धन्याः? कस्मात् कारणात् च?

(ii) वृक्षाः परार्थाय किं-किं कुर्वन्ति?

(iii) अर्थिनः केभ्यः निराशाः न यान्ति?

III. निर्देशानुसारं उत्तरत। (केवलं प्रश्नद्वयम्) (2×1= 2)

(निर्देशानुसार उत्तर दीजिए।) (केवल दो प्रश्न)

(i) महीरुहाः पदस्य अर्थम् अस्ति।

(ii) श्लोके 'कुर्वन्ति' क्रियापदस्य कर्तृपदं किम्?

(iii) छायायां पदस्य श्लोके विपर्ययः कः?

15. अधोलिखितं नाट्यांशं पठित्वा प्रदत्तप्रश्नानाम् उत्तराणि संस्कृतेन लिखत। (5)

(निम्नलिखित नाट्यांश को पढ़कर दिए गए प्रश्नों के उत्तर संस्कृत में लिखिए।)

जनकः राज्यम् अर्पयामि।

अष्टावक्रः राज्यं भवदीयं नास्ति। एतत् वंशपरम्पराप्राप्तम्।

जनकः धनं ददामि।

अष्टावक्रः धनं भवदीयं नास्ति। एतत् प्रजायाः सकाशाद् आगतम्।

जनकः शरीरं प्रयच्छामि।

अष्टावक्रः आत्मा शरीरस्य अध्यक्षः न भवान्।

जनकः स्वकीयं मनः समर्पयामि।

अष्टावक्रः अस्तु इदम् एव अस्तु। दीयतां मे स्वमनः।

जनकः भगवन्! दत्तं मया स्वमनः भवते। सम्प्रति आदिशतु मां राजकार्याय।

अष्टावक्रः कथं भवान् करिष्यति राजकार्यम् ? भवतः मनः तु मम अधीनम्। मनसा शून्यः भवान् सङ्कल्पविकल्पौ कर्तुं न अर्हति।

जनकः (आत्मगतम्) कीदृशीं दशां प्राप्तोऽहम्? शान्ते मनसि अपूर्वा आनन्दानुभूतिः। परं कथं लौकिकं व्यवहारं करोमि?

न कर्तुं समर्थोऽस्मि चर्चां विचारं,
न यज्ञं न दानं न मानं विहारं,
प्रकुर्यां कथं पालनं मे प्रजायाः,
क्षणो नास्ति लभ्यो यदा कल्पनायाः।

(प्रकाशम्) भगवन्! मम मार्गदर्शनं क्रियताम्। भवान् एव मे गुरुः। (पादयोः पतति) प्रीतः अष्टावक्रः तं बहुविधं ज्ञानम् आत्मतत्त्वं च बोधयति। अत उच्यते—

"न धर्मवृद्धेषु वयः समीक्ष्यते"।

I. एकपदेन उत्तरत। (केवलं प्रश्नद्वयम्) (2×1/2 = 1)

(एक पद में उत्तर दीजिए।) (केवल दो प्रश्न)

(i) राज्यं क्या प्राप्तम्?

(ii) शरीरस्य अध्यक्षः कः?

(iii) प्रजायाः सकाशाद् किम् आगतम्?

II. पूर्णवाक्येन उत्तरत। (केवलं प्रश्नद्वयम्) (2×1= 2)

(पूर्ण वाक्य में उत्तर दीजिए।) (केवल दो प्रश्न)

(i) जनकः आत्मनः मनः कस्मै दत्तवान्?

(ii) प्रीतः अष्टावक्रः जनकं किं बोधयति?

(iii) जनकस्य शान्ते मनसि का अभवत्?

III. निर्देशानुसारं उत्तरत। (केवलं प्रश्नद्वयम्) (2×1= 2)

(निर्देशानुसार उत्तर दीजिए।) (केवल दो प्रश्न)

(i) 'अपूर्वा' इति कस्य विशेषणम्?

(ii) संवादे 'अर्हति' इति क्रियायाः कर्तृपदं किम्?

(iii) 'प्रमुख' पदस्य कः पर्यायः अत्र लिखितः?

(iv) संवादे 'संकल्पः' इति पदस्य कः विपर्ययः आगतः?

16. रेखाङ्कितपदानि आधृत्य प्रश्ननिर्माणं कुरुत। (केवलं पञ्चप्रश्नाः) (1× 5 = 5)

(रेखांकित पदों के आधार पर प्रश्न निर्माण कीजिए।) (केवल पाँच प्रश्न)

(i) ब्राह्मणः दारिद्र्यात् अचिन्तयत्।

(ii) वयमिह वल्कलैः परितुष्टाः।

(iii) वित्तस्य आभूषणं पात्रे व्ययः वर्तते।

(iv) एकः <u>गुणी</u> पुत्रः परं न च मूर्खशतान्यपि।

(v) <u>सर्वस्य</u> लोचनं शास्त्रम् अस्ति।

(vi) प्रभुत्वम् अपि <u>अनर्थाय</u> भवितुं शक्नोति।

17. **मञ्जूषातः समुचितपदानि चित्वा अधोलिखित श्लोकस्य अन्वयं पूरयित्वा पुनः लिखत।** (4 × 1/2 = 2)

(मञ्जूषा से समुचित पद चुनकर निम्नलिखित श्लोक का अन्वय पूर्ण करके पुनः लिखिए।)

शोको नाशयते धैर्यं, शोको नाशयते श्रुतम्।
शोको नाशयते सर्वं, नास्ति शोकसमो रिपुः।।

अन्वयः (i) ...... धैर्यं नाशयते, शोकः (ii) ...... नाशयते। शोकः सर्वं (iii) ...... शोकसमः (iv)...... न अस्ति।

- **मञ्जूषा** श्रुतम्, रिपुः, नाशयते, शोकः।

अथवा

मञ्जूषायाः साहाय्येन श्लोकस्य भावार्थे रिक्तस्थानानि पूरयित्वा पुनः लिखत। (4 × 1/2 = 2)

(मञ्जूषा की सहायता से श्लोक के भावार्थ में रिक्त स्थान पूर्ण करके पुनः लिखिए।)

छायामन्यस्य कुर्वन्ति तिष्ठन्ति स्वयमातपे।
फलान्यपि परार्थाय वृक्षाः सत्पुरुषा इव।।

भावार्थः (i) ...... छायां प्रयच्छन्ति, ते (ii) ...... सूर्ये तिष्ठन्ति, फलानि (iii) ...... कृते अपि सन्ति, सत्यमेव वृक्षाः (iv) ...... इव सन्ति।

- **मञ्जूषा** परेषां, स्वयं, सज्जनाः, परेषां।

18. **रेखाङ्कितपदानां प्रसङ्गानुकूलम् उचितार्थं चित्वा लिखत। (केवलं प्रश्नचतुष्टयम्)** (1 × 4 = 4)

(रेखांकित पदों के प्रसंगों के अनुकूल उचित अर्थ चुनकर लिखिए।) (केवल चार प्रश्न)

(i) साध्वी भिक्षाम् आदाय मुनेः <u>अन्तिकम्</u> आगता।

(अ) समीपम् (ब) सत्काराय
(स) सेवायाम् (द) सर्वाः

(ii) आसीत् <u>पुरा</u> कोऽपि महातपा नाम वनवासी: मुनिः।

(अ) अधुना (ब) वर्तमाने
(स) प्राचीनकाले (द) न कोऽपि

(iii) धन्या महीरुहा येभ्यो निराशा यान्ति <u>नार्थिनः</u>।

(अ)सर्पैः (ब) वृक्षाः
(स) वानरैः (द) प्रार्थयितारः

(iv) गन्ध निर्यास भस्मास्थि<u>तोक्मैः</u> कामान्वितवन्ते।

(अ) त्वग्भिः (ब) काष्ठैः
(स) वृक्षरस (द) भ्रमरैः

(v) राज्यं <u>भवदीयं</u> नास्ति। एतत् वंशपरम्पराप्राप्तम्।

(अ) बुद्धिपाटवम् (ब) विरतः भव
(स) भवत्सम्बद्धम् (द) वक्रः

19. **अधोलिखितां कथां मञ्जूषायाः सहायतया पूरयित्वा पुनः लिखत।** (4)

(निम्नलिखित कथा को मञ्जूषा की सहायता से पूर्ण करके पुनः लिखिए।)

महाराज! तन्तुवयनं मम (i) .....। अहं रात्रिन्दिवम् परिश्रम्य (ii) ...... व्यवसायेन (iii) .....। काव्यरचनायां महाकवितुल्यः मम (iv) ...... न अस्ति तथापि किञ्चित् (v) .....। श्रोतुमर्हन्ति भवन्तः। साधु! कीदृशी लालित्यपूर्णा (vi) ...... 'कवयामि वयामि यामि' धन्योऽसि त्वम्। (vii) ...... आत्मानं धन्यं मन्ये, यस्य राज्ये (viii) ..... कुम्भकाराः, अयस्काराः (ix) ...... श्रमिकाः अपि ललितां (x) ...... कुर्वन्ति।

- **मञ्जूषा** पदयोजना, अनेन, निवेदयामि, शिल्पिनः अहमपि, काव्यरचनां, व्यवसायः, अभ्यासः, तन्तुवायाः, जीविकामर्जयामि।

प्रतिदर्श प्रश्न-पत्र 3 (हल रहित)

संस्कृतम् (सम्प्रेषणात्मकम्)

समय : होरात्रयम् | पूर्णाङ्का : 80

सामान्यनिर्देशा:

- प्रश्नपत्रमिदं चतुर्षु भागेषु विभक्तम् अस्ति।
- प्रश्नपत्रेऽस्मिन् एकोनविंशतिः (19) प्रश्ना: सन्ति।
  भाग: 'क' – प्रश्नसंख्या 1
  भाग: 'ख' – प्रश्नसंख्या 2 से 4
  भाग: 'ग' – प्रश्नसंख्या 5 से 12
  भाग: 'घ' – प्रश्नसंख्या 13 से 19
- यथानिर्देशं प्रश्ना: समाधेया:।
- उत्तरपुस्तिकायाम् उत्तरलेखनात् पूर्वं प्रश्नाङ्क: अवश्यं लेखनीय:।

भाग 'क' : अपठितावबोधनम्

1. अधोलिखितं गद्यांशं पठित्वा प्रदत्तप्रश्नानाम् उत्तराणि संस्कृतेन लिखत। (10)
(निम्नलिखित गद्यांश को पढ़कर दिए गए प्रश्नों के उत्तर संस्कृत में लिखिए।)

किं त्वम् जानासि? अन्धकारं क: नाशयति ? क: दिनानां, रात्रीणां, मासानां, ऋतूनां, वर्षाणां च कारणम् अस्ति? को जगतम् शीतात् रक्षति? इत्यादीनां सर्वेषां प्रश्नानाम् एकमेवोत्तरम् अस्ति भगवान् भास्कर: इति। सूर्य: दिनकर: मार्त्तण्ड: इत्यादीनां अस्य पर्याय: अस्ति। अस्य जगत: प्रकाशक: भास्कर: अस्ति। दीपकानां प्रकाशे तु जगत: सर्वे व्यवहारा: भवितुं न शक्नुवन्ति। भास्करस्याभावे तु सर्वत्र शैत्यमेव भवेत्। पश्याम एवं वयं यत् उत्तरदक्षिणयो: ध्रुवप्रदेशयो: भास्करस्य दर्शनं दुर्लभं भवति। ऋतूनामपि जनक: भास्कर: अस्ति। यदा भास्कर: उत्तरायणे भवति तदा तस्य प्रकाश: ऊष्मा च तीव्रौ भवत:। एभि: मेघैरेव वर्षा: भवन्ति। वर्षाभिरेव विविधान्यन्नानि, शाका: पादपा: च भवन्ति।

I. **एकपदेन उत्तरत। (केवलं प्रश्नद्वयम्)** (2×1 = 2)
(एक पद में उत्तर दीजिए।) (केवल दो प्रश्न)

(i) जगत: प्रकाशक: क: अस्ति?
(ii) कस्य अभावे सर्वत्र शैत्यमेव भवेत्?
(iii) भास्कर: कम् नाशयति?

II. **पूर्णवाक्येन उत्तरत। (केवलं प्रश्नद्वयम्)** (2×2 = 4)
(पूर्ण वाक्य में उत्तर दीजिए।) (केवल दो प्रश्न)

(i) सूर्य: केषां कारणम् अस्ति?
(ii) वर्षाभि: कानि भवन्ति?
(iii) यदा भास्कर: उत्तरायणे भवति तदा किं भवति?

III. **अस्य अनुच्छेदस्य कृते समुचितं शीर्षकं लिखत।** (1)
(इस अनुच्छेद का उचित शीर्षक लिखिए।)

IV. **निर्देशानुसारं उत्तरत। (केवलं प्रश्नत्रयम्)** (1×3 = 3)
(निर्देशानुसार उत्तर दीजिए।) (केवल तीन प्रश्न)

(i) 'भास्करस्य' पर्याय: क:?
(क) शशिकर: (ख) निशाकर:
(ग) दिनकर: (घ) विशाचर:

(ii) 'ध्रुव' इति विशेषण पदस्य विशेषणपदं किं प्रयुक्तम्?
(क) प्रदेशयो: (ख) नगरयो:
(ग) क्षेत्रयो: (घ) आधिक्यम्

(iii) 'शक्नुवन्ति:' इति क्रियापदस्य कर्तृपदम् किं प्रयुक्तम्?
(क) अहम् (ख) त्वम्
(ग) व्यवहारा: (घ) सर्वे

(iv) 'दिनकर:' इति पदस्य पर्याय: किम्?
(क) पितर
(ख) पित्रा:
(ग) मार्त्तण्ड:
(घ) पितु

भाग 'ख' : रचनात्मकं-कार्यम्

2. भवती अभिलाषा। भवत्याः सखी वंदना गायन-प्रतियोगितायां प्रथमं स्थानं प्राप्तवती। तस्यै लिखिते वर्धापन पत्रे मञ्जूषातः रिक्तस्थानानि पूरयित्वा पत्रं पुनः उत्तरपुस्तिकायां लिखत। (10 × 1/2 = 5)

(आप अभिलाषा हैं। आपकी सहेली वंदना ने गायन प्रतियोगिता में प्रथम स्थान प्राप्त किया है। उसके लिए लिखे गए बधाई पत्र को मञ्जूषा से रिक्त स्थान भरकर पुनः उत्तर-पुस्तिका में लिखिए।)

परीक्षा भवनात्

अलीगढ़तः।

दिनाङ्कः..........

प्रिये (i)..........

सप्रेम नमोनमः।

समाचारपत्रेण ज्ञातं यत् भवती राष्ट्रीय-गायन प्रतियोगितायाम् (ii).......... स्थानम् प्राप्तवती इति पठित्वा अतीव (iii).......... अनुभवामि। त्वया बाल्यकालात् एव (iv).......... गृहीता, नित्यम् च (v).......... कृतः, इति अहं जानामि अनेकाः विपरीत-परिस्थितयः अपि त्वया (vi)..........। अद्य तव परिश्रमस्य आत्मविश्वासस्य च विजयः अभवत्। सफलतायाः प्रथमं (vii).......... भवत्या आरुढ़म्। अस्मिन् अवसरे मम (viii).......... स्वीकरोतु, भविष्ये अपि एवम् एव सफला भवेत्, इयं कामना अस्ति। स्वपित्रोः सेवायाम् मम (ix).......... निवेदयतु।

भवत्याः सखी

(x)..........

- **मञ्जूषा** प्रसन्नताम्, अभ्यासः,सोपानम्, प्रथमम्, अभिलाषा वंदने!, अभिवादनम्, सोढाः, संगीतशिक्षा, वर्धापनम्।

3. अधोदत्तचित्रस्य वर्णनं मञ्जूषायां प्रदत्तपदानां सहायतया पञ्चवाक्येषु कुरुत। (5 × 1 = 5)

(नीचे दिए गए चित्र का वर्णन मञ्जूषा में दिए गए शब्दों की सहायता से पाँच वाक्यों में कीजिए।)

- **मञ्जूषा** शिक्षिकाऽपि, पाठयति, सा, आलापयन्ति, कक्षायाम्, छात्राः, आसन्दिकायां, उपविशन्ति, कक्षाय, चित्रमस्ति, कक्षायाम्।

अथवा

मञ्जूषायाः सहायतया "ममप्रियः कविः" इति विषयम् अधिकृत्य पञ्चवाक्यानि संस्कृतेन लिखत। (5)

(मञ्जूषा की सहायता से "मम प्रियकवि" इस विषय पर पाँच वाक्य संस्कृत में लिखिए।)

- **मञ्जूषा** कालिदासः, संस्कृतस्य, कवीनाम्, उपमाः, अद्वितीयः, तं, कथयन्ति, कुलगुरुः अभिज्ञानशाकुन्तलम्, प्रकृति, संस्कृत, साहित्ये, कवि, आसीत्, विद्वांसः, कालिदासस्य, प्रसिद्धाः, सन्ति, चित्रणं, अस्ति, ममप्रियः, संस्कृतकविषु।

4. अधोलिखितं कथां मञ्जूषायाः सहायतया पूरयित्वा पुनः लिखत। (10 × 1/2 = 5)

(निम्नलिखित कथा को मञ्जूषा की सहायता से पूर्ण करके पुनः लिखिए।)

एकस्मिन् समये एकस्मात् नगरात् केषांचित् जनानां एकं दलं (i) ...... अचलत्। पदाति गच्छत् तत् दलं एवं (ii) ...... प्राप्तम्। तत्र एकस्य मुनेः आश्रमः आसीत्। तत् दलं (iii) ...... तत्र अगच्छत्। मुनिः तान् जनान् वने (iv) ...... कारणम् अपृच्छत्। ते स्वतीर्थयात्रा-प्रयोजनम् अकथयन् तथा तीर्थयात्रायाः (v) ...... सम्पन्नतायै शुभाशीर्वादम् अयाचन्त। मुनिः तेभ्यः (vi) ...... अयच्छत्। सः स्वकुटीरात् एकां तुम्बिकां निःसार्य तेभ्यः अयच्छत् अवदत् च-यूयम् यत्र-यत्र स्नानं करिपथ तत्र-तत्र मम एतां तुम्बिकामपि स्नान कारयिष्यथ। पश्चात् (vii) ...... इमां मह्यम् यच्छत्। ते (viii) ...... अकुर्वन्। आत्मना सह तुम्बिकां स्नापयित्वा ते तां तुम्बिकां मुनये अयच्छन्। तदा मुनिः तुम्बिकां त्रोटयित्वां तस्याः एकं-एकं खंड प्रत्येकस्मै अयच्छत्। तस्याः कटुं स्वादमनुभूय ते सर्वे तत्क्षणमेव धूत्कृतवन्तः। मुनिः तान् अवदत्-स्मरत, यथा अनेकेषु तीर्थेषु स्नापिता अपि इयं तुम्बिका स्वादे न परिवर्तिता तथैव (ix) ...... मनः अपि कदापि न शुध्यति तत् तु केवलं (x) ...... शुध्यति।

- **मञ्जूषा** पापदूषितं, तथैव, सत्कर्माचरणेनैव, परावर्तन समये, निर्विघ्नं, आशीर्वादम्, वनं, तीर्थयात्रार्थम्, आगमनस्य विश्रामाय।

अथवा

रिक्तस्थानानि पूरयित्वा अधोलिखितसंवादं पुनः लिखत। (5 × 1 = 5)

(रिक्त स्थानों को पूरा करके निम्नलिखित संवाद को पुनः लिखिए।)

रत्नेशः माता! अहम् कार्यालयम् गच्छामि। अद्य कार्यालये अत्यधिकम् कार्यम् अस्ति अतः विलम्बेन एव गृहम् आगमिष्यामि।

माता गच्छ, पुत्र।

बस-संवाहकः	भोः-भोः कुत्र गन्तव्यम्। यात्रापत्रं स्वीकरोतु।
रत्नेशः	द्वे यात्रा-पत्रे केन्द्रीय सचिवालयं यावत्। एतानि दश (i) ……………।
बस-संवाहकः	एते यात्रा-पत्रे। परिवर्तं देहि। रूप्यकद्वयं नास्ति।
रत्नेशः	मम समीपे (ii) ……………
बस संवाहकः	यात्रापत्रम् आनय। अस्य पृष्ठे अवशिष्टं राशिं लिखामि। रत्नेशः–कुतः (iii) ……………।
बससंवाहकः	राजीव चतुष्पथे स्थितात् कार्यालयात् एव प्राप्स्यते।
रत्नेशः	विचित्रा व्यवस्था। परिवर्तं प्राप्त्यर्थं पुनः दशरुप्यकाणां व्ययः समयहानिः च।
बस-संवाहकः	अहं किं। (iv) ……………?
मितेशः	रत्नेश, अलं विवादेन एतानि अष्टरुप्यकाणि दीयन्ताम।
बस-संवाहकः	धन्यवादाः। (v) ……………।

- **मञ्जूषा** जनतायाः इत्थम् सहयोगः एव सर्वत्र अपेक्षितः।
  अष्टरूप्यकाणि न अस्ति।
  प्राप्स्यते
  रूप्यकाणि
  करवाणि मम समीपे रुप्यकद्वयं नास्ति।

भाग 'ग' : अनुप्रयुक्त-व्याकरणम्

5. **यथानिर्देशं अधोलिखितप्रश्नानां उत्तरं ददातु। (केवलं प्रश्नचतुष्टयम्)** (4×1/2 = 2)
(निम्नलिखित प्रश्नों के उत्तर निर्देशानुसार दीजिए।) (केवल चार प्रश्न)

(i) अनुनासिकतया भेदेन स्वराणां कति भेदाः सन्ति?
(ii) 'ऋ' वर्णः स्वरः व्यञ्जन वा?
(iii) स्वराः कीदृशः उच्चरन्ते?
(iv) व्यञ्जनाः कीदृशाः उच्चरन्ते?
(v) अन्तःस्थाः के कथ्यन्ते?

6. **अधोलिखितेषु वाक्येषु रेखाङ्कितपदेषु संधि संधि विच्छेदं वा कुरुत। (केवलं प्रश्नचतुष्टयम्)** (1×4 = 4)
(निम्नलिखित वाक्यों में रेखांकित शब्दों की उचित संधि अथवा संधि-विच्छेद कीजिए।) (केवल चार प्रश्न)

(i) एकम् अनु + छेदं लिखत।
(ii) तच्छुत्वा तेषु एकः बालकः उवाच – अयि भोः।
(iii) पर्वतीय वातावरणं स्व + छं भवति।
(iv) अतिदीर्घः प्रवासाऽयं दारुणः + च
(v) अपि च इतः + तावद् वयस्य।

7. **अधोलिखितवाक्येषु विकल्पेभ्यः उचित विभक्तिरूपेण वाक्यपूर्ति कृत्वा पुनः लिखत। (केवलं प्रश्नचतुष्टयम्)** (1×4 = 4)
(निम्नलिखित वाक्यों में विकल्पों से उचित विभक्ति रूप द्वारा वाक्यों की पूर्ति करके पुनः लिखिए।) (केवल चार प्रश्न)

(i) ……… सिंहः बिभेति।
(अ) आखेटकं (ब) आखेटकः
(स) आखेटकात् (द) आखेटकेन

(ii) ……… उपरि वक्तारः सन्ति।
(अ) मञ्च (ब) मञ्चे
(स) मञ्चम् (द) मञ्चस्य

(iii) ……… पुरतः उपवनम् अस्ति।
(अ) गृहस्य (ब) गृहम्
(स) गृहे (द) गृहाणि

(iv) ……… पृष्ठतः प्रार्थना काले छात्राः सन्ति।
(अ) छात्रस्य (ब) छात्रम्
(स) छात्रे (द) छात्रौ

(v) ……… अधः श्रोतारः सन्ति।
(अ) मञ्चे (ब) मञ्चम्
(स) मञ्चस्य (द) मञ्चेन

8. **अधोलिखितवाक्येषु कोष्ठके प्रदत्त शब्दस्य उचित रूपेण रिक्तस्थान पूर्ति कृत्वा पुनः लिखत। (केवलं प्रश्नचतुष्टयम्)** (1×4 = 4)
(निम्नलिखित वाक्यों में कोष्ठक में दिए गए शब्द के उचित रूप से रिक्त स्थान की पूर्ति करके पुनः लिखिए।) (केवल चार प्रश्न)

(i) ….. विद्यालये भवान् पठति। (किम्)
(अ) कस्मात् (ब) कस्य
(स) कस्मिन् (द) केन

(ii) ….. गानं रोचते। (कवि)
(अ) कविना (ब) कविम्
(स) कवये (द) कवेः

(iii) ….. कालिदासः श्रेष्ठः। (कवि)
(अ) कविभ्यः (ब) कविभिः
(स) कवीन् (द) कविषु

(iv) राजा ….. पुरस्कारं यच्छति। (कवि)
(अ) कविम् (ब) कविना
(स) कवये (द) कवेः

(v) अहं ….. आपणं गच्छामि। (फल)
(अ) फलान्
(ब) फलेभ्यः
(स) फलानाम्
(द) फलेषु

9. अधोलिखितवाक्येषु विकल्पेभ्यः उचित धातुरूपेण वाक्यपूर्ति कृत्वा पुनः लिखत। (केवलं प्रश्नचतुष्टयम्) (1×4 = 4)

(निम्नलिखित वाक्यों में विकल्पों के उचित धातुरूप से वाक्यपूर्ति करके पुनः लिखिए।) (केवल चार प्रश्न)

(i) ये बालाः वृद्धान् उपकुर्वन्ति ते सदायशः ·····।
(अ) लभते (ब) लभध्वे
(स) लभेते (द) लभन्ते

(ii) ह्यः विद्यालये अवकाशः····· ।
(अ) अस्ति (ब) भविष्यति
(स) सन्ति (द) आसीत्

(iii) वयम् भारतीयाः ····· । अस् (लट्)
(अ) स्मः (ब) सन्ति
(ब) स्थः (द) स्थ

(iv) आवाम् स्वगुरुन् प्रतिदिनम् सेवां ·····। (कृ लृट्)
(अ) करिष्यामि (ब) करिष्यावः
(स) करिष्यामः (द) कुर्वः

(v) अहम् अत्र उषित्वा धनं ····· । (लभ् लट्)
(अ) लभामि (ब) लभे
(स) लभै (द) लभ्ये

10. प्रदत्तविकल्पेभ्यः उचितम् उत्तरं चित्वा लिखत। (केवलं प्रश्नत्रयम्) (1×3 = 3)

(दिए गए विकल्पों में से उचित उत्तर चुनकर लिखिए।) (केवल तीन प्रश्न)

(i) ते मुनिं दृश् + क्त्वा प्रसन्नाः जाताः।
(अ) दृशित्वा (ब) दृष्ट्वा
(स) दृष्टित्वा (द) दर्शित्वा

(ii) नम्रतां अनु + भू + ल्यप् सः प्रसीदति।
(अ) अनुभूत्य (ब) अनुभूय
(स) अनुभूत्वा (द) अनुभूत्य

(iii) सः परीक्षां उत् + तृ + ल्यप् अधिकारी जातः।
(अ) उत्तीर्ण (ब) उत्तृय
(स) उत्तीर्य (द) उत्तर्यः

(iv) चौरं बध् + क्त्वा अत्र आनय।
(अ) बधित्वा (ब) बधत्वा
(स) बद्ध्वा (द) बधिध्वा

(v) आलस्यं वि + हा + ल्यप् परिश्रमं कुरु।
(अ) विहाय
(ब) विधाय
(स) विहत्य
(द) विहात्य

11. अधोलिखितेषु वाक्येषु उचित अव्यय पदेन रिक्त स्थानानि पूरयत। (केवलं प्रश्नचतुष्टयम्) (1/2×4 = 2)

(निम्नलिखित वाक्यों में उचित अव्यय पद से रिक्त स्थानों की पूर्ति कीजिए) (केवल चार प्रश्न)

(i) ··········· मंगलवासरः आसीत्।
(ii) त्वं ··········· पठसि।
(iii) सः ब्राह्मणाय ··········· रूप्यकाणि ददति?
(iv) त्वं ··········· विद्यालयं गमिष्यसि?
(v) त्वं ··········· आगच्छसि?
(vi) त्वं ··········· तीव्रं धावसि?

12. अधोलिखितवाक्येषु अङ्कानां स्थाने सङ्ख्यावाचकपदैः रिक्तस्थानपूर्तिः कृत्वा पुनः लिखत। (केवलं प्रश्नचतुष्टयम्) (1/2×4 = 2)

(निम्नलिखित वाक्यों में अंकों के स्थान पर संख्यावाचक शब्दों से रिक्त स्थानों की पूर्ति करके पुनः लिखिए।) (केवल चार प्रश्न)

(i) उद्याने........(3) बालिका कन्दुकेन क्रीडन्ति।
(ii) अत्र........(2) वृक्षौ स्तः।
(iii) ....(1) नर्तकी रङ्गमञ्चे नृत्यति।
(iv) ....(4) नायिकाः नृत्यन्ति।
(v) ....(2) छात्रौ पुस्तकं पठतः।
(vi) ....(3) गजाः धावने असमर्थाः सन्ति।

भाग 'घ' : पठितावबोधनम्

13. अधोलिखितं गद्यांशं पठित्वा प्रदत्त प्रश्नानाम् उत्तराणि संस्कृतेन लिखत। (5)

(निम्नलिखित गद्यांश को पढ़कर दिए गए प्रश्नों के उत्तर संस्कृत में लिखिए।)

अस्ति भागीरथीतीरे पाटलिपुत्रनामधेयं नगरम्। तत्र सर्वस्वामिगुणोपतः सुदर्शनः नाम नरपतिः आसीत्। स भूपतिः एकदा पाठ्यमानं श्लोकद्वयं श्रुतवान्।

अनेकसंशयोच्छेदि परोक्षार्थस्य दर्शकम्।
सर्वस्य लोचनं शास्त्रं यस्य नास्त्यन्ध एव सः।।
यौवनं धनसम्पत्तिः प्रभुत्वमविवेकिता।
एकैकमप्यनर्थाय किम् यत्र चतुष्टयम्।।

I. एकपदेन उत्तरत। (केवलं प्रश्नद्वयम्) (2×1/2 = 1)
(एक पद में उत्तर दीजिए।) (केवल दो प्रश्न)
(i) पाटलिपुत्रनाम नगरं कुत्र अस्ति?
(ii) नरपतेः नाम् किम् आसीत्?
(iii) अनेकसंशयोच्छेदि किम्?

II. पूर्णवाक्येन उत्तरत। (केवलं प्रश्नद्वयम्) (2×1 = 2)
(पूर्ण वाक्य में उत्तर दीजिए।) (केवल दो प्रश्न)
(i) अन्धः कः?
(ii) अनर्थाय किं-किं भवति?
(iii) सर्वस्य लोचनं किम्?

III. निर्देशानुसारं उत्तरत। (केवलं प्रश्नद्वयम्) (2×1 = 2)
(निर्देशानुसार उत्तर दीजिए।) (केवल दो प्रश्न)

(i) शुश्राव इति क्रियायाः कर्तृपदं किम्?
(ii) 'दर्शकम्' इति कस्य विशेषणम्?
(iii) 'भूपतिः' पदस्य पर्यायपदम् अनुच्छेदात् चित्वा लिखत।

14. अधोलिखितं पद्यांशं पठित्वा प्रदत्तप्रश्नानाम् उत्तराणि संस्कृतेन लिखत। (5)
(निम्नलिखित पद्यांश को पढ़कर दिए गए प्रश्नों के उत्तर संस्कृत में लिखिए।)

काष्ठादग्निर्जायते मथ्यमानाद्
भूमिस्तोयं खन्यमाना ददाति।
सोत्साहानां नास्त्यसाध्यं नराणां
मार्गारब्धाः सर्वयत्नाः फलन्ति॥

I. एकपदेन उत्तरत। (केवलं प्रश्नद्वयम्) (2×1/2 = 1)
(एक पद में उत्तर दीजिए।) (केवल दो प्रश्न)

(i) काष्ठात् अग्नि कथं जायते?
(ii) कीदृशाः सर्वप्रयत्नाः फलन्ति?
(iii) कीदृशी धराः जलं ददाति?

II. पूर्णवाक्येन उत्तरत। (केवलं प्रश्नद्वयम्) (2×1 = 2)
(पूर्ण वाक्य में उत्तर दीजिए) (केवल दो प्रश्न)

(i) सोत्साहनां नराणां कृते किमपि किं न भवति?
(ii) काष्ठाद् मध्यमानाद् किं भवति?
(iii) उचित मार्गे प्रयत्नं कीदृशं भवति?

III. निर्देशानुसारं उत्तरत। (केवलं प्रश्नद्वयम्) (2×1 = 2)
(निर्देशानुसार उत्तर दीजिए।) (केवल दो प्रश्न)

(i) अग्निः इति कर्तृपदस्य क्रियापदं किम्?
(ii) श्लोके 'जलम्' पदस्य कः पर्यायः आगतः?
(iii) हतोत्साहानाम् इत्यस्य पदस्य कः विपर्ययः?

15. अधोलिखितं नाट्यांशं पठित्वा प्रदत्तप्रश्नानाम् उत्तराणि संस्कृतेन लिखत। (5)
(निम्नलिखित नाट्यांश को पढ़कर दिए गए प्रश्नों के उत्तर संस्कृत में लिखिए।)

नेपथ्ये
विरम्यतां प्रभो! विरम्यताम्।

प्रतापः श्रूतपूर्व इव स्वरः। (सैनिकं प्रति) वृक्षम् आरुह्य दृहश्यतां कः एष शब्दापयति?

सैनिकः (निपुणं निरीक्ष्य) महाराज! मेवाडमन्त्री भामाशाहः खलु एषः।

प्रतापः अये भामाशाहः आगतः! कथमस्माकं दौर्भाग्यं भवताऽपि परिज्ञातम्।
(भामाशाहः धनराशिमादाय आयाति)

भामाशाहः (सप्रणामम्) अन्नदातः! सेवकं परित्यज्य कुत्र प्रस्थितो भवान्?

प्रतापः (दीर्घं निःश्वस्य) न क्वापि बन्धो! गन्तुमपि न शक्यते। धनसेनयोः अभावे देशरक्षणाय पर्याकुलाः स्मः।

भामाशाहः भवतः चिन्तातुरतां परिज्ञाय भग्नमिव मे हृदयम्। (धनराशिं निर्दिश्य) इयं सम्पतिः खलु कस्मै प्रयोजनाय? ईदृशे एव कर्मणि अस्याः उपयोगः श्रेयान्।

प्रतापः सत्यं वदति भवान्।

भामाशाहः यद्येवं तर्हि गृह्यताम्। त्रोट्यतां पारतन्त्र्यशृङ्खलाः स्वकीयैः लौहबाहुभिः। स्वतन्त्रः क्रियतां स्वदेशः। (धनराशिं प्रतापचरणयोः अर्पयति)

प्रतापः (साश्चर्यम्) किमिदं भवान् करोति? नाहं दत्तां सम्पत्तिं पुनः आददामि।

भामाशाहः (सविनयम्) गृह्यतां भगवन्! देशं धर्मं च रक्षितुम्।

प्रतापः धन्योऽसि मन्त्रिवर्य! त्वदीया जननी धन्या। सुकुले जातोऽसि।
(द्वादशवर्षाणि यावत् पञ्चविंशतिसहस्त्रसैनिकानां पालयित्रीं सम्पत्तिमवलोक्य सैनिकान् प्रति) अस्मिन्नेव क्षणे स्वदेशं पारतन्त्रयात् मोचयितुं योत्स्यामहे। (भामाशाहम् अभिलक्ष्य) सखे! एहि गाढं परिष्वजस्व माम्।

भामाशाहः अनुगृहीतोऽस्मि।

I. एकपदेन उत्तरत। (केवलं प्रश्नद्वयम्) (2×1/2 = 1)
(एक पद में उत्तर दीजिए।) (केवल दो प्रश्न)

(i) केन प्रतापस्य दौर्भाग्यं परिज्ञातम्?
(ii) पारतन्त्र्यशृंङ्खलाः काभिः त्रोट्यताम्?
(iii) कस्य जननी धन्या?

II. पूर्णवाक्येन उत्तरत। (केवलं प्रश्नद्वयम्) (2×1 = 2)
(पूर्ण वाक्य में उत्तर दीजिए।) (केवल दो प्रश्न)

(i) भामाशाहः धनराशिं कुत्र अर्पयति?
(ii) प्रतापस्य चिन्तातुरतां परिज्ञाय कस्य हृदयं भाग्नमिव अभवत्?
(iii) वृक्षम् आरूहत कः पश्यति?

III. निर्देशानुसारं उत्तरत। (केवलं प्रश्नद्वयम्) (2×1 = 2)
(निर्देशानुसार उत्तर दीजिए।) (केवल दो प्रश्न)

(i) 'श्रुतपूर्वः' इति कस्य विशेषणम्?
(ii) सुकुले जातोऽसि इति प्रतापः कस्मै कथयति?
(iii) संवादे 'प्रस्थितः' इति क्रियापदस्य कर्तृपदं किम्?

16. रेखाङ्कितपदानि आधृत्य प्रश्ननिर्माणं कुरुत। (केवल पञ्चप्रश्नाः) (1×5 = 5)

(रेखांकित पदों के आधार पर प्रश्न निर्माण कीजिए।) (केवल पाँच प्रश्न)

(i) उचित मार्गे प्रयत्नं <u>सफलं</u> भवति।
(ii) <u>आलस्यं</u> विहाय पुरुषार्थः विधेयः।
(iii) सः जातः येन जातेन वंशः <u>समुन्नतिं</u> याति।
(iv) मुनिः <u>तां</u> प्रणम्य तद्गृहाद् निरगच्छत्।
(v) मुने! नाहम् <u>बलाका</u> इति।
(vi) सा <u>विहस्य</u> अभाषत।

17. मञ्जूषातः समुचितपदानि चित्वा अधोलिखित श्लोकस्य अन्वयं पूरयित्वा पुनः लिखत। (4×1/2 = 2)

(मञ्जूषा से समुचित पद चुनकर निम्नलिखित श्लोक का अन्वय पूर्ण करके पुनः लिखिए।)

छायामन्यस्य कुर्वन्ति तिष्ठन्ति स्वयमातपे।
फलान्यपि परार्थाय वृक्षाः सत्पुरुषा इव।।

अन्वयः सत्पुरुषाः इव (i) ...... स्वयम् (ii) ...... तिष्ठन्ति, (iii) ...... छायां (iv) ...... फलानि अपि (v) ...... (यच्छन्ति)।

- मञ्जूषा अन्यस्य, परार्थाय, आतपे, वृक्षाः, कुर्वन्ति।

अथवा

मञ्जूषायाः साहाय्येन श्लोकस्य भावार्थे रिक्तस्थानानि पूरयित्वा पुनः लिखत। (4×1/2 = 2)

(मञ्जूषा की सहायता से श्लोक के भावार्थ में रिक्त स्थान पूर्ण करके पुनः लिखिए।

क्षमा दाता गुणग्राही स्वामी पुण्येन लभ्यते।
अनुकूलः शुचिर्दक्षः कविर्विद्वान् सुदुर्लभः।।

भावार्थः दातारः (i) ...... शुचि (ii) ...... स्वामि (iii) ...... परमपुण्यः कर्मणः तु (iv) ......।

- मञ्जूषा लभ्यते, विद्वान्, सुदुर्लभः, गुण ग्राहिणः।

18. रेखाङ्कितपदानां प्रसङ्गानुकूलम् उचितार्थं चित्वा लिखत। (केवलं प्रश्नचतुष्टयम्) (1×4 = 4)

(रेखांकित पदों के प्रसंगों के अनुकूल उचित अर्थ चुनकर लिखिए।) (केवल चार प्रश्न)

(i) <u>वृणते</u> हि विमृश्यकारिणं।
(अ) वरणं कुर्वन्ति (ब) गह्नम्
(स) हरणं कुर्वन्ति (द) सर्वाः

(ii) कश्चित् श्राद्धार्थं <u>वृतः</u> भवेत्।
(अ) निमंत्रितः (ब) आमंत्रितः
(स) सर्वत्रः (द) प्रसन्नः

(iii) <u>असद्भिः</u> शपथेनापि जले लिखितमक्षरम्।
(अ) सज्जनैः (ब) असज्जनैः
(स) समृद्धिः (द) प्रकृतिः

(iv) वयमिह परितुष्टाः वल्कलैस्त्वं <u>दुकूलैः</u>।
(अ) सन्तुष्टाः (ब) निर्मितेः वस्त्रैः
(स) चीनांशुकैः (द) सर्वाः

(v) देव! <u>महाकुलसम्भूता</u> एते राजपुत्राः।
(अ) नीच्चैकुले उत्पन्नाः
(ब) सर्वकुले उत्पन्नाः
(स) उच्चकुले उत्पन्नाः
(द) न कोऽपि

19. अधोलिखितां कथां मञ्जूषायाः सहायतया पूरयित्वा पुनः लिखत। (4)

(निम्नलिखित कथा को मञ्जूषा की सहायता से पूर्ण करके पुनः लिखिए।)

एकदा अयं (i) ...... क्वापि नगरे एकं (ii) ...... प्राप्य तद्गृहिणीं (iii) ......। सा (iv) ...... गृहिणी तमवदत्–"प्रतीक्षस्व क्षणं, यावद् (v) ...... परिचर्यां समापये इति।" (vi) ...... श्रुत्वा स मुनिः तां (vii) ...... दृष्ट्वान्। सा (viii) ...... अभाषत–"मुने! न अहं बलाकेति"।

- मञ्जूषा भिक्षामयाचत्, ब्राह्मणगृहं, मुनिः, विहस्य, पतिव्रता, भर्तुः, कोपदृष्ट्या, एतत्।